瓦格纳传

[德国] 乌尔里希·德吕纳 著

王蕾 译

RICHARD WAGNER

Die Inszenierung eines Lebens

译林出版社

图书在版编目（CIP）数据

瓦格纳传 /（德）乌尔里希·德吕纳著；王蕾译．—南京：译林出版社，2021.8
（传记译林）
书名原文：Richard Wagner
ISBN 978-7-5447-8755-0

I.①瓦… II.①乌… ②王… III.①瓦格纳（Wagner, Wilhelm Richard 1813—1883）
- 传记 IV.①K835.165.76

中国版本图书馆 CIP 数据核字（2021）第 110726 号

著作权合同登记号　图字：10-2017-224 号

The translation of this work was supported by a grant from the Goethe-Institut.

瓦格纳传　[德国] 乌尔里希·德吕纳 / 著　王　蕾 / 译

责任编辑　陈　锐
装帧设计　韦　枫
校　　对　孙玉兰
责任印制　董　虎

原文出版　Karl Blessing Verlag, 2016
出版发行　译林出版社
地　　址　南京市湖南路 1 号 A 楼
邮　　箱　yilin@yilin.com
网　　址　www.yilin.com
市场热线　025-86633278
排　　版　南京展望文化发展有限公司
印　　刷　南京爱德印刷有限公司
开　　本　652 毫米 × 960 毫米　1/16
印　　张　54.5
插　　页　4
版　　次　2021 年 8 月第 1 版
印　　次　2021 年 8 月第 1 次印刷
书　　号　ISBN 978-7-5447-8755-0
定　　价　168.00 元

图1　瓦格纳肖像照，埃利奥特与弗赖伊工作室拍摄，1877年于伦敦。

献给叶连娜、拉斐尔和安妮—洛尔

目　录

致 谢

如果没有朋友、同事和家人的大力支持，要进行本书这样规模的项目将是不理智的。我很早就开始与许多亲近的人展开讨论；为了在学习上尽快取得进展，我很早就开始结识新的朋友。我对所有这些人都怀有极大的感激之情。我首先要提及的是我的女儿安妮—洛尔·德吕纳，我和她一起探讨过这本书的无数个进展阶段。如果没有她的特殊研究领域——歌剧中的英雄主义——以及她即将完成的关于这一主题的博士论文，我就不会如此清楚地了解瓦格纳作品中确切发生的事情：大多数男性英雄都是失败的，并在社会性上存在很大问题，而与之相反，出现了伟大的女性英雄类型，她们比大多数男性更接近人文主义的思想。非常感谢，安妮—洛尔！

其次，我要感谢那些在我向出版社交稿之前对稿件进行审核并提出许多修改和建议的人：格奥尔格·金特博士，我从前在音乐古物收藏协会的可靠同事，他精通音乐学的所有领域；埃娃·里格尔教授，她经常考验我的瓦格纳基础知识，还教会我对瓦格纳和女性关系中的一切几乎都要重新思考；塞巴斯蒂安·施特劳斯，优秀的戏剧学家，他精确地知道哪个主导动机出现在什么地方；维尔纳·维兰德，一位天才的瓦格纳收藏家，不仅向我提供了他近乎无限的知识，还为本书的插图部分提供了一些他珍贵的藏品。二十五年来，我得到了戈特弗里德・瓦格纳博士的密切协助，我不仅与他彻夜讨论神和世界——以及他的曾祖父——的问题，他还向我展示了如何昂首阔步地在一个并非总是充满善意的文化领域内前进。

如果没有沃尔克马尔・布劳恩贝伦斯对莫扎特生平的传奇性研究，我就不会产生将瓦格纳的财务状况第一次从头到尾梳理一遍的想法；萨宾・亨泽—多林教授和西格哈特・多林教授在他们对迈耶贝尔的一些研究成果发表之前就友好地将它们借给了我，以便我在工作中能够及时地借鉴。阿尔比、莫德和朱莉娅・罗森塔尔向我传授了尼采的思想，并向我介绍了他们的先辈、英国的尼采研究者奥斯卡・列维，从他的代表作*The Idiocy of Idealism*（London 1940）当中，我了解到应当以怎样审慎的态度对待任何制度化的意识形态。此外，我还要感谢下列朋友对我友好的、经常是频繁的帮助，有些令我从研究的一开始就受益匪浅：彼得・安德烈・布洛赫教授、约翰・戴特里奇教授、斯蒂芬・迪茨施教授、延斯・马尔特・菲舍尔教授、斯文・弗里德里希博士、泽格・古特教授、凯特・汉伯格教授、玛丽安・哈斯勒教授、马克・洪格教授、雅各布・卡兹教授、鲁道夫・克莱斯博士、迈克尔・莱博士、迪特尔・普福博士、保罗・劳伦斯・罗斯教授、皮埃尔・罗斯柴尔德博士、安托瓦内特・莎莉教授、尼古拉斯・瓦兹尼教授、埃贡・沃斯博士、克里斯托弗・沃尔顿教授、马克・A. 维纳教授以及迈克尔・维克。

在本书出版前，我的经纪人恩斯特・派珀博士，我的出版经理霍尔格・昆策，我的出版人、兰登书屋出版集团卡尔布莱辛出版社的乌尔里希・根茨勒以及我的责编埃德加・布拉希特博士提供了最专业的支持，埃德加・布拉希特博士以其对理查德・瓦格纳整体现象的深刻了解令我惊讶。他精力充沛，有时还带着一点友好的固执，知道如何通过许多建议将一部学术著作转变为一本面向广泛受众的作品。我对他们所有人表示钦佩和感激，他们的出版工作达到了极高的水平，这在互联网时代是难能可贵的。

最后，我衷心地感谢我的整个家庭，叶连娜、拉斐尔和安妮—洛尔，感谢她们在这个项目进行的十五年中的耐心和充满爱意的帮助与陪伴，这本书耗费了我大量的家庭生活时间！

瓦格纳作品缩写

为了强调瓦格纳的原文，正文中在引用后以缩写（作品名+页码）的形式将之标注出来。除非另有说明，否则对歌剧的引用全部来自原版总谱。其他引文来源见尾注。

Burrell 1950　约翰·N. 伯克主编：《理查德·瓦格纳书信集：伯勒尔藏品》（Burk, John N., Hrsg., *Richard Wagner Briefe. Die Sammlung Burrell*, Frankfurt am Main 1953，英文版 New York 1950）

CT　柯西玛·瓦格纳：《日记》（Wagner, Cosima, *Die Tagebücher*, München, Zürich 2 Bände/1982）（引用时标明日期）

ML　理查德·瓦格纳：《我的生平》（Wagner, R., *Mein Leben*, München 1976）

GSD　理查德·瓦格纳：《作品全集》（Wagner, R., *Gesammelte Schriften und Dichtungen*, 2. Auflage. Leipzig 1887. 10 Bände）

SB　理查德·瓦格纳：《书信集》（Wagner, R., *Sämtliche Briefe*, hrsg. von G. Strobel u. W. Wolf etc. Leipzig-Mainz 1979 ff.）

SSD　理查德·瓦格纳：《作品全集：国民版》[Wagner, R., *Sämtliche*

Schriften und Dichtungen. Volks-Ausgabe, Leipzig 1911. 16 Bände (Bände 1–10 sind seitengleich mit der Ausgabe von 1887)]

WKL 奥托·施特罗贝尔主编：《路德维希二世国王与理查德·瓦格纳书信集》(Otto Strobel, Hrsg., *König Ludwig II. und Richard Wagner. Briefwechsel*, Karlsruhe 1936 ff.)

WMW 理查德·瓦格纳：《理查德·瓦格纳致玛蒂尔德·韦森东克：1853—1871年日记与书信集》[Wagner, R., *Richard Wagner an Mathilde Wesendonck. Tagebuchblätter und Briefe 1853–1871*, hrsg. v. W. Golther. 13., durchgesehene Auflage, Berlin 1904 (Angaben nach Datum)]

WWV 戴思里奇、盖克、福斯：《理查德·瓦格纳音乐作品及其来源》(Deathridge, J./Geck M., /Voss E., *Verzeichnis der musikalischen Werke Richard Wagners und ihrer Quellen*, Mainz 1986)

引 言

传记有多"真"?

1866年,瓦格纳发现自己陷于某个不可摆脱的灾难之中,在他的一生中,这种灾难并不少见。他正面临失去一个女人的危险,这是唯一能够赋予他的生命以意义和方向的女人。从前浪荡于苏黎世、巴黎和维也纳,拈花惹草、处处留情的轻狂岁月已经表明,他,伟大的瓦格纳,不能独自给自己的生命创造真正的意义。自从1862年最终离开第一任妻子明娜之后,他曾接近过律师的女儿玛蒂尔德・迈尔、"管家"玛丽亚・弗尔克尔和演员弗里德里克・迈尔——前者至少让《纽伦堡的工匠歌手》的"创作引擎"运转过一段时间,后两人则根本不能让它转动起来。只有柯西玛能够打开他的新视界,她是弗朗茨・李斯特的女儿,他第一次见到她是在1853年,但1862年之后才开始了频繁接触。早在1862年夏末,"她属于他"这个信念就给他带来了最大的"安全感"(*ML*, 709),而1863年11月28日,在柏林乘坐马车时,终于立下了一个誓言,一个他们二人每年都要重申的誓言:"我们无言地深深凝视彼此,坦陈真相的强烈渴望压倒了我们。"瓦格纳在自传《我的一生》(第745页)中写道。

恰恰是关乎真相，而真相并不能让这二人的生活世界和谐一致：柯西玛已经和汉斯·冯·比洛结了婚，这位丈夫是她父亲的得意门生、新的慕尼黑宫廷乐队长，[1]她还是两个孩子的母亲。当时的瓦格纳多少算得上无家可归、四处奔波，身背绝望的债务，完全无法过上有序的生活。尽管如此，柏林的马车中还是传出了坚定的话语："伴着眼泪和哽咽我们许下承诺，我们只属于彼此。"(*ML*,746)

1864年5月，瓦格纳的生活中出现了一道光：十八岁的巴伐利亚国王路德维希二世拯救了瓦格纳，那时他正设法躲避维也纳的负债人监狱；在慕尼黑，这位作曲家不仅有了一个家，还得到了巨额的王室资助，让他能够解决所有债务，他还找到了一家宫廷剧院，使得《特里斯坦与伊索尔德》这部到那时为止音乐史上最激进的作品在1865年6月10日得到首演。但这需要一个指挥来完成，一个高于他的时代所有其他乐队指挥的人：汉斯·冯·比洛，柯西玛的丈夫。只是，要如何跟笃信天主教的国王讲清楚，《特里斯坦与伊索尔德》与后续项目，以及随之而来的他的宫廷剧团世界排名的急升，只能以社会丑闻与通奸为代价？音乐大师比洛只是出于艺术家的责任感才接受了他生命中最苦涩的部分，接受了婚姻的破裂，成了这出罪恶的三角恋的牺牲品；他的妻子和他崇拜的朋友瓦格纳上演了一出诓骗的闹剧，闹剧的导演理查德与柯西玛以最大的冷酷投身其中；所产生的流言蜚语不得不依靠国王的敕令才能平息！

慕尼黑《人民信使报》的一个名叫灿德尔的编辑，在1866年5月31日取笑了"信鸽"柯西玛和"她的朋友(不然还能是什么？)"瓦格纳，柯西玛就在1866年7月7日写信给国王，"跪地"乞求用一份文件证明她对汉斯·冯·比洛的婚姻忠诚。尽管在一年前的1865年4月10日，她就已经生下了瓦格纳的第一个女儿伊索尔德，但她仍声称，瓦格纳只是她的“朋友”，她的孩子们有权拥有“纯洁的名声”。[2]她附上了一封（由瓦格纳起草的）书信文稿，这封信在1866年6月11日以国王亲笔信的形式送到了汉斯·冯·比洛的手里，比洛又公开给了好几家报纸。[3]目瞪口呆的公众由此得知，国王是如何看待这起绯闻的：

> 我熟知您最无私、最高尚的举止，正如慕尼黑的音乐受众熟知您无与伦比的艺术成就；再者，我非常了解您尊贵的妻子那高贵慷慨的品性，她对她父亲的朋友、她丈夫的榜样满怀关切的担忧之情，抚慰支持着他，因此我认为，那些近乎犯罪的公开辱骂的不明原因仍有待查清，以便洞察这些侮辱行为，对犯罪者施行最严苛的正义。[4]

杰出的传记作家马丁·格雷戈尔—德林对这种情况毫不掩饰地评论道：“国王公开地做了伪证。编辑灿德尔不得不接受了慕尼黑法庭的罚款处罚。”[5]理查德·瓦格纳与原姓李斯特的柯西玛·冯·比洛之**私密**关系的“真相”，成了一个令人发指的公开“谎言”，还导致了法庭的错判——真是怪异的局面。

国王大概是到1868年10月才了解到柯西玛和瓦格纳之间的真相，暂时还很平静——公众也很平静，至少看起来是这样。然而，柯西玛和瓦格纳与李斯特的关系却陷入危机，迅速降到冰点；他们必须与这位著名公众人物，同时也是虔诚天主教徒达成和解，而靠欺骗是不可能实现这一点的。

1867年10月，瓦格纳正在创作《纽伦堡的工匠歌手》最后一幕。一年半以前，他搬进了特里布申城位于卢塞恩湖畔的一座四层乡间别

图2　理查德·瓦格纳在特里布申的埃拉尔三角钢琴。

墅；国王为他支付房租，尽管陛下在1865年12月曾不得不把这位作曲家驱逐出慕尼黑；瓦格纳干预巴伐利亚政治，引起了极大愤慨。

因此，瓦格纳再次踏上流亡生涯。不过，这一次再没有债主骑在他的头上了。他有了个男仆彼得·施特芬，有了个管家雅各布·施托克。他还有个最为忠心的女仆弗雷内利·魏特曼，她后来嫁给了管家施托克。瓦格纳给路德维希二世国王写信道："我在岸边有条小船，一位出色的老人'约斯特'为我撑船；马厩里有一匹好脾气的老马，我会骑它去散步。"最重要的是，柯西玛经常和他在一起，正是由于她的存在，他走出了为期三年的创作危机，这次危机曾导致《工匠歌手》第一幕的两个部分割裂开来。然而，她于1867年2月17日在特里布申生下瓦格纳的第二个孩子之后，又住回了慕尼黑，去看望她的父亲弗朗茨·李斯特。父亲苦口婆心地告诫她，不能与瓦格纳一起生活，必须维持与冯·比洛的婚姻，看在他们的两个孩子布兰迪内和达尼埃拉的分上。李斯特每天早晨六点钟去做弥撒，他坚持认为，根据天主教律法，婚姻是不容破裂的。最重要的是，他觉得自己对女婿冯·比洛负有责任。“他差不多等于是我儿子，是我二十年来最热情、最亲密的朋友。”他在给一位女性笔友的信中写道。[6]

柯西玛尊重父亲，是的，她爱他。但这一次，李斯特无法说服她。在这些时刻，他会感受到，甚至后悔于自己长久以来缺席父亲的角色，把女儿丢给她的祖母安娜·李斯特照料，后来又把她塞进巴黎的一所学校，而自己则忙于巡回演出。直到1844年，在得到父亲法律上的认可之后，柯西玛才姓回了李斯特，不再使用母亲的娘家姓达古伯爵夫人。[7]李斯特责备她说，离婚会摧毁一直体弱多病的汉斯·冯·比洛，柯西玛则提出了一个令此时此刻的父亲无力反驳的理由：瓦格纳是个天才，她感受到了自己的使命，要帮助这个天才，与他同甘共苦，为他提供他长期缺乏的家庭幸福，这对他的创造力发展是不可或缺的。

李斯特决定去一趟卢塞恩，亲自跟瓦格纳谈谈。他先是出发去斯图加特，在那里遇到了里夏德·波尔，此人是为数不多的自称瓦格纳崇拜者的音乐批评家之一。[8]于是，李斯特与波尔一起去瑞士，但波尔并不清楚这趟旅行的意义。弗朗茨·李斯特已经向瓦格纳发过电报说自己要来，因此在下午两点钟的卢塞恩火车站，早有一匹白马拉的单驾马车恭候在那里，将客人接去特里布申。

李斯特曾经与瓦格纳一起策划过伟大的事业。他做了几年漂泊不定的钢琴演奏家，于1847年暂时停歇在魏玛，他与伴侣卡罗琳·赛恩—维特根施泰因侯爵夫人在魏玛住了下来，接手了这里宫廷歌剧院的艺术指导职务，他想与瓦格纳共同创办一个音乐节。这个音乐节应该四年举行一次，就像奥运会一样，每一届在文学、音乐和视觉艺术上的侧重点都不同。瓦格纳在这方面发挥了重要作用。他于1849年来到魏玛——不过是作为被通缉的革命党。李斯特不懂这些，但他还是给瓦格纳准备了假护照，让他得以逃往瑞士。李斯特很有可能感觉到了，他的慷慨对瓦格纳来说是难以承受的。早在1851年4月8日，瓦格纳就在一封信中表达出了他们友谊中的所有矛盾情感。“与你的交往总是使我感到惊叹！若是我能向你描述我对你的爱意！所有的痛苦、所有的幸福都在这爱中战栗！今天，嫉妒折磨着我，我害怕你的特殊天性中我所不熟悉的部分；此时我感到恐惧、担忧，甚至怀疑，就像一场森林大火在我体内熊熊燃烧，一切都被这场大火吞噬[……]你是个妙人，我们的爱也很奇妙！如果没有如此相爱，我们只会极度地互相憎恨。”(*SB*，卷III，543)这些句子表达出了钦佩和嫉妒。然而，李斯特更多地帮助了他，倾听他的心声，继续给他钱。为有天赋的音乐家服务，对他来说是理所当然的。这种事情对瓦格纳来说则是全然陌生的。不过，李斯特可以从瓦格纳那里期待一件事：认真对待他的话，听从他的劝告。1864年，他在施塔恩贝格如此尝试过一次，但毫无效果。

但是，在三年之后的现在，瓦格纳再次濒临绝望。他对柯西玛的爱是如此确定，却突然之间仿佛遭受威胁。死亡的幻象侵扰着他。1867年9月16日，柯西玛启程前往特里布申去待两天，她要接走孩子，带回慕尼黑！只把刚半岁大的埃娃留给了瓦格纳。这次，冯·比洛——虽然只是在三名当事人的小圈子里——承认了瓦格纳的父亲身份，与伊索尔德那次不同。就这样，1867年10月9日，瓦格纳在极度的忧虑中迎来了他的朋友李斯特。田园牧歌般的乡间别墅刚刚翻新过。客厅中悬挂着几幅画像：国王路德维希二世、歌德(伦巴赫的复制品)、席勒，以及瓦格纳早逝的继父盖尔。[9]壁炉上竖着一座吟游诗人形象的钟，这是巴伐利亚国王在1864年圣诞节时送给他的；一尊银制的奖杯，是苏黎世的热情女歌手们赠送的；还有他的歌剧主角罗恩格林和唐豪瑟的小雕像。

李斯特和瓦格纳谈了六个小时。李斯特相信，理查德·瓦格纳与他女儿之间的激情会逐渐消退，最后只会给他俩留下良心的谴责。但瓦格纳不愿意让步。最后，屋主让李斯特的旅伴波尔也加入进来——我们能够了解这个值得纪念的日子，都要归功于他的回忆。[10]波尔记录道，瓦格纳精神很好，但李斯特已经因为无意义的劝诫而疲惫不堪。埃拉尔三角钢琴上放着打开的《工匠歌手》总谱，瓦格纳正在创作它的最后一幕。李斯特将它弹了出来，仿佛这是世界上最自然不过的事情。很快，他便被和声与旋律吸引，沉浸在这个古老的德意志世界里。瓦格纳从背后向他靠近，开始唱歌。一个角色接着又一个角色，正如他经常用他的歌剧让观众惊讶那样。熟悉从巴黎到维也纳几乎所有音乐厅的音乐评论家里夏德·波尔觉得，他从未听到过两个如此亲密又如此恳切的人的表演。只是在第二幕的结尾处，钢琴家停顿了下，李斯特说，这里的多声部太复杂了，不可能在钢琴上弹出来，只有一支乐队才能做到。他好几次因狂喜而欢呼，说只有瓦格纳能写出这个。令他印象最为深刻的还得说是第三幕。

按原定计划，李斯特第二天早晨五点踏上回程。波尔将他送到卢塞恩火车站，瓦格纳让仆人在这里给柯西玛发一封电报：“就一句话。今早结束了非常和平的访问。彻底失眠，但满怀希望。”(*SB*，卷V，70)瓦格纳在自己的年鉴中记录道：“李斯特来访：可怕，但可喜，为时一天。”[11]1867年10月12日，国王得知：“我们重拾旧日时光，甚至更加美好。”(*WKL*，卷V，195)[12]然而，柯西玛还在慕尼黑焦急地等待着她的父亲。他会说什么呢？他会与她的情人彻底决裂吗？但李斯特却说出了截然相反的话：他有一种去圣赫勒拿岛觐见过拿破仑的感觉。瓦格纳在特里布申所创作的，是一部蕴藏着钻石矿的大师之作。怎么能用普通人的行为准则来约束这样一个天才呢？柯西玛的父亲问道。

我们可以意识到，在经过了几年的紧张疏远之后，特里布申的这次重逢有着什么样的重要意义。那些极度令他困扰的问题，李斯特终于找到了答案。艺术是否有自己的规则？这有可能是一条超越所有社会规范的"真理"吗？虽然后一个问题还没有被推翻，但另一个问题，他的女儿及其男友将之作为**自己的**真理所推崇的，却要求得到更大的尊重——也包括他的尊重。现在李斯特可以**理解**了，他很平静。

关于这里所描绘的两件事，即路德维希二世国王的"伪证"与弗朗茨·李斯特在特里布申的让步，很少有详细的报道。这并非关乎这些故事的结局，而是关乎其他的东西：这些故事中隐藏着"真实"与"假象"、"现实"与"尚未成为现实"的不同形式。瓦格纳所认为的"真实"，在其他人看来可能就是个谎言。多亏精湛的表演，让他所谋划的一切经常看起来像是"真实"的。然而，这些很少是彻头彻尾的谎言，因为大多数时候会有一个真正的、通常来说是有意义的，甚至是不可或缺的系统，藏身于他所认为是"真实"的东西背后："真"对他来说占据着首要地位，这促成了他的创作条件。

然而，传记作者所要处理的，却不仅要对瓦格纳来说是"真实的"，而且要客观上就是"真实的"，或者至少是"现实的"。但在瓦格纳一生中的很多地方，并不像这里展现的几个片段一样清晰，因为经常有文献的缺损、丢失、消失或被删改，或是因为瓦格纳毕生的表演显露出一种完美，哪怕在公元2013年，这位作曲家诞生的两百年后，这种完美仍然在发挥作用。本书的任务之一便是，在瓦格纳身周看似坚固的戏剧之壁上开辟出新的线索和突破口。为此首先要做的就是，深化传记作品中的“真实”性问题。

传记中的真实与神话

关于什么是真实这个问题，翁贝托·艾柯在一场讨论中曾经回答道：“真实只存在于小说般的语境下。”[13]对于瓦格纳的传记作者来说，这乍看去是个坏消息：瓦格纳那本出了名不靠谱的自传《我的生平》不应该再被质疑了，因为，按照艾柯的话来讲，即便在传主最充满想象的自我描述之中也能发现真实。瓦格纳确实将自己的传记跟对真实的主张联系在了一起，他写道，它为后人留下了“真实的依据”。[14]关于“真实”的问题，本丢·彼拉多早就提出过——并且没有解答。因为这个问题有无数答案。之前所引用的翁贝托·艾柯的评论也是一句妙语；在上文提到的采访中，他自称为“周日小说家”——他只在周日处理“真实”问题——但从周一到周五他都要作为哲学家、文化学者和媒介学者而工作。因此，他对真实的描述更像是对这一概念的解构。[15]

真实并不仅仅意味着简单的事实。对路德维希·维特根斯坦来说，它是“现实的模型”，即对事实的解释性的整体观点。后者可能是正确的，但解释却是错的，因此如果只存在一种真实，就总是危险的。后现代的作者们认识到了这一点；吉尔·德勒兹断然将一切都视为神话，这个神话就被宣称为**唯一的真实**。然而，对于罗兰·巴特这样的后现代人来说，神话是可操控的，是应当实现某个具体目的的。因此，对一部历史人物的传记而言，一切以满足过去时代为目的的神秘因素都必须得到解构，因为那些目的在今天都已不再重要。而这种祛魅必须谨慎进行，因为存在着损害艺术的危险，也正因此，艺术家们才用神话将自己保护性地隐藏起来。

瓦格纳是如何处理这些问题的呢？在他的倒数第二部乐剧《诸神的黄昏》中，诸神没有被毁灭或是被颂扬，而只是按照人类的样子被塑造出来，也因此才变得可以理解。在本书中，也将类似地如此处理：既不会为瓦格纳这个人辩护，也不会对他进行解构；笔者只是要打开那层迄今为止未曾有人揭开的外壳，穿透那层装甲，那是这位艺术家在几十年的时间里，在公众面前、在自己身周建造的——他绝不仅仅是为了所谓的自我保护，这在如今已经变得多余，也是为了让自己作为艺术家得到认同。对瓦格纳的解析早已深入进了隐私范畴；这对于解释他的作品没有丝毫帮助，因为人格批评并不能对艺术的产生提供详尽的见解。相反，解除由他自己创造并巧妙安置起来的**瓦格纳神话**这一护盾是亟待完成的，但由于两点原因迄今尚未进行。首先是因为，直到不久之前，研究手段仍然不够完善（后文将会看到这一点），其次是因为，"揭秘"迄今尚未真正引起艺术界的兴趣。[16]艺术圈人士担心，这样做会有损作品的经济价值，因为这种阐释指向社会问题，这些问题痛苦地延伸进战后历史：那时和现在一样，人们都想避免讨论瓦格纳的反犹主义对他的作品的意义。因此，直到2013年，瓦格纳诞辰两百周年之际，人们往往都还会维护这位亦已饱受猛烈攻击的艺术家。然而粉饰比解构更危险，因为维护只能通过**现今的、对我们的**情感起作用的道歉言论的反向投射，作用于很久之前那些有争议的艺术作品的诞生时刻，因此这种方法从历史上看是不重要的，并且会有通过无可比较的方式扭曲艺术作品的风险。

理解和穿透瓦格纳为自己和自己的作品所打造的神话，这种努力将不仅把我们带向瓦格纳一生中关键时期的不同画面，还将使人产生对其作品的不同看法。如果不回避对作品中意识形态的讨论，这也将包含新的意义，这种意义更能反映如今的世界状况，而不是1950年代至1970年代的模式，但2013年也是从那些模式中创造出来的。这些模式基于叔本华、社会主义、心理学、人类学等的一般观点——所有这些体系都有自己的价值参数。它们仅仅部分地与瓦格纳的价值参数相契合，但也总会导向不兼容，不通过曲解就无法解释这种不兼容。瓦格纳有着自己的价值与无价值体系，需要一个先验的、尽可能不作价值评判的解释框架——只有在这个框架中，这部作品才能自由展开。

史料来源

深入研究瓦格纳的生平与作品，你会陷入巨大矛盾构成的沼泽之中，因为直到1865年左右的瓦格纳与其同时代人的通信中所说的，部分地与他那些自传性作品不一致。[17]早期的信件出版并不完善。从一开始，这些出版物就遭到了瓦格纳驻地拜罗伊特的控制和审查；新的那些，直到第8卷都问题重重的全集到1991年进入了十年的停滞期，并且有着极大的空缺，只出到1857年。直到2000年才有了可堪使用的续集，但到2013年的两百周年纪念为止也只出版到1867年（第19卷，2011年出版）。不过无论如何，这意味着2011年以后就可以研究断掉的通信的关键时期了。但时间太紧，来不及研究2013年的纪念作品。2015年的第23卷出版了1871年的信件。

研究还受到另一个问题的阻碍。已知的直到1849年流亡之前的瓦格纳书信的数量，不足以描述他生活的准确情况。因此，瓦格纳前半生的生平至今都依赖于他的自我描述。任何与其他资料相矛盾的东西都被归结为不详的“瓦格纳神话”。在迄今为止的研究文献中，根据上述的主要倾向，这一神话要么被拿来当作借口，要么被解构。即便在2013年的周年庆，也没有人尝试走出第三条路，对这个神话进行历史的一批判的分析。2013年秋以来，一直流传着这样的抱怨：自大约1970年以后，瓦格纳的形象就一直没有过发展变化，一方面是陈词滥调的赞美，另一方面则是近乎鄙视的笼统批判。值得一提的是，在斯特凡·默施对《帕西法尔》和瓦格纳与犹太指挥家赫尔曼·列维的关系进行过研究之后，关于瓦格纳的最重要的出版物可能是一项解释性研究：马丁·施奈德展示了瓦格纳与浪漫艺术的联系，他从人类灵魂的黑暗面、从无意识中进行的创作，令人印象深刻地诠释了伟大的觉醒场景——“瓦格纳几乎总是让他的人物从深沉的睡眠和梦境中苏醒。他们不是出现，而是醒来。”——并展示出其与海因里希·冯·克莱斯特的文学人物描绘方式的惊人联系。[18]

为了取得进步，必须呈现出这个自1840年以来日益强大的神话的整体性和复杂性。只有这样，才能看清瓦格纳的动机、策略和行为方式，而这也对其作品的解释产生了持久的影响。解构带来的不仅是幻灭，最重要的还有对细节的丰富！但一开始，我们会遇到许多陌生的事物。因为从《漂泊的荷兰人》这第一部“典范”作品开始，就充斥着生平记录上的前后矛盾之处。最早的传说是，这部作品1841年诞生于巴黎最痛苦的困境之中。这一传说与许多类似的传说一起，导向了一个被忽视了的天才的神话；其他神话随之而来，首先最重要的，即**劲敌**的神话，最后是“民族救赎者”的神话。谁要为这些神话负责？首先是瓦格纳本人。从1840年起，他开始有目的地亲自在自己周围设置虚假的线索，随着1871年德意志帝国建立和稍后在拜罗伊特定居，一切都被焊接为一个整体的神话，其民族的或曰民族主义的意图是显而易见的。

这是如何发生的，又为什么会发生？从1840年起，瓦格纳开始明白，作为名不见经传的、穷困潦倒的作曲家，如果把所有底牌都摊开在桌上，是没有办法征服艺术界的。帕格尼尼、李斯特、柏辽兹、肖邦，最后还有威尔第，都已经有了自己的传说故事，成功的话，这些传说就会成长为一个神话。帕格尼尼和威尔第起初在这方面做得最好，但后来瓦格纳成了这方面的大师，因为音乐节一百五十年来一直沉浸在他发起的神话之中——直到今天。[19]这些神话几乎没有什么是确定无疑的，这一点似乎只有在最近的文献中，只有两位作者注意到了，但他们并没有由此发展出一致的新方法。[20]但这是必要的，否则的话，神话依然没有被识别出来，并在将来依旧混淆事实。没有什么能为传记作者免除用21世纪的一切手段去复核传记上一切有疑问之处的必要，如果有需要的话，还要打破它。

关于瓦格纳的三个“真相”

在瓦格纳这里，还有一个问题。从今天的角度来看，至少存在三个“真相”，也就是有三种神话集合，它们相互之间有时是相当矛盾的。第一个“真相”在1918年前是有效的；到1945年5月为止，它激化为第二个“真相”。第三个与前面两个相对立，源于1951年7月拜罗伊特音乐节重新开幕。在此期间是1945—1951年的巨大黑洞，前两个“真相”沉入其中，即那个独一无二的瓦格纳“真相”，他是民族主义—生物学自我确信的文化保护人，自1933年起也是粗暴的种族主义自我确信的文化保护人。这些“真相”在1945年甫一瓦解，下一个就在1951年被发明了出来：那是另一个完全不同的瓦格纳，可以将他视作一个正直的爱国者，但他——出于谨慎——也不得不被当作一个反犹主义者来讨论。这个“真相”也变成了一个神话，因为自1951年以来，最新版的瓦格纳独特性令人相信，他创造的艺术“绝对没有”过去的那种邪恶阴影，也就是说，也不存在反犹主义。[21]起初，威兰·瓦格纳以弗洛伊德和荣格的学说创造出心理学上的替代性内容，但这多少有点精英主义；然后在沃尔夫冈・瓦格纳的主导下，出现了散发着社会革命精神的读物并迅速征服了艺术界。对于年轻的联邦德国来说，这是件好事，因为它为新的国家创造了可以想象得到的最好的文化合法证明。为了让这一"真相"的惊人变化显得合理，人们不再像1945年以前那样以其所处的思想史背景来看待瓦格纳；相反，他被从这一背景中撕扯出来，仿佛艺术完全可以在艺术家的日常生活之外进行创作。事实上，这种对艺术的绝对化没有任何先例，或许只有精神分裂症患者才能在任何日常思考之外创造出主导艺术家生活之全部的作品——所有这些都被战后的艺术战略家们忽略了。在这种"绝对"艺术的幻想概念之中，还有一点未被注意的是，它是与瓦格纳的信念相抵触的：瓦格纳鄙视这种"超脱的"艺术，称其为"荒唐之物"。[22]

这一个接一个的瓦格纳"真相"，威廉时代的、希特勒时代的和联邦德国时代的，都背叛了它们的目的。它们——在吉尔・德勒兹和罗兰・巴特的意义上——都是现代神话。

为了使本书中展现的瓦格纳形象能够被理解，必须始终穿插对这位作曲家的接受史，但它不能构成解释他的生活和作品的直接出发点，以避免今天的意识形态，也就是对瓦格纳来说完全陌生的意识形态，被投射到他身上并扭曲他，正如联邦德国的很大一部分瓦格纳传记所做的那样。在英语世界里，人们的态度本质上讲要中立得多——迄今为止，较好的瓦格纳传记都出现在那里，因为那里没有民族认同的问题需要讨论。

就其影响史而言，最终有三部传记是必须时常参考的：首先是卡尔・弗里德里希・格拉泽纳普（1847—1915）的，这是第一部重要传记，他于1877年开始两卷本的写作，最终在1911年以六卷本、总共3107页收尾。第二部是欧内斯特·纽曼（1868—1959）的，在1933年至1947年间以四卷本（共2656页）的形式出版。第三部是马丁·格雷戈尔—德林（1926—1988）的作品，首次出版于1980年。[23]大多数其他传记都或多或少地依赖于这三部作品的大部分内容。格拉泽纳普的作品最初是在瓦格纳，然后是在柯西玛的监督之下写成的，是一部未加批判的圣徒传记，但它是基于瓦格纳家族所控制的，几十年来其他批评家无法接触的大量材料。欧内斯特·纽曼对瓦格纳的生平第一次做了批判性的观察，再次详细查阅了当时可以获得的材料，并最终获得一个形象：它虽然不是完美无缺的，却是有血有肉的，且保持了必要的距离。很遗憾，这部作品从未被翻译成德语；令人惊讶的是，直到今天，德国对任何瓦格纳批评都无动于衷。格雷戈尔—德林这部写得非常出色且理所当然也非常成功的作品，有时被归入“文学性传记”的类型。[24]这绝不是错误，但应当挑剔他的是：首先，他过多地参考了格拉泽纳普，而过少地参考了纽曼；其次，他过于将他的作品限定在1968年的精神之下，并总是试图将瓦格纳安排为“左派”，但瓦格纳只是从1848年，最多到1853年属于这一阵营。今天依然存在着这种倾向；但它太不现实，也不符合理查德·瓦格纳这种超越时代的，同样也具有心理学和哲学意义的现象。[25]

与之相比，笔者的工作侧重于对组织和社会环境、政治发展、艺术和文化影响进行历史的考虑，最重要的是，探讨作为浪漫艺术家的瓦格纳的生活策略。要从瓦格纳所处的时代来理解瓦格纳。我们将尝试追寻艺术创作的道路和歧路：艺术本身就是最本质的东西；艺术比所有政治以及瓦格纳围绕艺术所上演的所有敌我接触都更重要，更是比迄今为止的其后几代人以这样或那样的方式强加给这种艺术的各种政治性含义要重要得多。瓦格纳是在什么样的困难条件下创造的艺术，这个问题像一条红线一样贯穿本书。

我是如何接近瓦格纳的艺术作品的

若对近一百五十年以来的瓦格纳观众进行类型学意义上的研究，就会发现几乎不存在明确的非此即彼的划分，我既不是“瓦格纳崇拜者”，也并非“瓦格纳批判者”；在与他的作品直接接触的四十年中，我既会表示赞赏，也会表达批评。我的基本冲动是好奇，想要进一步了解我作为斯图加特国家歌剧院（从前的“冬季拜罗伊特”）的管弦乐队成员在三十三年的时间里演奏过上百次，每次演奏三四个或五个小时的内容。我对瓦格纳的第二种接触是通过我的第二职业，即音乐古物收藏者。瓦格纳的原始手稿始终让我着迷，就像莫扎特、贝多芬和其他许多大师的手稿一样。但或许瓦格纳更持久地影响了我对原始文献的感官愉悦，迫使我分析其内容，而这种激情在古物收藏者身上必须是不可动摇的。我对瓦格纳的所有研究都来自这种纯粹的语言学姿态；但在有许多条道路可走的地方，我只作为音乐家来做出判断。

对于音乐研究者而言，更多的是对职业音乐家而言，音乐就在那里。一旦我们决定终生投身于此，对品质的追求就起着重要的作用；对某个作曲家的“喜爱”或“厌恶”都没有什么意义，因为你不得不和他们共度一生。瓦格纳的崇拜者、瓦格纳的辩护士，甚至苛刻的瓦格纳的批判者的情感反应，对我来说是陌生的，我认为这些反应是“非音乐的”：它们不符合音乐的本质，因为它们无视了音乐相对的价值中立。正是在这个意义上，作为职业音乐家，我们很快就丢掉了“美”的音乐必须在道德上也是“善”的观点——恩斯特·布洛赫就已经将这一划分归结为“古老的、有争议的”。[26]一般来说，在音乐家的世界里，人们无法找到这两个概念之间可验证的关联性。因此，在音乐中期待这类概念也是一个浪漫主义的错误——无论是对巴赫、莫扎特、瓦格纳还是谁抱有这样的期待。然而，**这并不意味着道德对他们而言没有意义**；只是道德处于一个不同的层面上，在本书的进程中，这一点将变得非常明显。这是一条复杂的道路，而艺术世界与道德世界之间的鸿沟是不容易弥合的。正如哲学家乔治·斯泰纳用近乎粗鲁的语言所说：“音乐中既没有善，也没有恶。”[27]极其重要的音乐学家阿尔弗雷德·爱因斯坦，那位著名物理学家的堂弟，曾经说过一句更负责任的话：“音乐的道德仅在于它的品质和完美。”[28]完美意味着，音乐不仅能够表现意识形态，还能升华意识形态：**神话孕育出了它的反神话**。

我对瓦格纳的重估考虑到了他的文化现象的所有细节，但最终是基于对他的以主导动机体系为核心的创作过程的赞赏。

在我开始对瓦格纳的重估时，有一次相当偶然的经历。2012年，我在二十年后重返巴塞罗那的圣家堂，这座安东尼·高迪设计的教堂此时已几近竣工。我在那里开始明白，艺术作品中的**超验性**隐藏了很长时间，它不能在物质上出现，而只能在完美的**品质**下出现于精神领域并成为宗教，或者更笼统地说，成为哲学。在此之前，它的90%或95%都是由物质材料组成的，但最重要的是**技术**，在高迪这个特殊的例子里，是混凝土、石头和玻璃的结合。

在瓦格纳这里，对应的是什么呢？是主导动机的**技术**，从2012年开始，我不得不重新思考它。它是如何**创造**出来的，又有什么**作用**？它的作用方式在这里只说一点，即它创造了一种极具动态的意义发展，在物质性与形而上学之间不断切换。这正是美学中所谓的超验，在美学中它是相对价值中立的，因此它不能轻易地与宗教学和哲学中的同名术语等同起来。就此而言，瓦格纳的体系可以被称为**超验的现实主义**；其中，政治手腕和形而上学的提高常常针锋相对。这就导致了意识形态在瓦格纳的艺术中清晰可见，但这位作曲家的辩护士却一直否认这一点。瓦格纳的创作也导致了意识形态在艺术中可以被克服，二者又是批判者们所不愿承认的。本书要说明的就是，这两种情况都是可能的，而这两个过程的互动会使瓦格纳的作品更加有趣。

第一部分
神话源起

1

最初的十七年

图3　莱比锡的尼古拉中学，A.韦尔的石版画。

童年、少年、学生时代

理查德·瓦格纳在自传《我的生平》中详细且生动地描述了他的童年。他以传统的方式开篇："1813年5月22日，在坐落于两层台阶之上的莱比锡布吕尔街'红白狮子'旅馆里，我出生了，两天后，我在托马斯教堂受洗，得名威廉·理查德。”作为约翰娜·罗西娜·佩茨（1774—1848）与卡尔·弗里德里希·威廉·瓦格纳（1770—1813）婚姻中的第九个孩子，他在布吕尔街3号来到了这个世界，也就是说，在莱比锡“犹太人区”的正中间。然而，当时在莱比锡只有六个犹太家庭，大约50人，可见1453年*由莫里茨·冯·萨克森公爵所下达的驱逐令仍然是行之有效的。[1]洗礼也并非如《我的生平》所说，是在出生两天后进行，而是于三个月后的1813年8月16日在托马斯教堂举行的，可能是由于当时的战争状态，也可能只是出于习惯，因为瓦格纳的姐姐克拉拉和奥蒂莉也是在出生四星期后才接受洗礼的。[2]

瓦格纳的父亲弗里德里希·瓦格纳曾就读于托马斯中学，并在莱比锡大学学习法律，不过他也曾接受过文学教育。他是莱比锡警察局长候选人。理查德·瓦格纳在自传《我的生平》中说，他的父亲——尽管他的工作远离艺术——“几乎是充满激情地参与着”戏剧世界（*ML*, 9），并阐明：

> 我的母亲告诉我，父亲曾与她一道前往劳赫施泰特去观看《墨西拿的新娘》的首场演出，在那儿的林荫道上对她大谈席勒和歌德，并因为她对这样伟大人物的无知而激烈地责备她。他本人已经陷入对剧院女艺术家的狂热之中。我的母亲开玩笑地抱怨说，她在午饭时得长时间等他，而这期间他却去拜访当时一个著名的女演员。面对她的责备，他言之凿凿，说是案牍缠身，并用沾满了墨汁的手指作证，可强使他伸出手指做进一步检查时却发现非常干净。（*ML*, 9）

---

* 原文如此，应为1543年之误。（本书脚注均为译者所加）

不幸的是，约翰娜·罗西娜·瓦格纳并没有对她丈夫的放荡行为采取什么措施，她自己与戏剧舞台倒保持着良好的关系，这从《我的生平》中也可见一斑。弗里德里希·瓦格纳"对戏剧的巨大热情使他结交了一位知己好友，演员路德维希·盖尔"(*ML*, 10)。这位朋友将在瓦格纳的生命中担当重要角色。

瓦格纳出生的时候，莱比锡就已完全沉浸在战争气氛中了，四处在为战争祷告，武器被施以祝福。3月30日，普鲁士国王在一份公告中称："救赎的日子到来了，拯救、解脱和复活的日子到来了。"[3]普鲁士想要摆脱拿破仑的统治，4月17日，吕佐夫志愿军也到了萨克森的莱比锡，并聚集了越来越多的志愿者。[4]从官方角度讲，莱比锡是站在拿破仑这边的，因为萨克森国王弗里德里希·奥古斯特直到最后都保留了对这名法国人的忠诚，哪怕他的一些军官已经倒戈投向普鲁士。

5月5日，莱比锡人被要求捐赠绷带。人们为随战争而来的不可避免的传染病做好了准备。人们相信，利用食盐、软锰矿和硫酸盐的混合物，就能将所谓斑疹伤寒的传染源无害化。[5]瓦格纳家也做了很好的应对，理查德·瓦格纳出生十四天后，他们家就从莱比锡老城的北部搬到了地势更高的宁静郊区，位于托恩贝格附近的施托特里茨。

6月17日，在新剧场担任乐队指挥职务的E.T.A.霍夫曼，在莱比锡的绿椴树旅馆见到了弗里德里希·瓦格纳。他在日记中写道，警察局书记官、业余演员瓦格纳是个很有异国情调的人，他在模仿奥皮茨、伊夫兰和其他人，不过是以一种很聪明的方式。第二天就要度过四十三岁生日的弗里德里希·瓦格纳，那天晚上喝了许多朗姆酒，据说这玩意儿对抵抗传染病有好处。E.T.A.霍夫曼在1813年与1814年之交的新年夜完成了后来被瓦格纳极为推崇的小说《金罐》，自从格拉泽纳普提出这一点之后，这就不可避免地成了瓦格纳的传说之一。[6]那个时代对一个年轻的家庭来说困难重重。更令人惊讶的是，约翰娜·罗西娜·瓦格纳在7月中旬带着她仅仅两个月大的儿子理查德·瓦格纳动身前往波希米亚的疗养胜地特普利采，于1813年7月21日抵达那里。做丈夫的不得不留在莱比锡，当时莱比锡被法军占领，弗里德里希·瓦格纳能说很好的法语，因此充当了市政府与非常兴奋的拿破仑占领军之间的联络人。然而，他的妻子约翰娜·罗西娜却想在疗养地与他们家的朋友路德维希·盖尔见面，此人是弗里德里希在剧院里认识的。约翰娜的马车旅行引起了“各种各样的猜测”，1983年的一位传记作者写道，但他并没有说明人们在猜测什么。[7]

这种亲密关系并不特别清楚地为人所知。“警察局书记官瓦格纳在剧院里消磨夜晚的时候，这位出色的演员多半时间取代了他在家庭中的位置。看来他经常使抱怨丈夫轻浮的家庭主妇得到了慰藉。”（*ML*，10）这些表述并没有明确表达瓦格纳如字面意义一样、在多大程度上希望理解盖尔在家庭“内部”的替代角色。

图4　约翰娜·罗西娜·瓦格纳，原姓佩茨（1774—1848），理查德·瓦格纳的母亲，由瓦格纳后来的继父路德维希·盖尔所画。

无论如何，这趟旅程显示，瓦格纳的母亲和路德维希·盖尔之间的相互爱慕、相互依赖是很明显的。

8月10日，瓦格纳的母亲带着儿子回到莱比锡，这里为庆祝拿破仑的生日挂满了灯饰，而在外面，反对皇帝的战斗已经打响。

六天后，拿破仑在西里西亚的勒文贝格赢得一场胜利，几天后，他在德累斯顿取得了军事生涯的最后一次胜利。炮火越来越接近莱比锡。

10月13日，萨克森国王驻跸莱比锡市政厅广场旁的托马斯楼。战场遍布城市四周。1813年10月16日，隆隆炮声拉开了莱比锡战役的帷幕。普鲁士与俄国带领盟友与拿破仑军队战斗。参战的60万士兵中，有9.2万人阵亡。10月17日，莱比锡布商大厦的大厅改建成战地医院，10月18日，布吕尔大火，两枚炮弹飞进城市，榴弹炮对准莱比锡开火，目击者马克西米利安·波佩记录道。[8]在反法同盟——普鲁士、俄国、瑞典——确立胜果后，萨克森国王弗里德里希·奥古斯特才想要改换阵营，但为时已晚，他被俘获并被完全剥夺了权力。

莱比锡整个成了战地医院。在布商大厦，供伤员大小便的大桶早已满溢。在彼得教堂，饭汤就放在马桶几步远的地方。流言满天飞，说重伤的法国人会被直接杀掉，后来莱比锡的掘墓人阿勒曼也是这么说的。[9]大街小巷里堵满了枪炮、辎重车辆和躁动的马匹。瓦格纳在自传中说："我的父亲弗里德里希·瓦格纳，在我出生的时候任莱比锡警察局书记官[……]他在我出生那年的10月因过度劳累而去世。"[10]这个时间点是错误的。在11月12日，瓦格纳的父亲还递交了一份报告，1813年11月23日，他因伤寒去世，年仅四十四岁。讣告刊登在1813年12月11日的《莱比锡报》上。[11]

莱比锡的3.3万居民中，有十分之一以上感染了伤寒、痢疾和斑疹伤寒，城市中50所战地医院的两三万名伤病员的卫生条件加速了传染病的蔓延。[12]

理查德·瓦格纳在来到世上的第一年就失去了父亲。但他的母亲并没有孀居很久，住在德累斯顿的路德维希·盖尔立刻就取代了父亲的位置。如同瓦格纳在自传中所说的，盖尔决定"将他的余生全部奉献给这个家庭的抚养和教育"(*ML*, 10)。"这位无家可归、生活艰辛、颠沛流离的艺术家，在他朋友去世一年后娶了他的遗孀，继而成为七个失怙孩子的关怀备至的父亲，由此证明，他是那么强烈地渴望投身于一段温暖的家庭关系。"[13]不久之后，盖尔接受了德累斯顿宫廷剧团的聘用，使得他在经济上也可以支撑这样一个大家庭，并将他们接到萨克森的首府。他作为画家的生意也进展顺利，他相当成功的戏剧作品甚至得到了歌德的称赞。1815年，家里又添了人口：对于盖尔的女儿，同母异父的妹妹塞西莉，理查德·瓦格纳应当说是生出了一种温柔的感情。关于盖尔，瓦格纳在《我的生平》中写道："我最早的儿时记忆依附在这位继父身上，是他把我引向戏剧。"因此，瓦格纳可以说拥有两个"父亲"，而第二个对他的艺术生涯无疑是决定性的。盖尔被认为是一个有才华但并非天才的戏剧家。直到1821年去世，他都是德累斯顿宫廷剧团的成员，写过剧本，甚至在卡尔·马利亚·冯·韦伯的指挥下担任过歌手。让卡尔·奥古斯特·伯蒂格感到遗憾的是，盖尔并没有坚持他原先的职业：绘画。

与我们的作曲家的名字相关的一切似乎都不同寻常，因为在弗里德里希·瓦格纳早逝之后，路德维希·盖尔希望将他刚刚出生的小儿子理查德·瓦格纳"完全当作自己的儿子来抚养"。《我的生平》就此写道："我上第一所学校的时候，他便让我跟了他的姓，直到十四岁，我的儿时伙伴们都以为我叫理查德·盖尔。直到继父去世多年以后，我们家重又搬回莱比锡，我才在原来的亲戚们的见证下，改姓回瓦格纳。"(*ML*, 11)不过盖尔并没有离开他；几十年后，他选了一只秃鹰*作为家

---

* 秃鹰(Geier)与继父的姓Geyer同音。

族徽章，这只鹰与北斗七星*的图案一起，装饰了1870年出版的《我的生平》（私人印制的）第一版。

盖尔还是瓦格纳？瓦格纳还是盖尔？盖尔**和**瓦格纳？对自己身份的极度不确定依然存在，并且无法认清现实——遑论将深深埋藏的“真相”大白于天下。

所有这些隐晦的关系带来了巨大的难题，隐藏其后的则是一个引人焦虑的问题：路德维希·盖尔，这个名字听起来像犹太人的肖像画家、演员和剧作家，有可能是瓦格纳的亲生父亲吗？小理查德未满六个月时，他法律上的父亲弗里德里希·瓦格纳便死于伤寒疫病，这是在莱比锡战役之后传播开来的——在自传《我的生平》中的说法却是“神经热”，他是“由于劳累过度”而得上的——我们在这里就能感觉到，“伤寒”这个词被努力避免掉了。这难道不是要大方一点接受真相的较早尝试吗？

图5 理查德·瓦格纳的家族徽章，是他在1865年后为私人印制的自传《我的生平》设计的。通过将秃鹰与北斗七星相结合，他象征性地把父亲瓦格纳与继父盖尔联系到了一起，从而引发了持续几十年的关于他的父亲究竟是谁的争论。

不过，弗里德里希·瓦格纳的父亲身份就真的这么重要吗？如果命运剥夺了这一身份的本质，即教育职能的话。从前那些看重血统远甚于精神教育的研究者，穷尽笔墨也要证明弗里德里希·瓦格纳的父亲身份，

* 北斗七星在德语中称为“大车”（der Große Wagen），而瓦格纳的姓Wagner字面意义为“车辆制造者”，因此瓦格纳以北斗七星象征自己的姓氏。

或盖尔明确的雅利安血统[14]——两种观点都是要彻底排除小理查德不可想象的犹太血统的可能性。父亲是谁，依然无法确定；但可以肯定的是，盖尔是“雅利安人”。对我们来说，这两者几乎都是无关紧要的；在这个问题上，重要的是其他一些东西，它们只对后来的青少年瓦格纳，尤其是成年瓦格纳而言是重要的：他在梦中都在承受父亲关系的**不安全感**、可能性、危险性、不确定性的折磨。在他出生的情形中，就已经蕴藏了他并不缺少的强迫症的起源。它们折磨了他的一生，后来他在同样没有父亲的舞台角色如西格弗里德、特里斯坦和帕西法尔身上投射了类似情感。

此外，也有其他妄想进入作品之中。正如许多文献显示的那样，同样的强迫观念可以产生令人不安的反作用力，瓦格纳就从中产生了强大的创作冲动，并达到了独特的高度。瓦格纳作品之伟大，只能通过尽可能地剖析出他的**所有**动机，即那些**作用力**与**反作用力**来呈现，即便偶尔需要一把手术刀。

弗里德里希·瓦格纳可能具有良好的知识水平，但从艺术的角度来看，这根本无关紧要。在莫扎特或巴赫的生平之中，情况是完全不同的，在他们身上，周围艺术环境的影响具有根本性的意义。因此，过久地纠结瓦格纳的父亲究竟是路德维希·盖尔还是弗里德里希·瓦格纳并没有多大意义：身边都是教师、公务员、管风琴师，全是最好的“德意志”中产阶级，但对于解释，甚至只是预告戏剧超新星瓦格纳的到来，都几乎毫无作用。母亲的情况与此相似。约翰娜·罗西娜·佩茨是萨勒河畔魏森费尔斯的一个面包师的女儿。连她名字的写法都是有争议的，经常也有人叫她“约翰内”。理查德·瓦格纳的女儿们，以及几乎所有传记作者都声称，她实际上是萨克森—魏玛公子康斯坦丁（卡尔·奥古斯特公爵的弟弟）的情妇，而康斯坦丁为她在莱比锡的一家教育机构就学提供了资金。莱比锡档案馆负责人沃尔夫冈·赖伦为这种说法提供了有说服力的文件。[15]

德累斯顿与《魔弹射手》

还在继续的战争，让这个家庭紧张不安：理查德·瓦格纳的大哥，十四岁的阿尔贝特，就读于迈森的预科学校，他病倒了，但后来又痊愈了；而才五岁的姐姐玛利亚·特蕾西娅在1814年1月19日夭折，她可能是被父亲传染的。为了减轻他们母亲的负担，路德维希·盖尔将她的三个孩子——罗莎莉、路易丝和尤利乌斯——接去了德累斯顿。在这种生活条件下，还是个婴儿的理查德经常生病、身体虚弱、不太强壮，也就不怎么让人惊讶了（*Burrell 1950*，26）。很小的时候，他就患上了皮肤病。

除了曾在波森多夫和艾斯莱本短暂停留外，直到1827年，德累斯顿都是理查德·瓦格纳的居住地。德累斯顿也受到了反拿破仑战争的影响。在整个欧洲都被视为建筑奇迹的易北河石桥，被达武元帅炸断了一根柱子，为的是从俄国和普鲁士的追兵手中把大兵团救下来——这座桥必须得修复好。圣母教堂被法国人当成了仓库，为安全起见，曾被送往国王岩堡垒的教堂所藏的艺术珍品又被运了回来：1813年12月，新任萨克森总督列普宁—沃尔孔斯基侯爵又能在这座有着钟形穹顶的巴洛克教堂中举行感恩礼拜了——人们匆匆忙忙地重新修缮了圣母教堂，尽力让文化生活得以重新启动。

戏剧很快在年轻的理查德·瓦格纳的生活中占据了很大的比重。1816年，卡尔·马利亚·冯·韦伯被任命为德累斯顿歌剧院的音乐监督。德累斯顿被视为易北河畔的佛罗伦萨，这里的宫廷青睐意大利歌剧，歌剧院由弗朗切斯科·莫拉基主持，他发起了德累斯顿的诗篇音乐会，并参与负责了《马太受难曲》在德累斯顿的重演。韦伯是他的竞争对手，但两人也密切合作，在休假时互相顶上。瓦格纳和他早期的传记作者所传播的他们的形象，即一个受到宫廷庇护的意大利人和一个在角落里独自奋斗的穷苦德国人，在认识上是错误的。

无论如何，以哈姆雷特和堂卡洛斯这样的角色开始演艺生涯，后来却只能扮演喜剧角色的盖尔，由于他的男高音，现在也得以作为歌剧演员参与演出。他在莫里茨街的住处成为许多艺术家的聚集地。盖尔管理查德叫"哥萨克"，或许是由于他粗野的性格。盖尔本来是想把他训练成画家的，这毕竟才是盖尔的主业，但理查德在这方面没有显露多少天赋。瓦格纳后来在《告友人书》(1851)中写道，"学习绘画技巧"让他"很快就感到了厌烦"(*SSD*，卷IV，251)。

生活并不总是一帆风顺的，成年瓦格纳回忆说，他小时候拿着偷来的钱买东西时，被继父拿鞭子惩罚过(*CT*，1873年8月13日)，但美好的回忆还是占了上风，比如盖尔是多么喜欢给孩子们买东西(*CT*，1874年1月1日)，再比如他感觉到，继父下定决心"要让他成个人物"(*CT*，1872年4月1日)。

路德维希·盖尔很快注意到，戏剧比绘画对理查德的吸引力更大，于是就把他带去剧院排练。理查德在四岁时就上台跑龙套了(*ML*，11)。他作为一个男孩的替补上台，在席勒的剧作《威廉·退尔》中饰演儿子的角色——主角威廉·退尔正由路德维希·盖尔扮演(*Burrell 1950*，27)。直到1879年瓦格纳还生动地回忆起，韦伯的《普列乔沙》中一段带三角铁的进行曲，在他这个八岁的男孩身上施加了怎样的魔力(*CT*，1879年9月24日和1873年9月3日)。不久之后，在德累斯顿宫廷剧院，瓦格纳欣赏到了《魔弹射手》，这出剧目于1822年1月在德累斯顿首演；它对这个孩子的影响无疑是巨大的："特别是《魔弹射手》——

图6 路德维希·盖尔(1779—1821)的自画像,他是瓦格纳的继父(1813年去世的生父没有留下画像)。盖尔是演员、剧作家和成功的肖像画家,他于1814年与寡居的约翰娜·罗西娜·瓦格纳结婚。

尤其是它的幽灵主题——极大地影响了我的幻想。恐怖与对鬼怪的畏惧,在我的性情发展中形成了一个非常特殊的因素。[……]直到我童年时代的最后几年,没有一个夜晚我不是因梦到鬼怪而惊声尖叫着惊醒的,只有听到人声的安抚,我的尖叫才能停下来。"(*ML*,10)

关于小理查德极度受惊的反应,还有一系列其他证据。小时候,他经常嚎啕大哭,因此大家就叫他"哭包总管"(*CT*,1870年1月11日)。毫无疑问,他是一个极其敏感、特别容易紧张、过度活跃的孩子。有人从中构建出一种"童年早期精神错乱"的理论:"有些东西给他带来了无法愈合的伤口",马丁·格雷戈尔—德林评论道,许多起死亡事件"在这个孩子的灵魂中留下印记,这也促成了理查德·瓦格纳的矛盾形象"。[16]不过,童年早期精神错乱与天赋才华之间真的有任何关系吗? 1813年的战争一代孩子之中,被战争伤害到的有数十万人。就连同样出生于1813年的朱塞佩·威尔第也是其中之一,他是19世纪唯一能与瓦格纳平起平坐的歌剧作曲家——但绝不是因为他也出生在战争年代,曾度过一个艰苦的童年。为什么是瓦格纳? 这个非常诱人、看似能够解释一切的"童年早期精神错乱"的理论,太容易将瓦格纳生命中的阴暗面归咎于纯粹是神圣命运的安排。[17]从心理学上看则是另一回事。如果童年问题与创造性成就之间存在关联,那么"精神错乱"就会成为儿童天赋升华的动力。但瓦格纳的情况恰恰绝非如此。到1839年为止，他都是中等水平的作曲家，在路易・施波尔、海因里希・马施纳、弗里德里希・冯・弗洛托和奥托・尼古拉的水准上创作。从1841年起，在二十八岁的时候，他才以一种迅速而突然的方式超越了他们所有人：直到此时，而不是在童年时期，才发生了传记作者必须要挖掘出的特殊事件。不过，无论如何，童年为他后来的高超创造力制造了条件。

继父之死、德累斯顿圣十字中学与叛逆岁月

七岁时，理查德被送到盖尔的好友克里斯蒂安・埃弗拉伊姆・韦策尔牧师家寄宿。关于他在德累斯顿附近波森多夫的居住情况，我们可以从《红色记事本》中获得进一步了解，这是瓦格纳1835年开始为日后要写的自传所做的笔记。据其所述，讨人喜欢的韦策尔让他知道了《鲁滨孙漂流记》，了解了莫扎特的生平和希波战争的故事，这个男孩也是在这里上了第一次钢琴课。[18]将近一年后，一位信使赶来，委托韦策尔牧师立即将理查德带回德累斯顿，路德维希・盖尔病重。

盖尔于1821年9月30日与世长辞——德累斯顿圣十字教堂的每周纪事中给出的死因是神经衰弱，但今天有人怀疑更可能是肺结核或肾病。[19]没有争议的是，盖尔劳累过度，因为作为画家，他总是不停地接新的肖像画订单。理查德在七岁半的时候失去了他的继父。“在他去世前不久，我刚学会在钢琴上弹奏《永远忠诚正直》和当时还很新的《新娘花冠》：在他去世前一天，我被要求在隔壁房间演奏这两首曲子；我听见他用虚弱的声音对我母亲说，‘他或许真的有些音乐天赋吧？’”1842年，他在自传草稿中回忆道（*SSD*，卷I，4）。

他有多么依恋他的继父，接下来还会一次又一次地表现出来。

1869年，他在特里布申布置新居时，立刻就把继父的画像摆了出来，[20]就很能说明问题。一年后，他再次翻阅盖尔的旧书信，在1870年1月14日给同母异父的妹妹塞西莉的信中写道："我对我们的父亲盖尔的这种自我牺牲感到非常伤心……在我看来，由于我们的父亲盖尔的牺牲，我们全家都亏欠他良多。"[21]这一模糊的陈述后来当然刺激了所有研究者对谁是真正的父亲的想象。然而，柯西玛1878年12月26日的文字则清楚地表明，理查德·瓦格纳在晚年并不认为路德维希·盖尔是他的生身父亲——但他很高兴自己的儿子西格弗里德与盖尔很相像。

盖尔去世后，理查德暂时接受盖尔的弟弟、金匠卡尔·盖尔的监护，被送到了艾斯莱本，理查德的哥哥尤利乌斯已经在这里学徒期满出师了。卡尔·F.申克尔在这里担任普鲁士教堂和墓园的建筑师，艾斯莱本自1815年归属普鲁士管辖。市场55号的房子上至今仍挂着一块标牌，牌子上的字母已经风化，标示着理查德·瓦格纳自1822年9月19日后跟着他的继叔父、金匠卡尔·盖尔在这里住过一段时间。卡尔·盖尔是个单身汉，还跟他的祖母住在一起。老妇人住在一间昏暗的后屋里。理查德·瓦格纳关于这段居住时间的描写显示，他头一次不得不表演出另一个现实：老祖母是接受不了路德维希·盖尔的死讯的，所以大家向她隐瞒了此事。"女仆细心地把我衣服上的黑纱摘了下来，并解释说，若是祖母发现了，那她很快就要死去的。我得经常跟祖母讲述父亲的事情；隐瞒继父之死，这事并不使我为难，因为我本人也不甚了了。"（*ML*，13）确实，老妇人很快就死了。理查德在艾斯莱本的街头听到军乐队演奏的《魔弹射手》，这成了他最喜爱的作品，此前他最爱的是伊普斯兰提华尔兹。此外，他还对杂技演员惊叹不已，喜欢在河边闲逛。

卡尔·盖尔在1822年夏天结婚，房子里再没有给理查德住的地方了，他回莱比锡在叔叔阿道夫·瓦格纳家住了一小段时间，然后返回德累斯顿，1822年12月2日，他用威廉·理查德·盖尔的名字注册进入校规严格的圣十字中学。

瓦格纳的大姐罗莎莉在盖尔去世（1821）后没有跟着母亲和弟弟妹妹们返回莱比锡。这个十八岁的姑娘——为了养家糊口——留在了德累斯顿，在各种舞台上演出民间戏剧，但也出演一些要求很高的角色，如爱米莉雅·迦洛蒂和路易丝·米勒林。1826年，成了家庭支柱的罗莎莉在布拉格谋到了优厚的职位，所以全家都跟着搬了家——除了理查德，他将继续在德累斯顿的圣十字中学学习，直到进入大学。

圣十字中学的老师并没有否认理查德的学习热情。他对朗诵的兴趣给西利希先生留下了印象，他被允许上台吟诵诗歌，自己也写诗，感觉自己很有诗人的才能（*ML*，21）。卡尔·尤利乌斯·西利希曾编辑出版过卡图卢斯和老普林尼的作品，瓦格纳在1872年6月12日对尼采写道，这位老师"坚定地"向他介绍了方兴未艾的"语文学"的重要意义（*SB*，卷IX，295）。理查德先是发现了莎士比亚，为了更好地读懂他，开始尝试学习英语。在十三岁时，他又开始研究荷马的《奥德赛》，并且读的是古希腊文原文，1826年的成绩单中附有一张"额外私人作业"的表格，里面提到了他自己翻译的《奥德赛》前三章。[22]他在德累斯顿的同学费迪南德·普雷格被研究证实有许多言论都错误百出，但在这一点上是可信的，他记得理查德是个"浪荡子"，还总是搞恶作剧：他有一次把一个同学的帽子扔到了校舍屋顶上，但当这个学生开始大哭时，理查德在同学们的欢呼声中冲上楼梯，大胆地通过天窗爬上屋顶。一名管理员注意到他，搬了把梯子也往上爬，又被伶俐地滑下来的瓦格纳嘲讽，问他在找什么，难不成是在找一只鸟。[23]

理查德寄宿在伯梅家，这家的孩子们也是他的同学，他开始进入了“叛逆的年龄”，这是一个“不怎么安定和环境差强人意的家庭”(*ML*, 22)。坚振礼的准备工作大大削弱了他对神职人员的尊重；但当他1827年在德累斯顿圣十字教堂真正领受坚振礼时，却令他从头到脚都感受到一阵激动，此后他再也不敢参加弥撒了(*ML*, 27)。他离开了伯梅家，租住在一间阁楼里，害羞地凝视着一个姑娘，并在去布拉格的路上发现了自己对旅行和漫游的兴趣；他曾经与母亲一起乘坐邮政马车，也曾和朋友鲁道夫·伯梅一起徒步旅行。1827年春天，他从姐妹们口中得知，贝多芬去世了，他此前已了解了一些贝多芬的作品并非常赞赏。一年前，他的童年偶像卡尔·马利亚·冯·韦伯就已与世长辞。对这个男孩来说，在学校里刻苦学习远不如翻阅古代文本或者玩木偶戏那么愉快。

莱比锡的阿道夫叔叔

罗莎莉·瓦格纳作为青年一代的大众情人，于1826年至1828年在布拉格的舞台上取得了巨大成功，但在此期间，理查德在德累斯顿变得越来越无法无天。他挑起了跟学校的决裂，欺骗校领导说，家里叫他赶紧回莱比锡去；他于1827年12月动身去了那里。家里人住在哈雷门前皮希霍夫的一间寓所里［见一封信中的说明：“我的地址：莱比锡，哈雷门前皮希霍夫，一楼”(*SB*, 卷I, 117)］。他被尼古拉中学录取了。但通常意义上的“教育”，他是从叔叔阿道夫那里获得的，这是他已逝的父亲弗里德里希·瓦格纳的弟弟，一个名副其实的单身汉和“自由思想者”(*ML*, 30)，完全远离国家、教会与学校。这位叔叔是一位货真价实的私人学者，跟他好斗的妹妹和她的一个朋友住在一起，不过绝对是个伟岸的人；这处寓所位于城内顶级漂亮、非常著名的房子里面，即从前的阿佩尔楼，后来叫托马斯楼，就在市场旁边，“强力王”奥古斯特二世曾在这里住过，拿破仑在莱比锡民族会战失败后也是在这里与他的盟友萨克森国王告别的。[24]阿道夫（Adolf）——经常也写作“Adolph”——拥有一座巨大的图书馆。他学过神学和哲学，在耶拿听过费希特的课，跟歌德、席勒和弗里德里希・德・拉・莫特・富凯有过亲身交往。他以做翻译家和作家为生，写过一本关于但丁的书，后来瓦格纳很喜欢读这本书（*CT*，1869年5月28日）。他曾对柯西玛说，要是还能将阿道夫叔叔作为他的精神先驱之一亲自介绍给柯西玛，他，理查德，该会有多么骄傲（*CT*，1874年5月13日）。从语文学、哲学到文学、诗歌，这些领域全都是叔叔带着理查德入的门。

阿道夫叔叔住在莱比锡，这件事情可以说是恰好的，但绝不是偶然。莱比锡是地地道道的图书之城。叔叔和小瓦格纳经常拜访的图书装订工，在开工之前会把所有书都读一遍，导致人们只能一直等着（*CT*，1871年11月10日）。格里迈大街上有雷克拉姆和其他著名书店。1825年，德国书业协会在这里成立，这里的审查规定也曾经比其他德意志小邦国要宽松得多，但如今随着普鲁士的统治而起了变化。海因里希・布罗克豪斯在1816年5月26日激情澎湃地写下日记，他要追求的“不仅仅是严格意义上的政治自由，还有真正的出版自由、贸易自由、营业自由[……]一切方面的自由！”[25]

理查德的下一步动作，就连知识分子阿道夫・瓦格纳都要觉得不好了：他这位十五岁的侄子写了一出悲剧——《罗伊巴尔德和阿德莱德》。瓦格纳在《我的生平》中风趣地将他的努力和这部剧的情节称为《哈姆雷特》的变形：“不同之处在于，我的主人公，面对他在类似情况下被谋杀的父亲的显灵与其复仇要求时，着迷于狂热的行动之中，最终因一系列谋杀行为而精神错乱。”（*ML*，32）所以这是一部狂野浪漫的作品，剧中有42人死亡，而事实上，登场几幕之后就告缺席的幸存者需要一个合理的结局。为了撑满经典的五幕剧长度，我们年轻的诗人让一些死者作为鬼魂复活，于是这一切导向了一个好的，也就是一个过度悲惨的结局。这部剧无所不包，只缺一样：原创性——除非极大地扩展"原创性"的范畴。尽管进行了最后一次谋杀，罗伊巴尔德还是死在了阿德莱德身边，死在了她爱的怀抱里（！）——如果竭尽全力的话，能在其中看到对《特里斯坦与伊索尔德》的指涉，不过这并没有什么说服力。因为在每一桩年轻时候的"黑历史"中，费点力气总能找到一些跟日后成熟的天才之作似是而非的相似性。十五岁的瓦格纳正是用《罗伊巴尔德》展示出，他并非莫扎特，他的"童年早期精神错乱"也不是什么天才征兆。面对这部作品，阿道夫叔叔惊恐万分；他那生硬的、毫不婉转的否定深深地伤害了瓦格纳。他认为，这是缺乏音乐导致的。于是，他计划给自己的作品配上曲谱，并在1827年贝多芬去世的影响下，决定成为一名作曲家。可他甚至还不会正确地弹钢琴。

音乐课、贝多芬迷与莱比锡托马斯中学

到目前为止，我们还没有提过瓦格纳接受的音乐教育。瓦格纳的姐姐克拉拉接受了德累斯顿宫廷歌剧院的聘请，这"也引来了指挥卡尔·马利亚·冯·韦伯多次到我们家"，瓦格纳在他的自传中说。随后，他在书中提到了一个名叫萨萨罗利的歌手，他把自己对意大利风格的憎恶归结于这个人，然后又说回韦伯："韦伯不经常来访，却在我心中留下某种第一印象，让我终生都对他有着不可磨灭的好感。"（*ML*，34）为了能够记住《魔弹射手》序曲，瓦格纳开始在没有任何人指导的情况下弹钢琴，直到十二岁时才有略显寒酸的家庭教师胡曼给他提出改进

意见。因此，瓦格纳将他对意大利，尤其是对意大利音乐的厌恶，归因于自己的青少年时代，同时将卡尔·马利亚·冯·韦伯视为真正的（也就是说德意志的）音乐典范。

不过，他很可能已经深入接触莫扎特，尤其是贝多芬了。十五岁的理查德还搞到一套约翰·伯恩哈德·洛基尔的多卷本《音乐学与实用作曲体系》（1827），并偷偷地跟莱比锡乐团的一位音乐家克里斯蒂安·戈特利布·米勒学习和声，不过他觉得这门课不怎么有趣。这段时间，瓦格纳正在写一出田园剧，脚本和音乐是同时创作的。他自己宣称："我在写一页乐谱时，甚至都没考虑过接下来的脚本。"（*ML*，40）或许，瓦格纳在这里是想赋予他这票友级的爱好一种风格，好让日后的进步显得更加厉害。

他在马格德堡从姐夫手里拿到了贝多芬《弦乐四重奏：作品127号》的总谱。这份宝藏给年轻的理查德开辟了一种全新的（自我）教学法：他先是把整部四重奏抄了一遍，然后又抄了贝多芬的第五和第九交响曲。瓦格纳抄的第九交响曲副本保存至今。"贝多芬第九交响曲对我奇特的音乐思想和灵感产生了神秘的吸引力。"（*ML*，42）然而，瓦格纳的手稿并非是对原谱的机械抄录，而是将它改编成了钢琴曲。这意味着，他必须非常仔细地钻研贝多芬的作品，才能在不改变它的前提下将它转移到另一种媒介上——从管弦乐转移到钢琴上。对于一个聪明的头脑来说，这无疑是最好的作曲课，简直可以取代四位老师：和声、对位法、配器和一般乐理都可以省了。因为当时只有车尔尼的四手钢琴改编版，理查德就在1830年10月把他的双手钢琴版投给了美因茨的肖特出版社："因此我怀着极大的热情斗胆尝试，将这部交响曲编成适合双手演奏的，到目前为止，我已成功地将第一乐章，也就是最难的部分改得尽可能地清晰、丰满。"白费力！等了两个月后，他收到一封拒信。

然而，在这种音乐抱负面前，学校的事务就愈发显得难以忍受了。他逃课越来越多，尽管瓦格纳后来在回忆时讲得长篇大论且不加掩饰，但这件事情仍显得疑问重重，因为对瓦格纳的研究发现，在现存学校档案中找不到关于此事的丝毫记录，而无故缺席在当时绝对是要受到处分的。与比他高一个年级的朋友特奥多尔·阿佩尔不同的是，瓦格纳从未获得过任何表彰，综合成绩通常只能得4分*，这意味着“基本不怎么令人满意”。他离开了尼古拉中学，为了——离校记录上说——“通过私人课程为艺术研究[……]做好准备”[26]。

直到六个月后，托马斯中学才在1830年夏季决定接收这个学生。他在那里不久之后就要毕业，开启大学之路。为了理查德的麻烦问题定期召集起来的家庭会议，自1828年后吸收了姐姐路易丝的丈夫，书商弗里德里希·布罗克豪斯(1800—1865)。弗里德里希当时二十七岁；父亲去世后，他与弟弟海因里希一起有针对性地扩建了F.A.布罗克豪斯出版社，收益不错。弗里德里希·布罗克豪斯跟路易丝住在斜街，那里总有重要客人到访，如罗伯特和克拉拉·舒曼夫妇、路德维希·蒂克或珍妮·林德。[27]弗里德里希·布罗克豪斯经常帮助理查德，并聘请他为新版的贝克尔—勒贝尔的《为孩子和教师所写的世界史》做校对。这可以给小理查德带来一点收入，同时也扩展了他的历史视野。

回顾瓦格纳的童年，我们要说，它真是不能更复杂了：他出生在战争年代的萨克森，其统治者忠诚于占领者拿破仑，而大多数人却同情反抗法国的战争行动。这个萨克森在1815年维也纳会议之后将半数国土割让给普鲁士，使得莱比锡紧挨在了敌国边境线上。瓦格纳在来到世上的第一年就失去亲生父亲，在七岁时又失去继父，在一个主要依靠

---

* 德国5分制成绩算法中，1分为最高分，4分为及格。

剧院谋生的家庭中长大，那在当时可是一个因放荡而声名狼藉的世界。他饱含求知的热情，但他的学习成绩很糟，这也可能是因为，与死板的学校生活相比，理查德觉得在学识渊博又完全不合时宜的叔叔阿道夫那里的讨论与阅读经验要有意思得多。瓦格纳后来在《告友人书》中回忆说，自己是一个被忽视了的、“无教养的”孩子，“在彻底的无政府状态下把生活、艺术和自己变成了我仅有的教育者”（*SSD*, 251）。甚至到了老年，他还对柯西玛抱怨说，他从未学会服从，而一个男孩这样子很容易迷失方向。“我是在最荒唐的无政府状态下长大的。”（*CT*, 1871年7月5日）

时代的变化应当更推动了这一趋势。从巴黎传来了1830年“七月革命”的第一波消息。“对我来说，历史的世界从那一天开始；我当然是完全支持革命的。”（*ML*, 47）

2

大学时光

图7　约二十五岁的瓦格纳。由恩斯特·贝内迪克特·基茨后来补画，具体时间已不可考。本图是1888年的珂罗版画。

“七月革命”的回响

瓦格纳希望巴黎的“七月革命”是一场“胜利的人民斗争”，摆脱法国大革命“恐怖的过激行为”。不过，找不到其他书面证据能证明这种态度。尽管如此，从巴黎席卷而来的浪潮还是影响了德国；德累斯顿爆发了巷战，这导致一个立宪君主政权的建立。瓦格纳对此激情洋溢，创作了一首“政治序曲”（*ML*, 47），在里面加入了“弗里德里希”（摄政王储的名字）和“自由”等字眼。这也是无可考证的——这首作品并没有被保存下来。[1]

1830年9月2日，莱比锡也爆发了骚乱。一群学徒和锁匠在一个本来无事的闹婚之夜在新娘家门口跟警察发生激烈混战，一名同时代的人准确地记录下了这件事。[2]接下来的几天里，大学生也挑衅起了“最可恨的”（*ML*, 47）警察，打碎了路灯、窗户和门扇，“警察局长家首当其冲”。[3]一些大学生被捕。这增强了学术青年们的愤怒，他们果断开始游行，要把同学们从学校的禁闭室中解救出来。政治上进步的校长特劳戈特·克鲁格“光着那颗年迈的脑袋走出来”（*ML*, 48），暂时平息了这些怒火：他宣布，那些学生已经在他的动议下得到释放。但是，积聚起来的紧张情绪必须通过行动来发泄，因此学生们挤进了一条小巷。他们选了一家妓院作为目标，“疯了似的打砸家具和物品”，瓦格纳也“如同疯子一样”参与其中。这个场合对他来说并不重要，他将这一事件归结于“纯粹是那种民众暴怒的魔力”，让他“像疯子一样卷入旋涡中去”（*ML*, 48）。这件事情肯定会引发公众的赞同，他这个年轻人可以吹嘘自己的英雄事迹了。

很快就有了“下层阶级”的模仿者，首先是“工人无产阶级”。起义者游行到工厂企业，也包括布罗克豪斯出版社的厂房之中，那里配备有昂贵的印刷机器。又是克鲁格校长发挥了重要作用。他组织好几名学生成立一个卫队，带着这支学生军帮助新近成立的地方警卫队重建城内秩序。瓦格纳用滑稽的反讽，描述了从叛乱的学生到财产“保护神”的神奇转变。尽管如此，当姐夫的出版社受到威胁时，他也加入了这支学生卫队;“几个星期以来,我姐夫都不分昼夜地警惕着预料中的暴徒袭击”(*ML*, 49)。弗里德里希·布罗克豪斯被任命为地方警卫队的副指挥,1830年9月30日,莱比锡召集了新的市议会,意在取代旧的治安委员会体系。[4]

愉快的大学生活与处女作

在此期间,这些事件的发生让瓦格纳对大学生活的愉悦深信不疑,他希望能够尽可能快地进入大学。他去拜访了在暴乱中熟悉起来的大学校长,并在1831年复活节之前被录取为“音乐系大学生”——正好赶上在新学期加入同乡会。“我的目的达到了:我可以穿萨克森的颜色,由于有很多讨人喜欢的会员,这个颜色当时很受欢迎,并且很被看重。”(*ML*, 52)但他没有追随那些六个学期就毕业的学生,而是被读了二十个学期的小伙子们迷住了。“我真的为某个叫格布哈特的家伙着迷,他的美丽与体力无与伦比;他那英雄般的纤长身姿让他在同伴中鹤立鸡群[……]。他很蠢,但没人让他意识到这一点;因为害怕他的力量,所以也很少有人注意到他很蠢。他的可怕力量伴随着某种温和的气质,赋予他一种崇高的尊严,使得他在与凡人的各项对比中都脱颖而出。”(*ML*, 52)这串描述非常有趣:我们猜想,这是对后来《诸神的黄昏》中西格弗里德的最早描述。小个子的瓦格纳有着一个略显过大的脑袋,他自称是个“瘦弱的小伙”,这个格布哈特肯定给他留下了特别深刻的印象,让他在三十五年后仍然念念不忘。

尽管有各种“友谊”,但还是发生了在社会中总是会发生的那种事:瓦格纳应该是跟一个叫德格洛夫的同学还有其他好汉们决斗了。如果前述的巨人们不是在此前的决斗中死亡或永久丧失战斗能力的话，那么围绕这位伟人的音乐历史将变得更加贫瘠；第三个对手在一家妓院里被揍进了医院。

更多的危险潜伏在这个学生身上，他现在发现了纸牌游戏的魅力。挥霍光了金钱之后，他把母亲的养老金赌得只剩一枚银币。他想用这一块钱把输掉的再都赢回来，庄家却禁止他再赌了——无论如何，瓦格纳还能还得起债。

金钱的吸引力或许不是这些事件的本质，而是神经刺激，是对心灵的激荡。这些“放荡”事件与瓦格纳后来艺术生活中的一些情况有着共同之处：瓦格纳赞赏危险，因为有与其相联系的情绪动荡。不过，只有当他不再寻求生命危险（在决斗中）和注定的破产（在赌博中）时，他才认识到这一点。相反，他寻求的是另一种不那么强烈的、不会危及生命和肢体的刺激。在这种意义上，他宣布了以下决定：“随着从这种激情中解脱，我突然面对着一个全新的世界，从现在开始，我属于这个世界，通过以前未曾知晓的对音乐学习的热情，我如今已经进入一个全新的学习阶段。”（*ML*，59）

然而，瓦格纳即便在“最疯狂的时期”也仍然坚持创作。他提到过一首《C大调序曲》和一首《B大调四手奏鸣曲》（*WWV* 14和16），但这两首乐曲都没有保存下来。但他记得更清楚的是一首《B大调序曲》（*WWV* 10），这是他在研究贝多芬的过程中创作的，[5]用许多种颜色的墨水写成：铜管乐器是黑色，弦乐是红色，吹奏乐器则用绿色，以便展现“三种不同的、相互对抗的元素”。这份乐谱被呈交给了莱比锡的音乐监督海因里希·多恩，后者接受了它，并在1830年圣诞节进行了表演。[6]“快板的主题是四拍子的自然泛音，”瓦格纳说，

但是在每一个四拍之后，都有一个完全不合旋律的第五拍插进来，

> 通过用一种特殊的手法敲在第二个四分之一节拍上的鼓声表现出来。因为敲的这一下是相当孤立的，所以鼓手就觉得是自己错了，变得很拘束，没有给出重音乐谱里规定的力度，而被自己的意图惊吓到的我［……］对此相当满意。而真正让我感到不安的是，多恩把这一记羞涩的鼓声强调了出来，并且坚持认为音乐家应该用规定的力度去表现它［……］这记糟糕的鼓声，是由恶意的粗暴产生出来的，［产生］了激动人心的效果，让我再也想不起别的了。特别是这种效果的长时间固定复现很快引起了听众的注意，最终引起了听众的喜悦。我丧失了感官。［……］我没听到任何恶作剧、任何嘘声、任何指责，甚至没有笑声，只是感受到对这一奇怪事件的最大惊讶。［……］（*ML*，59–61）

这里并不是要逐一列举瓦格纳生活中的滑稽状况——直到1882年，都能看到这些状况反复出现——但它们并不能造就艺术家。毋宁要表现的是，成长为非凡人物的特质在很早年间就已经显现了。只有艺术实质仍然缺失，但艺术实质才是伟大艺术家的特色。在接下来的几部作品中，瓦格纳更加传统；或者换个词说，是平凡。有一部写给席勒《墨西拿的新娘》的序曲（*WWV* 12，散佚），还有写给歌德《浮士德》的作品（*WWV* 15，七首留存）；然而，莱比锡剧院理事会的这位作者——尽管他与总指挥多恩关系友善——现在却被认为是“靠不住的”。

在大学生活发生巨大变化之后——与学习几乎无关——确实有了方向上的转变。瓦格纳选修了一门关于基础哲学的课，主讲人是已经成为自由派议员的特劳戈特·克鲁格，一名康德派哲学家——但他只去上过一次课。魏瑟教授的美学课要更幸运点儿，年轻的瓦格纳坚持去了两三次。就连克里斯蒂安·戈特利布·米勒的音乐研究也不受欢迎。谁还能吸引住这个年轻的冒失鬼？所有这些正常的语文学家和正常的艺术家在此期间都变得无足轻重了，因为——毫无疑问——在瓦格纳的脑海里，1830年和1831年动荡的那几个月中已经有了太多改变。突然改变的肯定不是智力水平；不如说是情感空间被极度扩大了，使得他的灵魂进入一种能够承受很多的状态——也包括巨大的危险。

接下来的问题也关乎**忍受**重要的思想。这个被强调的词的选择是经过深思熟虑的；在一个瓦格纳的，也就是一个过于外向的浪漫主义者的范畴中，思想在情感尺度狭窄的头脑中依然是不育的。只有当它可以抵御非常强烈的情感时，它才会结出果实：只有这样，才能产生导致重要艺术成果的创造性冲动。艺术似乎是在一个有着相当高的情感温度的发生器中产生的。可以看到，瓦格纳是研究这种过程的理想对象。他暂时缺乏的，首先是教育，没有教育，就没有伟大思想的开端；其次是诱因，是动机，没有这些，伟大的思想便无法转化为真正的艺术。艺术需要全部这三个要素：浓厚的情感、丰富的知识和强烈的动机；如果这些条件缺少其中的一个，与瓦格纳的天性相匹配的艺术便无法走上正轨。因此，他当年的作品便显得如此混乱。但他真正的教育之路马上就要开始了。

受训于唱诗班指挥魏因利希

出生于1780年，如今已几乎不为人知的克里斯蒂安·特奥多尔·魏因利希，是瓦格纳的第一位“真正的”老师。他是莱比锡圣托马斯教堂唱诗班的指挥和音乐监督，因此是约翰·塞巴斯蒂安·巴赫的职务接班人。魏因利希恰好拥有在当时可以为瓦格纳所用的天赋。1800年后不久，这位音乐教育家便成为享有盛誉的博洛尼亚爱乐学院的成员；他体现了古老的意大利和德意志学派的音乐传统，这一传统在教堂音乐机构中得到了最好的应用。他的音乐因其出色的声乐品质而颇受欢迎；因此，他是向年轻音乐家进行专题教育并进行强化的合适人选。瓦格纳的母亲拜访了他，同他安排课程——这是通行的方式：约瑟夫·海顿也有学徒，这些人从零开始学习怎样做作曲家乃至音乐家这个职业。

瓦格纳本人在自传中描述了这段学习时光，而我们在这里多逗留一下也是值得的：

> 他同意教我，但有个条件，那就是在半年时间里我必须放弃所有作曲，只是执行他的指令[……]一天早晨七点钟，魏因利希叫我过去，盯着我编写一首赋格曲的结构；他真的把一整个上午的时间都花在了我身上，他对我写下的每一个节拍都给出了建议性的、指导性的看法。到了十二点，他才让我离开，还留下作业，让我在家把副音部填完以完成这份草稿。当我把完成的赋格曲拿给他时，他却给了我一份他创作的同一主题的赋格曲以作对比。这项共同创作赋格曲的工作，在我和这位可亲的老师之间建立起最富成果的友好关系，从那时起，以后的学习无论对他还是对我来说都成了最愉快的消遣。我很惊讶，用在这上面的时间竟消逝得如此迅速。在两个月的时间里，我除了写出一批最富艺术性的赋格曲，还很快地学习了每一种最难的对位演化，当我有一天给老师带去一首配置极为奢华的双重赋格曲时，他说我可以把这首曲子藏到镜子后面去，他已经没有什么可教我的了。我真的震惊了。[……]魏因利希本人似乎并不十分看重我从他那儿学到的东西；他说："也许您永远不会写赋格和卡农；然而，您真正学会了的，是独立。您现在可以依靠自己的双脚站立起来并且知道，如果需要的话，您可以创作出最为艺术的作品。"(*ML*,63)

事实上，只有少数一目了然的资料精确地说出了作曲究竟意味着什么：是为了掌握非常古老的、延续数百年的规则，而这些规则，看在上帝的分上，都是学生们在实践中不应该再使用的，但它们却能在某个方向上形成**音乐思想的结构**，只有在那个方向上，个人的创新意志才能得到表达。若是没有这个基础，作曲家就只能是个半吊子。瓦格纳在魏因利希那里上完课之后就再也不是半吊子了，而这种指控，这种长期以来流行的，连阿多诺都挑拨过的“半吊子嫌疑”，完全是胡说八道，因为他没有看到瓦格纳作品中的创新核心。只有高度的人工化，从外部无法察觉到的、隐晦地采取某种似乎是自然的甚至是质朴的形式的人工化，才构成了艺术中做出更高级的、心理学的、哲学的，甚至意识形态表达的手段。瓦格纳只花了几个月的时间就可以完成这种对位的冲锋，证明了他极为迅速的领悟能力。不过，《我的生平》所宣称的他在大约两个月的时间里就完成了所有这一切，无论如何都被严重夸大了。根据他1832年3月3日写给姐姐奥蒂莉的信，这个课程持续了大约六个月，从1831年的米迦勒节（9月底）到1832年春（*SB*，卷I，81）。

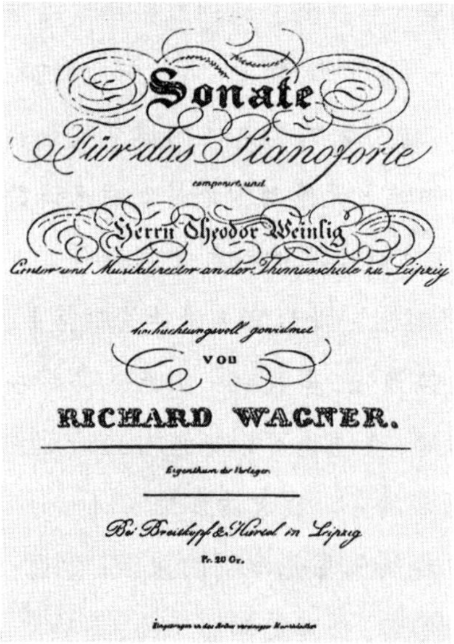

图8　瓦格纳的第一部印刷出版的作品。1888年的珂罗版画，根据1832年第一版复制。

作为从对位研究到实际作曲的过渡，魏因利希给他的学生布置了一个创作钢琴奏鸣曲的作业，通过他的介绍，这首曲子作为乐曲1号《致老师》，由布赖特科普夫与黑特尔音乐出版社于1832年3月初出版（*WWV* 21）。这首奏鸣曲为瓦格纳带来了他的第一笔有据可查的报酬：20塔勒的钞票。根据《我的生平》记载，魏因利希要求，这首奏鸣曲要“建立在最朴实的和声和主题的关系之上，为此他推荐给我普莱耶尔最单纯的奏鸣曲之一作为样板”（*ML*, 64）。埃贡·福斯则认为贝多芬才是那个榜样；[7]尽管如此，瓦格纳在写下《我的生平》时却认为这首曲子是“寒酸的”。在这首依然受到严格控制的练习曲之后，魏因利希应该是允许了他自由作曲，于是出现了升f小调钢琴幻想曲（*WWV* 22）和三首序曲（*WWV* 20, 27 III和24 A II）。

感受威廉明妮·施罗德—德弗林特的《菲岱里奥》

完成所有这些学习性的乐曲之后，瓦格纳敢于着手更大的作品了。“我开始创作一首大型交响乐（C大调），在其中展示我所学到的东西，并融合我的贝多芬和莫扎特研究对我产生的影响，创作出一部真正可以演奏、值得一听的音乐作品。这次在最后部分也会用上赋格，其中所有乐章的主题大多是这样处理的：在紧接段中对位地叠加起来。然而，更具激情的、倔强大胆的元素，即《英雄交响曲》的第一乐章，对我的影响依然很明显[……]”（*ML*, 66）这首交响曲（*WWV* 29）于1832年11月首次在布拉格上演，随后是1832年12月15日在莱比锡。它是为数不多的瓦格纳后来仍然认可的早期作品之一，并于1882年圣诞节在威尼斯凤凰剧院重新上演。这首作品才可以算得上是瓦格纳的“结业之作”，但并非第一部杰作，要完成一部杰作还需要花费近十年的时间。

1832年很可能还有一桩重要的艺术经历，瓦格纳在他的自传中，大概纯粹是因为疏忽，把它记成了1829年。他听到了伟大的演员、歌手威廉明妮·施罗德—德弗林特的演唱。“当时，她正处于艺术生涯的巅峰，年轻、美丽、热情，在我看来，舞台上再也没有出现过那样一个女人。——她出演了《菲岱里奥》。”（*ML*，44）如今对瓦格纳的研究通过检阅莱比锡市档案馆的节目单，认定这说的是威廉明妮·施罗德—德弗林特1832年12月27日的演出，海因里希·布罗克豪斯也在他的日记中赞誉有加；[8]但是，对于年轻的瓦格纳来说，这次体验的强烈程度是无可置疑的，即便他在回忆中记错了时间，即便下面提到的这封信再也无可考证：

> 当回顾自己的一生时，我几乎找不出一桩就其对我的影响而言可与之相提并论的事件。任何人若是回忆起生命中这个阶段的这位绝妙的女性，都无论如何会见证一种近乎着了魔的热情，那是这位无与伦比的艺术家在她极富人性、心醉神迷的演出中必然令他散发出来的。演出结束后，我急忙跑到一个熟人那里，为的是写下一封简短的信，我在信中向这位伟大的艺术家表白说，我的生命从今天起有了意义，如果她有朝一日能在艺术界听到我的名字大受赞誉，她便能记起，是她在这个晚上促使我成为我发誓要成为的那个人。我把这封信交到了施罗德—德弗林特所住的旅馆。（*ML*，44）

威廉明妮·施罗德—德弗林特比她的这位仰慕者大八岁，她们两个的生命轨迹还会多次交叉。“我所有关于表演者天性的知识，都要归功于这位伟大的女性。”瓦格纳后来在他题为《论演员与歌手》的文章中写道（*GSD*，卷IX，221）。

3

作为艺术家的第一步

图9 瓦格纳年轻时的手迹:《仙女们》的摹本,1896年在张伯伦所作的瓦格纳传记中出版。《仙女们》的原始手稿被作为礼物送给了阿道夫·希特勒,如今已佚失。

一桩不幸的爱情

瓦格纳要申请莱比锡或德累斯顿的职位,还缺乏经验和名声。于是,他在1832年前往维也纳和布拉格旅行,期待能够获得新的前程。出发时,他有一首交响曲和三首序曲。维也纳令他非常喜欢。“我去了剧院,听了施特劳斯,做了短途旅行,优哉游哉,并因此负上一些债务,直到我后来担任德累斯顿的乐队长时，我还在偿还这些债务。”(*ML*, 70) 瓦格纳赞赏奥柏和阿莱维的格局，对格鲁克的《伊菲姬尼在陶里德》感到无聊，并倾心于约翰·施特劳斯的圆舞曲。另一方面，音乐学院的学生们排练的瓦格纳《d小调序曲》(*WWV* 20)却非常不能令人满意，因此很快被终止。

他从维也纳去了普拉沃宁，[1]在美丽的大自然中度过了五个星期。他于1832年12月16日写给少年时代最好的朋友特奥多尔·阿佩尔——他俩自尼古拉中学时期便已认识，他们的父亲也是朋友——的信中，倾诉了他狂热的初恋。女方是燕妮·冯·帕赫塔，一名伯爵的私生女。“你把燕妮想象成美的理想，再加上我那灼热的想象力，你就明白一切了。”(*SB*, 卷I, 132)但是，当他跟她一起返回维也纳时，正如他在一页多的信纸上用虚弱的表达描写的一般，他发现她欺骗了他，她不值得他的爱情，于是“死一般的寒冷”涌进了他的脑海。

直至到了布拉格，瓦格纳才试图作为作曲家获得认可。他拜访了音乐学院院长迪奥尼斯·韦伯，后者承诺为瓦格纳的交响曲举行首演。更重要的是一部新的歌剧，题为《婚礼》(*WWV* 31)，一个伪中世纪风格的黑暗浪漫主义的恐怖故事，瓦格纳是在一本关于骑士精神的书里发现这个故事的。[2]他被那神秘的感觉所吸引，将这部作品称为“关于最黑暗颜色的完美夜曲”。从整首诗中，他将第一节摘出来谱上曲，《引子》、《合唱》和《七重唱》。回到莱比锡后，他把这个作品拿给姐姐罗莎莉。他非常重视她的判断，因为他爱她且钦佩她。可她“并不喜欢我的作品[……]很快我就做了决定，毫无感情地拿走我的手稿并销毁了它，不留一丝痕迹”(*ML*,76)。

在莱比锡，瓦格纳在家里碰到一位访客，海因里希·劳贝，他很快就对比自己小七岁的瓦格纳产生了好感。[3]他听过瓦格纳的交响曲在

图10 瓦格纳与他最心爱的妹妹塞西莉。根据署名为恩斯特·贝内迪克特·基茨的乌贼墨钢笔画/水墨画翻印的珂罗版画(Bory,1938,753)。

莱比锡的首场演出，并且一俟成为《高雅世界报》这个“青年欧罗巴”文学运动传声筒的编辑，就开始公开支持瓦格纳。

从意大利人卡洛·戈齐的戏剧《蛇女》之中——阿道夫叔叔早就让他注意到了这个人的作品——瓦格纳获得了一部歌剧的灵感：《仙女们》。1833年2月，他登记成为维尔茨堡的市民，他的哥哥阿尔贝特在此处的剧院里担任首席男高音。在这里也担任导演的阿尔贝特，给他谋得了合唱团指挥的职务，由此，瓦格纳终于——在二十岁的年纪——有了一份年薪120基尔德的工作。这只是一个管弦乐团音乐家在维也纳能挣到的三分之一，在慕尼黑能挣到的一半。但瓦格纳的全部努力都为了一个目标：为第一部歌剧赢得演出机会。在致莱比锡剧院的歌手兼导演弗朗茨·豪泽的一封信中，瓦格纳承认，阿尔贝特为这部歌剧的独唱部分提供了实用的演出建议："我的哥哥是我最严格，或者说最残酷的批评者，此前我只是把他当成一个能干的歌手：他激烈地反对了演唱不可能实现的部分，在他的眼皮底下我做了改进，付出了我能提供的一切。"（*SB*，卷I，153）然而，瓦格纳的希望没有实现：这部作品在他的一生中从未演出过，直到1888年，他去世五年之后，才被搬上舞台。在他的《告友人书》一文中，瓦格纳将贝多芬、韦伯和海因里希·马施纳称作该剧音乐上的引路人；他总结其内容如下：

> 为了拥有心爱的人而放弃永生的仙女，只能通过满足艰苦的条件来战胜死亡，她尘世的爱人若无法实现这些条件，就会给她带来最悲惨的命运；爱人没能赢得考验，考验中有一项就是他不能[……]怀疑地将仙女驱逐。[……]变成石头的仙女被爱人那思念的歌声解除了魔法，爱人也因此为仙王所接纳，和仙女一起进入不死的仙界。（*GSD*，卷IV，252）

结局的转折中蕴含着存在状态的改变，瓦格纳自己将其描述为他的整个成长的萌芽。《仙女们》的音乐也超越了它的榜样，呈现出意识的边缘体验：妄想、梦境、睡眠、觉醒。为此，年轻的作曲家反复使用了一段和弦连接，除了序曲以外，主要在歌剧的结尾处出现，这个结尾与救赎的观念息息相关。可以将这种与（从门德尔松处借来的）《帕西法尔》中圣杯主题相似的结构，看作一种主导动机（Leitmotivs）的前身。维尔纳·布赖格指出了《仙女们》的和弦连接与门德尔松《仲夏夜之梦》序曲初始主题的亲缘性。[4]值得注意的是，在瓦格纳歌剧作品的开头和结尾，音乐理念十分引人注目，这些理念指明了与劲敌门德尔松·巴托尔迪的密切关系。

《仙女们》的序曲是一个小杰作。在第一幕和第三幕中，戏剧结构合理，并提出了有趣的音乐构想；然而，在第二幕中，“怪异的”间奏曲却非常乏味。在最后一幕中，葬礼合唱曲和阿仁达的疯狂咏叹调非常突出；后者中的对立情绪异常敏锐地被塑造出来。瓦格纳艺术思想的一些主题在这部作品中就已经能够听到：通过爱得到考验、认同、救赎和永生的动机。除了这些之外还有两个主题，其中一个与心理相关，另一个则与时代风气相关。在歌剧的结尾处令人惊讶的是，阿仁达和阿达将不在尘世，而是在仙女的超自然世界生活。浪漫艺术一直非常关注的对非理性的探索，在《仙女们》中具有重要的意义，这在1830年代初期仍不常见。这里就可以注意到，它涉及的是瓦格纳不会再放开的生命主题；他将再次探讨这个主题，尤其是在《特里斯坦与伊索尔德》之中。

第二个新颖之处在于刻画人物的基本结构。所有仙女都有着异国风情的名字，都是阿拉伯式的：阿达、采米娜、法尔查娜。但男主人公阿仁达的同伴却有着典型日耳曼式的、几乎是“土著的”名字：龚特尔、莫拉德、哈拉德、格尔诺特。通过这种绝非偶然的刻画，这部作品除了心理意义之外，还具有了一种社会意义，将“外来的”和“本土的”辩证地排列在一起。在瓦格纳之前，这就已经在神话歌剧这个流派中成为主题，再比如说在莫扎特的《魔笛》之中，摩尔人莫诺斯塔托斯和夜后，即“那个女人”，与代表共济会男性社团的萨拉斯特罗就从属于不同的世界：两个外来元素，一个是种族的，一个是性别的，威胁着这位被选中的、自命不凡的祭司。在卡尔·马利亚·冯·韦伯的魔幻童话《奥伯龙》中，波尔多的于昂是西方的骑士，经过多次考验才与东方的公主蕾齐亚结合。在瓦格纳的《仙女们》中，也存在着“本土的”与“外来的”之间的平衡：阿仁达，一个日耳曼国度的国王，拯救了阿拉伯的（仙女）公主阿达；他甚至适应了异域风情，放弃了（日耳曼的）身份，同化并平衡了和谐联盟中的对立面。何等的使命！《仙女们》这样的作品不是写给休斯顿·斯图尔特·张伯伦这种人的，他是瓦格纳的女婿，直到1927年都是他尘世上的代理人，并将帝国主义种族主义的基本知识传授给了威廉二世皇帝——还在行将就木之时将拜罗伊特的祝福传给了阿道夫·希特勒。就这样，理查德·瓦格纳家族的第二代被排除在他的作品全集之外，作曲家本人在生命的最后一年还多次对拜罗伊特音乐节提出要求：他的**所有**作品都必须在那里上演——他从未要求去掉早期作品。在他去世的五年之前，他在钢琴上给柯西玛弹奏了“《仙女们》序曲中的几个改编的片段”（*CT*，1878年3月29日）。

瓦格纳神话的第一个牺牲品：早期作品

瓦格纳在《仙女们》中埋下了他的解放性思想的基石，这与他后来拔高“本土的”、德意志的，排斥“外来的”、非德意志的倾向形成了鲜明的对比。不到二十岁的瓦格纳究竟是有意识地构思出《仙女们》的人文主义解决方案，抑或只是对当时模式的追捧，由于缺乏相关表述，这个问题无法得到解答。无论如何，这位作曲家在多种可选的解决模式中选择了更为乐观的一种：他熟知莫扎特的社会乌托邦，它只允许后革命的、本土的未来夫妇帕米娜和塔米诺拥有幸福的将来，而传统的、外来的——革命前的夜后和摩尔人莫诺斯塔托斯——则被付诸摧毁。另一个乌托邦是由韦伯构筑的，他在没有任何社会限制的情况下积极对待自己的团结愿景。在对德意志特性的过分强调与仇外心理已经蔓延的时候，瓦格纳也选择了神话歌剧的一个人文主义方案，颂扬“本土的”和“外来的”和谐统一。鉴于他在1840年代彻底转变了思想，这一点尤为值得指出。

不幸的是，瓦格纳本人通过自己的表达，尤其是在《我的生平》中，贬低了自己的早期作品；他为后世贬损它们，而后世也努力无视它们，并尽量不表演这些作品。在拜罗伊特，只是在1967年和1972年国际青年艺术节的背景下，才在市政厅上演了《禁恋》和《仙女们》。这些作品被排除在拜罗伊特节日剧院之外，是一个根本性的错误，等同于无视所有艺术规则：就好像下一代人有权决定巴赫、贝多芬、勃拉姆斯和所有伟大艺术家有什么是值得演奏的，什么需要加上一道审美的普遍禁令一样。在早期的作品中，瓦格纳“羽翼未丰”，上述那位张伯伦无礼傲慢地如此写道。但他在几行之后便颇有兴味地声称，瓦格纳在《仙女们》和《禁恋》中“仍是一位纯粹的音乐家”。张伯伦指出了内在的主要原因：早期歌剧的音乐仍然相对是自主的，尚未被挤压进日后的意识形态专家瓦格纳的思想束胸中去；因此，它仍然太过独立，更像是与以后的作品相矛盾，而不是为之做准备。这所谓的早期歌剧的“不成熟”，是瓦格纳神话的一部分，这个神话是瓦格纳以暗示的方式所构建的——在这里是例外——但主要是由后来的拜罗伊特“维护者”所巩固的。他们要掩盖的事实是，早期作品是反对这位拜罗伊特守护神后来的、部分是相当成问题的意识形态的。

如此，早期作品被牺牲给了日后的神话。当然，瓦格纳在早期作品中尚且不是特别的音乐家，而“只”是一位“普通的音乐家”——是极有天赋的一位。直到1840年，他只能与洛尔青、马施纳和他们的同时代人比肩。那些人，如同早年的瓦格纳一样，有许多好的、原创的想法——但也存在着不协调、不完美、戏剧上或音乐上的缺陷。瓦格纳通向天才的质的飞跃，要等到《黎恩济》（1837—1840）和《漂泊的荷兰人》（1840—1841）才能实现。

今天，人们满足于简单地将这些作品贬低为不成熟之作，甚至将它们归为“怪诞的舞台剧”[5]。凭着这样笼统的判断，人们乐意为瓦格纳效劳，使早期作品的不足之处远离一般的文化意识。因为可以肯定的是：有两个瓦格纳，1813年到1840年间的那个，以及随后四十年中的那个。他们在1839年到1842年之间的时间中接触又分开。他们在精神上无法协调，这就是为什么直到1945年都要理所应当地压制“第一个”瓦格纳。如今情况不同了，人们有足够的原因可以对“第二个”瓦格纳持怀疑态度，并且相对地，尝试对“第一个”瓦格纳更公平一些。从这种双重角度之中，才产生了整体的人格，而这个人格正怀着急切的兴趣寻找它的同类。

4

如何将新歌剧搬上舞台？

图11　1853年的瓦格纳，不过他直到1860年左右通过F.汉夫施滕格尔的版画才为公众所熟知。原图是克莱芒蒂娜·施托克—埃克于1853年绘制的素描。

对于一个年轻的、不知名的作曲家来说，计划和写完一部歌剧只是第一步。瓦格纳在他的处女作《仙女们》上，肯定以一种十分显著的方式体验到了这一点。作为合唱团指挥，他必须先排演费迪南多·帕埃尔的《卡米拉》、海因里希·马施纳的《吸血鬼》和迈耶贝尔的《恶魔罗勃》，这三部是那几十年间的“常青剧目”。帕埃尔和马施纳在《我的生平》中丝毫未被提及，瓦格纳后来在回忆中却提到迈耶贝尔：这部“极其无趣的、尤其令德国音乐家厌恶的作品”令他感到一种“审美上的伤风败俗”（*ML*，82）。然而，1865年的这番针对迈耶贝尔的言论，却与他1840年之前的言辞完全矛盾。他在一篇文章中写道：

> 迈耶贝尔写出了世界的历史，写出了心灵和情感的历史，他打破了民族偏见的壁垒，消除了语言习惯的界限，他写出了音乐的行为——就像他之前的亨德尔、格鲁克和莫扎特所写的音乐——他们都是德意志人，迈耶贝尔也是德意志人。（*SSD*，卷XII，26）[1]

当瓦格纳在迈耶贝尔身上看到的是德意志人，而不是首先看到“犹太人”时，是多么幸福的时光！怀疑瓦格纳在这里怀有某种形式的机会主义是完全错误的——至少在1840年以前，他确实是这么想的；他的下一部歌剧《禁恋》中体现出的精神印证了这一点。一旦《我的生平》与瓦格纳当年写下的文件之间出现如此重大的矛盾，就必须格外小心。这表明，瓦格纳伪造了《我的生平》之中的叙述，将他的世界观在1860年代的发展状态强行打上1833年的日期，从而给人一种印象，即他的思想始终是“一以贯之”的，他的天才并没有经历跳跃式的发展，而是包含某些“始终存在”的东西。这里对迈耶贝尔印象的伪造便是一个信号，是为瓦格纳自1840年代初开始构筑的传奇所做的准备。

维尔茨堡的风流韵事与《仙女们》惹出的不快

在那个演出季结束时，瓦格纳与维尔茨堡剧院的合同终止了，他的姐姐罗莎莉不得不再次从经济上施以援手，好让他写完《仙女们》。圣诞节时总谱完成了，1834年1月21日，作曲家返回莱比锡。他身后是一串在维尔茨堡惹下的风流韵事，他在自传中也不无自豪地提到，比如与合唱团歌手特蕾泽·林格尔曼的。在每天给她上歌唱课时，他跟这位漂亮但没受过教育的掘墓人的女儿走得很近（*ML*，84）。对于增强他的"自尊心"来说，更重要的是与有着意大利血统的弗里德里克·加尔瓦尼的恋爱关系，她娇小可爱，有着黑色的眼睛，是一个工具制造商的女儿。他是通过哥哥阿尔贝特认识她的，令瓦格纳欣喜的是，她虽然早就答应要嫁给一个双簧管演奏者，却在一次乡间宴会上在众目睽睽之下向瓦格纳倾注大量柔情（*ML*，8）。在1833年12月11日写给姐姐罗莎莉的一封信中，他做了自我批评，说他还需要两三个星期才能完成那部歌剧——但是，"上帝啊，我才只有二十岁"（*SB*，卷I，142）。

他在莱比锡发现，没有努力在维尔茨堡就上演他的歌剧，可能是一个错误。他在母亲和姐姐罗莎莉面前摆出了三大本总谱，收获了赞扬。罗莎莉立刻到剧院去为这部歌剧进行游说，并且也得到了剧院经理林格尔哈特的允诺。但据瓦格纳所说，细节方面很快就引起了争吵；他吃惊地听到，剧院打算选用东方的服饰，尽管他通过剧中人物名字的选择"相信已经指出了他们的北方特征"。怀着极大的愤怒，他与"不堪忍受的头巾和长袍"作战，"竭力宣扬遥远的中世纪骑士装束"（*ML*，87）。与乐队长也很难达成一致，因此这个项目被推迟到了1834年8月。不过，这样的表达也不是很可信：《仙女们》中的"北方特征"仅限于男性的名字，女性们都有着阿拉伯式的名字。瓦格纳在1860年代提出了第一个，但并不是正确的论点，来将他的日耳曼狂热追溯到1830年代。因为当他倾心于贝利尼，对韦伯的《欧丽安特》之类的德意志风格"大加嘲讽"（*ML*，90）的时候，日耳曼的服装对他来说不可能有什么重要意义。瓦格纳确实对他的读者（*SSD*，卷XII，26）撒了一个弥天大谎：一个年轻的、完全没有知名度的作曲家，绝对不会因为可笑的服装问题拿自己歌剧的首演冒险！《仙女们》未能上演的原因，笼罩着一层神话般的秘密。

直到瓦格纳去世五年之后，1888年6月29日，《仙女们》才终于在慕尼黑的王家与国家歌剧院首演，由年轻的理查德·施特劳斯排演，弗朗茨·菲舍尔指挥。演出非常成功，这部歌剧随后也在其他城市得到上演，但从长远来看，它并不能在节目单上占有一席之地。

尽管碰了壁，作曲家却没有陷于沮丧。他再次见到了海因里希·劳贝，后者刚出版了他的小说《青年欧罗巴》的第一部，引发巨大反响。他也再次见到儿时的朋友特奥多尔·阿佩尔，他使出浑身解数，要让瓦格纳充满喧嚣、“热闹的青年欧罗巴情调”。因此，他们俩计划去波希米亚旅行，并且不乘坐驿车，而是乘坐私家马车，因为阿佩尔家相当富有。他们俩在特普利采盘桓了几个星期，住在高档旅馆“普鲁士国王”里，每天都出游，相处融洽，就E.T.A.霍夫曼、贝多芬、莎士比亚、海因泽著名的宣扬自由思想的小说《阿尔丁格罗》，以及“青年欧罗巴”——一场马志尼领导的革命性团结运动，旨在联合德意志、意大利和波兰的反抗者——的创始宣言进行了有益的探讨。日子过得飞快，他们都感觉自己是“年轻的神祇”。

情绪如此昂扬，甚至促成了一个小小的创造性奇迹——瓦格纳本人所展现的诸多奇迹中的第一个：“一天早晨，我从朋友的身旁溜走，好在‘施拉肯堡’独自吃早餐，并用这个机会在记事本上记下新的歌剧剧本的草稿。在这件事上，我是受到莎士比亚的《一报还一报》主题的影响，我以相当自由的方式将它改编成了歌剧的剧本，起名为《禁恋》，这非常符合我现在的心境。”（*ML*，91）瓦格纳具有非凡的直觉，认为艺术家应当从自己的角度认识所要描述的感觉——一个“处方”,他不必总是,但要尽可能地遵循这一处方。因此,他在布拉格干了一件蠢事,因为高吼《马赛曲》而被警察传唤,因为半裸着攀爬建筑外墙而引人注目,而与此同时,他的第二部歌剧已初具规模。因为他的情绪几乎是亢奋的,他制订了计划,并且认为,作为歌剧作曲家功成名就是件容易的事。他于1834年10月27日写信给特奥多尔·阿佩尔:

> 我的计划现在很坚定,不可修改。我的《仙女们》必须在三四个好剧院上演,来为我在这段时间内完成的《禁恋》赢得一个好名声;我要依靠这部剧取得突破,并挣到声望和钱财;我若有幸成功地获得这两者,我就带着金钱和荣誉还有你去意大利,那将是1836年春天的事。在意大利我会创作一部意大利式歌剧,可能的话会有更多部;如果我们那时黝黑又强壮,我们就去法国,我会在巴黎创作一部法国式歌剧,上帝知道我之后又会在哪里!可我知道那时我会成为什么人——再也不是德意志庸人了。(*SB*,卷I,167)

瓦格纳的计划是从迈耶贝尔的生平中复制过来的,但是这种个体的发展道路不可能简单地照搬。《我的生平》中后来只有两次提到《仙女们》:瓦格纳不久后在马格德堡演奏了它的序曲,而莱比锡则告诉他对这部作品不感兴趣。几周之后他提到,这部剧是“被牺牲了的”,因为他那时尝试要把《禁恋》在那里推销出去。

瓦格纳从特普利采回来后,家人告诉他,他被任命为马格德堡戏剧公司的音乐指挥;他们将于夏天在温泉胜地劳赫施泰特举行演出。莱比锡的乐队长约瑟夫·F.施特格迈尔向那里推荐了他,瓦格纳猜测,他只是想要“摆脱”为了《仙女们》而“非常讨厌的烦人精”。这就是他对此持怀疑态度并想先去劳赫施泰特参观一番的原因。毕竟这个浴场自歌德和席勒的时代起就非常有名，还有一座货真价实的剧院建筑，歌德以非常个性化的方式为其设计了图纸。然而，他的亲眼所见证实，在劳赫施泰特的一切，即便不是灾难性的，也是令人生畏的。虚伪的剧院经理海因里希·E.贝特曼希望立刻指派这位年轻的音乐家作为莫扎特的《堂乔瓦尼》的指挥，但瓦格纳直接让人带他到住的地方。他下定决心要离开，结果却截然相反。

明娜·普拉纳、“金童”阿佩尔与戈特沙尔克夫人

在住处，他遇到了一桩惊喜，这将改变他的一生。瓦格纳说，在旅馆的门前，站着马格德堡戏剧公司的头号台柱、当时已颇有名声的明娜·普拉纳。他如此描写她：“她的出现和举止与刚刚在这个灾难性的早晨这个剧院给我留下的所有恶劣印象形成了极为鲜明的对比：这位年轻的女演员有着优雅而活泼的容貌，举手投足得体稳重，给亲切的面部表情带来一种令人愉悦的尊严；精心准备的洁净得体的服装，给了这次不期而遇以令人惊喜的印象。”(*ML*, 96)瓦格纳沉醉于她的外表——她身材苗条，有着棕色的鬈发和深色的眉毛——因此决定留下来。于是，到那时为止还只在管弦乐领域历练过的乐队长瓦格纳，于1834年在劳赫施泰特奉献了自己的歌剧首演，指挥了《堂乔瓦尼》。不过，“彩排和表演都进行得很顺利”，接下来对内斯特罗伊的戏剧《恶灵伦帕奇瓦加本杜斯》的排练也是如此，因此人们对新来的乐队长非常满意。瓦格纳觉得工作条件不尽如人意，他之所以能忍受，只是为了接近明娜·普拉纳，她在内斯特罗伊的魔幻剧中扮演了守护真爱的仙女阿莫罗莎。明娜和瓦格纳住在同一家旅馆里，在他楼上：“在这片轻浮而低俗的乌

云中，她真的像仙女一般出现，人们不知道她是如何进入这个旋涡的，事实上她从不曾随波逐流，甚至从不曾触碰过它。”

应当再多听一些瓦格纳对他未来妻子的描述，因为他后面再也不会带着如此的公正甚至还有当年的深情来形容她了：

> 一天晚上，我很晚才回到位于旅馆底层的房间，因为没带钥匙，不得不爬窗户进去，进屋的动静传到了住我上面一层的明娜的窗户里；我请求她每天都站在窗边，好允许我对她道晚安；她丝毫也不反对，只是要求我在窗户边说，因为她总是让房东锁上房门，没有人能从门进来：她友好地用握手来缓解我的心情，上半身更远地探出来，这样我站在窗台上就能碰到她的手。当经常困扰我的面部丹毒暴发，我顶着一张浮肿、令人作呕的脸藏在悲惨的室内躲避全世界时，明娜一再来看望我，照顾我，并说丑陋的容貌并不重要。康复之后，换成我去拜访她，向她诉苦说嘴边还留有斑疹，我认为这会让人感觉不舒服，并因此向她道歉；她认为这也是可以忍受的：我还以为，她就因为这个才不吻我的；但她立刻用行动证明，她并不畏惧它。她做这一切的时候，带着一种友好的平静和镇定，这令她几乎透露出母性的光辉，丝毫没有轻浮放浪或冷酷无情的意思。(*ML*,98)

到达马格德堡，这里即将开始为时六个月的冬季演出季，在他看来这就是进入了专业的工作领域。马格德堡当时是一座驻军城镇，有着宽阔的街道和大约六万名居民，正如瓦格纳在1834年10月27日给朋友特奥多尔·阿佩尔的信中所写的(*SB*，卷Ⅰ，167)，这里更多是以贸易和军备而非文化闻名，然而最近的研究表明，这里也有着唱歌俱乐部、系列音乐会和音乐节等发达的音乐生活。[2]始建于1795年的剧院大楼可容纳1200名观众，并由这座商业城镇所设立的戏剧公司提供支持，该公司有时自己使用剧院，有时出租给导演，然后这些导演就可以自负盈亏来上演戏剧和音乐节目——一种在当时很普遍的形式，但总是导致破产。[3]瓦格纳对马格德堡并不陌生，他的姐姐罗莎莉曾在这里扮演过各种角色。

马格德堡的音乐家远胜于劳赫施泰特寒酸教堂里的音乐家，新来的指挥也迅速与他们打好了关系。他后来说，当他进行指挥时，“身着天蓝色的燕尾服，有着宽大的袖口”，他感到自己“仿佛身在天堂”。（*CT*，1872年12月10日）他打出的热情节拍成了全城的话题，而他这个新来的乐队长，则成了整座剧院里真正的斗牛士。然而在幕后，瓦格纳还有其他事要烦。在每一分钟的空闲时间里，他都在润色《禁恋》的脚本，他在这部剧上投入的心力要比《仙女们》多得多。

他给朋友特奥多尔·阿佩尔写的信时而兴奋，时而忧郁，他在信中拿“滑稽的喜剧演员们”那“令人惬意的蓬勃朝气”、“诗情与幻想”和这位已婚朋友平静的“家庭关系”进行了几乎完全是文学性的对比。瓦格纳为朋友的戏剧《哥伦布》和“金童”阿佩尔谱写了一支序曲。该剧于1835年2月在马格德堡上演（*SB*，卷I，178，198）。“金童”，瓦格纳如此称呼他这位忠实的朋友，不仅是因为可以与他开诚布公地交谈与通信，鄙视凡夫俗子，梦想去意大利旅行，更是因为，这位好心的特奥多尔·阿佩尔，莱比锡市议员与诗人的儿子，饱学的法学家，用200塔勒帮助他摆脱了再次令他深陷其中的债务危机（*SB*，卷I，175）。

理查德和明娜很快成了情侣。尽管三十年后从柯西玛的角度来看，他在《我的生平》中声称十分怀疑明娜是否真心深爱着他，但她确实散发出那种母性和温暖，而这是他一向缺乏的。对他来说，这胜过一切激情，因此一段漫长的、充满希望的共同生活开始了。这一过程与谱写《禁恋》的喜人进展刚好吻合。

图12 理查德·瓦格纳的朋友特奥多尔·阿佩尔。

1835年的演出季结束时，女高音歌唱家、悲剧演员威廉明妮·施罗德—德弗林特接受他的邀请来到马格德堡，扮演（罗西尼歌剧《奥赛罗》中的）苔丝狄蒙娜和（贝利尼歌剧中的）罗密欧，瓦格纳自从听过她的《菲岱里奥》以后便对她推崇备至。[4]此外，她还答应瓦格纳回来参演一场慈善音乐会，瓦格纳还指望着用这个收入来安抚他此间数量越来越多的债主们。但是，几乎没有人相信这位年轻的指挥家，几乎没有人相信当时德国最著名的女歌唱家会为了他而重回马格德堡；许多人嗅到了骗局的味道，因此几乎没卖出几张票。这场精心筹备的音乐会由于缺少观众而成为一场灾难，其收入还不够支付额外请来的音乐家们的报酬，更不用说债主了。很难评价瓦格纳在《我的生平》中关于接下来情况的描写："于是我先请来了戈特沙尔克夫人，一位值得信赖的犹太女人，就目前面临的紧急问题［即债务问题］与我协商。她意识到必须得有一笔特殊的援助才行［……］并十分理解地承担起向其他债权人［……］担保的责任，好让他们放心。"（*ML*，108）瓦格纳在这里维护了埃伦·戈特沙尔克，是因为这几行文字的读者——路德维希二世国王——并不认同他这位被保护人的反犹思想吗？因为就在几个月前，即1834年12月13日，他的语调听起来还完全不同；那时，瓦格纳还在一封信中对"该死的犹太蛆虫"愤恨不已。他指的只可能是他的恩人，这位仁慈宽厚却不会永远容忍他的戈特沙尔克夫人，他在1836年6月22日的信中辱骂她“无耻”“邪恶”(*SB*，卷I，308)。这是现存最早的瓦格纳反犹思想的端倪，并且遵循着一种反复再现的模式：有人借钱给他，帮他摆脱困境——但这位若是胆敢提醒他偿还债务，就会被瓦格纳恶言相向。不过，我们还是应当谨慎行事：与1850年代以后相比，这些早期的反犹言论与德意志人、法国人、俄国人和其他国家的人之中蔓延的对犹太人普遍的(尚且不是种族主义的)敌视无异。

随着剧院经理贝特曼的破产，1835年的演出季有了一个不体面的结尾。明娜·普拉纳和他剧团里的其他演员通力合作，谋求在自治的状态下继续演出。但瓦格纳却不得不离开了。他又去莱比锡的亲朋好友处寻求庇护，他们已成为他最能依赖的一群人。尽管阿佩尔多次施以援手，但理查德·瓦格纳还是不得不努力筹集资金，因为他必须弥补数量惊人的亏空，这主要是他的薪水被扣留不发导致的。不过，他有着一项极大的资本：瓦格纳已经证明了自己作为指挥的才能——这一职业方兴未艾，从前这项工作或者是由第一小提琴手，或者是由坐在羽管键琴旁的音乐监督来担任，甚至会让协调声乐部分的某位音乐家来应急。由于浪漫风格的音乐总谱变得越来越复杂，这些历史性功能从1820年左右开始合并到一个人的手中——一种不可避免的发展趋势。[5]施波尔在卡塞尔，门德尔松在莱比锡，拉赫纳在慕尼黑，迈耶贝尔在柏林，林德潘特纳在斯图加特，以及瓦格纳在马格德堡、里加和德累斯顿成为引领现代指挥职业的先驱。瓦格纳很可能从门德尔松那里学到了很多东西，但门德尔松不指挥歌剧。现代意义上的“音乐监督”的职能——在歌剧院里，除了要进行指挥之外，还要对很难管束的音乐家们进行组织、纪律和人事上的领导——并没有受到柏林的迈耶贝尔的很大影响（他虽然在那里第一个获得了今天仍很普遍的这一称号，但他太过频繁地出差了），反倒是瓦格纳在德累斯顿示范性地展示出，应当如何协调这一切。如果没有在马格德堡（还有后来在里加）的经验，他是不会成功做到这一点的。

瓦格纳必须好好考虑下一步的工作了。莱比锡的乐队长克里斯蒂安·A.波伦茨引退，由门德尔松接任。怀着一腔怒火，他开始整顿古老的舒舒服服磨洋工的工作态度。由于他强硬的个性，门德尔松·巴托尔迪在不久后就不仅掌控了排练，还掌握了古典主义的审美观教育。当瓦格纳试图在莱比锡布商大厦上演他的《哥伦布序曲》时，他发现他的这支标题音乐无人愿意接受。然后有消息说，马格德堡的剧院经理贝特曼又爬起来了：他在柏林的故旧帮他为新的演出季筹集了资金。瓦格纳渴念明娜，于是立刻动身前往马格德堡准备节目。

起初，他被派出去招募新的歌手。他途经布拉格，来到拜罗伊特（这座城市很得他的欢心），然后又经纽伦堡去了法兰克福和威斯巴登。在纽伦堡，他非自愿地参加了一场闹着玩的歌唱比赛，我们很容易将这个比赛看成一个先兆，它将对《工匠歌手》中的滑稽场面产生影响，瓦格纳也在《我的生平》中生动地记了一笔。一名奇怪的歌手僵硬到了极致，

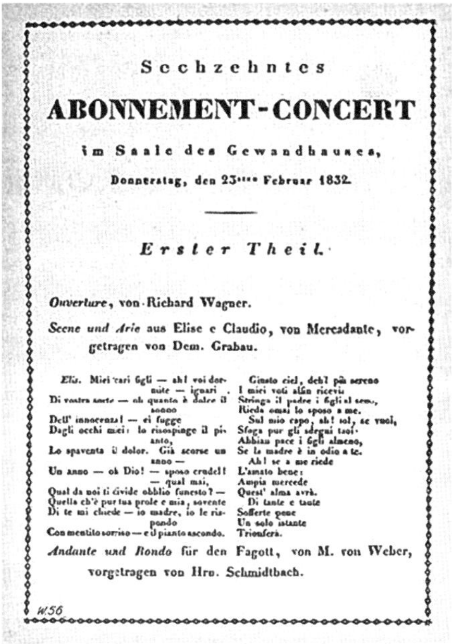

图13　瓦格纳的名字第一次出现在一张海报上。布商大管弦乐团音乐会，1832年2月23日，以瓦格纳的一支序曲的首演开场。

> 导致他的肌肉运动也变得极度诡异，我们会以为看到的是一台制造音乐的自动机械装置，当他体内的齿轮上好了发条时：他的嘴唇颤抖，牙关紧咬，眼睛抽搐，最后终于以嘶哑、油腻的声音唱出一支极其平庸的街头小调。演唱时，[……]他的胖脸激动得通红，很遗憾所有观众都暴发出无法抑制的大笑，使得这位不幸的大歌唱家怒火中烧。此前不怀好意地恭维他的那群人，现在又残忍地用放肆的嘲笑来回应他的怒火，这使得这个可怜的人真正地暴发了。(*ML*,115)

但还没完，那天晚上后来还出现了一场混战，“呈现出一种真正的恶魔般特质”；现实为这位艺术家后来的《工匠歌手》一口气提供了两个最引人注目的场景，即贝克迈塞的小夜曲和“殴斗赋格曲”。当然，这体现了瓦格纳的艺术表现力：它是从诸多的现实中取材而来的。

一个浪漫音乐家如何策划自己的公众形象？

早在那时，他就已经同样重视起他会给后人留下的印象了：“为了消磨时间，”瓦格纳在《我的生平》里写道，“我还拿了一个红色的记事本，我把它放在旅行包中随身携带，我在其中记下一些日期，为将来要写的自传作备忘。”(*ML*, 117)这是此类记录的最早证明，时间为1835年。瓦格纳于二十二岁的年纪就已经在考虑后世形象，这证明了他那相当强大的自信心。今天只留下断篇残章的《红色记事本》还是很值得一提，因为其中的记录后来——至少是部分地——成为《我的生平》这一自传的基础。

1835年9月1日，瓦格纳再次担任马格德堡音乐指挥一职。他成功地为一个小型的城市剧院带来了远超平均水准的演出，尤以路易·施波尔的《耶松达》最为突出。由于观众数量的强劲增长，瓦格纳与经理贝特曼的关系最终也得到改善，由于瓦格纳艺术上的无数要求，他们的关系一度十分紧张。他成功地用免费门票将组织良好、训练有素的普鲁士军乐团音乐家跟剧院绑定，这堪称一场组织工作的革命。在未来的几十年里，他还将继续发展这一才能。通过这种方式，他才敢于上演一些大型歌剧，如贝利尼的《诺尔玛》和奥柏的《莱斯托克》，而用通常的手段这些都是无法想象的。

《禁恋》的创作也逐渐走到尾声。另一方面，与明娜的共同生活则一言难尽。鉴于他年纪尚轻，经济状况又很混乱，瓦格纳根本不敢考虑结婚。明娜似乎也不着急，因为她扮演的角色受到舞台监督那位影响力巨大的妻子的有力竞争，这最终导致她撕毁合同，离开马格德堡，接受了柏林一家私人经营，但依赖王室资助的王城剧院提供的职位。除了歌唱表演以外，这家剧院还演出滑稽剧和哑剧，但是不演悲剧。瓦格纳感到绝望：1837年7月，他几经踌躇后写出一封信，在信中他向她提出求婚，以打动她让她回来（*SB*，卷I，312）。由于在柏林的演出生活也不顺利，明娜便回来了，理查德欢迎了她的凯旋。

《禁恋》——青色的瘀伤与空荡荡的票房

尽管有柏林来的资金援助，贝特曼的经济状况却又一次完全崩溃了。瓦格纳开始担心，因为第一批员工已经由于发不出薪水而登记离职，也不能确定原本承诺的为了上演《禁恋》而筹划的季末筹款演出是否还能如期举行。3月，马格德堡剧院事实上再次宣告破产，不得不提前结束演出季。然而，艺术家们出于对瓦格纳的友谊仍然留了下来，好在3月29日，经过仅仅十天的准备，就奉献出《禁恋》的首演——鉴于这部歌剧的规模和有着无数大型合唱的复杂结构，这是一桩十分大胆的行为。

演出时还出现了更多的情况：男高音忘了词，因此不得不拿（奥柏的）歌剧《魔鬼兄弟》和（埃罗尔的）《泽姆帕》的唱词来填时间。这绝对说不上是一场有说服力的演出；整个过程都“像是一场配乐的影子戏，乐队不时用夸张的噪声来尽力表达它那莫名其妙的暴发”——瓦格纳在回忆往事时如此说道，不过他在回忆时总是鄙视自己的前三部歌剧（*ML*，122）。

第二场演出时，最初只到了三名观众——三位犹太裔的歌剧爱好者，其中就有好心的戈特沙尔克夫人。在幕后，乐队上演了争风吃醋和全武行，瓦格纳对此简短地评论道：

> 演员的混乱很快就控制不住了：支持和反对的人都结成阵营，几乎要发展成一场全员的争斗，这个不幸的夜晚似乎很适合为自以为受到的互相侮辱做个最终了断。事实证明，这[……]对受苦难的夫妇今天无法登上舞台。导演被派到舞台上，向剧院大厅中特意选出来的一小群人宣布，由于“出现故障”，歌剧演出无法进行。——这就是我在马格德堡的前途远大、付出了相当大的牺牲才开始的指挥与作曲生涯的终结。[……]我，甚至还有明娜，在作品的成功上所建立的所有希望都被摧毁了，不留一丝痕迹。（*ML*，128）

不体面地结束了在这座驻军城镇的职业生涯之后不久，瓦格纳的结论就更加偏激了。他在《音乐新杂志》上匿名发表了文章《关于马格德堡》。1836年4月19日，瓦格纳在给罗伯特·舒曼的相应信函中写

图14 瓦格纳的第一部印刷出来的歌剧作品，《禁恋》中的《狂欢节之歌》，1837年于斯图加特作为杂志《欧罗巴：文明世界编年史》的副刊出版。由于瓦格纳后来疏远了这部青年时代的作品，因此完整的作品在他死后很久才得到出版（莱比锡，1922）。

道："这里净是些混蛋。"（*SB*，卷Ⅰ，261）幸运的是，在他外出几天之后，至少他那条名叫吕珀尔的聪明的贵宾犬又回到了他的身旁。

对于这位作曲家来说，《禁恋》事件的后果是毁灭性的："我用预期的收入打发走的债主对我的才华不抱希望，他们觉得我只是个庸人，只想尽快对我发起诉讼。我那位于'宽广大街'上的小公寓令我感到讨厌，因为每次回家时我都会发现门上钉着一张法院的传票；从那时候起，我就尽可能地避开它。"（*ML*，128）所有想要在莱比锡上演《禁恋》的尝试都以失败告终。幸运的是，明娜证明自己是一个务实的女人。在短时间内，她就与柯尼斯堡剧院达成了良好的意向，现在只需要给理查德找到合适的职位了。1836年5月，他离开马格德堡前往柏林，没有工作，前途不明。

如此，在1834年秋天与好友阿佩尔制订了雄心勃勃的计划仅仅十八个月后，理查德·瓦格纳便幻灭了。迈耶贝尔式的职业生涯无法复制；尽管瓦格纳在很多事情上都是大师——但在判断错误这门手艺上也是如此。我们当然要问，为什么莱比锡拒绝了《禁恋》。在马格德堡，审查员没有读过剧本，仅根据作者的口头说明就给了他许可。在莱比锡，事情做得更仔细，剧院经理弗里德里希·泽巴尔德·林格尔哈特，当瓦格纳想用让他的女儿出演一个角色的办法来诱惑他时，只是回答说，作为一个有良知的父亲，他不允许女儿出演如此有伤风化的戏。歌剧《禁恋》到底有什么出格的，让这些精明的戏剧大师们避之唯恐不及？

瓦格纳对民主精神的致敬

剧情受到莎士比亚的戏剧《一报还一报》的启发，发生在16世纪的巴勒莫。西西里总督弗里德里希，一个毫无幽默感的德意志人，以死刑相威胁，禁止一切快乐活动。克劳迪奥，一名年轻的贵族，将成为这项法律的第一名受害者，因为他的爱人已经怀上了他的孩子。尽管他宣称同意与她结婚，但弗里德里希仍旧要判他死刑。克劳迪奥美丽的姐姐伊莎贝拉却成功地让古板的总督对自己产生了感情；最终，她要用爱情挽回弟弟的生命。弗里德里希经历了前所未有的激情爆发，并意识到自己的世界观和严格的道德观已分崩离析。收到伊莎贝拉的一张便笺后，尽管自己曾发布过禁令，但他还是赶去幽会；可他却将伊莎贝拉的朋友玛丽安娜，这个曾经被他遗弃的情人拥入怀中。伊莎贝拉此时发现，弗里德里希想要欺骗她已经签署了对她弟弟的处决命令。她策动了一场骚乱，人民围困了弗里德里希退守的凉亭。他与玛丽安娜一起被抓住，甚至必须收回他严格的道德律令。人民释放了被判处死刑的克劳迪奥，废黜了禁欲的弗里德里希，热烈地庆祝国王的到来：

全体

国王理应受到欢迎！

欢呼声中御驾进城！［……］

卢齐奥

有趣玩笑让他高兴，

胜过他的悲哀法令！

合唱

来吧！来吧！全体假面人！

尽情地发出欢呼声！

狂欢节要隆重举行，

狂欢之乐永无止境！（*GSD*，卷 XI，124）

这是一部简洁有力的戏，但在梅特涅主导的复辟时期，也是一部大胆的戏。瓦格纳不仅将莎士比亚的剧情从维也纳搬到了巴勒莫，还把一个德意志反派弗里德里希，一个"德意志傻瓜"，一个"愚人"，放在了戏剧的核心。这样就使这部戏有了"反德意志的和亲意大利的"色彩，正如美国的瓦格纳传记作者罗伯特·古特曼所指出的。[6]

贝利尼、奥柏、布瓦尔迪厄和阿莱维都对这部歌剧的作曲产生过影响。瓦格纳十分成功地将贝利尼或多尼采蒂式的意大利美声唱法转化为德语文本。尤为令人印象深刻的是第二幕中弗里德里希的咏叹调（"这么晚还未见伊莎贝拉的信"），这首曲子充满了旋律与和声的创新。同样吸引人的还有第一幕中两名女主角伊莎贝拉和玛丽安娜的二重唱（“泪留给我，我的安慰”）。在前一个民众场景的喧闹过后，管乐声唤起修道院的孤独气氛，这是《唐豪瑟》氛围的预演。瓦格纳将一种有趣的技术应用于男声和合唱部分。当这些人以很少的旋律变化宣叙式地或者最多咏叹式地唱出他们的歌词时，主题的表现却已经完全转移到了乐队；这也指向了后来的发展——只是瓦格纳后来几乎不再能够用这么多的口哨声和灵活性，用这么多的意大利色彩来进行音乐创作了！

然而，这部作品太长了。经过一些有益的削减，《禁恋》完全可以与阿尔贝特·洛尔青和奥托·尼古拉的作品比肩——这需要由一次新的实践来证实。瓦格纳却早在1851年的文章《告友人书》中就对自己的早期作品进行了诋毁，他在文中将《禁恋》的音乐特性描述为“现代法国的与（在旋律上）甚至是意大利的歌剧之影响的反映”；几行之后，他甚至用了“轻浮”这个词，他是绝对想与这个词疏远的。他提到了音乐，并宣称音乐那时“总是对他具有决定性的影响”，借此，他掩盖了自己的第二部歌剧真正的现代性首先在于题材，尤其是在戏剧性方面。因为巴勒莫的狂欢节不仅是一个民间节日，还是一场反抗政治反动的起义。此后他再也不会如此乐观地现代了，在他的巴勒莫，起主导作用的并非英雄或神灵，而是人民。《禁恋》是瓦格纳唯一一次毫无保留的对民主精神的致敬，是他对社会公正的最严肃探讨——尽管这是一部喜剧——而这在他后来的作品中再也没有发挥过类似作用。

5

明娜·瓦格纳，原姓普拉纳

图15 明娜·瓦格纳，约1850年，E.洪布洛特与P.扎格尔于德累斯顿拍摄的照片。

自传的祝福与诅咒

从马格德堡到柏林的旅程要不了太久；瓦格纳于1836年5月18日到达。他拜访了海因里希·劳贝，后者无论如何都要力挺《禁恋》。但是，瓦格纳对明娜的爱却蒙上了阴影。在柏林，瓦格纳认识了一个名叫施瓦贝的富有的犹太商人，此人曾在马格德堡生活过。他逐渐发现，施瓦贝虽然不曾与明娜发生关系，却与她非常熟悉。亚历山大・冯・奥特施泰特给明娜的画像（1835）展现出，这位1809年出生的女郎是一位青春年少、颇能引得男人倾心的美人。同时代的人对她的性情、她的个性和举止都充满赞美；她被称赞为“异乎寻常地美丽，极为惹人喜爱的外表，内心充满善良和亲切[……]全力参与丈夫的创作”。另一个同时代的人说：“与她的外表紧密相连的是她温柔的语调，每个人都能被她打动。”瓦格纳研究专家埃娃・里格尔还引用了其他许多同时代人的类似描述，由此创建了明娜・瓦格纳的新的形象，与瓦格纳传记中的描写大相径庭，在传记中明娜经常得到不公正的描写。

明娜的父亲曾是萨克森的号兵长，但是在拿破仑战争失败后，他只是一个机械师，一个制造工具的人。她的母亲在她出生后一年就去世了。明娜出生于埃尔茨山中的一个小城厄德兰。[1]年景很糟糕，家里剩下的人都生活在极度贫困之中，先是住在德累斯顿附近，后来又搬进了城中。1825年春，萨克森王家卫队长恩斯特—鲁道夫・冯・艾因西德尔发现了这位时年十五岁的美丽姑娘——很可能用一生富贵之类的甜言蜜语诱惑了她。或许更接近一次强奸，因为明娜的性格并不十分喜爱冒险。无论如何，她怀孕了，这位出身贵族的孩子父亲消失得无影无踪。一场令人难以置信的伪装游戏开始并取得了成功：她的继母伪装成是自己怀孕，明娜躲了起来，在1826年2月生下了这个孩子，声称是自己的妹妹，取名纳塔莉。[2]明娜的父亲一直没有发现真相，纳塔莉本人则是直到死前才有所耳闻——那么理查德・瓦格纳是什么时候知道的呢？

明娜无法找到市民职业之路，因为妇女被排除在行会之外。只能考虑教育或艺术类的职业；在这方面，当时的女性就和犹太人一样受到歧视。但是，明娜发现了自己的戏剧才能，她唱歌很好，并且引起了德累斯顿女演员埃尔泽·梅维乌斯的注意。梅维乌斯给她上课，而她在二十二岁就拿到了第一个角色，赚到了自己的收入。那是一家郊区剧场，但德绍的剧院经理在那里看到了她，并立刻签下了她。她实现了从充满乞讨和卖淫的戏剧生活到安全的名剧场的跨越——没有才能的话，这是难以想象的。她可以自由地拒绝那些向漂亮女演员献殷勤的男人们。[3]但最重要的是，她能使自己的家庭情况得到缓解，他们还一直生活在最拮据的条件之中。当明娜碰到理查德时，如前文所述，她是马格德堡剧院的成员，在这家剧院倒闭后，她又经过柏林去了柯尼斯堡，在那里得到新的聘书。

瓦格纳最初一个人留在了马格德堡，但他想尽可能快地结束这种分居。他的朋友劳贝帮了他，他向一圈亲朋好友筹措了资金，好让瓦格纳得以前往遥远的东普鲁士的柯尼斯堡。通过一位老实的戏剧家亚伯拉罕·默勒的介绍，瓦格纳成功地成为乐队长舒伯特的副手，后者不久后便要动身去里加，于是瓦格纳便正式接任了他的职位。但是，这两位乐队长的关系很快就破裂了。

默勒建议明娜和理查德结婚。明娜给予他的，不仅是安定；瓦格纳已经开始离不开她了。这起初有**性**爱方面的原因；他后来指责说，她无法给予他激情的爱，这只能由他的第二任妻子柯西玛负责——她在1865年到1880年间誊写了《我的生平》。理查德对朋友特奥多尔·阿佩尔所说的（“你应该读读她的信——她就是一团燃烧的火”[4]），正好与人们的猜测相反：他们看起来似乎彼此在性爱方面非常和谐。她也懂得如何为他创造大大小小的舒适感，好让他拥有一个安静温馨、适合作曲的家。尽管瓦格纳在《我的生平》中经常且严厉地批评她，人们还是能在某些字里行间感觉到当年的肉体迷恋和身心依赖。如此一来，后面经常提到的“巨大分歧”，看来显然就是为了维护柯西玛的自信心。如上所言，明娜是一位美丽的、外表极具魅力的女人——柯西玛则不是。单单为了家庭和平，就难免要对1866年1月去世的明娜进行诋毁；她反正不能再为自己辩护了。因此总的来说，瓦格纳所写的明娜是不公正的。

如果仔细考察的话，那么他做这一切不仅仅是为了柯西玛；这也是他的自我展示的一部分，是他自我裁剪的神话的一部分，根据这一神话，才华横溢的艺术家在自己家里也会遭遇世界的不理解。**在现实生活中**，他对待明娜比《我的生平》中所写的还要糟糕得多——以至于明娜在晚年不得不疾呼：“**一个才华横溢的人也有做恶棍的权利吗？**”[5]一方面，她完全能够理解理查德的天赋；但在另一方面，她只能在与她的健康和自尊相称的程度上接受这种天赋。理查德则要求他人完全臣服于他的需求，他相信，首先作为一个艺术家，然后作为一个**天才**，他的需求完全可以凌驾于周遭环境之上——而这不仅仅是针对他的妻子。

可以肯定的是，瓦格纳的言论对明娜的形象产生了极为不利的影响。早年的宫廷传记作家格拉泽纳普就强调说，明娜对她丈夫的艺术“没有共情”[6]。就连在其他方面一贯持批判态度的欧内斯特·纽曼，也更相信做丈夫的瓦格纳而不是做妻子的明娜，尽管他至少可以读到明娜的几封亲笔信。[7]这两位主要传记作者的后继者也没有试着更公正一些。书信全集的主编指责她有着“病态的嫉妒”（*SB*，卷IX，21）。这首先且毫无疑义地指向理查德，正如1950年出版的伯勒尔收藏的书信材料所展示的，这是由爱尔兰人玛丽·伯勒尔（殁于1898年）在19世纪末收藏的重要文献资料，留下了明娜存世的信件和文件中的大部分。[8]人们指责明娜“彻底地平淡乏味”，[9]这是无法接受的。许多人意见相和；甚至抱怨她"声音刺耳乃至下流"（这与开始时提到的文献相矛盾）；[10]她"丝毫不收敛她的歇斯底里"——只有在丈夫逼迫她的情况下才会如此。[11]结论是："家庭纠纷的起因[……]是在明娜这边。"这种单方面的责任划分，原始文献之中根本看不到。为了超越经典作家对明娜的批评，同一位作者还声称瓦格纳的家人曾就明娜的事情对理查德提出警告。但他并没有提供证据，只是认为她是个愚妇，一个永远无法追随天才的蠢人。[12]

直到《罗恩格林》（也包括这一部作品在内），明娜都热爱她丈夫的作品，她写道，她将永远"敬爱和崇拜"他的音乐。[13]1850年之后的那些作品则过于有倾向性了，追求一条她在意识形态方面不能认同的路线，她总想用书面来论证这一点[14]——当然这是徒劳的。不理解和不认同并不是一回事。埃娃·里格尔指出，门德尔松、舒曼和勃拉姆斯也很难理解瓦格纳；就连李斯特最初都对《莱茵的黄金》总谱完全束手无策！[15]没有人会对这些名人耿耿于怀。只有明娜，**这个女人**，被瓦格纳的传记作者们的指责压得死死的，这些传记作者"凑巧"全是男性，并对明娜的特性群起而攻之——因为她不理解，但在1850年左右**没有一个人**能够理解。[16]

瓦格纳本人当然也做了一个坏榜样。他在《我的生平》中声称，他在婚礼之前就感觉到明娜的怪异。相反的信息来源怎么说？1835年11月4日，他在柏林给她写信："明娜，我的状态无法描述，你走了，我心都碎了；我坐在这里，几乎完全失去了知觉，只能像个孩子一样哭着，抽泣着。圣洁的神啊，我该怎么办；我要怎样，我要在哪里才能找到慰藉和安宁！——当我看到你远去时，我身体里所有的感觉和情感都断裂了；你的车驶入晨雾中，那晨雾就在我的眼泪中颤抖；明娜，明娜——我突然间恐惧地发觉，这辆车要把你从我身边永远夺走。哦，姑娘，如果你真的这么做的话，可就犯下了可怕的罪行。我用千万条锁链束缚住你，就像你用这些锁链缠住我的脖子，让我窒息。——明娜，明娜，你对我做了什么！——我坐在房间中，我的思绪纷乱；——可怕的空虚——只有眼泪、悲伤与痛苦。[……]”(*SB*，卷Ⅰ，229)这还只是开头，是这封信的前六分之一；在无止境的抱怨之后，是如同上次远行时一样的论断：“这短暂的分别使我清楚地知道，没有你我活不下去。”然后在呐喊中到达高潮：“我的神，我的神，我还能对你说些什么——我的心碎了！”脱帽致敬——真是一出活剧！

紧随这封书信“杰作”之后的，是11月4日至12日的八封同样腔调的信，这些爱情誓言的连珠炮必定会奏效。然而，这些信件既不是做戏，也不是虚伪，因为在11月5日，他还用十分相似的腔调向儿时的朋友特奥多尔·阿佩尔抱怨着，只是短得多。事实上，明娜从柏林回来了。当她回到他的身边时，幸福感倍增，于是理查德在1835年12月27日写信给阿佩尔道：“天知道我现在要是没有她会怎么样！”(*SB*，卷Ⅰ，252)要与她在一起的冲动变成了一种执着。他在1836年6月1日给明娜写道：“哦，现在，现在，让你在我身边，让我感受你，沉浸在你的目光中，以你可爱的身体嫁给我——用甜美的拥抱化解我所有的苦难！”(*SB*，卷Ⅰ，279)这种过分的爱之中也蕴藏着一些疯狂和暴戾；埃娃·里格尔在理查德的信中指出了一些危险的地方，如“我要这么强迫你”“我要过来，用武力带走你”，或者更糟糕的是，他幻想着用“一把锋利的刀”插进她的心里。[17]

因此，瓦格纳在《我的生平》中对明娜的描述完全不能采信。还有他对她的职业实践的冗长论述，他在写了一整页的负面印象之后总结说：“因为她缺乏观念性，因此完全不具有艺术感；她也没有戏剧的天赋：有人喜欢她，只是因为她姣好的外貌；随着时间的流逝，她能否成为一个‘好’演员，这一点我无法断定。”(*ML*, 137)包括格雷戈尔—德林在内，一些人不加判断地对此进行复述：“她对自己的职业并不十分执着，她用差强人意的声音和高贵、娴熟、死记硬背下来的动作进行自己的演出，但随时追求市民生活的安定。”[18]这是不公平的，从明娜的信中可以看出，让她离开舞台是多么困难：“我甚至高兴地放弃了我甚为看重的独立性，好让我可以完全属于你。”[19]直到1850年，她还在用这些话提醒丈夫她所做出的牺牲。如果上述的(错误)论断是正确的，那么明娜作为演员的受欢迎程度就是不可理解的了。在1833年至1836年间，至少有十二个城市的剧院都在争相聘请她，这已为伯勒尔藏品中的大量文件和节目单所证明。[20]

嫁给理查德与逃离理查德

明娜和理查德的婚礼，是于1836年11月24日在柯尼斯堡的特拉克海姆教堂举行的，远离所有亲朋好友，只有剧院同事的陪伴。新婚夫妇得到了一只银制的糖罐和一个银制的蛋糕篮作为礼物，而每位来宾都收到了一条粉色的丝绸手帕，上面织了一首赞美这位演员新娘的小诗(*ML*,143)。直到晚上，理查德才知道，他的新娘不是比他小一岁——结婚登记簿上也是这么错误地写的——而是比他大四岁。他还知道了，明娜所谓的妹妹，十一岁的纳塔莉，其实是她的私生女。相应地，对于明娜来说，前景也并非一片光明：在新婚之夜后的那个早晨，丈夫就不得不匆忙跑去市法院认罪。

夫妻俩住在蒙肯大街和施泰因路堤夹角的一个非常通风的小公寓里。瓦格纳试图干点音乐方面的杂活来提高收入，明娜则面临着双重负担，既要做演员赚钱，又得经营家庭。无论多年以后纳塔莉向伯勒尔夫人的倾诉在心理上的微妙性有多少可信度，她的回忆都能清楚地反映这对夫妻当时的日常生活：

> 她[明娜]一大早就起床操持家务，然后在八点或八点半左右赶去剧院排练，在这个寒冷的冬天，她直到十二点或一点左右才能从冰冷的、没有暖气的剧院回家，迅速地做好午饭。一吃完饭，她就坐下来缝制晚上表演要穿的衣服，并同时记诵新角色的台词[……]然后迅速地收拾做好了的衣服，赶去剧院演出；我总是跟着去，好帮她[……]换衣服[……]如果她经常被人呼唤名字、收获掌声，这当然是她应得的，那么即使是在回家的路上，理查德也会出于无理的嫉妒而开始生气、发火、叫嚷[……]当然随后他就会疯疯傻傻地紧紧抓住她，跪在她面前，像个小孩子似的哭泣，请求她的原谅，但是和平最多只能维持几个小时。(*Burrell* 1950，106)

此外，柯尼斯堡剧院陷入了经济困境，无法再支付薪酬。瓦格纳夫妇被剥夺了生计，这也是明娜到那时为止的收入来源。鉴于这种黯淡的前景，明娜感觉自己心力交瘁。理查德也曾后悔地承认，有些时候他变得太过冲动了。谁应当为这些吵架负责呢？即便是瓦格纳自己在《我的生平》中所说，也与他后来的传记作者相矛盾！这次他写得相对地有自我批评的味道："明娜所能感受到的我的爱，可能在这些一直频繁又恼人地反复出现的争吵中越来越少了；但我不知道，明娜只需要一个看似很合适的理由，就可以做出最绝望的决定。"(*ML*，147)这样的理由也出现了，而且是以富有的商人迪特里希的形象出现的。当她向一个不怎么熟悉的剧院里的朋友敞开心扉抱怨痛苦时，这也说明了明娜在和这个自私自利的乐队长的婚姻中所承受的心理压力。1837年5月31日上午，理查德要赶去剧院，明娜和纳塔莉热泪盈眶激动地拥抱了他，但没有任何解释。当瓦格纳午后回家时，衣柜空了，没有人在家。

瓦格纳立即努力为这次追妻之旅筹措资金。但暂时还必须保密，以免被追债人阻止，这些追债人受马格德堡和其他地方的债主所托要盯紧他。时间到了6月3日，他在德累斯顿明娜的父母家找到了她，但他在那里却不受欢迎。她仍旧处于一种由于激动而虚弱的状态，对一切都充耳不闻。但瓦格纳还留了一手：在前往德累斯顿的路上，他在柏林遇到了新的转机。海因里希·多恩的同母异父的弟弟路易·申德尔迈泽，瓦格纳在莱比锡时就与他关系良好，他将瓦格纳介绍给了刚开张的里加剧院的经理卡尔·霍尔泰。此人正在寻找乐队指挥。瓦格纳在1837年6月7日给申德尔迈泽的一封信里透露说，这份雇佣合同——“1000银卢布：合同期为两到三年”——条件如此之好，明娜不再需要作为演员出去工作就可以重建家庭财务。最后，明娜还期待瓦格纳能将一部分薪水花在她可怜的父母身上。回到德累斯顿，他发现明娜一家“并非不愿意见到”他这份新的前程，于是夫妻二人去了德累斯顿附近的布拉泽维茨，在那里等待接收里加的通知。

但是，明娜欺骗了理查德。她以与一名儿时女伴出游为借口，说她要去旅行八天。当明娜的姐姐来请他以丈夫的身份许可明娜办旅行护照时，瓦格纳的脑海中响起了警钟。[21]因为同时到达的他的朋友默勒从柯尼斯堡写来的信告诉他，那位迪特里希先生也来了德累斯顿。瓦格纳用鞭子和两支手枪[22]武装了自己，赶往迪特里希的旅馆；但此人已经幸运地离开了——明娜也一起！

瓦格纳于是在他的自传中讲述了一个对于他的作品来说很典型的

情节。我们可以读到，在无尽的痛苦中，他去找了姐姐奥蒂莉。她嫁给了学者赫尔曼·布罗克豪斯(1806—1877)，出版家弗里德里希·布罗克豪斯的弟弟。一方面，瓦格纳由于明娜而承受着极大的心理压力；另一方面，他又被一种和平的家庭氛围所环绕着——然后理查德的创造力又开始发挥作用，他在几天之内就写下了下一部歌剧《黎恩济》的草稿，根据的是明娜刚刚在布拉泽维茨读过的小说《黎恩济：最后一位护民官》，作者是爱德华·布尔沃—利顿(1803—1873)。赋予艺术家翅膀的，究竟是压力，还是市民阶级的柔和氛围？

1837年的夏天就这么过去了；他仍然关心着自己的未来，于是写信给欧仁·斯克里布询问将一部歌剧剧本拿到巴黎去的事情，并将他的序曲《统治吧，不列颠尼亚》(为管弦乐队而作的D大调序曲，*WWV* 42)寄给了伦敦爱乐乐团，以使自己尽快摆脱与马格德堡和柯尼斯堡剧院关系的束缚。8月底，到了该动身前往里加的时候。为了避免尴尬，他围着莱比锡绕了一个圈，尽管住在那里的姐姐罗莎莉这时已经嫁给了鼎鼎大名但他还未曾听闻的奥斯瓦尔德·马巴赫教授。[23]他忘了明娜了吗？他放弃她了吗？不，一点也不。在柏林，他碰到了她的妹妹，歌手阿玛莉·普拉纳，现在已经是马格德堡剧团的一员。在一场《菲岱里奥》演出中，他们两人一起为明娜而哭泣，第二天，理查德便动身前往什未林，他误以为不忠的妻子会在那里。

几天后，他独自动身，继续前往里加。那里的剧院经理，受人喜爱的诗人和朗诵家卡尔·冯·霍尔泰，[24]路德维希·蒂克的朋友，拥有一家商业公司提供的可靠投资。他创作过一些成功的轻歌剧和情节剧，并了解整个戏剧界；他自认是个浪子，并认为一定的轻浮和古怪对戏剧有好处。他预先将贝利尼、多尼采蒂、亚当和奥柏的所有歌剧都买了过来，现在期待他的新指挥能够将这些一部部地敬献给付了钱的商人们。但是，里加剧院却出了问题：霍尔泰聘请的女演员没有来，但没有她是搞不定一个演出季的。瓦格纳立即建议明娜的妹妹阿玛莉过来，她马上就同意了。从她的回信中，他了解到，明娜现在处于一种悲伤的状态，病得很严重，回到了父母那里。瓦格纳假装对这些无动于衷，并且向柯尼斯堡法院提出离婚。[25]她和迪特里希先生在一家汉堡的旅馆里待了很久，还到处说她跟理查德分开的事情，让整个德国戏剧界都知道了。他告诉阿玛莉，他不能原谅这种屈辱，她也不要再拿她姐姐的其他事情来打扰他。

但是瓦格纳继续写道："然后，明娜自己给我写了一封真正让人痛苦的信，她在信中向我坦承了她的不忠。但是，就像绝望逼迫她不忠一般，她也因为对这桩她身陷其中的不幸事件的绝望而从这条道路上摆脱出来[……]她[……]向我保证，她现在才真正了解到她对我的爱。我从未听到明娜说过这样的话，也不应再听她说出类似的话[……]我给她回信说，关于这一事件，我把大部分的责任归于我自己，我们之间再也不要提它了。"(*ML*, 156)按照当时的风俗，瓦格纳应该永远抛弃他的妻子，或者至少要求通奸者决斗。他冒着在剧院里被嘲笑为"戴绿帽"的风险——因为女人的不忠在社会上是不可原谅的——而又接受了明娜，这为他加了分。但是这也表明，他知道这出闹剧的起因，知道是自己的嫉妒和愤怒才是明娜出走的真正原因。

当然，她也知道自己迷恋他什么：一个优雅的男人，身材虽然矮小(1.66米)，但可能异常迷人且温柔；他能给人带来乐趣，带来刺激，又受过良好的教育，并在艺术上有着非凡的前程。她尤其知道这一点。但他也特别难相处，很容易激怒。他没有认真对待生活中的经济方面：他就像个赌徒。她爱他，她现在绝对知道这一点。但是，分歧可以永远得到调和吗？她能够跟他一起生活而不经受灭顶之灾吗？

1837年10月19日，明娜和理查德的这部多幕剧的第一幕，以明娜和阿玛莉姐妹到达里加而落幕。他们三人过得很舒适；吃得很好，唱了很多，爱得还不错——并且固执地沉默着，至少在主要问题方面是如此。

但是，1837年10月对理查德来说，也有一个“意义深远的命运打击”（*ML*，161）。他跟姐姐罗莎莉一直最为亲近，他可以坦诚地与她说起戏剧和债务，而她总是维护他。她刚生了一个孩子；但是在生产五天之后，她死于循环衰竭。母亲在1837年10月12日给理查德的信中证明，罗莎莉是多么相信他：“天使罗莎莉太过纯洁，无法在不与你和解的情况下就进入一个更美好的世界；她在一次散步时对我说了很久的你，她说路易丝·布罗克豪斯对你和你的才华不抱什么指望！但是她，却很期待你的未来[……]”[26]

图16　瓦格纳1838年3月19日在里加举行的一场音乐会的最古老的著名海报，瓦格纳的三首作品得到首演，序曲《哥伦布》、《统治吧，不列颠尼亚》和民族赞美诗《尼古莱》；瓦格纳的妻子明娜参与了席勒的《奥尔良的姑娘》中独白的朗诵。

在此期间，瓦格纳已经参与了里加的排练。他还可以重新成为音乐会指挥。从1837年8月到1839年7月，埃贡·福斯记录了瓦格纳指挥的十一场音乐会，在其中，瓦格纳还首次演奏了莫扎特（g小调，KV 550）和贝多芬的大型交响曲（第三、第四、第五、第七和第八）。

同时，《黎恩济》的创作也进展迅速：“我[……]用每一种方式以非常夸张的戏剧规模进行创作，导致我通过对这项工作的构想，有意识地切断了被环境所诱惑的各种可能性，即让我的作品与欧洲最大舞台上的演出截然不同。"（*ML*，155）这当然指的是巴黎——只是现在还为时过早。同龄的威尔第不会犯这个错误；他一直等到1855年，才用《西西里晚祷》征服大歌剧的桥头堡巴黎。

6

一次戏剧性的旅行

图17　瓦格纳在1839年从里加逃往伦敦的途中遇到暴风雨，不仅作为一个自传元素进入了瓦格纳的第一部“成熟”歌剧《漂泊的荷兰人》之中，而且进入了瓦格纳的神话之中，正如它在视觉艺术对瓦格纳的接受中所呈现出的那样。胡戈·布劳内的石版画（约1906年）。

《幸福的熊家庭》

在里加，瓦格纳夫妇最初与明娜的妹妹阿玛莉一起住在昏暗而狭窄的老城区，他们在1838年春搬进了郊区彼得斯堡的一间更好的公寓里。社交生活得到了很好的发展，在瓦格纳家的许多客人之中，也包括市乐队指挥海因里希·多恩，瓦格纳在莱比锡时就认识他。婚姻生活已重回正轨，[1]并且瓦格纳也开始对自己的艺术影响力感到满意。

他对艺术的要求越来越高，并对剧团里磨洋工的人展开严厉措施，但他很快发现，经理霍尔泰并不支持他，甚至为额外多出来的成本批评他。瓦格纳由于债台越筑越高而需要钱，因此他于1838年初夏停止了《黎恩济》的创作，尝试写一部喜剧，尽管这只是一部滑稽戏，但很能迎合霍尔泰的趣味：《男人比女人更狡猾，或幸福的熊家庭》。这部剧的主题来自《一千零一夜》，讲的是搞错了丑新娘的故事，他将故事背景换到了一座德国城市，将原故事中没有名字的阿拉伯角色的一部分写成了他自己和家人的样子（流浪的艺术家、金匠），另一部分则写成了里加的债务陷阱里那些可能已经惹恼了他的人：一个犹太放债人，但身份还很高贵——阿本陶男爵。瓦格纳搜集了一整套反犹的陈词滥调，能引得当时的听众哈哈大笑；但在今天看来，则不清楚瓦格纳在此是否已经在为日后的攻讦提供样本，还是说他只是为了快速取得成功而草草写出最具竞争力的作品。[2]

瓦格纳当时可能就很厌烦这件工作，因此让他的小跟班，里加乐队的第二指挥弗朗茨·勒布曼来完成它。后来这部作品让他感觉难堪；他在《我的生平》中声称，他的角色是根据逃离大革命的法国人创作的。这让人很难相信，因为剧中出现了像阿本陶、佩尔穆特这样的德国犹太人的名字，也因为它讲的是怪异的大鼻子和“所有部落中的部落”的存续问题；这当然只可能是指犹太人，而它的成员被描述为“堕落的”，并被赋予“[其]祖先所有的丑恶”。尽管瓦格纳有这些与海因里希·海涅如出一辙的很明显的恶毒言语，[3]但仍要指出的是，这件事情对瓦格纳而言不一定重要；作品未完成往往导致它只被赋予不那么重要的意义，因为十年之后，世界上再没有什么可以阻止这位作者宣扬他的反犹态度了。1838年，我们还不能说，自《幸福的熊家庭》以降，“反派”就“肯定地具有了犹太特征”。在改变邪恶的形象方面，瓦格纳太有想象力了。在约一百五十年后的1994年，瓦格纳这部作品的创作草稿被发现。这些为独唱、合唱和管弦乐队所做的设计，以及终场的马戏团场景的梗概，后来被瓦格纳在巴黎用在了歌舞剧《拉古尔蒂的后裔》上面，瓦格纳国家档案馆买下了它们，并已部分出版。[4]

瓦格纳迅速告别了这些俗务，并考虑如何摆脱里加日益繁重的习惯机制：1838年9月，他提出了一项乐团改革计划和一系列的预售票音乐会（按照莱比锡的榜样），所有乐团成员都在上面签了名。除了这些，他还想让“第二席位”上的音乐家们的收入等同于第一席位的，并在中场休息时间设置更好的自助餐，因为“似乎每个人都很清楚，并不是所有观众都是只对艺术表示尊重的”（*Burrell 1950*，457）。霍尔泰虽然友好地同意了，但并没有做任何事来实现这些方案。瓦格纳继续创作刚刚开始的《黎恩济》。然而，剧院经理霍尔泰期待看到小型的轻歌剧，对送给他的《幸福的熊家庭》剧本也表示了极大的满意，但他无法理解瓦格纳对《黎恩济》这样庞然大物的追求，并认为这位作曲家不切实际、狂妄自大、轻率鲁莽。瓦格纳抱怨说，尽管他已经病得摇摇晃晃，但霍尔泰还是无情地逼迫他到米陶去进行客座演出，这使他患上了严重的“伤寒热”（*ML*，183）。此外，霍尔泰还试图撮合明娜和一个年轻的追求者。

根据官方说法，所有这些导致霍尔泰在1839年3月发出解雇通知，任命海因里希·多恩为瓦格纳的继任者。然而，霍尔泰同时也离开了里加，并让他的继任者约瑟夫·霍夫曼保证，保留多恩为乐队长。

里加的市民提出要补偿瓦格纳的收入损失，直到他重新得到聘用，但是瓦格纳现在想果断地结束他与城市剧院的纠葛。他利用了明娜对霍尔泰的背叛的愤怒，让她觉得移居巴黎这件事情很有吸引力。瓦格纳解释自己的意图说："如果我根据《黎恩济》的构想只考虑最出色的剧院条件，那么我就想忽略所有中间点，直奔欧洲大歌剧的焦点。"(*ML*, 166)为此，他已经写信给斯克里布和迈耶贝尔，并给后者寄去了《禁恋》的总谱。此外，瓦格纳的妹妹塞西莉现在和书商爱德华·阿芬那留斯生活在一起，后者在巴黎领导着布罗克豪斯的分公司。阿芬那留斯询问了到那时为止还默默无闻的斯克里布，并向里加送去了一定程度上的好消息，足以使明娜相信去巴黎冒险的好处。因此，1839年夏天，当跟里加的合同约定的第二年结束后，他们立刻就出发了。《黎恩济》的第二幕完成了——他得拿出点东西来。瓦格纳尝试在四个星期之内学会法语，并利用这个机会让他的老师翻译了《黎恩济》的脚本。

瓦格纳的资金刚好够用来偿还马格德堡和柯尼斯堡的债主在里加提出的索款要求，有些已经拖了三年之久。但这样一来，留给旅行的就不剩什么了。在这种情况下，瓦格纳又去找了老亚伯拉罕·默勒，他是一个乐于助人的、熟悉各种歪门邪道的专家："他简明扼要地建议我用所有的积蓄来旅行，只有当我在巴黎的成功使我有这个经济实力时，再去满足我的债主们。"(*ML*, 168)瓦格纳在这里宣告了自己独特的金钱观，这引起了与明娜的争论。她认为，只可以买自己付得起的东西——他则有不同意见，认为要先买东西，再看看怎么搞到必要的钱。在里加首次得到大规模体现的拖延债务这一招，是他直到晚年一直在使用的策略。

逃过俄国边境与一桩事故及其后果

瓦格纳需要一种大资产阶级的气氛才能感觉良好；他觉得，没有这些，就不可能创作出艺术作品。早在1836年至1837年间，他就大把大把地花钱；根据记录，他在里加为装饰织物和衣物的花费如下：24米丝绸，18米锦缎，35米细纱，4副小羊皮手套，还有许多其他的小笔花费。他付不起钱，便被人告上了法庭，诉讼还在里加悬而未决。[5]而现在，这些债务要从这里“出口”到巴黎去了。

瓦格纳在《我的生平》中详细讲述了他是如何完成这次逃亡的：

> ［默勒］提议用他的旅行马车带我们越过俄国边境去往东普鲁士的一个港口；越过边境必须在没有护照的情况下进行，因为外国的债主们要拿走护照。他将这次令人高度怀疑的行动形容得非常容易，因为他在毗邻边境的普鲁士庄园里有一个朋友，此人会在这方面给他最成功的帮助。不惜一切代价摆脱之前的状态，并尽快进入能使我对自己雄心勃勃的愿望迅速感到满意的广阔天地，这一渴望使我对目前决定采取的行动所伴随的一切困难视而不见。（*ML*，168）

在亚伯拉罕·默勒的保护下，瓦格纳夫妇于1839年7月9日在米陶举行最后一场歌剧演出之后，神不知鬼不觉地踏上了这段危险的旅程。坐在邮车里走了两天后，最关键的时刻到来了：越过边境。他们见到了“那边过来的可靠朋友”，并像说好的一样，这个人带着作曲家、他的妻子和他的狗乘坐一辆小车绕路“来到一座非常可疑的房子前”，他把他们单独扔在了这里。“我们要在那里一直等到日落之后，并有一种悠闲的感觉，仿佛置身于一家走私犯小酒馆里，这里渐渐地被有着最肮脏外表的波兰犹太人给填满了。”瓦格纳在他的自传中写道。最后终于来了一个人，要他们跟他走。沿着俄国边境的小路被哥萨克人守卫着，非常危险。他们必须掐准哨兵换班的时间跑下山坡，爬过战壕，确定自己跑出了哥萨克人的火力线。“最后，我们再次见到了那位可靠的帮手；他非常激动，用力地拥抱了我们，又重新载着我们，来到普鲁士边境的一座小镇旅馆，我们的朋友默勒因为焦虑而病倒了，他又哭又笑地跳下床朝我们飞扑过来。”(*ML*,169)

为了避免在柯尼斯堡的不愉快偶遇，必须选择乘坐货车在糟糕的小路上继续剩下的旅程。在皮劳，理查德和明娜想乘帆船去伦敦。但是，这辆破车在一座农场翻车了，明娜摔了下去，受了严重的内伤。一个仆役帮着理查德将妻子送到附近的客栈，然后他们在破败的农场里过了夜。但是，据明娜的私生女纳塔莉说，明娜此时怀孕了(*Burrell 1950*,119)，疼得很厉害。由于这次事故，她流产了。更糟糕的是，这辆车翻倒的时候不幸压在了她身上，导致她再也不能怀孕了。[6]瓦格纳在自传中描述了这起事故，但并未提及它对明娜造成的后果。

斯卡格拉克海峡的风暴

在皮劳，他们要趁天亮之前坐一艘小艇登上“忒提斯号”，好躲开港口警卫的护照检查。[7]去伦敦的航程需要八天。这艘帆船的船票比陆上旅行要便宜，这一点很重要，因为旅行预算的100杜卡特要一直支撑到在巴黎赚到钱。这艘船很小，只有七名船员，而且由于波罗的海无风，“忒提斯号”无法前进。七天之后他们才到达哥本哈根；又过了两天，在斯卡格拉克海峡的方向，爆发了持续二十四小时的猛烈风暴。船员现在主要靠喝烧酒活着，而瓦格纳一家则因为晕船躺在铺位里。船碰到了礁石，必须修理。7月29日，“忒提斯号”驶入挪威的一个港口避难，被领航员带入峡湾，那里很快就平静下来。瓦格纳写道：“船员抛

图18 遇到漂泊的荷兰人的幽灵船。胡戈·布劳内的石版画(约1906年)。

下了锚、吊起了帆,他们的喊声在巨大的花岗岩壁间回响,此时,一种难以言喻的舒适感抓住了我。”(*ML*, 172)这是一个重要的段落,它显示了亲身体验是如何直接融入瓦格纳的艺术之中的。

因为他继续写道,这很快就成了后来的《漂泊的荷兰人》中水手之歌的主题,这一想法当时就已经浮现在他的脑海之中了。1839年8月1日,旅行继续,但是爆发了又一场更猛烈的风暴。水手们似乎失去了全部的勇气,明娜感觉生命就要走到尽头,她请求丈夫用毛巾将他俩绑在一起,好让她不会独自在水中丧命(*ML*, 173)。在躲过了流动的沙丘和第三场暴风雨的威胁之后,历时三周的旅程终于在伦敦画上了句点。

在伦敦,他们遇到了费迪南德·普雷格,他后来回忆道,尤其是明娜为这个“无与伦比的世界广场”那难以形容的喧嚣所着迷,而理查德则似乎为英国人有些“呆板的礼貌”所困扰。[8]八天的时间里,他们二人在城内深入探索,乘坐出租马车游览景点,他们的狗在车里几乎挤不下,他们的旅行预算也因此背上了沉重的负担。8月20日,他们乘坐汽船前往法国大陆,并于当晚到达布洛涅。

现在还是夏天,立即前往昂贵的巴黎还为时尚早;在那里还见不到重要的艺术家。瓦格纳幸运地得知迈耶贝尔此时正好在布洛涅,便决定逗留在这里。在一家廉价旅馆中,他先是完成了《黎恩济》第二幕的配乐，随后约定了对迈耶贝尔的首次拜访。“在报刊上，我经常读到关于他那逐渐为人所知的亲切和慷慨［……］当我不久之后受到他的友好接待时，我发现我真的没有失望。他在各个方面都给我留下了良好的印象，这尤其归功于他当时尚未因年龄而变得像一般犹太人那样容易显得倦怠的容貌，特别是由于眼睛周围的美好形状而给人以希望的感觉。”（*ML*，179）迈耶贝尔耐心地听他讲了《黎恩济》的脚本，并审阅了前两幕已完成的总谱。他表达了对这部作品的兴趣，并向巴黎大歌剧院的经理迪蓬谢尔和乐队指挥阿伯内克写了推荐信。9月16日，瓦格纳夫妇离开布洛涅，小心谨慎地前往这次旅行的最终目的地巴黎。至此为止，一切都进行得很顺利——尽管有着秘密离开里加的罪行。因为这次旅行说到底是为了躲避那些为了拿回自己的钱已经等了三年的人。

1840年前后艺术家的社会地位

人们不应该过多地用我们这个时代的眼光来看待瓦格纳。就连莫扎特这样的作曲家也碰到了金钱问题，而他的同事和同时代人卡尔·施塔米茨，一个纯粹的小人，在18世纪末就使用了瓦格纳的“强行”债务延期法：逃跑。[9]莫扎特也必须负债生活，因为即使是有合同保障的资金，他也只得到了不定期的支付。根本问题在于，艺术家的成就一方面与社会的期望度，另一方面与社会愿意为之付钱的愿望不平衡。因为社会不准备将艺术视为艺术家的资产，并相应地给予其尊重和保护。[10]

因此，对于瓦格纳，我们必须提出一个问题：他是否真的只能过超出自己能力以外的生活，还是说在他的时代尚不可能在以音乐为职业的前提下哪怕只是偶尔地告别贫困。当他试图征服巴黎时，他渴望获得名誉和金钱。然而，那个时代能挣大钱的音乐家是歌唱家和乐器演奏家，如克拉拉·舒曼或帕格尼尼，后者在1829/1830年的德国巡演票价很高，让他能够积累起一笔财富并举办慈善音乐会。[11]

与之相反，作曲家则很难靠平常的收入生活。[12]在德国，他们因一部歌剧的首演能获得100至400塔勒的酬金，这是一名管弦乐队音乐家的年薪。如果作品取得成功，这个数字可以通过出版这部作品来翻倍；外地的剧院也会为作品的巨大成功支付30至40塔勒的重演费用。这意味着，一部普通的成功作品能在整个德国最多赚到2000塔勒。只有那些“轰动性作品”，如C. M.冯·韦伯的《魔弹射手》，才会有所不同：这部作品的前50场演出就带来了3万多塔勒的收入。[13]作曲家最多能从中拿到2%，当时的人就已经觉得闻所未闻了（今天至少是10%）。阿尔贝特·洛尔青虽然曾为德国歌剧产业创作多部史上非常成功的票房巨作，但他无法长期依赖德国惨淡的收入为生。当他在1850年前后连续三部歌剧只取得了中等成功的时候，他不得不典当了最后一把银餐具，那是他靠《沙皇与木匠》挣来的；他请求预支他那微薄的600塔勒薪水好养活他那一大群孩子，这是他在柏林弗里德里希·威廉城市剧院做指挥的报酬。他在一封信中写下非常绝望的话，更像是1849年德累斯顿起义时瓦格纳写的，而不像是端庄正派的洛尔青会说的话：“哦，如果剧院能够爆发革命多好啊！就像杀死拉图尔和兰贝格的凶手一样，我也要自己动手！”[14]但是没过几个月他就死了。他请不起上次生病时陪护他的医生。

弗朗茨·李斯特曾在1835年的一篇文章中激烈地抗议过这些情况。[15]洛尔青并非那时的成功作曲家中唯一忍饥挨饿的人。奥托·尼古拉在1837年作为乐队指挥一年能赚750塔勒——在昂贵的维也纳，这点钱太少了，不额外做点什么完全不够糊口。[16]无须继续列出名单；

除了少数幸运儿，我们只会反复读到同样的悲惨经历。贵族不再资助；许多歌剧院是开放的、以资本为导向的经济企业，其中的每个经纪人都只是为了自己的利益而工作。他和工厂主的唯一区别就在于，他甚至能要求音乐家们从微薄的薪水中拿出钱来买一套制服，因为高贵的听众见不得无产阶级的服装。

只有在伦敦和巴黎，这两座城市的人口是柏林的五倍，因此也相应地有更多的歌剧观众，作曲家才能借此拿到较多的报酬：卡尔·马利亚·冯·韦伯在1826年因《奥伯龙》的首演权获得500英镑，相当于在伦敦就赚了3500塔勒。这是德国的作曲家们只能梦想的数字。在巴黎，脚本作者和作曲家能赚到1.2万至2万法郎（相当于2900至4800塔勒——大约十倍于音乐家的年薪）。**但是，法国的作曲市场是由少数名人瓜分的。**直到19世纪下半叶引入版税制度，这一情况才有所改善，该制度是迈耶贝尔在1850年前后做柏林音乐总监时第一个向国王提出并执行的，得到了朱塞佩·威尔第的支持，威尔第与他的出版商和代理人里科尔迪一起，也在意大利创建了全新的财务分配关系。较小规模的歌剧院直到几十年后才有样学样。如果当时已经到处执行了版税制度，那么单独凭借1855年就在38家剧团演出的《唐豪瑟》，瓦格纳就可以过上奢侈的生活。

如果我们现在追寻瓦格纳一起到巴黎，那么建议放开对他的冒险和金钱观的普遍且过于蹩脚的偏见。他在那里过得怎样？那里的人缠着强力绷带在战斗。法语还讲不流利的他，在这座罪恶的巴别塔里能够得到认可吗？还有，面对社会制度设置下的社会障碍，他能够坚持得住吗？不应忘记：虽然顶级歌唱家和乐器演奏家已经越来越大幅度地越过了音乐行业的财务限制，在18世纪仅有几位顶尖阉人歌者所能掌握的真正财富，现在也能进入小提琴家和钢琴家的手中——在德意志文化圈内也是如此；但是，这个分裂的国家仍然控制着它的作曲家的报酬，而意大利、法国和英国却在向他们招手。然而，所有艺术家，包括那些有钱的艺术家，都在忍受一件事：缺乏社会的认可。在德国和法国，一位王子或伯爵夫人会喜欢与音乐大师调情，或与诗人们漫步庄园，但是当肖邦打算与贵族玛丽·沃津斯卡结婚时，这位女士的家族立刻与她切断了联系，因为音乐家、作曲家，说到底只是个体面点的工匠。贝多芬也曾与贵族妇女有过这种经历，而舒伯特和布鲁克纳的朴素的婚姻梦想之所以失败，部分原因也是其作为音乐家的次等社会地位。就连作为钢琴演奏家而成为明星的李斯特也受到影响：当他和他的钢琴学生卡罗琳·德·圣克里克女伯爵坠入爱河时，她那严肃的父亲立刻结束了钢琴课。李斯特后来与玛丽·达古伯爵夫人共同生活了九年，但她总是让他感受到阶级上的差异[17]——这也导致他最终离开了她，尽管他们一起生了三个孩子。

在英国就不存在这种逾越行为，音乐虽然能换来很高的报酬，但它只是个装饰物，在社会层面来说无关紧要。就连处于享誉世界的鼎盛时期的卡尔·马利亚·冯·韦伯也抱怨说，音乐家的天赋还不足以“使他和新晋的男爵站在同一块地板上。他的创作是一种商品，跟其他商品一样，也是可以用钱购买的，为此人们[……]可不会心怀尊敬或感激。他要去表演，得到报酬，然后就要离开，不会被算入屋内的客人之中。[……]主人纡尊降贵地向他们致意，指给他们位子，在一些场合，这些位子跟客人的座位是用一根绦带分开的。[……]客人们则会无视他们和他们的表演，聊着天，笑着。[……]艺术家们离开这些房屋时往往会感觉难过又愤慨，只有口袋里轻易挣到的几枚银币的叮当声能使他们感到些许的安慰”[18]。卡尔·马利亚的儿子马克斯·马利亚·冯·韦伯，便如此描述所谓的上流社会对音乐家令人愤慨的屈尊俯就。李斯特在1830年的文章中也举过一例，并斥责他在伦敦宫殿中看到最伟大的艺术家如莫谢莱斯、鲁比尼、帕斯塔和马利布朗是从仆人的入口进来的。[19]这在德国可不常见。但即便是在德国，这种偏见也是根深蒂固的，符腾堡国王在1861年还拒绝邀请汉斯·冯·比洛参加钢琴晚会，因为他认为，看到比洛这样的贵族作为艺术家出现在舞台上是不合适的。在斯图加特，至少是在早期的符腾堡国王之中，有着某种对于音乐表演的野蛮传统。路易·施波尔在他的自传中描述过一场宫廷音乐会，同时还打着纸牌，这在斯图加特很常见："国王打完牌，把椅子往后挪，于是音乐会就在格拉夫夫人的咏叹调唱到一半时被打断了，一个华彩乐段的最后几个音符就硬生生地卡在了她的喉咙里。音乐家们已经习惯了这种摧残，他们将乐器安静地装进盒子里；但是我的内心充满了愤怒[……]"在下一次艺术之旅中，施波尔绕开了斯图加特，在赫兴根为明显不那么富裕但很有艺术鉴赏力的霍亨索伦家的王子演出了音乐会。[20]

瓦格纳没有长期忍受这种屈辱的奴性。这位艺术家所遭受的社会苦难，虽然比普通人的要少，却会使他后来成为革命家。李斯特没有屈服于贵族，他尝试接近他们，迫使他们将他和其他艺术家视为"精神贵族"并接受他们为平等的伙伴。瓦格纳则不太具有这种谋略。他将以某种腔调给歌剧团经理们（大部分出身于下层贵族）下命令，这会使他的同僚如韦伯和马施纳、洛尔青、尼古拉、施波尔甚至李斯特大吃一惊。

在欧洲，只有两个人有能力改变作曲家的地位：威尔第和瓦格纳。威尔第让威尼斯的剧团经理等了一年；直到找到作曲家认可的歌唱家，他才同意《茶花女》上演。直到威尔第和瓦格纳这两位伟大的艺术家残酷的执行力足够强大，才能改善音乐家职业的社会地位，而到20世纪这种改善才有了广泛的基础。他们俩也如独裁者一般对待所有王公贵族、政府大臣和剧院经理、歌唱家与指挥，以使艺术成就的原则第一次成为唯一的衡量标准。直到今天的所有音乐家都受益于他们良多。

然而，在19世纪中叶，由于歌剧成为越来越多的、逐渐也向市民阶层扩张的观众群体的大众商品，光有才华已经不再足够。才华必须与非凡的精力和无穷的冷酷相匹配，才能在上升的工业时代面对血统和金钱的双重贵族而生存：面对市民阶层的资本主义与蓝血种姓的那种通常是有毒的、绝对起引导作用的联盟，它主要是将艺术作为成功者的装饰物。能做解药的只有一种手段：艺术家神话。音乐家必须将自己塑造成无与伦比的人物，才能受到关注。帕格尼尼就是这么做的，他的影响力掀起滔天巨浪："或许歌德的梅菲斯托就是这么拉小提琴的。"柏林的音乐评论家路德维希·雷尔施塔布当时便如此谈论这位所谓的魔鬼小提琴家，他的外表、健康状况、衣着和生活方式都令媒体着迷，他还颇为典型地雇了尤利乌斯·马克斯·朔特基，在活着的时候就给自己写起了传记。[21]柏辽兹效仿了帕格尼尼，但在自己的祖国被低估了。李斯特也是音乐界神话的奠基人之一。朱塞佩·威尔第特别热切地向他们学习。但是，作为神话制造者，理查德·瓦格纳是他们所有人的大师。[22]

7

瓦格纳在巴黎

图19　巴黎文艺复兴剧场在“瓦格纳在巴黎”这出大戏中扮演了重要角色。它的存续时间只是从1838年到1841年，据瓦格纳说，他的敌人迈耶贝尔借机将他驱逐。没有一个文献来源能证明这一传言。图为F.A.蒂利画下的1843年的建筑状态，作为木刻版画于1883年发表在《画报》上。1860年，瓦格纳在那里举办了三场音乐会，引起了关注。

新的朋友和难友

巴黎令理查德·瓦格纳和明娜·瓦格纳感到震惊：与伦敦相比，一切都更逼仄、更古老、更低调。如今代表城市景观的条条大道，当时尚不存在。为他俩预订的房间位于喧闹繁华的木桶街上，他们在那里感觉“真是像堕落了”。一座半身像，底座上写着：莫里哀出生之处。住在莫里哀诞生的房子里是个好兆头。房间虽小，但布置得很得体——还很便宜；这是爱德华·阿芬那留斯帮他们租到的，他是一个雄心勃勃的德国零售书商，不久后将成为瓦格纳的妹夫（他在1840年娶了瓦格纳的妹妹塞西莉）。他在巴黎管理着布罗克豪斯与阿芬那留斯出版社的分公司，身边聚集了一群在这革命前的时代逗留于巴黎的年轻德国人，例如海因里希·海涅和海因里希·劳贝。后者于1839年11月到达巴黎，他曾因政治行动被监禁在皮克勒侯爵位于西里西亚穆斯考的城堡里：劳贝与妻子伊杜娜一起，扩大了瓦格纳的社交圈子，其中就包括画家弗里德里希·佩希特和海因里希·海涅。

阿芬那留斯带瓦格纳夫妇去拜访了一个贫穷的德国贵族，此人曾在皇家图书馆工作。自1833年开始，他用戈特弗里德·恩格尔贝特·安德斯（1795—1866）这个平民的名字作为图书管理员挣着一份中等的收入。安德斯受过良好的教育，但是相当孤僻。他的住处堆满了书；在这种氛围下，瓦格纳真的有了锻造艺术世界拯救计划的兴致。不久后来了一位常客，语文学家萨穆埃尔·莱尔斯，他在著名出版商迪多那里靠微薄的薪水为生。[1]于是一个难友联盟诞生了，他们培养了真正的友谊，进行了深入的精神交流。有时候，比如1840年新年前夜，他们还会一起庆祝新年，喝到酩酊大醉，就像人们所认为的放荡不羁的艺术家一样。这个小组里值得一提的还有画家恩斯特·贝内迪克特·基茨，他曾在德累斯顿求学，1836年来到巴黎继续就学于德拉罗什：他是一个蓄着络腮胡子、近乎秃头、心地善良的怪人，特别得明娜的欢心。理查德·瓦格纳写过不多几首钢琴曲，其中有一首就是在1840年为他写的，E大调钢琴小品《无言之歌》（*WWV* 64）。

迈耶贝尔与莫里斯·施莱辛格

迈耶贝尔承诺的推荐信终于到了，瓦格纳开始了年轻的不知名艺术家的日常活动，无休止地等候谒见。迪蓬谢尔，大歌剧院的经理，"真的在他的办公室接待了我。[……]在他跟我告别之后，我再也没有从他那里得到只字片言"(*ML*, 182)。下一站是祖籍德国的大歌剧院指挥弗朗索瓦·安托万·阿伯内克(1781—1849)，关于他，瓦格纳说得更好一些："[他]不仅以表面的同情接待了我，还应我的请求，同意我在闲暇时参加音乐学院管弦乐队的排练做一些表演。"(*ML*, 182)于是他演奏了《哥伦布》序曲，但瓦格纳那时已不指望这首曲子能够有机会上音乐会，因为他认为它还不够成熟。

不过，这次接触至少导致了他与贝多芬《第九交响曲》的重逢，瓦格纳曾在莱比锡听到对它非常糟糕的演绎，使他觉得这部作品的名声被夸大了且难以理解。在著名的巴黎管弦乐团的诠释中，他听到这部作品"以一种完美而动人的方式"表现出来，使得第一次听它之前在阅读总谱时感觉到的画面"清晰明亮、触手可及地呈现在我面前。从前我只看到神秘的星座和无声的魔法形象，如今一条永不枯竭、用无名的力量撕裂心灵的旋律激流从无数的源头奔涌而出"。在1865年之后从回顾的视角来看，瓦格纳认为，他之所以放弃贝多芬而转向意大利人，完全是因为莱比锡对这位大师的愚蠢诠释："我的品位的整个野蛮化过程，实际上是从上次对贝多芬作品的错误演绎开始的，并由于我与那家可怕剧院的平淡交往变得无以复加，现在仿佛沉入羞耻与悔恨的深渊。"(*ML*,186)

1839年12月开始创作的《浮士德序曲》(*WWV* 59)堪称一次成功

的预备性练习，是他到那时为止最有趣的管弦乐作品。通过开始部分极富表现力的大七度跳跃进入低音区，并通过快板部分以半音程上下起伏的八度动机，这部作品很能引起人们的兴趣，但随后的走向却不能坚持开始时的张力，最终湮灭在不确定之中。可惜啊，他当时还找不到正确的结尾——他在很久之后才添加上。他本可以用这部作品在音乐学院演奏会上引起轰动！瓦格纳到巴黎是不是去得过早了？

不过，这次逗留对于学习来说至关重要。柏辽兹的管弦乐风格给他留下了深刻印象，并给他带来创造性的影响；在《浮士德序曲》中，就可以听出与柏辽兹的《罗密欧与朱丽叶》的共鸣，瓦格纳对此的理解是："首先，我此前从未意识到的交响乐演奏的精湛技巧的力量使我沉醉。想象的大胆和敏锐的精确，这种最大胆的组合仿佛触手一样穿透了我，将我自己的音乐和诗性的感觉以毫不留情的推力驱赶回我的内心。我此前只是在听我完全不了解的东西，而现在则尝试着去解释它们。"（*ML*，202）尽管有这些深刻印象，瓦格纳还是对《幻想交响曲》和《哈罗德在意大利》持保留意见。

瓦格纳很快就对迈耶贝尔讲了他到那时为止的作为："我告诉他，他的推荐信只取得了有限的成功，他对此不怎么惊讶，相反，他觉得让我知道在巴黎居住困难重重，先找份薪水低一点的工作是很好的。出于此，他向我介绍了他的出版商莫里斯·施莱辛格，**把我的命运交到了这个怪物般的熟人手里，然后他便启程去了德国**。"（*ML*，184；强调为作者所加）[2]这是一个特别挑剔的段落。它给人的印象是，迈耶贝尔只是暂时关照了瓦格纳，但事实并非如此，迈耶贝尔的日记和书信可以很清楚地驳斥这一点。然而，迈耶贝尔的帮助是有限的，说到底他是柏林的音乐总监。瓦格纳于巴黎度过的三十个月中，迈耶贝尔缺席了二十七个月，这位远方的大师寄来的书信在这座城市也只有有限的影响力，这里的一切似乎都是通过关系和亲自干预来运转的。因此，瓦格纳经常往德国向这位不在场的救世主发出求救的呼号，瓦格纳语调中的谦卑疯狂增长："［因此］我虔敬地向您自荐，渴望上帝和您救赎一切罪愆［……］请您稍微记得那诚挚地崇拜着您的仆人［……］"（1840年1月18日）；"我遇到了您这样极大的恩人［……］我崇拜的大师［……］我将永生永世怀着感恩之情追随您"（1840年2月15日）；"一想到您，我便无比兴奋"；"您很健康，我敬爱的大师，我从关于您在为您所征服的德国的凯旋之旅的报道中得知这一点"；等等。[3]

就连瓦格纳在莫里斯·施莱辛格死后安给他的"怪物般的熟人"这种侮辱，也值得人深思。这一措辞最早出自《我的生平》，也就是说在事件发生二十五年之后，即1865年之后才被写下来。许多传记作者未经验证就接受了这一评价。但是，如果将它与遇见施莱辛格之时的文件相对照，则会得出不同的印象。在1840年至1842年瓦格纳和这位出版商之间的书信中，洋溢着友好的、同事般的语气。可以看出：施莱辛格将在巴黎的瓦格纳从一场灾难之中拯救出来，但为此要求他——这是他的权利——努力工作。迈耶贝尔并没有将瓦格纳介绍给活跃在巴黎的数百位音乐出版商中的随便哪个，而是带给了他自己的出版人，跟他一样来自柏林，跟他一样是犹太人。这次介绍给了施莱辛格必须帮瓦格纳做点什么的压力，而他服从了这一压力——并非立即就着手去做，而是到了1840年12月，在瓦格纳大水快漫到脖子的时候。施莱辛格不需要瓦格纳。他本可以雇几十个食不果腹的法国音乐家来做不那么受人瞩目的出版工作，让他们制作钢琴改编谱或配器。[4]在没有其他技术（尤其是声学技术）复制方法的年代，这些是使歌剧广为流传的极其重要且极受认可的手段。但他不久之后便让瓦格纳来做这些。值得注意的是，他付的薪水远高于平均水平。

财务困难之谜：文艺复兴剧团的惨败

但直到与施莱辛格的接触开始取得成效之前，还有许多问题。《我的生平》中说得非常坦率，似乎能弥补之前对迈耶贝尔的不公正印象：这位大师从柏林对他在巴黎的总代理人路易·古安发出指示，让他以最好的方式帮助瓦格纳，并帮他与文艺复兴剧院的经理安特诺尔·若利取得联系。据瓦格纳说，若利对《禁恋》很感兴趣，并计划来旁听三场排练。

瓦格纳看到了希望，并立即着手改善他的住房状况。在还没有跟任何一家歌剧院签约，而只是有这个前景时，他便迫不及待地搬到了美丽的埃尔德街。当然，就这么花掉期望中的但远未拿到手的金钱，证明他极为轻率。瓦格纳为此在不久前将最后一件银器，甚至结婚戒指都送进了当铺。后来，瓦格纳把搬到埃尔德街称为他在巴黎时犯下的最大错误，但事实上，他犯下了很多这种错误。他自1841年赚到的大笔金钱又无声无息地消失，以及瓦格纳从未对其试图延期承兑汇票说明原因，都表明了其存在财务问题，而且严重程度远远超过了一间或许太大的公寓的租金。直到很久以后，他才在《我的生平》中非常随便地提到了未及付款的家具。导致其致命的债务循环的不是昂贵的公寓（他将一部分转租出去，因此还省下了一部分钱），而是布置这间公寓。危机发生在1840年5月，原因是汇票要在六个月后到期，但部分欠款到1843年才还清。1841年夏天，由于瓦格纳无力支付埃尔德第二年的租金，财务状况变得混乱不堪；转租人搬走了，他这部分钱也没了。瓦格纳此时正在巴黎郊外的一座避暑别墅中创作《漂泊的荷兰人》，没有多余的时间，便漫不经心地建议房主出售家具来补偿损失："这是在各种最严重的损失之间斡旋，”他承认，“而那些家具的**大部分我还没有付完款**，现在成了一间我们不再使用的公寓的租金。”（*ML*，214；强调为作者所加）这意味着昂贵的家具被低价抛售用来支付房租，但为家具欠的债还依然存在。这可纯粹是烧钱。

继柯尼斯堡和里加之后，这是瓦格纳第三次由于过度奢华的家居而陷入财务困境，但这一次对他的生存都构成了威胁。瓦格纳详细地讲述了他在里加的轻率——尽管是以一种讲述年轻时所犯错误的幽默方式。但他在巴黎所犯下的财务上的轻率，却被他不起眼地藏在了一个从句里，使得由于自己的粗枝大叶而导致的崩溃的影响丝毫不引人注目。通过这种方式，瓦格纳对所谓“因为他人才穷到现在”的哀叹贯穿了相关书籍。

瓦格纳自传的欺瞒手段肯定有策略上的原因，这可以从《我的生平》的结构上找到。通过这部作品是写给谁的问题，我们可以找到原因：首先是写给巴伐利亚国王路德维希二世的，他于1865年要求读到这些自传性文字；其次就是写给后世的。显然，这些目标读者对这位自1864年起受到巴伐利亚王室荫庇的作曲家曾经与金钱的荒诞关系应该一无所知。大多数传记作者都把瓦格纳的讲述视为“真相”；他们忽略了《我的生平》与二十五年前所写的书信和文件之间的巨大差异，这些书信和文件提供了当时真实生活状况的信息。

就与文艺复兴剧院的谈判而言，似乎——与《我的生平》的描述相反——完全不可能存在一个会诱惑瓦格纳轻率行事的协议——没有文献记录能证明这一点。瓦格纳早年写给迈耶贝尔的信似乎也完全不同。1840年1月18日他写道：“将我的歌剧送进文艺复兴剧院的所有努力似乎都是徒劳的。只有您答应亲自给若利写一部歌剧才能有用。恐怖主义是唯一的手段，而您，尊敬的所有音调的大师，只有您可以使用这一手段！”[5]（“恐怖主义”的意思是“施加压力”。）1840年2月15日的信也与此类似[6]（*SB*，卷I，338）。瓦格纳自己也提到“冒失的空中城堡”，但他的行事却好像这座城堡是用石头建成的。

“劲敌神话”

瓦格纳后来回忆道，他一搬进新家，戈特弗里德·恩格尔贝特·安德斯就带来了令人震惊的消息：文艺复兴剧院宣告破产。[7]他正在编织一种真正的阴谋论：“**这个消息像雷电一般击中我，似乎想告诉我的不只是一次普通的不幸：它同时还以闪电般的速度揭示了，原本向我展开的前途是一片虚无。我的朋友们坦率地说，迈耶贝尔可能非常清楚地知道他从大歌剧院遥遥指点给我的这家剧院的情况。**”（*ML*，182；强调为作者所加）因此，迈耶贝尔成了恶人，他将瓦格纳从自己的领地大歌剧院引开，带他到文艺复兴剧院，尽管他似乎了解这家剧院的财务困难。瓦格纳因自己的错误所导致的不幸，被归咎于迈耶贝尔这个犹太人——敌人，应当负责的人，找到了；并且一直持续到1864年他去世。这是后来瓦格纳与迈耶贝尔之间出现龃龉的主要原因，这些龃龉不是大歌剧的大师，而是学徒瓦格纳引起的，它们将产生严重的后果。另一个几乎同样重要的原因也不应被遗忘：迈耶贝尔因其在意大利的逗留，以及对意大利音乐（还有法国音乐）的广泛吸收而闻名；而尝试对其进行模仿，现在证明对这个学徒来说是不幸的。只有将失败累积起来，瓦格纳在作曲上才能摆脱“意大利—法国—犹太歌剧美学”，也就是摆脱欧洲歌剧美学而转向德意志歌剧美学，这要从1841年起才会发生。[8]

回到文艺复兴剧院。瓦格纳尝试亡羊补牢。计划好的《禁恋》三个段落的试听在5月2日还是举行了，不过是在大歌剧院的歌唱厅里进行的。瓦格纳邀请了经理爱德华·蒙奈——迪蓬谢尔的临时继任者——以及欧仁·斯克里布,他们俩也都来了。人们觉得音乐很“迷人”,斯克里布承诺说,如果大歌剧院有作曲任务的话,会安排一段文字给瓦格纳。但这不可能那么快,蒙奈似乎表示反对,因为这种委托都有一张排队的名单,而等待时间的长短可没有竞争者的人际关系重要。瓦格纳很快就意识到,他对自己这部喜剧的上演不用抱什么希望了。

在这种情况下,瓦格纳继续为《漂泊的荷兰人》创作脚本,这是一部紧凑而简短的作品,与大歌剧这一戏剧种类的风格格格不入。但他仍能想象这种风格在巴黎上演,与舞蹈相结合也是可行的。他所构想的《漂泊的荷兰人》虽然与巴黎盛行的趣味并非截然相反,但无论如何都独立于巴黎趣味之外——集远见和幻想于一身。他写信给迈耶贝尔,请求他在巴黎为《漂泊的荷兰人》说说话。如果他那时就相信迈耶贝尔故意拿文艺复兴剧院的事欺骗了他,那么这封信便是一次毫无意义的冒险。但要先完成《黎恩济》,瓦格纳一口气完成了作曲。为了克服经济困难,瓦格纳夫妇将埃尔德街公寓的大部分都租了出去。他能活下去多亏了海因里希·劳贝,劳贝在1840年2月4日离开巴黎,在莱比锡似乎说服了犹太商人阿克森费尔德——劳贝以化名“施塔罗斯特”提到过他[9]——用一笔捐赠让在巴黎忍饥挨饿的瓦格纳活了六个月。

“无私艺术家神话”

自1840年7月起,迈耶贝尔的出版商莫里斯·施莱辛格雇瓦格纳为《音乐公报》写稿,他在上面发表了《论德意志音乐》等文章。但有两个传奇故事得到了特别多的喝彩:《拜访贝多芬》(1840年11月),这篇被重印了很多次,在德国也以《一次觐见贝多芬的朝圣之旅》为题发表；另一篇为《外国音乐家在巴黎》(1841年1月；德语版标题为《巴黎的终结》)。在《一次觐见贝多芬的朝圣之旅》中，贫穷的第一人称叙事者，一名德国作曲家，不得不兜售即兴作品，好负担得起去维也纳的旅行，他想去拜访著名的贝多芬。当他终于被允许见到这位名人时，他说道："我认识贝多芬；我这辈子都值了。"(*GSD*，卷I，113)小说中的贝多芬极力反对将艺术滥用为商品(*GSD*，卷I，109)，反对歌剧界过于装饰性的无聊和本质上根本不懂艺术的观众。他主张一种真正的"音乐戏剧"，乐器在其中体现"原初感觉[……]就像是从创世的混乱中浮现出的一样"，相反，歌声则是一种体现"人的心灵及其独立的、个体的感受"的声音(*GSD*，卷I，110)。这已经指向了瓦格纳后来的乐剧(Musikdrama)，它以《漂泊的荷兰人》为第一阶段，当时正处于形成的过程中。现年二十七岁的瓦格纳将这篇著名小说中贫穷的"我"与一名富有的来自英国的贝多芬访客做了鲜明对比，用这个"我"勾勒出他作为创造理念的艺术存在，拒绝所有流行元素，以贫穷和迫害为代价追求至高的艺术。德国浪漫艺术所遵循的这一理念，将成为瓦格纳逐步建立自己的神话的基础，其发展路径可以很清楚地追踪到。

施莱辛格请名不见经传、尚未表现出任何可称道的文字经验的瓦格纳为最重要的法国音乐杂志写稿，说到底是一种信任的证明，但瓦格纳在回忆时却绝口不提。瓦格纳后来指责这位出版商占尽了他的便宜，这让施莱辛格成了一开始就走上反犹方向的敌人神话的一部分。毫无疑问，瓦格纳是一名出色的专栏作家，施莱辛格很快就认识到了这一点。《音乐公报》上的文章对瓦格纳十分有用，他的名字因此而为人所知，而他的文字工作成了他与海因里希·海涅的连接点，海涅像埃克托·柏辽兹一样，给予了他极大的赞赏。瓦格纳暂时与他俩结成了朋友。[10]

1840年8月，迈耶贝尔在巴黎停留了十四天。正如他在日记中所写的那样，他在十天内与瓦格纳会面六次。他们一起探访了大歌剧院新任经理莱昂·皮耶，以宣传《漂泊的荷兰人》。瓦格纳写道，他很吃惊，“迈耶贝尔竟然提出了这个建议，我还打算与另一位作曲家一起将其中一幕改编成芭蕾舞呢”（*ML*，197）。瓦格纳当然会感到惊讶；此时确实有两位或至多三位作曲家共同完成的歌剧演出，但瓦格纳这里提到的这种独幕的混合作品虽然在18世纪曾经存在过，但在1840年左右的大剧院中已不常见。也许存在着语言问题。因为像《漂泊的荷兰人》初稿这样的独幕作品，不被认为是能撑满整个晚上的完整作品，有实际经验的迈耶贝尔和皮耶便考虑像当时很常见的那样，将这部新作与另一位作者的独幕芭蕾一起结合为开场节目。瓦格纳拒绝了。迈耶贝尔在巴黎的事务暂时已经处理完，他便离开了这座城市；但皮耶在将近一年之后还会回到这次对话中来。

1840年11月19日，瓦格纳完成了《黎恩济》的总谱，他说，这是“所有歌剧之中内容最丰富的”。在此期间，他不再想把这部作品放在巴黎，而是想放在德累斯顿，他想借此搭建一条重回德国的桥梁。他给冯·吕蒂肖[11]经理写了一封正式的信，并向萨克森国王弗里德里希·奥古斯特递交了正式的请愿书。但他还缺少一名艺术界的担保人的美言，一个知名人物的推荐，才不辜负为《黎恩济》这样的大型新作所花费的心血。1841年3月18日，迈耶贝尔致信吕蒂肖，用热情的语言推荐这位“年轻有趣的同胞”；这是“一位年轻的作曲家，不仅受过良好的音乐教育，还富有想象力，还接受过一般性的文学教育”；迈耶贝尔认为《黎恩济》“想象力丰富，具有许多戏剧性效果”。[12]6月29日，德累斯顿的吕蒂肖经理向瓦格纳做出承诺：“在仔细地审读了您寄来的《黎恩济》脚本与总谱之后，我很愉快地告知您，这部歌剧已被我们接受，但愿它能够尽可能快地，我们希望是在明年冬天，在王家宫廷剧院上演。”[13] 瓦格纳的飞黄腾达已经板上钉钉了。

艺术的屈辱？

1840年12月初，瓦格纳的窘境到达顶峰，他六个月前开出的用于家居布置的汇票到期了——但钱箱空空如也。由于这些票据可以像股票一样交易，瓦格纳必须采取烦琐的追踪行动，好从第一个债主找到最后的持有人，并向所有人请求延长付款期，否则将面临法律追偿的风险。但一切都是徒劳的，几乎没有人同意延期，从哪里都找不来钱。瓦格纳不再作曲，而是别无选择，只能听从迈耶贝尔的建议，也接受施莱辛格安排的不那么有趣的任务。首先是多尼采蒂的《宠姬》的改编，这部歌剧于1840年12月2日在巴黎首演：瓦格纳在《我的生平》中声称，他做这件工作感觉受到了“羞辱”（*ML*, 201）；他写道，“一部非常贫乏的作品”，只是因为两段卡巴莱塔才赢得了“沉醉的巴黎观众”的热烈掌声。第一条意见令人怀疑，第二条则肯定是错的：1878年还在作为“著名歌曲”演奏的不只是两首曲子，而是整整十首。[14] 巴黎的观众并不像瓦格纳猜想的那样愚蠢。这部作品到1905年为止仅在巴黎一地就在大歌剧院演出超过650场，之后一直演到1934年，也就是说演了将近一百年。[15]《宠姬》直到20世纪初一直在世界范围内取得成功，但现在不像多尼采蒂的其他歌剧如《爱情灵药》或《拉美莫尔的露琪亚》那样广为人知。如此长的接受史在整个音乐史上都是绝无仅有的——瓦格纳在这里贬低了同行多尼采蒂。

支持这部作品的另一个理由是，受过音乐上的良好教育、曾与贝多芬过从甚密的施莱辛格，购买了这部《宠姬》的版权。“利用他所了解的

图20 对瓦格纳神话也很重要的是所谓的巴黎奴隶劳动，据说他没有得到相应的报酬。这里是最早也最重要的，对多尼采蒂的《宠姬》的钢琴改编谱——这是几乎所有伟大作曲家在职业生涯之初都会做的工作，与奴隶剥削无关。由于德迈松所画的奢华封面（根据勒波勒），这一版本不仅进入了瓦格纳的传记，而且成了音乐出版史上的一个特别有吸引力的例子。

我的孤立无援的情况，”瓦格纳骂道，“他在一天早晨带着怪诞的喜悦冲进我的公寓，要来纸笔计算他要给我带来的巨额收入，递到我的眼前。他写下：《宠姬》，完整的钢琴改编谱，双手弹的无词版钢琴改编谱，四手改编谱，完整的四重奏改编谱，还有两把小提琴版和短号版。”据说施莱辛格为此付了1100法郎，其中500法郎是立即给出的预付款。

瓦格纳在自传的这些段落中用力地挤压泪腺：他只有在改成书房和客厅的那间卧室里才有取暖设施，并在各个方面都很窘迫。

多尼采蒂的《宠姬》的钢琴改编工作似乎开始于1840年12月。瓦格纳只提了两个数字，支付给改编的1100法郎和给校对的300法郎；他给人的印象是，他在这上面花费了无尽的时间。完成的改编谱于1841

年1月底到6月初在杂志上刊登了广告，据信，这项工作只花费了这么长时间。

那么，1840年的1400法郎意味着什么呢？瓦格纳对此未发一言——谜题便从这里开始。因为在1880年，《我的生平》手稿完成，在一家私人印刷厂印了不到20本，在经过严格控制的最亲密的亲朋好友圈中流传之时，在经过了政变、经济革命、殖民地的"全球化"之后，没人知道1840年的法国钱是什么价值了。1911年，当《我的生平》出版第一个公开版本时，人们对这个数目就更不理解了。要评价瓦格纳在巴黎的经济危机事实上有多么严重，以及他如何处理自己所掌握的资产，评估瓦格纳1840年至1842年间的收入便是一个核心的问题。瓦格纳只提供了两个有帮助的比较价格：他位于巴黎埃尔德街的漂亮舒适的公寓每年的租金应当是1200法郎，他的朋友安德斯做图书管理员的薪水是每年1500法郎；不过，瓦格纳称之为"可怜的薪水"（*ML*，181）。其实并没有那么可怜；算上工人和手工业者的收入，当时的工资水平在农村是500法郎，在大城市是不到1000法郎。不是根据《我的生平》，而是根据一封年代久远的书信，我们可以算出瓦格纳在那个年代的年度财务需求为1800法郎（两个人），与安德斯的单人收入相差不远。[16]现在，我们可以自己处理这些数字了。

如果按照《瓦格纳作品索引》（*Wagner Werk-Verzeichnis*）中假定的《宠姬》的钢琴曲改编持续了四个多月（从1840年12月中旬到1841年4月），那么施莱辛格支付的报酬（包括杂志稿酬）几乎达到了每年1800法郎的需求。[17] **但是，这些数字与瓦格纳这里的事实对不上**，因此必须重新计算、归类和评估所有收入。这里的情况类似于1986年以前的莫扎特传记，当福尔克马尔·布劳恩贝伦斯第一次仔细研究了莫扎特的收入时，那个贫穷且不被理解的莫扎特的神话便崩塌了。[18]瓦格纳在巴黎的财务状况很容易厘清；有数据材料可以用。第一个惊人之处是，在四到五个月的时间里，也就是前文提到的人们通常认为改编《宠姬》的工作时间内，瓦格纳实际上做了两倍于改编的工作，[19]他也指出了这一点，但只是在一个很靠后的时间，且和施莱辛格的付款无关。因此，关于他的总收入的情况便是完全错误的。此外，从瓦格纳1841年4月27日写给施莱辛格的信中可以看出（*SB*，卷I，478），即使是与《我的生平》中提到的这些不完整的数字相比，事实上也要多出三分之一。根据那封信，他因上述工作获得的不是1400法郎，而是1950法郎，还有改编阿莱维《吉他手》的230法郎和文章预付款170法郎，总共2350法郎，比他自己说的要多1000法郎。

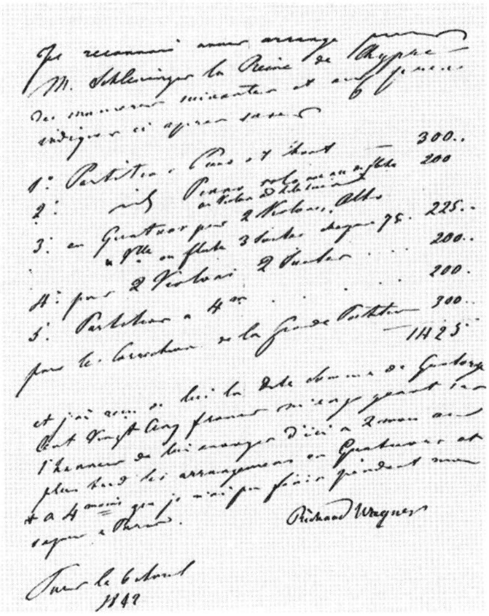

图21 瓦格纳确认巴黎出版商莫里斯·施莱辛格为歌剧改编支付报酬的信，1842年。瓦格纳神话因这份文件而受到动摇：这里的收入相当于一名音乐家一年的收入，但瓦格纳在自传中否认了这些收入，以巩固他被犹太出版商“剥削”的传奇。

但是，就整个歌剧改编工作而言，还没有算上瓦格纳根本没有提过的，但在一份文件中流传下来的改编阿莱维的《塞浦路斯女王》的收入，[20]这又是1425法郎。此外还有一些小笔收入，[21]也就是说总计至少4570法郎，甚至更多，这些都是两个时间段内的收入，即从1840年12月到1841年4月底的将近五个月，以及在完成《漂泊的荷兰人》作曲后从1841年12月到1842年4月初的四个多月。要加上的，还有瓦格纳从家人和朋友那里得到的其他收入，因此他在巴黎的总收入为6750法郎。[22]其中,(根据瓦格纳每年的基本生活费用为1800法郎)有4050法郎为整个在巴黎期间的固定支出,因此他事实上应当有2700法郎的盈余。恰恰相反!瓦格纳自1840年5月起,特别是在1840年底、1841年初就陷入了灾难的边缘,那算来应当是超过6000法郎的赤字,因为在他巴黎之行的最后阶段(1842年4月),他不仅没有任何盈余,反倒背上了3550法郎的债务,他只能从德累斯顿分期偿还。[23]去德累斯顿的旅费,他还得让人从那里寄过来。

但这6000法郎意味着什么呢?与1840年前后通常的年薪水平相比,这是相当可观的——如果不能偿付就要进监狱。这是一名音乐学院教授收入的两倍,是普通音乐家的三倍[24]——尽管直接对比存在各种问题,但仍可大致换算为12万至15万欧元。当然,拿来做对比的人,比如音乐学院教授,不一定有瓦格纳的需求,要在窗户和墙壁前挂上丝绸(前文所述里加的账单中可以看到这些),但我们可以确定,施莱辛格付的钱很多。[25]这并不奇怪,因为出版商施莱辛格从迈耶贝尔身上获得了非常丰厚的收入,如果他用不足糊口的薪酬来打发迈耶贝尔的门生,他的名声就毁了。

神话链条的第一环:巴黎神话

瓦格纳对他的巴黎困境的抱怨,与心怀叵测的同事们施加的"贫穷"和"迫害"无关,而是他的神话架构的核心,回顾他的巴黎岁月就会发现,神话的架构在这里第一次有了具体的形式。这是怎么发生的?1842年,瓦格纳在德累斯顿首演了歌剧《黎恩济》、《漂泊的荷兰人》和《唐豪瑟》,第一次取得巨大的成功。从这个时候起,他所面临的就是作为浪漫艺术家的自我表达问题。他开始追溯性地使自己的传记和1840

年制定的战略性人生规划保持一致。首先,将他1840年的,也就是一个贫穷、无私艺术家的艺术模式,在事后描述为一个亲身体验、饱尝痛苦的模式;其次,以此来掩盖他在金钱方面的无能。瓦格纳的家人知道他挥霍无度,因此拒绝再给他任何资助。

瓦格纳在自传中还隐藏了他的巴黎历险记开始时的真实情况。他在1839年能展现出什么呢?两部半歌剧,其中一部从未上演过,另一部以惨败收场。带着这样的回忆,他期待巴黎在几个月内就臣服在他脚下,这表现出瓦格纳从勇敢中生出的天真,但他的传记这样写,则显露出极大的幼稚和对戏剧史事实上的无知。迈耶贝尔的研究者萨比娜·亨策—杜林和西格哈特·杜林认为,瓦格纳的愿望简直"狂妄无比",就像是一个电影制片人,"在乡下做出唯一一部电影——还没有成功——便迫不及待前往好莱坞,期望能在那里立刻得到一部大制作"。[26]

本质上受拜罗伊特影响很大的德国人的传记,掩盖了巴黎传说的不真实性,于是神话便开始了。据说瓦格纳在巴黎完全怀才不遇,因此几乎要饿死了;据说他只能靠做一些不体面的奴隶般劳动来维持生存,而占据高位的人阻止了他的成功。在《黎恩济》取得轰动性成功之后立刻就写成,并把重点放在巴黎日子的1843年自传草稿中,还感觉不到这种神话的痕迹。施莱辛格和迈耶贝尔在1843年还完全是正面形象,正如那时的书信中表现的一样。[27]瓦格纳在1843年对他在巴黎的救主和门德尔松这样的同时代人评价还是公正的。他在巴黎虽然很穷,但承受着"最小的外部压力",他没有怪罪于任何人,没指责自己,也没指责别人;总体而言,巴黎甚至对他"极为有益"(*GSD*,卷I,18)。

但是,这份自传的草稿,这份早年的、很快就被遗忘的文件,就其影响而言,根本无力对抗后来那份几乎肆无忌惮地伪造生活事实的文字。可以说,迄今为止的传记作家们,从未有过能够查验其传主在巴黎的社会状况的文献资料。或许也没有人愿意放弃那幅美丽画卷，放弃这个贫穷且无私的理想型艺术家的“振奋人心”的神话。[28]现实是不同的。与广而告之、被推到公众面前的艺术模式完全矛盾的是，金钱对瓦格纳而言具有更根本的、极其复杂的，甚至可以解释一切的含义：它不仅是财富和权力的象征，而且是人类罪恶的象征，是资本、商业、现代、反艺术、犹太性、可收买、民族堕落的同义词——但同时也是救赎、创作之自由和独立的手段，是创造性的推动力。尽管他妖魔化了金钱，并要求一种与财富和权力无关的艺术，但他的一切都围绕着它——它甚至决定了他艺术的产生条件。因为如果没有钱，如果没有很多钱，他就几乎不可能有创造力。他需要奢侈，需要丝绸和浮华的感性诱惑，才能写出音乐。

正如1841年他改编歌剧时的信件所显示的，只要施莱辛格给钱，在巴黎停留的最后几个月看起来就是勤奋且相对积极的。可以看出，瓦格纳与这位犹太出版商的关系是多么融洽。如1841年4月27日的信，瓦格纳在其中向出版商请求100法郎的预付款，这真是使人心情愉快的一束烟花；请求者以一种机灵且闪烁着智慧的方式向被乞求者指出，如果他拒绝，他将在后世扮演什么角色：“最尊敬的施莱辛格先生，您必须再次预付给我100法郎，否则我真不知道，您会如何站在后世的法官席面前，如果可以这么说的话：莫里茨·施莱辛格，如此仁慈且审慎的莫里茨·施莱辛格，拒绝向将来无论如何都会成名的理查德·瓦格纳支付100法郎的预付款，并且是在他即将前往俄国，在《宠姬》和《吉他手》的惬意保护下将他显赫的贸易关系发展到亚洲的心脏之际！”[29]

瓦格纳在为施莱辛格工作最紧张的时期蓄了胡须，这让明娜很恼火；但他俩都放下了这件事，就像对待这段时间里意外打碎的一面挂在墙上的镜子一样(*Burrell 1950*, 129)。当时的瓦格纳还知道如何用风趣的致歉诗来化解这类纠纷。更糟糕的是另一次财务危机，这次的缓解必须要归功于这位艺术家。当他于1841年初放弃了过于昂贵的巴黎公寓时，他得知，他相对于合同上规定的弃租时间晚了一天提出，因此必须支付接下来一整年的租金。[30]瓦格纳在巴黎甚至连狗都失去了，它们跑走了(*SB*, 卷II,74)。

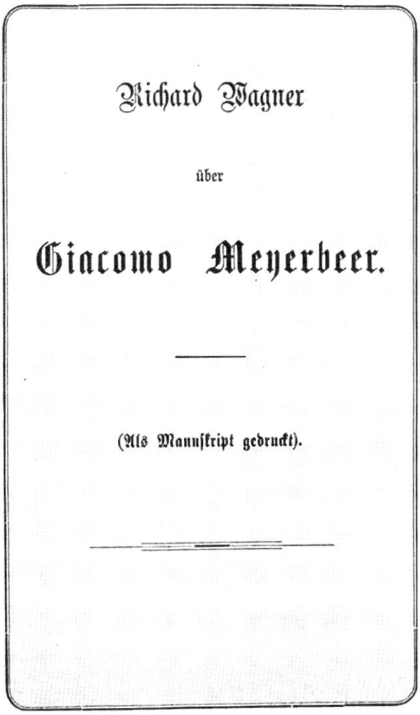
Richard Wagner

über

Giacomo Meyerbeer.

(Als Manuskript gedruckt).

图22 巴黎时代的这篇文章是对后来被恶意诋毁的迈耶贝尔的赞美诗。瓦格纳写道:"迈耶贝尔写出了世界历史，写出了心灵和情感的历史[……]他写下了音乐的行为——就像他之前的亨德尔、格鲁克和莫扎特所写的音乐——他们都是德意志人，迈耶贝尔也是德意志人。"这篇文章后来当然被瓦格纳否认了，它于1886年在柏林旧书商利奥·利普曼斯松的出版社首次出版。

瓦格纳后来对在困境中真正帮助过他的出版商真是太糟糕了！他称施莱辛格是剥削者，将迈耶贝尔叫作骗子，由此构建出一种意识形态背景，而没有任何1840—1842年的书面信源能够证实它：与此相反，从1850年起，瓦格纳不知疲倦地说犹太人是金钱上的吸血鬼和艺术上的盗贼。迈耶贝尔是一位自信地、目标明确地规划自己职业生涯的艺术家——但他也对年轻的同行提供了无私的帮助。瓦格纳在他背后所说的那些阴谋没有丝毫证据。[31]煽风点火不符合迈耶贝尔的天性。正如他在1837年写给朋友戈特弗里德·韦伯的信里所说，这是他的铁律，"永远不要亲自应对攻击，在任何情况下都不要推动或回应关于个人的争论"。[32]

施莱辛格尽管是个强硬的商人——就像许多非犹太人一样——但他并不是个赶尽杀绝的人。他享有极好的声誉，不仅是迈耶贝尔的主要出版商，而且也为肖邦、李斯特、罗西尼和当时的其他许多杰出人物服务。

《漂泊的荷兰人》

1841年4月29日，瓦格纳夫妇搬到了巴黎附近默东的一座便宜的避暑别墅。那里已经通了火车，而且离塞纳河很近。虽然瓦格纳向施莱辛格预支了100法郎，但是他和妻子并不能用这笔钱维持一段长时间的生活。因此，他计划继续进行撰稿工作。他自称“迈耶贝尔的学生”，用这个名号投稿，这也为这位年轻的作家打开了《德累斯顿晚报》和著名杂志《欧罗巴》的大门，他发表了《巴黎的娱乐》和《巴黎的不幸》两篇文章。同时，他还发表了为迈耶贝尔的成功歌剧《魔鬼罗勃》和《胡格诺教徒》所作的热情似火的赞美诗。如果你知道瓦格纳在1850年之后是如何公开评论这两部歌剧的，就很难相信这些文章出自同一位作者之手。

瓦格纳在默东的主要工作是继续完成前一年打下草稿的《漂泊的荷兰人》。大歌剧院的经理莱昂·皮耶终于对将近一年前收到的剧情草稿表达了喜爱，在7月2日出价500法郎买下了它，但他想请其他人来给它谱曲，交给前文提到的大歌剧院那倒霉的候选名单上的某位先生。中选的是大歌剧院继续走背运的合唱团指挥皮埃尔·路易·菲利普·迪茨。但是，瓦格纳试图说服皮耶相信，只有他自己才能给这段素材谱上适当的乐曲。可皮耶回答他说，想都不要想，所有的作曲委托早在七年多前就都给出去了。固执的瓦格纳也拒绝在剧中插入对巴黎人来说必不可少的芭蕾，他请求戏剧委员——此间与他成为好友的爱德华·蒙奈——进行调解。蒙奈仔细看了情节草稿，对皮耶竟然会对这种素材加以考虑感到震惊，并建议瓦格纳尽快接受任何形式的报价。1841年7月2日，终于达成协议：他们给瓦格纳500法郎，瓦格纳立刻表示同意……雷瓦尔和保罗·富歇（维克多·雨果的小舅子）用法语写了剧本，配上路易·迪茨的蹩脚音乐[33]，这个艺术杂交品在1842年11月9日首演（比瓦格纳自己的《漂泊的荷兰人》还早了两个月），几乎没有引起任何注意。

有了施莱辛格的预付款、《漂泊的荷兰人》的报酬和预期的杂志收入，瓦格纳就有了在默东继续创作自己的《漂泊的荷兰人》的经济基础。租钢琴需要一些钱，剩下的几乎全都要用来偿还债务，因为在原手稿的第二幕结尾写着："8月13日。明天又要开始金钱危机了！！"而在第三幕的结尾是："1841年8月22日（穷困交加）。"远超600法郎的金钱，几乎是一个手艺人一年的收入，在8月2日和13日之间的这段时间内去了哪里？可追溯的收入和手稿上的笔记之间的差异显示出，大笔的金钱支出是为了根本不再需要的埃尔德街公寓开出的汇票——对这些债务，瓦格纳继续保持策略上的沉默，因为承认穷困是人为制造的，这将破坏神话。

然而，奇迹便出现在这样的穷困之中：曾经怀疑过自己是否还能作曲的瓦格纳，在仅仅七个星期之内写下了《漂泊的荷兰人》的全部音乐草稿。尽管有着种种贫苦，他仍然心情愉悦，甚至"兴高采烈"，他陪着明娜，帮她采蘑菇，甚至让阿芬那留斯家的亲戚们相信，他们过得非常好。《漂泊的荷兰人》是所谓的"成熟瓦格纳"的第一部作品；它有自己独特的风格。许多单独的段落（如森塔的民谣曲）拥有一种能够证明"天才"的质量，而"天才"是一个通常很难名副其实的概念。此外，情节结构显示出一种全新的整体性。这里有着艺术上的突破，而人们不禁要问，《漂泊的荷兰人》创作时的特定条件，那种写在总谱上的"穷困"，是否与这部剧的全新质量有关联。

当瓦格纳快要完成《漂泊的荷兰人》的配器工作时，已经是秋天了，严寒降临了默东。整个巴黎，包括阿芬那留斯家的亲戚，都早就回到了温暖的城里的房子。但瓦格纳没有钱。

一天，画家恩斯特·贝内迪克特·基茨带着他的画夹出了城，想要画一幅这个在巴黎城外受苦的人的漫画。[34]"他知道我们很难搞到取暖的物资，就带来了几瓶朗姆酒，好让我们在寒冷的夜晚调潘趣酒来喝；在这样的情境下，我就给他和我的妻子读霍夫曼的故事。"柯尼斯堡有消息传来，本来承诺的一笔贷款最终不予发放。"如今，我们无助地凝视着即将到来的冬天的冷雾。可是基茨宣布，现在要由他来提供帮助了；他收起了他的画夹[……]动身去了巴黎，几天后又回来，带来了200法郎，他为此付出了自己的代价。我们立即着手在巴黎租一间小公寓，在雅各街14号的一栋后楼里，靠近我们的朋友。后来我知道，在我们走后不久，普鲁东也住进了这间公寓。就这样，我们在[1841年]10月30日又回到了城里。"(*ML*, 215)这间小小的新公寓布置了一些从"埃尔德街的沉船中拯救"出来的东西。瓦格纳极其努力地写完了《漂泊的荷兰人》尚缺的序曲——一部管弦乐的杰作，又是在极大的穷困中诞生的。

虽然如此，新年还是和安德斯、莱尔斯、基茨和佩希特一起庆祝的，那是一场小牛腿、鹅、朗姆酒、香槟酒和潘趣酒组成的丰盛的狂欢。瓦格纳发表了一场热情的演讲，他的客人们都笑个不停。尽管他处境压抑，但他健谈和逗趣的天赋并未因此受到任何损害。他站在桌边开始演讲，然后站到椅子上，最后跳到了桌子上——可以放心地看到：瓦格纳还是原来的瓦格纳！当基茨带了一个旧时好友，正要开启他世界声誉的小提琴演奏家亨利·维厄唐（1820—1881）来瓦格纳家时，他们又庆祝了一次，维厄唐贡献了一整晚最优美的小提琴演奏。基茨半扛着他回了旅馆。

刚刚完成了《漂泊的荷兰人》的作曲之后，瓦格纳就及时接到了新的委托：阿莱维的《塞浦路斯女王》于1841年12月22日登上舞台。[35]瓦格纳在新年的头几天里必定接待了一位访客："施莱辛格对《塞浦路斯女王》的成功感到欣喜若狂，答应要让我来制作钢琴改编谱，以及其他新出现的名歌剧的改编。"（*ML*，217）但瓦格纳感觉自己已经做好了返回德国的准备，还和文学家萨穆埃尔·莱尔斯就文学和历史进行了很多讨论。瓦格纳写道，他仿佛是经过长期的迷惑之后突然醒悟，他"在荒凉的异乡的海洋之中"通过贝多芬发现了"真正的德意志风格"。[36]《漂泊的荷兰人》便是这种变化的一个结果。通过莱尔斯，他了解了唐豪瑟的民间故事（以前他在海涅的改编版本中碰到过这个故事）、关于瓦尔特堡的歌手之战的诗歌，以及罗恩格林的素材。"一个新的世界为我打开了"——基督教的、德意志的中世纪——它对这位年轻的作曲家有着不可抗拒的吸引力。在巴黎歌剧界一举成名的梦想破灭了；主宰那里的艺术产业，在瓦格纳的头脑中凝结成一个外来的、非德意志艺术的噩梦，在他的想象中，迈耶贝尔成为犹太艺术的代名词，从此以后他就坚信必须与之进行斗争。与"德意志精神"的相遇，首先会构成本土的与外来的对抗，这在德意志浪漫艺术的一部分之中也可以感受到。[37]这种朝向一种民族主义思想的深刻变化，使瓦格纳在巴黎告别了青年德意志时代的欧洲思想观点；特别是，瓦格纳告别了此前他非常信仰的海涅的精神，即使他现在正在与这位诗人交往，并继续将他的作品当作灵感的宝库。瓦格纳也告别了塑造了他前三部歌剧的现代性内容：异域的融合、民主、多元主义、公平正义、政治自由和平等。然而，这种素材上的断裂是隐蔽的，因为瓦格纳不是在内容上，而是在质量上否定了自己的早期作品。

他收到的来自德累斯顿的关于《黎恩济》演出日期的消息是相互矛盾的。不过，他在3月得知，柏林王家剧院监督雷德恩伯爵愿意接受《漂泊的荷兰人》这部歌剧。瓦格纳把总谱寄给了柏林的迈耶贝尔，迈耶贝尔希望能首先在自己的剧院经理处取得成功。[38]瓦格纳写道："因此我认为自己有足够的理由，可以不惜一切代价尽快返回德国。"（*ML*，225）在经过几次波折之后，1842年4月7日，启程离开巴黎的日子到来了。"救赎的时刻终于到来了[……]向我们贫穷而又忠诚的朋友安德斯、莱尔斯和基茨告别时，我心中非常激动，甚至不能自已。"[39]可接下来还有一句话，不仅是针对重病的朋友安德斯和莱尔斯的，也是针对他自己的："**看到这短短两年半的经历让我在巴黎付出的代价，看到贫困给善良、高贵甚至相当重要的人们带来的伤害，我感到非常恐惧。**"（*ML*，227；强调为作者所加）

在巴黎的心理变化：创造性的高压

匮乏状态下、缺乏安全感的情感世界，是1839年至1842年间的现实，并从书信中表现了出来。这种匮乏的主要原因，是漫不经心和没有能力进行经济规划，但这丝毫不能改变这种匮乏的后果，它必然产生了强烈的、令人沮丧的情绪冲动。在巴黎的贫穷境况下，那些负面的替代情感必然会取代丝绸和浮华，也就是"奢侈"所带来的令人迷恋的感官享受，事实也确实如此。人们相信，丰富和匮乏会产生相反的影响，但影响的程度是相似的。至少对于瓦格纳而言，这两种情感状态都有促进思想发展的特质。就此而言，这种自作自受的财务困境对于艺术发展而言，堪称使巴黎时代重要性翻倍的要素：正如瓦格纳在一封信中所说，这种“深深的震撼”使《漂泊的荷兰人》区分于《黎恩济》，显然标志了一种创造性的发展（*GSD*，卷I，3）。

但是，这种双重变化的心理影响必须得到严肃看待：从长远来看，在巴黎时的苦难也给瓦格纳带来了“伤害”。他在很久以后说：“在巴黎，没有什么东西对我来说是积极的，我什么也没有得到；我只是变得更坚硬。”（*CT*，1872年7月30日）他为什么在巴黎会变得“更坚硬”？匮乏使他遭受了什么伤害？在巴黎的时候，直到那时都被认为是普通音乐家的理查德·瓦格纳，其普通的生存条件被破坏了。在那之前，以他那个时代的艺术水准来衡量，他创作出了常规的、经常也非常出色但绝对不是天才的音乐。在巴黎，外界的苦难在其内心之中建立了一种全新的、此前从未接触过的压力；“坚硬”在这里肯定可以被看作“紧张”的同义词，意味着不利的环境造成的损耗。这种“负面的兴奋”不仅是分析瓦格纳本性的关键概念，也是理解他所显现的许多灵感状态的典型特征。这种创造性的高压首次使作曲达到了本质上更高的思想水平。“欣喜若狂”，瓦格纳如此描述他在短短七个星期之内写出《漂泊的荷兰人》并认定这部作品能够取得成功时候的心境（*ML*，212）。

如果我们看到从里加到巴黎时代终结，直到《漂泊的荷兰人》完成的这条路，就会发现一句谚语非常适合瓦格纳：经过荆棘和苦难，可以触摸到星辰。

8

“我是迈耶贝尔的学生”

图23 《黎恩济》于1842年10月20日在德累斯顿首演，在全德国引起轰动：为高层次的市民观众所设计的辉煌舞台和引人入胜的消遣。同时代的版画。

返回德累斯顿

1842年4月7日，瓦格纳夫妇离开巴黎。纳塔莉先留在巴黎的塞西莉·阿芬那留斯家。他们与阿芬那留斯、基茨、安德斯和莱尔斯告别时热泪盈眶。尽管经历了种种匮乏和经济上的灾难，明娜还是已经习惯了丈夫的朋友们。相反，在分开后的那个早晨，基茨“哭得像个要寻找母亲怀抱的孩子”。塞西莉后来将这段与瓦格纳夫妇共处的时光称为她一生中最美好的时期（*Burrell 1950*，677）。瓦格纳自己也在接下来的几个月里反复表达他对“三叶草”基茨、莱尔斯和安德斯的思念，他不停地给他们写信。

他的行李箱中装着两部崭新的、还未演出过的歌剧，它们之间有着很大的差异。通过创作《漂泊的荷兰人》，他从远方发现了德国，并且如他所写，激动地向家乡奔去：“我第一次看到莱茵河，我这个穷艺术家眼含热泪，宣誓永远忠于我的祖国。”（*SB*，卷I，112）当他经过爱森纳赫的瓦尔特堡时，情绪更加激动。二十五年后，他在《我的生平》中写道：

> 与瓦尔特堡的相遇给了我真正的慰藉，我们在这段旅程中唯一阳光灿烂的一段时间内从它旁边驶过。[……]我立刻认出远处一条山脊是“霍塞尔山”，在山谷间行驶时，我便为我的《唐豪瑟》搭建好了第三幕的场景，从那时起它就作为图像存在于我的脑海中[……]如果说我已经得到意味深长的提醒，我现在是在从巴黎返乡的路上第一次跨越传奇的德国莱茵河，那么现在第一次亲眼看到富于历史和神话的瓦尔特堡，对我来说就仿佛一场充满预言的邂逅，带着这样的印象，穿过疾风和恶劣天气、犹太人和莱比锡展会，内心温暖，终于带着我那可怜的饱受艰辛、饥寒交迫的妻子幸福又平安地回到了德累斯顿[1842年4月12日]，我离开这里时还是在与明娜不幸分离的状态下动身流浪到北国去。（*ML*，231）

诗与真再次交织在一起；瓦格纳在很久以后的回忆中写到自己的反犹太—反资本主义倾向，但根据他的书信，在1842年，这些倾向对他而言依然是陌生的。德意志狂热与反犹主义——一种爆炸性的混合！这一叙述描绘出了自巴黎时代后期在素材上开始出现，但意识形态方面在那之后才开始升温的转变。在接下来的五年中，这也将引发瓦格纳对根本上是以超民族性的方式思考和行动的迈耶贝尔的态度的转变。由此导致的不和谐，对瓦格纳自1840年以后感受到的与周围音乐界之间的冲突至关重要；在1849年到1850年，这将引发双重的灾难：一方面，瓦格纳积极参与德累斯顿革命；另一方面，他出版了主要针对迈耶贝尔的小册子《音乐中的犹太性》。在这本小册子1850年出版时，已经郁积了近十年的迈耶贝尔情结升级为一种迈耶贝尔创伤。

这两位音乐家的关系开始时明明很积极。迈耶贝尔生于1791年，比瓦格纳大二十二岁，一直表现得非常友好和乐于助人；歌剧《黎恩济》一下子就给他留下了深刻印象。他对巴黎的朋友路易·古安写道："这个年轻人让我很感兴趣，他有才华和毅力，但还缺乏运气。"[1]迈耶贝尔已经拥有很多成就：作为罗西尼、斯蓬蒂尼、奥柏和阿莱维的继承人，他将大歌剧发展到顶峰，这是一种宏大的混合艺术形式，它将艺术和娱乐巧妙地融合在一起，使歌剧从精英行家的奥林匹斯山巅进入早期工业社会的群众兴趣之中。如今，歌剧不再仅仅关注神明和君主；它探讨当前的市民问题，并用宏大的史料精心包装。但在装饰性的外表之后，早期的大歌剧已经具有了意识形态的—政治的关切：比较具有自由思想的"公民国王"路易·菲利普的政府满意地发现，至少两部成功之作——弗罗芒塔尔·阿莱维的《犹太女》(1835)和贾科莫·迈耶贝尔的《胡格诺教徒》(1836)——通过将宗教少数群体——犹太人和新教徒——的历史问题搬到广阔的歌剧舞台并在思想自由的意义上进行处理的方式促进了官方的自由主义。歌剧起到了传播新型政治的作用，这种新型政治在1830年通过最终实现少数群体的法律平等而跨出了历史性的一步。[2]歌剧的这种新的潜能推动了戏剧史上根本性的发展；瓦格纳和威尔第认识到了这一启蒙的趋势，即大歌剧的现代性，并以各自的方式对其加以利用。威尔第坚定地接过了阿莱维和迈耶贝尔的自由主义，早在《纳布科》(1842)之中，不过最猛烈的是在《堂卡洛斯》(1867)之中，对政治上和宗教上的蒙昧主义进行了攻击。瓦格纳以《黎恩济》加入了一个相似的方向，但事实上他在《禁恋》中更清楚地表达了自由主义。但与此同时，他凭借《漂泊的荷兰人》站到了另一个世界之中，他和他所有的后续作品都留在了那里——他踏上了一条与威尔第截然不同的道路。

恐怖岩上的唐豪瑟灵感

瓦格纳经过五天的旅行后，于1842年4月12日到达德累斯顿，他虽然收到了柏林方面上演《漂泊的荷兰人》的承诺，但《黎恩济》在家乡的演出尚未确定日期。他在一间便宜的公寓里安置了明娜，去莱比锡看望了母亲，又去了柏林，他一到那里就听说，剧院监督冯·雷德恩即将把权力移交给他的继任者冯·屈斯特纳。[3]瓦格纳感觉受到了愚弄，因为弗里德里希·威廉·冯·雷德恩答应过要上演他的《漂泊的荷兰人》，而他不知道这话还作不作数。屈斯特纳还没有到，迈耶贝尔正在收拾行装，瓦格纳从门德尔松那里听说，柏林的音乐氛围还不怎么繁荣，门德尔松自己想回莱比锡。迈耶贝尔尽了一切可能，好为他这个门生铺路。在与冯·雷德恩谈话之后，他于1841年12月9日在一封信中明确地请他注意瓦格纳这位“有趣的作曲家”，并保证“他很有才华，即使在非常困窘的境况下，也会赚到双倍的回报，而宫廷剧院作为德国艺术的官方保护人不会对他关上大门”。[4]

瓦格纳此时已开始在斯图加特的《欧罗巴》杂志和莱比锡的《音乐新杂志》上对迈耶贝尔开火了，后者不会蒙在鼓里太久的。[5]更令人惊讶的是，他还支持了瓦格纳许久。从上述信件可以看出，迈耶贝尔在1841年12月还不知道冯·雷德恩即将离开；瓦格纳心中迅速冒出来的怀疑，再次被证明是没有根据的。迈耶贝尔自己跟柏林未来的剧院经理冯·屈斯特纳之间也有问题，因此他在柏林的影响力也将下降。尽管如此，迈耶贝尔的努力应当还是取得了成果。1842年5月5日，瓦格纳在莱比锡会见了冯·屈斯特纳，后者表现得非常乐意履行他的前任就《漂泊的荷兰人》做出的承诺。

瓦格纳在回程的路上对此尚且一无所知。他在莱比锡很沮丧地见了姐夫赫尔曼·布罗克豪斯——那位教授，出版商的弟弟——他提供了一笔200塔勒的贷款。他在那里还受到了剧院经理吕蒂肖、枢密官温克勒和乐队长赖西格颇显冷淡的对待。但是，重温与合唱团指挥威廉·菲舍尔和演员兼导演费迪南德·海涅的旧时友谊使他心情振奋。尽管合唱团指挥菲舍尔给出了最好的建议，但他们暂时还是就《黎恩济》的大型总谱达成一致，这并非一件容易的事情。

夏天，瓦格纳徒步进入波希米亚的群山之中旅行，正如他所写的一样，目的是“在这次出游带给我的愉快之中进行‘维纳斯山’计划”。在“奥西希附近浪漫的恐怖岩上”，他在一个满月之夜裹在床单里表演幽灵的轮舞——可以感觉到，有什么东西正在萌芽。抑或，这份记录也是为将来的观众打造的传奇？或许并不是，这一情况太疯狂了，不像是能够完全虚构的。他还在1842年9月6日激动地写信给巴黎的朋友基茨，说他在恐怖岩上过夜，在这里开始起草《维纳斯山》——这部歌剧还要顶着这个名字很长时间(*SB*,卷II,153)。那里太迷人了,所有人,基茨、莱尔斯、安德斯,明年都应该跟他一起过来。在月光下——至少他自己是这么说的——他在完全的孤寂之中掏出笔记本,写下《唐豪瑟》的情节大纲。我们不应该想象瓦格纳毫无准备地就被灵感亲吻了,然后就生出了一部完成的作品。回想一下:早在从巴黎回乡的路上,4月中旬,《唐豪瑟》就在他的头脑中翻腾,在他经过瓦尔特堡的时候。从那以后,它就在他的意识和无意识之中运转,现在到了将两者结合在一起并从中创造出艺术的时候了。现在,瓦格纳为自己准备了一个舞台,好震惊他自己——几十年后,他解释了这一程序,后文也将逐字引用。他后来了解到,以助产士身份召唤特别强烈的情绪,对于思想的出现很有帮助。瓦格纳研究对这些记录的可信度提出了质疑。我主张对它们有保留地相信。无论如何,这似乎都不是灵感的“突袭”(这种不需要表演),而是人为创造出来的创造性环境。[6]

想法是如何出现在他头脑中的,不久之后就在《我的生平》中有了更好的表达:“有一次登上‘沃斯特拉侬’,在折向一处峡谷角时,高处一个牧人吹起一支快活舞曲的口哨,这令我感到惊讶。我立即就发现我身处一群朝圣者的合唱队之中,他们正穿越山谷从牧人身边走过。但后来我一直没有能回忆起牧人吹出的旋律,**因此我不得不用熟悉的方式来帮助自己**。”(*ML*,238;强调为作者所加)为什么这是可信的呢?因为瓦格纳记录了负面的信息,即遗忘的危险——这位传奇制造者在多年后或许仍会记住每个音符:他**听**到了牧羊人的笛声(著名的那首,就在唐豪瑟离开维纳斯山之后)。但他正在爬山,无法将它记录下来,等他到达平地,他就把旋律忘记了。灵感白白浪费了!但并非如此:只有对那些“普通音乐家”,那些很少会产生但时不时也会有一个灵感的音乐家,它才白白浪费了。现在上场的可是专业的瓦格纳:他记住了心理的表达，而不是音符——音符消失了。但是，这种心理的记忆仍然存在。许久以后，当他为场景中的音乐细节奋斗时，他就会想起恐怖岩上的旋律，他会在书房来回走动，比如会用手抚摸丝绸、塔夫绸和锦缎，好让神经高速运转。然后，有时候很迅速，有时候又要经过激烈的斗争，音符出现了，它们可以传达早已存在的艺术表达。所以瓦格纳才说，"因此我不得不用熟悉的方式来帮助自己"。

上述"配方"在柯西玛的日记中有记载（见第17章），但这里所讲的是一项技术（熟悉的方式），这个信息他仅在《我的生平》中讲述恐怖岩事件时提到过。作为传记作者，我的工作是将这些极为广泛的细节放在一起，好让人们了解瓦格纳的艺术创作是如何进行的。这些念头不是像人们直到20世纪末关于莫扎特的想象臆造出来的那样突然出现的，而是基于努力和工作。（顺带说一句，信件显示，莫扎特也是如此，围绕他的"轻松"和迅速工作的传说也只不过是传说而已。）

通过恐怖岩的体验，瓦格纳融合了两个此前仅在地理学上相近的主题：瓦尔特堡歌手之战，以及维纳斯山与霍塞尔山。那个时代从法兰克福去莱比锡（或方向相反）的人，会经过爱森纳赫，既能看到瓦尔特堡，也能看到霍塞尔山——就像瓦格纳在1842年春天从巴黎经法兰克福和富尔达去往德累斯顿时一样。霍塞尔山在民间传说中是去往地狱，去往冥界的通道，也是炼狱，这根据的是一部多明我会的编年史，它记录了1398年圣伊丽莎白日，即11月19日的夜里，有人看到三团拖着巨大彗尾的火球飞向爱森纳赫。据说这些火点燃了彼得山、加尔格山和霍塞尔山。[7]这一事件在不同的编年史中记录并流传了下来。霍塞尔山这个名字原本来自附近的霍塞尔河，但现在有了新的含义：听到灵魂之山。据说，这里能听到可怜的被诅咒的灵魂在炼狱中呻吟，这种感觉或许是由呼啸的风吹过当时荒凉的，仅仅覆盖着蓟、杂草和牛蒡的霍塞尔山所引发的。[8]瓦格纳阅读过的路德维希·贝希施泰因接受了这个解释。而另一方面，维纳斯山这个名字早在1529年或1534年就由约翰·阿格里科拉在他的谚语集中与霍塞尔山联系在了一起，“唐豪瑟”曾出现在维纳斯山与霍塞尔山中。也曾被瓦格纳所阅读的克里斯蒂安·T.卢卡斯得出了以下等式：唐豪瑟·奥夫特丁根曾与维纳斯夫人或霍勒太太一起住在“空心的山中，在维纳斯山，它[……]与图林根的霍塞尔山相接”。[9]

《黎恩济》的排练与首演

那是1842年夏天的果实。“满载着这些收获，我带着愉快的心情和健康的身体回到了特普利采。”瓦格纳欢呼道（*ML*, 238）。他还写道，当他返回那里时收到消息说，威廉明妮·施罗德—德弗林特[10]和约瑟夫·阿洛伊斯·蒂查切克[11]，这两颗德累斯顿歌剧界的明星，从他们的巡回演出回来了，他的《黎恩济》就是为他们量身定做的。可以开始干活了，但随之而来的是一盆冷水。在巴黎时，瓦格纳就觉得歌剧行业令人难以忍受，而他现在发现，德累斯顿宫廷剧院的工作条件更糟糕，尽管这已经是德意志各诸侯国中最好的了。弦乐组太小，声音不够响亮；舞台设备很寒酸，剧本的翻译很差。施罗德—德弗林特也已过了巅峰之年；但她仍然“伟大”，仍然“无与伦比”。不过，有了约瑟夫·阿洛伊斯·蒂查切克就简单了。这位德意志第一男高音虽然具有“幼稚的局限性”且肤浅，但“才华横溢”。（*ML*, 240）“他出色的发声器官的诱人效果”弥补了他学习能力的不足，尽管经过大量排练，这一不足仍然无法消除。其他所有歌手都很平庸。

随着乐队开始排练，一切都变好了。瓦格纳在回忆中称他们“令人陶醉”，并说在第二幕第一场中和平使者出现时，“一种普遍的感动渗透出来”。就连因为要演的是一个次要的反串角色而感到失望的施罗德—德弗林特，也感动得流下泪来。“我相信，所有剧院人员，直到极下层的员工，他们都像爱一个真正的奇迹那样爱我，如果说对一个年轻人的关心和令人感动的同情，有助于大家对其异乎寻常的生活困难的了解，并使之从完全默默无闻之中突然变得一鸣惊人的话，这并没有错。”（*ML*，242）我们应当相信这些话；在瓦格纳的生活中，这些犹如在天国发生的事情都太美好、太稀少了。确实，在1842年9月6日写给巴黎的基茨的信中，他谈到了与“所有歌剧院员工”一起工作时的类似欣喜，这些人完全都“带着出色的意志投入到工作之中”（*SB*，卷II，147）。

1842年10月20日的首演那天，瓦格纳夫妇几乎处在无法忍受的紧张之中。他们与宫廷剧院导演费迪南德·海涅一起用了午餐，海涅的女儿玛丽·施默勒后来还记得这一天的每个细节。用餐时，明娜的手一直压在心口上，理查德则不断地在椅子上来回滑动。最后，他们极为紧张地去了宫廷剧院。“歌剧开始前，他就躲进了一间包厢，在那里一直藏在角落。”尽管有掌声，但瓦格纳还是越来越不安，海涅去找他，发现瓦格纳一直在跟自己吵架：“真是头蠢牛！——不，是头蠢驴。真是太蠢了。”（*Burrell 1950*，167）旁边的人同情地看着他。海涅把瓦格纳拖出来，拉进走廊，瓦格纳继续对自己大加指责，在一部歌剧中放了太多旋律，也太长了。

他也确实有惊慌的理由：晚上十点——演出早在六点就开始了——第三幕才刚刚结束，后面还有两幕。所有歌手都反对自行缩短时长，于是演出就这么继续下去。当《黎恩济》的首演成为一场巨大的成功时，喜悦之情更加洋溢。“当我终于最后一次跟着忠诚的歌手们在观众雷鸣般的欢呼声中谢幕时，已经过了午夜。”（*ML*，244）瓦格纳如在梦中，仿佛行走在云端。“此后我经历类似的事件时，再也没有过参加《黎恩济》首演时的那种感情。”在写给巴黎的阿芬那留斯的信中，那些字母间距很大，全都是大写，因为“从未像现在这样，所有人，所有人都跟我保证，在德累斯顿没有哪一部歌剧能够引发像我的《黎恩济》一样的激情。那是一场骚动，是席卷整个城市的一场革命；我被闹哄哄地叫出来四次”（*SB*，卷II，167）。

《黎恩济》成了德累斯顿的票房巨作。由于整部歌剧太长，一段芭蕾和第二幕结束时的一段哑剧被删去了。“从此时开始，只要能上演，《黎恩济》就总是满座，而当我感受到它在某些方面引发的嫉妒时，我就更能体会到这部剧的持续成功了。”（*ML*，246）此时的瓦格纳是否已经走出了迈耶贝尔的影子呢？是的，已经迈出了一步，但仅此而已。因为在关于首演的第一声捷报，即写给在巴黎的妹夫阿芬那留斯的信中，迈耶贝尔依然是标尺：“人们跟我保证，迈耶贝尔的《胡格诺教徒》在这里上演时的成功不能跟我的《黎恩济》相提并论。”（*SB*，卷II，167）正如瓦格纳在自传中所承认的，他为这部作品作词作曲，“用的就是大型历史歌剧的那种形式，还尽可能地加上了所有相关的手段”。在1842年11月6日写给巴黎朋友们的信中，瓦格纳非常坦诚地写道：“没

16te Vorstellung im ersten Abonnement.
Königlich Sächsisches Hoftheater.
Donnerstag, den 20. October 1842.
Zum ersten Male:
Rienzi,
der Letzte der Tribunen.
Große tragische Oper in 5 Aufzügen von Richard Wagner.
Personen:

Cola Rienzi, päpstlicher Notar.	—	Herr Tichatscheck.
Irene, seine Schwester.	—	Dem. Wüst.
Steffano Colonna, Haupt der Familie Colonna.	—	Herr Dettmer.
Adriano, sein Sohn.	—	Mad. Schröder-Devrient.
Paolo Orsini, Haupt der Familie Orsini.	—	Herr Wächter.
Raimondo, Abgesandter des Papstes in Avignon.	—	Herr Vestri.
Baroncelli, } römische Bürger.	—	Herr Reinhold.
Cecco del Vecchio, } römische Bürger.	—	Herr Risse.
Ein Friedensbote.	—	Dem. Thiele.

Gesandte der lombardischen Städte, Neapels, Baierns, Böhmens ꝛc. Römische Nobili, Bürger und Bürgerinnen Rom's, Friedensboten. Barmherzige Brüder. Römische Trabanten.
Rom um die Mitte des vierzehnten Jahrhunderts.

Die im zweiten Akt vorkommenden Solotänze werden ausgeführt von den Damen: Pecci-Ambrogio, Benoni und den Herren Ambrogio und Balletmeister Lepitre.

Der Text der Gesänge ist an der Casse für 3 Neugroschen zu haben.

Einlaß-Preise:

Ein Billet in die Logen des ersten Ranges und das Amphitheater	1 Thlr.	10 Ngr.
" " " " Fremdenlogen des zweiten Ranges Nr. 1. 14. und 29.	1 "	10 "
" " " " übrigen Logen des zweiten Ranges	— "	25 "
" " " " Sperr-Sitze der Mittel- u. Seiten-Gallerie des dritten Ranges	— "	15 "
" " " " Mittel- und Seiten-Logen des dritten Ranges	— "	12½ "
" " " " Sperr-Sitze der Gallerie des vierten Ranges	— "	10 "
" " " " Mittel-Gallerie des vierten Ranges	— "	8 "
" " " " Seiten-Gallerie-Logen daselbst	— "	6 "
" " " " Sperr-Sitze im Cercle	— "	25 "
" " " " Parterre-Logen	— "	25 "
" " " das Parterre	— "	15 "

Die Billets sind nur am Tage der Vorstellung gültig, und zurückgebrachte Billets werden nur bis Mittag 12 Uhr an demselben Tage angenommen.

Der Verkauf der Billets gegen sofortige baare Bezahlung findet in der, in dem untern Theile des Rundbaues befindlichen Expedition, auf der rechten Seite, nach der Elbe zu, früh von 9 bis Mittags 12 Uhr und Nachmittags von 3 bis 4 Uhr statt.

Alle zur heutigen Vorstellung bestellte und zugesagte Billets sind Vormittags von 9 Uhr bis längstens 11 Uhr abzuholen, außerdem darüber anders verfüget wird.

Der freie Einlaß beschränkt sich bei der heutigen Vorstellung blos auf die zum Hofstaate gehörigen Personen und die Mitglieder des Königl. Hoftheaters.

Einlaß um 5 Uhr. Anfang um 6 Uhr.
Ende um 10 Uhr.

图24 《黎恩济》首演的海报。

错——我是迈耶贝尔的学生。”(*SB*,卷II,175)

迈耶贝尔在1842年12月7日就从巴黎向瓦格纳祝贺了《黎恩济》的成功;他对自己“学生”的成就感到好奇。1844年9月,他特地从柏林到德累斯顿,两次听了这部作品:19日看了排练,20日观看了演出;那是第25次演出,报纸上说,又是“座无虚席且充满了欢呼声”。迈耶贝尔坐在同样到场的老前辈斯蓬蒂尼及其妻子身边。迈耶贝尔在日记中写道:“尽管多到荒诞的乐器让人麻木,但里面确实有些美丽的、出色的东西。”12月21日的日记又补充说:“由于我没有心情作曲,我就出去串了门,还读了《黎恩济》的总谱。”12月22日写道:“上午读了《黎恩济》。”[12]

就像他如此频繁地研究《黎恩济》一样,毫无疑问,迈耶贝尔也持续关注着瓦格纳。1852年他还读了“《罗恩格林》的诗……和一部分乐谱”;[13]1855年,在《唐豪瑟》的一次演出之后,他在日记里写道:“在理解力、管弦乐的音色,有时甚至纯粹在音乐方面的天才闪光,也就是在乐句之中的。”[14]1855年,迈耶贝尔还在努力对瓦格纳做公正的判断,只要这位审美趣味截然不同的大师能够做到的话。瓦格纳的《黎恩济》从迈耶贝尔那里学到了什么?基本上,除了宏大的、历史性的特点之外,其他都很少。或许还有舞台效果的重要性:扮演主角的蒂查切克在对罗马人民讲话时穿着银色的盔甲,为此这位歌唱家自己花了400塔勒(*Burrell 1950*,146),而扮演阿德里亚诺的施罗德—德弗林特在终场时骑着一匹马上了舞台。瓦格纳自己将他的第三部歌剧归功于斯蓬蒂尼,他于1836年在柏林观看了此人的《费尔南多·科尔特斯》(*ML*,133),《黎恩济》可被看作对他那些风格迥异的前辈们的综合。那时,瓦格纳的思想还是欧洲式的,这是迈耶贝尔对这位年轻音乐家的影响的重要一点。瓦格纳自己也在一封信中说,他在迈耶贝尔身上看到“德意志的任务已经完全得到解决，他将意大利与法兰西风格的优势运用得炉火纯青，好使得他天才的创作无所不包”（*SB*，卷I，323）。正如瓦格纳惯常所做的一样，他在谈论别人时，其实也是在说他自己。因为《黎恩济》事实上正是德意志、法兰西和意大利影响的结合。但是，《黎恩济》讲的到底是什么呢？

科拉·迪·黎恩济：一个政治理想主义者的悲惨结局

这个故事的内容不仅基于布尔沃—利顿的小说，而且也基于玛丽·米特福德写于1828年的黎恩济悲剧，它可以概述如下：

> 14世纪的罗马，在奥西尼和克仑纳两大贵族势力之间经常爆发血腥的争斗。人民厌倦了这种争斗，向贵族发难；教宗专使雷蒙多无法创造和平，只有黎恩济成功做到了；他因此被选为护民官，并制定了一部自由的宪法。在第二幕中，贵族们宣布支持他，但事实上在策划谋杀黎恩济。阿德里亚诺·克仑纳爱着黎恩济的妹妹艾仑娜，对他发出了警告。在一次舞会上，贵族们动了手，但黎恩济的锁子甲保护了他。阿德里亚诺和艾仑娜祈求宽恕行凶者，因为这些人是受阿德里亚诺的父亲领导的，他此时面临着死刑的威胁。黎恩济赦免了刺客，而民众对此满怀怨怼。贵族们也将这种宽恕视为耻辱，他们计划报复，逃离了这座城市。
>
> 第三幕展现了贵族从远方对罗马发起进攻；黎恩济号召人民拿起武器。当战士们带着克仑纳首领的尸体凯旋时，阿德里亚诺诅咒了黎恩济，因为他还是杀死了阿德里亚诺的父亲。他离开了

> 艾仑娜，发誓要报仇，并煽动民众反对护民官。舆论变得对黎恩济不利；枢机主教当众宣布将他逐出教会，德意志大使离开了罗马，教宗的绝罚在所有民众面前击倒了他，人民震惊万分，弃他而去。只有艾仑娜还忠于她的兄长。
>
> 在第五幕中，黎恩济退回卡比托利欧宫，在一段长长的祈祷中祈求上帝的帮助。他最后一次召集了民众，但这些人正打算将卡比托利欧宫付之一炬。阿德里亚诺试图说服艾仑娜离开她的兄长跟他走，但他们二人——还有黎恩济——都被倒塌的瓦砾所埋葬。贵族们重新控制了人民，黎恩济的乌托邦被摧毁了。

《黎恩济》表达了一种政治意识形态，这种意识形态是发自肺腑地要对瓦格纳这代人中的开明之人诉说的：尽管情节发生在14世纪，但剧中对现实，对梅特涅欧洲复辟的影射，是显而易见的。这解释了作品尚在排练之时就在德累斯顿对演员们产生的巨大影响。尽管这部歌剧有缺陷——文本和音乐都颇为冗长且有不必要的重复——但首演时的成功是压倒性的，导致后面更加成熟却更加沉重的作品《漂泊的荷兰人》和《唐豪瑟》最初对观众来说缺少了些“轰动性”。

还有能比《黎恩济》更清晰地揭露出德国的反动倾向的吗？民众在这里是自由思想的载体。在写于1841年秋的备忘录中，瓦格纳建议要用一个特别庞大的合唱团来表现人民（亦见*SB*，卷I，530）；他甚至要求追加圣十字中学的合唱团歌手。然而，对于瓦格纳戏剧中的黎恩济来说，民众同时代替了未曾出现的情人（在文字原稿中是有出现的），他们表现得反复无常，而这将导致黎恩济的失败。这第一次展现了瓦格纳作品中反复出现的受到威胁的个体的问题。但失败的根本原因是黎恩济对罗马贵族的大度。他对刺客的宽恕，虽然是由妹妹艾仑娜对阿德里亚诺的恋情引起的，出自私人的动机，但在民众眼中却成了狂妄自大。黎恩济的行为方式看似幼稚，却源于对和平的渴望和他的坚定信念，即社会的各个部分都可以彼此和解，从而为人民整体内部的多数民主思想服务。黎恩济认为，民众中应当是平等和正义占了上风。主角的真正悲剧是，他的这种想法由于贵族反动的自私自利而失败了，而他的乌托邦无意间导致了新的流血事件。他关于民众的思想，作为理想原则，是开创性的和进步的，却被社会现实撞得粉碎。由于这种矛盾，黎恩济被蒙蔽，这导致了他的毁灭。这种偏见造成种种失误，特奥多尔·W.阿多诺视其为一种法西斯主义的特征。因为到最后，当民众离开他并烧毁卡比托利欧宫时，黎恩济说的话就仿佛他是一个焦土政策的拥护者：罗马人配不上他们的城市，“这座城市被诅咒了，被耗竭了”。还有更恶劣的：“罗马在腐败，在枯萎/你卑劣的民众就这样希望！”因此便可以理解，《黎恩济》可以成为一部给予面临危机的人物无数启发的作品。这样的一种“启发”发生在1906年：那一年，一个十七岁的年轻人在林茨的歌剧院观看了这部作品，从而为他的职业生涯打下了基础——那便是阿道夫·希特勒。[15]这成了他最喜欢的歌剧，五十岁生日时，他得到了原始总谱作为礼物，从前它是路德维希二世的藏品，此后便

图25 《黎恩济》第一版的扉页，1844年出版于德累斯顿。瓦格纳没有接受书业中心莱比锡的通常条件，而是相信在自己参与经营的出版社能赚一大笔钱。这一错误判断再次引发了一系列的债务危机。

不知所终。

尽管主人公的人格结构很复杂，但歌剧《黎恩济》仍然有一种民主诉求，因此它在当时所能达到的政治范围内都能得到理解。如果要把瓦格纳视为文化史现象来看待的话，这种在《黎恩济》中针对所有社会阶层的诉求在今天也应得到重视。因为他后来的作为社会和政治共同体的民众概念——特别是在《尼伯龙人的指环》和《工匠歌手》之中——与《黎恩济》中更为接近我们的、开明的社会形象截然相反。当今天的有些人仍然将《黎恩济》蔑视为"嘈杂的、谄媚的戏剧"，从而将其放到与"真正的瓦格纳作品"（按照拜罗伊特的解释，这是从《漂泊的荷兰人》开始算的）相对立的否定位置时，必须想到这一点。[16]

根据版本的不同，整部剧的演出需要五到六个小时，有时让人无法忍受，这是一个众所周知的问题，但是它可以解决。删节版已经在某些音乐会演出中证明了自己的价值；它们避免了前两幕的冗长，让这部作品独特的、高品质的元素得以体现。该作品音乐上的问题在于创作于里加的前两幕（1838年8月到1839年4月）和在巴黎创作的第三幕到第五幕（1840年2月到11月）之间质的断裂。在从里加逃往巴黎的十个月间隔里，瓦格纳的生活发生了根本性的变化，正如前文所指出的，他进入了一种全新的创造性心理状态。第一幕和第二幕跟瓦格纳以前的作品一样，是"乐队长的音乐"；一切都经过精心设计，并将大歌剧的典范完美地融合在一起：赞美诗，钟声，圣乐，大合唱团和一首战歌（"圣灵骑士保佑"）模仿了大歌剧的壮观和仪式感，正如经典的五幕结构一样，每一幕都追求一个高潮。然而，作曲家在与大型管弦乐队打交道时碰到了困难，他在里加对此并无经验。管弦乐队的演奏从第三幕开始有所改善，这是在瓦格纳于巴黎研究了埃克托·柏辽兹的《罗密欧与朱丽叶》之后。从这里开始，作曲突然变得更为严谨。合奏升级成更宏大的效果，即使是最暴力的段落，也被设计得具有无可否认的音乐魅力。战斗中的女声祈祷合唱（第三幕）显然带有门德尔松的清唱剧风格；但在《黎恩济》中，这与战斗的混乱中精心设计的小号狂欢恰好形成对照。阿德里亚诺与黎恩济祈祷等咏叹调引人倾听。除了《仙女们》序曲的起始动机外，第五幕开始时黎恩济祈祷的旋律（“全能的主啊，俯看一下我吧”）堪称瓦格纳最伟大的主题。它位于序曲的中心，显示出瓦格纳早年通过研习韦伯的总谱而习得的才华，即通过巧妙地设置重复来升级重要主题的戏剧效果。

序曲的主题框架也可以在第三幕至第五幕中找到。瓦格纳在这里运用了有限数量的回忆动机，其中战争颂歌的主题或许是最显著的一个。他第一次在作品中用塑造结构的方式来运用动机材料；由此为歌剧观众设置了一个容易欣赏的主题顺序，使他们在心理上能够坚持下去，并由于主题创作的质量和扎实的处理方式脱颖而出。这种新的作曲技术将在接下来的作品中继续打下烙印。

9

“荷兰人”的到来?

图26　由戈特弗里德·森佩尔所建造的德累斯顿宫廷剧院，瓦格纳的《黎恩济》、《漂泊的荷兰人》和《唐豪瑟》的首演场所。1841年左右的石版画。

德累斯顿地位显赫的宫廷乐队长

《黎恩济》的经济收益为300塔勒(约八个月的平均工资)，这是德累斯顿歌剧院的管理层支付给瓦格纳的，通常这个数字是20金路易

（合100塔勒）。更重要的是，1842年11月，王室音乐监督拉斯特雷利去世，于是所有人的目光都投向了瓦格纳。协商开始了；管理层已经开始期待德累斯顿天空中的新星，并认为不应将《漂泊的荷兰人》的首演特权让给柏林。由于柏林没有反对，瓦格纳便将这部新作品交给了殷勤的剧院经理沃尔夫·奥古斯特·冯·吕蒂肖。这部作品并不包含真正宏大的男高音部分，因此瓦格纳不能指望蒂查切克同意上演。为此威廉明妮·施罗德—德弗林特付出了更多努力，因为她认为女主角森塔会大放异彩。然而，森塔的叙事曲，整部歌剧的核心部分，对于她日渐衰老的嗓音来说有些太高亢了，因此瓦格纳不得不将它从a小调变为g小调。然而，她仍旧大声宣称这位年轻的作曲家是个“天才”，并让他深入研究她的内心问题。这可能给了瓦格纳一个预感，应当怎样处理未来的《唐豪瑟》第一个场景维纳斯山。

几十年后，柯西玛问瓦格纳，她是仅仅听从“她那天性的需要”而让他陷入变化多端而极端猛烈的激情之中，还是他自己卷入其中的。“我跟她有关系。”瓦格纳含糊地回答。“我［即柯西玛］是问哪种形式的关系。”——“一如既往，一点也不温柔的形式；不，她从不能唤起我的爱情欲望，因为没有足够的羞怯，没有必须要看透的神秘感。”（*CT*，1871年7月22日）威廉明妮和瓦格纳之间的对话有多么直接，可以从这个事实看出：由于瓦格纳和明娜早早结了婚，这位女演员便以自由主义的青年欧

图27 歌唱家威廉明妮·施罗德—德弗林特对瓦格纳的声乐表演理念产生了深远的影响。

罗巴精神称这位作曲家是一个“被婚姻拖累的残废”(*CT*,1879年5月19日)。

新的友谊带来了几次邀请;包括在莱比锡举行的一场音乐会(1842年11月),她在这次音乐会上演唱了阿德里亚诺的咏叹调,蒂查切克演唱了黎恩济的祈祷,两首都是由瓦格纳指挥的。可以看到:第五幕开始时的那首黎恩济的祈祷,早在1842年首演时就开始逐渐获得它持续到今天的世界声誉了。在同一场音乐会上,门德尔松亲自指挥了他自己的《吕布拉斯》序曲的首演。这两位作曲家在瓦格纳的姐夫弗里德里希·布罗克豪斯家那纯正的大资产阶级氛围中见了面;他们热烈地演奏,激烈地探讨。遗憾的是,这种情况没有持续下去!瓦格纳在1865年本可以避免对二十三年前的这一幕如此吸引人的文化史场景倾泄他的毒液,并避免在费利克斯·门德尔松·巴托尔迪身上看到在1842年根本没有文献记录能证明的鬼魅:“我观察到一种独特的不安和激动,门德尔松当时的荣誉和影响正如日中天,他这个依然年轻的大师怀着激动在观察我,或者不如说是在琢磨我。[……]门德尔松长时间以来不想别的,就想创作一部成功的歌剧;恰恰是这样一种成功意想不到地出现在他的面前,或许这令他感到气恼。”(*ML*,249)在回家的路上,门德尔松在与他深入探讨音乐理论时打断了他,并且“极为激动而迫不及待”(*ML*,250)。这是瓦格纳第二次陷入那种19世纪经典的陈词滥调之中,说犹太人都很迫不及待、紧张不安、漫不经心(他1850年在《音乐中的犹太性》中啰唆了一大堆)。瓦格纳后来事实上在暗示,他在音乐会上表现更好,因此门德尔松非常嫉妒。我们可以强烈怀疑这一回忆的真实性。直到1845年,瓦格纳与门德尔松都保持着定期的通信联系,他们一起为卡尔·马利亚·冯·韦伯的纪念碑工作,并互相尊重。[1]在1843年4月7日的信中,瓦格纳虽然已经声称门德尔松嫉妒他歌剧的成功，但直到1847年，即门德尔松·巴托尔迪去世的那年，他在写给这位同行的信中都没有一丝反犹主义倾向，这种倾向是在《我的生平》中显露的，并且是以那种在19世纪后期才能理解的方式。瓦格纳与门德尔松的关系与他跟迈耶贝尔的关系显然有区别，他对迈耶贝尔的反犹炮轰要早得多。由于门德尔松在歌剧领域几无影响，因此他永远不会是主要的敌人。

很有心理学意义的是，瓦格纳在《我的生平》中仅仅在门德尔松事件的两页之后讲述了一个多年之前的巴黎时代的故事，即他与后来对他极为重要的弗朗茨·李斯特的第一次相遇。瓦格纳是在1840年11月由音乐出版商莫里斯·施莱辛格介绍给李斯特的。无论如何，他受到了参加在一座巴黎酒店的沙龙艾拉德大厅举行的下一场音乐会的邀请。瓦格纳叙述道："我来到了拥挤的沙龙，向台上望去，上面有一架羽管键琴，台下是巴黎女性世界的头面人物，她们怀着炽烈的热情，称颂这位令世界为之惊愕的演奏大师。我听了好多首他的极度精彩的作品，如《恶魔罗勃幻想曲》，我得到的印象除了晕眩之外没有别的。"(*ML*, 252)瓦格纳在《告友人书》一文中描绘了他们的生活状况之间的对比，这里(李斯特)成功、名望、高朋满座，那边(瓦格纳)"困窘潦倒"，更露骨的是：瓦格纳自称怀着"受骗者的苦涩"，在其他人的社会成功之中看到的只是"空洞与虚无"(*GSD*, 卷IV, 338)。因此，他在巴黎时不再去拜访李斯特。瓦格纳早年间至少就心存嫉妒；他面对李斯特时感到的"无言的苦涩"将给他带来更恶劣的打击。

施罗德—德弗林特的另一次艺术巡演，使得瓦格纳有机会在1842年底陪她到巴黎，借机询问剧院经理冯·屈斯特纳对《漂泊的荷兰人》的安排。很遗憾，那里并没有什么动静，不过，以这位女歌唱家参加的宫廷音乐会为契机，同样参加了这场演出的李斯特出现了，并表示愿意结识《黎恩济》的作曲者。这位备受李斯特推崇的女歌唱家用一连串玩笑向他介绍了雄心勃勃的歌剧明星，说正是钢琴大师在巴黎完全忽视了那个天才。据说，最终李斯特跪倒在地，祈求她艺术家气质的飓风的恩典。瓦格纳为李斯特所倾倒：1844年2月底，在另一场《黎恩济》的演出上，他们又见面了，这次李斯特由他的情人洛拉·蒙特兹陪同。这两个男人成了亲密的朋友，他们之间的书信往来是艺术史上最重要的艺术家通信之一。

就这样，《漂泊的荷兰人》的首演临近了。除了女主角之外，在德累斯顿能找到的其他角色都很糟糕。尤其是约翰·米夏埃尔·韦希特尔扮演的男主角被证明是一个错误：心烦意乱的观众们不禁要问，如此引人入胜、精妙绝伦的《黎恩济》的作者怎么拿出这么一部“毫无修饰、阴郁乏味的作品”（*ML*，255）。演了四场之后，观众越发稀少，施罗德—德弗林特再次外出巡演，这促使剧院管理层重新安排演出《黎恩济》进行替换。瓦格纳不得不思考起第一部作品的成功和第二部作品的失败。《黎恩济》有着大歌剧的娱乐性；在不多的几场被分成了两部分的表演中，他注意到，音乐方面更强大的第二部分比第一部分看的人要少，而第一部分充斥着大型合唱、无意义的芭蕾段落、兀自大放异彩的蒂查切克和激烈的管弦乐。恰恰是那些瓦格纳觉得很蹩脚（且今天也不再能听到）的芭蕾音乐获得了最多的掌声。

在《漂泊的荷兰人》之后，瓦格纳承认，他迄今为止不过是被当作一个能提供消遣的人；以他的戏剧目标来说，他觉得自己完全失败了。从这一角度出发，瓦格纳认为，接受宫廷乐队长的职务将会是灾难性的，会加剧当时歌剧界糟糕的演出状况。然而，稳定性以及固定收入的刺激太强大了。瓦格纳还是与剧院经理周旋起来，并提出，拉斯特雷利的第三乐队长的职位对他来说吸引力不够大，因此最终国王收到请求，将富朗切斯科·莫拉基的第二乐队长职位给予瓦格纳，这个位置自从1841年以来便一直空着。能在王都赢得声望似乎是让无家可归的瓦格纳下定决心的关键因素；明娜，甚至卡尔·马利亚·冯·韦伯的遗孀卡罗利妮，都曾跟他说过，他应当签字同意。然而，最终起决定性作用的是他的乐观主义，是他的信念，“使荒芜再生，施加真正高尚的影响，使处于耻辱束缚中的艺术得到解救”(*ML*, 259)。当时对他真的很友好的吕蒂肖的大场面表现让他惊讶：1843年2月2日，在总监办公室内，当着所有王家乐队主管人员的面，他获得了国王签署的终身委任状，年薪1500塔勒。这仍然是当时平均收入的三倍，如果参考过去在巴黎的情况，约合6200法郎，相当于一名法院院长的薪水。接下来就是惯常的事：介绍给乐队全体成员，宣誓就职，觐见国王，国王显得很慈祥，说他看过瓦格纳的最新两部歌剧，不过还是想给这位年轻的音乐家提一些父辈的建议，好改进对主人公的呈现——一整套封建仪式，它表明就连歌剧演出的最高水平也与神的恩典有关。瓦格纳发现这些建议都是“独创的”，并将它们视为王室阳光普照的标志。

《漂泊的荷兰人》的退化与进步

《漂泊的荷兰人》是第一部不仅在音乐上，而且在题材上受到在巴黎产生的精神创造力转变影响的作品。瓦格纳本人谈到了“深层次的震撼”，他将这部作品同《黎恩济》区别开来。与之前的作品不同，《漂泊的荷兰人》的戏剧手法紧凑而密集。它是通往未来乐剧的第一步：摆脱编码歌剧(Nummernoper)，摆脱宣叙调与咏叹调的区分，尤其是摆脱德国娱乐歌剧中仍在使用的述说文本。取而代之的是，通过新的作曲技术，瓦格纳将逐步发展出戏剧性与音乐性的统一体。

《漂泊的荷兰人》的文学题材，瓦格纳是在海因里希·海涅的《施纳贝莱沃普斯基先生回忆录》(1834)第七章中看到的。海涅首先是瓦格纳报刊写作方面的榜样："我们可以看到吾辈之中，"瓦格纳1841年在巴黎给《德累斯顿晚报》的一篇文章中写道，"涌现出一个天才，德国几乎无人可与之相比；我们期待其清新、活泼的发展——我们向他欢呼胜利与万岁，当他[……]展示出我们文学的新生力量应当指向哪里时[……]"(*GSD*，卷XII，101)相应地，他在自己的文章中也部分模仿了海涅的风格。瓦格纳于1839年末到1840年初在巴黎结识了海涅本人。他为海涅的诗《两个近卫兵》谱了曲，用的是海涅本人所翻译的法语版。诗中描写了两个在拿破仑远征俄国的战役中受了重伤的士兵，瓦格纳在最后一节中配上了《马赛曲》的调子。当他听说罗伯特·舒曼在未受他影响的状态下也做了类似的处理时，便于1840年12月29日写信给他谈到这个巧合："这一定意味着什么！"(*SB*，卷I，420)

反过来，对作曲相当满意的诗人，明确允许音乐家从他的施纳贝莱沃普斯基故事中拿出荷兰人的素材来使用。瓦格纳在经历了从里加到伦敦的海上风暴之后不久就有了一个歌剧创作计划："我与海涅本人进行了交流。"他在自传的草稿中写道(*GSD*，卷I，17)。《我的生平》中提到了各种补充信息——但海涅这个最主要的关键词却被删掉了。通过他，瓦格纳还了解了唐豪瑟和罗恩格林的传说；尼伯龙人的宝藏、年轻的西格弗里德、女武神的故事和诸神的黄昏，在海涅的作品中也有出现；甚至海涅的《阿塔·特罗尔》中也出现了一个颠沛流离的昆德莉形象的原型。所有这些神话人物都受到了他的信徒瓦格纳的高度关注：直到1882年的《帕西法尔》，瓦格纳的创作刺激都应归功于海涅。或许海涅之于瓦格纳的重要性正如席勒之于威尔第——区别只是，瓦格纳从不承认海涅对他的影响。背弃海涅给他造成了类似于背弃迈耶贝尔时的创伤。在1850年关于犹太人的小册子中进行了清算之后，海涅在瓦格纳公开发表的作品中几乎不再出现——仅在《德意志艺术与德意志政治》(1864/1865)之中才有略为详尽的介绍。然而，直到1881年，这位诗人还出现在私下发表的意见中，出现在柯西玛的日记里：这里说，瓦格纳在海涅身上除了“极其令人作呕的东西”之外还看到了“无与伦比的创造力”，海涅是“我们整个时代坏掉的良心”(*CT*, 1869年12月13日)。如果说直到1842年海涅还是一个有着精神联结的受难同志，一个看到了艺术时代之终结的文明苦难的敏锐批评者，那么自1850年起，海涅对瓦格纳来说就只是一个犹太人了。他也是瓦格纳的一个不能痊愈的创伤。

瓦格纳不久便意识到，他只能接受海涅的题材，但不能接受他的思想和阐释：海涅的故事具有不可抗拒的吸引力，但是作曲家对诗人注入其中的意义感到极大的反感。海涅是以讽刺的语调讲述荷兰人和唐豪瑟的传说的；这一点儿也没有悲剧性，也很少浪漫气息。中世纪和巴洛克文献中已经存在的基督教敌视生命的题材，被海涅反讽地证明了其荒诞性，并通过肯定生命的要素在阿尔丁格罗的意义上将之悔改。因为尽管经历了改宗和同化，尽管有过跟青年德意志和圣西蒙主义的碰撞，海涅的思想仍然贴近犹太教，并拒绝接受基

图28 瓦格纳作曲的海因里希·海涅的即兴诗《两个近卫兵》，是瓦格纳承认灵感来自海涅的少数作品之一。作为浪漫派原创天才策略的一部分，瓦格纳对《漂泊的荷兰人》和《唐豪瑟》的关键情节来源于海涅一事轻描淡写或绝口不提。

督教的“肉与灵的分离”。相反，他认为这是“人类长期疾病时代”的症状，并指出：“它始于基督的十字架。”海涅思想的这些关键词，象征着对浪漫艺术的回避和克服，存在于《施纳贝莱沃普斯基先生回忆录》中，而瓦格纳的荷兰人故事正是从这篇小说中汲取的。

海涅和瓦格纳故事的共同点在于，主人公荷兰人，曾经的船长，因为在暴风雨天气仍然要航行绕过好望角而失去了灵魂的救赎。作为惩罚，他要在海上不停航行至末日审判，除非借助每七年才有一次的上岸机会让一个姑娘用至死不渝的爱将他拯救。正如海涅的故事一样，在瓦格纳的故事里，荷兰人也在流浪七年之后靠了岸，情节直到卡特琳娜（瓦格纳剧中叫森塔）与荷兰人互相立下誓言为止都很相似。在海涅那里，这是一个截然相反的插曲式的、有着强烈象征性的爱情故事的框架结构，女主角的观念非常反浪漫。第一人称叙述者海涅（即施纳贝莱沃普斯基）在一家阿姆斯特丹剧院里碰到了一个“美丽的夏娃”。她的笑声“不是来自下面，不是来自地狱，而是来自上面，来自天堂”。她金发碧眼，她的嘴周围有着一丝“神秘的抽动”；“既不意味着善，也不意味着恶，而仅仅意味着它的主人有一种很糟糕的知识；它的微笑，是被那知识之果毒化了的微笑，贪吃的嘴是自食恶果了”。叙述者与她结合了，这一象征性的情节表现了犹太精神与德意志文化的隐喻性联系，也就是海涅对“犹太解放”的理想典型的解释。

荷兰人传说中的卡特琳娜想把这个陌生的水手带入基督教社会，却以灾难告终，但海涅在这一插曲中展示了同化的反面，既不是自我放弃，也不是被征服；在其中，金发与异国、现代与传统应当和谐地结合在一起。瓦格纳拿走了海涅的框架故事，却丢掉了这个插曲——海涅的主要关注点——为了在悲剧性的结局中展现本土的—基督教的与外来的—非基督教的不可兼容。作为一个不祥的征兆，这是对各种同化过程的全盘否定，从文化的角度来看，是对任何试图平衡本土与外来的尝试的拒绝。

瓦格纳将海涅的“现代”夏娃变回了浪漫的救赎者森塔；此外，他用猎人埃里克代替了海涅的附加情节，这是一个非常现实的、充满男性的妒意的形象。由此产生了一个平凡的三角故事，它将海涅故事里无足轻重的救赎主题推到了中心。如此，瓦格纳的版本获得了与其文学蓝本截然相反的基督教—观念论指向。这种对抗应当放到19世纪早期的文学脉络中来看；当时许多作品中都有类似于漂泊的荷兰人的鬼魂形象。瓦格纳将他的荷兰人称为“海上的亚哈随鲁”；后来在《告友人书》中又称其为“永世流浪的犹太人与奥德修斯形象的奇怪混合”（*GSD*，卷IV，265）。海涅则也非常相似地称之为“海上永世流浪的犹太人”。这两个版本都属于当时数量丰富的、近一千五百个亚哈随鲁文学形象，而瓦格纳在四十年之后又用《帕西法尔》中的昆德莉回归了这一传统。[2]

亚哈随鲁，浪漫艺术中的犹太人形象

19世纪亚哈随鲁传说的复兴，标志着对犹太人态度的转变。这个传说表明，如今不再生活在隔离区之中并且迅速获得解放的犹太人是不可同化的；“犹太人的罪”仍然存在，并且是一个不可饶恕的惩罚。就连叔本华也探讨了亚哈随鲁的主题，以强调所谓的犹太人的不可改变。另一方面，在早期的亚哈随鲁文学中，也出现了新的、对瓦格纳非常重要的话题，即“普罗米修斯革命者”。在这一同样将主角世俗化了的形式中，拜伦、雪莱、大仲马和埃德加·基内，把亚哈随鲁传说变成了类似于浮士德的题材（在后者中，梅菲斯托总归也扮演了类似于亚哈随鲁的角色)。在后来的版本中,亚哈随鲁主题中又展示了现代人的矛盾,指出现代人的自私与其亟待救赎的冷漠,并指责了现代人对人类的蔑视。由此,相应的、在观念论哲学家那里经常出现的反犹主义指责重新出现了。卡尔·古茨科将亚哈随鲁具体地与犹太物质论联系起来,这种性格特征只能通过"自我毁灭"来消除。海涅,正如他在作品中经常做的那样,将这种反犹模式进行了乌托邦式的翻转,并在后文的**自白**中将这一悲观主义的基督教神话,变成了乐观主义—弥赛亚主义的犹太神话。

对海涅来说,亚哈随鲁不仅是犹太人,而且更普遍地说是遭受苦难的人类的隐喻。在瓦格纳这里,荷兰人则要被解释为对当时的**现代**犹太人的呈现:他也展现了19世纪早期内心矛盾、文化上漂泊无依、解放了的犹太人形象。这种犹太人没有任何种族主义含义,总的来说,可以看作对人类那种没有归属、前途未卜的恐惧的隐喻;它是现代生活感受的预兆。因此,《漂泊的荷兰人》谈不上反犹主义;目前,**对现代性的批评**是瓦格纳兴趣的核心所在。

大概是出于心理上的诸多原因,平衡的主题对瓦格纳而言并非戏剧上的关注点。他需要的不是和谐,而是不惜一切代价地寻求张力,这正是他的创造力所要求的。在此期间,瓦格纳成了海涅的对立面,成了海涅警告过的那种"狭隘的德意志人"。他叹息道,德意志人的心"像冷风中的皮毛一样收缩,他憎恨外国的事物,他不再是世界公民,不再是欧洲人,只是想成为一个狭隘的德意志人"。这完全符合瓦格纳的情况,因为早在1843年8月谈到《漂泊的荷兰人》时他便表示,他在其中"注入了我们德意志人与生俱来的那种诗意的感觉",丝毫没有"对某种外国时尚的让步"(*SB*,卷II,388)。瓦格纳在写给约翰·Ph.萨穆埃尔·施密特的信中说,他想让歌剧观众感到惊奇,因此他"让素朴的传奇自己来讲述”，却没有“像歌剧那样来布置”它（*SB*，卷II，213）。

海涅本人也意识到了瓦格纳的变化。1854年，在讽刺诗《诗与音乐的年轻雄猫俱乐部》中，他在瞄准李斯特（称其为“匈牙利最伟大的钢琴家”）的同时，也瞄准了瓦格纳：“为了庆祝对理性的胜利/那是最放肆的疯狂赢得的。”

退化中的新事物

作为艺术家，瓦格纳并非总是追寻资产阶级的意识形态，有时也会采取一个创造性的对立面。在完成创作十年后他写下的将荷兰人形象作为“永世流浪的犹太人”的解释之中，又将之重新诠释为“奥德修斯的向往”。荷兰人受到“对新的、未知事物的渴望”所驱使（*GSD*，卷IV，265），由此他便在拜伦、埃德加·基内等浪漫诗人以外也接近了上述“普罗米修斯式—浮士德式”的亚哈随鲁形象。因此，荷兰人可以被先验地看作正在席卷而来的“现代性”的体现，瓦格纳已经对这种现代性展示出了怀疑的迹象。然而，新事物的活动无论如何不能排除过去的事物、文化传承的影响。[3]它对瓦格纳的影响正如对海涅的影响，但以截然相反的方式：以基督教传统影响前者，以同化精神影响后者。

然而，瓦格纳明确指出，诅咒了荷兰人的魔鬼形象并非来自基督教传统。他是瓦格纳对“洪水和风暴元素”的解释。因此，这个魔鬼属于瓦格纳早期的自然哲学思想，因为“荷兰人的特性”是从“我们每个人所从属的自然”当中“截听到的”（*SB*，卷II，314）。因此，瓦格纳援引了某种自然法则，以便为他的观念创造一种超越基督教传统的合法性。

然而，影响了瓦格纳的文化传承中的基督教痕迹并没有消失。如果考虑到反命题的吸收过程，瓦格纳让海涅的素材部分地退化了，那么海涅的卡特琳娜向森塔形象的转变可以证明是一种重新基督教化。在七年一循环这个神圣的数字中，便已经与中世纪的马利亚神秘主义有了关联，海涅也将七年作为荷兰人在陆地上寻求婚姻的时间间隔。森塔在第二幕中由于她静态的不可接近性而成为中世纪虔诚的化身：**她成了一个圣母**。由于她完美的不可触摸性，她不理睬猎人埃里克充满激情的求爱——她只专注于她那具有救世意义的任务，即救赎荷兰人。直到第三幕，当森塔步入救赎的牺牲之中时，她才再次成为一个人的角色。此外，瓦格纳最初将森塔称为明娜，他的这个歌剧人物也指向他的妻子，正如他在散文草稿的结尾处献词所写："哪怕苦难仍然沉重地缠绕着我/只要你忠于我，幸福就仍然会向我们大笑！"[4]作为救赎者，她成为瓦格纳的"未来的女人"（*GSD*，卷Ⅳ，266）——一种奇怪的女性，她们为了乌托邦式的救赎品质大多要付出自己的生命。森塔就像（《唐豪瑟》中的）伊丽莎白和（《罗恩格林》中的）艾尔莎一样，是一个在形而上方面分裂的造物，身心并不统一。虽然作曲家在这些女性身上倾注了全部兴趣，但她们在他囿于时代的女性形象之下大受其苦。直到瓦格纳晚年，女性的戏剧形象才有了另一种变化。有趣的是，瓦格纳利用森塔这个角色已经表明了他对存在的不同状态与其矛盾的可解释性之间的超验转化的兴趣。

与海涅的另一个不同是，瓦格纳在《漂泊的荷兰人》中排除了幸福的爱，并将未能实现的爱增强到无限巨大的程度。海涅能够形象地运用感性的爱，并在其中探讨形而上学以及哲学问题（一首这种意义上的杰作是海涅的诗《堂娜克拉拉》）。瓦格纳使用了相同的技巧，但对于他来讲，歌剧中**未能实现的爱**，由于其激情的收益，是更有效的意识形态承载者。瓦格纳的荷兰人形象几乎感觉不到爱——只有埃里克是真的在爱——这种缺陷将荷兰人定义为社会的局外人。由于对一种几乎具有了柏辽兹特征的强迫观念的狂热奉献，森塔也同样成了社会的局外人：她怀着近乎疯狂的意图，要拯救寻求救赎的荷兰人。她知道荷兰人的危险，他否定了救世主和社会，他由于文化上的诋毁而无能力去爱。作为现代性的受害者，他是物质论者，认为他可以用礼物和珠宝买到森塔从而能够分享到救赎。然而，对于不承认救世主的人来说，基督教意义上的救赎是无法实现的。

图29 视觉艺术中的瓦格纳——一个由《漂泊的荷兰人》开启的几乎无穷尽的主题。图为亨利·方坦—拉图尔描绘的救赎场景，1886年。

第三幕的突然结束实现了瓦格纳的存在中一个思维上的主导动机：通过自我毁灭达到救赎，这是一个瓦格纳始终在其字面意义和隐喻意义之间寻求平衡的概念。[5]后来到了1850年左右，瓦格纳依然如此，他将自我毁灭部分地诉诸天性的改变，部分地诉诸死亡：自我毁灭作为通往对世界运行规则的更高认识的突破。荷兰人通过拒绝森塔自我牺牲式的爱情和对生命的否认，想将她从他自己所引发的毁灭中拯救。由此，他最终超越了自我——自我毁灭是他的理想：由于否定而获得领悟，纯粹的叔本华，远早在瓦格纳了解他的哲学之前。

作曲家与他的舞台角色融为一体，有时也将自己称为“永世流浪的犹太人”（*WMW*，1859年6月21日）。瓦格纳也沉浸在那些应作为他的思想规划的反面人物来看待的角色的苦难之中。由此，他使听众唤起对这些形象的深深同情，并使戏剧超脱于潜意识中的意识形态。瓦格纳在其中展示了自己的分裂和漂泊无依，这是独立思考、克服社会桎梏和精神障碍的代价。通过荷兰人的舞台形象，瓦格纳以一种动人的方式展示了现代性的生活感受与自我认知。他将此称为“未知，尚不可见，但已可预感到的”(*GSD*，卷IV，265)。

10

《唐豪瑟》年代

图30 《唐豪瑟》首演的最后一个场景，1847年。1886年根据同时代一幅版画制作的珂罗版画。

债务和对记者的怒火

这位一度逃出里加的音乐指挥重生为王家萨克森宫廷乐队长的消息迅速传播开来。这个消息将北方和柯尼斯堡的债权人们召唤了过来。瓦格纳从女歌唱家施罗德—德弗林特那里借了1000塔勒，好应付最紧急的债务。然而，布置一套还算像样的住处的成本很高，但既没有这项补贴，也没有给他必须要穿的“可笑但昂贵的宫廷制服”(*ML*, 262)的补贴。收入与开销之间的差距拉得很大。他此时经常戴的白色小羊皮手套就是这么一个象征。他的朋友费迪南德·海涅时年十岁的女儿就发现，它们乍看上去很是雅致，但仔细检查就能发现已经磨损了(*Burrell 1950*, 165)。瓦格纳写信给巴黎的朋友们说，他最期待一个他跟明娜最终都不再是“穿着得体的乞丐”的时代(*SB*, 卷II, 158)。但也有新的问题，即荣誉的问题。

在《黎恩济》上演之后，瓦格纳就开始与评论者进行辩论。这些批评对他的打击有多大，可以通过一份读来很是感人的文件来判断。对于一篇发表在1843年1月18日的《维也纳音乐汇报》上的文章，瓦格纳的反应是，坐下来写了好几页纸，一条一条地反驳这份严厉的批评。不，他不是像评论者怀疑的那样“非常年轻”，《黎恩济》根本不是他的“第一部作品”；不，序曲中根本没有急行军；不，黎恩济的宣叙调里根本没有如批评者所认为的嘈杂的管弦乐，只有“简单的短和弦四重奏伴奏”，记者还避而不谈拉特朗宫的大合唱，没有提到黎恩济的那首《自由即法律》是B大调大提琴伴奏然后插入D大调小提琴；不，最关键的是，黎恩济的祈祷既不是G大调也不是A大调，“是B大调——听力还真好啊!!!”(*Burrell 1950*, 151)伤心的作曲家最后请求用“诚实的批评”来代替“恶毒的言辞”。瓦格纳可能根本没有将这篇对批评的回应发送出去，它只是保留为信件草稿。

瓦格纳还在1842年10月颇为急躁地写信给罗伯特·舒曼，问他能不能亲自听一场《黎恩济》，以及什么时候才能在他的《音乐新杂志》上登一篇批评。瓦格纳仿佛等到了天荒地老，才在11月1日等到一篇关于首演的热情洋溢的匿名报道，随后在11月18日又有一篇颇有见地但不失批评的文章，署名A. S.（*SB*，卷II，170）。瓦格纳在1843年1月写给罗伯特·舒曼的信中，泛泛地批评了“我们写手的肤浅废话”（*SB*，卷II，215）。

他痛苦地抱怨过昔日熟人卡尔·邦克，邦克曾经赞美过《禁恋》，现在却在《德累斯顿日报》上批评瓦格纳指挥《费加罗》的节奏不正确。瓦格纳说，邦克只是在无理地指责《黎恩济》，因为他，这位艺术家，没能为这位记者搞到一张首演的入场券（*ML*，248）。据说，出于类似的原因，尤利乌斯·施拉德巴赫也在德累斯顿阴谋反对他。作曲家指责邦克和施拉德巴赫说，他们只是对《黎恩济》的成功充满嫉妒，因为面对热情的观众，他们很难利用新闻手段进行攻击。瓦格纳说，在他被任命为王家乐队长之后，“某种人性的克制便一下都消失了”。这真是太过分了。这些先生们只是写道，瓦格纳在他的“闻所未闻”的任命之后现在“很好”，的确是“好得不得了”（*ML*，263）。瓦格纳面对批评的态度可以用两种方式来解释。一方面，他有专横的倾向，因此对他不是加倍忠诚的人就自动变成了他的敌人。另一方面，对他来说，**对敌人的迫切需要**很早就是建立传说的重要动力。他的艺术所遭遇的反对，是他公开的自我形象的核心。

德累斯顿记者那基本无害的攻击，是一个逐渐酝酿形成的阴谋论的开始：瓦格纳称，从这两位妒忌的德累斯顿作者和那位柏林的批评家路德维希·雷尔施塔布（瓦格纳认为此君是个地道的反动派）开始，一种关于他本人的恶劣的公众形象在整个德意志传播开来，这阻止了各剧院继续上演他的作品——这是一个传说，它掩盖了真正遇到的障碍：剧院担心上演对当时来讲颇为困难的瓦格纳作品会碰到演出问题。按照他的秉性，他应当是期待着所有剧院都排着队上演他的作品。但事实并非如此。

瓦格纳将迈耶贝尔逐渐形容为主要敌人，与此同时，他还继续开发了评论人的传说，尤其是自1850年以后，他开始指责**犹太**报界想要损害他的声誉。[1]这便是为什么在德累斯顿1849年革命之后，早期的报界敌人邦克和施拉德巴赫不再出现在瓦格纳的描述之中。因为如果所谓的针对他的犹太运动的发起者早已众所周知，那么这个传说就白费了。

卡尔·邦克(1809—1889)是一个糟糕的，或许也满怀嫉妒的作曲家，只是由于他的评论才为人所知，特别是由于为罗伯特·舒曼的《音乐新杂志》所做的工作。邦克被称为“瓦格纳吞噬者”。但邦克的反犹主义一点也不少；他虽然承认门德尔松是公众的最爱，却说他“凭借他的犹太银行家族施加影响、搞阴谋，他的[……]傲慢倒是更为突出”。[2]

尤利乌斯·施拉德巴赫(1810—1872)是名医生，也是《新音乐百科全书》(1856)的编写者之一——跟邦克一样，他也不是犹太人。瓦格纳编造的敌对的犹太记者的传说，跟所谓的叛徒迈耶贝尔的传说一样站不住脚。

黄金时代

回到德累斯顿歌剧界的日常。瓦格纳也要为空出来的职位想办法。某位奥古斯特·勒克尔先生，魏玛宫廷乐队长约翰·内波穆克·胡梅尔的侄子和阿尔贝特·洛尔青的姻亲，申请音乐指挥一职。[3]瓦格纳非常欣赏这位音乐家和评论作家。反过来，这个才华横溢的年轻人也决定在一切方面帮助瓦格纳，尽可能减少他的不愉快。他完全理解瓦格纳的精神和艺术取向，并很快成为后者在德累斯顿时期最重要的挚友之一。瓦格纳与邻居安东·普西内利医生也以一种截然不同，但并非不那么强烈的方式发展出一段友谊。[4]除了导演海涅和合唱团指挥菲舍尔，瓦格纳与歌唱家蒂查切克和长笛演奏家、石版画家莫里茨·菲尔斯特瑙也保持着关系。

但是，瓦格纳的生活中还缺少些什么。作曲家坦率地承认道：他们没有孩子，只能养狗聊以自慰，比如才刚六周大的贝普斯，它无论如何都比上一条狗要好。但这毕竟也只是一个替代品："我更想要一个小马克斯。"（*SB*，卷II，160）他指的是阿芬那留斯夫妇的儿子小马克斯，明娜在巴黎和默东时非常喜欢他。

虽然没有一个共同的孩子，但明娜的女儿纳塔莉又跟他们住在了一起，她前一段时间住在茨维考的夏洛特·特洛格尔家里，并一直对外声称是明娜的妹妹。

还有一位勒韦教授，他领导着德累斯顿的歌唱爱好者俱乐部，并希望瓦格纳担任音乐上的领导人。他们的第一个共同目标是将卡尔·马利亚·冯·韦伯的骨灰从伦敦运回德累斯顿。他们还计划了一个音乐节，要表演瓦格纳的一部新作品，那就是《使徒的爱的圣餐》（*WWV* 69）。它于1843年7月6日首演，并迅速传播开来，尽管瓦格纳只是将它视作"应制作品"。除了时间上一目了然的宫廷乐队长的事务和与这一职务相关的各种其他义务之外，瓦格纳还完成了《唐豪瑟》的文本，一直忙到许诺给他的第一个夏季休假的来临，他想带着明娜和母亲再去一次厄尔士山脚下的特普利采—舍瑙。他们再次住进了"橡树"旅馆。瓦格纳让人往房间里搬了一架钢琴，开始给《唐豪瑟》配乐。他似乎从巴黎的经历中学到了什么，并尝试放弃"奢侈"的需求（"奢侈"在这里加了引号，因为它指的不是通常的而是艺术上的需要）。但是，灵感的火花没有冒出来——特普利采的重启惨遭失败。尽管他逐渐想要砸断所有钢琴弦，但他没有任何成效。他只是创作了《维纳斯山》的音乐，他早就想好了它的动机；他感觉自己生病了，整天躺在床上。最后，他将烦恼都扔到脑后，与明娜一起去了布拉格，一直漫游到演出季开始时才返回德累斯顿。他在秋天尝试了更好的作曲方式：**他搬家了！**一套"奥斯特拉大道上的非常漂亮宽敞的公寓"（*SB*，卷II，351），可以看到茨温格宫；为了安家，他又一次借了款，就像"在一生之中终于能够长久地安顿下来"。在《我的生平》中，他这次给出了许多不可避免的职业上的原因，而真正的原因瓦格纳仍然没有说出来，但这些就隐藏在接下来的字里行间之中。瞧瞧吧，这个模式我们都已经很熟悉了：在新的公寓的优雅环境中，作曲机器立即开动了。到1844年1月底，第一幕的管弦乐草稿完成。它包含了19世纪中叶能够创作出的最好的音乐。

然而，从经济的角度看，他又一次过分了：有三样东西对账本来讲是致命的：一架三角钢琴；一个"斜面写字台"，可能带有精致的配件和装饰物；还有一个最贵的，一座图书馆，一套卓越的关于欧洲历史与文学以及中世纪语文学的藏书。这些书对瓦格纳的创作的重要性是显而易见的。在夏季的几个月里，瓦格纳阅读了他后来大部分舞台作品的文学蓝本，如（佚名的）罗恩格林史诗、埃申巴赫的沃尔夫拉姆的《帕西法尔》和汉斯·萨克斯的作品，这些作品为《工匠歌手》提供了素材。瓦格纳在德累斯顿时获得的所有书籍中，几乎有一半是古老的传说和关于日耳曼文学的语文和历史研究，尤其是雅各布·格林1844年出版的《德意志神话》对瓦格纳影响很大，他甚至在1850年前后的一段时间里学着格林只用小写字母写作。[5]"是的，雅各布·格林在某种程度上可以说是一位母亲。"（*CT*，1871年1月19日）瓦格纳在回忆时说。

幸运的是，稿酬到了。《漂泊的荷兰人》终于在柏林上演。1844年

1月，他去了柏林，结识了画家、歌德的朋友阿尔温纳·弗罗曼，她很快就会成为瓦格纳最忠实的仰慕者之一。3月，他去了汉堡，《黎恩济》要在这里上演。但这只是杯水车薪；还需要做些新的努力，好向后世解释，没有收到足够的钱是谁的责任。与他同龄的威尔第在事业的发展上遥遥领先，尽管他绝对称不上是个不世出的天才。但是，这个意大利人在他早期和中期的歌剧中使用了简单明了的手法。直到他作为作曲家闯出一定声望，威尔第才开始革新歌剧产业的美学准则。像瓦格纳这样反过来先策划革命，再给新的艺术提供模型的艺术家，难度则更大。

对于瓦格纳来说，一件特别让人高兴的事情就是，弗里德里希·奥古斯特二世国王在1844年8月12日从英国之行中回来了。为了在德累斯顿附近的皮利尼茨宫举行的晨间音乐会，瓦格纳匆匆为男声合唱和管乐团写出了《忠实臣民的致敬》（*WWV* 71）——它从音乐的角度讲无足轻重。在灿烂的阳光下，瓦格纳带领300名歌手和100名音乐家在早晨五点登上易北河上的船，吟唱出这样的诗句："怀着不变的爱与忠诚，我们离你并不远 / 随着每一个新的日子的到来 / 人民的心为你而跳动……" 这一不期而来的音乐的敬拜感动了国王，尤其是感动了王后，让他们在多年后的困难时期仍然支持着瓦格纳。王后本人在宫殿的窗户旁亲自监督了对这几百名音乐家的款待活动，庆祝活动一直持续到深夜，所有人都认为他们度过了最美好的一天。

夏天和秋天，《唐豪瑟》的工作仍在继续。在洛施维茨的葡萄园里，他于9月和10月初完成了第二幕，1844年12月29日则结束了第三幕。在不到一年的时间里，尽管他还在萨克森的宫廷歌剧院担任指挥，但还是完成了这部作品，其中的旋律堪称这个时代最美、最好的旋律。

德累斯顿的剧目要求很高。为了上演一场斯蓬蒂尼的《贞洁的修女》，这位七十岁的大师被从柏林请了过来；他担任了二十一年的普鲁士王家音乐总监，如今退休卸任，却激起了他对他的两名继任者，两个“永远的犹太人”门德尔松和迈耶贝尔的猛烈攻击。[6]但这仅仅是由于受伤的虚荣心，斯蓬蒂尼并不比他的同时代人更反犹（迈耶贝尔曾在背后议论说，这个时代的人99%都仇恨犹太人）。[7]海因里希·马施纳也来到德累斯顿，来监督他的歌剧《拿骚的阿道夫》的首演。这部作品并不成功，但是作者很懂得如何打着“最具德意志意味的音乐大师”的招牌进行宣传鼓吹。在1840年代，只产出非常德意志的东西成为常态。费迪南德·希勒[8]也暂时定居在德累斯顿，因为这座城市由于《黎恩济》仍然持续着的在整个德意志都**堪称轰动**的成功，对各式各样的作曲家都开始产生一种吸引力。希勒拿出了他最新的歌剧《圣诞夜之梦》，也称它为“特别德意志的作品”，但这并不能改变它失败的命运。后来他在霍亨施陶芬家族身上看到了更为典型的素材。就连迈耶贝尔也转向了德意志的主题：歌剧《西里西亚军营》。

德累斯顿歌唱爱好者俱乐部的主席勒韦将卡尔·马利亚·冯·韦伯的骨灰从伦敦运回德累斯顿的努力，在1844年12月终于有了一个完满的结局。通过多场慈善演出，他们筹集了资金，可以保证转运的费用和建造一座合适的墓。韦伯的一个儿子领导了移交仪式。队伍将不停歇地从汉堡沿易北河而上，好在德累斯顿这里第一次踏上德意志的土地。瓦格纳为前往墓地和墓穴的路途创作了适合的哀乐（《在韦伯墓旁》和《哀乐》，*WWV* 72—73）。烛光游行的效果是巨大的，瓦格纳甚至可以说，“还没有什么能如此完全贴切地达到这样的目的”（*ML*, 310）。他对这位作曲家致了悼词，当他的《奥伯龙》获得最初的成功时，他却在伦敦因肺结核英年早逝。这篇演讲的高潮是：“从没有一个德意志音乐家像你这样活过!”(*GSD*,卷II,47)德累斯顿时代的头几年实际上是很幸福的,但背后却在悄悄地积蓄着阴云。

出版问题

瓦格纳在1845年冬天和春天,将《唐豪瑟》的整体作曲设计写成总谱,由于一种特别的技术,它可以立即印刷出来。因此,1845年4月24日,几乎在手稿完成的同时,第一版就已经制作出来了。作品的出版给瓦格纳带来了麻烦,其影响对任何人而言都不是显而易见的。首演后不久,他就接到了在卡塞尔和里加上演《漂泊的荷兰人》的邀请;因此,瓦格纳很自然地考虑通过印刷来传播作品。莱比锡的布赖特科普夫与黑特尔出版社只愿意在不支付稿酬的条件下出版这部作品(*ML*,262)——瓦格纳在《我的生平》中如此进行描述,是为了将这个出版系统形容为强盗联盟。实际上,出版商开出的条件是,在付清生产成本后根据销售数量来支付版税,今天也仍然经常这么做。[9]通过这段冗长的描述,瓦格纳歪曲了事实,否认了他现在做出的灾难性错误决定的责任:经过深思熟虑,瓦格纳决定将两部已完成的歌剧在莱比锡刻版,并由宫廷音乐商人梅泽在德累斯顿做推广。威廉明妮·施罗德—德弗林特答应他,帮他预付必要的成本。但是,当刻版完成、需要付费时,她已经有了一个新的男朋友,阻止了她的这场出版冒险。为了继续印刷,瓦格纳不得不费力地四处借钱。乐谱出版后,瓦格纳就将样本寄到了最重要的几家剧院,可每一家都把它退还了;寄给慕尼黑宫廷剧院的包裹甚至都没有打开过。德意志邦联里处处都是逆风!在这段时间里,出版成本已经上升到危险的水平。只有《唐豪瑟》能救他了;只有它的成功,才有可能让他摆脱财务困境。这就意味着,要尽快完成首演。

《唐豪瑟》的准备

沃尔夫·奥古斯特·冯·吕蒂肖，德累斯顿萨克森宫廷剧院的负责人，并不吝啬于布景和服装，这些甚至是从巴黎订购的。1845年9月，歌手开始排练。威廉明妮·施罗德—德弗林特是第一个意识到整个剧团会碰到怎样超长的表演挑战的人。

瓦格纳必须花费很大的努力进行教学，尤其是跟男高音约瑟夫·蒂查切克的合作。在扮演他的角色时，不仅要注意戏剧性，而且要塑造出他的心理过程——这是当时的浪漫歌剧中很少尝试的一个方面。有两个发现给了人们很大的希望：当时还很年轻的男中音安东·米特武尔策扮演的埃申巴赫的沃尔夫拉姆，以及瓦格纳的侄女女高音约翰娜·瓦格纳扮演的伊丽莎白：他俩都成了未来《唐豪瑟》演出的成功保证。[10]

1845年10月19日，《唐豪瑟》终于上演了。瓦格纳亲自指挥。但是，在巴黎的作坊里订制的赛歌大厅布景尚未到位，不得不用韦伯的《奥伯龙》中的皇帝大厅布景来替代，这立即让观众感到失望了。这次首演中已经来了不少常客，他们后来成为瓦格纳圈子的支柱：柏林来的阿尔温纳·弗罗曼，以及年轻貌美的内塞尔罗德—卡勒吉斯女伯爵[11]，李斯特使她对这部新作产生了极大的好奇心。还有柏林来的卡尔·盖拉德，按照瓦格纳的说法，他是唯一一个真正地理解了《漂泊的荷兰人》的记者。对首演最不满意的人就是瓦格纳自己。他似乎很快就意识到，作品中存在一些戏剧性的错误，他很快尝试通过一次修订（1847年德累斯顿版），在后来又修订了两次来进行弥补。第二个问题是，蒂查切克只有作为男高音主角才能大放异彩，但他根本不具备黑暗情感，或者说绝望的表现力。瓦格纳用删改弥补了这一不足，但这危及了情节的连贯性。第三个问题是维纳斯山的场景一开始模糊不清，这暂时无法解决。几年后，瓦格纳完全重新写了一遍。

听众表现出了“友好和赞赏”，但瓦格纳将这理解为“不幸”：可用的表现手段并没有精确地传达出作品的信息。观众迷惑不解，遗憾地认为他与《黎恩济》的差距越来越大，但“新的”方向却无法辨认，它被太多缺陷所掩盖，是“无效”的，正如瓦格纳自己所写的那样。媒体“带着毫不掩饰的狂喜像乌鸦一样”攻击了他，并指责他有一种反动的倾向，想要颂扬天主教——与迈耶贝尔的歌剧《胡格诺教徒》恰恰相反，后者要颂扬的是新教。第二场演出由于蒂查切克嗓音嘶哑而被推迟了很久，但这一场更有可圈可点之处，首先是降低了男高音的重要性，却使剧中更讨喜的段落脱颖而出。从巴黎运来的赛歌大厅布景也终于派上了用场。观众稀少，但掌声热烈。第三场演出票被抢购一空，欢呼声高涨——瓦格纳的朋友们可能带来了“托儿”，在高潮的地方拼命鼓掌并激动喊叫。寒冰融化了。但是，瓦格纳还没能吸引一般的歌剧观众；来的许多都是颇有教养的人，他们通常情况下不会来看歌剧。他开始赢得自己的观众，他们也能够进行历史的和哲学的反思。

《唐豪瑟》：瓦格纳与海涅

《唐豪瑟》是一部困难的作品，它处理的是对立的主题领域，当时的浪漫主义者们或许知道怎样处理其中之一，但几乎没有人直接表现两者对抗。它讲的是宫廷诗人唐豪瑟的故事，他失去了维纳斯的情欲，因为他真正的爱情是精神上的对图林根方伯的侄女伊丽莎白的感情，这在社会上应当是不被许可的。戏剧的主角是一位与社会习俗作斗争的艺术家。按照作曲家的意愿,《唐豪瑟》描写了现代德意志人的困境。在1852年5月29日那封著名的致李斯特的信中,瓦格纳提到了脚本中对他来说最重要的诗句——第二幕中的唐豪瑟自责:

为了引导罪人获得拯救,
神的信使接近了我!
可是,啊,为了能深深感动她,
我放肆地抬起眼睛凝视着她!
啊,高踞于这凡尘之上的神,
你给我派来了我的拯救天使,
怜悯我吧,这个罪孽深重的人,
我为没能认出上天的调解人满怀羞惭!(*GSD*,卷II,27)

按照瓦格纳对李斯特所说的,这些诗句是主角灾难的"关键",是的,若没有对这一段落的准确解释,"整个唐豪瑟就是难以理解的,是一个任性的、动摇的——可悲的角色"(*SB*,卷IV,376)。主角犯下的似乎是双重的罪恶:唐豪瑟由于对一个纯洁女子的欲望而犯罪;并且他不顾社会风俗,以一个平民的身份爱上了一名贵族——方伯的侄女。

唐豪瑟找到了通常的解决方案:他转向另一个维纳斯。在维纳斯和伊丽莎白这两个女人与宫廷诗人之间形成了具有强烈象征意义的"三角关系",由此产生了艺术张力。这里隐喻的是身体与精神品质的结合,还是在19世纪的社会中尚不允许存在的对整个人类的设想?我们今天可以这样解释这部作品,因为这对我们会有意义。但瓦格纳并不是这么想的——至少在这个较早的时间点并非如此。

在19世纪早期众多的唐豪瑟作品之中,也有一部是海因里希·海涅创作的。在《基本精神》(《沙龙》第三卷,1837)这篇文章中,依次出现了1614年的维纳斯山之歌与海涅的新演绎。瓦格纳使用了这两者,但后来他对此保持沉默。在这种双重来源之中,就如同《漂泊的荷兰人》的情况一样,瓦格纳拒绝了海涅的"现代"版本,采用了更古老的版本,他果断声称,这一版本更加可靠。瓦格纳称,他是从民间故事和朴素的唐豪瑟之歌中汲取灵感的。今天的研究假设,瓦格纳说的民间故事指的是路德维希·贝希施泰因的版本,即1835年出版的《图林根地区的传说文学与传奇故事集》。这里面也包含一个唐豪瑟民谣曲的版本,它与1515年第一次见诸印刷品的版本一致,应当是在那之后不久产生的。[12]他在巴黎的朋友萨穆埃尔·莱尔斯还给他搞来了克里斯蒂安·特奥多尔·卢卡斯的研究文章《论瓦尔特堡之战》(1838)。瓦格纳至少是公开地称这些资料比海涅的《基本精神》(1837)更好——他根本就不再提海涅了——也好过路德维希·蒂克《方塔苏斯》(1812)中的《忠诚的埃卡特与唐豪瑟》,以及《男童的奇异号角》中的唐豪瑟版本。卢卡斯跟他所引用的雅各布·格林一样,认为唐豪瑟是"一个流亡者,一个栖身于森林中的[……]被放逐者"。[13]唐豪瑟这个名字也由此有了某种寓意。从历史的角度,卢卡斯认为他将奥夫特丁根的海因里希形象(他是一名骑士歌手,并在埃申巴赫的沃尔夫拉姆的时代通过歌曲和诗歌而声名远扬)与(创作歌曲的)诗人唐豪瑟、(进入维纳斯山的)骑士唐豪瑟的形象相融合。"歌手和骑士唐豪瑟进入维纳斯山的观点,应当是在13世纪中叶完全形成的。在那首描述了唐豪瑟罗马之行的著名的感人歌曲中,他在那里从维纳斯夫人转向了圣母马利亚,徒劳地寻求救赎,天空中出现他应当获救的征兆,但霍亨施陶芬与西西里的曼弗雷迪的敌人,被称为强硬教宗的乌尔班四世(1261—1264),永远地拒绝了对他的罪孽的宽恕。"[14]

瓦格纳这部歌剧情节如下：

歌剧开始于维纳斯山中，那里没有白天也没有黑夜，只有酒徒与水仙女沐浴在非尘世的光芒之中。与海涅的故事一样，骑士歌手唐豪瑟与爱之女神维纳斯在这里纵欲享乐。但从长久来看，这对他而言还远远不够——唐豪瑟还有着精神上的追求。在一曲爱的颂歌之后，他宣布告别——维纳斯向他预言，说人类会让他失望。她让他想起了俗世对在她的魔幻世界中逡巡的人的惩罚：逐出教会。骑士高呼圣母马利亚才终于摆脱了维纳斯——马利亚将他从维纳斯手中救出绝非偶然，这指向中世纪的圣母—敌基督辩论，说马利亚是对付维纳斯所代表的对基督之否定的手段。地下洞窟凭空消失，唐豪瑟仿佛从漫长的梦境中醒来，发现自己身处瓦尔特堡下面的一个美丽山谷中。一个朝圣者组成的合唱团经过。唐豪瑟深受感动，跪地感谢上帝让他恢复自由。然后是猎人的号角声。图林根的方伯带领着他的游吟骑士们出现。其中的一个，埃申巴赫的沃尔夫拉姆，认出了失踪的唐豪瑟。但唐豪瑟陷入深深的不安之中；只有爱人的名字，伊丽莎白，才使他恢复了理智。她是方伯的侄女，曾经动情地听过唐豪瑟的许多勇敢的歌曲。受到回忆的感动，唐豪瑟与昔日的同伴们一起回到了瓦尔特堡。

在第二幕中，伊丽莎白在赛歌大厅中等待着她爱的人，并想要知道，他在哪里待了那么久。唐豪瑟的回答显示了从地理层面到心理层面的突然转变："远离这里，在遥远的、遥远的国度；浓密的忘却已在今天和昨日之间降临。"（*GSD*，卷II，18）尽管维纳斯所处的霍塞尔山位于瓦尔特堡的视线范围内，但他曾处于另一层精神世界之中，它比有形世界更为真实。方伯赫尔曼宣布了一场新的赛歌大会。他们要弄清楚爱情的本质，他许诺胜利者将会得到伊丽莎白赠出的奖品。小号在城堡的庭院里吹响，贵族客人们带着喜庆的气氛入场，并在为歌手而建的舞台之前入座。沃尔夫拉姆和他的同僚们歌颂纯洁的、精神上的、无私的爱是“奇迹之泉”；唐豪瑟却表示反对，提出了感性之爱的天堂。当他结束时，现场一片冰冷的沉默。瓦格纳在这里揭露了他那个时代的装腔作势。瓦尔特·冯·德·福格尔魏德站在沃尔夫拉姆一边。随着唐豪瑟的第四次反驳，戏剧性增加了；在愈来愈迷醉的状态下，他呼唤了爱之女神：只有在维纳斯山中感受过她的拥抱之火的人才知道爱是什么。然后爆发了骚乱：传统道德的代表感到地位受到威胁；他们向维护情欲的歌手拔出了剑。伊丽莎白保护地站在唐豪瑟身前，并高喊：“住手！回去！否则我也不在乎死亡。”她恳求骑士们不要杀害唐豪瑟，而是向他展示忏悔和赎罪的方式。方伯令他去罗马朝圣以作忏悔。伊丽莎白将一生都奉献给为她的爱人的灵魂救赎祈祷。

第三幕开始时，沃尔夫拉姆认出一个衣衫褴褛的朝圣者就是唐豪瑟，想要知道他这个罪人怎么敢回来。唐豪瑟安抚他说：“不用担心，我的好歌手！［……］我要找的［……］是通往维纳斯山的路！”（*GSD*，卷II，33）他向沃尔夫拉姆讲述了他穿过阿尔卑斯山去罗马的艰辛旅途，成千上万的人在那里得到了教宗的赦免；但是教会的领袖诅咒了他：“如果你曾享受过这种邪恶的欲望，并在地狱的烈火边兴奋起来，如果你曾在维纳斯山逗留，那么你将受到永世的诅咒！”（*GSD*，卷II，36）唐豪瑟在讲述罗马经历时越来越激动，他听到了维纳斯发出的邀请的声音。他已经能在雾气和魔幻的声音中看到爱神，但埃申巴赫的沃尔夫拉姆绝望地叫出了伊丽

> 莎白的名字。她的名字再次使唐豪瑟重返现实，并驱散了他眼前的幻象。同时，一支送葬的队伍抬着伊丽莎白的遗体从城堡中走出。在她的运尸架前，唐豪瑟倒地身亡。朝圣者带来一根主教的弯曲手杖，这根死木上长出了鲜绿的新枝：伊丽莎白的爱的牺牲带来了唐豪瑟的救赎。

以艺术而闻名的唐豪瑟，不能对同僚们完全受道德启发的创作感到满意。唐豪瑟也想探索感官的王国。然而，维纳斯山的经历，他的"与绝对的欲望理想的准婚礼"（夏尔·波德莱尔语）使他体验到了"作为奴役和疾病的肉欲"（特奥多尔·W. 阿多诺语）。由此导致的精神上的不自由对艺术创造力的伤害，就如同缺乏感官体验一样，这解释了唐豪瑟为何逃离维纳斯，也解释了他的悔改。

瓦格纳一方面创造了一个非基督教的维纳斯世界作为欲望的艺术天堂；另一方面，他将伊丽莎白的光辉——圣母马利亚的光辉——描述为精神上的、苦难重重的相对立的天堂。波德莱尔夸大了这种矛盾性，并在《唐豪瑟》中看出了"人的心灵是[……]肉与灵、地狱与天堂、撒旦与上帝的主战场"。

海涅那里并没有这些对立，不如说他提出了一个和平建议：

> 在海涅的诗中，骑士唐豪瑟在维纳斯山中过了七年，但现在他的灵魂病了；它渴望眼泪和荆棘。维纳斯试图挽留唐豪瑟；只有当他骂她是娼妓时，她才放他离开。——骑士去了罗马，以闪光的词汇向教宗乌尔班描述了维纳斯夫人的愉悦。教宗称，她的魔力无法打破，因为她是所有魔鬼中最邪恶的。骑士回到了维纳斯处；在热烈地欢迎之后，他未发一言地上床睡觉，而她在煮汤。他

向她转达了教宗的问候，并讲述了旅程中的许多事——他们继续幸福地生活在一起。

没有教宗也不是不行，与肉体也可以和解，骑士做好了与心爱的维纳斯共度快活的晚年的准备。这是海涅发出的乐观信号，但是它没有提供救赎的情感治疗，而伟大的歌剧是要从这里面诞生的。根据海涅，维纳斯是希腊人肉与灵相统一的异教遗留，“这在基督徒看来是魔鬼的勾当”。研究海涅的象征语言的人，都会在许多重要的细节之中发现隐藏在反讽面具后面的这首诗的含义。在维纳斯山中过了七年之后，海涅的歌手需要改变：“我们过多地欢笑调侃，/我不想再戴玫瑰花环，/而想戴荆棘编的刺冠。”时间上的数字七和荆棘冠表明了基督教—圣母论的受难情结，这是中世纪西方意识中的一道伤口，它使所有犹太人都成为弑神者，并给基督徒所谓的权利，强夺他们在《旧约》中被选为上帝子民的资格。[15]海涅象征性地将他的唐豪瑟诗放在犹太历史的背景下：“我已经极力地唤起了千百年来的痛苦。”——海涅继续利用他的诗歌人物来呈现文化史。唐豪瑟是个基督徒，而维纳斯骂他说，他是一个“忘恩负义的冷酷基督徒”。但是，维纳斯却只是如教宗乌尔班所说，是“被称为维纳斯的魔鬼”——从她的鼻子中也能流出血来！在中世纪，会流血，甚至会流血而死的魔鬼，是异端和犹太人。海涅在诗的结尾让他的唐豪瑟用看似毫不在意的语调说出了维纳斯是犹太人：“抵达法兰克福适逢安息日，/我食素汤素丸子，/你们信奉最佳宗教，/鹅肝我自然也爱吃。”又可以从讽刺中读出严肃来：“你们信奉最佳宗教”，是唐豪瑟这个被排除在圣母的苦难爱情以外的基督徒对他的维纳斯所能说的根本的话，她是个开明的犹太人，可以在安息日这天也违背律法给他准备饭菜，跟她在一起可以过得很好。海涅的这首诗，跟他的荷兰人故事一样，是诗意化了的对基督徒与犹太人之平等的呼吁。

如此，海涅不仅为这两种相互冲突的宗教提供了和平建议，还设计了一种将矛盾相统一的人的形象，在其中精神（唐豪瑟）和感性（维纳斯）都能达到和谐。

相反，瓦格纳则逆转了海涅的角色互换，并用伊丽莎白重建了中世纪的圣母论特征：他为了圣母驱逐了维纳斯。人们在舞台上隐喻性地体验了基督教与犹太教之间的斗争；它暂时对斗争双方都是不利的，但它有着作为文化警示的重要作用。但是，瓦格纳试图将基督教特征世俗化，因为他明确地在作词作曲时“没有不自觉地太过于虔诚”。然而，世俗化的意图失败了，正如瓦格纳对记者的愤怒表明的，他在1851年写道：“那些在现代的自由思想中变得睿智的批评者，现在在我看来是多么荒谬，他们想给我的《唐豪瑟》安上一个特别基督教的、无力吹捧的倾向！”（*GSD*，卷IV，279）

与瓦格纳宣称的意图背道而驰的是，题材呈现中的基督教特征仍然非常明显，人们不由得要问，对于瓦格纳来说现在什么更重要：维纳斯与伊丽莎白的对比是感官性的—波德莱尔式的妓院与教堂、肉体与圣灵之间的对立，还是中世纪刺伤的圣母之心，正如海涅所诊断的，它在色情的隐喻中表达了题材中固有的反犹太的意识形态。在1815年的一篇稍晚的文章中，瓦格纳给出了一个答案：“感性和生活享受在我看来，只是以我们的现代世界［……］所提供的形式出现。”（*GSD*，卷IV，278）瓦格纳想要以本真的、内心的、德意志的东西来对抗“现代的感性”：“一个德意志人，彻头彻尾，以他应该有的样子”——瓦格纳在1845年就已经这样看待他的唐豪瑟形象了（*SB*，卷II，434）。瓦格纳在这里与浪漫的—基督教的克莱门斯·布伦塔诺是如此接近，他在柏林的基督教—德意志的美食俱乐部早在1810年就已经不惜任何代价地排斥犹太人了。浪漫艺术将“现代的感性”，与所有现代性的东西一样，算在犹太人的头上。因此，《唐豪瑟》中能看到的反犹主义影响，就跟《漂泊的荷兰人》中一样，还不是反犹主义的规划，只是遵循了浪漫艺术的主题，即与现代性的斗争。

瓦格纳通过恢复海涅以反讽的方式异化了的基督教形象世界，放弃了海涅对宗教与种族群体之间的谅解与宽容的诉求：瓦格纳使用相同的、高度加密的隐喻作为“本土”讨伐“外来”的十字军。《唐豪瑟》显示出他在中世纪的文学宝库中寻求素材的矛盾性。从那个时代流传下来的思想，我们文化档案中的一部分，在瓦格纳的时代仍然具有惊人的活力；他无法摆脱它。瓦格纳相信，当他的观众在《唐豪瑟》中看到基督教时，是一种“误解”；可是观众知道，中世纪的—基督教的，也就是文化档案普遍资源中的一部分，进入了他的作品之中。

瓦格纳的主人公们要追求什么，在《唐豪瑟》中尚不明确。瓦格纳很清楚地表示，教会写出来的基督教并不是通往德意志文化的王道；结局的不断变化显示了瓦格纳对于应朝向哪个目标“救赎”的犹豫不决：先是有一个不出现维纳斯，伊丽莎白只出现在远处的版本（1845），然后是一个哀怨的维纳斯和死去的伊丽莎白版本（1847）。所有这些救赎的图景都仍然模糊不清，而瓦格纳直到1883年还说：“他还欠这个世界一个唐豪瑟。”（*CT*, 1883年1月23日）瓦格纳一生都在寻找一个比海涅的“更好”的结局，但他找不到。就像过去在《漂泊的荷兰人》中一样，瓦格纳在唐豪瑟的失败中展示了无法治愈的内心矛盾，一种当时新兴的现代性的深刻动人的特征，他最初是打算将其取消的。

在音乐上，这部作品有两个主要方面：对感官和对宗教的呈现。

对于前者，瓦格纳尚不能信服，因此他在1860年重新设计了维纳斯山的场景。对于第二点，他完成得非常好，因此它将第一点挤入了后台，并导致了所谓的误解。瓦格纳会从中学到什么呢？风格上的手法他掌握得太晚了，无法达成一个《唐豪瑟》的"最终版本"；直到《工匠歌手》他才能达到真正的戏剧性。彼处实现的对真正宗教性声音材料从音乐上的去神圣化，将使他能够在世俗的环境中表达出超越空间与时间之外的至大至深之物。《唐豪瑟》中还存在着太多错误的配对，将内心深处的音乐与现实视觉中的老一套相结合，比如僧袍和朝圣者的手杖。音乐已经具备了从外部到内部空间——实现超验——无图像过渡所需要的一切。因为当歌剧开始时的主题，朝圣者的合唱旋律，用两支单簧管、号角和低音管简单质朴地响起并引领着平静的步伐时，它确实以极度的平静仅仅围绕着基本的音调盘旋；但它通向另一个世界，通向灵魂的核心。随着大提琴的进入，它的动机为小提琴所取代，加入了一个向往的动机。在一段中提琴的华丽动机之后，弦乐表达出兴奋，短笛和双簧管的高音似乎表达了求爱，那是维纳斯的、感官领域的求爱。很少有作曲家能够如此简洁又详尽地呈现如此对立的世界。

11

德累斯顿的政治使命:《罗恩格林》

图31　亨利·方坦—拉图尔所画的《罗恩格林》第三幕,约1886年。

随着《唐豪瑟》的逐渐成功,新的人物进入了瓦格纳的视野。记者赫尔曼·弗兰克博士为《奥格斯堡汇报》——当时德意志知识分子的聚集地——撰写了一篇评论,根据瓦格纳的说法,它包含了“所有这类文章中”“极为详尽、极有深度”的内容（*ML*, 330）。他们俩之间的热烈交流便始于这个时候。瓦格纳还与罗伯特·舒曼保持着友好关系，他于1842年夏天在莱比锡碰到了他，同样的还有建筑师戈特弗里德·森佩尔。他与作为成功的剧作家受聘于德累斯顿的卡尔·古茨科关系紧张，瓦格纳试图让这个戏剧评论家远离歌剧。他与路易·施波尔之间产生了真挚的友谊。

1846年夏天，他第一次遇到了汉斯·冯·比洛。这个来自梅克伦堡贵族家庭的十六岁年轻人已经是一名出色的钢琴家了。两年前，比洛结识了李斯特。而在德累斯顿，比洛满怀激情地倾听了《黎恩济》。

到了年底，他还与戏剧评论家爱德华·德弗林特进行了深入的交流，使双方都获益良多，他对瓦格纳的作品非常感兴趣。贝特霍尔德·奥尔巴赫也来到了德累斯顿的艺术世界。瓦格纳很是欣赏他那部成功之作《黑森林乡村故事》。[1]后来（也就是说在1865年以后），瓦格纳形容他为“掌握了一种腔调的人”；他在奥尔巴赫身上投射了“不真实感”，根据他1850年的“分析”，这应当是犹太艺术家的特质（*ML*, 338）。后来，奥尔巴赫通过“犹太婚姻”变得富有，受到“犹太人惯有的不安”驱使，变得“格外卑鄙下流”——全是被瓦格纳融入了自己扭曲观点之中的当时反犹主义的陈词滥调。

《罗恩格林》的创作，从格鲁克和埃斯库罗斯的作品汲取的经验

瓦格纳曾计划在1846年的棕枝主日*音乐节演奏贝多芬的《第九

---

* 指复活节前的星期日。

交响曲》,来为宫廷乐队的孤儿寡妇养恤金筹款。“我的这颗心被这部交响曲的第一乐章紧紧攫住,一位大师的任何一部作品都不可能用这样迷人的力量占据我这个学生的心灵。”(*ML*, 343)无须怀疑他对贝多芬作品的投入程度。为了演唱会的节目,他撰写了一篇精心布局、情绪饱满,还引用了许多句歌德做点缀的开场词,它非常有名,经常被翻印。他用最精确的标记注明了所有的乐器声部,让乐团的演奏达到了最佳水准;合唱团扩大到300人。在观众中引起的巨大成功也极大地提升了乐队长的自信心,这对于财务困难的他来说是很需要的。到了1846年,他的三部歌剧《黎恩济》《漂泊的荷兰人》《唐豪瑟》,无论是总谱还是钢琴改编版都已经印刷完成,一共超过2500页,这些花掉了一笔巨款。现在可以看到,瓦格纳当初没有以“零预付款”后拿版税的方式跟布赖特科普夫与黑特尔合作是多么糟糕的决定。关于他的债务的消息满天飞,因此一些债权人坚持要求他还钱。瓦格纳被迫向歌剧院管理部门透露了他的所有债务。据记载,他一共欠下5000塔勒,比他三年的薪水还要多。虽然他没有完整地说出全部债务,但是为了能够定期还款,他被扣下了一部分薪水。经济上的前景看起来是很黯淡的。瓦格纳曾试图从费迪南德·希勒那里借2000塔勒,从迈耶贝尔那里借1200塔勒——两次都没有成功。[2]既然从这两个富有的“音乐犹太人”手里他乞求不到什么,他就不得不去找那些“金融犹太人”,他觉得自己是被迫“最终向高利贷者寻求帮助”(*ML*,346)。他想出版自己的作品,这是可以理解的,而且,如果他想获得国际认可,这也绝对是必要的。

尽管当时情况很糟——或者恰恰是因为这一点——瓦格纳还是在1846年春天和夏天成功地找到了创作《罗恩格林》的最初动力。瓦格纳在自传中说,创作是从夏天在皮尔尼茨附近的一座田园牧歌般的农舍中度假时开始的;在皮尔纳附近游泳时,一名游客用口哨吹出了《唐豪瑟》中朝圣者行进的曲调——瓦格纳成为他的音乐在民众中传播如此之广的见证人。自然与灵感跟浪漫的艺术创作理念完美融合。瓦格纳现在脑海里只想着贝多芬的《第九交响曲》，好把他前几天刚指挥过的罗西尼的《威廉·退尔》从记忆里驱赶出去；德意志的取代意大利的——瞧瞧，《罗恩格林》已经露出曙光。

这是真的吗？回想一下：从《唐豪瑟》的起源我们得知，瓦格纳的灵感并没有那么多自然的“幸运”。这次的《罗恩格林》会有不同吗？瓦格纳研究已经发现，瓦格纳给出的时间点是不确切的：由于《罗恩格林》的第一个总草稿是在1846年7月30日完成的，他肯定在春季就已经开始了工作（*WWV*, 323），也就是说，在他忙于演出时，还在他协商财务问题时——这些“讨厌的事务”一直延续到假期。从心理上看，这是一个与创作《漂泊的荷兰人》时类似的情况，那部作品也是在极端的财务压力下创作的。[3]

随着新的演出季的开始，瓦格纳也完全投入了工作，打算排演格鲁克的《伊菲姬尼在奥利德》。从这份新的排演计划可以看出，他对自己的任务多么有责任心，他对作曲有怎样的责任感。在材料中，他发现了可怕的翻译和粗俗的乐器修饰。对于这一发现，瓦格纳以现代的方式给出了反应：他让人送来了老的、在巴黎印刷的原始总谱，也就是得到了一份原版，就像今天的人会做的那样。他修订了对原始的法语文本的翻译，原先的翻译在他看来是不能唱出来、对演唱具有破坏性的，并删除或修正了在德累斯顿发现的（非原本的）乐器添加内容，以最佳地实现格鲁克的意图。瓦格纳还担任导演，以打破格鲁克式法国歌唱悲剧（tragédie lyrique）的静态原则，使之转为生动的情节。格鲁克的歌剧在德累斯顿从未有过这样的成功。曾因瓦格纳的债务问题而满腹狐疑的剧院总监冯·吕蒂肖，再度对他表示出了极度的友善。

1846年，更确切地说是在夏天，瓦格纳阅读了埃斯库罗斯，将之描述为一段颇有影响的艺术体验。“《阿伽门农》给我的震动无与伦比，直到《欧墨尼德斯》的结束我一直沉入陶醉，我根本就无法重新回到与现代文学和谐共处的状态。我对戏剧和剧院的意义所持的看法肯定都源于这些印象。”（*ML*，356）对埃斯库罗斯的热切接受，应当增强了瓦格纳将悲剧认定为适合他的艺术形式的决心。此外，他还勤奋地阅读了索福克勒斯、欧里庇得斯、阿里斯托芬和柏拉图，以及关于古希腊的学术著作，还有黑格尔的《历史哲学》。

当1847年的夏天临近时，瓦格纳夫妇搬进了原先的马尔科利尼宫的一处公寓，那里有一座法式大花园，价格也便宜得多。

那里离剧院比以前的住处要远，他住得很舒服。他为宫廷剧院提出的改造建议被无视了，这让他很难过。瓦格纳借鉴奥托·尼古拉1842年在维也纳成立的维也纳爱乐乐团，建议在德累斯顿也成立一个由宫廷乐队成员组成的音乐联合会，不仅可以丰富文化生活，使之可与莱比锡的音乐会产业相媲美，还可以让有些薪水低到令人羞愧的乐队音乐家们增加一些收入。当然，这里有个问题：在这项工作上，瓦格纳希望按照维也纳模式以民主的结构保证乐团的独立性。因此，在保守的德意志中部邦国里，从一开始就给这个项目判了死刑：冯·吕蒂肖淡然地表示了感谢，

图32　瓦格纳在德累斯顿的住处之一：马尔科利尼宫，《罗恩格林》的主要诞生地。

但他主张一切都保持原样。由于他逐渐对瓦格纳提出的所有变更请求都变得敏感，剧院的管理层中出现了潜藏的紧张气氛；虽然瓦格纳经常做出姿态与组织会议保持距离，但气氛并没有因此改善。吕蒂肖虽然对糟糕的演出仍然保持好面孔，但瓦格纳只凭着《黎恩济》与《唐豪瑟》就变得不可或缺了，每次演出这两部作品都人满为患。直到许久之后，总监才慷慨地同意了瓦格纳的倡议，但他坚持认为，音乐会不应由乐队来主办，只能由管理层来主办。在1847/1848年冬天，德累斯顿歌剧院首次举办了管弦音乐会，瓦格纳投入了全部的精力和威望，受到极大的好评。

与此同时，《罗恩格林》在马尔科利尼花园和毗邻的宫殿之中逐渐成形。瓦格纳上午作曲，下午在一丛茂密的灌木中躲避酷热，继续他对希腊古典作品的研究，尤其是阿里斯托芬、柏拉图和埃斯库罗斯。他还再度拿起了雅各布·格林，他是瓦格纳通往德意志英雄传说世界"越来越亲密的导师"；还有弗朗茨·约瑟夫·莫内的《对德意志英雄传说之历史的研究》(1836)，他在其中认识到了《埃达》和《伏尔松萨迦》中斯堪的纳维亚原型的重要意义。在德累斯顿度过这个收获颇丰但经济紧张的夏天之后，他心情愉悦，许多晚间来拜访他的人不得不把他从最高的树枝上或海王尼普顿雕像的脖子上叫下来，然后才能开始"简单的晚餐"。1847年8月就这样过去了，瓦格纳在这个月里完成了《罗恩格林》。只剩下漫长的配器工作。

尽管《黎恩济》在德累斯顿取得越来越大的成功，但其他地方没有剧院想将这部浪漫歌剧搬上舞台。艺术上的进步由于这部作品对许多剧院来说几乎无法掌控的困难而失败了。早在1845年6月，瓦格纳就提到了他的歌剧推广的巨大困难。[4]最迟从1845年开始，他就明白，他几乎无法在德累斯顿取得艺术上的进步，至少不能按照他自己的要求。

1845年6月5日，他抱怨道:“在一次绝无仅有的幸运撞击之后”——他指的是《黎恩济》——“我的幸运天使突然收起了翅膀”(*SB*，卷II，429)。尽管他努力在迈耶贝尔的帮助下在柏林站稳脚跟，但那里的《黎恩济》演出计划排到了几年之后，导致瓦格纳在越来越多的信件中对迈耶贝尔发出指责(尽管他早就应该知道，这位身处柏林的同僚已经不再有当年的统治地位)。瓦格纳不得不考虑如何弥补这一问题。他再次致信柏林的剧院总监冯·雷德恩，请求允许将《罗恩格林》献给弗里德里希·威廉四世国王陛下。有人告诉他，只有当国王亲自听过这部作品，或者改编成军乐曲在某次阅兵时演奏，才有可能成功……瓦格纳没有选择这样，而是选了另一种方式。他觐见了待他很好的萨克森王后，她是普鲁士国王的妻妹，请她说服普鲁士国王上演《黎恩济》。他也成功了——甚至还不止：瓦格纳要亲自排演这部剧。

他满怀希望地在9月为了第一次排练去了柏林。明娜晚些时候也去了，瓦格纳在那边感到无助，在9月26日写道:“非常感谢你的来信，我的好妻子，你的信让我发自内心地快乐，我根本无法向你表达这种快乐！你根本不能相信你在这封信里是多么好、多么可爱！你瞧，我们互相称呼‘老明娜’和‘老理查德’，是多么美好：对比这种长久的爱情，年轻的激情又算得了什么？只有当激情最终成为这种爱情，它才是美好的。它本身只是一种痛苦，但我们这样的爱情则是一种享受；而短暂的分别总是很清楚地表明这一点，仁慈的命运会保护它免受长久的分别之苦！——不是吗，亲爱的？”(*SB*，卷II，567)10月3日，他又写道：“我的乡愁是如此强烈，但我所念的，是你和我们的小家庭；我不知道这个世界上有什么可以平复这种感情！［……］你不会相信，我是多么渴望再次紧紧拥抱你，来驱散那由于置身异乡与所爱分开而终将笼罩整个人的寒冷！”(*SB*，卷II，571)显然，明娜和理查德的婚姻在1847年还是很有活力的。

《黎恩济》在柏林被视为普通的“乐队长歌剧”，那里有几十部这种歌剧，人们只想以剧团现有的力量相对较快地把它呈现出来。而《黎恩济》是第一部德语大歌剧，需要一个所谓的英雄男高音，这一声部最初于贝多芬的弗罗雷斯坦和韦伯《魔弹射手》中的马克斯上具备雏形，此后直到那时，仅在阿莱维的著名歌剧《犹太女》中的埃莱扎尔上实现过一次。瓦格纳对柏林的歌手极其失望：“我只能满足于一个十分平庸的男高音来饰演《黎恩济》的主角，他绝对没有才华可言。”（*ML*，361）尽管演出很成功，合唱团很出色，所有配角都表现优秀，但主角科拉·迪·黎恩济就像是个“毫无生气的影子”。演出“还不错”，但是，能帮助他提高剧院品位的很重要的一切还没有出现。瓦格纳坚持不懈，与剧院总监，与他以前就认识的著名音乐理论家阿道夫·伯恩哈德·马克斯和著名女歌唱家亨丽埃特·松塔格交流，但他到处都得到同样的答案：在一个僵化的封建世界的石化状态下，新的想法会引起人们的兴趣，但总会阻塞于漫无边际的管辖权体系之中，最终阻塞于臃肿的官员系统的舒适安逸之下。王后和国王也是很难亲身接近的；但是，正如马克斯所强调的那样，有时他们那仿佛昙花一现的文化兴趣，也无声无息地渗透进了行政体系那厚重的层层毛毡之中。评论家的奉承也没有带来什么本质的变化，除了一直很看重他的卡尔·盖拉德之外，因此报纸更是对瓦格纳的艺术努力肆意嘲讽。国王没有亲自到场观看《黎恩济》的演出，尽管是他自己促成这次演出的。一切都如同命定了一般。

返回德累斯顿之前，瓦格纳指挥了三场《黎恩济》；后面还有五场，是由乐队长威廉·陶贝特指挥的。[5]瓦格纳从国王那里没有收到任何消息，所有的手段都是徒劳的，他曾希望能在君主面前朗读一次《罗恩格林》。但是,奥林匹斯山并未向这个年轻的乐队长敞开。柏林的《黎恩济》虽然并未失败,但在瓦格纳眼中是失败了。“在一个可怕至极的坏天气里,我与我的妻子穿过荒凉的边区踏上了返乡之路,这时我的心境陷入了极度的,也许是绝无仅有的沮丧。”(*ML*, 367)后来,瓦格纳怀疑迈耶贝尔阻挠了柏林的《黎恩济》演出。最初,瓦格纳还只限于模糊的猜疑;直到1854年他才明确发出指责。瓦格纳声称,迈耶贝尔煽动了媒体,阻止了国王去观看《黎恩济》(*SB*,卷VI, 68)。但在1851年他给李斯特写信时说的还完全不同:“从表面上看,我没有任何理由这样想。”(*SB*,卷III, 545)因此,这涉及与迈耶贝尔之间**内部的、艺术上的分离**,瓦格纳不得不在事后为这次分离寻找外部的借口。《黎恩济》在柏林并未取得瓦格纳所期盼的巨大成功,这决定性地恶化了他对迈耶贝尔的态度。但由于这件事情的重要性,必须重复一遍:在如今完整出版的迈耶贝尔的信件、日记和标有笔记的日历之中,丝毫找不到迈耶贝尔的两面派做法的痕迹,[6]恰恰相反:迈耶贝尔仍然将瓦格纳视为真正的朋友。“带乐队长理查德·瓦格纳到母亲处用餐。”迈耶贝尔在1847年10月在日记中写道。[7]这样的邀请,是与这位世界知名且难以接触的艺术家的私人交往中所能期待的最高奖赏。

然而,令人惊讶的是,瓦格纳后来自己看到了他的怀疑的无凭无据,他在1847年11月普鲁士国王访问德累斯顿时在一场国王观看的《唐豪瑟》演出之后得知,为何弗里德里希·威廉四世缺席了柏林的《黎恩济》:“这是普鲁士国王趁这个机会对他没有出席柏林《黎恩济》所做的一个特殊的解释,他向我表明:他之所以拒绝在柏林听我的歌剧,是因为他想保留一个好的印象,他知道,他们在他的剧院里是演不出好东西的。”(*ML*, 371)因此,普鲁士国王非常欣赏瓦格纳,迈耶贝尔的负面影响似乎是不可能的。那么,瓦格纳在(1865年之后不久)写下的《我的生平》这一段落中为何没有将他从前对迈耶贝尔所起的疑心当作错误而撤销呢？到目前为止，他的迈耶贝尔谎言作为**劲敌神话**之主要元素的重要性已经很明显了：每一个创世神话中都急需的敌人形象，在他面向未来的自我营销策略中变得比现实本身更加重要。瓦格纳的传记为何如此执着于将瓦格纳的诽谤传播开来？尽管普鲁士国王的澄清言论自1870年起在瓦格纳最亲密的人之中，自1911年起在公众之中就可能已经为人所知了。在那时，**瓦格纳神话**的多层整体性就已变得如此重要，导致人们始终“忽略”了可能会损害它的东西。格拉泽纳普断言：“迈耶贝尔及其支持者多年来通过各种方式阻碍柏林对《黎恩济》的接受，如今这件事情终于尘埃落定了。”这一捏造不仅在格拉泽纳普心里生根，还一直延伸到最近的时代。[8]

在传记作家无视有案可查的真相而坚持错误事实的情况下，必须说一下“对造假的共识”。这样一种行为在历史研究中并不罕见；法国历史学家为此使用了“虚假的真相”这个概念，即在某种历史策略框架内“伪造真相”。这源于“伪造者与他的受众之间的默契”，它将“对伪造的认可”作为传播过程中“某种信念的推动力”。[9]在对瓦格纳的接受中，瓦格纳神话的三重工具化以相似的情况出现：在这两种情况下，它都公开基于对历史的扭曲，以便事后将两种不同的假设合法化（参见本书序言）。格拉泽纳普的传记（1876—1894）将迈耶贝尔作为整体的一部分，放在将犹太人视作德意志的整体敌人的威廉主义—反犹主义的世界观之中。1950年之后，尤其是自1968年以来，则是要将对于联邦德国的—社会主义的头脑来说颇为可疑的银行家之子迈耶贝尔，保留在由于纳粹主义文献而变得“历史的”疑点之中，不是由于他的犹太属性，而是为了使他的“布尔乔亚的”作品作为革命者瓦格纳的反面而名声扫地。[10]

瓦格纳和母亲

1848年2月初,瓦格纳的母亲约翰娜・罗西娜・盖尔去世。迄今为止,她都很少被提及,在瓦格纳文献中相当神秘。瓦格纳如何看待她?他与她的关系如何?瓦格纳写给母亲的信很少,分别写于1835年7月25日 和9月20日、1836年5月31日、1841年9月12日 和1846年9月19日。瓦格纳如何与她相处,在这些信中和其他文献里都没有清楚记载,因此传记作家们迄今为止几乎都没有尝试刻画他们的关系。只有格雷戈尔—德林曾试图从1970年代颇为流行的精神分析的角度,将母亲的角色解释为"受伤害的第三人的条件",正如大部分"固恋母亲的人"的情况那样,[11]鉴于较早就可以看出来的母亲的行为问题,这一点并不明显。瓦格纳对她的贫乏描述,还不足以将他进一步诊断为"母亲固恋"。

他写给她的大部分信中都包含着陈词滥调般的爱的宣言,比如:"我只想念你,最亲爱的母亲,用最真切的爱和最真挚的情感。"(1835年7月25日,*SB*,卷I,209)但这些段落无法掩盖他们之间的裂痕。在此之前,瓦格纳的姐夫赫尔曼・布罗克豪斯于7月初曾对他在马格德堡积累的债务提出责难,但母亲显然没有采取任何行动来维护儿子。瓦格纳的反应是,在1835年7月25日那封看上去"充满温情"的信中宣布了某种方式的信息封锁:"将来我会很少再告诉你们我的所作所为——他们根据外部结果进行判断,而他们将在我不插手的情况下得知这些结果。无论如何,我现在都独立了,并想尽量保持自立。布罗克豪斯的羞辱深深刺入我的内心,这些最严苛的责备折磨着我,是我交给了他羞辱我的权利。"(*SB*,卷I,211)

相应地,其他信中(除了倒数第二封以外)只有很少的具体信息,

图33 晚年的瓦格纳母亲。1896年根据一幅当时的水彩画所作的胶版画。

却有些“有趣的”谎言，使得收信人无法知道他过得是好是坏：“很抱歉，我必须去找我的好朋友斯蓬蒂尼，否则这个人就要闯到我家来了；他精神激动，无法上演我的歌剧——他为什么来得这么晚呢，我无法帮助他。国王，我的好朋友，把斯蓬蒂尼的位子给了我，我又能怎么办呢？”（*SB*，卷I，241）

但是，在1841年9月12日的信中，他提供了巴黎生活和《黎恩济》在德累斯顿获得成功的具体信息。他给她写的最后一封信（1846）又重新变得刻板。在1836年到1842年间，瓦格纳一次也没有去看望过母亲，尽管从德累斯顿到莱比锡去的路程还不到一整天。

可以假设，一段最初还很和谐的母子关系发展成没有关系，其责任应该在于双方，可能更多地在于母亲一方。瓦格纳称路德维希·盖尔为“出色的继父”，但提到母亲时（除了在书信中）却只说“我的母亲”——从某个时间点开始（大概最晚始于1835年），她显然在他的生活中不再具有真正的情感价值。

反过来看大概也一样；母亲的依恋可能也只保持在一定的限度内。早在1820年初秋，她就让才刚七岁（！）的儿子寄宿在别人家；两年之后他才回到她身边。同样在1826年至1827年，十三岁又失怙的瓦格纳只能偶尔看到母亲，因为她带着两个女儿搬去了布拉格，把他留在了德累斯顿。从1827年起，全家人又搬回了莱比锡。她极富激情地跟他讲诗歌、音乐和绘画，只是不提戏剧，甚至当儿子要投身戏剧事业的时候威胁要诅咒他。[12]但是，正如瓦格纳在《我的生平》中所写的那样，“她仍然没有在我身上发现[……]任何关于我的音乐天赋的提示”。因此，他成了“兄弟姐妹之中唯一没有上过钢琴课的人，这可能要归咎于母亲急切地担心这些艺术练习会让我产生对戏剧的兴趣，才让我远离它”(*ML*,61,35)。

随着年岁的增大，母亲一定变得更难相处。1842年9月11日，瓦格纳写信给妹妹塞西莉·阿芬那留斯，“说到母亲确实毫无定见和完全喜怒无常”，他对此“感到深深的痛苦和愤怒”。他的表述极为尖刻：她“对于周围的人就是地狱”(*SB*，卷II，157)，她变得迟钝，废话连篇。明娜极受她的苛待，瓦格纳不得不在母亲面前保护她。[13]

约翰娜·罗西娜·瓦格纳在1848年2月去世后，瓦格纳去了莱比锡。在他的自传中，他只是简单地提到了葬礼，以及随后在姐夫赫尔曼·布罗克豪斯家里时长一小时的家庭团聚。他没有说母亲对他有多重要，只是提到与海因里希·劳贝的谈话，他在那里见到了劳贝，并与他一起再次从头开始规划了艺术世界。

关于瓦格纳和母亲的矛盾关系，他并没有给出详细的描述，我们只能间接地从柯西玛·瓦格纳的日记中找到一些更确切的信息。母亲经常在他的(噩)梦之中出现(*CT*，1872年10月30日)。有一次，普鲁士王后也在梦中以母亲的形象出现(*CT*，1875年12月27日)；他还说，卡尔·马利亚·冯·韦伯在他的梦里没有回答理查德·瓦格纳是否具有音乐天赋的问题，这让他想起他的母亲。瓦格纳抱怨说，他第一次要买乐谱纸时，母亲“一开始非常不情愿地给了他钱”(*CT*，1878年1月3日)。他根本没有被她教养过；他经常对母亲撒谎，并与最粗俗、最野蛮的孩子们厮混（*CT*，1879年10月14日）。

最重要的是，母亲曾将他“引导向流行的东西”（*CT*，1881年7月17日），但似乎根本没有认识到，或者直到很晚才认识到他真正的天赋。瓦格纳的哥哥阿尔贝特1846年对这个有名的弟弟跟母亲的关系的判断大概是准确的，并在葬礼那天写道：“他曾经（！）非常爱他的母亲。”[14]瓦格纳在1836年到1842年间从来没有看望过她，并且十九年来双方分居两地但很少通信，表明他们的关系最晚从1835年开始迅速恶化，而年纪渐长、如今已举世闻名的瓦格纳宁愿选择另一个女人做他的母亲（他只是梦到过，但出于礼貌从未说出口）。

接触政治哲学

在瓦格纳1848年4月完成《罗恩格林》之前，3月，巴黎又爆发了一场革命。在我们能够衡量瓦格纳与1848—1849年革命在精神上形成何种程度的联系之前，应当先把目光投向瓦格纳在德累斯顿期间，特别是通过他博学的朋友与乐队同事奥古斯特·勒克尔所接触到的政治、哲学和社会趋势。

勒克尔以青年黑格尔派的哲学思想影响了这位只比自己大一岁的朋友，并向他介绍了鲁格、施蒂纳、巴枯宁、马克思、魏特林和费尔巴哈。瓦格纳对费尔巴哈的兴趣不仅在于他想要将个体从权威信仰的压力下解放出来，还在于他尝试揭露伪装为神学的哲学，并取而代之以将作为个体的人类放在中心来考量。费尔巴哈教导说：“神的意识是人的自信，神的知识是人的自知。”瓦格纳后来在《歌剧与戏剧》中也写过类似的话。当然，费尔巴哈说得更详细：“凡是他［人］自己没有而愿意有的东西，他便设想他的神有着这种东西；神便是人的愿望被设想为实在的、被转变为实在事物的；[……]人虽然有幻想和感情，但若没有愿望，就不会有宗教，就不会有神。愿望不同，神就不同。”费尔巴哈将《旧约》中的“神就照着自己的形象造人”改成了“人就照着自己的形象造神”，或者，如同在《基督教的本质》第17章中所言：“神乃是人自己的本质。”如果要了解瓦格纳《尼伯龙人的指环》之中的神、半神和人的设计，就必须注意这些格言；瓦格纳相信，他能够在费尔巴哈的人的形象中“认出”他所寻找的“艺术的人”（*GSD*，卷III，3）。后来在流亡苏黎世期间，瓦格纳将他的《未来的艺术作品》（1849）献给了费尔巴哈，但在后来的版本中，他删掉了这句献词。

费尔巴哈批判性的宗教哲学几乎无法传递给瓦格纳的，是历史思维。瓦格纳最迟于1845年在黑格尔那里发现了它，黑格尔可以被视作德国观念论的集大成者。18世纪，观念论只是物质论的相反概念；1800年前后，德国哲学中的观念论成为使世界服从日益复杂的思想体系的一种手段，其中，格奥尔格·弗里德里希·威廉·黑格尔的体系对瓦格纳具有特别的意义。

黑格尔的哲学在当时有多么大的魅力，海涅在《自白》中以自己的方式描述了出来：“我当时年轻、自负，当我从黑格尔那里得知，不是如我祖母所说的住在天上的上帝，而是在地上的我自己是上帝时，我的高傲得到了满足。”海涅肆意的反讽鞭挞了黑格尔“愚蠢的骄傲”，并使之变得可笑。但是，瓦格纳无法摆脱黑格尔的吸引力：他应当是在创作《罗恩格林》的最初阶段就开始研究黑格尔了。瓦格纳的评价是矛盾的。在他的主要理论著作《歌剧与戏剧》（1850/1851）中，关于这位哲学家的最重要段落甚至在印刷前就被删除了：“最现代的歌剧作曲家实际上已从黑格尔哲学体系中得出切实可靠的结论。”[15]这些段落，瓦格纳——非常合乎逻辑地——是针对迈耶贝尔的；但他一定感觉到了，在他创作乐剧时，他自己也掌握和发展了这个“体系”。1854年之前，瓦格纳在书信中只提到过一次黑格尔；在那之后，他却——显然是受到叔本华的评价的影响——将他称为“骗子”，并在1855年将他的学说连同费希特和谢林的一起称为“瞎扯”（*SB*，卷VI，298，347）。这是为了淡化黑格尔对他施加的影响而故意模糊。直到在《我的生平》中，瓦格纳才再次探讨了黑格尔，说：“其中有许多东西令我敬佩，我仿佛觉得，在这条路上我必定能达到［哲学］圣地的内部。作为［……］巨人，他的许多［……］词语越是让我感到迷惑不解，就越是激发起对‘绝对’事物及其相关研究底蕴的兴趣。”（*ML*，442）尼采并没有为此迷惑，他确切地认识到瓦格纳的辩证思想是从哪里来的，并写道：“他成为**黑格尔的继承人**……音乐作为‘观念’。”（《瓦格纳事件》）

早在黑格尔的前人之中，德意志霸权思想的意识形态就已经发挥了重要作用。席勒认为，德意志人被选中，要在他打碎了压在“全世界所有人民头上”的梵蒂冈的“沉重链条”之后，再为“所有人民”赢得“理性的自由”。[16]施莱格尔将德意志视为欧罗巴的日出之地，人类的复兴必将从这里开始。费希特更进一步，将德意志人视为“元民族”；他们是由“世界史和救世史所选择的”，要通过“神圣的德意志‘新人’”来“执行神圣的世界计划”。为了让德意志人能够重建世界，费希特希望“一个为此做好万全准备的德意志人能够尽快完成这一任务”。[17]如此在1840年代的歌剧中涌现出无数的霍亨施陶芬、霍亨索伦和罗恩格林这样的英雄，并且至少要在剧院里歌颂并不存在的德国统一，也就并不偶然了。瓦格纳也必须这样来看待，因为如果没有这样的背景，那么他的某些构想，特别是《罗恩格林》和《尼伯龙人的指环》中的那些，就无法得到正确的理解。

海因里希·海涅早就意识到了这种哲学的危险。1834年，他在

《论德国宗教和哲学的历史》中就观念论"思想家"写道:"思想走在行动之前,犹如闪电走在雷声之前一样。[……]德国的雷声终于达到了它的目的。那些鹰隼将要在这声响中从空中坠死于地,而那些远在非洲荒漠上的雄狮将要夹起尾巴[……]德国将要上演一出好戏,与此相比,法国革命只不过是一首天真善良的牧歌。"海涅在19世纪初期的改革和1830年革命中,都没有看到法国革命的德意志对应物;对他来说,莱茵河东岸的颠覆发生在**哲学领域**。因为这种危险潜伏在黑格尔将基督教的救赎教义转化并世俗化为世界史原则之处:这里体现了(由席勒所创立的)"世界精神"。这是"神圣性的散发,最终——在宗教改革之后——化身为德国人。因此代表世界精神的人民就是大地上神的代表,被委任为世界统治者,这意味着,他们不必遵守'一般道德'。这些人民往往都有奉行神圣天意的'世界史人物'"[18]。这些人物,例如亚历山大、恺撒、拿破仑等,黑格尔在《世界史哲学讲演录》中描述得更为详细:"这些具有世界史意义的个人出于自己的伟大利益,轻松地、草率地、暂时地、冷酷地对待其他值得尊重的利益,这是一种受到道德谴责的对待方式。但是,他们的立场应被理解为不同的立场。一个伟大的形象阔步而来,踩碎了许多无辜的花朵,不得不在它的行进路上破坏一些东西。"[19]海涅在这一点上似乎变得愤怒:这是"马背上的世界精神",他骂道;尤其是在晚年的《自白》(1853/1854)中,他嘲笑了黑格尔的傲慢。

但黑格尔更进一步:在他的《法哲学原理》第347节中,他就民族写道:"它具有绝对权利成为世界历史目前发展阶段的担当者,对它的这种权利来说,其他各民族的精神都是无权的,这些民族连同过了它们的时代的那些民族,在世界历史中都已不再算数了。"日耳曼的世界帝国是第四个也是最后一个,它是救赎史的担当者,犹太民族已经轻率地丧失了这个角色。这就解释了，为什么瓦格纳在《罗恩格林》之中虽然从历史传说的宝库中获得了灵感，却在戏剧手法上将它表现为国家神话。黑格尔的影响也解释了，为什么瓦格纳立刻又离开了传奇领域。他转向了日耳曼神话，并宣告了犹太民族——至少是“理论上的”——灭亡。对于瓦格纳而言，黑格尔的历史哲学首先必须看起来像是一个启示。现在他，瓦格纳，作为所有艺术家之中最具政治性的，接受了使命！

《罗恩格林》：歌剧作为“革命的”国家艺术的典范

《罗恩格林》大概是黑格尔关于救世主英雄构想的最戏剧化的表现；作为瓦格纳“浪漫歌剧”的最后一部，它代表了这一艺术类型的高潮和重点。这部作品当前流传的版本的结束部分，跟原始版本相比有所缩短，这带来了内容上的严重后果。最初的版本被称为“政治革命歌剧”，而第二版，即现在流传的版本，似乎已软化为“艺术家戏剧”，然而，它依然清晰地刻画了瓦格纳所理解的“更新的”国家。[20]作曲完成后所进行的修改，将创作阶段的政治动机减低到德累斯顿革命失败之后，这对作品的成功来说，瓦格纳认为是必要的。

情节发生在10世纪上半叶安特卫普附近斯海尔德河的岸边。有政治头脑的人可能会想到，“捕鸟者”亨利国王*在瓦格纳时代被认为是民族团结与力量的代表。瓦格纳显然想的是普鲁士国王弗里德里希·威廉四世，他曾希望将这部作品奉献给他。[21]然而，传说的不确定还是有好处的，可以使艺术家避免审查制度的不愉快讨论，如果提到特定统治者的名字就经常会发生这种情况——就像威尔第经常碰到的那样。

---

* 即东法兰克国王亨利一世，萨克森王朝的创立者（约876—936）。

布拉班特摄政,弗里德里希·冯·泰拉蒙德伯爵,在王家法庭上控告布拉班特的继承人艾尔莎谋杀了她的弟弟戈特弗里德。泰拉蒙德自己提起了继承爵位的要求。艾尔莎没有为自己进行辩护,反倒是讲述了一个梦:一个清白且贞洁的骑士出现在她面前;她希望这位骑士能够为她辩护。艾尔莎让国王的传令官召唤这位骑士,但两次都失败了,随后,在她跪地祈祷时,他穿着闪亮的银色盔甲,出现在一条天鹅拉着的船上。国王决定将审判权交给神。梦中的骑士,救赎者罗恩格林设定了条件。如果他在维护有谋杀嫌疑的艾尔莎的战斗中胜利,就要娶她为妻。他还要求艾尔莎,绝对不要问他的姓名和来历。骑士在战斗中击败了泰拉蒙德,但饶了他的性命。

直到第三幕结束时,艾尔莎——以及我们——才得知这位梦中骑士是谁:罗恩格林,一位圣杯骑士。他是帕西法尔的一个儿子,后者即为圣杯国王。圣杯是耶稣在最后的晚餐时与门徒们饮下葡萄酒的杯子,十字架上耶稣的血也曾注入其中,它被保存和保护在蒙萨尔瓦特城堡之中。瓦格纳从埃申巴赫的沃尔夫拉姆创作的帕西法尔史诗中借用了这个形象,沃尔夫拉姆是法兰克—巴伐利亚的宫廷诗人,生活在1179年至1220年间。在他的作品中,天鹅骑士还叫作"罗安格林"。沃尔夫拉姆的诗是德语文学中关于天鹅骑士的最古老的证明,在他的时代,这一传说还与第一次十字军东征的统帅、第一位耶路撒冷国王布永的戈弗雷(殁于1100年)有关。不过,瓦格纳还使用了其他文本:为了更专业地呈现神判法,他研读了雅各布·格林的《德意志法制》(1828);他研究了费迪南德·格勒克勒的罗恩格林诗歌和约瑟夫·格雷斯为此撰写的学术性导论。与原始文献,即与维尔茨堡的康拉德(1260/1280)

的天鹅骑士传说和沃尔夫拉姆的帕西法尔史诗相比，瓦格纳强化了对艾尔莎的指控。她不再被指控为破坏婚约，而是被指控为谋杀兄弟，这一动机以及神判过程中的一些心理转折，可能是瓦格纳从海因里希·冯·克莱斯特所创作的，发生在中世纪即14世纪的传奇故事《决斗》(1811)中借用的，他大概是在莱比锡的叔叔阿道夫·瓦格纳家里读到的这个故事。[22]叔叔阿道夫十分欣赏海因里希·克莱斯特，瓦格纳后来也是这样(例如见*CT*，1872年4月22日)。

瓦格纳将罗恩格林的素材称为“真正的民族的诗”。“民族”经常是“神话材料”的承载者，自古以来，权力人物就一直在利用这些顺从的不知名者。对于瓦格纳来说，“民族”也是他自己目标的投射。罗恩格林的使命感可与瓦格纳在1845年左右创作作品时的处境相对应。从这时起，他不仅将自己视为艺术上的创新者，也自视为文化政治上的、国家的创新者。当他思考歌剧的未来时，他写道：“一个幻象，从德国的中心出发，扩散到整个德国。”(*SB*，卷II，433)如幻象一般的罗恩格林，正与他所写下的自我评价相符。因此，《罗恩格林》这部作品的意识形态方面不仅要从作品本身出发加以解释，还要着眼于作品产生的时代。但是，罗恩格林并非体现黑格尔“世界精神”的救赎者的最佳类型，因为他有一个“设计缺陷”：他是一个隐藏了自己身份的英雄，这与骑士原则背道而驰——在最重要的初次露面时，他仿佛是一个没有来历的人。瓦格纳的早年经历在这当中有没有发挥过作用？前文提到的1845年的那封信给出了答案：瓦格纳在德累斯顿难以贯彻艺术理念，因为这位一直以来“默默无闻的贫穷音乐家”声称，要将观众的“庸俗”培养成“高贵”(*SB*，卷II，431)。“庸俗”在当时并不是今天所说的未经教育的小市民的市侩习气，而是对冷漠的、嗜财如命的犹太式理性主义的侮辱性称呼。这至晚始于克莱门斯·布伦塔诺的煽动性文章《非利士人》*(1811)，他在文中称："非利士人把犹太人的下半身当作北极，犹太人把非利士人的下半身当作南极，双方都把世界踩在脚下。"英雄对其周边环境提出弥赛亚式的要求，禁止提问成为渴望无条件信任、渴望信仰的表达。

> 在第二幕中，泰拉蒙德对妻子奥尔特鲁德提出尖锐的指责，因为仅仅由于她就戈特弗里德失踪所作的伪证，他才敢进行神判。奥尔特鲁德使用了所有女性技巧，来引诱她的丈夫并阻止他放弃一切而逃离安特卫普。她指责罗恩格林只是因为利用了魔法才获得胜利；通过打破禁止提问的要求，就可以消除这种魔力。一切都取决于能否在艾尔莎的心中播下怀疑的毒药。——艾尔莎出现在阳台上；奥尔特鲁德呼唤她，她们开始对话，奥尔特鲁德假装悔恨和屈服——但同时散播了对罗恩格林的怀疑。——在艾尔莎要与罗恩格林举行婚礼的大教堂前，奥尔特鲁德挡住了道路，并拒绝让艾尔莎前进，因为她将嫁给一个身份不明的人，也就是说，一个在社会等级中居于落后地位的人。国王和罗恩格林出现并打断了争论。泰拉蒙德指责罗恩格林使用魔法为神判造假：神判只能在彼此认识的对手之间进行。他要求将这个问题公开。罗恩格林将决定留给艾尔莎，她尽管经历了激烈的内心斗争，但再次给予骑士以信任。

被干扰的婚礼，女人们在大教堂前争吵的动机——关于女性在公

---

* 非利士人本是《圣经》中与犹太人敌对的民族，后衍生出市侩、庸人的含义，在反犹思想之中，非利士人与犹太人都成为恶的代名词。

共场合的社会地位的冲突——是从《尼伯龙人之歌》中借用的。艾尔莎的对手奥尔特鲁德是弗里斯兰人，也就是说，还是个信异教的日耳曼人，她掌握着古代魔法的秘密。她来自弗里斯兰的贵族家族拉特博德，是一个“没有真正皈依的异教徒”（*CT*，1871年7月21日），瓦格纳后来对柯西玛这样说。奥尔特鲁德希望一定要重新树立起祖先的信仰。“沃坦！我呼唤你这力大无边的神！/弗莉雅！听我的，你这崇高的女神！/祝福我吧，欺诈与伪善，/让我的复仇取得成功！”因此，奥尔特鲁德信仰一种巫术，她用此来贯彻自己的强力意志。在1852年1月30日写给李斯特的信里，瓦格纳称奥尔特鲁德是一个“反动派”，她的“本质就是政治”，她是一个“**不懂爱**的女人。这里说出了所有的、最可怕的东西”。[23]与之相应，艾尔莎则在阳台那一场之后向对手唱道：“一颗恋爱的心是何等忠诚；/可怜的女人你从来不会判断？/你从来不曾有过幸福？/我们得到它只有通过信念。”然而，根据《歌剧与戏剧》（1851），日耳曼人的爱情尤为深刻与真挚。从戏剧手法来讲，奥尔特鲁德的爱无能与她作为一个弗里斯兰人的日耳曼出身相矛盾。这是一个设计错误吗？不可能；瓦格纳钻研过自己的所有作品。这里显露出的应该被理解为**艺术上的需要**。因此，解释者要离开貌似“不平整”的文本表面，首先单独考量其背后的文化图像，以从中发现更深层的脉络，即**潜在意义**。奥尔特鲁德不懂爱的特征是一个浪漫的、反现代的文化偏见；但是，现代性在浪漫艺术家那里，尤其是在克莱门斯·布伦塔诺那里，经常也被看作因其无情无义而声名狼藉的犹太性的代名词。

瓦格纳在随后的场景中所使用并且加深了这一发现的图像，正是沿着这个方向发展的。他为什么将一座朴素的宫廷教堂变成一座**大教堂**？瓦格纳非常了解中世纪，他应当知道在狭窄封闭的宫殿区域内没有建造大教堂的空间。但他在这里也接受了戏剧上的不平整，他需要大教堂——作为女性争吵的**象征场所**。在许多哥特式大教堂的入口处都有女性争吵的石雕,具有高度的艺术呈现性——象征基督教会与犹太教堂。[24]通过这种可见的联系,瓦格纳才使奥尔特鲁德成为中世纪犹太教堂的象征。《莱茵的黄金》中的阿尔伯里希和《工匠歌手》中的贝克迈塞并非最早的结合了"犹太"和非犹太特征的双重人物;奥尔特鲁德就已经是那种形象多样、难以捉摸并因此而影响力强的反派形象了,瓦格纳经常在这些形象的表现中做出最大的努力。奥尔特鲁德具有强大的戏剧张力,并因此掩盖了这就是一个平庸的反犹形象的怀疑。瓦格纳的意图必须得到严肃对待,因为奥尔特鲁德并非一个与种族相关的,而是一个纯粹的文化形象。尽管它来自基督教的反犹宝库,但通过瓦格纳的戏剧手法得到了新的诠释。

《罗恩格林》也继承了前两部作品中的现代性批评的线索。在奥尔特鲁德这个人物上已经表现得极为高超的在不同解释领域之间的转换,证明了瓦格纳在戏剧中加入先验元素的倾向——这个话题已经在《漂泊的荷兰人》中出现过,并还会一再地出现。

"错误"和"正确"的意识象征

在以著名的《婚礼进行曲》开始的第三幕里,先是充满了欢乐和庆祝的气氛,主人公夫妇的婚礼颇为宏大。但他们很快就卷入对话越来越多的二重唱。这一场比大多数类似的歌剧曲目都要长得多——除了《特里斯坦》的第二幕之外。从爱到猜疑的转变在音乐上是令人信服且充满暗示的。瓦格纳在《罗恩格林》和《特里斯坦》的二人场景中打破了所有歌剧习惯,他这么做是有理由的。《罗恩格林》中的不是一段普通的,而是一段隐藏着危机的爱

> 情关系。在罗恩格林看到艾尔莎即将问出他的来历的那一刻，他说他已经给予了她最高的信赖；但是他的暗示使她不安："因为我不是来自黑夜和痛苦，/我是来自欢乐和光明。"她感到害怕，并说出，他可能有一天会回到他的古老国度，他可能会对她不忠。这一幕的开头四分之一是非常常规的，并且音乐很"美"——柔和的弦乐，单簧管独奏，双簧管作出回应，一首接近美声唱法的歌曲，许多意大利和法国男高音都将这一段收入了自己的曲目。但在这个场景的第二部分，声调几乎变得刺耳——这部剧的基本理念现在得到了阐明。不过，这发生在文本的第二个层面。艾尔莎希望能够唤出亲爱的丈夫的名字，也因此能够为自己爱的幸福**命名**。罗恩格林则要求"无疑问"的奉献；他不需要解释心灵早已懂得的东西。但艾尔莎在其中看到了信任的缺失。罗恩格林想要的不仅是爱情和信任，他要的更多：信仰，对他的信仰。——艾尔莎吓坏了。妄想控制了她的感官；在恐惧的幻觉中，她喊出了禁忌的问题。

民族的兴衰最终所取决的是个什么样的"问题"？它是否对于瓦格纳本人来说也具有本质的意义？它的含义显露在瓦格纳《告友人书》(1851)一文对《罗恩格林》的评论之中。罗恩格林必须隐瞒自己的身份，以避免他所寻求的爱堕落成对他作为"绝对艺术家"的"神性"的廉价崇拜。瓦格纳写道："在'艾尔莎'身上我从一开始就看到了我所渴望的罗恩格林的反面，[……]他自己的另一部分本质。[……]艾尔莎是无意识的、不由自主的，罗恩格林有意识的、自主的本质在其中寻求救赎。"(*GSD*，卷IV，301)关于艺术家的讨论，在《唐豪瑟》中涉及理智与情感的矛盾，在《罗恩格林》中则扩展到意识层面。瓦格纳谈到他的"必要的艺术感觉与现代批判意识"的冲突；在不可能实现"思想和感性的完全统一”的情况下，他看到了“现代当下生活元素的悲剧”（*GSD*，卷IV，297，299）。瓦格纳在奥尔特鲁德的形象中继续了已经主题化了的现代性批判，并加强了浪漫艺术的理性主义讨论。禁忌的问题变成了渴望基督教—德意志情感特质的艺术家精神底蕴中“破坏性的”唯理智论的形象。就奥尔特鲁德渴望论证的方面来说，她是一个过于吹毛求疵的理性主义者；她不惜一切代价所要挑衅的“问题”，是不愿相信与不能相信的破坏性隐喻。通过在奥尔特鲁德形象中将之与“爱无能”相结合，瓦格纳的现代性批判发展出了双重的力量。

但意识话语也具有重要的哲学意义，为瓦格纳提供了《唐豪瑟》尚不能提供的答案。在黑格尔辩证法的意义上，他发展出了**无意识的意识**这一乌托邦式概念，这是艾尔莎与罗恩格林的存在部分的综合（*GSD*，卷IV，301）。这一观念证明了深刻的心理体会：瓦格纳要寻找整

图34　罗恩格林的告别。A.鲍尔的素描，1880年前后为一份报纸改为木版画。

体的人的形象。[25]理智与情感之间的裂痕对瓦格纳来说是一场灾难，他亲身经历了这一灾难，并象征性地在他的《罗恩格林》剧的反派的斗争中表现出来。但是在尘世中，还没有真正的方法可以做到这一点。

> 在禁忌问题出口的瞬间，隐藏起来的泰拉蒙德突然跳出，想要杀死罗恩格林；但罗恩格林一剑就刺死了袭击者。幕间音乐为完全的变化做好了准备，从主角所在的内部空间回到了民众、国家和社会所在的外部世界。第三幕开始时，“捕鸟者”亨利国王带着他的全体侍从站在斯海尔德河岸边的华丽场景中，让人想起德意志帝国的力量和辉煌。

“德意志利剑为了德意志土地！”国王的侍从唱道。罗恩格林确认：“在未来的岁月里，东方的乌合之众／永远不会胜利地向德意志进军。”这种民族激情必须在历史背景下来看待，即1848/1849年对国家统一的要求是进步的力量；[26]但这与10世纪的真实历史情况没有任何共同之处。[27]然而，作为圣杯骑士的罗恩格林是神的使者，他怎么会为了德意志民族而奋斗呢？

> 在聚集的民众之前，罗恩格林指控泰拉蒙德的袭击和艾尔莎的背誓。现在，他为禁忌问题提供了答案：“你们无法走近，在遥远的地方，有一座城堡，名叫蒙萨尔瓦特；坐落在城堡中的一座庙宇[……]庙里有一容器，它有创造奇迹的功能，它供奉在那里，作为最高圣物[……]它是圣杯。”“无法走近”一词应再次强调；它指的是一个虚幻的地方。因此，前奏曲的音乐又响起了，通过他的表达的“不可思议”冲开了现实又超越了现实；正如在《唐豪瑟》中

一样，《罗恩格林》也通过旋律和声调扬弃了现在，并指向了心理隐喻的层面。圣杯是**神圣的**——但除此之外，它依旧模糊不清。基督教特征被避免了——瓦格纳从对《唐豪瑟》的理解中学到了这一点。因为圣杯骑士与特定的宗教无关，实际上只是与人有关，因此他们才需要无条件的信任。一旦人用来历的问题撤销了这种信任，他们便失去了超自然的力量，无法再停留于此间。因此，帕西法尔之子罗恩格林必须离开斯海尔德河岸。——与此同时，人们看到天鹅牵着小船过来了；奥尔特鲁德兴高采烈地宣布，到来的天鹅是被她施了魔法的戈特弗里德，艾尔莎的弟弟，布拉班特的公爵。圣杯白鸽出现，戈特弗里德毫发无损地上了岸；奥尔特鲁德的夺权阴谋宣告失败，正如她自己也失败了一样。

然而，这部作品的原始形式，即所谓的“第一版”《罗恩格林》，却显示出艺术家不那么人性的一面。他从黑格尔的精神中完成了一个延伸到政治范畴的构想。这体现在国王和侍从合唱团的语言中，这些在原始版本中显露出一种进攻性的、民族主义的腔调。这与1840年代革命之前的公共生活的精神是一致的。考虑到与——马施纳、希勒和迈耶贝尔创作的——“祖国的”歌剧的竞争，瓦格纳在这方面必须比《唐豪瑟》有显著提升。但是在1849年革命失败后，他对新的情况进行了权衡，将他的“革命歌剧”柔和化、去历史化，并更明确地将其指向传奇领域。[28]尽管政治性的《罗恩格林》即便在删减之后也仍清晰可辨，但是其重音已经转移了。

“第二版”《罗恩格林》揭示了瓦格纳的艺术信仰，正如作曲家在1849年之后在其文字著作中也有所表现的那样。从创作背景来看，艺术家将通过“无意识的意识”的可能实现，成为超自然的宣告者。因此,《罗恩格林》是一部相当伟大的艺术家戏剧,代表了一种新的、前所未有的新主张:艺术家,即戏剧的主角,所要说的话远远超出纯粹的艺术意义;像一名先知一样,他要求**信仰**。浪漫的艺术家,即一种超人,宣告了他的使命。这被表现为慈善的——这就是人们关于这一使命所能了解的全部。

进一步的内容仅部分地从模棱两可的拼图中得到暗示,例如"妇女之争",它既可以被理解为心理学上对立的人性的隐喻,也可以如表现出来的那样,做文化史的解读。在爱情问题的背景下处理的另一个主要动机是存在的统一性,在这部剧中,正如在《漂泊的荷兰人》和《唐豪瑟》中一样,是通过男性和女性的二元性来表现的。有两个通用主题,瓦格纳一直发展到《帕西法尔》之中:一个是意识形态的自然,涉及人与人之间的外部关系;另一个则通向超验的范畴,涉及人如何生于他的宇宙中以及他如何对待自己存在的诸要素。这似乎是贯穿瓦格纳作品的两条主线。

但瓦格纳需要一个新的过程,来使一个观念变得可以理解:他需要一个思维联结的技术,要在作曲上可用并且同时要超出音乐以外:主导动机的技术。只有这样,瓦格纳的音乐才能成为他的思想的真正媒介。实现这一目标的道路是艰辛的,并且要花费很多年的时间;他进行了进一步的思想和理论的探讨,这些探讨最初是受革命的日常事件影响的。就《罗恩格林》的音乐而言,前奏曲与它在作品中的重复形式被认为是前所未有的音乐创新。这种特殊地位还要考虑,接下来在第20章中,要将《罗恩格林》和《莱茵的黄金》的前奏曲,作为瓦格纳艺术实现音乐上的超越,表现他超验思想的特定方式的典范来讨论。——没有人能比1871年的彼得·柴可夫斯基更精确地说出《罗恩格林》前奏曲对同时代人的影响了,他基本上也将这部作品描述为瓦格纳全部作品之第一阶段的高潮和结尾：

> 《罗恩格林》前奏曲或许是瓦格纳所创作的最成功、最富灵感的音乐。它将我们带入光明、真诚和美丽的国度，骑士罗恩格林就是从这一国度降临来拯救美丽的、被诋毁的艾尔莎的。瓦格纳在这里首次使用了那种影响巨大的管弦乐效果，此后，当所有同时代的作曲家们想用音乐表现诗意的瞬间时，都会使用这种形式。

12

作为政治和作为哲学的革命
——《尼伯龙人的指环》的诞生

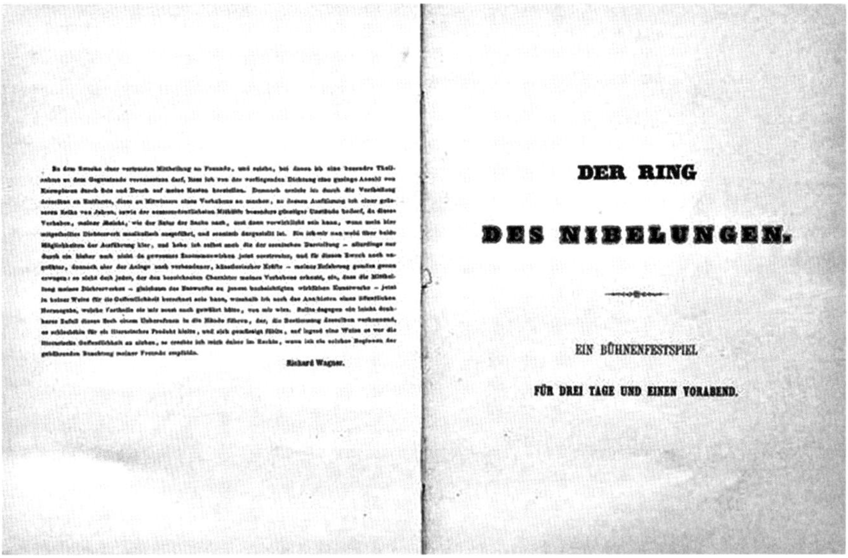

图35　德国文学中最罕见的初版作品之一：仅在1853年为瓦格纳的朋友们私人印刷了50册，这是瓦格纳的苏黎世密友雅各布·祖尔策的那一份，他是州政府官员，也是瓦格纳的几次家庭灾难中的灭火队员。

抉择：革命或瓦格纳担任柏林歌剧院主管！

德意志邦联内部的反动压力是如此之大，以至于1830/1831年间颁布的宪法越来越只是被视为装饰物——统治者及其官员的专横越发地肆无忌惮。当快要饿死的西里西亚纺织工人在1844年发动起义时,直接就朝他们开了火。只要有一丝自由思想的迹象,报纸和杂志就会被封禁;如果在王公贵族来访时没有顺从的欢呼声,就会朝人群开枪(1845年萨克森王储造访莱比锡时就是如此)。每一次反对当时就已不合时宜的诸侯小国的民族运动,都会招致报复。民众的怒火越发炽盛,也就毫不奇怪了。要求德国统一的呼声主要来自资产阶级,他们既有文化上的诉求,也有经济上的利益,但面对贵族,他们几乎掀不起多大的风浪,贵族则纯粹出于个人的利益要坚持国家的分裂。

瓦格纳程序性地发表着相同的观点,指责文化权贵只重视法国和意大利的东西,好用消遣和热闹让人保持安静。这是对艺术的滥用和"政治和社会状况卑劣无耻"的典型(*SSD*,卷IV,309)。为了指明正确的道路,他于1846年针对王家乐队写了一篇乐团改革的文章,并于3月2日交给了他的上级,冯·吕蒂肖总监。直到一年后他才收到答复:驳回。瓦格纳陷入深深的痛苦。他在1847年8月6日给费迪南德·海涅的信中写道:"我对现在主导的戏剧事务怀着最深的鄙视[……]我迫不及待地想要完全放弃它。"(*SB*,卷II,554)[1]瓦格纳开始感觉到,自己一直在用头撞墙,并被撞得头破血流。他将当时流行的品位导向和"市场"导向与观念论的文化观进行了对比,并相信艺术和戏剧的力量能够将生活转变为政治。他确信,为了实现这一目的,需要对德意志的歌剧美学进行根本性的改变。因为,正如他对李斯特宣称的,他"生来就特别地日耳曼"(*SB*,卷III,187)。但这还不够。早在1848年,他就代表着一种强烈的,有时甚至是过度的民族主义,并伴随着文化帝国主义的扩张:"我们希望将它变成德意志的和美好的;从升起到落下,太阳都应当照耀着一个美丽的、自由的德国,在各属国的边界上,就像在母国的边界上一样，没有被践踏的、不自由的人民，德意志的自由和德意志的慷慨的光芒应当让哥萨克人和法国人、布须曼人和中国人都感到温暖和幸福。”（*SSD*，卷XII，222）他在那时便已不再相信能以和平的方式改善局势了。“革命”一词最早于1847年11月23日出现在他写给恩斯特·科萨克的信中：“要突破大坝，手段就是：革命！”（*SB*，卷II，578）这句话被人引用了无数次，好把瓦格纳塑造成革命者。然后引用者会根据自己的态度和需求来修饰它，有时是在法西斯主义的意义上，有时是在社会的或社会主义的意义上，而瓦格纳赋予他的革命的意义则干脆被忽略了，因为信上继续写道：“只要普鲁士国王对他的歌剧院做出一次明智的决定，一切就可以一下子都变好了！”因此，瓦格纳的革命针对的主要是他的个人事业，其次才是文化政治的变革，而且是非常具体地按照他的意义的变革：如果他能够成为柏林的宫廷乐队长——他确实如此期待过，他1847年9月23日写给他的妻子明娜的信证明了这一点（*SB*，卷II，566）——所有革命就都是多余的了！瓦格纳的革命纲领一开始就非常脆弱；个人利益和私人的艺术乌托邦在其中占主导地位；社会因素似乎是可以被取代的。

但是，自上而下改革的希望落了空。直到那时，瓦格纳才将政治革命的需要视为文化进步的前提。预兆说来就来：1848年3月，奥古斯特·勒克尔闯进了一次排练，告诉瓦格纳法国国王路易—菲利普逃亡、共和国宣告成立的消息。在曼海姆，人民要求建立德国议会和新闻自由；在莱比锡，罗伯特·布卢姆和阿诺尔德·鲁格召集了公民大会，决定向萨克森国王递交请愿书。[2]反对审查和要求普选的言论随处可见，但萨克森国王不为所动。直到许多萨克森城市决定向德累斯顿进军，那里的政府才陷入恐慌并递交辞呈。自由主义者很快就派代表进入了新的政府部门；审查制度被取消，公正的司法裁判制度被引入，封建制度被废除，选举权被重新设计。政治性的协会遍布全国，辩论成为萨克森的主要消遣。

成功赶跑了可恨的梅特涅的维也纳革命者尤为活跃。瓦格纳向他们发出贺信，被印在奥地利的报纸上。3月，柏林和法兰克福爆发了街垒战，到3月31日就已经成立一个德意志的预备议会，以为5月18日召开的国民议会做准备。瓦格纳认为，辩论太多了："只是我要行动而不是说说而已，而且是这样的行动：我们的大公们通过我的这些行动摆脱开他们古老的、妨碍德意志共同体的倾向。"（*ML*，376）1849年4月，他写了一首颂歌的歌词《革命》，他在其中庆祝作为创造"自由的人"之前提的暴力颠覆：

> 我要从根本上破坏你们生活在其中的事物的秩序，因为它们源于罪孽，它们的花朵是苦难，它们的果实是犯罪；但种子已经成熟，而我就是收割者。我要摧毁对人施加暴力的所有妄念。我要摧毁一人对他人、死者对生者、物质对精神的统治；我要打破强者、法律和财产的暴力。自己的意志应当是人的主人，自己的思想应当是他唯一的法则，自己的力量应当是他全部的财产，因为神圣的只有自由的人，万事万物皆不会更高于他。应当消灭那种妄念，它给一人以力量凌驾于千百万人之上，使千百万人成为一人意志的臣仆，这种妄念教导说：一人有力量赐福于所有人。平等者不应统治平等者，平等者并不拥有比其他平等者更高的力量，并且由于你们所有人都是平等的，所以我要摧毁一人对他人的统治。（*SSD*，卷XII，246）

西格弗里德来了，要摧毁已存在之物。人们感觉到一种社会政治观念的痕迹，但它被换上了一种生物学主义的—创造性的腔调："自己的力量"应当是"他全部的财产"，其破坏性升级为创造性的冲动："破坏的喜悦同时也是一种创造性的喜悦"，[3]一种思想联系，日益塑造了瓦格纳的无政府主义思想，并成为《尼伯龙人的指环》的一条红线。剧评家爱德华·德弗林特在1848年就谈到了瓦格纳的基本立场："他要破坏，以便重建。"[4]米哈伊尔·巴枯宁早就意识到了这些，但瓦格纳要到后面才认识他。

《革命》一文令人吃惊的地方在于，它通过无政府主义姿态扬弃了社会思想。它丝毫没有提及破坏之后要做什么。社会政治和破坏这两者从一开始就存在，但掩藏在"新的"或"真正的人"的阴影里，这个概念是自1849年起在文章和书信中出现的（*SSD*，卷IV，312，308；*SB*，卷III，312），但暂时只不过是一个令人目眩的打手而已。然而，这一生物学主义的时刻后来具有了某种哲学含义，其意义只有通过未来的音乐创作才能看出来。但是，瓦格纳思想中目前存在的社会主义与无政府主义的矛盾一直没有完全消失：西格弗里德的构想体现了无尽的破坏；它将继续将瓦格纳的无政府主义作为艺术品带入拜罗伊特时代，而社会思想却消退了。瓦格纳的自由思想也只能在1849年之前找到；革命失败后，在"理论"文本中就再也找不到了。

社会革命和自由思想这二者交织在1849年的《为萨克森王国组建德意志民族剧院之草案》中。他在其中提出了戏剧业的民主化、改善艺术家的福利和教育活动。同时，他将此与道德主张相结合："戏剧除了净化品位和习俗之外，别无其他任务。"但是，这份项目书被剧院管理层所拒绝。再一次地，权贵们错失了与这位改革者握手的机会。瓦格纳别无选择，只能投向社会主义者，并亲自参与政治活动。瓦格纳此前很少见，现在却很明显的对社会政治的投入，事实上是实现他的艺术革命理论的**最后手段**。他自己曾说："相反，在孤寂的散步中，我的头脑在思索，总是一再地想象出人类社会的那样一种状态，当时正为其体系的建造而积极工作的社会主义者和共产主义者的最大的愿望和奋斗，为我提供了这种社会状态的共同的基础，在我看到这种奋斗完成了政治变革和政治结构时，**对我说来才有了思想和意义**。这时就我这方面而言，**我才能开始实现我的新的艺术理想**。”[5]这种艺术政治的“新的实现”才真正地根植于他的思想中。瓦格纳虽然并非要把可预见的革命作为事业跳板的机会主义者，不，他坚信革命的必要性。但是，颠覆与社会革命只是“火车头”，它们应当使新的文化秩序的列车得以行进。

图36　奥古斯特·勒克尔，1855年的照片。

通过奥古斯特·勒克尔的介绍，瓦格纳加入了德累斯顿的祖国联合会，该会的宗旨在于实现民主，君主立宪在其看来只是较小的弊端。瓦格纳开始积极参与讨论。

勒克尔出版过一本论普遍的人民武装的小册子，结果却导致他从歌剧界被解职。因此，自1848年8月起，他创立了周刊《人民报》，好维持自己和家人的生计。瓦格纳也为这份刊物工作，尽管很大一部分期刊都被没收了。他的政治活动先是增加了他的声望；在剧院中，这吸引了更多的观众，《黎恩济》和《唐豪瑟》也获得了更多的掌声。吕蒂肖很清楚其中的关节，便建议他很快上演《罗恩格林》。即使在后来发生争执之后，这位监督也没有进行独裁的干预，而是试图通过剧评家爱德华·德弗林特的斡旋来控制这位难搞的乐队长。吕蒂肖没有真正的音乐才能，但并不是一个笨拙的老板。[6]

直到1849年3月，瓦格纳才和米哈伊尔·巴枯宁有了密切的交往。[7]

这位出生于1814年，比瓦格纳小一岁的俄国贵族、革命家和颠覆分子，在巴黎参加过1848年的起义，后来去了布拉格，那里的五旬节起义失败后，又经莱比锡逃到德累斯顿。勒克尔立即将他介绍给瓦格纳。在巴黎与蒲鲁东和马克思打过交道的巴枯宁，以"施瓦茨博士"的名字在瓦格纳家附近租了一个房间。尽管他那必须要先烧尽一切的观念很粗暴，但他浪漫又坚强的个性使每个接触他的人都为他着迷。瓦格纳也是如此。萧伯纳在他的文章《瓦格纳寓言》(1898)中走得太远，他认为巴枯宁是瓦格纳的西格弗里德的原型，甚至用巴枯宁替换了西格弗里德这个名字。这与历史现实差得有多远，从一件事中可见一斑：巴枯宁自己在被捕时，将瓦格纳称为幻想家。

在此期间，一位新的小提琴手，特奥多尔·乌利希加入乐队。[8]瓦格纳很赞赏这位二十七岁、教养良好的音乐家的快速理解和清晰表达的能力。他们之间形成了一段友谊，到乌利希1853年早逝为止，由于勒克尔因政治工作而疏于来往，因此乌利希在乐队长下午一边讨论一边散步时成了陪伴者的角色。

图37 米哈伊尔·巴枯宁。

1849年6月14日，瓦格纳在祖国联合会中，在3000名听众的热烈掌声中，宣读了自己的论文

《共和理想应如何应对君主政体?》,对于萨克森,他希望实行君主立宪、普选、共和的人民武装和废除上议院。至于王室,他要求,君主应成为"第一位的也是真正的共和主义者"。他呼吁国王站到最前线,以改善民众的处境,并仔细地听取这些人而不是他的廷臣的意见。这篇文章引起了巨大反响。然而,瓦格纳超越了他的政界朋友们的目标,他们猛烈地批评了他。阿诺尔德·鲁格,德累斯顿革命的先驱之一,后来说起了"瓦格纳不成熟的、不可思议的胡扯"。剧院监督对宫廷乐队长的非艺术性活动感到愤怒,并严厉地警告了他;《黎恩济》从演出计划中消失了。但是在给国王的一封信中,瓦格纳让他知道,他是以何等理想的方式来看待一个满足这些愿望的君主的。国王又一次买了这个"反贼"的账,并通过吕蒂肖批给了他一段额外的假期,直到这场风波平静为止。

在这段特别的假期里,瓦格纳于1848年7月前往维也纳,"为了散散心",他写道(*ML*, 380)。但这次旅行的真正目的是,他想去探听一下,维也纳的五所剧院中是否有对他的改革思想感兴趣的。他口袋里装的东西是极具革命性的:他写出了一份联盟方案,这五所剧院都应该联合起来,这样就可以有计划地合作,避免在无用竞争中浪费协同效应,这一方案与如今维也纳所实践的惊人地相似。瓦格纳还见到了当时最富影响力的音乐评论家爱德华·汉斯立克。[9]那时,他还很喜欢这位萨克森的乐队长——后来他就会对他滥用小提琴颤音和减少属七和弦等大加指责。汉斯立克记录了一次晚间的相会:"瓦格纳醉心于政治;他期待革命的胜利能带来艺术、社会、宗教的彻底重生,全新的戏剧,全新的音乐。"[10]

正如他所期望的那样,当他回到德累斯顿时,局势已平静下来,瓦格纳可以不受干扰地继续他的歌剧工作。但是不久之后,他不仅遇到了原有的财务问题，还碰到了新的问题，即吕蒂肖的阴谋，此人试图煽动乐队对抗瓦格纳，这让他“现在真的激起了对这个人的敌意”（*ML*, 384）。瓦格纳继续写道：“从现在起，我保留这个乐队长的位置，只是为了解救我所处的恶劣状况的燃眉之急罢了。我不做任何会使这种状况变得更恶劣之事，但我也决不做能使这个职位保持下去的事，哪怕是一点点。”（*ML*, 384）

8月底，他在魏玛待了几天，与弗朗茨·李斯特谈了话。李斯特在春天就造访过德累斯顿，他们在舒曼家共度了一个晚上。那时他们激烈地演奏和争论——不过，据说罗伯特·舒曼在谈到门德尔松和迈耶贝尔时说了很过分的话，而李斯特对此绝不赞同。瓦格纳在《我的生平》中说，舒曼很生气，但他和李斯特的友谊在这些日子里却变得更加亲密了。

《维伯龙人》

1848年夏，瓦格纳狂热地投身于写作。他先是写了高度理论性的文章《维伯龙人：传说中的世界史》。瓦格纳在文中提出了假设，即“元王国”（*GSD*, 卷II, 116）之类的神话原型在历史中不断重复出现。他认为，尼伯龙人就是古法兰克王族维伯龙人——这一点已为历史学家所驳斥。他首先描述了一个源于印度的“元王国”经特洛伊和罗马而至施陶芬及弗里德里希·巴巴罗萨皇帝的发展过程。弗里德里希被当作这个元王国历史上的，而西格弗里德被当作其神话中的形象。这个“世界上最古老的、真正合法的王族”在“德意志民族”中保存了下来——费希特和黑格尔收到致敬——它源自神之子，他“在其后代族裔中叫作西格弗里德，但其他民族则称他为基督”。那个时代的目标是

"在精神上打开圣杯中的宝藏"。瓦格纳认为，在"德意志的诗人"，即埃申巴赫的沃尔夫拉姆那里，圣杯是"尼伯龙人的宝藏的理想代表与继承"(*GSD*，卷II，150)。然而，这一元王国却因教会要求权力，因韦尔夫家族的割据主义，因意大利北部城市的资本主义而失败了。因此，我们有了德意志"宝藏"的"现代"敌人：教会、君主、社会、资本家。资本——在瓦格纳这里意为财富——取代了宝藏，而宝藏因此逝去，并指向救世主形象弗里德里希—西格弗里德—基督："他为了宗族的福祉[……]承受了死亡。"(*GSD*，卷II，146)瓦格纳还在这篇文章中唤醒了所有基督教的幽灵之中最黑暗的那个，他认为，"我们今天仍要为基督向犹太人复仇"。瓦格纳将"复仇的动机"视为"道德的"，并据此推断，"德意志人"拥有(黑格尔学派意义上的)资格，可以"宣称世界的统治权"(*GSD*，卷II，144，146)。

如果这篇文章没有在1950年后去纳粹化了的德国产生令人惊讶的影响的话，人们可能就会因其过时而将它置于一旁。"宝藏"—"圣杯"—"财富"的三步走，促使许多作者从《维伯龙人》中提炼出一个"新的瓦格纳"：一个社会主义的瓦格纳。事实上，这篇文章跟艺术社会主义几乎毫无关系，但它体现了向《尼伯龙人的指环》题材靠近的第一步——在那部剧里，瓦格纳才具体地考虑了政治。他暂时还在努力地筛选和处理大量素材。如果对**财产关系**的批判是主题的话，那么他在这里或许就是一个社会主义者。但事实并非如此。对于瓦格纳而言，更重要的是，首先将"宗教和传说"从根本上理解为"对事物本质的流行观点的塑造"(*GSD*，卷II，123)，其次，对弗里德里希—西格弗里德—基督的等同，为他未来的尼伯龙人神话的主角西格弗里德提供了宗教哲学上的合法性。瓦格纳当时在两个不同的层面上自我表达，一个是在纯粹的政治作品中，一个是在通向**尼伯龙人神话**的艺术作品中。

在他的政治作品中，首先要提到的是《德意志及其君主》。它于10月15日在勒克尔的《人民报》上发表——出于谨慎起见，是匿名的。在这篇文章中，萨克森的韦廷王室不再能幸免，跟其他德意志诸邦国的统治者一起遭到了批判，因为他们自六个月前爆发动乱以来什么都没有做。或许这是瓦格纳唯一一篇只研究社会问题的作品。他以惊人的客观态度分析了社会状况并得出结论："我们苦难的原因在于，工作不能够理所应当地获得报酬"，他以激情的呼唤结尾道："醒来吧！最后的钟声敲响了。"（*SSD*，卷XII，414，416）

可能是对瓦格纳在6月接到警告之后仍然出版政治作品、进行政治活动做出的反应，剧院管理层在1848年10月取消了《罗恩格林》的首演。当然是吕蒂肖"从上面递了眼色"，但瓦格纳后来才发现这一点（*SB*，卷VIII，372）。他对老板很是愤慨，写道："在我这方面来说——一刀两断了。"[11]但是，可以想到，放弃演出计划和退掉所有布景不仅仅是惩罚措施。《罗恩格林》无疑也是一部革命歌剧——至少是一部具有德意志民族意识的歌剧：瓦格纳后来（1853年10月31日）在给德累斯顿的朋友费迪南德·海涅的信中强调，演出不应将"仪式性的东西掺入那个时代的高贵、素朴之中"，他"根据最美的、理想的本质"描绘了"一个古老的德意志的王国[……]"——"这里没有专横的奢华"，没有"保镖"，"没有机器！"（*Burrell 1950*，444）吕蒂肖显然要面对恐惧：如果观众在瓦格纳乐剧的激情中，在开放的场景里，不由自主地开始游行示威，什么样的命运会落到他的头上？

诸如"德意志利剑为了德意志土地"（《罗恩格林》第三幕）之类的口号，对于德意志外省小邦的统治者来说什么都不是。但作曲家没有看到这一点。他只是发现，在过去的六个月中不仅没有发生任何事——相反，他还能留在德累斯顿的唯一原因，即持续上演他的最新作品，现在也落了空。从此刻开始，他才想到真正的颠覆：只有先绕道政治，他才能看到改变其艺术生存条件的可能性。**妨碍他的创造性发展的社会秩序必须推翻**。

10月底，维也纳遭到炮击，罗伯特·布卢姆和其他起义领导人物被枪决。在柏林，国王驱散了普鲁士的国民议会，演变成血腥的暴行。瓦格纳在勒克尔的《人民报》上发表了檄文《人与现有的社会》，这是一篇对贵族统治的战斗宣言："我们现有的社会对我们拥有可怕的权力，因为它故意抑制了我们力量的增长。这场[针对他们的]神圣战争的力量只能从我们对他们的堕落的认知中获得增长。"（*GSD*，卷XII，242）

无论如何，1849年2月16日，《唐豪瑟》在李斯特的指挥下在关系密切的魏玛宫廷歌剧院上演。这是《唐豪瑟》第一次在德累斯顿以外的地方演出。官方的原因是，魏玛大公夫人、俄国沙皇的妹妹玛丽亚·帕夫洛夫娜过生日。李斯特克服了瓦格纳这部作品在演出上据说难以战胜的困难，而与李斯特的友谊也因此在瓦格纳心中盖章认证了。不过，下一部作品已开始酝酿。根据前文提到的政治信件，在《维伯龙人》中尚未成形的尼伯龙人思想逐渐形成它最初的文学形式。

《尼伯龙人神话》与《西格弗里德之死》

早在1848年4月1日，爱德华·德弗林特，德累斯顿宫廷剧院的剧评家和瓦格纳的挚友，就写道："他[瓦格纳]告诉了我一个新的歌剧计划，取材于西格弗里德传说。"[12]这是已知的对瓦格纳庞大的尼伯龙人系列作品的第一次提及，但它成长为戏剧的第一笔似乎要到1848年秋天才落下。值得注意的是，后来分为四部大型戏剧的《尼伯龙人的指环》此时已大致勾勒出了情节框架——除了结局还要经过许多次修改。众神之父沃坦无法避免的悲剧已经确立了起来，他没有犯下新的不公，但陷入罪责之中无法清偿。在瓦格纳的任何其他作品中，希腊悲剧的影响力都不具有可堪比拟的强大力量，而由于只有人类拥有，而神不曾拥有的**自由意志**的介入，瓦格纳这部后期的伟大作品具有了哲学的意义，而这在戏剧界是很少能达到的。不过，在其序言中就已经揭示了相反的要素：

> 夜与死亡的怀抱中孕育出一个种族，他们生活在尼伯海姆（内伯海姆），即地下黑暗的深渊和洞穴中：他们叫作尼伯龙人；他们以不安定的、不停歇的活跃在大地的内脏中钻行（就像蠕虫在尸体之中）；他们烧灼、提炼、锻造坚硬的金属。（*GSD*，卷II，156）

这个族群中有一人叫作阿尔伯里希，他成为尼伯龙人的统治者，还有一个叫迷魅，是他沦为奴隶的弟弟。后来还有阿尔伯里希的儿子哈根。尼伯龙人的共同点是“无益的活跃”，他们“卑鄙而阴险地”苟且偷生：他们是敏捷的贼，不会进行创造性的工作；他们是劣等人。甚至在瓦格纳开始创作之前，他就将自早期浪漫艺术以来传播的反犹主义的蠕虫形象，用在了1850年的小册子《音乐中的犹太性》之中。值得注意的是，瓦格纳的思想朝向一个带有种族主义色彩的反犹主义过渡，并不如通常所认为的是从1850年开始的，而是最晚始于1848年。更重要的是，这种发展与“尼伯龙人计划”的出现有因果关系。这绝不意味着《尼伯龙人的指环》是一部反犹艺术作品，但“只”意味着，在其最深的起源之中，不仅仅有着哲学的和社会政治的观念，更仔细查看之后，还能发现反犹的、种族主义的观念。这些元素在作品中与其他的，甚至相反的主题交织在一起，以非常黑格尔的方式进入多阶段的冲突。甚至可以预料，在这系列作品的结尾处将呈现非常黑格尔的合题，其本质上是超验的，并将这一超验的本质以纯粹的音乐性实现；它包含了作品最深层次的哲学含义。但是，这一辩证过程一方面是由沃坦的悲剧，另一方面是由尼伯龙人天生的“邪恶”所造成的，如果没有一个反犹主义的“原点”，它就根本不会出现，从上面的引文可以看出，这一过程在1848年的第一份草稿中就已经开始了。因此，密切关注反犹主义的消极输出就很重要了，否则整个作品的结构将失去一部分立体感，并会使伟大且绝对是崇高的作品结局变得模糊不清。

草稿《尼伯龙人神话》在1848年10月4日完成，随后逐渐完成了《西格弗里德之死》的散文稿（10月20日）和诗稿（11月12日至28日），这是“尼伯龙人计划”的第一种戏剧形式。12月，瓦格纳就能在朋友圈子中朗读这首最新的诗作了。剧院里来了导演威廉·菲舍尔，合唱团指挥海涅带着儿子来了，还有汉斯·冯·比洛、画家阿道夫·基茨、卡尔·里特尔和戈特弗里德·森佩尔——一个非常高雅的团体。他们意识到自己面对的是什么，自己共同经历了有史以来最伟大的乐剧系列的诞生吗？尽管它是以结尾开始的，因为《西格弗里德之死》对应着后来的《诸神的黄昏》——《尼伯龙人的指环》的第四部分。但是，这里的后续部分包含了叙事上的早前故事。直到1850年之后，瓦格纳才注意到这个初稿不能满足他的期望，并认识到，他必须将早前的故事发展成独立的戏剧，才能获得情感上的信服力。随后，他创作了《西格弗里德》、《女武神》和《莱茵的黄金》，与最终系列作品的顺序刚好相反。但对于开端《莱茵的黄金》，无法从瓦格纳到那时为止吸收的作品中获得任何形象。卡尔·马克思的物质论对此不能提供合适的建议，相反，更多的倒是有赖于19世纪初的观念论作家。

法国社会主义者

亨利·德·圣西门宣传“人类的世界共同体之爱”，并将艺术家看作社会真理的传道者。在圣西门主义者中值得注意的还有“恢复肉体的名誉”的要求和女性权利平等的设想。青年德意志派从中提炼出“未来的女性”这个概念，它也出现在瓦格纳的作品中，并在森塔和布伦希尔德等人物中得到体现。[13]

皮埃尔—约瑟夫·蒲鲁东为瓦格纳所注意则相对较晚，他首先是在与奥古斯特·勒克尔无尽的散步谈话中出现的（见*ML*，387），并且是作为将所有早期社会主义倾向归纳为一座理论大厦的人物。瓦格纳经常提到他；在1850年的《褐皮书》中，瓦格纳写道：“许多蒲鲁东的财产。”他指的是蒲鲁东的主要著作《论财产》（1840），这是一部早期社会主义的圣经。这本书中的两句格言“财产即自由”和“财产即盗窃”直到今天仍很有名，瓦格纳在后来的文章《未来音乐》（1860）中引用了它们：“人类不要再通过资本的积累来剥削人类了！”（*GSD*，卷VII，95）在《莱茵的黄金》的阿尔伯里希角色中，瓦格纳创造了资本的绝对形象。蒲鲁东还新提供了社会颓废这一敌人形象：犹太人，他们被从过去的教会反犹主义的阴影中取出来，再被套上钱袋犹太人、社会和平的破坏者的丑陋角色。瓦格纳将非常准确地把握这一点——还有社会思想，它最初如同一道明亮的火焰从他头上掠过，即使很快就只剩下点点微光。

《拿撒勒的耶稣》

1848年，瓦格纳虽然写出了《西格弗里德之死》的剧本，但还远没有做好作曲的准备。作为相当“生物学主义”的西格弗里德的替代，他开始尝试一个明显更加“社会性”的主角——基督。1849年1月，瓦格纳开始创作一部戏剧《拿撒勒的耶稣》（*WWV* 80）。尽管它从未完成，但它的重要意义在于，揭示了一种明确的资本主义责难，其与对犹太教的严厉批判密不可分。耶稣受困于一个以财产为导向、拘泥于法律的时代——这当然指的是瓦格纳的时代。然而，“他的”耶稣被洗净了犹太出身，被剔除了：“因此，耶稣抛弃了大卫的血统：他自上帝经亚当而来，于是他的兄弟是全人类[……]他在他们之中宣布了他对人类的，而不是对犹太人的救赎职责。”[14]通过绕开大卫，呼唤所有人（也包括基督徒）的祖先亚当，耶稣被“去犹太化”了。值得注意的是，这一设想在德国观念论中就已提出（如费希特），也为叔本华所采纳，又在1849年出现在瓦格纳笔下。在《拿撒勒的耶稣》之中，财产被定义为法律：“法律”始终保护“财产，但并不保护人类自由天性的本质”。[15]从这个角度来看，资本主义似乎是犹太教的发明。瓦格纳模仿社会主义者，认为富人即窃贼。正是在这一背景下，瓦格纳发展出了自由和爱的观念。耶稣用新的、爱的法律取代了旧有的法律。瓦格纳知道这有多么乌托邦，他因此将废除财产所有权作为救赎的前提。它可预见的无法实现，导致了作为某种自我牺牲的耶稣之死。

瓦格纳也把这份《拿撒勒的耶稣》构想告诉了巴枯宁，据说他曾很兴奋地建议让男高音唱：“砍下他的头，而女高音应该唱：吊死他！”（*ML*，401）

在《拿撒勒的耶稣》之中，瓦格纳的爱的概念最终被定义为“神之爱”。但瓦格纳的神，完全按照费尔巴哈的精神，指的是人自己：“但神是爱的法律，如果我们知道这点并照此行事[……]我们就是神。”[16]这一步至关重要。法国社会主义者提出对社会的分析，并给出改良社会的指示。瓦格纳通过将神与人联系起来，最终挣脱了所有社会观念。

对于他来说，每个人现在都是他自己的神，因此是自己的主人。瓦格纳从社会主义跨向了无政府主义。他没有（像蒲鲁东那样）提出新的法律，而是提出有趣又混乱的格言，尤其是针对女性："女人的本质是［……］自私：女人不付出，只接受。就像孩子一样［……］，女人本身并不完善，只能响应男人的爱采取行动：在她献身于那个让她感受到他的爱的男人时，她才找到了摆脱普遍性自私的唯一可能。"[17]这与瓦格纳笔下各个女主角的基本特征是一致的，尽管他的戏剧很伟大，但这些女主角原本是出自一种反女性主义的精神的。

瓦格纳的革命意识形态，可以从"尼伯龙人计划"和《拿撒勒的耶稣》创作时间的相近来解释。民族主义的自由渴望与一丝对社会和人道主义的捍卫混杂在一起，后者在"洗净"了犹太性的耶稣身上得以体现。除了名字以外，他与基督教的主要人物几乎没有任何关系，却创造了一个不容忽视的反犹语境。这指向了蒲鲁东的传统，他的资本主义批判同样也是敌视犹太人的。蒲鲁东的自由主义虽然也提出了自由要求，但最主要的是**摆脱犹太金钱束缚的自由**。在戏剧上，瓦格纳对社会主义的双重态度，对"最具社会批判性的"作品《莱茵的黄金》产生了特别复杂的影响。

《尼伯龙人的指环》系列作品
创作过程中社会思想的磨灭

在从最初版本《西格弗里德之死》到最终的《诸神的黄昏》的创作过程中，瓦格纳多次更改了剧终处布仑希尔德的独白，从而改变了其含义。在《西格弗里德之死》中，社会思想是活跃的，尼伯龙人从他们的奴役状态中得到拯救：

> 你们尼伯龙人，听我的话！/我取消了你们的奴役：/锻造指环之人，束缚了你们这些活跃的人——/他不应再得到它。(*GSD*，卷II，227)

早在1852年，在《诸神的黄昏》的初稿中，早期社会主义者的“社会爱”就已经被牺牲了，只剩下布仑希尔德和西格弗里德之间个人的，当然也是隐喻的爱，它以真正的无政府主义精神消解了所有社会纽带：

> 不是神，不是黄金，/也不是神的荣光；/不是房屋，不是宫殿，/也不是专横的辉煌；/不是阴险的合约/欺骗的盟誓，/不是虚伪的习俗/冷酷的法则：/在享乐和受苦中赐福的/——只有爱。[18]

在1856年的最终版本中，故事再度形成一个闭环；指环被还给莱茵河的女儿们（还有自然的黄金），如同《西格弗里德之死》中的情节一样——但在1852年的版本中却没有：

> 现在我把我的遗产/收归自己。/可恶的指环！/可怕的指环！/现在我拿起你这金指环，/把你交出去。/莱茵河深渊中/聪明的姐妹们，/游泳的莱茵河女儿们，/我感谢你们诚实的建议。/我要给你们，/你们所渴望的东西：/从我的骨灰中/你们把指环拿去！/焚化我的烈火/能清除指环上的咒语[……](*GSD*，卷VI，253)

在结束阶段的文本中，原始版本的社会革命视角被自然神话视角所取代：指环的归还不再用来解放弱者，而是要恢复自然的纯洁。社会主义在1856年不再存在于瓦格纳的艺术规划中；即便它后来还偶尔在他的书信和文章中闪光，却不再形成艺术计划。《诸神的黄昏》结尾还有其他的要点，特别是它的作曲，讲述了它自己的“故事”。[19]

瓦格纳在巴黎参加了一场6000名社会民主党人的集会，对此印象非常深刻；他认为，最迟在1852年必须进行新的颠覆。德意志邦联的反动派的行为，仿佛神和世界只为他们的利益而存在；不能再这样下去了。精英们总是引用的黑格尔的名言“合理即存在，存在即合理”（《法哲学原理》序言），从来都不是对的。在这一点上必须同意瓦格纳。他从朋友奥古斯特·勒克尔那里抄来的社会主义，考虑到社会条件，考虑到绝望者从不间断地离开德意志和欧洲前往海外，似乎是合理的。

但瓦格纳的革命概念并没有朝这个方向发展。可以看看他在1851年7月2日写给恩斯特·贝内迪克特·基茨的信：“我热衷于革命，只有能够再次经历革命并参与其中的希望，才能真正给我带来生命的乐趣。现在，巴黎必须开始行动，这是很自然的！”（*SB*，卷IV，70）而他在1851年10月22日对乌利希说：“但是，当巨大的巴黎被烧成废墟时，当大火从一座城市蔓延到另一座城市，我们自己最终在狂野的激情中点燃这些无法清理的奥革阿斯牛圈，以获得健康的空气时，会变成怎样？”这不是社会改革者讲的话，而是无政府主义者，而瓦格纳此时就是个无政府主义者。因为他仍然没有社会未来的计划，正如这封信的后面所显示的那样：“会出现什么有用的东西吗？［……］我们的救赎者正迅速摧毁阻碍我们前进的东西！何时？——我不知道，因为这里什么也没发生——我只知道，下一场风暴将大大超越以前的风暴，政府1847年的‘二月革命’大大超越我们的预期。要做的只剩下一件事，而这是绝对必须的。”只有经过这场“火的洗礼”，才能想象“一个热情的人”［意即一个瓦格纳这样的人］，他“收集了我们古代艺术的生动遗产并对他们说——谁有兴趣帮我上演戏剧？［……］如此出现的人，将在一座迅速建起来的木质建筑中突然向人们展示什么是艺术”（*SB*，卷III，461）。就像1848年一样；唯一的新鲜事物是，从前的社会革命目标消失了，剩下的无政府主义热情完全是为了缓慢实现的未来作品计划。

从工具化到作伪

后面能拿无政府主义者瓦格纳怎么办呢？什么也做不了。格拉泽纳普不理解他。萧伯纳，如前文所述，曾经在1898年尝试研究过“社会主义的瓦格纳”，但这次颇有见地的实验相对而言未产生任何结果。[20]但是在1950年之后，尤其是从1968年开始，人们又想起了这一点，现在它已得到最大程度的利用。汉斯·迈尔和路德维希·马尔库塞可以被视为“左翼极端分子瓦格纳”的发明者；[21]在这种意义上，阿多诺自1957年、布洛赫自1960年、迈尔自1963年起对拜罗伊特音乐节的节目单发表了评论。必须给瓦格纳的作品赋予足够多的社会政治热情，才能使之摆脱当时尚未远去的“第三帝国”阴霾。马丁·格雷戈尔—德林在最广泛的层面上推广了“社会主义的”瓦格纳。在他出版于1980年的瓦格纳传记中，他将《尼伯龙人的指环》宣扬为“在自然主义出现之前德国唯一的社会主义艺术品”。[22]类似的段落比比皆是，而他的影响可以在后面的许多作者之中感受到。[23]将瓦格纳打扮成一般社会主义者的诀窍，在于有意地误解了无政府主义，无政府主义在历史上有时与激进社会主义密切相关。但是，对于瓦格纳来说，这是两件不同的事；他从未摆脱无政府主义。

13

理查德·瓦格纳生命中的关键七天

图38　烈火中的德累斯顿宫廷剧院,1849年。

革命与无政府状态:艺术取代社会

1849年5月3日至9日的德累斯顿起义,最深刻、最猛烈地体现了理查德·瓦格纳充满各种事件、历经高峰低谷、体验“奇迹”与灾难的一生。这次革命也特别是瓦格纳接受史上的一块绊脚石，因为每个记录者都**必须**或至少尽可能地做出个人判断：作为革命者的瓦格纳是一个“罪犯”，一个“活该”被通缉的逃亡者，抑或**他**——至少就其意图而言——是“有理”的？如果德累斯顿革命获胜（若是没有普鲁士军队的干预，这本是可能的），就不会有这个问题了：**胜利的革命总是正确的**——但是德累斯顿人失败了。那么因此它便是非法的吗？它“非法”只是因为，法律总是由胜利者书写的。只是强权暴力，而不是法律，更不是人权，在一百五十多年的时间里，决定了瓦格纳是否应当被视为“丧失了名誉”。

直到1968年之前，德国从根本上说都是一个专制国家，因此合法性经常被视为属于国家权力的一方，而瓦格纳当然就属于错误的一方。失败之后他很快就明白了这一点，因此他在1849年夏天的第一封信中就向后退缩，转而开始构建他的私人神话的另一部分，根据这一神话，他对革命的参与度处于可以原谅的范围内。典型的是《我的生平》中对事实的处理，熟练的春秋笔法尤为突出。瓦格纳在记忆中混淆了很多事情，并按错误的时间顺序描述了5月8日和9日的事件，这或许可以归咎于二十年后回顾时的记忆空白；他将过程英雄化和浪漫化了，这对于一部自传来说并不罕见。但是，他也隐瞒了有关他自己的暴力倾向的重要细节。

传记作者的处境一直都很复杂。一方面，他们必须忠于瓦格纳；另一方面，如果传记获得成功，他们在表达中绝不应在任何时候对国家权力，即便是当年的国家权力的合法性提出任何质疑。可以看到，传记作者不仅为自己笔下的主角写作，而且还为特定的读者写作。卡尔·弗里德里希·格拉泽纳普为威廉时代的读者写作，并且在柯西玛·瓦格纳的压力之下，他依赖她提供的传记素材。柯西玛对革命的立场是明确的；在公开瓦格纳的书信时，她并不回避作伪，例如将给特奥多尔·乌利希的书信中的“革命之后”替换为“在完全不同的情况下”等；[1]她尽了一切努力，将1849年的丈夫的态度描述为“一个醉心戏剧，虽然略微狂热，但本质上远离政治的艺术家”。[2]格拉泽纳普为此做了准备，并在1889年专门为此主题发表一篇文章：《作为“革命者”的理查德·瓦格纳与瓦格纳艺术作品中的“革命”概念》。作者在这篇文章中甚至彻底颠覆了历史，声称“在我们这位德意志大师的表现中，体现的不是革命精神，而是**对我们德国人所陌生的革命精神的战胜和克服**”[3]。在这种情况下，格拉泽纳普在他的巨著，一部六卷本的瓦格纳传记中，在第二卷的前言里用长达十二页的篇幅完成了颠倒是非、隐瞒真相的真正艺术大作，为的是将瓦格纳非常积极参与的这场革命——它从今天的历史角度来看是丝毫不成问题的——变成一个“纯粹的插曲”，据说这完全是基于“‘革命’的理想含义”。[4]面对“革命”这个词，格拉泽纳普如此恐怖，以至于他将它当作一个恶语，始终把它放在引号里。当时形成意见的过程中有不同意见的人，如胡戈·丁格，他引用了其他证词——如一位女性证人的言辞——格拉泽纳普则说这些是“不准确的，符合其来源的女性特征”，称其无关紧要。在那一章的结尾处，他指出，他认为**每一次革命本身**都是罪恶的。

还可以继续对简短的接受史进行回顾。鉴于瓦格纳的不准确之处，以及1849年原始资料的难以获得，格雷戈尔—德林给出的图像则有些模糊。国家层面最精确的资料之一是仅在1849年就印刷了四次的某位卡尔·克劳泽博士的文章。[5]它是四十篇著名的同时代记录中材料最丰富的一种。最好的材料收集是德累斯顿档案馆负责人格奥尔格·赫尔曼·米勒所著的罕见书籍（1919），[6]他可以接触到原始卷宗；抽样显示，他正确地使用了这些卷宗。令人惊讶的是，即便是对于那些在1968年之后写作的作者们，“造反”这样的词也显得非常陌生，以至于他们有意淡化这些词，省略了重要的事情，并重新解释为瓦格纳所谓的优势——以牺牲准确性为代价。[7]正如格拉泽纳普所说的，在一部瓦格纳的传记中找不到**对我们德国人来说完全陌生的革命精神**——难道这种话是真的吗？

德累斯顿革命与现代革命有一些共同之处，它们在国际法上不再根据胜利者的原则，而是从人权的角度来判断。在萨克森国王解散了仅上任几个月的议会而违反了宪法之后，他下令自己的和境外的（普鲁士的）军队开枪射击那些敢于怀疑他的神授君权并发起叛乱的臣民。一个因自己的公民与其想法不同便朝他们开枪的国家元首，在今天会被剥夺其合法性。因此很显然，德累斯顿革命在**原则上**是合法的。如今，合法性一词不仅在时间上是“正确”的，还包括马克斯·韦伯所称的“思想方面的意义”——在德累斯顿即为民众的意愿。权衡这些法律资产时，思想的关联性起着决定性作用，因此，**至少在今天**，王国相对于民众意愿的合法性要低。马克斯·韦伯的态度后来被古斯塔夫·拉德布鲁赫1946年的著名作品《法律的不法与超法律的法》纳入法律史之中，这对于1945年以后对纳粹司法的甄别非常重要。[8]即便1849年革命彻底失败了，也可以说瓦格纳的参与在**根本上是合法的**。他反对在当时就已经过时了的封建王国和腐败的官员制度，在1849年5月9日以后，官员与完全失控的军队一起实施了可怕的镇压。当时发生的事情就像所有可能发生的侵犯人权的血腥事件一样。[9]因此，我们完全可以拒绝一百多年来的习惯，即又要接受当时国家的合法性，又要拯救革命者瓦格纳，而若不歪曲事实是做不到这一点的。

对瓦格纳而言，失败的革命这一生活片段既不是偶然，也不是灾难，它是无可避免的。他处于完全被封杀的境地，德累斯顿剧院监督既不愿也不能上演他一年前就已完成的杰作《罗恩格林》。这也是不可避免的，因为瓦格纳已经放弃了追随统治者。监督冯·吕蒂肖必须阻止瓦格纳，这是他的职责。瓦格纳必须投降，或者打破封锁。在所有谈判尝试均告失败之后，就只剩下革命了。

1849年2月24日，自1848年3月上任的、由自由派政治家领导的政府辞职。弗里德里希·奥古斯特国王任命了弗里德里希·费迪南德·冯·博伊斯特男爵，一个忠于国王的反动派，他立即站到了所有自由派的对立面。3月23日，国民议会在法兰克福通过了《德意志帝国宪法》；3月28日，普鲁士的弗里德里希·威廉四世获得了德意志帝国的皇冠，但他在4月3日拒绝了，因为它不是神授予的，而是民主选出的代表给他的。[10]《德意志帝国宪法》为28个邦国所接受，只有普鲁士政府和卫星邦国汉诺威与萨克森的政府拒绝了它。萨克森的国民议会则在4月12日和14日投出了赞成票。在秘密勾结之下，普鲁士国王和萨克森国王分别于4月27日和4月30日解散了他们的国民议会；在德累斯顿，所有具有自由派思想的内阁大臣都被解雇了。萨克森的各个地方和民众的各个阶层都对国王提出了上诉，不愿反对选出的民众代表。弗里德里希·奥古斯特坚决反对，他充分了解自己正面临着起义的危险（正如柏林已经发生的）。他的大臣们似乎乐见其成，好以军事力量破坏民众的意志，在人民奋起暴力反抗之前。1849年5月2日，人们终于知道，萨克森政府已求助于柏林，好在爆发起义时请求普鲁士出兵。

德累斯顿起义的过程

1849年5月3日，谣言愈演愈烈，说普鲁士将对萨克森的宪法争端进行军事干预。德累斯顿王宫里开进了步兵和炮兵，人民开始建造街垒。当人群接近军械库时，步兵开枪还击；出现了第一批死者。由此，动乱才开始爆发。一个临时的民众代表机构形成了；在奇尔纳和指挥官海因策的陪同下，一个代表团被派去面见国王，尽管国王受到很大震撼，但他还是确认了他旧有的决定，只要普鲁士不承认《德意志帝国宪法》，他就不会接受它。

5月4日。国王和政府一早离开德累斯顿，逃往国王岩堡垒。国王逃走的消息传开后，德累斯顿的议员和安全委员会于下午两点左右选出临时政府。奇尔纳、霍伊布纳和托特先生当选。军队不时换边站。“纸条被绑在士兵们看得见的角落，并且用大号字母写着：**你们和我们一起抵御外国军队吗？**”[11] 傍晚，一部分国王政府人员返回德累斯顿。

5月5日成为主要战斗日。许多德累斯顿人逃跑了。在一份公开声明中，政府发布了国王的公告，国王在其中确认了自己的决定权，并敦促动乱制造者投降。未果，军队于下午两点左右开始真正的战斗，实施了包围老城的策略。暂时只有王宫需要积极防御，起义者正集中力量进攻王宫。同时，第一支普鲁士军队抵达德累斯顿新城。

5月6日。被普鲁士干预的消息激怒，起义者在凌晨四点左右就开始向军队发起猛烈进攻。大约七点钟，老歌剧院和一部分的瓮城陷入大火。战斗持续了一整天，在普鲁士的支持下，军方继续包围并取得重要进展。

5月7日。巴枯宁对市政厅决策的影响导致防御努力残酷化。更多普鲁士军队抵达、参加战斗，在老城中越来越快地前进，房屋一座座被征服。傍晚，起义者逃离城市。

5月8日。军队已抵达圣十字教堂，但此后“由于双方的疲劳而停火”。更多的普鲁士援军抵达德累斯顿。

5月9日。由普鲁士军队主导的大型街垒战始于凌晨两点。“这里

图39　萨克森国王让自己的和普鲁士的军队向他的人民开枪。德累斯顿革命——瓦格纳正在其中。当时的版画。

仍然有许多血在流淌。听到这个消息，反叛者逃跑了，以奇尔纳、霍伊布纳、巴枯宁为首。[……]”早晨发布了公开声明：“自上午九点半起停火。整个老城都在军队的控制下。反叛者四散奔逃。”[12]共建立了约120处街垒。1.2万至2万名志愿者加入进来。事实上，这是一场内战，而不仅仅是一场“起义”（或“动乱”，如人们淡化它时所说的）。如同在内战中一样，士兵在镇压之后犯下了难以想象的残酷行为；国王的民政当局在接下来的几个月中建立了相当完善的报告和公开制度，以便在系统性的镇压中“安抚”整个国家。[13]

瓦格纳在起义中的作用

资料显示，瓦格纳非常积极地参加了战斗。费迪南德·普雷格的记录很有帮助:“瓦格纳在1849年‘五月革命’期间更加活跃,尽管他后来付出了很多努力淡化了自己的活动。”[14]马克斯·马利亚·冯·韦伯,《魔弹射手》作者的儿子,也证明了这一点:他曾看到瓦格纳拿着一支步枪;瓦格纳还建议,从屋顶上取铅下来制作子弹。[15]在《我的生平》所隐瞒的瓦格纳的行动中,与奥古斯特·勒克尔的一次会面尤为重要:1849年5月初,他们俩一起在一个铜匠那里订购了手榴弹的金属盖。德累斯顿的文件显示,订购是勒克尔做的,但瓦格纳跟他一起去了。[16]无论他参与的形式和程度如何,这在道德上都是有疑问的,因为在这个时间点,尚不能预见王室在宪法问题上的强硬态度,各方都有保持和平的义务。如果瓦格纳由于参加革命而在**原则上**被“无罪释放”,那么那些预示着**过早的**暴力行动可能性的行为就必须批判性地强调。

在骚乱爆发之前,瓦格纳已经与其他民主主义者和革命者,如勒克尔和巴枯宁见面商议了。[17]《我的生平》直到5月3日,革命的第一天,才提到这样的一次会议:他“绝对只是作为旁听者”参加了“祖国联合会的一次理事会议”(*ML*, 404),而且仅仅是为了勒克尔的杂志《人民报》。这是对事实的粗糙粉饰:所有故意的部分都被掩盖了;因此,他仿佛仅仅是出于对勒克尔的友谊才会陷入某种可怕的境地。

他从1849年4月30日解散内阁开始积极参与起义的筹备工作。勒克尔在此次事件中失去了国会议员的豁免权,不得不火速逃往布拉格,以避免再次被捕。瓦格纳答应他,他不在时会照管《人民报》。他肯定事先就知道起义会爆发。[18]起义有一份计划,并且透露给了他,这可以用他1849年5月2日写给布拉格的勒克尔的信来证明:“将爆发决定性的冲突,如果不是跟国王,也无论如何会跟普鲁士军队打起来;只知道一种恐惧,即一场革命可能爆发得过早了。”(*SB*, 卷II, 651)这封信在勒克尔被捕时由萨克森当局找到,并成为后来通缉逃亡的乐队长的主要罪证。既然瓦格纳知道这次密谋，他肯定也积极参与其中——这是德累斯顿法庭的推论。但这封信并不说明瓦格纳曾领导过起义，只是说明他事先肯定与领导者打过交道，并且了解很多。

当冲击军械库的骚动爆发时，瓦格纳正在城里，他是从祖国联合会的理事会议上出来的。他听到了警报，急忙赶去歌手蒂查切克家，想为祖国联合会征用他的步枪。瓦格纳跟着人群拥向老市场，施罗德—德弗林特正因为第一批平民的死亡向士兵怒吼。第二天早上，瓦格纳又回了城。他再度去市政厅打探消息。瓦格纳让人制作了五十厘米长、九厘米宽的纸条，上面用大号字母印刷着："你们和我们一起抵御外国军队吗？"他确保这些海报张贴在老城和街垒上。这一行动受到广泛关注，并在所有关于这场起义的史书中被提及（只是没有提到瓦格纳的名字）。下午，他继续分发纸条，显然这让很多军官都陷入思考；事实上，确实有很多士兵叛逃到市民警卫队。毫无疑问，这是瓦格纳的一桩勇敢而有效的行动。

5月5日下午，据说瓦格纳曾申请向王宫和王子宫撒助燃剂并纵火，这当然为士兵所阻碍。他在《我的生平》中隐藏了这一尴尬的行动；此书里在这一时间点描写的是高贵的女士先生们在美好的春日天气里散步。实际上，那是第一批因混乱爆发而逃离城市的德累斯顿人。瓦格纳则写道，这是"娱乐的景象"，使他充满"完全的舒适感"。当开姆尼茨的机械工人拉来四门大炮时，瓦格纳正认真思考一部关于阿喀琉斯题材的戏剧。瓦格纳说，当他回到家时，他那几个布罗克豪斯家的外甥女正处于"最舒适的革命氛围之中"。考虑到实际情况的戏剧性，这些表达简直就是东拼西凑。

5月6日凌晨的战斗开始之后，瓦格纳又回到城中，这次是去了九十六米高的圣十字教堂钟塔，这座城市的最高点。他写道，他"突然有个主意”想爬上去。但实际上，这似乎是市政厅指挥处的**任务**，因为市民警卫队的副官冯·齐希林斯基要找一个“可靠”的人在那上面观察。正如德累斯顿的档案中记录的那样，是要观察军队的动向并将之传递给市政厅的人。瓦格纳写了几张纸条，裹了一块石头扔下去，被下面奔跑的人接住再送往指挥部。[19]丁格称之为“军事侦察”。毫无疑问，瓦格纳去钟塔是正式接到的任务，因为勒克尔去那里找了他。对于瓦格纳的全面参与，约阿希姆·克勒称其为**总部和前线之间的联络人**。[20]这也适用于他第二天的主要活动，瓦格纳在那天将后备部队从郊区带路到了城里。

相反，在《我的生平》中只是对圣十字教堂钟塔那一夜的描写，完全是一出宏大的歌剧场景中诗意盎然的日出景象；这让人想到这部自传为什么如此成功且影响广泛：它具有非凡的文学素养！整篇关于革命的报告读起来就像一部激动人心的小说——应该“享受”它，但千万不要在判断时被误导。瓦格纳作为作家被不可饶恕地轻视了，尤其是被瓦格纳的崇拜者们。或许还因为可以对他的表述加以选择，将它工具化，并将“不合适的”东西淡化。瓦格纳是一个优秀的作家，应当注意他写的是什么——尽管要进行必要的文本批评：“在令人惊恐的沉重的钟塔钟声和普鲁士的子弹不间断命中钟塔墙壁的撞击声的近旁，我度过了一生中最奇怪不过的夜晚[……]5月7日[应为6日]，星期天，是这一年最美好的日子里的一天，我被一只歌唱的夜莺唤醒，它的鸣叫声从不远处我们守卫的花园那里传来，城市上空和从我所在的地方眺望德累斯顿广阔的周围一带，都充溢着一种神圣的寂静和清闲。只是在太阳升起时降下来一片薄雾，透过雾霭我们突然听见从塔兰特大街那边向我们清晰地传来了《马赛曲》的音乐。音乐越来越近，薄雾散了开来，鲜红的朝阳照得锃亮的武器闪闪发光，这是从城市开来的一支长长的队伍。这持续的印象令人无法抗拒。”[21]欧仁·斯克里布完全可以在1849年这同一年将这段文字直接毫无改动地用到迈耶贝尔的《先知》当中去！

与她的丈夫相反，明娜·瓦格纳现在正用她自己的手段发动她自己的战争——为了争取和平。当瓦格纳为了他的侦察事务向她索要葡萄酒和烟草时，受到委托的守塔人带着答复回来说，乐队长先生应该立即回家，否则他的妻子就要离家出走了。他回到家后，明娜把房门钥匙藏了起来，因此瓦格纳不得不在那晚剩下的时间待在家里。他的外甥女们都在，一切都以一场快乐的革命盛典结束。但是第二天上午，瓦格纳又回到城里，将齐陶来的援军带领到街垒区。[22]他碰到了勒克尔，后者从佩西色登过来，要点燃更多的火焰；这位朋友抱怨革命领导者缺乏强硬态度。瓦格纳在市政厅获悉，有计划要撤离难以坚守的德累斯顿，撤退到厄尔士山。他厌恶地看到了屠杀的惨状，赶紧回到家，请求明娜准备好去开姆尼茨的沃尔弗拉姆家（瓦格纳的姐姐克拉拉家），然后又迅速回到城中。据说，面对一个枪杀了一名十八岁青年的普鲁士士兵，他抓起一支步枪，跳上一辆马车，为保卫者助威：**兄弟们，难道你们要眼睁睁看着你们的妻子女儿在我们这场争取自由和权利的神圣战斗中被害，而不愿意向这卑鄙的谋杀复仇吗？**[23]或许他还被子弹擦伤了；丁格如是说。[24]

斗争濒临失败，普鲁士人不可阻挡地向前推进。据说瓦格纳对无法携带猎枪感到遗憾，但意识到手无寸铁的人待在了错误的地方。[25]如果他不是又矮又瘦，无法操作重武器的话，他会参加战斗吗？无论如何，他回了家，由于敌人的不断推进，他只能绕路走，然后弄到一辆去开姆尼茨的马车。普鲁士军队已经封锁了这座城市，他只能走在秘密的夜路上，[26]否则他就会像勒克尔一样，一早就被捕了。

瓦格纳与明娜约好前往开姆尼茨。他在那里计划再次返回德累斯顿，这吓到了亲戚们。他为一个愿望而着迷，他要不错过一丝一毫，要在那里待到最后一枪。尽管得到许多支持，一切还是不可挽回了吗?他是弄错了，还是对普鲁士军队的残酷程度一无所知？只有穿过被打穿了的房屋，他才能不被注意地抵达市政厅，围绕着这里，人们已经为持续了好几天的巷战的最终阶段做好了准备。

第二天早晨的大风暴到来之前相对平静。瓦格纳发现临时执政霍伊布纳、奇尔纳和托特处于非常疲惫的状态，他们七天来几乎没有合过眼。撤退的准备是在清晨进行的。瓦格纳仍然期待着援军的奇迹，并答应从周围地区拉来增援的力量。午夜时分，他几乎未受干扰地抵达弗赖贝格。现在是5月9日，决定性的一天。普鲁士人于凌晨两点对街垒发起攻击，三点开始，胜利向军队一方倾斜，起义者越来越被压制。早上八点，圣十字教堂的钟塔传来三声钟响，宣布放弃：有能力的人就自救吧。

瓦格纳现在正赶往这座城市，他很快就遇到了临时政府的漂亮马车。他爬上车，在霍伊布纳和巴枯宁的对面坐下，在他旁边的是一个姓塞米希的教授，此人仔细地记下了发生的事情。[27]他为了不错过梦想中的革命胜利而第三次返回德累斯顿的行程就这样中断了——在这种情况下，他当然要尽力发挥所有口才。但是结束了，起义已被残酷地镇压。

两天之内第三次离开德累斯顿的这段旅行，是长达十三年的时间跨度中的最后一次。瓦格纳变得十分疯狂——正如记述者弗里德里希·赫尔曼·塞米希所报道的，他完全失去了镇定，遭受了如今所说的精神崩溃。就这样，起义者的马车载着瓦格纳驶向虚无。

理查德·瓦格纳在可怕的德累斯顿起义中度过了超现实的、梦游般的一周。他还活着，仍然自由，要归功于令人难以置信的生存幸运，以及让他终生在最大的障碍之间辗转的惊人活力和敏捷。对于瓦格纳所做下的大事，这些极其危险的行为，人们能够理解吗？我们必须回到教育良好、情感细腻的胡戈·丁格1892年对这场革命特别重要和有价值的描述，格拉泽纳普非常粗暴地处理了这些记录。丁格是最后一个整理了尚不为人知的同时代目击者口头报告的人。特别重要的是弗里德里希·赫尔曼·塞米希的陈述。他于1839年5月在莱比锡学习神学和哲学，但最终一直到1844年都在研究历史。他也写东西，曾是莱比锡兄弟会的成员，并曾因与早期共产主义圈子的亲近而于1843年被判入狱三个月。他参加了德累斯顿的“五月起义”，不得不像瓦格纳一样逃亡，他选择了法国，在那里当了很久的老师。自从丁格做过记录以来，他的证词从未被完整刊印过，但全文都是衡量瓦格纳在那种混乱中失去镇定到何种程度所必需要了解的：

> 但是，理查德·瓦格纳的闪光言论盖过了我们周围所有喧嚣，盖过了喊杀声和武器的轰鸣。我从未见过如此激动的人。[……]这天早晨，作曲家的一切都献给了政治革命。他大喊“战争”，不断重复“战争”，这是他嘴边和脑海中出现的唯一一个词，这是一场言语的风暴，让我什么都想不起来。但是，瓦格纳留给我的印象，我对那个时刻的回忆，周围是全副武装的人群，《尼伯龙人的指环》的伟大作曲家对我来说就像黎恩济，就像那位护民官[……]这种发作可能持续了半个多小时，我被坐在我旁边的——我应当说：沃坦或西格弗里德的——言语风暴震惊了，我无法对他说出一个字。这一时刻是那些可怕的残酷日子里最让我难忘的回忆之一。[28]

“这种发作可能持续了半个多小时……”这份报告可信吗？大概是的，因为装腔作势的人可能会更多地讲述崇高和受宠若惊，而较少出现尴尬，更不用说荒谬的和不可理解的、近乎病态的表现了。一名医生大概会立即认真对待这份证词，并说这是精神崩溃，鉴于以下事实：瓦格纳在接下来的二十四小时内就失去了在日后多年间谈论这场革命细节的能力。但是，同一天紧接着发生的震惊经历也可能是造成这种情况的原因。丁格引用了另一个消息来源，指出瓦格纳完全是具象化地“狂乱”了。[29]瓦格纳的反应有些恶魔般的特质，某种梅菲斯托般的东西，这在将来会更加猛烈地出现。现在先要注意，他是如何逃脱保守的反动派在镇压革命之后扔向策划者的绞索的。

第二部分
为了未来艺术的神话工坊

14

被通缉的流亡者

图40　1850年前后的苏黎世。

在魏玛的李斯特家

瓦格纳站在人生的转折点上。一根无形的纽带不停地将这位乐队长拉向**他的**歌剧院所在的方向，他的命星便升起在这一机构之上。尽管他对境遇提出了种种批评，但他似乎与最初成功的地点之间存在着基本而深刻的情感联系。但这根纽带现在断裂了，而当他意识到这一点时，他的身上也有什么根本的东西断裂了。尽管瓦格纳在德累斯顿革命结束时经受了深深的打击，但他仍然知道如何使自己摆脱越来越多的革命者被套上的绞索，甚至在瓦格纳逃离那座城市的地狱的“政府马车”里便如此了。

逃亡革命者的追随者们先是到达了弗赖贝格。他们决定继续前往开姆尼茨，但先睡了一小会儿，然后分开了，因为他们在混乱中失去了彼此的联系——真是幸运！瓦格纳乘着邮车前行，在一家旅馆里睡到五点，然后去找姐夫沃尔弗拉姆，明娜正在他家里等他。当姐夫在中午前后回家时，瓦格纳得知霍伊布纳和巴枯宁已经被捕！如此一来，革命的失败就注定了。瓦格纳感到彻底的沮丧。这是他第二次非常惊险地逃脱抓捕，他只是完全偶然地坐上了另一辆马车。他失去了控制力，把决定权交给了明娜。在她的建议下，“我的姻兄在当天夜里乘他的马车陪我去阿尔滕堡，从那里我立即乘驿车继续前往魏玛”（*ML*, 424）。思维很现实的姐夫让瓦格纳藏在篷布下面，这样车夫就不知道他在大晚上从萨克森王国带到阿尔滕堡的人是谁了。[1]

第二天，瓦格纳见到了弗朗茨·李斯特——但不是作为逃亡者，而是为了要在魏玛看到他的《唐豪瑟》演出。瓦格纳觉得难以启齿，他不知道怎么告诉这位朋友他是以一种极其不合法的方式离开德累斯顿的。

他们一起去了爱森纳赫，在萨克森—爱森纳赫公爵的城市宫殿中，魏玛大公夫人、沙皇尼古拉的妹妹接待了他们。瓦格纳与音乐指导弗里德里希·屈姆施泰特教授待在一起，那是一个有着进步政治思想的人。此时，明娜的一封信到了魏玛，据她说，警察搜查了他们的家，并警告他即将被通缉。警察总长表示充分理解——显然他对起义产生了秘

图41　弗朗茨·李斯特是第一个收留逃亡者瓦格纳的人，向他提供了金钱，并将他送往瑞士。约瑟夫·克里胡伯所作的肖像。

密的同情，并且像德意志的许多人一样，认为对起义的镇压是一桩丑闻。他对明娜说，他想将通缉令再扣押三天，她的丈夫可以采取相应的预防措施。

瓦格纳想在逃亡前再见一见妻子明娜，因此去了荒废的马格达拉庄园等她。他在一封信中对她说，他正在经历的突变是多么重要、多么不可避免，以及他现在所处的是什么境地："德累斯顿革命和它所有的成功现在让我知道，我绝不是一名真正的革命者：从起义的可怕结果中我看到，一个真正的、胜利的革命者必须义无反顾——他不允许想着老婆孩子，想着房子和院子——他唯一的愿望是：消灭[……]但是，我们这种人不是生来完成这种任务的：我们只是想要建立一片自由的土地的革命者；诱惑我们的不是破坏，而是重新设计[……]看吧！我因此和革命分开了。"（*SB*，卷II，653）这被解释为革命者的放弃，这会让明娜的心情变好。但是，这封信难道不是反倒说明了，他的参与一直受到艺术驱动力的推动，只是由于权宜之计才部分地转向了政治？

5月22日，明娜到达马格达拉。[2]他们又一起在耶拿过了一晚，瓦格纳在那里搞到一本别人的护照，署名魏德曼教授。在此期间，通缉令已在5月16日登上了《埃伯哈特警察公报》：

以下所列的宫廷乐队长——理查德·瓦格纳——因深度参与

本市发生的叛乱行动而有待调查，但目前尚未归案。因此所有警察机关应予以关注，一见此人便将其逮捕，并尽快通知我处。

瓦格纳，三十七八岁，中等身材，棕色头发，戴眼镜。

德累斯顿，1849年5月16日　　　市警察局代表/冯·欧佩尔

萨克森政府知道什么？他们要指控瓦格纳什么？对瓦格纳的审判从未进行过，因为萨克森的司法机关从未抓到过这名犯罪分子。直到1856年，司法部才借由第一次（被拒绝的）请愿书创建了一份档案，汇编了由于叛国罪审判而暴露出来的内容。这份文件包含以下指控：

1. 与谋反案头目巴枯宁、霍伊布纳、勒克尔来往。

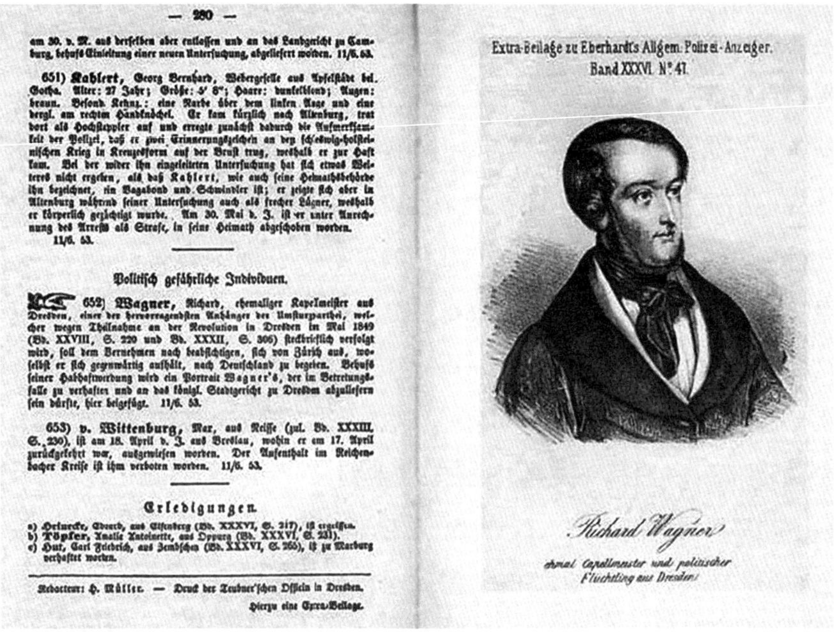

— 280 —

am 30. d. M. aus derselben aber entlassen und an das Landgericht zu Camburg, behufs Einleitung einer neuen Untersuchung, abgeliefert worden. 11/6. 53.

651) **Kahlert**, Georg Bernhard, Webergeselle aus Apfelstädt bei Gotha. Alter: 27 Jahr; Größe: 5' 8"; Haare: dunkelblond; Augen: braun. Besond. Kennz.: eine Narbe über dem linken Auge und eine dergl. am rechten Handknöchel. Er kam kürzlich nach Altenburg, trat dort als Hochstappler auf und erregte zunächst dadurch die Aufmerksamkeit der Polizei, daß er zwei Erinnerungszeichen an den schleswig-holsteinischen Krieg in Kreuzesform auf der Brust trug, weshalb er zur Haft kam. Bei der wider ihn eingeleiteten Untersuchung hat sich etwas Weiteres nicht ergeben, als daß Kahlert, wie auch seine Heimathsbehörde ihn bezeichnet, ein Vagabond und Schwindler ist; er zeigte sich aber in Altenburg während seiner Untersuchung auch als frecher Lügner, weshalb er körperlich gezüchtigt wurde. Am 30. Mai d. J. ist er unter Anrechnung des Arrests als Strafe, in seine Heimath abgeschoben worden. 11/6. 53.

Politisch gefährliche Individuen.

652) **Wagner**, Richard, ehemaliger Kapelmeister aus Dresden, einer der hervorragendsten Anhänger der Umsturzparthei, welcher wegen Theilnahme an der Revolution in Dresden im Mai 1849 (Bd. XXVIII, S. 220 und Bd. XXXII, S. 306) steckbrieflich verfolgt wird, soll dem Vernehmen nach beabsichtigen, sich von Zürich aus, woselbst er sich gegenwärtig aufhält, nach Deutschland zu begeben. Behufs seiner Habhaftwerdung wird ein Portrait Wagner's, der im Betretungsfalle zu verhaften und an das königl. Stadtgericht zu Dresden abzuliefern sein dürfte, hier beigefügt. 11/6. 53.

653) **v. Wittenburg**, Max, aus Neisse (vgl. Bd. XXXIII, S. 230), ist am 18. April d. J. aus Breslau, wohin er am 17. April zurückgekehrt war, ausgewiesen worden. Der Aufenthalt im Reichenbacher Kreise ist ihm verboten worden. 11/6. 53.

Erledigungen.

a) **Heinecke**, Eduard, aus Eisenberg (Bd. XXXVI, S. 217), ist ergriffen.
b) **Töpfer**, Amalie Antoinette, aus Oppurg (Bd. XXXVI, S. 231).
c) **Hut**, Carl Friedrich, aus Zembschen (Bd. XXXVI, S. 265), ist zu Marburg verhaftet worden.

Redacteur: H. Müller. — Druck der Teubner'schen Officin in Dresden.

Hierzu eine Extra-Beilage.

Extra-Beilage zu Eberhardt's Allgem. Polizei-Anzeiger.
Band XXXVI. N° 41.

Richard Wagner

ehmal. Capellmeister und politischer Flüchtling aus Dresden.

图42　通缉令。在对起义进行血腥镇压后，逃亡者瓦格纳于1849年被通缉。由于这一行动毫无结果，警察便在1853年又发了一遍，配上了他的肖像。

2. 参加动乱爆发前六个星期内的秘密会议。

3. 在瓦格纳家花园商议武装民众。

4. 根据铜匠厄梅的供述，瓦格纳在1849年复活节之前曾与勒克尔一起订购了大量手榴弹；瓦格纳在1849年5月4日委托他来装填这些武器。

5. 瓦格纳将勒克尔从布拉格召来参加起义。"瓦格纳为此事给勒克尔写的信使前者最大限度地名誉扫地。"

6. 瓦格纳将巴枯宁带到市政厅的所谓临时政府，在圣十字教堂钟塔上侦察，并带来齐陶的援军。

7. 据说瓦格纳曾在附近郊区为增强叛乱分子力量而努力。[3]

可以看到，"罪行"很多，虽然不一定完整。瓦格纳终于明白，他必须尽快离开德意志邦联的领土。李斯特建议他去巴黎，但不要直接过去，因为巴登还在打仗。他从李斯特那里得到了必要的现金，痛苦地与亲友作别，尤其是与遭受重创的明娜，预感到了自己的存在的完全崩溃。他坐上火车，通过巴伐利亚前往林道。直到上了博登湖的船他才感到安全，因为那里已经被视为瑞士领土。现在只需要再乘坐驿车走一小段路程到苏黎世，这座城市在"灿烂的阳光下"矗立在毗邻苏黎世湖的格拉鲁斯山的宣传画前。瓦格纳决定在这里落脚。然而，明娜在收到他幸运地抵达瑞士的消息之前就已经长时间地处于极大的恐惧之下，她患上了心脏病，后来似乎便因此而死。

苏黎世，巴黎

瓦格纳在苏黎世的第一个求助者是音乐教师兼唱诗班指挥亚历

山大·米勒(1808—1863),他是在维尔茨堡时认识他的。瓦格纳立刻去找了此人和他的瑞士学生威廉·鲍姆加特纳(1820—1867),他是在德累斯顿又联系上的旧关系。他们俩立刻帮瓦格纳建立了两个新的关系,介绍他认识了州议员雅各布·祖尔策和弗朗茨·哈根布赫。[4]这些坚定的共和主义者很快就对被迫害的乐队长表示同情,瓦格纳感觉在他们这里很安全。米勒邀请这两位官员参加一个晚间活动,瓦格纳在活动上朗诵了《西格弗里德之死》;这段文字给受过良好教育的祖尔策留下了特别深刻的印象。[5]第一个成功:瓦格纳很快就得到了瑞士护照,他也很快就拿着它前往巴黎。6月初,他到达巴黎,去找了李斯特从前的秘书贝洛尼。

霍乱正肆虐着巴黎,每一小时,国民警卫队就敲着沉闷的鼓声抬着尸体从瓦格纳的窗下经过。这让瓦格纳自从进入瑞士以来便雀跃起来的心情重新变得压抑;而当他得知巴黎的银行业空前发展时,他也再次感到不安。《我的生平》在关于"旧资本统治"的言论之后,接下来的话就仿佛是一个弗洛伊德式的反馈,因为在接下来的一句话中,十年前巴黎时代的恶魔似乎完全出现了:"我机械般地去施莱辛格的音乐书店进行一次拜访,它现在由一个更为精明但形象龌龊的犹太人布兰杜斯先生继任管理。只有老伙计亨利先生亲切地向我致意,[……]问我是否已经同我的老师迈耶贝尔打过招呼了。'迈耶贝尔先生在这里?'我问道。'当然,'回答还是有些窘迫,'就在跟前,那儿后面的办公室里。'于是我朝那儿走过去,迈耶贝尔在听到我的声音,有十多分钟默不作声躲在里面,现在极为窘迫地从那儿走了过来,他面带微笑表示歉意,说是一份校样亟待处理。这种情况和这种奇特的再度见面对我就已经够了;有关我与这个人交往中的许多事情,特别是他上一次在柏林反对我的那种态度都涌上了脑际。"(*ML*, 431)但是,为什么迈耶贝尔面对瓦格纳会尴尬呢？在瓦格纳针对他发表了那么多不友好的言论之后，当然不再有让他亲切友好地对待瓦格纳的理由了。而瓦格纳又是从哪里注意到杰米·布兰杜斯"最肮脏的人格"的呢？他还从没跟他打过交道。布兰杜斯是一位非常有能力的、备受尊重的音乐出版商。"龌龊"——这是典型的反犹主义套话，在1850年可以不受处罚地对每个犹太人说出来，**因为据说他们本来就都是如此**。

迈耶贝尔应当是通过瓦格纳的同事了解了他在巴黎的计划，并使他注意到李斯特在《辩论报》上发表的关于《唐豪瑟》的精彩文章："不可想象，您没有利用这一优势。"迈耶贝尔似乎这么说过，当然，瓦格纳在十八年后假装还记得每个字。他写道，他觉得这种所谓的他和李斯特之间利益掺杂的说法"令人恶心"，然后又给出一句套话，说经济金融方面的机会，对于"那个犹太人"来说比任何友谊都要神圣。谈话接下来似乎转向了革命，迈耶贝尔问他是否打算"为街垒写个谱子"。这听起来令人难以置信。这种无聊的笑话根本不符合迈耶贝尔那种冷静和超脱的风格。瓦格纳回答说，他"根本没有想到要去写谱子"。类似的对话在《我的生平》中也发生在他与莫里茨·施莱辛格之间——同样是纯粹出于偶然！

但这场可疑的对话也为迈耶贝尔的一份文件所证实。这位大师在1849年6月10日写给卡尔·卡斯克尔的信中说："几天前，我很意外地遇见了理查德·瓦格纳。我在德国报纸上读到，此人在德累斯顿起义中丢了丑，才丢掉了萨克森的差事，这难道是真的吗？抑或这是报纸常见的编造之一？出于谨慎，我当然不想直接问他，但请你告诉我这是不是真的。"[6]因此很明显，迈耶贝尔与瓦格纳之间**没有**谈到革命话题，瓦格纳在他的叙述中完全将这次会面改头换面了。戏剧性的是，这里有一个熟练的构思：他首先用了当时常见的反犹主义套话，好用他后来编造的巴黎传说（自己的贫穷、迈耶贝尔的奸诈和施莱辛格的剥削“罪孽”）来影响后人。其次，瓦格纳埋下了另一个传说的基石，该传说不断受到犹太文化工作者的攻击。因此，他才花费那么大的篇幅和精力来编造与他的旅程完全无关，但对持续影响后人来说非常重要的情节。可以看到，这一情节是如何被继续讲述的。格拉泽纳普从瓦格纳的角度出发非常消极地提到它，这并不奇怪。[7]纽曼则正确地称之为“晚年的忧思”，是对他后来攻击昔日恩主这一行为的申辩。格雷戈尔—德林则显然从未读完过纽曼，也没有调查过此次会面是否有另一方的资料。因此，他完全不加批判地直接引用了《我的生平》中这个流传广泛的故事；他甚至认为，瓦格纳对迈耶贝尔的反应“比他信中的任何东西都更真诚！”[8]瓦格纳的神话赢了。

瓦格纳终于在巴黎见到了贝洛尼，他立即将他带到乡下，使他摆脱了巴黎的霍乱空气。在寂寞之中，他再次拿出了蒲鲁东的《论财产》，并再一次在社会主义理论中获得了“奇怪的极大安慰”。瓦格纳很快就受够了巴黎与霍乱一样病态的艺术氛围；最新的大歌剧首演，《先知》让这座城市陷入了一场迈耶贝尔热，就连海因里希·海涅都为此激动——尽管只是刺激他说出辛辣的讽刺。瓦格纳很快就知道了他早就猜到的东西：巴黎没有什么可让他采摘的，只有一个地方，“远离所有的公共艺术”，才能让“未来的艺术品”诞生——**苏黎世**。

明　娜

在逃亡的过程中，以及在苏黎世的新起点，瓦格纳的妻子明娜都发挥了重要作用。在《我的生平》中，瓦格纳先是强调，她非常娴熟地变卖了德累斯顿的家具，并布置了苏黎世的新家（扣掉旅行费用之后，她还剩下100塔勒，这是个惊人的数目）。但是在其他方面，瓦格纳批评她对他的处境缺乏理解，她“缺乏爱心”，还威胁说不跟来瑞士。瓦格纳诽谤她，声称她并不信任他已经用《唐豪瑟》确定的方向，还认为这会对未来构成威胁（*ML*，434）。明娜的信已经被人引用过，事实恰恰相反。

传记作者们全盘接受了瓦格纳的指控，仿佛把明娜置于恶劣的境地是一种荣誉。除了在1858年至1860年的较长分别与其后的一些短暂分离之外，瓦格纳与明娜共度了二十五年。在这段时间里，诞生了从《漂泊的荷兰人》到《女武神》，以及《西格弗里德》第一、二幕，再加上《特里斯坦与伊索尔德》第一幕，也就是说近三分之二的代表作；在与他的第二任妻子柯西玛共同生活的日子里，诞生了《西格弗里德》第三幕，以及《诸神的黄昏》和《帕西法尔》，还可以算上《工匠歌手》。对于创造力来说，毫无疑问，明娜是瓦格纳一生中最重要的女人；她必定具备实现这种创造力的特质，而给她以公正的评价也是应当的，至少从那些在她的陪伴下诞生的作品的角度来说。她全心全意地爱着他：“对我来说，你就像一个神，统治着所有强大的元素，使人陶醉。”即便在逃亡之后也是如此，她只是显得清醒，“因为我仍然爱着你，无论你对我做了什么”（*Burrell 1950*，349，338）——“**无论你对我做了什么**”。他对她做了什么？逃亡，放弃一种生存方式。[9]

瓦格纳是**为谁**写出对明娜的斥责的？当然是为柯西玛。这些能影响到后来的传记作者，首先是因为格拉泽纳普，他完全处于柯西玛的指导之下。后来的作者模仿了这一点，或者更恶劣地对待了明娜。这很讨厌，特别是当她的书信没有被准确阅读，并且不对之引用而是**编造**对话时（比如写她到达瑞士的情况）：“明娜认为理查德的建议很糟糕，**并且说了诸如**：瞧，我来了，如你所愿。你可以想去哪里就去哪里，我今天晚上就掉头回去。”[10]这些虚构的话是不确切的，编得也很糟糕；明娜

“拒绝了陪他去苏黎世的恳切请求”[11]的说法也完全是错误的。她不得不待在开姆尼茨，等到德累斯顿的霍乱疫情减缓，此外她还需要时间，好最大利润地出手家庭用品。她知道对进项的需要有多么迫切。

在明娜1849年7月18日、8月3日和8月11日的三封长信（*Burrell 1950*，337—340，343—350）中，她表示自己是一个极其不幸且完全幻灭的女人，她眷恋着家乡和她年迈多病的双亲，她离开后可能就再也见不到他们了。然而在这三封信中（关于这一话题的其他信件都经不起检验），她从未质疑过丈夫的打算。“因为我爱你，无论如何。”她写道。在另一处，她称他为“我亲爱的心上人”。没有仇恨，没有任何威胁说她“随时都可以回德累斯顿，如果他对她不好”。[12]说她因为生气而很久没有写信给他，这也是不对的；只是她的一封信没有到达巴黎。[13]明娜了解她的丈夫，对他的指责也很在理：“[你]根本不是在问世界现在**是**什么样子，而是在要求全世界按照你的意愿调整和组成。”（*Burrell 1950*，344）好吧，革命者通常都是这样的。巴枯宁也是如此，因为他自己负担所有风险，他没有家人。一个结了婚的革命者也能这样做吗？这是一个难以回答的问题。如果他这样做了，他就不应该指望那位跟他一起陷入不幸的妻子对此感到高兴。明娜的反应完全是理性的，相比之下她的丈夫则更难以理解。她对即将到来的瑞士生活表示担忧，她不想再经历当年在巴黎那样的情况，那时她“有时甚至不知道，应该往沸水锅里放什么进去煮”——谁会怪她呢？在这种情况下，提到这些甚至可以理解为，她清楚地知道，这两次的不幸处境，当年在巴黎和现在在德累斯顿，都是她的丈夫造成的，她不需要为理查德找些不祥的力量做借口，说那些才是导致流亡者家庭失败的责任人，就像瓦格纳将迈耶贝尔当作巴黎的不幸源泉一样。

瓦格纳非常透彻地读懂了妻子的信，于是竭尽全力吸引明娜到苏黎世来。由于那封丢失了的信，他最初以为明娜要离开他。因此他写信给纳塔莉询问她母亲的情况。然后就来了前文提到的那三封信以及回信，它们要促使家庭团聚。当9月初这一切成为可能时，瓦格纳如愿租到了“一个房间”，并徒步走到博登湖南岸的罗尔沙赫去迎接她。当他终于迎到一家四口，其中一半都是宠物时，他非常感动。明娜带来了纳塔莉和小狗佩普斯、鹦鹉帕波，这只鸟可能还会像在德累斯顿一样叫喊“理查德！自由！圣灵！”，将黎恩济和革命结合在一起。在分离的三个月里，明娜苍老了很多。不久后，他们决定搬到苏黎世郊外泽尔维格的一间更好的小公寓里，那就是所谓的“埃舍尔楼群后面”。

瓦格纳定居苏黎世的消息很快就传到了德累斯顿官方。他在起义之前就已经头脑发热地以革命口吻四处抨击，这可以从革命前后保存下来的信件中看到；瓦格纳摆脱他狂热的毁灭梦想还不到一周。1849年12月27日，他写信给特奥多尔·乌利希（用的是暂时在革命者中很流行的，也是受雅各布·格林启发的全小写字母）：“我的职责是：干革命，无论我走到哪里[……][未来的]艺术现在不能创造，只能准备，并且是通过革命来准备，通过破坏和摧毁一切值得破坏和摧毁的东西来准备。”他带来的“不是与无价值的东西的和解，而是最无情的战争”；为此“没有什么要去说服和赢取，只有彻底消灭”，“只有当我们认识到自己是一个年轻宗教的门徒”，才能够获得力量。这听起来很危险：根据何种“新宗教”要在这里进行消灭战？不久之后，瓦格纳变得更加清晰，谈到了对巴黎“卖身于财阀的音乐娼妓的极端厌恶”，这是指所谓的被犹太人把持的音乐界，他写道：“我以最大的谨慎毫不欺瞒地向你保证，我不相信其他的革命，只相信烧毁巴黎的这场革命。”（*SB*，卷III，197，166，408，460）这与如今肆虐于世界各地的极端主义使用的词汇不是很相近吗？但是在瓦格纳的时代，这种语调并不罕见；恩斯特·莫里茨·阿恩特也毫不逊色地以民族主义的狂热写道："德意志需要一个能够消灭所有民族的强大的军事暴君。"[14]瓦格纳处于"最好的"社会中。我们在德累斯顿就知道，他的思想仍然是革命性的。他自己虽然很清楚，"任何政治革命都根本不可能实现"（*SB*，卷III，459），书信中的所有狂怒都只能是幻想，但是德累斯顿相信君权神授的反动派仍然将他视为危险分子，认为有必要采取行动。明娜在第二封信中提到，热爱民主的瑞士人可能会遭到奥地利人和德意志人的袭击，以"夺回所有那些流亡者"，他们正成群地在这里寻求庇护。此后的许多年中，瓦格纳都受到德意志邦联密探的监视；1851年，甚至对苏黎世州警察局提出过正式质询。[15]

只有二十八岁的雅各布·祖尔策突然成为瓦格纳生命的核心，他是政治家、语文学家和哲学家，他尚未失去年轻人的热情，并成为瓦格纳身边最早的、真正有效的支持者之一。无论此时的瓦格纳有多么恶劣，他都能友善地、动人地、热情地与真正忠于他的人相交。明娜也证明了这一点："**只要你愿意，你可以非常和蔼可亲**。"[16]对瓦格纳而言，祖尔策体现了"道德意义上所说的真诚品格与真正公义"（*ML*，436）。祖尔策是州财政部长，在教学方面也非常活跃。但他对瓦格纳而言并非不重要的特质之一是，他在温特图尔附近拥有非常迷人的葡萄园，这样就有机会可以频繁且极为热闹地组织晚会。这可能始于《西格弗里德》的一次朗诵会，随后继续进行了激烈的语文学讨论，最后以矮小的瓦格纳与粗壮的州议员哈根布赫一起将这座房子里的所有门都从铰链上抬起而告终。瓦格纳在这里的生活方式与他沮丧的巴黎演出时代完全不同，他显示出自己可爱的一面，鉴于他并不安好的处境，这也是值得钦佩的。这显示出这位身高只有1.66米的小巨人坚不可摧的天性，他的体内有一种力量，可以撼动许多大山。如此多的传记作者都将他的天性平庸化了，这是何等的不幸！我已经与艺术家们一起工作了三十九年；即使在“普通艺术家”之中也会有惊人的极限力量出现。为什么要歪曲瓦格纳，让积极的一面有时看起来只是**平和的**，在拜罗伊特时代甚至只是**适度的淡泊**，而让消极的一面，如果存在的话，看起来只是**马虎的缺陷**，甚至是**怪癖**？即便中等水平的艺术家也不是那么“普通”；一个瓦格纳这样的顶级艺术家是永远无法这样来理解的，因为就像在他的艺术中一样，在他的人格之中，即便是最矛盾的世界也可以完全不受约束地相互触碰，留下的不仅是火花和烟雾，还有碎片。瓦格纳则更加了解自己；他担心自己的“日益兴奋”和整个人的“过度激昂”，“在这种情况下，我总是会针对所有人”（*ML*, 438）。这种外在的激昂对应一种生存状态的转变，他被完全破坏了的生活环境不得不在内心之中进行重组，甚至自我再造。

革命的第二部分：1849年的苏黎世艺术作品

在我们接近《尼伯龙人的指环》计划和随后的演出之前，要先注意这部巨作所依据的理论。瓦格纳的表述通常很难理解，因为他着手于艺术性的，部分也是智识性的原始浓雾之中，此前尚没有人类的精神敢于冒险进入。现在在进行的创作不会再证明自己在经济上收效甚微了；除了弗朗茨·李斯特的资助，首先还有瓦格纳幸存的积蓄。《艺术与革命》让瓦格纳从莱比锡出版商奥托·维甘德那里获得了五个金路易，相当于瓦格纳在德累斯顿乐团的长号手一个季度的薪水。维甘德随后还出版了《维伯龙人》和《未来的艺术作品》。出版商是对的：《艺术与革命》，出自那位流亡的乐队长之手，他的名字为每个人所传颂——这引起了极大的轰动，几个月后就印刷了第二版。瓦格纳后来

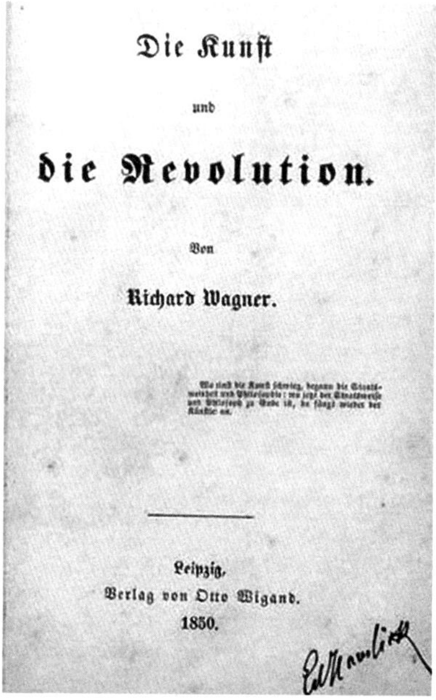

图43　苏黎世最重要的艺术书籍之一，像野火一样迅速流传。瓦格纳的朋友，后来成了敌人的爱德华·汉斯立克的藏书。

才知道，自己被普通的重印稿酬欺骗了。可是瞧吧，瓦格纳并没有批判日耳曼人维甘德，也从未给他打上**骗子**的烙印，就像他没有丝毫理由就对犹太人施莱辛格所做的那样。

瓦格纳的社会主义——更确切地说，他那无政府主义式的伪社会主义——仍然充斥于他在苏黎世出版的第一步作品《艺术与革命》(1849)之中。瓦格纳完全是在青年黑格尔派的意义上分析了自己的时代，值得注意的是，他将之讽刺为一个腐烂的世界，贫穷统治着这个世界，但却只为少数富人的利益："为了富人，神已成为一种产业，它只能使贫穷的基督徒工人活下来，直到天上的商贸星座带来那个仁慈的必然，放他到一个更好的世界。"这话写得相当好，但是瓦格纳几乎没有考虑如何补救贫困。只有**艺术**才重要。瓦格纳说，他们唯一的目的是"无聊者的娱乐"；他们从"大规模的货币投机"中吸收生命的汁液，并"带着表面的基督教信仰[……]俯就无产者的深渊"，"他们生命汁液中的毒素流注的地方，到处都令人不安，具腐蚀性且丧失人性"。在这种情况下，"真正的艺术是革命性的，因为它只存在于与普遍的空泛对立的地方"。艺术必须再次以古希腊的艺术为导向。在古希腊，全体民众都会坐在圆形剧场里，而在现代的剧场里，只有民众之中"富裕的那部分"才在那里"无所事事"(*GSD*, 卷III, 24)。希腊人将悲剧发展为一种艺术形式，而这种艺术形式随着雅典城邦的瓦解也衰落了。在这种情况下，瓦格纳还首次使用了“总体艺术作品”这个概念，这是晚期浪漫派哲学家卡尔·弗里德里希·尤西比乌斯·特兰多尔夫1827年在他的美学中所使用的[17]：“正如共同的精神朝着一千个自私的方向分裂，悲剧这一伟大的总体艺术作品也分解为个别的、包含着它的艺术部分。在悲剧的废墟上，阿里斯托芬大笑着哭泣。”（*GSD*，卷III，12）虽然瓦格纳在本文的其他地方再次强调，真正的艺术只能在一场“社会革命”的肩膀之上诞生（*GSD*，卷III，40）。但是，他很少提到有关他的时代和他的世界的社会现实的具体信息；他只写了一些与那个时代被抛弃的基督徒工人无关的事情。因为瓦格纳在1849年的目标是“强壮而美的人”。“革命赋予其强壮，艺术赋予其美。”——一个不再与蒲鲁东有关，却指向达尔文的乌托邦。面包和金钱对瓦格纳来说什么都不是；他的“自由的人”需要的是别的东西，只会“因艺术的本能而闻名”。“只有强壮的人才懂得爱，只有爱才能掌握美，只有美才能形成艺术。[……]这种艺术将重新变得保守[……]这种艺术不追求金钱”，也就是说，不会追求犹太人的财富（*GSD*，卷III，19，25，28，32，34）。瓦格纳依然是过去那个资本主义批判者，但偏向了对金钱的漫无目的的仇恨，他并未分析金钱的社会作用；他几乎没有注意到人民的经济问题。瓦格纳现在更加关注的是生物学方面：西格弗里德形象的狂热的生命力崇拜在这里已开始显露。

在他的文章《未来的艺术作品》（同样写于1849年）之中，这些想法得到了延续；“总体艺术作品”的观念也再次通过回溯希腊人得到了阐述。因为在希腊人那里，“三种纯粹的人类艺术以它们最初的联结”汇聚在一起：“舞蹈艺术、音乐艺术与诗歌艺术”（*GSD*，卷III，67）。总体艺术作品将所有艺术都统一在语言和音乐的领导之下；不过，在这种艺术作品中，所有单个的艺术都被“消灭了”，由此产生了更高级的总体目标，即“完美人类天性的直接表现”。但这不是个别艺术家的作品，而是“未来人类必定会想到的共同作品”。

尽管这篇文章有着可疑的反智态度，但它将“民众”(Volk)这个词作为某种集体意识原型概念的特有用法还是很有趣：“科学承载着[……]生命的罪孽，并通过它的自我毁灭而赎罪：它终结于它纯粹的对比物，终结于对自然的了解，终结于对因无意识、不由自主而必要、真实、感性的事物的承认[……]如果说科学的消解是对直接的、自我决定的，也就是现实生活的事物的承认，那么这种承认就可以在艺术，或者说艺术作品中获得其最真诚的直接表达。”(*GSD*，卷III，45)这种“科学的救赎”完全由“民众”来保证。然而这在社会语境中是没有意义的，仅在心理语境中才有意义，在这种心理语境中，“民众”充当了某种文化档案的预兆。瓦格纳在文章的其他地方作了更具体的定义：“**民众是所有感到共同困境的人们的缩影**。”(*GSD*，卷III，47；强调为瓦格纳所加)——瓦格纳对作品的成果非常激动，他为此向他的莱比锡出版商维甘德索要了四倍于以前的价格——20个金路易，合100塔勒——但也被接受了。

三年后，瓦格纳在他的散文《论音乐批评》(1852)中更清楚地说明了，他的总体艺术作品概念是如何受到古希腊概念*musiké*启发的。希腊人将这个词理解为“内在之人的所有艺术表现”(*GSD*，卷V，59)：正如现代人已经成为一种单体的生物，成为利己主义者，这种总体艺术作品的观念也瓦解了。只有当音乐、舞蹈、诗歌这三种艺术不再执拗地坚持自己的权利时，真正的艺术作品才会重新诞生。这样的前提又是要克服“利己主义宗教的统治”(*GSD*，卷III，123)。

15

再赴巴黎与洛索事件

图44　1850年前后的巴黎。

《铁匠威兰》

1850年代，苏黎世共有3.3万人，这对于过公共音乐生活来说太多了，而对于建立重要的音乐会产业来说又太少了。那里有音乐协会和股份制剧院；但只有24名管弦乐队音乐家是有固定职位的，大多数节目必须靠优秀的业余爱好者或外援来凑数。首席指挥是弗朗茨·阿布特(1819—1885),一位随和的歌曲作曲家,后来在不伦瑞克才达到了更高的成就。在为苏黎世拟订的计划中,瓦格纳可以先在音乐协会举行首场音乐会。它于1850年1月15日举办,节目的重点是贝多芬的《第七交响曲》,取得了巨大的成功。这次演出给他带来了五个拿破仑金币,约合50塔勒——总比没有要好。瓦格纳在德累斯顿每个月赚150塔勒,他已经觉得很少了。这样微薄的收入肯定令明娜"非常难过"——她得知道,中午在烧开的水中能煮些什么。

瓦格纳立即向音乐协会理事会提交了改革建议,这些建议在1850年代逐步实施。不久之后,他在为这个协会指挥音乐会时,发现了更大的快乐,他为此要求外界的大力支援和双倍的排练时间,并且也如愿了。由于他只专注于贝多芬的交响曲,而这些对于那时的管弦乐队来说不再有什么严重的技术问题,他可以将这些排练用于精雕细琢,对于这样的精确度来说是前所未有的。理查德·瓦格纳也由于苏黎世而成为现代管弦乐团工作方式的开拓者之一,这种方式至今仍然有效。

他在苏黎世的交友圈发展迅速。与祖尔策的关系越来越亲密。另一位州议员哈根布赫也经常在场;新加入这个圈子的有伯恩哈德·施皮里,(据瓦格纳说)是个"才智上不是很有天赋"的律师,但作为《联邦报》的编辑很有用。在德意志革命流亡者的队伍中,他与阿道夫·科拉切克进行了接触。他是《德意志月刊》的编辑,并提前出版了《歌剧与戏剧》的一部分以帮他赚取现金。与格奥尔格·赫尔韦格的相识对瓦格纳非常重要,他"作为他这个时代举止高贵、耽于享乐的骄子,表现出一定程度的贵族气派"(*ML*, 475)。[1]这位最初看上去难以接近的诗人很快就融化了;在瓦格纳的"农民晚会"上进行了深入的交流,赫尔韦格喝下了太多的潘趣酒。然后还有赫尔曼·米勒,舞台女神施罗德—德弗林特从前的情人，他在萨克森的军队中看不到前途，就来到瑞士碰碰运气。他对于瓦格纳家是一位真正的家庭挚友。

在此期间，瓦格纳使用了祖尔策的图书馆，又一次热切地研究了黑格尔、费尔巴哈和他们的同时代人。他读到的黑格尔，起初就像是在嘲笑他这个败于无情的国家机器的革命者：必须“像敬拜一个尘世的神一样”尊敬国家；与国家的神圣性相比，个人是无关紧要的，个人只遵循“无用的繁忙”。因此，民主结构是毫无意义的。黑格尔在《法哲学原理》[2]里严肃地写下了这一点，从而使自己成为普鲁士的国家哲学家。卡尔·波普尔认为，黑格尔“歇斯底里的历史主义”是20世纪集权主义思想体系的重要先驱。[3]但是，瓦格纳还在黑格尔那里碰到一些观念，这些观念在他继续进行“西格弗里德计划”时有意无意地听了进去：“基督教作为宗教最高发展阶段的内容与真正哲学的内容完全吻合”——政治宗教的救赎思想的出发点，可以在西格弗里德的形象中看到。瓦格纳将把他发展为日耳曼的超级救赎者，他受到粗野、邪恶的反观念论力量的威胁，最终被毁灭。毫无疑问，西格弗里德特有的暴力特性，以及他在计算强力时的那种理所当然，来自黑格尔的精神。费尔巴哈扮演了教父的角色，他向瓦格纳展示了，个人如何从根本上摆脱“压抑的、从属于权威信念的思想的压力”而解放自己（*ML*，443）。瓦格纳先是从黑格尔的国家救赎者思想中排除了任何等级关系，并将其与费尔巴哈反宗教的解放哲学相结合：这形成了那种特殊的无政府主义，西格弗里德的艺术形象就是在这个基础上诞生的。这是未来的、准宗教式的光明形象，它将把德意志从反动压迫和破坏性的资本主义束缚中解救出来。西格弗里德虽然是一个政治革命家，但从社会的角度讲，他就像一张白纸：金钱和黄金对他来说毫无意义，但他也没有问，如果没有金钱和黄金，他们是否还能生存以及怎样生存——反资本主义，却没有任何社会经济的视角。不过，西格弗里德的形象仍然需要进一步的发展，至少还要一个文学上的初步阶段才能达到艺术的成熟：这是一个名为《铁匠威兰》的戏剧计划，它在《维伯龙人》那篇文章的结尾就已经概述过。

在此期间，李斯特挺身而出，再次敦促瓦格纳继续就巴黎的歌剧项目进行谈判。李斯特在出版方面的投入给瓦格纳带来了很大的喜悦。在关于《唐豪瑟》的文章之后，他又发表了一篇关于《罗恩格林》的文章，李斯特在文章中再次展示了他对这些作品的出色艺术理解。他还设法鼓动了一帮写手来支持瓦格纳。弗朗茨·丁格尔施泰特关于《罗恩格林》的文章虽然没有引发对瓦格纳的一片赞誉，[4]但某位约瑟夫·施塔尔先生为柏林《民族报》所写的文章却引发了巨大反响。作曲家罗伯特·弗朗茨也加入了他们的行列，渐渐引发了越来越多的人评论。[5]无论如何，在早期的瓦格纳接受史中，弗朗茨·李斯特是一个推动者，其影响到达了欧洲最远的角落。李斯特不仅出于艺术信念，而且出于友谊所做的事情，在文化史上是无与伦比的，而瓦格纳懂得这种独特的联系。这帮助他承受了他自己所选择的严酷命运。他们二人截然不同，一个完全关注自身，另一个至少从表面上非常关心身边人，但其实同样在内心深处是完全从自我出发的。除了钢琴的现代语言之外，李斯特还在那些年里“发明”了现代乐团的基本句法，但直到瓦格纳才从中形成一种连贯的语言。

无论如何，瓦格纳打算在巴黎利用李斯特的推荐；明娜也主张这一点。但是，瓦格纳对此没有正确的信念；他感到正在卖身于现存的、备受他憎恶的艺术世界。为了这次新的巴黎之行，他为《铁匠威兰》写了场景设计，只要再找个法国诗人填上诗句，他就可以作曲了。幸运的是，财务方面也有好转。他哥哥阿尔贝特的女儿如今在戏剧界取得很大成功，瓦格纳便向他求援，结果却未能如愿；他就像对待一个麻风病人一样对待瓦格纳，仿佛唯恐被他感染上。他们的关系在接下来的几年中即将恶化，1853年，阿尔贝特在一封(未注明日期的)信中进行了全方位的攻击："我已经习惯了，你只看别人是否对你有用，还能有用多久；如果没用了，那个人对你来说也就不存在了。你不知道为过去感恩——那都只是该死的职责！一直都是如此——对布罗克豪斯，对国王，对吕蒂肖、普西内利、蒂查切克，以及所有以这种或那种方式对你有益的人。我有多尊重和热爱你的才华，就有多讨厌你的品性。"[6]不过，一个德累斯顿的老朋友，尤莉·里特尔更关注天才而不是品性，她愿意从自己刚刚继承的遗产中给瓦格纳提供每年500塔勒的年金。里特尔夫人的儿子卡尔是汉斯·冯·比洛的同学，他们俩都非常欣赏瓦格纳。[7]

尽管着凉感冒、浑身不适，瓦格纳还是去了巴黎，并于1850年2月1日到达那里。贝洛尼不在，所以瓦格纳要知道他在这座讨厌的城市里应该做什么。为了不至于完全灰心，瓦格纳掏出了自己的书写用具，写下《艺术与气候》来换取不错的稿酬，这篇文章是对《未来的艺术作品》的补充，探讨的是地理条件对艺术创作是否有影响以及有怎样的影响。文章也发表于《德意志月刊》上，这是科拉切克为进步党出版的。

在《唐豪瑟》登上巴黎舞台的计划暂告失败后，瓦格纳又回到了《铁匠威兰》的创作上，这部作品还没有成熟。但他看不到一丝上演的可能，这不是适合巴黎的主题。瓦格纳主要是在李斯特的怂恿下计划创作这部歌剧的："威兰，一个自由的、艺术家般的神奇铁匠，脚筋断了，于是给自己发明并打造了翅膀，借此可以摆脱痛苦。"瓦格纳在2月6日如此告诉李斯特。这个戏剧设想中的自传性特征是很明显的，瓦格纳也在《未来的艺术作品》之中以极大的激情讲述过(见*GSD*，卷III，175)。值得注意的是，这是什么样的翅膀——古老的诗意象征(比如有翼的缪斯坐骑珀伽索斯)——能让这位苏黎世的音乐家再次飞翔，也就是说再次作曲。

> 威兰，一个能干的铁匠，在湖边遇到了施万希尔德，一名天鹅女。他渴望她并赢得了她的心，娶她做了妻子。她给了他一枚指环作为抵押；他不应再把指环还给她，因为这会让她重获自由。威兰制造了好几枚与这枚魔戒相同的指环，没有人能将它们区分开来。施万希尔德还是逃走了。威兰是从黑暗之主、自由之敌奈丁国王那里获得的打造指环的矿石；他利用诡计抓住了威兰并砍断了他的脚筋。他抓住威兰来为他铸剑。但是威兰却打造了金属翅膀。奈丁的女儿想要得到威兰并识破了他的意图，她答应了威兰要求的赎罪，因为爱能消除所有罪恶。当奈丁索要宝剑时，威兰纵火烧了房子，奈丁死于倒塌房屋的火焰中，威兰和施万希尔德一起飞走了。

《铁匠威兰》很容易被视为希腊神话中的铁匠代达罗斯的变体。这部剧的主题一方面指向《罗恩格林》，另一方面又指向“尼伯龙人计划”：指环，铁匠，解放的主题，通过爱得到救赎，在火中灭亡。瓦格纳要在两个计划之间做出选择。他应该是意识到《铁匠威兰》与他1850年的个人状况太相似了。《尼伯龙人的指环》则更为复杂，更适合《未来的艺术作品》提出的多义性这一基本条件。由于在巴黎没有得到响应，他得以将《铁匠威兰》放在一边。不过，这一情节还是表明，**生活=艺术**的等式是不成立的，还需要漫长的熔铸过程。

瓦格纳在1840年至1841年间就没什么机会在巴黎实现他飞黄腾达的计划，十年后这又重演了一次。这里有瓦格纳根本不想承认的原因。巴黎歌剧院是一个纯商业性的剧院，没有政府补贴。因此，管理层无法接受李斯特建议的诗人居斯塔夫·瓦埃茨；此人还没有独立地写过脚本，目前为止只是帮斯克里布工作。另一方面，斯克里布也不想跟瓦格纳这样的作曲家合作，因为后者还没有写过一部法语歌剧；他不是出于艺术上的偏见，而是出于务实的怀疑。众所周知，瓦格纳已经写出了四部伟大的歌剧。不过，他有能力将法语和他的音乐天才相结合吗？赌局上要押太多的钱，没有人能够也没有人愿意冒险。瓦格纳方面则不希望向他未来的读者透露他在巴黎仍然面临无法克服的重重障碍的真正的现实原因。因此，迈耶贝尔又一次地充当了替罪羊：在巴黎歌剧院暂时无可作为，“至少在当前的条件下，在统治这里的这种精神和这种制度下没有。就目前的情况而言，迈耶贝尔掌控着一切，也就是说，一切尽在他的钱袋；有待跨越的阴谋之沼泽也太大了”（*SB*，卷III，147）。[8]戏剧从业者瓦格纳理解，这不是阴谋，而是现实的经济原因。而从后世的角度看，琐碎的实际问题对于天才来说并不算什么，因此强大的敌人迈耶贝尔肯定又是他在巴黎歌剧院遭遇阻碍的原因。瓦格纳在1860年代想要煽动成燎原大火的这些敌视的火苗，在1850年就因实际发生的事情得到助长了。

震惊于迈耶贝尔的《先知》

1849年4月16日，迈耶贝尔的最新歌剧《先知》首演。其主角，一个完全负面的先知，与西格弗里德形象中蕴含的观念截然相反。瓦格纳不可避免地对迈耶贝尔在这方面所呈现的感到好奇，尤其这部歌剧超越了既往所有已知的成功标准。鉴于其不稳定的处境和相对缺乏成功，这部引起轰动的作品对我们这位流亡者的艺术家之魂来说当然就如同一剂毒药。“在希望的废墟之上，”他在《我的生平》中写道，他看到这部作品就像“破晓的耻辱日子的朝霞在世界上空照耀”。“这次演出令我感到十分不快，我虽不幸地坐在正厅中间，可我并不怕由于我幕间离场而引起邻座做出一些本该避免的挪动。”然后，瓦格纳真的解了毒：“那是当歌剧进行到先知的孚有众望的母亲在著名乏味的华彩乐段抒发她的痛苦时，我却不得不去听这类东西，它激起了我的一种沮丧的怒火。我从此再没有对这部作品有任何一点点的看重。”（*ML*，449）这又是纯粹的捏造，是反迈耶贝尔神话的延续。因为在1850年3月13日写给特奥多尔·乌利希的信中，那时他刚看了这部歌剧不久，没有什么迹象表明他冲出了歌剧院。他为何要向知心好友隐瞒这一点呢？所谓的“乏味的华彩”不超过15小节——太短了，都不够从剧场前排座位跑到门口的时间。此外，菲黛的花腔（Nr. 27）出现于第五幕结束前不久，因此在终场前离开大厅就显得很荒谬了。

但是，我们必须了解瓦格纳的愤怒：他打算用一个计划，为德意志也为全世界，将无政府主义者西格弗里德作为榜样放到舞台上，几乎是作为德意志观念论最盛的艺术之花。然后，这个极其危险的迈耶贝尔就来了，偷走了他的表演。因为这个著名的先知，就是历史上活跃于威斯特法伦明斯特的“莱顿的约翰”，他是再洗礼派的“王”，是16世纪最危险、最嗜血的无政府主义者。而斯克里布、德尚和迈耶贝尔很懂得如何表现无政府主义！什么都有了：谋杀，背叛，殴斗，一夫多妻，再加上爆炸，宫殿塌下来埋葬了所有人！——瓦格纳为自己的毁灭幻想找不出更好的戏剧呈现了。只是：**迈耶贝尔的目的与瓦格纳完全相反**，他将他的先知描绘为对无政府主义诱惑的警告，因此写了又一部政治大歌剧。还有：迈耶贝尔和他的脚本作者们完全懂得，无政府主义者不关心社会秩序，只是始终痴迷于一个理想，但这个理想或多或少是一种危险的意识形态，并使“英雄”成为罪犯。《先知》的创作，是在法国启蒙运动的意义上，以舞台的形式表现对那种宗教或哲学观念论的谴责。这种怀疑主义在法国政治中有一定的传统——莱茵河西岸的气氛是整个大陆上最自由的。迈耶贝尔的《先知》成了瓦格纳的“尼伯龙人计划”的一面镜子：一面威吓与恐怖的镜子，一面映照出瓦格纳在作品意识形态设计中潜在错误的镜子。**丑陋、极具破坏性**的先知“莱顿的约翰”，站到了**美**但同样危险的西格弗里德的对立面。

另一方面，瓦格纳也看到了许多戏剧上的创新：迈耶贝尔在《先知》中显然远离了分段歌剧，并用以较小的动机为基础的、类似自由表达的结构，取代了意大利—法国的旋律形式，这比早期静态的咏叹调更加积极地推动了情节的进展（这就是前文提到的花腔部分如此短的原因）。瓦格纳在德累斯顿已经踏上了相同的方向，但直到《歌剧与戏剧》才奠定了基础。在《莱因的黄金》中，瓦格纳将对此在音乐上以某种方式系统化，从长远来看，会比迈耶贝尔的解决方案更长远，也更有说服力。但是这一（显然在《先知》之前就已经很明显了）发展的**动力**可能是来自迈耶贝尔的，或者是被他加强了——这是掩盖他的影响痕迹的另一个原因。

瓦格纳看到，在《先知》中，他自己的革命音乐与他的煽动性倾向已经实现了一部分，这可以从前文提到的那封给特奥多尔·乌利希的语义矛盾、既钦佩又讽刺的信中看出来：“在此期间，我第一次看到了先知——新世界的先知：我感到幸运和振奋，放弃了对我来说似乎是不虔敬的邪恶计划，因为那些纯洁者、高贵者、圣洁而真实者，以及带有神性的人性者，已经在幸福的现在如此直接而温暖地存在着。不要因为这种观点上的改变而责怪我：就事论事的人不会有任何偏见，他反倒会放弃所有错误原则，一旦他发觉这些错误原则只是出于他个人的虚荣心。如果天才来到并把我们引向其他道路，那么一个兴奋的人会跟着他去，即便他自己在这些道路上无法达到什么成就。”（*SB*，卷III，248）这是带着钦佩的憎恶，是有毒的尊重，但绝不是谴责。这封信的证据又与写给后世的《我的生平》不符。但是，乌利希的信件印刷得太迟了；长期以来，只有自传中的描写才对瓦格纳的接受史产生了影响。

《先知》是令人震惊的——可能也是决定性的。无论如何，瓦格纳都在寻找并找到了自己的道路；他早就发誓要拒绝跟随迈耶贝尔的道路了。寻找和**创造**属于自己的道路，除了需要力量和时间，还需要两件事：第一，他在**内心中**消除了迈耶贝尔的解决方案的诱惑；第二，**他也从歌剧史的记忆中删去了迈耶贝尔**。这是一个无政府主义者的反应：他在接下来的五个月时间里运作了《音乐中的犹太性》的疯狂计划，向迈耶贝尔扔去了最具毁灭性的沥青和最具毒性的硫黄。目的无非就是要毁掉《先知》和它的作曲者，将自己推上它的王位。这次污名化还掩盖了瓦格纳应当归功于这位自由主义先知迈耶贝尔的东西。这两件事情——从艺术上毁灭竞争者和抢占他的地位——瓦格纳虽然不是很快，但也在几十年的时间中就做到了，这并非因为迈耶贝尔不是一个优秀的艺术家，而是因为他是犹太人，是现代性的代表。从表面上看，只还需要一个现实诱因，就能让瓦格纳行动起来，拿起笔，疯狂地打击艺术界的**这个**犹太人。

“疯狂的爱”作为新艺术作品的动力

瓦格纳还在巴黎。他深陷于沮丧之中，四顾茫然；他希望在东方“死去，以某种合乎尊严的方式，不再关注着整个现代世界”（*ML*，449）。这时杰茜·泰勒出现了，她已在波尔多与某位叫洛索的人结婚，瓦格纳曾于1848年4月在德累斯顿与她和尤莉·里特尔相识。[9]现年二十一岁的她很有些想法，现在邀请瓦格纳去波尔多，好让他再鼓起一些勇气。他立即出发，受到她和欧仁·洛索的热烈欢迎，后者在法国葡萄酒圣地做着不太景气的酒生意。杰茜的母亲泰勒夫人是一个英国律师的富有且耳聋的寡妇，她被女儿说服，接过了尤莉·里特尔承诺给瓦格纳的财务救助计划：泰勒夫人要将尤莉·里特尔每年援助的500塔勒提升到3000法郎（合800塔勒）。靠这笔钱可以体面地生活，但也不能要求太多。

年轻的杰茜爱好音乐，能弹奏贝多芬难度颇大的《槌子键琴奏鸣曲》，并由父亲在德意志文化中进行了长足的培养，因此她与瓦格纳之间很快发展出极大的亲密感。瓦格纳觉得自己完全能够理解她。她不弹钢琴的时候，就倾听这位大师朗诵，但她更喜欢《铁匠威兰》的诗句，而不是《西格弗里德》——因为她觉得自己就是施万希尔德，想跟威兰一起飞上天空。另一方面，她感觉丈夫完全不能理解她。在瓦格纳一方，他对与明娜之间开始的争吵非常不满。她曾反复在信中强调，她不希望丈夫是个靠救济而活的人，而希望他是个能养活自己的艺术家；如果他不能用序曲在巴黎为日后的歌剧演出打开局面，他就不要再回苏黎世。瓦格纳痛苦地认为，明娜感觉不到他**更高的使命**。或许她能够理解这一点，但她不能忍受在不是极端困难的情况下成为别人经济上的负担。我们要理解明娜：关于**更高的使命**，很少能**听**到什么消息，基本上更**读**不到任何东西，现有的那些文章，只是她丈夫写来攻击全世界的，在这些文章中，所谓的**更高**充其量只是一个大纲，还完全没有以明确的形式表达出来。《歌剧与戏剧》还没有写成书，《莱茵的黄金》还没有谱上曲，直到那时，就连最友好的人也不明白一切会有一个什么结果。

明娜不喜欢巴黎和波尔多的事情，而她的不信任也是对的。因为在波尔多，她的丈夫和那个年轻的英国女人之间有些不祥的苗头。不久之后，瓦格纳就说服杰茜，跟他一起逃往希腊或者小亚细亚，在那里开启一段没有歌剧、没有音乐的新生活。她表现出“高兴的惊讶”，但回答只是模棱两可，因此他在1850年4月底回到巴黎，处于情绪的极大动荡和完全混乱之中。但是在巴黎，他不久便丧失了勇气。他回复明娜直率且严厉的信说，他使她免于“直接参与”到他的命运之中，因为他觉得没有办法取悦她。他把想和明娜分开的愿望也告诉了波尔多的杰茜，而她同意了跟他一起逃离。瓦格纳去了蒙莫朗西，而没有回巴黎，因为他需要休息。他将《罗恩格林》的总谱寄去了魏玛，任李斯特取用。基茨去了乡下看望他，答应要帮他“跟世界保持联系”，随即告诉他明娜已经到达巴黎，并希望在没有其他人在场的情况下证实分居的故事。瓦格纳指示基茨，告诉明娜他已经离开巴黎。然后他立刻逃跑了，先是去了日内瓦湖畔的维勒纳沃。他让刚到达苏黎世的卡尔·里特尔也到这里来。同时，波尔多来了一封信：杰茜认为有必要让母亲知道这个秘密；但她母亲又转而告诉了她丈夫，现在做丈夫的打算过来，朝瓦格纳先生的脑袋开一枪。瓦格纳向洛索先生写了一封很长的解释信，并宣布将立即拜访他与他商谈。第二天他便动身了。

到达波尔多后，他告诉了洛索希望会面的旅馆。瓦格纳等了一整天，但是没有人来。傍晚，他接到警察的传讯，被告知洛索一家已于当天中午离开了这座城市。他本人则被下令在两天之内离开波尔多。他写信给杰茜，向她保证，在她与她丈夫——这个告发者——分开之前，他们是不会再见面的。回到日内瓦的拜伦旅馆后，卡尔·里特尔给瓦格纳看了他母亲的信：尤莉·里特尔宣布即将造访，来安抚所有人。她认为，瓦格纳的死亡渴望是由其境遇所引起的神经衰弱的无害的并发症，没什么可担心的。

5月22日，他在里特尔家三个人的陪伴下度过了三十七岁生日——尤莉的女儿也在。瓦格纳享受了全家的崇拜——这正是他现在需要的。里特尔夫人在大方地填满了瓦格纳的钱袋之后，让卡尔跟着他做音乐培训，然后就返回了德累斯顿。

明娜如何回应丈夫上述的分手信，可以想象出来——但是人们错估了这个女人的重要性。她绝不是"愚蠢的"。尽管她认为自己是一个"头脑简单"的女人，但她在1850年5月8日的信中用五页的长度犀利地分析了瓦格纳的分手意图，这是一项成熟的论证（*Burrell 1950*，388—392）。她驳斥了他的"理由"，仔细考虑了要如何进攻；正如她所写的，她非常清楚，她面临着"非常危险的战斗"。这封信非常值得一读，因为她对瓦格纳的思维方式和性格特征进行了很好的观察和中肯的表达。令人钦佩的是，这位惊慌失措、心烦意乱的女性，在去了巴黎却找不到丈夫的行踪后，有勇气写这样一封温和的信，信中没有一丝怨恨和复仇的气息。相反，她过去的影响尝试完全是针对艺术的："只是因为我敬仰[并且]崇拜你的艺术，我才想要保留你，居于你体内的天才，你应当支配它，不要暴力地、敌视地面对自己。"——这里把握得相当细腻：瓦格纳确实自1848年底以来便陷入一种杀戮欲之中，他的力量不仅是针对外部的，还以一种自我毁灭的精力**针对了他自己**，这种自毁的精力只会使人晕头转向。他认为这是了解自己作为艺术家的未来本性的必要过程。他显然读了太多黑格尔，"自我毁灭"是黑格尔最喜欢的词之一，即便这位哲学家并不像瓦格纳，他根本就没有拿自己做实验的苗头！对于瓦格纳，这是一个创造性的问题，我们将在下下章中研究这个问题，但这里必须强调的是，明娜已经清楚地意识到了这一关于毁灭的问题。因此她总结道："哦，理查德，这对你有害，你又一次严重地伤害了我！"

不久之后，她谈到了对她丈夫艺术的体验："就你的精神成果而言，我很高兴地知道，你所创造的**一切美**的事物，都是在**我的周围**创造的，懂得了这一点，我就能完全理解你，你总是让我很幸福，你为我歌唱、演奏了几乎所有新的场景。”这实际上是艺术家美满婚姻的一面镜子，在其中，艺术创作是由信守不渝的爱情所承载的，作品也可以很直观地得到**理解**。但随后明娜提到了1848年的裂痕：“只是自两年以前，当你想给我读那篇文章，你在那里面辱骂了整个人类，而你是爱着这个物种的，自那时起，你便对我作色，并不再告诉我关于你的工作的任何事情，借此来惩罚我。”

因此，是理查德切断了婚姻的精神纽带，因为明娜竟然敢发表不同意见。[10]关于明娜和理查德（以及关于他的传记作者）的讨论，最终是关于艺术家的伴侣是否有权拥有自己的观点的问题。所有说明娜不懂艺术的指责，从1850年的角度来看都是荒诞的，正如上述引用的信件所示。瓦格纳用坚决的否定回答了这个问题：伴侣必须盲目地跟从并**信任**天才。

他认为自己在杰茜·洛索那里碰到了这种无条件的信任。一种错觉。然而，他与杰茜的故事还没有结束；我们的英雄瓦格纳依然手足无措。他正住在日内瓦附近的一家酒店，不可能永远留在这里。杰茜“死了”，理查德和明娜必须以某种方式重新结合，尽管情况非常混乱。明娜在信中用几页的篇幅来争取理查德，信的结尾展示出人性的伟大：“做能为你自己带来幸福的事吧，你相信只有跟我永远分开才能找到幸福，如果我干扰你的决定，将使我面对永远的指责。”这毫无疑问是最好的，也是最伟大的谈判提议！瓦格纳肯定也是这样理解的——现在他也有理由快速了结这场戏了。在通过卡尔·里特尔进行一番试探之后，他给明娜发去了一封长达九页的辩解信，信中充满对事实的歪曲，明娜半是愤怒、半是好笑地在信的边缘写了许多评论，但没有回信。然而，在卡尔·里特尔的斡旋下，这对夫妇于7月3日在苏黎世见面了。

考虑到十四年前明娜在汉堡的出轨行为，他们同意对这件事情意味深长地保持沉默。

这是瓦格纳一生中最为冒险的插曲之一。它不是发生在一个二十岁的人身上，而是发生在一个三十七岁、成名已久的人身上。尤其是鉴于瓦格纳此时已在艺术界获得的声誉，这些事情表明了瓦格纳心理上崩溃的程度。他自己也有所感地写道，自从到达巴黎以来，他就陷入了一种“所有神经都瘫痪了的不适状态”[11]。他怎么能设想，杰茜的母亲会提供一笔资金，好让他带着她女儿一起逃走呢？将里特尔—泰勒精心筹划的财务保障，置于一场更像高中生恶作剧的冒险之中，这简直令人窒息。但这不是愚蠢，而是出于利己主义的错误判断，当涉及一个世纪天才的个人幸福时，整个世界和洛索先生以及明娜都应该靠边站。他此时还未如此，但人们已经很早就感觉出瓦格纳的特质，他总是提前，甚至过早地要求特权，从而造成各种后果。

或许我们应该在瓦格纳的想象世界中寻找另一种更理性的解释。瓦格纳是个极端自私者，但并不是一般意义上的自私者，他并不是出于微小的私人利益。**他是为了他的艺术**，他是如此地沉醉其中，以至于只有**着魔**这个词才能描述他的状态。“被他的魔鬼攫住”这个表达，早在1937年就由欧内斯特·纽曼在其他语境下用过了，[12]但它往往更适用于瓦格纳。纽曼的这个表述指的是被一种巨大的创造意志所驱使，这会导致不知足的要求，因此无法把握“正常”的人际关系概念，例如“友谊”和“感激”。瓦格纳从市民的视角来看，可以被指责为性格缺陷，甚至是“卑鄙无耻”的地方，正是他创造性天资全力以赴地所要索取的代价。

或许并非偶然的是，瓦格纳在1850年6月26/27日写给尤莉·里特尔的长达二十页、完全无节制的信中，表达了他“对杰茜的坚定和爱情意识的确凿性的怀疑”，他向这位赞助人宣告了《铁匠威兰》计划的失败：“我没有写出《铁匠威兰》：诗中的错误对我来说太清楚了，我疲倦的主观感觉现在无法掩盖它们。威兰死了：他不会飞起来了！”（*SB*，卷III，401/421）或许，“洛索冒险”不是瓦格纳的错误判断，而是以猛烈的冲击来影响他的“传记”——他自己的人生历程——一次失败的尝试。和一些伟大的作曲家一样，瓦格纳需要具体的看法和主要情境的生活经验，好将它们糅合进要创作的作品之中。为了给《铁匠威兰》谱曲，他必须以自身经历**虔诚的爱情**。在明娜年轻时，他们的爱是激烈的，但与众不同，虽不冷酷，却更理智——瓦格纳的经历中还没有过“虔诚的爱情”。认知心理学如今是一门备受推崇的学科，人们可以将这种思想理解为“模拟造就的体验”。[13]如果研究某些作曲家的生活，就会得出印象，作曲或许不是“模仿”，但至少是经验的进一步发展。事情的发展似乎证实了这一假设。瓦格纳在意识到《铁匠威兰》诗中的弱点后，便意识到有必要迅速平稳地清理好关于杰茜的事情。他尽早地尝试与明娜破镜重圆，让她忘记这段波尔多的插曲。他不再需要杰茜了。

洛索事件使早期的传记作者们十分为难。张伯伦在他1896年的书中根本没有提到波尔多之行，只是提到了一个瓦格纳“本人并不认识的洛索夫人”（*Burrell 1950*，373）。歪曲事实的意图会产生惊人的结果。格拉泽纳普在他写的传记中，只是在一个相当晚的版本中才提到了波尔多之行，并将其描述为筹集资金的纯粹经济行为。瓦格纳所说的，而且肯定也是如此感受到的“无限温柔的爱”（*SSD*，卷IV，337），在这部冷硬拘谨的威廉时代作品中无迹可寻。当然，如今的作者强调这一事件的娱乐价值。娱乐价值一直都是存在的；除此以外，这一事件还告诉我们两个事实：一个是关于理查德的——谨慎点说——漫不经心，另一个是关于明娜的坚定和她的真实性格。然而，令人惊讶的结论是，瓦格纳开始不仅根据最好的外部生活条件，而且按照艺术作品的创作心理需求来设计自己的生活。洛索事件就是一次这样的尝试。他失败了。只有现在，根据波尔多冒险的经历，才可以回顾性地提出一个问题：瓦格纳在德累斯顿革命中形同自戕的举动是否源于无意识的强制，以强力的一击来结束他在萨克森时艺术上的绝望，以终结生命或经济的全部风险来打破这个戈耳狄俄斯之结*。

---

* 传说戈耳狄俄斯之结在绳结外面没有绳头从而无法解开。亚历山大大帝用剑将其劈为两半，解决了这个问题。一般比喻为使用非常规方法解决不可解决的问题。

16

“这种愤恨对我的天性是必要的，正如胆汁之于血液”

Neue

Zeitschrift für Musik.

Verantwortlicher Redacteur:
Franz Brendel.

Verleger:
Robert Friese in Leipzig.

Dreiunddreißigster Band.

№ 19.

Den 3. September 1850.

Von dieser Zeitschr. erscheinen wöchentlich 2 Nummern von 1 oder 1½ Bogen. | Preis des Bandes von 52 Nrn. 2⅔ Thlr. Insertionsgebühren die Petitzeile 2 Ngr. | Abonnement nehmen alle Postämter, Buch-, Musik- und Kunsthandlungen an.

Inhalt: Das Judenthum in der Musik. — Drei Tage in Weimar. — Intelligenzblatt.

Das Judenthum in der Musik.*)

Von

K. Freigedank.

Kürzlich kam in dieser Zeitschrift ein „hebräischer Kunstgeschmack“ zur Sprache: eine Anfechtung dieses Ausdruckes konnte, eine Vertheidigung durfte nicht ausbleiben. Es dünkt mich nun nicht unwichtig, den hier zu Grunde liegenden, von der Kritik immer nur noch versteckt oder im Ausbruche einer gewissen Leidenschaftlichkeit berührten Gegenstand endlich zu erörtern. Dabei wird es sich nicht darum handeln, etwas Neues zu sagen, sondern die unbewußte Empfindung, die sich im Volke als innerlichste Abneigung gegen jüdisches Wesen kundgiebt, zu erklären, somit etwas wirklich Vorhandenes deutlich auszusprechen, keineswegs aber etwas Unwirkliches durch die Kraft irgend welcher Einbildung künstlich beleben zu wollen. Die Kritik verfährt gegen ihre Natur, wenn sie in Angriff oder Abwehr etwas anderes will.

*) Bei mangelhafter äußerer Gestaltung haben wir immer als einen Vorzug Deutschlands, als ein Resultat seiner großen Wissenschaft, die geistige Freiheit desselben wenigstens auf wissenschaftlichem Gebiet betrachtet. Wir nehmen diese Freiheit in Anspruch, wir stützen uns auf dieselbe, indem wir obigen Aufsatz drucken, wünschend, daß man ihn in diesem Sinne aufnehmen möge. Mag man die darin ausgesprochenen Ansichten theilen, oder nicht, Genialität der Anschauung wird man dem Verf. nicht absteiten können. D. Red.

Da wir den Grund der volksthümlichen Abneigung auch unserer Zeit gegen jüdisches Wesen uns hier lediglich in Bezug auf die Kunst, und namentlich der Musik erklären wollen, haben wir der Erläuterung derselben Erscheinung auf dem Felde der Religion und Politik gänzlich vorüber zu gehen. In der Religion sind uns die Juden längst keine hassenswürdigen Feinde mehr, — Dank unsern Frömmlern und Jesuiten, die allen religiösen Volkshaß auf sich allein nur noch gelenkt haben, so daß mit ihrem dereinstigen Falle die Religion nach ihrer jetzigen Bedeutung (welche vielmehr die des Hasses als der Liebe war) vermuthlich ebenfalls untergegangen sein wird! In der reinen Politik sind wir mit den Juden nie in wirklichen Conflict gerathen; wir gönnten ihnen selbst die Errichtung eines jerusalemischen Reiches, und hatten in diesem Bezuge eher zu bedauern, daß Hr. v. Rothschild zu geistreich war, um König der Juden werden zu wollen, wogegen er bekanntlich vorzog, der Jude der Könige zu bleiben. Anders verhält es sich da, wo die Politik zur Frage der Gesellschaft wird: hier hat uns die Sonderstellung der Juden unter anderen Staatsangehörigen seit eben so lange als Aufforderung zu menschlicher Gerechtigkeitsübung gegolten, als in uns selbst der Drang nach socialer Befreiung zu deutlicherem Bewußtsein erwachte. Als wir für Emancipation der Juden stritten, waren wir aber doch eigentlich mehr Kämpfer für ein abstractes Princip als für den concreten Fall: wie all unser Liberalismus ein luxuriöses Geistesspiel war, in dem wir für die Freiheit des Volkes discutirten ohne Kenntniß dieses Volkes,

图45　瓦格纳《音乐中的犹太性》(1850)的第一版,他的文章中对后世影响最大的一篇。

《西格弗里德之死》的魏玛计划和《音乐中的犹太性》

瓦格纳横穿法国奔波时，明娜独自一人在苏黎世湖左岸附近租下了一套破旧、潮湿、对健康不利的公寓。她将它布置得很舒服，祖尔策、鲍姆加特纳那些朋友都赞不绝口。天气好的时候，可以看到瑞士的群山，一切都符合大师的愿望。佩布斯和帕波这两只离不开的宠物，营造了一种还算过得去的氛围。由于瓦格纳和明娜都同意闭口不谈过去发生的事情，一段相对和平的时期到来了。他尝试重返工作时，帕波就会交替地用贝多芬《英雄交响曲》中的葬礼进行曲或《第八交响曲》的开头部分来取悦他，激动地高喊“理查德！”，或者鸣叫出《黎恩济》中的节日旋律——帕波显然属于鹦鹉中最有天赋的。

在此期间，弗朗茨·李斯特来了一封信，宣布了《罗恩格林》即将在魏玛演出。7月过去，随之而来的似乎并不完全是坏兆头。卡尔·里特尔最初在瓦格纳的新家里有一个房间，与大师共度用餐和散步时间，随后独自去了苏黎世，但似乎过得并不舒适。因此，瓦格纳在1850年8月下旬送他去了魏玛，参加当月28日举行的《罗恩格林》首演。那一天，瓦格纳和明娜一起去了卢塞恩湖畔风景秀美的里吉山。在魏玛的演出拉开帷幕的那个时间点，直到估计演出结束为止，他们在卢塞恩的“天鹅”旅馆尝试体验整个演出过程。然而，几天以后里特尔报告说，主角和一些场景无论如何都称不上令人满意，即便演出总体上让人感觉到了作品的伟大。李斯特本人并没有隐瞒他能使用的资源的有限，但他强调，他在音乐界上层中筛选了首演的观众，目的是让这场演出产生非凡的影响力。这应该是对的；李斯特策略最好的例证之一是，他邀请了法国作家热拉尔·德·内瓦尔；他感动得流下了热泪，在他的笔下，他将舞台视为燃烧的生命的核心，视为艺术的祭坛：法国的瓦格纳主义诞生了！

瓦格纳在苏黎世缓慢地开始活动之后，至少从外表看来他渐渐地平静下来，并开始很好地融入当地思想开放的文化圈子。但他内心深处感到完全与自己的作品相阻隔的悲伤。没有丝毫的演出可能，他甚至根本无法尝试给《西格弗里德之死》谱上曲。1850年7月，他接到魏玛传来的为这部作品谱曲的委托。在李斯特的推动下，魏玛音乐监督冯·齐格萨以大公的名义写道，瓦格纳应该在一年内完成这部作品，收入将是500塔勒。

在《我的生平》中，接下来是对作品顺序的捏造，对于检查记忆缺失来说，这一点很重要，尤其是考虑到瓦格纳多年来一直在及时地做自传性质的笔记这一事实。这里对作品顺序的打乱破坏了内容的脉络，使作品的起源显出一种日神式的成熟思考与理论规划，这与瓦格纳很大程度上是冲动—爆炸式的创作方法不符。他由此打造了一个庄严创作者的形象，能将自己的创作全盘掌握。为此，他不得不颠倒了音乐草稿《西格弗里德之死》和书籍《歌剧与戏剧》的创作顺序，假装先是建立了理论基础，然后才进行了艺术创作。之后按照顺序应该产生的是发生在《西格弗里德之死》之前的《年轻的西格弗里德》的构想。然后是对特奥多尔·乌利希的理论著作的长篇大论；这些产生了与《音乐新杂志》的编辑弗朗茨·布伦德尔的联系，这份杂志逐渐发展为“新德意志派”的宣传阵地，即李斯特、瓦格纳和他们的朋友们组成的“未来音乐家”团体。然后，瓦格纳才谈到了《音乐中的犹太性》一文，它在布伦德尔那儿发表，他打算借此给仍然相当浅薄的关于“犹太旋律”和“犹太教堂音乐”的辩论制造一个更加扎实的理论基础。随后，瓦格纳立即继续根据这篇文章对“残酷的敌对性”进行描述。

瓦格纳的造假意图在《我的生平》中非常明显。1850年根本不存在“残酷的敌对性”。对当时新闻界的评估表明，很少有人对1850年9月3日至6日首次出版的这份小册子给予关注。[1]但是，瓦格纳通过这个敌对性的寓言，与自巴黎时代以来便持续不断的最爱的谎言建立了联系：迈耶贝尔的不断阻挠。因此，针对公众的戏剧中反犹太传说的形成，与罗织诽谤、歪曲时间、遗漏事实组成的复杂策略共同构成的网络，逐渐收缩成**劲敌神话**，其中《音乐中的犹太性》一文是出于语文上的周到而出版的，但为此瓦格纳据说遭到“犹太人”的严厉惩罚，被迫害了数十年。

如果仔细地整理这整段时间线，看起来则会大不相同。《歌剧与戏剧》直到1850/1851年冬天才撰写；《西格弗里德之死》的草稿不是在这**之后**，而是早在此**之前**的1850年8月，几乎与《音乐中的犹太性》同时。这篇文章有多个起因，绝不像瓦格纳所声称和《我的生平》之后各种关于瓦格纳的文本中流传下来的那样是孤立的。事实上，这篇针对犹太人的诽谤书与《西格弗里德之死》有密切关联，并且被证明是一份战略性文件，它对瓦格纳来说与《歌剧与戏剧》同样重要，但在接受史上尚未得到平等对待。这个小册子和紧随其后的主要美学著作《歌剧与戏剧》，都是在六个月的时间里完成的，并与后来的文章《告友人书》一起，在瓦格纳个人神话的形成过程中发挥了关键作用，后者是一个自我表达的大型综合体，总结了之前提到的传记草稿中的所有单个线条，以及所有寓言、传说和神话。这个话题将在下面的第19章中重点讨论，现在要说的是其产生的心理原因。

艺术创作的“绝望手段”

1850年7月和8月，在那个重要的创作周期开启之际，瓦格纳头脑中绝没有理论的存在。在外界看来他似乎比较愉快，但这只是一种表象，好遗忘洛索事件。他内心深处就像一座火山。前文已经引用了几封他充满毁灭幻想的信件。他也越来越多地谈到“自我毁灭”，这需要从心理上进行解释。瓦格纳在艺术上的生活条件不太正常。他在那年年初就说过，他不能作曲了；1850年1月28日，他在对特奥多尔·乌利希的信中抱怨了“想要工作却无能为力”；他还谈到了一种“**绝望的手段**”来补救这种情况（*SB*，卷III，212）。1860年夏天，一切都没有改变，并且外部情况使压力变得更大：“西格弗里德计划”如今停滞不前；完成的诗歌、正式的委托和演出的计划都摆在他面前——他所要做的就是坐下来工作，就像所有那些平庸的作曲家一样，这些人的平庸思想都是为命令而服务的，轻易就能挥洒出几百部作品，这些作品如今早已被人遗忘。但天才是不同的，也可能停滞，发生故障，失败！瓦格纳本该在夏天工作，但是他的内心遇到了障碍。

有许多关于伟大作曲家们的文件，都会提到内心暂时的无创造性状态。胡戈·沃尔夫因此崩溃；就连莫扎特，这位据说拥有最轻灵巧思的作曲家，在生命的后期也要不时与创作暂停的噩梦作斗争，而贝多芬的作品118号与119号之间隔了将近三年。1850年，瓦格纳面对着艰难而又毫无成果的争取艺术进步的斗争。随着杰茜·洛索事件的可耻结局，浪漫的、彻底的爱情梦想破灭了，它作为刺激作曲的**绝望手段**也被淘汰。与妻子明娜的关系仍很危急。瓦格纳的私人生活正处于绝对混乱时期的尽头；他艺术创作所需的“高雅”心境是不存在的。

1850年7月27日写给特奥多尔·乌利希的一封信显示，他已得到了写下《西格弗里德之死》所必需的纸张。但是他仍然问自己：“我是否还能作曲，可能神才知道！”（*SB*，卷III，362）由于文本语文学，我们今天可以知道，《西格弗里德之死》的片段和《音乐中的犹太性》的小册子，是在1850年8月间写下来的——前者始于8月12日，后者在22日结束。[2]这两部作品相互间有关联吗？这个小册子是不是“绝望的手段”，是为了借其侵略性来破坏创造停滞的内心压力？1863年，在一个类似的无创作阶段，瓦格纳在书信中将他作曲所需的“反向压力”理论化。因此，我们需要来研究一下1850年的信件。一封给弗朗茨·李斯特的信提供了信息，李斯特曾在9月焦虑又有些沮丧地问道，一篇署名为“K. 自由思想”的关于犹太人的文章是否为瓦格纳所写。回信犹如一场感情爆发：

> 你问我《犹太性》的事儿。你肯定知道，这篇文章是我写的：你首先要问我什么？不是出于恐惧，而是为了避免这个问题被犹太人变成赤裸裸的私人恩怨，我才匿名发表的。我对这种犹太经济有着长久的愤恨，而这种愤恨对我的天性是必要的，正如胆汁之于血液。（*SB*，卷III，544）

“这种愤恨对我的天性是必要的，正如胆汁之于血液”——应该牢记这个关键的句子。如果真是如此，就要担心，这种愤恨在他的内心深处，在创造性之中，也在发挥作用并吞噬着他。在上面那封给李斯特的信中，瓦格纳在说了“胆汁”和“血液”之后立刻转向了迈耶贝尔，后者因此成为胆汁和血液说的起因和基础，并成为这篇文章的实际目标。

> 关于迈耶贝尔，我现在有自己的情况：我不恨他，但是我非常厌恶他。[……]关于他对我表现的故意无用的乐善好施，我一点儿也不想责备他——相反，我很高兴，我没有欠他太多，就像比如柏辽兹那样。（*SB*，卷III，545）

瓦格纳是在自欺欺人。事实上，无论是在德累斯顿还是在柏林，他在艺术界的发展都要感谢迈耶贝尔。瓦格纳自1850年以来就已经成为他自己的传说的受害者，因为现在就连**他自己**都相信这些传说了（或者至少假装相信了）。自1840年代中期以来，他一直不断地重复说，迈耶贝尔要害他。但是，在与迈耶贝尔的往来书信中，在日记或其他任何来源中，都找不到任何，哪怕是一丁点的暗示，说迈耶贝尔要针对瓦格纳搞阴谋诡计。要命的是，**对自己的传说的信仰**发展为《音乐中的犹太性》一文，从接受史的角度来说，这篇文章成为他一生中最具影响力的，也是整个音乐史上最可怕的一篇文章，尽管它在1850年被同时代人完全拒绝，在1869年也几乎仍然完全不为人接纳。但是，自威廉时代开始，它被重新提及，到了“第三帝国”时期则被重印和引用了无数次，使得该文章最终成为**替纳粹反犹主义文化政治辩护的核心文件**。[3]

回到写给弗朗茨·李斯特的这封信，瓦格纳在信中将他的反犹主义修饰成某种净化：“**这是我全面成熟的必要一步！**”1850年还有其他信件表明，瓦格纳大力捍卫自己的小册子，并不容置疑地宣称：“我所要写的，就是我写下的。”（*SB*，卷III，462）他用一种《圣经》中彼拉多的语气表明，对所谓的犹太人问题他是多么上心（以及多么大胆）。

有更多的证据表明这些攻击性的操作对瓦格纳创作的影响。令人惊奇的是，一次记录于1853/1854年的与苏黎世医生弗朗索瓦·维勒博士的争论，那次瓦格纳“想到了火神娄格对莱茵河的女儿们呼唤的（文字和音乐的）整个段落”（*CT*，1874年7月24日）。1852年11月，瓦格纳与格奥尔格·赫尔韦格和维勒博士一起去苏黎世的山间和克隆泰尔湖畔漫游。他感到累了，就请两名同伴自行向前，让他一个人慢慢地继续走下去。维勒博士觉得他纯粹是出于懒惰，突然从背后推了他并狠狠地责骂了他。瓦格纳非常生气，于是就突然想出了娄格对莱茵河的女儿们的唱段。这是瓦格纳的第二任妻子柯西玛记录下来的，自1869年起，她就精确地记录下丈夫的所作所为。按照柯西玛的说法，瓦格纳对这种情况的评论是：“它就像突然朝你飞过来！无法言传！就像它的脉络就在那里。当我坐在钢琴前，就仿佛是在回忆，不是要想出什么新东西，我只是试图找到在最愤怒的那一刻我想到的那些！这让我的第一任妻子明娜生气了，因为在她为我造成的最可怕的场景中，我保持了镇定，因为我为特里斯坦或女武神想到了些什么。”柯西玛补充说：“他认为，愤怒使人的力量紧张起来，因此他真正的天性也被最大的矛盾所调动；只是要把它实现出来时才需要平静［……］灵感嘲笑所有困境和所有幸福。”（*CT*，1874年7月24日）

柯西玛·瓦格纳日记中的这段话，解释了瓦格纳生活中的某些行为模式。在受到攻击，即（被动的）侵略状态下——以及在进行攻击，即主动的侵略状态下——瓦格纳会产生灵感！必须强调这两种攻击形式，主动攻击和受到攻击，从创造性心理学角度而言对他的重要意义。上述日记还显示出，瓦格纳不仅了解侵略性和创造性之间的关联，而且了解创造活动的精神张力的基本必要性：“愤怒使人的力量紧张起来”，在这种情况下，“他真正的天性”才活跃起来——这一“真正的天性”对于他这样彻底的艺术家而言，正是创作的那一部分。柯西玛在后面的日记中还记下了证明性的情节：“［在牙科医生处］进一步做手术，理查德耐心地忍受着，甚至说，他昨天在这种情况下还作了曲！”或者：“理查德在桌前告诉我，他的头很疼，但他作起曲来就把它忘了！”（*CT*，1877年10月28日）《我的生平》中也有对这种情况的证明，瓦格纳在苏黎世的邻居太吵了，他评论说：“我对那个锡匠的愤怒却使我想起了西格弗里德在激动的时刻爆发出的对‘蹩脚铁匠’迷魅的愤怒。”（*ML*，550）可以称之为一种“硕果累累的攻击”现象；除了其他完全不同的条件之外，这也是在瓦格纳的创作中起作用的重要条件。《福斯报》的一位评论家在1869年3月17日总结了他的反犹主义的侵略性：瓦格纳“倾向于感觉到古怪；此外，他还是一个体系建构者［……］可以想象，如果感觉的激昂被一种体系所确定，而这种体系又被一种情绪所确定

[……]会发生什么。"[4]

从"尼伯龙人神话"到《音乐中的犹太性》

1850年8月所需要的"绝望的手段"——让瓦格纳的作曲事业在三年的停顿后重新运作——是一种形式的侵略性，即针对犹太人的侵略性。心理学认为，这种行为是"将仇恨性欲化"[5]的一种形式，如果将性的基本创造力转移到其破坏性的相反形式的话。在瓦格纳完全受挫的情况下，这一模式似乎非常有效。因为这份"犹太小册子"刚印出来，他就在8月12日开始创作出非常美的、以宽广的旋律曲线为特征的曲调来，这后来发展为《诸神的黄昏》的序幕，包含三个命运女神的预言："**你可知道，将要发生什么事？**"瓦格纳创作于1850年夏天的《西格弗里德之死》的乐曲片段是卓越、优美和有趣的音乐[6]——它紧接在《罗恩格林》之后完成，或许这就是它失败的原因：鉴于全新的"尼伯龙人计划"的戏剧结构的力量，这个片段的音乐虽然优美，却显得苍白。当然，瓦格纳是第一个有此感觉的人：凭借这种作曲风格，《西格弗里德之死》绝对没有机会赢过迈耶贝尔《先知》的狂野做派！那部歌剧的存在，就已经威胁到了瓦格纳的"西格弗里德计划"；它那相似但完全相反的主角形象的概念必须从根本上被摧毁，而这只有用一种新的、具有无与伦比的"打击力"的音乐才可能做得到。因此，各种各样的原因汇集起来，才使得瓦格纳采取了那个"**绝望的手段**"，写下了那个犹太小册子：作为一种战略武器，它应当向外部发挥作用，破坏迈耶贝尔的名声，让他成为他传奇性的，最终成为**神话性**的对手，通过将犹太人普遍指责为敌对者的方式。我们还将一再研究这个犹太小册子的战略意义。然而，对于瓦格纳而言，同一个"绝望的手段"应当也是让他那对攻击性操作敏感的艺术创作引擎运转的诀窍。反犹主义作为创造性的辅助，只能在1850年和1869年两个情况下看到。是否还有其他机会，目前尚且无法确定——太多的信件和档案都丢失了，或者，恰恰是因为在这种话题上而被销毁了。在缺少其他对照的情况下，将反犹情感宣布为主要的创作手段是不可取的。但是，有两桩留下记录的事件值得一提。

瓦格纳的传记都尽量避免将破坏性的东西视为艺术要素。除了两个充满暗示的例外：雅各布·卡茨猜测，“心理传记的问题”是瓦格纳仇恨犹太人的原因。此前，汉斯·迈尔就认为，“反犹主义的荒谬性”与“物质性，也与创造性相关”。[7]遗憾的是，卡茨和迈尔都没有进一步深入他们过于简短却正确的意见。这是一条可以通向犹太小册子和“尼伯龙人计划”共同源头的轨迹。这要追溯到1848年，那时《西格弗里德之死》的原始版本有了第一个相关的文字呈现，即《尼伯龙人神话》的草稿。如前所述，这几乎与《音乐中的犹太性》相关段落的文字一一对应。由于它的极度重要性，至少要简单地复述一下尼伯龙人草稿中的段落：

> 夜与死亡的怀抱中孕育出一个种族，他们生活[……]在地下黑暗的深渊和洞穴中：他们叫作尼伯龙人；他们以不安定的、不停歇的活跃在大地的内脏中钻行（就像蠕虫在尸体之中）[……]（*GSD*，卷II，156）

类似于上述所说尼伯龙人的“徒劳的活跃”，瓦格纳在《音乐中的犹太性》中声称，犹太人表现出“内在的生命的无力”，尤其是在“音乐这一特定艺术方面”，在莫扎特和贝多芬的时代，尚且没有犹太作曲家能够参与其中：“对这种生命有机体[莫扎特—贝多芬的音乐]完全陌生的元素不可能参与生命的形成。”只有在音乐衰落之后，也就是按照瓦格纳的说法，在那些德意志大师们去世之后，情况才有了变化：

> 只有当身体的内在死亡变得明显，外部的元素才获得控制住它的力量，但只是为了使他腐坏；然后，这具身体上的肉就会分解在蜂拥的蠕虫之中[……](*GSD*，卷V，84)

这些令人作呕的图像的相似性令人震惊；很明显，“就像蠕虫在尸体之中”一样忙碌的尼伯龙人与犹太人是一致的，据说他们是要让德意志的艺术腐烂掉。瓦格纳的图像选择并非原创，而是剽窃自要么是海因里希·海涅，要么是雅各布·弗里德里希·弗里斯。海涅采用的这种可以追溯到路德[8]的蠕虫形象，来自反犹主义的先祖弗里斯，此人于1816年在他的论战文章《论犹太人对德意志富裕和品性的危害》之中用它来形容犹太金融家。蠕虫的图像“早在瓦格纳之前就已成为反犹主义小册子文学的标准了”[9]。

也就是说，在1848年至1850年间，产生了两部作品，它们对同一个问题从两个侧面做了阐述。一方面，《音乐中的犹太性》普遍地辱骂了犹太人。但另一方面，出现了一个戏剧项目，将同样的思维偏差变成了一个主题：瓦格纳对尼伯龙人使用反犹主义的蠕虫形象，他在1848年这么做的目的，就是将尼伯龙人定义为隐喻化的“犹太人”形象。尼伯龙人中的代表，阿尔伯里希、迷魅和哈根，窃取或追求黄金，弗里斯早在1816年就如此指责犹太金融家了——马克思和瓦格纳也是如此谴责巴黎和法兰克福的罗斯柴尔德们。但瓦格纳笔下的掠夺者尼伯龙人最终遭受了毁灭：迷魅被杀，阿尔伯里希和哈根淹死或“沉没”(《西格弗里德之死》中字面的和隐喻的表述)。但仍要重复：《尼伯龙人的指环》

虽然有一个反犹主义的起源，但总体而言绝不是反犹主义作品。这里面有太多的其他元素，太多的其他主题，这意味着，作品结束时并非对瓦格纳的敌人实施的火刑，而是一个超验的理想。但是，如果没有那种可怕的反犹主义的推动——我们也不应对此保持沉默——瓦格纳就无法到达那里。

瓦格纳还批判了犹太人的什么？

《音乐中的犹太性》是瓦格纳与自由主义的最终告别，他在其中将自由主义贬低为“不是很明智的头脑游戏”。这样他就能毫不遮掩地“解释”，为什么人们“总是不由自主地感到被犹太人排斥”；在犹太人的说话方式中，有一种“尖锐刺耳的声音表达”。此外，“如今的犹太人把他忙碌的手指间得到的东西全都换成了金钱”（*GSD*，卷V，67，71，68）。文章从一开始就显示出，这里没有自成体系的意识形态论据，有的只是一种源自情感的爆发，它针对的不是思维能力，而是本能，卡尔·波普尔将其定义为“乌合之众”的本能。

众所周知，瓦格纳的经济“犹太化”论断，在很大程度上取决于他的反犹先行者布鲁诺·鲍威尔和卡尔·马克思，瓦格纳肯定知道他们在1843年和1844年的著作。然而，马克思所说的“犹太人的”金钱凝视只是以局部来指代整体，这与包括非犹太人在内的社会整体的资本主义性质有关：“如果有一种社会组织消除了经商牟利的前提，从而消除经商牟利的可能性，那么这种社会组织也就会使犹太人不可能存在。”相反，瓦格纳把“犹太人”从在马克思那里不可或缺的社会环境中脱离出来，并将“经商牟利”转化为犹太“种族”的独有特征：社会问题变成了生物学问题。就此而言，马克思是犹太人的批判者，但并非种族主义者——但瓦格纳把自己变成了种族主义者。瓦格纳小册子的另一个基本特点是，它将鲍威尔和马克思处仍然属于纯粹经济学范畴的概念转移到了艺术领域。瓦格纳用这种方式建立了奇怪的理论，该理论要“解释”为什么“犹太人”不适合进行独立的艺术创作。因为“犹太人说的现代欧洲的语言像是在后来学会的，而不是与生俱来的语言”，因此无法“参与”他们的“创造”，创造只有对那些“在这种共同性之中无意识地成长起来”的人才有可能。结果，“犹太人”只能毫无天赋地“模仿”，并且是以“非常尴尬的细致和看似欺骗性的方式，就像鹦鹉，[……]但同样没有表达，也没有真实的感觉”，因为作为独立的艺术实例，“犹太作曲家”只能使用犹太教堂圣歌那种“思想和精神都很混乱的咿呀嘎吱声”作为范例（*GSD*，卷V，70，75）。

在这些煽动性的一般论点之后，瓦格纳变得更具体，首先扑向了门德尔松。此人虽然拥有“最丰富的特定才华”，但从未能够“哪怕仅有一次对我们产生深刻的、震撼内心和灵魂的影响，而这正是我们对艺术的期望——只是让我们感觉到，这种无能的压抑感似乎可以左右这位作曲家的情绪”。只有在这里，“门德尔松才能够独特地向我们展示自己，独特之处在于一种体贴个性的主观感觉，不可能承认其无能为力”（*GSD*，卷V，79，81）。人们可能会认为，瓦格纳从没听过《保罗》和《以利亚》——他对这两首曲子都非常熟悉……

下一段讨论了迈耶贝尔，他没有被直接点名，而是始终被称为“那位著名的作曲家”，从而将他形容成了一个边缘人物。他的作品被直接打上了毫无价值、品位糟糕、庸俗琐碎、迷惑人心的标签；迈耶贝尔是一个“悲喜剧现象”，体现了“犹太人的冷酷、可笑的特征”，自从贝多芬去世之后、音乐“内心死亡”以来，这一特征便试图掌控音乐，以瓦解音乐。然后，瓦格纳还向海因里希·海涅挥舞了几拳，他指责海涅，说他仅仅是通过“自欺欺人[……]才成为诗人”……最后是臭名昭著、被人广泛引用的“神化”：对犹太人来说，“得到救赎，成为真正的人”是可能的，但只是在他停止“做犹太人”的时候。这个糟糕的结尾直到1869年才有了最终定稿：“毫无顾忌地参与到经由自我毁灭而得到重生的救赎之中来吧，这样我们就一样了，没有区别！但是记住，只有一样东西能将你们从你们负担的诅咒中救赎：亚哈随鲁的救赎——那就是灭亡！”（*GSD*，卷V，85）

在1850年的早期版本中，瓦格纳声称犹太人只是艺术之敌的形象，无论属于哪个种族，他的所有对手都是艺术犹太人。因此，他将别处采用的生物学方法相对化了，目的是自行确定谁是“犹太人”。用简单的话来说，犹太人就是早期的反瓦格纳主义者的象征。1869年，瓦格纳改写了这段话；此时，他认为此事不仅是文化政治的问题，显然也是种族问题。如前所述，1850年第一版的反响相对较小。然而，1869年的增订版则引起了170篇响应的文章发表——对于那个时代来说是非常大的一个数字；几乎每篇文章都是反对的，其中大多数还十分尖锐。

这就是“犹太小册子”首次出版时的情形。它结尾所说的“自我毁灭”问题，将在接下来讲到1869年第二版的时候再行讨论，其中可以看到不小的变化。瓦格纳生前曾三次出版这个小册子：1850年以化名“K. 自由思想”刊于《音乐新杂志》，1869年作为单行本进行了重要的扩充，1873年收录进他的作品集之中。

怪胎还是爆炸性自白？
如何对《音乐中的犹太性》进行分类？

1879年，爱德华·汉斯立克就《音乐中的犹太性》写道：“对于瓦格纳的性格来说，这实际上只是一个精神病学方面的需求。无节制的自我神化在这里已到达巅峰，在这种高度上，一个头脑健全的人已经无法呼吸了。”[10]这句话措辞精巧，但目光短浅，因为它只把瓦格纳对犹太人的敌意理解为市民瓦格纳的问题，而没有将它理解为他的艺术作品的问题。这一错误在第二次世界大战之后为瓦格纳研究的一大部分所重复：人们将反犹主义作为与作品无关的怪异现象而搁置一边，并将其尽可能地缩小为与艺术不产生关联的古怪行为。瓦格纳本人则有不同的看法：他将自己的作品和自己的政治思想视为一体，并坚信在《尼伯龙人的指环》中找到了其世界观的“最完美的艺术表现”；因此，正如瓦格纳在1881年5月17日致路德维希二世国王的信中所说，这一系列作品是“雅利安种族最具特色的艺术作品”，他明确表示这是“为法兰克福和莱比锡的犹太人”创作的。[11]因此，瓦格纳自己明确地强调了他的日耳曼崇拜、对犹太人的仇恨与尼伯龙人系列作品的产生之间的联系。他还因自己是新兴的、自1879年后迅速发展的、如今也在政治上得到表达的反犹主义的倡议者而感到自豪。[12]的确，瓦格纳对犹太人的敌意早在1880年就已成为许多保守主义者的典范，在那时就已成为反犹主义强硬派的辩护词。[13]它对德国历史进程的影响是可怕的。

瓦格纳私下对柯西玛很明确地说出了《尼伯龙人的指环》的信息：“他很遗憾，他的作品没有得到更广泛的讨论，比如指环作为黄金和一个种族灭亡的意义。”（*CT*，1881年3月21日）“灭亡”这个词又出现了，正如它1850年在文章中被用于犹太人，而早在1848年就在作品中被用于其隐喻性的代表迷魅、阿尔伯里希和哈根身上一样。然而瓦格纳觉得，《尼伯龙人的指环》的种族主义内容还没有得到足够的理解。因此，他在1880年左右放弃了他一直保持的不在公共场合露面的原则，那时德意志帝国1879年的反犹主义运动已经开始，而他估计形势对他有利：1881年，他在《认识你自己》一文中将“致命的尼伯龙人指环”，与“证券投资组合”、“幽灵般的世界统治者的可怕形象”、“应归咎于犹太人”的“资本”进行了比较（*GSD*，卷X，268）。在私人圈子中早已为人所知的东西，1881年也在拜罗伊特城里得到了公开：《尼伯龙人的指环》还有一个反对犹太人的潜在意义！如前所述，反犹主义者伯恩哈德·福斯特在1881年也认为，没有什么能比“《工匠歌手》和《尼伯龙人的指环》”更“反犹”了。[14]瓦格纳死后，这种观点仍然盛行：西格弗里德·瓦格纳将犹太人列维和波萨特——他们实际上是无可替代、乐于助人的——形容为“该死的阿尔伯里希帮”。柯西玛是他的榜样，她从前就说这两个人“像猴子”，并将他们比喻为“迷魅和阿尔伯里希”。[15]

必须回想一下，早期的拜罗伊特传统将《尼伯龙人的指环》中的反面人物与犹太人联系起来，指向瓦格纳的第一个尼伯龙人时代。瓦格纳早在1853年2月11日写给弗朗茨·李斯特的关于《尼伯龙人的指环》的信中就说：“是的——我想在瓦尔哈拉的火焰中灭亡！——瞧瞧我的新诗吧——它包含了世界的起源和毁灭！——我终究不得不为法兰克福和莱比锡的犹太人创作这部作品——这就是为他们而写的。”（*SB*，卷V，189）这一段落特别重要，它描述了《尼伯龙人的指环》概念的两个基本要素，将来不应将这两者分开讨论：一方面是一般哲学意义层面，它将人类的行为描述为一个永远不幸的循环；另一方面它涉及特殊的意识形态层面：在一般情况下，犹太人似乎是特指的——反犹主义作为历史解释的范式，在其中要不惜一切代价，哪怕是要世界在大火中毁灭，来寻求犹太人的救赎。信中的这句话，《尼伯龙人的指环》包含了“世界的起源和毁灭”，成为瓦格纳最常被引用的关于《尼伯龙人的指环》的陈述。除了在唯一一位作者（哈特穆特·策林斯基）笔下，接下来那句“法兰克福和莱比锡的犹太人”无一例外地都被删去了——这是瓦格纳接受史中长期造假传统的可悲例子。

至少在瓦格纳的传记中，情况一直很糟糕。关于瓦格纳自1850年以来因为这个小册子而一直受到犹太人报复的传说，格拉泽纳普严格遵循他主人的说法，非常慷慨地献上了劲敌神话。格拉泽纳普没有从犹太小册子里引用一行文字，而只是引用了上述致李斯特的信。这封信虽然给这篇文章涂上了一层还算“严肃”的外表；但是，格拉泽纳普试图将这个小册子合法化的尝试是艰难的，可怜的主人肯定为这个小册子忍受了巨大的痛苦。格雷戈尔—德林则从中引用了大量的话，但只是努力将瓦格纳归类为当时流行的反犹主义，并以此为他开脱。虽然在1850年有许多反犹主义者，但是自格拉特瑙尔（1791）和弗里斯（1816）以来，并没有人像瓦格纳在1850年和1869年那样公开侮辱犹太人。[16]格雷戈尔—德林的借口是，瓦格纳的反犹主义是“试图用一种新的意识形态取代失败的革命幻想”。[17]这也是不对的；瓦格纳早在1848年就表达出了对犹太人的敌视。第一个彻底反驳被迫害传说的人，是2000年的延斯·马尔特·菲舍尔。[18]

我们来总结一下：《音乐中的犹太性》是一个战术上的产物，对瓦格纳而言，虽然它也意味着一次心理上的、具有创造性内涵的解围，但在后来的日子里却给他带来了各种问题。人们试图对小册子的创造性给出较低的评价。但是，对此应有更大的确定性；因此，有必要插入一个说明，来阐释瓦格纳围绕观念、思想和灵感而进行的斗争。

17

天才如何工作？

图46　亨利·方丹—拉图尔，《理查德·瓦格纳的缪斯》(1862)。这就是长期以来人们对“灵感”的想象。但是根据档案记录，瓦格纳的情况似乎并非如此。

创作的传说与现实

人类的创造性究竟从哪里来？它发生于意识还是无意识之中？瓦格纳和后来的普菲茨纳认为无意识负责艺术创作。在今天的专业语言中，无意识已不再被认为是创造力的来源；自西格蒙德·弗洛伊德以来，人们在无意识中看到的首先是被意识**排斥**的事物，亦即过去的、与满足需求的本能相对立的事物。这在很大程度上排除了创造力，因为创造力主要带来的并非是过去的，而是新的事物。但另一方面，包含了意识阈值以下相对中性（既不偏积极也不偏消极）的内容的潜意识，更多地被视为创造功能发生的场所。更为精确的术语似乎是**前意识**；自弗洛伊德以来，它被理解为与意识进行交换的场所——那种“瞬间精神生活的全部”（卡尔·雅斯贝斯语）。前意识被视为“审查”机构，只允许“有益者”进入意识。前意识是一个评判机构这一事实似乎特别重要。因为在有才华的艺术家那里，成果立刻受到检查，即某种形式的质量检测。如果音乐构想的“有益性”得到了检测，就会根据艺术之完善的标准受到判断，并相应地被接受或拒绝。这并不意味着它在每一种语境下都是“可用的”，因为只有语境（话语、手势和戏剧性）才能决定这一念头是否包含了所寻找的与记忆有关的、道德的或历史的负担或意义，以及是否对其进行了甄选。因为这样的念头先验地是相对价值中立的。

对创造力不能发号施令，但可以通过外部影响来促进它，即“人为诱发”[1]。正如音乐研究者阿尔弗雷德·爱因斯坦所说，这通常需要“异常的力量”：要在各种对艺术有效的思维装置之间建立联系。[2]为此，瓦格纳需要特别多的心理能量，因为由于他的特质，他被牢牢固定在了智力领域。最重要的是，在他那里，极端**压力**的情况促使思维进入意识之中，意识又利用理性的过程对这些思维进行了进一步的处理。瓦格纳针对出现的思维说：“如果我不知道在我这里一切都是通过一扇非常狭窄的门而来的，我会感到害怕。”（*CT*，1871年6月20日）前意识与意识之间的那扇门，思维在这里根据其可用性受到检查。E.T.A.霍夫曼在

《克莱斯勒偶记》(1814/1815)中描述了同样的感受："当精神[……]进入创作之中，[……]想象力[对我来说]就像一个磨坊的水轮，水流越急速，它便被驱动得越快。[……]里面的齿轮转动得更快！"贝多芬也说过类似的话："任何时间都没法比我们处理思想或我与缪斯打交道的时间转得更快。"[3]霍夫曼和贝多芬使用了相同的形象，即精神马达飞速旋转的转轮。

艺术思维需要强大的推动力才能发挥作用。过去，宗教和道德被考虑在内，并被包含在"价值意识"这一概念之下。[4]事实上，这经常很有效——比如在贝多芬和勃拉姆斯处——但绝非一直如此。瓦格纳和威尔第绝对不能如此看待。对于一些艺术家的动机也需要中性的、不做评判的解释。阿尔弗雷德·爱因斯坦认为："艺术家的伟大，依靠的是其内心世界的建设，以及将这一内心世界传达到外部的能力。""若没有动力和反作用力(对抗)"，这是"无法想象的；若没有斗争，没有行动和阻力，内心世界也不会出现"。爱因斯坦认为，艺术创作是一个充满活力的过程，它以巨大的创造性成就"在人类能力的最大极限上"活动。"我们对那些产生伟大作品的各种驱动力所知甚少。"[5]爱因斯坦这些六十多年前的断言是普遍而论的；但是，它们特别适用于理查德·瓦格纳，而他留下的文字揭示了许多。

"创造性雷暴"
(《帕西法尔》《莱茵的黄金》——拉斯佩齐亚)

正如第7章末尾所指出的，直到1839年，瓦格纳都是一个极具才华的"正常"艺术家。然而在巴黎，瓦格纳由于挫折而陷入一种紧张状态，这种状态比从前更能促进创造力，并将其提高到一种新的、本质上更高的水平。当然，也有许多“积极”因素在里面。为了提出新的观念，瓦格纳经常让创造力经历一个缓慢的“消极”发展过程。有时是外部的，有时是内部的诱因，提供了新的要素。

《帕西法尔》的例子最能体现这一情况。瓦格纳自1845年起就已熟知埃申巴赫的沃尔夫拉姆的这部史诗。但直到1859年才构想了阿姆佛塔斯的形象，一年之后才有了昆德莉。主要角色帕西法尔在当时还并不鲜明；要到1864年他才迅速成形——显然是由于巴伐利亚国王路德维希二世那迷人的理想形象。在与他频繁接触之后，瓦格纳于1865年在短短四天之内就将《帕西法尔》完整的散文稿写了出来。但随后，他又花了十六年才完成了这部作品。瓦格纳依靠“**自行决定**”的创作方法；在很长一段时期内，都是“时间”在加工作品，每一步都是在意识层面以下进行的。这些发展过程有时会以危机的形式显现出来。有证据表明，在瓦格纳的一生中有一些重大的、根本性的创作危机，还有许多较小的、“日常的”危机。

最早的迹象与《特里斯坦与伊索尔德》有关，可追溯到1859年。瓦格纳正写到第三幕的中间部分，他抱怨自己的思维松懈：“我做这项工作的时间太长了，我总是感到我的创造力还只是以种子和花朵为食，而不久之后它会在我体内变成丰收的雷暴。”（*WMW*, 1859年4月26日）这种**丰收的雷暴**似乎在作品形成的不同阶段都发生过；以《特里斯坦与伊索尔德》为例，在脚本和音乐构想最初的产生阶段，它就出现了——大概是在1855年年底。

对于《帕西法尔》来说，这样的“雷暴”在第一篇散文体草稿开始时就有了；而在《莱茵的黄金》的例子中，它却是在诗稿完成、开始作曲之间出现的。“《帕西法尔》雷暴”的情况记载于《棕色笔记本》之中，这是瓦格纳在1865年至1882年间记录的笔记。1865年8月，他经历了一场生存危机。《特里斯坦与伊索尔德》首演的成功，被扮演特里斯坦的歌手路德维希·施诺尔·冯·卡罗尔斯费尔德的死破坏了，此人在首演之后几周便英年早逝。[6]首演的声誉后面，跟着的是特里斯坦杀死了歌手的传说。

诞生了《帕西法尔》的雷暴又是怎样的呢？1865年8月10日，瓦格纳生病了，在日记中写下一首诗《我站在悬崖边》；8月13日，他写道："生病和痛苦[……]发烧！[……]我动弹不得。"8月14日又写道："温度爆表，像在棺材里一样！"第二天，他表达了死亡的愿望。"施诺尔之死成了我生命中不可估量的重要部分。它应当意味着什么——我仍然感到惊讶和茫然，不能思考，甚至不能感觉。我还不能理解这件事，更遑论解释它。我将会并且必须发生很大的、很大的变化[……]"8月20日："我真的病了。什么都帮不到我。"8月24日："我的特里斯坦！我的爱人！——是我把你赶下了深渊！[……]又是一天！——无名的恐惧。"但是，两天之后，救赎就到了："太好了！——国王渴望听到帕西法尔。"于是，有些东西爆发出来，让散文草稿仅用了四天就写成了。

在这种情况下，瓦格纳的创造力呈现出独特的一面："所以！这是雪中送炭！"瓦格纳在结尾处横跨一整页纸写道！这证明了正在发挥作用的非凡力量；瓦格纳用这篇文字宣告了自己的健康。施诺尔之死的痛苦和随之而来的公开攻击造成了一种紧张状态，这种状态升级到了造成身体疾病的程度，但同时也打开了创造力的"狭窄的门"。只需要一个外部的诱因，即路德维希二世国王的要求，以释放被压抑的创造力。在这里，被攻击也起到了催化剂的作用，这在上一章中也给出了一些例子。从这一角度来看，瓦格纳在《我的生平》中关于《莱茵的黄金》作曲的开始阶段所写的就很重要了。那是在1853年9月4/5日：

> 由于晕船，我的痢疾越来越严重。最最精疲力竭的情况下，虚弱得几乎是寸步难行。我在拉斯佩齐亚寻找最好的旅店。[……]在度过了一个高烧和失眠的夜晚之后，第二天我便强迫自己继续步行，穿过丘陵起伏、意大利五松针覆盖的周围地区。[……]下午回到住处，我累得要命，伸出四肢，躺到硬邦邦的沙发床上，等待那渴望已久的睡眠时刻的到来。睡眠时刻没有到来。为此，我陷入一种梦游状态。处于这种状况，我忽然有了那种感觉，仿佛我沉到了湍急的流水中似的。流水的哗哗声在我看来，很快就变成了降E大调和弦的乐曲声。这种乐曲声不断地在和声华彩化的变换中一晃而去。这些变换就是不断增加运动的那种旋律优美的和声华彩，但是降E大调纯粹的三和弦却永远也不变化。看来，似乎这个三和弦通过其延续，要赋予我沉入其中的那个环境以无穷尽的意义。怀着仿佛现在巨浪在我上面高高地汹涌而去这种感觉，我突然从半睡半醒状态中吓醒。我当即就看出，《莱茵的黄金》的管弦乐前奏曲在我心中油然而生。我心中早有这个想法，可是却无法找到准确表达这一想法的方式。很快我也就明白，自己肯定有那种特性：生命的长河不应当从外部，而只能从内部向我流来。我决定即刻返回苏黎世，开始我那大型台本的谱曲工作。(*ML*，511)

许多瓦格纳研究者将其视为一个传说，但它的核心必定有些东西，因为有两个较早的和一个较晚的旁证。[7]但是，它作为在十二年后献给路德维希二世国王的报告这一形式，或许也是神话化的一部分。《莱茵的黄金》的乐曲草稿的事实存在表明，前奏曲还是最不清晰的那个：在第一稿中，后来包含136小节的前奏曲只写出了20小节；起伏的弦乐和声与最终版也不同。最重要的是，草稿中还没有丝毫铜管乐器的自然动机。这些可能要等到以后才会出现。[8]前奏的音乐构想可能潜伏着危机，但正如瓦格纳所说，它还没有形成明确的音乐文本。拉斯佩齐亚的事件仅产生了最初的设想，但尚不能产生音值固定的乐曲，但它是原初的推动力。

作曲——“一种疯狂的梦游状态”

流传下来的三次“丰收的雷暴”，点燃了作品的艺术之火，它们本已在诗意的想象中存在，只是具体的音乐形式尚未显形。它们为后续的长期工作提供了驱动力、效力和耐力，而后续的工作虽不那么惊人，但也经常要花费数年时间。但是，这项工作是基于小规模的类似过程；至少偶尔是由瓦格纳人为造成的。颇受作家们喜爱的那些药物，在瓦格纳这里只能找到零星的痕迹，比如1853年10月下旬的《棕色笔记本》说：“林德曼博士：鸦片酊；金属。感觉糟糕。”瓦格纳在《我的生平》中记录得更加详细：林德曼不仅给他开了有镇定作用的缬草药剂，还给他开了鸦片制剂（*ML*, 518）。在完成《莱茵的黄金》作曲之后，瓦格纳于1854年6月3日说，他将继续服用这些药剂。尽管他自己并未指出在鸦片和他的作品之间有某种联系，但我们仍可以设想，这些药激发了他的想象。

在瓦格纳的创作工作中，有两种不同的现象互相作用：通过他的思想产生的动机，以及让心灵进入某种充满活力的、“流动的”预备状态的**情感刺激**。关于后者，瓦格纳在1853年2月11日给弗朗茨·李斯特的信中解释道：“我只需要必要的**生命刺激**，才能获得不可或缺的愉悦心情，这样，动机才能顺从地、快乐地从我身上涌流而出。”近来的心理学提到了“心流体验”，它创造了一种“意识秩序状态”。[9]这种状态既可以由外部环境引起，也可以通过人为手段引起。瓦格纳生来需要一个奢侈的生活环境，但他并不总是能得到这种环境。相反，在巴黎是“严酷”的环境，这种“严酷”在苏黎世和拜罗伊特也以不同的形式出现，或是被动受到攻击，或是主动攻击别人：针对妻子明娜，或1850年在苏黎世作为真正恐惧的对犹太人的“愤恨”，正如前文所述。在德累斯顿时期，年轻乐队长的**成功**似乎至少对《唐豪瑟》是有意义的。如果鸦片酊对于《莱因的黄金》的创作确实有用的话，那么（根据柯西玛的记录）在拜罗伊特时期相对频繁的啤酒消费对于创作也有类似的帮助作用。对玛蒂尔德·韦森东克的“无法实现的爱情”，似乎对《女武神》和《特里斯坦与伊索尔德》的创作产生了更强烈的情感影响。此外，财务危机一直存在，但最主要的是**犹太人**，尤其是从1869年开始，要为渴望复仇的心跳加速负责。

瓦格纳与玛蒂尔德·韦森东克的往来信件，对于追踪他长年琐碎的创作工作非常有益。瓦格纳描述了他是如何抓住一个溜掉的想法的：“我在这个地方已经停了三天[……]我中断了很久，在动笔时却找不到正确的记忆。这使我非常不满意。我无法继续。——然后有小精灵来敲门：对我来说，这是一位妩媚的缪斯。一瞬间，这个地方就一目了然了。我坐在三角钢琴边，迅速把它写下来，就好像我心里早就记熟了它一样。”（*WMW*，1858年12月22日）这一段看起来仿佛瓦格纳在讲童话。鉴于这种“灵光一现”的**突然性**，怀疑是有理由的——逐渐醒悟似乎更可信。但是，“小精灵”在这里是特指，是一位经常造访的客人，后面还会多次提及。

在超凡的专注力和意志力的影响下，每一个从事创造性活动的人都会碰到梦境般的状态，但不会是通灵。瓦格纳对此作了如下描述：“这样一个音乐家，在他作曲的时候，实际上是陷入了一种疯狂的梦游状态。”——“是的，通常，当一个音乐上的念头缠上我时，我就睡着了，就像是进入了强制的缄默，然后声音从中产生。”——“[……]就仿佛我是由玻璃制成的，即，我知道我体内发生的所有功能，否则这些功能就会在不知不觉中发生。”[10]这些引文来自柯西玛·瓦格纳的日记。我们可以相信她；但是，如果她谈到精神沉醉，则应当怀疑她。

瓦格纳无法用命令来激活这些创造功能。柯西玛写道：“他随时会记下一些东西，音乐的或者其他的想法，如果手边有笔记本的话，他从不会有今天必须写点什么的想法。”——“R.忙着工作，在晚饭时告诉我，他一直在找‘我也给你提供救赎’[《帕西法尔》第二幕结束]这一段，直到他合上钢琴，告诉自己必须等待灵感到来。”或者更笼统地说：“作曲就是去寻找天知道会何时何地以怎样的形式出现的东西。”[11]这些地方详细地说明了，前意识和意识是如何相互作用的——只要思维之流确定了。因为瓦格纳知道，尽管它们互相依赖，但它们也互相干扰。为了抓住真正的创造力，他必须放弃意识。例如，柯西玛记录道：“只有当他不加思考地创作时，一切才能为他所用[……]”这些评论似乎首先隐藏着对非理性的崇拜。但柯西玛还写道：“当他思考如何将一个主题带入另一个音调时，他会感到困惑。”值得注意的是，还有这句感叹：“我不能换调！”注重身后名誉的作曲家可是要避免这种说法的！恰恰是这些在被引用的文献中对形成传奇有害的东西是真实的，因此当他说，“我总是遵循着声音，从不遵循抽象的知识”时，大概是真的。[12]

艺术中无情的自我折磨

为了到达灵感的层面，瓦格纳需要在他整个成熟的艺术生涯中充分地调动情感：“当我在情感之中将我全部的能力结合起来，并在其中无情地折磨这些能力和我自己，”他在1853年8月6日写信给李斯特说，“我才能成为以及成就什么。”1854年1月26日，他写给奥古斯特·勒克尔说：“我只看到，我的天性——它便是这样发展的——的正常状态便是亢奋，而普通的平静则是其异常状态。”另一方面，正如瓦格纳所说，瓦格纳偶尔认为的神经干扰，对他则会“发挥最美妙的作用”；因为他会“变得敏锐，拥有一种体验和创造的幸福感”，正如他“过去从未感知过的那样”（*SB*，卷VI，73）。

但请注意：“这些情绪不能被思索强迫。”（*WMW*，1859年4月26日）瓦格纳是在什么条件下成功到达那里的？“当我全神贯注时，我才能成为什么；每一次分心都是我的死亡。”（致弗朗茨·李斯特，1857年5月8日）这是一种纯粹的情感集中（而理智的集中却可能是有害的），为了刺激情绪朝着情绪平衡的特殊状态发展。只有通过这种方式，瓦格纳才能控制住阻碍艺术灵感的理智，打开那扇“非常狭窄的门”。他对柯西玛吐露：“有时候，妨碍了我的只是几个小节，直到我需要的音调被引入进来，这样它才不会太过突兀[……]；想象四五个可能性，直至我找到能够柔和地过渡的那个！然后我设置一个陷阱，愚蠢地把自己交出去，直至找到它[指‘正确的’灵感]。”（*CT*，1878年11月29日）

瓦格纳在这里描述了从“理性的”自我控制回到灵感层面的过程，“愚蠢”这个词表现了其非理性特征。他的问题绝不是有没有灵感：“幻想有灵感并不困难，我的困难一直是限制它们。”（*CT*，1878年10月28日）费劲的地方在于，从前意识提供的材料中挑选、塑形、检验最好的、最合适的那个灵感，并确定如何对它进行技术处理。

“R.在桌边说，创作时的困难不在于要有灵感，而是自我控制——灵感总是太多地朝他飞来，兴奋和不安对他来说都来自处理和选择。”更重要的是下面这段：“下午，R.发现了《帕西法尔》的结尾，他弹给我听他最后决定的版本。他对我说，他在头脑中想了三四十遍，直到决定如此编排。”[13]“三四十遍”指的应当是这部作品的最后五分钟，这是几乎无可比拟的自我控制，是每一位重要的艺术家都必不可少的！[14]

“奢侈”和“爱情”的作用

瓦格纳使用了什么手段来促进前文描述的过程？奢侈，这一自1840年的巴黎时代以来日益严重的问题，对瓦格纳具有双重的作用。首先是纯粹感性的，其次则是经济方面的。因为他一直以来的奢侈需求，是缠绕其终生的财务问题的源头，而财务问题又引发了持续的、有益于创造力的兴奋。但是，瓦格纳收集的那些精致而昂贵的家居用品，这些奢侈品在感性创造力方面是如何发挥作用的呢？它们帮助他“关闭”理性：“他在工作，但正如他所说，他突然想到的是各种恶作剧。”恶作剧出现在这位作曲家的头脑中，尽管他正在创作他迄今写下的最重要的合唱，《帕西法尔》中圣杯骑士的第一支合唱！柯西玛还知道，这是何种的愚蠢和恶作剧：“[……]我无法想象他工作的状态，他喜欢身边有缎带、帷幔、毯子，如果都是书他就不可能工作。”[15]瓦格纳用杂物盖过了他理性的那一面！这里可以看到瓦格纳的奢侈需求所发挥的深远**创造作用**。对沙沙作响的锦缎的刺激感官的触摸，对丝织物、帷幔、香水、香木、图画和小摆设的近乎情欲的喜爱，所有这些可以闻到、可以感觉到、可以看到的事物，都可以作为替代药物关闭抽象的思考，让情绪陷入激荡，从而制造靠近创造性中枢的机会。恰恰是瓦格纳这个孜孜不倦的读书者妖魔化了书籍，而书籍对他的艺术创作又确实是至关重要的，这一事实又增加了情感脉络的重要意义。

但是，雷暴和杂物只能确保创造性“心流”的基本需求。在困难的情况下，特别是在长时间的创作中断后又开始作曲时，瓦格纳需要更强劲的刺激：比如不能实现的爱情，这是对艺术的情感升华，它对其他作曲家如贝多芬、舒伯特和勃拉姆斯也很重要。

瓦格纳的怒火

持续的创造性亢奋不仅需要被引发，还需要保持，以使得艺术家不会——像罗伯特·舒曼、斯梅塔纳、胡戈·沃尔夫或尼采那样——遭受意识的损害。对于瓦格纳来说，这需要生存策略，偶尔要付出高昂的个人或社会代价：人际关系问题、愤怒、精神伤害、健康损伤、纠纷，甚至长时间的仇恨。瓦格纳在1854年1月17日写给李斯特的信中说："我应当期望哪个庸人能体谅我的天性的过分热情，这种天性在这些生活心态之下驱使我，用一种在他看来十分可疑且在任何情况下都令人不安的方式向外释放某种巨大的内心欲望。"（*SB*，卷VI，51）他第一次碰到这个问题，是在1839年至1842年间逗留于巴黎时。那时所发展出的"粗暴性格"，是一种消极的兴奋状态；这不仅是事关瓦格纳天性的关键概念，还是许多被他所证明的灵感状态的特征。

今天，它被归于"建设性受挫"这一概念——就是心理学所说的将侵略性力量转化为创造性成就的现象，这种现象只能出现在有创造力天赋的个体之上（在不具有创造力的人身上，随之展现的是破坏的本能）。[16]

瓦格纳当然知道，他的侵略性问题可能会对局外人产生"令人不安的"影响，不仅是以创造性释放的"雷暴"的形式，还包括强行造成紧张局势并随后消除这种紧张。上述提到的在作家之中用于提高创造力的技术影响，很少超出作家自身。但是在瓦格纳这里，它们影响到了社会环境，正如他所正确怀疑的，社会环境做出了负面反应。在这种意义下，柯西玛指出："他［指理查德］总是要做一些她不怎么赞成的事情。"

（*CT*, 1873年6月24日）这里指的是几个小册子的反复出版，例如《音乐中的犹太性》和《投降》，虽然柯西玛丝毫不谴责这些文章的内容，但她害怕这些很不合适的出版物必然会带来众多敌人。但是，为了他的“音乐创作”所需的“持续的兴奋状态”，瓦格纳始终需要仇恨法国人和反对犹太人。除了印刷出版的声明外，上述1851年4月18日致弗朗茨·李斯特的信也能证明这一点，信中说，“对犹太经济的愤恨”对他来说是“是必要的，正如胆汁之于血液”。1869年的情况也并无不同，这可以从另一封致姐夫奥斯瓦尔德·马巴赫的信中看出，那时他正在为《西格弗里德》第三幕谱曲：“我的音乐创作现在只能通过一种持续的兴奋状态维持，在这种状态下，我实际上被认为是绝对的怪胎。非常古怪的放荡不羁对我是有好处的，比如一篇突如其来的论战文章，它在新年之后被寄给了J. J. 韦伯，题为《音乐中的犹太性》，在我的委托之下希望现在已经出版了。”[17]

柯西玛在1869年6月3日的日记中记录了更多瓦格纳关于侵略性和创造力的主题，当时，她显然刚刚经历一场异常强烈的婚姻纠纷而感到非常沮丧：“他抱怨自己的艺术使命的强制性，他听从它，不去训练自己的道德素质：此外，他什么也做不了，或者说一切都变得糟糕；成为一个相当有道德的人，就意味着要在相当程度上自我牺牲。”对于瓦格纳来说，“自我牺牲”当然意味着变成糟糕的艺术家，甚至变得寂寂无名。在同一篇日记中还说到了“过分的表达”、“完全失去理智”和“暴怒”：这是瓦格纳传奇性的怒火爆发之一，正如他自己在这里所补充的，这导致了他们暂时分居。这样的暴怒在世界上确实并没有什么特别之处——只是瓦格纳**亲手**写下来，说它们对于**艺术**来说是**必要**的，他为了获得创造力而接受，甚至激发了这种情绪。瓦格纳所写文字的开头是：“**R. 徒劳地试图处理他的工作。**”——因此，他试图通过人为的情感刺激来弥补创造性思维的缺乏。

柯西玛无法理解，她丈夫的表现与她对奥林匹斯山上神祇的设想相矛盾。在1869年6月3日这次大发脾气之后的第二天，她对前一天理查德在日记上添加段落感到惊恐，写道："我宁愿他没有这样做[……]昨天我受到了致命一击，我面对生活就像面对一则无法解开的谜题，我也不想再对它加以思考了。"对她而言，这并不容易！因为在拜罗伊特时期，瓦格纳的怒火爆发得更加严重。仅在柯西玛日记的第一卷中就有20处提到了他发脾气，不过这些并非总是由他自己引发；例如在1869年3月1日："R.还向我解释了，为什么他在白天变得如此暴戾：他为了我、通过我并跟我一起创作了音乐，而孩子打扰了最敏感情况下的他，[……]使他完全脱离了状态。"[18]似乎瓦格纳在工作时更容易被激怒："R.在工作，他对我说，'我现在进入了音乐的氛围，因此我才如此兴奋'。"（*CT*，1871年9月15日）

如果瓦格纳的仇恨、侵略性和报复在历史之中无足轻重，便可以忽略不计。但并非如此。因为他的暴怒形成了以意识形态为基础的对意大利人、法国人、耶稣会士和犹太人的敌视，并因此找到了进入艺术的道路。[19]

就连莫扎特有时也需要侵略性来营造一种创作的氛围，他于1791年6月25日给妻子写信说，他干脆一直养个弄臣。另一则著名的逸事则讲述了侵略性如何使他有了一个期盼已久的好主意。[20]至于贝多芬，他的仆人申德勒说，只能用一次争吵让他的主人坐到钢琴前。门德尔松也是在变得具有侵略性之后，才带领他的莱比锡管弦乐团取得了出色的成绩。他写道："那时我第一次撕了总谱！"[21]理查德·施特劳斯也在这个方向上做了自白：他明确提到，关于旋律的灵感突然之间"向他袭来"，有时甚至在"完全不同的、以非艺术的方式经历愤怒时"。他保证，根据他"自己的经验[……]在极度兴奋、愤怒时就会出现艺术想象力特别活跃的活动”；不仅仅是“灵魂的兴奋”，“恼怒和不快”也能激发想象力。[22]

艺术的“可怕条件”

作曲工作引起的疲劳，在柯西玛的日记中也扮演着重要角色。渐渐地，她还提到了心脏病，这肯定是由于艺术工作带来的持续的心理压力：“理查德对他的工作感到疲惫。”——“他因工作而感到痛苦”……写下的内容通常会更精确：“R.很紧张地坐在桌旁，他的工作让他非常沮丧，我甚至害怕去鼓励他！”——“R.在写草稿，但他始终抱怨身体不舒服。”——“R.[……]在工作，但是当他坐到桌旁时，他就抱怨肚子疼。”自1879年开始，这些神经性疾病伴随心脏问题出现：“R.抱怨胸闷！”——“他在工作，但是中午时他说胸非常闷。”——“R.再次心绞痛；我们讨论了可能的原因，都觉得他的工作让他不堪重负，身体机能停摆。”[23]这些只是紧张的工作逐渐导致健康被破坏的一些证明——尽管已采取了所有自我保护措施和心理帮助。瓦格纳担心，他再也无法完成《帕西法尔》了。在那段时间里，他每天似乎只“工作”也就是作曲两个小时，然后是休息，对节奏的每一次干扰都会带来严重后果：“工作之后，我通常会稍微伸展四肢，闭上眼睛休息一刻钟。昨天我不想如此懈怠，给您写了信。然后它就报复回来了：我头昏眼花，不得不停下来。”（*WMW*，1859年5月30日）在“创造性雷暴”之外，瓦格纳的艺术工作伴随着心理上的，最终也有身体上的极限。就连歌德也预见到了“让即使最顽固的性格也能取得最终成功的可怕条件”（《意大利游记》，第二部分）。

18

通往乐剧之路
——主导动机体系的超验性

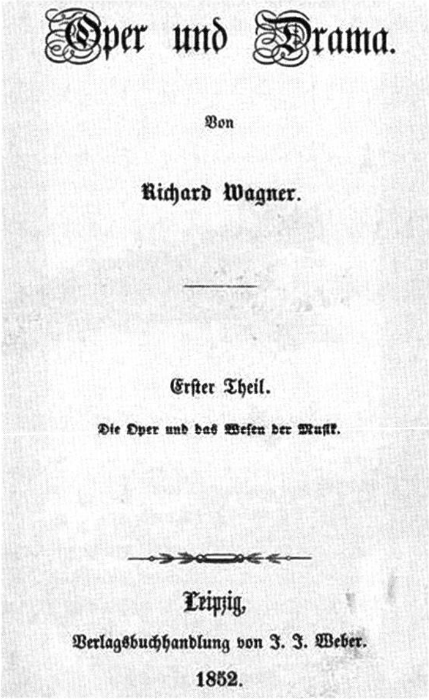
Oper und Drama.

Von

Richard Wagner.

Erster Theil.

Die Oper und das Wesen der Musik.

Leipzig,

Verlagsbuchhandlung von J. J. Weber.

1852.

图47 《歌剧与戏剧》第一版(1852),
这是瓦格纳乐剧的基础和理论。

最初的音乐节设想和朋友的到访

瓦格纳为《西格弗里德之死》谱曲的尝试失败了。尽管外界相对平静,但他的内心深处却仍然充满沉重的忧虑——与此同时还有着伟大的梦想。尽管《罗恩格林》的首演给人留下了深刻的印象，但瓦格纳很清楚，魏玛剧院不足以满足一部西格弗里德戏剧的需要；他还意识到，这部戏不能按《罗恩格林》的风格来了。

在1850年9月14日写给画家朋友恩斯特·贝内迪克特·基茨的信中，瓦格纳第一次透露了他“最大胆的计划”：他想以音乐节的形式来上演《西格弗里德之死》，但是，这最少需要一万塔勒。

> 然后，我将按照自己的计划，用木板建造一座剧院，去寻找最适合的歌手，并为这一特殊事件准备好一切，这样我就可以确定这部歌剧会出色地上演。然后，我就会向任何对我的作品感兴趣的人发出邀请函，为优秀的演员们确保座无虚席，并且——当然是免费的——一周内表演三场，然后戏剧终止，事情结束。只有这种事才能诱惑到我。（*SB*，卷III，404）

这是对音乐节设想的第一次表述——未来的音乐，其配方才刚刚出现。在思考关于表演的外在形式的同时，他也思考了“未来的艺术作品”的内部结构，这反映在他的最新作品《歌剧与戏剧》中。他正热切地投入写作之中；1851年1月10日，他完成了手稿。它于1851年由J.J.韦伯出版于莱比锡，他还将为瓦格纳做更多的事。[1]原始手稿被瓦格纳用红色封面装订起来，送给了德累斯顿小提琴家特奥多尔·乌利希，此人已成为他在所有知识领域通信最频繁的伙伴。他想念他，并请求他到苏黎世来。

作为对《歌剧与戏剧》的奖励，瓦格纳在夏天打算再次去罗尔沙赫徒步旅行，这次是跟卡尔·里特尔一起。经历了将近两年的分离之后，瓦格纳在1851年7月5日再次拥抱了朋友乌利希。瓦格纳很高兴终于能够听到革命之后的德累斯顿的消息，尽管许多事情令人沮丧——比如，瓦格纳的作品已经从德累斯顿上演的剧目中完全消失了。7月9日，他们三个人在苏黎世，乌利希最终体验了最具瑞士特色的东西。他们三个步行去了威廉·退尔传说的历史遗迹：布鲁嫩、鲁特利、贝肯里德、施塔姆斯、恩格尔贝格、阿姆斯泰格、弗吕埃伦。8月10日，乌利希不得不返回德累斯顿。这是一次痛苦的告别；这两个朋友或许以为这是他们最后一次见面了。乌利希得了肺结核。

在寒冷的季节，瓦格纳无法鼓起勇气恢复《尼伯龙人的指环》的工作；直到1852年5月，他们决定寻找一处夏季的住所，并决定搬去苏黎世半山腰上的农庄，5月22日，理查德在这里过了三十九岁生日，在户外举行了乡村风味的宴会。从这里可以看到苏黎世湖对岸遥远的阿尔卑斯山。尽管阴雨绵绵，瓦格纳还是开始了工作，创造性的工作。写文章和音乐会，这些仅仅是赚钱的活计。他再次捡起他的事业；他是从后往前创作的，先是《西格弗里德之死》，然后是《年轻的西格弗里德》。现在他开始创作《女武神》，并于6月底完成。

作为休息，瓦格纳在7月进行了一次长途徒步旅行，探索了瑞士。与此同时，家里发生了一件重要的事情。许多家剧院提出希望得到《唐豪瑟》的演出授权：先是什未林，然后是布雷斯劳、布拉格和威斯巴登，然后，令瓦格纳极为惊讶的是，居然还有新的监督博多·冯·许尔森领导下的柏林宫廷剧院，这家剧院原本是瓦格纳的对头。最后，有27家剧院在短时间内都上演了《唐豪瑟》。引人注目的却是，1853年2月16日，《漂泊的荷兰人》在魏玛首演。瓦格纳此前向李斯特寄去了长达八页的演出“说明”，尝试从远处进行指挥。为了表现第一个场景的暴风雨，他建议使用纱罗织物。第二幕中，达兰德家中的房间应该按照《浮士德》中格蕾琴的房间来布置。总体而言，瓦格纳的说明，目的在于让舞台表演与乐队演奏比往常更紧密地协调起来。李斯特在1853年2月18日告诉瓦格纳:“演出令人满意,成功如我所料[……]序幕引起极大反响,尽管通常的习惯是在大公夫人的生日那天不鼓掌,但观众们还是热情地鼓掌喝彩。”[2]

早在1852年10月和11月,《莱茵的黄金》的诗稿便已完成,因此《尼伯龙人的指环》的全部文字都已经完成了。《年轻的西格弗里德》和《西格弗里德之死》被调整得更适合整个系列,得到了扩充,并更名为《西格弗里德》和《诸神的黄昏》。瓦格纳现在在更庞大的观众群体面前尝试他的新诗作,并在苏黎世的博尔奥湖豪华旅馆的大厅里为朋友和其他感兴趣的人举行了四场朗诵会,每一晚的人数都比前一天更多。在此期间,苏黎世人对瓦格纳作品的兴趣日益增长,他们组织了一场预售,来支付他最近四部歌剧选段组成的三场音乐会的成本。这也取得了成功,瓦格纳开始聘请乐队、组织合唱队:这是朝着越来越清晰的音乐节设想迈出的第一步。没有比瓦格纳本人的记录更好地描述这一重大事件的了:

> 从远近各地叫来一些能干的专业乐队成员[……]我采用这种方式进行安排,让受聘的乐队队员必须[……]整整一个星期都待在苏黎世。其间有一半的时光,他们都被占用,专门进行排练。然后,在星期三晚上进行演出,星期五晚上和星期天晚上重演。这些日子就是5月18日、20日和22日。5月22日是我的四十岁生日。[……]挑选出来的乐队队员从美因茨、威斯巴登、法兰克福和斯图加特,另外一些队员又从日内瓦、洛桑、巴塞尔、伯尔尼和瑞士的主要城镇,于星期天下午准时到达。[……]因为这些人早、晚都由我支配,我给他们在两天半的时间内,不用特别费劲,就排练了

> 从《漂泊的荷兰人》、《唐豪瑟》和《罗恩格林》中挑选出来的一些比较大型的乐曲。[……]在各场演出之间有一次宴会，第一次宴会——除了后来在瘟疫期间的一次宴会之外——也是唯一的一次向我致敬的宴会。在这里，才华横溢的音乐协会会长奥特—乌斯泰里先生的讲话确实使我深为感动；他在讲话中促使那些来自各地、济济一堂的乐队队员注意到他们这次联合的意义、目的和作用[……]他们在这里同艺术领域的一个伟大的新现象有了密切的、富有成果的接触。(*ML*,506)

瑞士各地都传来呼声，要求这次音乐节重演，但最终决定，保留它的唯一性。这显示了瓦格纳对于如何展现其影响力的嗅觉——他的判断完全正确；人们若熟悉了这些作品，它们也会变得“普通”。面对赞助商也要保持非同寻常的个性。奥托·韦森东克大概是赞助商中最慷慨的一个；瓦格纳无论如何都要创作一支钢琴奏鸣曲来报答他，这支曲子原先的题目是《你知道将会怎样吗？》。它被献给了玛蒂尔德·韦森东克，而她认为，这个标题很难理解！她没有预感到什么吗？[3]

然而，苏黎世音乐节还缺席了某个人——弗朗茨·李斯特——尽管他有充分的理由：在同一时间，他在魏玛组织了类似的活动，即“瓦格纳周”。但是，他宣布将于7月初到访。瓦格纳写道：“现在是生命中最美好的日子之一，每个小时都变成了宝贵的记忆财富。”自4月15日起，他在泽尔特街13号有了一间更宽敞、更漂亮的公寓，布置有地毯、天鹅绒窗帘和精美的家居，颇具富裕市民情调，因此李斯特很喜欢这处“小巧雅舍”。瓦格纳所谓的“高级心境”正是在这样的环境中出现的。当他感到思绪的流动变成新事物时，他必须创造一种光明的状态。但是，不同寻常之处首先是以其他的方式表达的：李斯特到达时，瓦格纳一直揽着这位朋友的脖子,“滚到地板上,拥抱佩普斯[狗],冲着他的耳朵胡说八道,同时还咒骂犹太人”。[4]他与李斯特关起门来,热切地讨论了后者刚完成的几部交响诗和全新的《浮士德交响曲》。瓦格纳在给李斯特的伴侣维特根施泰因夫人的一封详尽的信中总结了他的印象。新的和弦连接,新式的、令人惊讶的主题结构和大胆的音色令人难忘,但是如今几乎没有人知道,它们最早是由李斯特,然后是由瓦格纳写在纸上的。但是,李斯特不是迈耶贝尔——与对待那位柏林“犹太人”不同,瓦格纳从不掩饰李斯特在创作方面对他的帮助。

正如瓦格纳所写的,这些印象是在正确的时间出现的,“但我自己却考虑,终于在中断了这么长时间之后,又专心致志于音乐创作”(*ML*, 508)。[5]此外,李斯特的到访还是一次与诸多嘉宾的聚会,韦森东克夫妇、格奥尔格和埃玛·赫尔韦格、祖尔策、米勒、鲍姆加特纳、两位维勒,以及作曲家卡尔·埃施曼和特奥多尔·基希纳都来拜访,宴会一场接着一场。李斯特快要离开时,瓦格纳和他以及赫尔韦格一起去了卢塞恩湖,喝了鲁特利三口泉眼中的水,确认了他们的友谊。

李斯特的告别留下了巨大的空白。几天后,一个完全不同性质的事件中断了这个空白。一天晚上,全体苏黎世歌咏协会成员组成庄严的火炬游行队伍去了瓦格纳的家,瓦格纳以一种“再也不会经历的景象和印象”获得了一份荣誉证书。人们唱着歌,协会会长发表了祝词;瓦格纳深受感动,给出了风趣的回答,他在讲话中表示,没有什么可以诱使他离开苏黎世,并且他希望在这里能够实现他的艺术理想。

《歌剧与戏剧》,“未来的艺术作品”的配方

为了描述瓦格纳家在苏黎世建立的中产阶级地位,我们方才在时

间上稍微超前了一些。人们可能认为，这位作曲家现在可以勇敢地采取行动，将《莱茵的黄金》的音乐写下来了。为了理解事情为何不能如此简单，读者应当能够理解这部作品给音乐界带来了怎样惊人的崭新东西。在《尼伯龙人的指环》系列歌剧的第一部《莱茵的黄金》中，如此完美地出现的这种崭新的作曲方法是如何诞生的？瓦格纳的思想经历了哪些发展，才开发出一种崭新的乐剧理念？首先要提到的是《歌剧与戏剧》，瓦格纳最重要的艺术理论作品。然后要讨论“先驱者”黑格尔和迈耶贝尔，以便概述“瓦格纳体系”核心——主导动机技术——的工作方法和作用原理。

《歌剧与戏剧》不仅是一篇关于作曲的论文，它也代表了瓦格纳戏剧艺术自我宣言的关键阶段。瓦格纳为其“未来的艺术作品”发明的工作方法本身便非常复杂，但它构成了瓦格纳体系的基础（将在第20章进行总结）。

瓦格纳在《歌剧与戏剧》中设计了一种衰变场景，它应当显示出，艺术界沉沦到了什么程度。歌剧没有真正的历史渊源，它不是由人民，而是由艺术的任意性所创造的。它以表达手段（音乐）为目的，但以表达目的（戏剧）为手段。它并非源自中世纪的民间演出，那时的音乐艺术和戏剧艺术还能协同工作，而是源自“奢华的意大利宫廷”（*GSD*，卷III，231）出于纯粹的消遣目的，那些始终觉得帕列斯特里那的教会音乐太无聊的贵族们让歌手们唱咏叹调，那不过是“被剥夺了其真实和素朴的民谣”。这些咏叹调的歌词，完全不能达到让歌手大放异彩的目的。尽管歌剧史上一直存在着反向的运动——格鲁克指出了只看重技巧的局限性，莫扎特用音乐的真实性来细化人物，卡尔·马利亚·冯·韦伯尝试了将德意志歌曲的独特性应用于歌剧之中，即较少使用简短的节奏，“而是呈现给我们悠长而曲折、愉悦又充满渴望的特征”(*GSD*, 卷III, 261); 然而, 这种艺术形式最终却发展成了纯粹的、“醉人的”(*GSD*, 卷III, 255)、“绝对的旋律”(*GSD*, 卷III, 269, 292), 人们不自觉地跟着哼唱, 罗西尼的《威廉·退尔》就是最好的例子。在民歌中, 音乐和歌词是等价的, 但歌剧却将诗人贬低为纯粹的供货商。相对于民间舞蹈, 歌剧中应用的芭蕾也是异化的、空洞的。为了让这种很大程度上没有意义的艺术形式——没错, 瓦格纳甚至说歌剧是“疯狂的”, “完全不自然的”(*GSD*, 卷III, 308)——继续受到赞赏, 它不得不越来越多地陷于机械, 合唱“如军队一般”(*GSD*, 卷III, 270)整齐划一, 使用“装饰性的机械装置”, 引用遥远地区或古老教会音乐中的旋律来制造表面的刺激。简言之: 为了消除意义缺失的影响, 效果必须越来越离奇。瓦格纳描绘了一幅文化帝国主义的图像, 尽管他还不知道这个概念:“大陆上的所有国家都被研究透了, 每个地区都被掠夺, 每个部落都被吸走了最后一滴音乐之血, 而所获得的精神被伟大歌剧世界的大师和盗贼们用于取乐, 如转瞬即逝的烟火般挥霍一空。”(*GSD*, 卷III, 266)

尽管有许多有趣的仔细观察, 这些在今天的所谓世界音乐和音乐剧的时代中也已成为令人不安的话题, 但从根本上说, 这本书的前两百页所掩藏的内容比它所揭示的要多; 它直接进入当时盛行的原生天才辩论, 并隐藏了瓦格纳**真正的**老师的身份。他对有益于自己声誉的真正的(或者所谓的)榜样——贝多芬和C.M.冯·韦伯——不遗余力地拔高, 对于要模糊实际情况的地方则大加批评——尤其是在黑格尔和迈耶贝尔的影响方面。他向后者抛出了著名的、被广为引用的艺术诅咒, 即迈耶贝尔制造的只是“没有缘由的影响”(*GSD*, 卷III, 301)。这种说法可是柏林评论家路德维希·雷尔施塔布在1847年10月28日的《福斯报》上用来形容瓦格纳自己的。

正如每一首英雄史诗一样，每个个人神话都需要一个谱系。或许，这就是为什么瓦格纳在《歌剧与戏剧》的第一部分突然变成“历史学家”，并匆匆地从古希腊戏剧转向席勒、歌德、贝多芬和韦伯——以及他自己。文本的暗示力量和样本密度说明了，为什么几代仰慕者和传记作者都将这本书的第一部分奉为圭臬。这一点可以从直到最近的瓦格纳研究中对黑格尔的不时搁置，以及对迈耶贝尔的错误判断中看出来。[6]毫无疑问，瓦格纳的成功确实可以归因于席勒、歌德、贝多芬和韦伯，但除了韦伯之外，他们都没有提供催生出乐剧的哪怕一朵火花。

黑格尔的音乐美学

黑格尔本人会定期去欣赏音乐会和歌剧，比如，他曾出席在亚伯拉罕・门德尔松・巴托尔迪的沙龙里举行的费利克斯・门德尔松・巴托尔迪的E大调双钢琴管弦乐协奏曲的首演，他将音乐定义为“心灵的艺术”。[7]因为它比其他任何艺术都能更直接地表达情感。声音甫一接触到耳朵，便重新归于沉寂，它们留下的印象只继续存在于“内心”之中。音乐是“一种消息，它不具有其自身的实体存在，仅由内在性和主体性所承载”。[8]在黑格尔的历史哲学中，（古埃及的）建筑代表了象征时代，古希腊的建筑代表了古典时代，而音乐、诗歌和绘画则代表着浪漫时代。黑格尔认为，音乐很大程度上是脱离了物质和内容的，因此比其他艺术更自由，但也更多遭受着无实体性的危险。因为，“在所有艺术中，音乐具有最大的可能性，不仅可以将自己从任何确实的文本中解放出来，也可以将自己从任何特定内容的表达中解放出来”，所以它可能会很容易地变得“空洞、无意义”。[9]毕竟，在他的艺术体系中，音乐和雕塑、建筑与绘画一起处于最底层，而文学则处于最高层。

黑格尔对音乐的兴趣在于，它能够传达**内容**并按照他的哲学观念支持绝对精神的发展。相反，以自身为目的、只追求作曲形式或演奏技艺的音乐，对他来说是“空洞的、无意义的”，因此他对器乐几乎不感兴趣。他的美学问题在这里已经很明显了，因为它并不是把音乐作为音乐本身而接受的，而是取决于音乐传递非音乐元素的程度。在瓦格纳那里也可以部分地感觉到这一点。

按照黑格尔，承载内容的是**情感**，有了它，音乐才能“将声音塑造成主体内在性的乐音，并为其注入灵魂”。黑格尔关于声乐的思想正如瓦格纳所预想的。在声乐中，歌词已经“展示了某个特定的内容”，音乐必须给予歌词“更为贴切的确定性”。但音乐并不是从属者；毋宁说，“文本是在为音乐服务”。文本不能是太“难于思考”的，不能包含完整的内容，而更应当是一种刺激；它应该提供“轮廓”和“基础”，音乐必须借助这些来“表达内在的本质”。为了达到这一效果，作曲家应当“深入并且只能够深入事实，不能仅深入主观性的情绪”，他必须“全心地彻底感受并且彻底经历这一内容”。由于这种理性的—情感的工作基础，音乐在思维上形成了“聆听者的共情”；黑格尔后来称之为“理想化”。情感被视为理性的载体。黑格尔表述了对于瓦格纳来说处于核心地位的**观念经音乐的中介到达情感**的路径，相反，聆听者应当**通过唤起的情感重新将其解锁为观念**。在考虑瓦格纳在“未来的艺术作品”之中对这一原则的转化之前，必须弄清楚他通过迈耶贝尔发现了什么。

迈耶贝尔，一个重要的黑格尔信徒

在上述删除的《歌剧与戏剧》的段落中，瓦格纳已经间接地将迈耶贝尔视为某种黑格尔在歌剧方面的遗嘱继承人。[10]瓦格纳自己已经将它内在化，并在1842年11月6日的一封信中对自己进行了刻画："对——我是迈耶贝尔的门徒。"（*SB*，卷II，176）同时，他写了长篇论文（《论迈耶贝尔的〈胡格诺教徒〉》），在其中大肆赞美了迈耶贝尔。

迈耶贝尔于1832年上演的《恶魔罗勃》，是他的第一部惊世之作。这实际上是一部**现代**音乐，与浪漫艺术仅有间接的联系。它技巧极为高超，通常只为活动布景和疑似引用所打断，正如多年之后的古斯塔夫·马勒和德米特里·肖斯塔科维奇一样。迈耶贝尔在他的乐谱里，这里用一点儿韦伯，那里用一点儿《菲岱里奥》，还有一些"狼谷"*和《堂乔瓦尼》，然后是贝利尼的《诺玛》，更不用说民歌、社交舞蹈和民族舞蹈了。迈耶贝尔不会逐字逐句地引用，而是发展了一种间接引用的技术，不直接使用被引用的词句，而是唤起被引用的作者或流派的精神，甚至将其用为套话。迈耶贝尔被指责没有自己的思想——人们没有理解，对他来说更重要的是别的东西：通过这种拼凑，他能够向受众传递已经熟悉的情感和与之相关的思想——一种新的方法，虽然不是他独自发明的，但是他首先精通的。由此，他完善了莫扎特偶尔使用，罗西尼和其他音乐家越来越多运用的作曲方法，在音乐中使用众所周知的文化符号。表面上看，这些作曲家放弃了一切都要"原创性"的主张；但是，他们得以使自己的思想立即被理解。因此，迈耶贝尔的作曲技巧成为到那时为止最具思想性的技巧之一；瓦格纳绝对有理由将之与黑格尔相联系——只是：将这种"黑格尔式"的作曲方法带到"终极"的，并非迈耶贝尔，而是瓦格纳这位自《黎恩济》以来公认的在"超越迈耶贝尔"的艺术领域内的大师（爱德华·汉斯立克辛辣地嘲

---

* 《魔弹射手》片段。

讽道)。

迈耶贝尔准备好的,恰恰是瓦格纳乐剧不可或缺的技术。柏辽兹顽皮地将迈耶贝尔称作"音乐百科全书",只有通过迈耶贝尔的语义变化和组合的原则才能理解这句话。然而,瓦格纳则不仅采用了迈耶贝尔彻彻底底的理性主义的艺术方法,而且对它进行了改进。只有迈耶贝尔的超验技术,才能使瓦格纳完成从(韦伯的)记忆动机到现代的主导动机的决定性一步。这两种作曲技术之间的差别可以简单地描述如下:记忆动机通过通常是相同音调的重复,让第一次响起时唤醒的思想毫不改变地进入记忆,因此很像柏辽兹所说的"固定乐思"。而音调上几乎随时可以改变的主导动机则服务于更为复杂、多变的思想结构的暗示。应当重复一遍:若没有迈耶贝尔,就无法解释瓦格纳"发明"的主导动机!这一评价非常重要,因为最近有一些研究者提出了荒谬的想法,认为瓦格纳对他的犹太竞争对手门德尔松,以及尤其是迈耶贝尔的诋毁,在美学上是合理的,但这只是对门德尔松的创作成就的错误判断,以及对迈耶贝尔在歌剧史上的地位普遍无知的结果。[11]瓦格纳在《黎恩济》中最为明白无误地接受了迈耶贝尔——即便斯蓬蒂尼是这部剧最显眼的教父之一;然而,此后瓦格纳就放弃了历史歌剧,而是出于自身原因选择了传说和神话领域。

图48 贾科莫·迈耶贝尔与瓦格纳的接触只有在最初时才是愉快的。罕见的早期肖像,J.阿斯曼所画,维涅隆制成版画,巴黎,约1840年。

瓦格纳的神话理论

在《歌剧与戏剧》中，瓦格纳将现实世界的表象与其在神话中的象征形象区分开来，后者对全体人类都有吸引力，对于理智以及想象和情感方面都是如此。“神话的无与伦比之处在于，它**永远都是真的**，而且由于它的内容是**浓缩**的，对于所有时代来说都是**取之不尽**的。诗人的任务只是解释神话。”（*GSD*，卷Ⅳ，31；强调为作者所加）永恒有效的、可以被一遍遍重新解释的神话——瓦格纳是首先使用这个词的希腊拼法*Mythos*，而不是拉丁化形式*Mythus*的人之一——提供了“从社会形成到国家灭亡的全部人类历史的可以理解的图像”（*GSD*，卷Ⅳ，65）。瓦格纳的目的在于，给神话的永恒性带来当下的现实意义。只有如此，他的重新塑造才能获得意义和社会作用，并且“影响现实生活”（*GSD*，卷Ⅳ，32）。

以俄狄浦斯神话和安提戈涅神话为例——国家利益和爱情在这两个故事的最终发生了致命的碰撞——瓦格纳试图证明，神话总是涉及自由的个人自决权对抗基于麻木“习惯”的国家力量。在瓦格纳对过去的思考中，人类的历史似乎是国家和宗教对个体的持续压迫的历史。瓦格纳彻底颠覆了日常的理解，断言说：“政治国家的本质是**专断**，而自由个体的本质则是**必然**。”（*GSD*，卷Ⅳ，66）艺术的目的，即重新诠释神话的目的，因此是革命性的：“将人类天性的**无意识带入社会的意识之中**，而在这种意识中，所知的只有**社会所有成员共有的个体自由自决的必然**——这也就意味着：消灭国家。”（*GSD*，卷Ⅳ，66）瓦格纳艺术概念中的这种明显的敌视国家的特性，并未被所有拜罗伊特的追随者意识到。

瓦格纳的神话概念似乎非同寻常地现代，要求我们将它与20世纪的神话观念联系起来。今天的思想不接受神话的“真实”和“永恒”。人们更多地谈论新近的、古老的和过时的神话。在经过几代艺术家的传承过程中，它们发生了很大变化，这使它们的本质变得有懈可击。因此，对神话的批评就和神话本身一样古老。瓦尔特·L.比尔写道：“神话有一个相对稳定的**内核**，与一个可以更迅速地变化的**脉络**。”[12]他总结道：“神话引导行为，或至少引导行为的意愿。”神话不仅仅是娱乐性的文学——神话还应当影响受众的生活。

这正是瓦格纳的意图。在这里，文本和戏剧性部分地是在隐秘地“工作”，而“征服”听众主要是音乐的任务（*WMW*，1859年8月24日）。这是极权的效果要求，但瓦格纳并非第一个以这种方式处理神话并赋予它们极端含义的人。否则，某些神话不同版本之间的矛盾——尽管它们都有“稳定的内核”——几乎是不可解释的，这个问题在中世纪时就已经出现了，比如在特里斯坦的素材中。[13]一个更近的例子是荷兰人的传说，海涅和瓦格纳用相同的基本模式讲述了完全不同的故事。变化还出现在唐豪瑟、罗恩格林、西格弗里德和帕西法尔的素材库中：神话作为**隐藏思想**的运输工具和保护盾。就此而言，神话作为一种艺术的观点表达，在19和20世纪具有很大的现实意义，以便在不宽容的社会体系中也能表达自身。神话作为保护盾——甚至是面对审查制度。这是瓦格纳的一个主题。他有理由隐瞒自己的一部分信息。

瓦格纳对黑格尔音乐美学的完成与矛盾

现在，瓦格纳在歌剧史上的成就，在于将其艺术主题投射到神话之中，并使其服从黑格尔的辩证法体系。瓦格纳别无选择；他说，“如果我同时什么都不想”，就不能作曲，“如果我想着什么，就想得无边无际了”。[14]然而，瓦格纳肯定很反感黑格尔美学的基本前提，根据这一前提，艺术——包括音乐——只是属于宗教和哲学的初级阶段。对于音乐家瓦格纳来说，这是不可接受的。虽然在《歌剧与戏剧》中，他将黑格尔美学辩证技术内在化了，但对作曲家而言，这并不是要让音乐服从于思想，而是要兼顾这两者。由此就产生了乐剧，它作为一种艺术作品，要取代哲学和宗教。通过也将宗教世俗化，瓦格纳最终将创造出一种非常个人化的世俗的超越形式。

与黑格尔一样，瓦格纳拒绝任何缺乏思想动力的音乐。瓦格纳在《告友人书》(1851)中强调了这一论点：绝对的艺术作品是“完全的荒诞，是美学思维想象力的阴影图像”(*GSD*，卷III，316)。

语言批评：元音和辅音
——从抑扬格到自由节奏和头韵

如果说瓦格纳在《歌剧与戏剧》的第一部分中批评了歌剧咏叹调中绝对的旋律与语言诗句的分离，那么在题为“戏剧性诗歌艺术的剧本和本质”的第二部分中，他就打破了现代的语言。语言的起源是情感的表达，它“首先是情感的语言”(*GSD*，卷IV，91)，伴随着不自觉的手势和舞蹈似的动作。语言最初是歌唱。瓦格纳隐喻性地说，元音表达了内在的人，针对的是听觉的“耳朵”，而辅音作为分隔的元素针对的则是听觉的“眼睛”。辅音在开头音和尾音中分隔出表达情感的元音。瓦格纳认为，元音是原始情感的声音，而辅音更多地是模仿事物的表面并使其可以被识别，这种观点延续了作家威廉·海因泽的思想。[15]随着历史的发展，语言越来越多地被旋律——“滋养它的母乳”——以及元音——“响亮的声音”——所替代。它成为“一种宗教的—国家的—历史的习惯”的媒介（*GSD*，卷Ⅳ，90）。在瓦格纳的批评中，语言似乎是一种情感和行为的规训手段。这一发展过程也影响了艺术实践。希腊人在他们的戏剧中使用五步抑扬格，在这种韵律中，抑和扬总是交替出现的。当德意志诗人使用这种韵律——这里只是为了说明而举出了莫里克的名诗《夜平静地降临大地》的例子——现在却不可避免地被原始的希腊韵律所替代，这种节奏就变得机械化了。因为连续的扬和抑会导致语义上不太重要的词和音节而非词根得到强调：韵律和意义的重音就发生了冲突。为了掩盖话语和它原始的语言旋律之间的这种分离，人们越来越多地使用了尾韵，但尾韵只能形成一种完全外部的、专断的统一。单调的抑扬格给了诗人，尤其是音乐家，过少的节奏自由。在主要用法语和意大利语演唱的歌剧中，抑扬格通过持续的单调性甚至变成了“完全的折磨”（*GSD*，卷Ⅳ，105）。

回顾神话的过去，瓦格纳希望为未来创造一种语言，一种情感的语言，超越“我们国家事务的语言交流所追求的东西”（*GSD*，卷Ⅳ，211）。在这里，对他来说，德语是不由自主挺身而出的，即便它具有“无法用重音读的词语数量过多”的缺点，因为只有德语“在日常生活中也将重音放在根音节上”（*GSD*，卷Ⅳ，127）。这使它与罗曼语言，尤其是法语，区分开来。在法语中，无论含义和上下文如何，重音都不可避免地涌向“结束的词”或“结束的音节”上。

《歌剧与戏剧》的第三部分仍在继续这个话题，仿佛总体艺术作品的一份指南。瓦格纳要求一种有节奏的语言旋律，可以参考呼吸对其在感官上进行理解；“而这种呼吸就是——音乐”（*GSD*，卷Ⅳ，127）。这种语言的根源在于情感；只有通过将内容上的关键字词进行协调的排列，文本才能获得可以谱曲的简洁明了。通过限制感官上醒目的地方，

而情感最终就在这种整体形象中通过它们表达出来。”(*GSD*，卷IV，94)他在此区分出了头韵，头韵没有意义上的相似性，“没有辅助性的开头音”，即直接通过元音来实现(他举出了“immer und ewig”和“erb und eigen”为例)，通过相同的辅音开头音来实现这种相关性(“Ross und Reiter”，“froh und frei”)，或者通过“向后闭合的开头音”的相同性(半押韵，例如：“Hand und Mund”，“Recht und Pflicht”)。瓦格纳希望以这种手段来为舞台带来一种高尚的、庄重的且听起来自然的语言旋律。

实际上，头韵给了瓦格纳节奏的自由，这在歌剧中是前所未有的。维尔纳·布赖格以《莱茵的黄金》第二场为例进行了演示。沃坦在以下诗行中向弗丽卡解释，为什么他会遵循“诡计多端的”娄格的建议：

Wo freier Muth frommt,
allein frag' ich nach keinem;
doch des Feindes Neid
zum Nutz' sich fügen,
lehrt nur Schlauheit und List,
wie Loge verschlagen sie übt.
Der zum Vertrage mir rieth,
versprach Freia zu lösen:
auf ihn verlass' ich mich nun.*(*GSD*，卷V，217)

布赖格的分析强调了节奏和声音的高度可变性：头韵可能出现在

---

* “若是光凭勇气，/那我就不会求助任何人；/可是对手的嫉恨/会加戒备小心，/只有狡黠和计谋才能制服敌人，/像娄格一样，去运用这类本领。/他建议我去签订这份协议，/答应我弗莉雅平安无事，/我对他完全信任。”

同一行诗中（“freier ... fromm”），也可能作为所谓的“连接杆”联系相邻的诗行（“verschlagen”“Vertrage”“verlassen”）；每一诗行有时有两个扬音节（“zum **Nutz** sich **fü**gen”），有时有三个（“ver**sprach**, **Frei**a zu **lö**sen”）；抑音节的数量可是变化不定的，各个诗行可以以不规则的顺序排列或者分成小节。[18]

从思想到声音：主导动机概念的形成和变更的必要

为了适应新的语言模式，瓦格纳发展出形成音乐动机和主题的新技术。从单个词语—声音之联系的语义原始元素排列中产生的音乐“言语”，被瓦格纳称为“词曲旋律”（*GSD*，卷Ⅳ，177）。它是声音的音乐延续所产生的诗性的思想，是较老的宣叙调的进一步发展。在宣叙调中，人们无法发展出更为复杂的思想联系，为此使用了咏叹调，但它破坏了戏剧的连续性，这对瓦格纳而言是无法接受的。因此，他在“词曲旋律”中使用一些段落，就像交通路口一样，“基础动机”或“主要动机”就在这些地方出现——“基础动机”或“主要动机”后来便发展成了主导动机这个术语。这一动机的发明基于经验，正如瓦格纳所说，是某种思想的东西，某种“被回忆”的东西。就像这个词一样，旋律的主要元素也应来自“对早期情感的记忆”。这促使他将“我们的耳朵非常熟悉的舞蹈节奏和从中衍生的旋律”，以及“我们的听觉同样从小就习惯的民歌的旋律”称为旋律形成的源头——人们在迈耶贝尔那里就已经看到了这种方法的萌芽。舞蹈姿态和民间旋律这两根基本的支柱可以使人记住一种句法，这就是为什么瓦格纳的主导动机经常一下子就可以理解。通过主导动机，瓦格纳满足了黑格尔对“旋律与独特性”之合题的要求。

主导动机的特殊作用基于两个属性：它们的行动是无意识的、追溯过去的。情感会在意识层面以下被更快地铭记，并作为记忆被更快地回忆起，如果不需要理性的阐述绕道的话。通过乐器的预告，主导动机唤醒“预感”，一种“尚无法表达出来的情感”，瓦格纳说，它使听众成为“艺术作品所必需的共同创作者”。正是在这一点上，瓦格纳音乐的吸引力具体化为“记忆”和“预感”。联系过去和未来的思考，对于理解戏剧来说是必要的。作为表达的单位，它也保证了内容的脉络。作为“情感的路标”，动机使听众成为“诗意的目的最深层秘密的知情人”。在“总是密切相关的回归”中，主导动机“使彼此相互理解”，并导致“一种统一的艺术形式”，这种形式“超越戏剧本身延伸为具有约束力的脉络”。具体而言，主导动机不应仅仅涉及情感，而是应当导致“思想的活动”。然而，一切都基于“诗意的目的”，作为一种创造力，没有它，每一个动机都将是不确定的和任意的。“诗意的目的”是驱动艺术创作的动力。通过这种驱动力，非艺术性的事物也会影响作品内容——但不会直接影响，而是经过复杂的转换过程。

在《歌剧与戏剧》中，瓦格纳提出了乐剧的概念。现在，他拒绝了传统的作曲技术，他曾经直到《罗恩格林》还部分地使用过这些技术：正如达尔豪斯指出的，在那里，主要动机还都被作为规则的、封闭的间插段来使用，带有前置和后置乐句。[19]瓦格纳不再对完成的主题和尽可能得到文本支撑的“纯粹的”音乐旋律构成感兴趣。甚至从古典主义到浪漫艺术更为进步的词语—声音关系——其旋律动机已经在考虑特定文本的情况下发明出来——对他而言也已不够。因为古典主义的旋律是一种乐器的结构，是根据与文本基本无关的固定规则制作出来的。在瓦格纳这里，音乐的意义不再直接来自词语，而是**来自词语背后**并转化为情感的**思想**。[20]

图49　W.朔尔茨为迈耶贝尔的轰动性歌剧《先知》1850年4月28日的柏林首演创作的漫画。这幅画发表在讽刺杂志*Kladderadatsch*第三卷第18号上(1850年5月5日)。

《歌剧与戏剧》的第三部分是长达数十页的关于词语和思想的斗争,瓦格纳在其中试图搞清楚他的未来作曲方法的核心:越过从思想到声音的最初一步,实现有意义的情感。根据瓦格纳的设想,在受众从情感重新转换到思想的过程中,思想和感觉被带入共同的活动之中,从而达到平衡的统一。在一个受到理性主义过于强大影响的时代,这是一个进步的、人文主义的概念。

论主导动机的超验作用

随着乐剧情节的发展,主导动机不断改变着戏剧的脉络。在"古典主义"主题形成中相对牢固的情感与思想这两个基本的音乐体验领域之间的关联,在主导动机技术中显得不稳定了。在过去,一部作品的主要动机具有一定的“明确性”；比如贝多芬《第五交响曲》的“命运动机”，对它的阐发只有微小的变化。这种稳定性不是必须的；一个给定的声音形象可以根据其类型、强度、音色和环境唤起非常不同的联想。激烈的小号声在进入一个轻松的声音形象时必定显得具有侵略性（比如在《卡门》之中）；[21]但是在一个戏剧冲突的情景中，一个类似的动机也可能暗示相反的情况：帮助，甚至是救援（如在《菲岱里奥》之中）。在《莱茵的黄金》结尾处力求达到的崇高境界之中，这段音乐甚至包含了《尼伯龙人的指环》后续部分的全部纲领。[22]在从情感层面到越来越多的思想层面的过程中，最初的意义发生转变，因此可以随时改变其内容和含义——一切都在流动之中。主导动机一直在感觉领域和思维领域之间的边界上发挥作用。

在美学或许是最有趣的分支语义学之中，在不同的经验领域（如情感和思维）之间的变化被视为一种超验的过程，在此过程中，一种客体的意义变成一种象征的意义。在哲学和宗教学之中，超验被视为本来就是形而上学的；超验这个概念虽然在美学中同样也有使用，但它在这里具有更为动态的含义，正如形容词“超越的”所表达的那样。在美学中，超验是一种不断提升的“语言”过程的最高形式；它可以在各处得到发展，但并不总是能达到目标。弗拉基米尔·卡尔布斯基曾写道：“在人类的文化之中，并非所有现象和艺术结构都能达到超验的阶段。但重要的是，要在**一个趋向于它的过程中**［……］**去理解它们**。”[23]在这一过程中，艺术元素经历了从具体性到超验性的四个阶段的转变，因此它们始终处于真实意义与象征意义之间悬而未决的状态之中：1. 自然中的“自在之物”；2. 作为有用的客体的物；3. 作为象征的物；4. 在超验意义上的物。可以用两个非常简单的例子来说明“树”与“石”：1. 自然中的树；2. 作为经济作物的树；3. 作为象征的树（“德意志橡树”);4.“能使人知善恶的树”。或者:1. 自然中的石;2. 作为石斧的石;3. 巨石柱;4.“贤者之石”。请注意:在第四个阶段,即超验的阶段,与作为物的“树”或“石”已经没有关系了。[24]在更新的语义学中,这被称作“所指称之物不存在的符号之含义”。[25]因此,在美学上,超验具有一个有问题的方面,它在神学中或许更为罕见,但仍然被一些哲学家所察觉。[26]例如,瓦尔特·本雅明对超验进行了深入研究,他最终主张“激进的世俗作为超验的反射”,而本雅明的解释者托马斯·伦奇从中推断出,并不存在“完全不消极”的超验。[27]

就音乐而言,我拒绝根据自己的经验对超验的概念进行如此广泛的解构。超验在音乐中很普遍,在教堂音乐中,它本身甚至就是目的。作为一名职业音乐家,我学会了仔细地倾听,超验是如何在巴赫、莫扎特、贝多芬、勃拉姆斯、布鲁克纳和马勒那里实现的,又是如何在斯特拉文斯基、肖斯塔科维奇、梅西昂、利盖蒂、拉亨曼以及其他人那里实现的。瓦格纳的戏剧中甚至有许多超验,这是我四十年前“出于工作原因”在歌剧乐团中越来越频繁地聆听他时留下的印象。因此,令我惊讶的是,他的音乐的超验性直到今天仍未成为研究的主题。它总是让人兴奋,因为它一旦出现,就会带来解释的问题。因为从托马斯·伦奇的角度来看,瓦格纳绝对具有“消极的”超验性——但不仅如此:他当然也有“完全不消极”的一面。然而,无论如何,都必须将瓦格纳的超验置于宗教之外,斯特凡·默施也强调指出,超验的过程“本质上是世俗的,而绝非必然是神性的”[28]。

寻找新的解释模型

在《尼伯龙人的指环》之中,人们越来越多地遇到超验,而在本书中只能考察一些重要的段落。通常很难说这种超验是朝着哪个方向发展的，它是"积极的"还是"消极的"，它是会变得美好还是会变得可怕。这个过程可以用一个简单的例子来说明。在最初的尼伯龙人草稿中，瓦格纳使用了海因里希·海涅也引用过的一个反犹主义的恐怖套话，"尸体中的蠕虫"，它指犹太人是德意志民族体内的寄生虫。瓦格纳将它作为尼伯龙人的形象，他们在"大地的内脏"之中翻腾，以掠夺宝藏。在《莱茵的黄金》之中，这种可怕的形象变成了一条"巨虫"；它是被奴役的尼伯龙人和他们奴役别人的国王的化身，国王拥有从大地深处获取的所有宝藏；"蠕虫"在沃坦的眼前转变成由恐怖产生的力量的象征。从"蠕虫"的可怕形象到隐喻的转变，**只能通过音乐来验证**。声音由低音提琴塑造出来，从最黑暗的深处威胁着升起，先是叹息着，然后如同拳头般握紧，直到小提琴和管乐合奏很强力地插入，并以最大的恐怖姿态终结这一可怕的情境。丑陋卑鄙的原型被形而上地转化为一个无名的恐惧时刻，这是对出现绝对暴力的反应。超验在这里最初是在更具动态的美学意义上出现的，但最终也在更具静态的哲学意义上出现。

因此，音乐可以自由地实现戏剧性从有价值到无价值的并非强制性的转换。乐剧的非凡之处在于，音乐超验的方向是开放的，可能朝向"积极"，也可能朝向"消极"，或者任何方向——所有可能性都先验地存在。然而，首先必须接纳瓦格纳笔下的"恶"。如果在联邦德国早期装模作样的状态下否认1848年蠕虫这样的反犹主义元素是《莱茵的黄金》展现出来的特征之一，那么就无法衡量瓦格纳直到1853年为止所做的难以描述的思想工作，直到他为尼伯龙人的国王阿尔伯里希变形为虫创作出恢宏的音乐。[29]

尽管这个例子有令人不安的力量，但并不一定能成功判断单一场景处在什么阶段。只有在整部作品、整部系列剧，甚至是瓦格纳全部作品的层面上，超验才能发挥一种整顿功能，使得乐剧的听众和观众之中产生什么是“对”什么是“错”的观念。因此，从道德上看，瓦格纳的音乐在一个更高的层面上才发挥作用；迄今为止，对瓦格纳的音乐做道德的或不道德的直接划分都是一个陷阱——并不存在直接的美学上的或心理学上的关联。[30]只有在音乐成为哲学的情况下才有可能做出判断，而只有面对这样的结论，在《莱茵的黄金》中遇到“蠕虫动机”才是有意义的。

遵循上述变化过程，艺术才是真正令人兴奋的。然而要做到这一点，就必须超越瓦格纳阐释学中迄今普遍存在的、人为创造的“政治正确”的中间领域，因为如前所述，这在瓦格纳的艺术中只能通过“伪造共识”来实现。只有通过对作品中的消极因素的认知，即不可能避开的反犹主义，超验才能发挥核心作用，它产生了一种显著的动态，正如“蠕虫”形象作为许多可能例子之一所展示的那样。尽管这些形象在《莱茵的黄金》之中已经产生了哲学上的关联，但仍应指出对瓦格纳新的创作方法的误解：瓦格纳以这种方式还传达了蔑视人类的思想，但在其特殊的音乐形象之中——如上面所说的“巨虫”——这些思想似乎不再是种族主义的。在这里使用“不存在所指称之物的象征”也可能是危险的，尤其对瓦格纳而言。他超越情感从而超越思想的独特方式，可以使艺术成为操纵的对象；正如他向玛蒂尔德·韦森东克所解释的，音乐应当使听众也成为牺牲者：

> 请您想想我的音乐，它的纤巧、细腻、神秘的汁液渗透进最细微的感觉的毛孔，直达生活的骨髓，在那里压倒一切显现出某种聪明和自我保存的力量的东西，洗去一切属于人格的疯狂的东西，只

Karikatur zur ersten Aufführung des „Tannhäuser“ in Berlin,
die älteste Wagner-Karikatur.
„Kladderadatsch“, 13. Januar 1856.

Links: Wagner und Liszt. Rechts: Der preußische Generalmusikdirektor Meyerbeer und die Kapellmeister der Berliner Hofoper: Dorn und Taubert. Der „Turniervogt“ im Toreingang: Generalintendant von Hülsen, der Wagners dringenden Wunsch, den „Tannhäuser“ an der Berliner Hofoper unter Liszts musikalischer Leitung zur Aufführung zu bringen, nicht erfüllen wollte.

图50　最早的瓦格纳漫画，直到他去世及以后，还会有成百上千的后续作品。

留下令人惊叹的无力忏悔的崇高叹息［……］（*WMW*，1859年8月24日）

一种极权主义的权力意志出现在这里，它或许不是为了说服听众采取某种态度或思维方式，而是为了打破他们理性的盔甲，以便与他在更深的意识层面上交流。但音乐正是在这方面对作曲家有了限制。瓦格纳有时会抱怨说，艺术家面对他的艺术作品“就像面对一个谜题”，“他可能会和其他人一样陷入错觉”，他坦言，“出现了一些与我的实际想法非常不同的东西”；他的艺术观“总是被彻底地抛弃”（*SB*，卷VIII，152）。这些言论将斯特凡・默施定义为“问题”的东西具体化了：“作者的意图和他的文本的意图不必完全一致”。[31]这里引用的瓦格纳的文字记录下作品的部分自主权，它开辟了新的视角，并在戏剧原则之下允许那种已经作为**反神话**来探讨的解释框架的出现。

19

神话与反神话

图51　有作曲家亲笔签名的照片——送给亲密朋友或有所帮助的同时代人的表示。一名爱好者收集的镶嵌在织金缎中的照片，埃利奥特与弗莱摄影工作室，伦敦，1877年。

作为自我表演的自传——作为修正的艺术

瓦格纳写了三部自传性作品。第一部是《自传草稿》，是在海因里希·劳贝的推动下早在1843年就创作了的，劳贝将它发表在《高雅世界报》上，这是最早的对巴黎时代的披露。然后是1851年的《告友人书》(1852年定稿)，再之后是大部头的《我的生平》(1865—1880)。在第二部和第三部作品中，已经出现了与已知的信件和事实严重矛盾的地方，从这些作品中诞生的理查德·瓦格纳的个人神话，由此蒙上了一层不确定的色彩。自1851年之后以原先的书信形式印刷出版的这一个人神话，应当被称为“人格神话”，以与1865年之后诞生的“民族神话”相区分。在后者中，他将那些所谓针对他个人的敌人上升为德意志民族的敌人。

神话往往产生于历史的变革，获胜者或失败者对事件进行加工，并以或多或少的大幅度改编将其流传给后世。如果事件的起因是战争或其他暴力冲突，就会出现两种矛盾的说法，无论它们表现的是遥远的过去还是最近发生之事，都会很快呈现出神话的形态。根本不用回想中世纪；第一次世界大战、第二次世界大战，甚至1989/1990年发生的动荡都产生了它们的神话，甚至如今仅仅二十五岁的年轻人都受到了这些神话的严重影响。在历史研究中，这些相反的叙事方式被称为神话和反神话，它们作为“叙事”和“反叙事”始终彼此保持着联系。[1]

这对术语也适用于宗教史，特别是文学史。比如，赫尔曼·布洛赫就是这样研究弗朗茨·卡夫卡、胡戈·冯·霍夫曼斯塔尔和阿尔班·贝尔格的。布洛赫对现代作家的期待是，“他的文学应该适应启蒙辩证法”[2]。他将神话与朝向过去的倾向相联系，而将反神话与启蒙之争议相联系。与超验相反——对超验的评价通常证明是极其困难的——他的文学史中所使用的神话—反神话这对术语则有着更清晰的评价可能：神话更“消极”，反神话更“积极”。

神话—反神话的作用，在瓦格纳的早期作品中已经可以看到。他直到《黎恩济》为止明确表达的自由思想在他较晚期的作品中从未完全消失，但在文本中却越来越少出现。另一方面，音乐结构的独立性则出现得越来越频繁，正如其所表现的主导动机体系的作用方式所致。或许这两个过程互相关联，文本“溢出”到了音乐之中；这是一种假设，尤其是在《诸神的黄昏》结尾处，所有过于精确的文字变体都被放弃，而最终版本的音乐表现力得到突出。然而，如上所述，音乐的“自主”运动分布太不均匀，因此很难在单独一部作品中在上述意义上区分出“叙事”和“反叙事”。

而现在，瓦格纳的作品集组成了套系，而不仅仅只有《尼伯龙人的指环》的四个部分。由于自《维伯龙人》(1848/1849)之后瓦格纳将基督—西格弗里德—特里斯坦—帕西法尔的形象视为同一，那么可以将他成熟期的所有作品，从《莱茵的黄金》到《帕西法尔》都看作一个套系。只有在这个层面上，神话—反神话这对词才具有完整的含义；只有在这个层面上才能看出，偶尔会在耀眼的画面中展示自己的艺术家瓦格纳的人格神话，与其作品中的神话有着某种紧密的联系，虽然并不完全一致。并且，只有在这个层面上，我们才能谈到一种反神话，这个反神话主要出现在音乐领域，它讲述的故事有时会不同于我们在瓦格纳的生活和(基于文字和图像的)作品中看到的神话内容。自《诸神的黄昏》开始，它最终成为一种持久的反叙事，它平衡了作品神话中通常是消极的内容。

1843年：一份尚不包含神话的草稿

关于瓦格纳其人的神话经历了三个发展阶段(1843，1851/1852，1865—1880)。《自传草稿》因其时间上与1839—1842年的巴黎诸事件相接近而引人注目。在其中尚察觉不到将巴黎时期描写为一系列传奇的趋势，而这在后来的书信和两本自传性作品中却很常见。1843年，巴黎时期的人际关系分别得到了赞美和指责。其中写道，贾科莫·迈耶贝尔"以最杰出的细致耐心"将瓦格纳置于自己的保护之下。瓦格纳还感激地提到，迈耶贝尔于1841/1842年以书信或面谈的方式与德累斯顿和柏林歌剧院的总监接洽，使得《黎恩济》在德累斯顿首演，《漂泊的荷兰人》很快就能在柏林重演，[3]如此等等，正如1841年的多封信中所记录的一样。[4]1852年，以及1865年以后，这两个事实被完全隐瞒或扭曲：在《我的生平》中完全没有提到是迈耶贝尔给德累斯顿总监的推荐信开启了瓦格纳的飞黄腾达；迈耶贝尔为他在柏林奔走的记录虽然保留了下来，但被视为欺骗（*ML*, 225）。1843年，施莱辛格也是以正面形象出现的；尽管为他工作很乏味，但绝不会有损名誉。在1841—1842年的信件中，情况与此相似；瓦格纳只是抱怨了对《宠姬》总谱的校订，它显然印刷得太匆忙、太糟糕了。但对钢琴和器乐版本的改编工作他并无异议，相反，他认为这是"必要的"。尽管这是"苦差事"，是"为了面包而工作"，"多到可怕的工作"，但是后来形容它的"羞辱的"和"可耻的"等词都没有出现。但这些早期信件后来很晚才印刷出版，而《自传草稿》由于它的短小和不完整（仅写到1842年）而对瓦格纳传记的写作几乎没有影响。在1840年代中晚期的信件中，1842年的平衡状况逐渐消失并产生了变化；越来越多的指控被提出，仿佛瓦格纳正在练习将巴黎时期完全抹黑。

通往人格神话之路：《告友人书》

在1851年7月9日至15日之间，瓦格纳与特奥多尔·乌利希对政治与文化进行了很多探讨，由此产生了瓦格纳这部内容广泛的《告友人书》的主要部分，它与《漂泊的荷兰人》、《唐豪瑟》和《罗恩格林》的剧本一起于次年在莱比锡出版。在其中包含的截至1850年的自传中，瓦格纳对那时已发表的作品进行了详细的解释，这些解释在今天仍有其重要意义。传记部分一开始是瓦格纳的自我呈现，他将“朋友”与“非朋友”区分开来。他只对前者讲话。为了得到理解，艺术家必须被爱，而这与人是分不开的，因此他的艺术的朋友也要像爱艺术家一样去爱人：对未来的瓦格纳崇拜者的要求早在1851年就明确地定义了！为了防止任何批评，他要求信仰：

> 对于那些应当理解我的人，我唯一的要求是，他要看到我真实的样子，他要在我的艺术表达中只将我所显示的符合我的意图和我的艺术表现能力的东西视为根本。（*GSD*，卷IV，230）

由此，瓦格纳保留了哪些生活细节是值得传递的，以及应当如何理解它们的决定权。但是，由于瓦格纳对他的生活的事实至少可以说是非常专断的，这种自我审视就变成了他的人格神话的第一种形式。在这种意义上，这段文字就成了1843年几无恶意的《自传草稿》和《我的生平》之间最重要的一环。1840年代后期的信件中出现的新要素，在1851年的《告友人书》中锻造成了三个故事：腐败的巴黎城中的无辜穷人，那里的出版商的剥削和侮辱，以及迈耶贝尔的可耻阴谋构成了一个整体，即“巴黎神话”，成为后来的神话式自我描绘的第一个主要组成部分。瓦格纳写道，在这座塞纳河畔的城市，1839—1842年的一切都是负面的；就其程度而言他谈到了“外来的困境”，这导致“真的有人饿死”，而他“幸运地逃脱了”。极其戏剧性的死亡危险的转折是在1851年全新出现的，在关于巴黎的原始文献中从没提到过！他在那里遇到的，现在都被叫作“完全的失败”；他被“羞辱”了，一直可追溯到《禁爱》。出版商施莱辛格提供给他的只不过是“音乐商人的计件工作”，使他充满“苦涩”，也让他感到“屈辱”。[5]

瓦格纳1851年后出版的对巴黎时期的描述中的某些内容早就可以加以驳斥了。那里的艺术生活绝不像瓦格纳描写的那样被一个腐败的派系所把持。他隐瞒了一个事实，即在巴黎和在德意志的首都一样，剧院几乎完全由统治精英中的技术官僚所经营，他们不可避免地依赖外部的艺术建议，必须将艺术家视为资本，才能吸引观众并获得票房。在适当的管理下，这与腐败无关。虽然巴黎沉迷于意大利—法兰西风格的标准歌剧模式，但创新的、无法适应的艺术家瓦格纳绝不会因此被坐视“饿死”，他得到了有尊严的工作。

从诞生了颇具影响力的传记的拜罗伊特回忆开始，巴黎事件的诸多矛盾就被民族主义激情和种族主义狂怒冲走了（邪恶的法国人——贪婪的犹太人！）。1950年后，尤其是自1968年起，由其他内容引发了类似的事情。所谓的巴黎时期的“贫困”被用来打造一个社会主义的瓦格纳；人们不得不为他的作品赋予足够的社会政治活力，才能使之摆脱“第三帝国”的阴霾。因此，出于政治的需要，瓦格纳神话发挥作用的两个主要时期（1870—1945年/1950年至今）总是有理由不触及瓦格纳的神话。[6]在第11章中已经基于迈耶贝尔谎言而被揭示的所谓“被伪造的真相”，最终涵盖了整个巴黎神话。而巴黎神话只是瓦格纳自我呈现的起点罢了。

对德累斯顿革命的神话化

1851年，距离巴黎时期已经过去了近十年，瓦格纳在《告友人书》

中当然不满足于只讲述与这座塞纳河畔的城市有关的故事。在这十年间发生了许多事情。同时，有令人信服的理由把他那在整个文化界广为人知的1849年德累斯顿革命中的惨败赋予一种新的、更有利的视角：革命必须重新诠释为一以贯之的伟大序幕，而这种伟大已经随着《尼伯龙人的指环》展现了出来。瓦格纳在这篇文章中讲了很多。巴黎时期真正的问题，即他自己造成的经济灾难，现在被他毫无顾忌地归咎于巴黎的“音乐犹太人”施莱辛格和迈耶贝尔。这两个名字和其他巴黎人不是并列的，而是处于其他人幕后黑手的位置，因此其他人就像是这两个“恶人”的傀儡。因此，1850年在《音乐中的犹太性》中对“犹太人”的普遍性指责，就巧妙地融合进了瓦格纳自己的传记之中；这本小册子绝非偶然地制造愤怒，如今在瓦格纳这本呈现自我形象的新作品中展现了其深刻的战略层面。由此，巴黎神话将来会发展为一剂毒药，它将逐渐影响并扭曲整个传记的自我表现。在《告友人书》之中，瓦格纳用一种真正的口袋戏法，将所谓的这两个人犯下的罪行与他早期的两篇小说《一次觐见贝多芬的朝圣之旅》和《巴黎的终结》联系了起来，瓦格纳将其称为“对我们现代艺术状况的愤怒呼号”。他明确表示与自己画等号的小说里的那个音乐家，在巴黎“确实是死了的”（*GSD*，卷IV，262）。这当然是一个比喻，是对理想“死亡”的成功演绎，直到巴黎时期为止都还心怀全世界的自由主义者瓦格纳，在这座塞纳河畔的城市确实遭受了苦难，只是被有计划地夸大了。他在后文描述道，作为德意志音乐，即仅仅与贝多芬和韦伯相关的音乐的俄耳甫斯，他在德累斯顿庆祝了一场真正的“复活”。在这个伟大的死亡与复活的神话中，瓦格纳接下来用了更强烈的话语：“我如今踏上了一条崭新的道路，即反对当今艺术界的革命道路。”（*GSD*，卷IV，262）

这就是关键：他的“革命”形象，此期间内所有政治动荡都由此产生，突然变成了艺术革命，即便不是完全合法的，也是为社会所认可的。为此，瓦格纳接受流放和贫穷，并且正如上述小说中所写的，接受严酷的压迫和迫害，是为了毫不妥协地向**现代潮流**宣战。更重要的是：他保证，坚定不移地为一种内在的、真诚的、以最高的灵性为导向的艺术奉献出最高的质量，这种艺术正适合于完全给人德意志感觉的音乐家。因此，《告友人书》包含了为同时代人和后世所写的瓦格纳人格神话的第一次表述，而在它1852年出版，甚至比从中产生的音乐神话《尼伯龙人的指环》在乐谱上落下第一串音符还要早一年。所以确实可以说：太初有神话——然后才有了那个神话成为其一部分的作品。

《我的生平》与人格神话的完成

然而，与1865年开始的自传《我的生平》相比，1851—1852年似乎已经很确定的事物在某些细节上仍略显粗糙。柯西玛于1865年7月17日开始在慕尼黑按照瓦格纳的口述记录下了这部皇皇巨著。据序言所说，这本书来自柯西玛的倡议，由1870年、1872年、1875年和1880年完成的四卷组成，最初只出版了一个私人限量版，印刷25套。公开的版本于1911年出版，但还是有些删减——完整的版本直到1963年才问世。作为这个计划的推动者，柯西玛是这部长达八百页、排版非常紧密的作品的第一个谜。实际上，这本书源于巴伐利亚国王路德维希二世的要求，他在1865年5月28日写信给瓦格纳："如果您能够详细描述您的精神道路和外在生活，将会给我带来无上的喜悦！"（*WKL*，卷I，103）瓦格纳没有让国王失望。他的写作风格非常生动，常常能引人入胜；这本书所有的可疑之处都成为19世纪文化史的核心文献。因此，阅读这部自传一直都是非常重要的——前提是，要以浪漫派传统的天才文学来看待它，天才文学原则上不生产历史书籍，反而有时会显示出向美学的—意识形态的论战文章发展的趋势。对此，瓦格纳在序言中谈到了“毫无修饰的真实性”。对于1851/1852年的那篇文章他就已经说过，它代表了“我的真实状况”。显然，这值得商榷——这充其量是**他的真实**，但它常常是通过删改，有时甚至是通过谎言和诽谤才产生的。

根据瓦格纳截至1840年的经验，他很清楚，在当时那个社会阶层严格区分的世界中，一个像他这样(当时还很)“普通”的音乐家是无法负担大资产阶级氛围的奢侈的。关于这个问题，瓦格纳在1851年不认为，在1865年仍然不认为是可探讨的。在《告友人书》中，他略过了这个话题；在《我的生平》中，他修饰了在巴黎的收入状况，因此天生的对奢侈品的需求绝对不会再被视为他一生中屡次发生的债务危机的触发点。当然，还有其他事情需要解决：同样很难说清的复杂爱情关系的刺激，激进的行事过程以及由此产生的奇怪意识形态，频繁的、可怕的、经常人为引起的愤怒爆发，但在此影响下灵感会更有效，他只在私下承认这一点。

在瓦格纳进行隐瞒和创造虚假现实的双重游戏背后，是他试图让他的艺术家行为得到理解。他设计了一个形象，浪漫艺术的战斗天才必须要有敌人。敌人越是强大，艺术家的形象便越是伟大。只有这样，他才能将内心的困难投射到外部，因此必须找到适当的罪魁祸首。因此，巴黎的音乐产业后来才被形容为奴役的场所，而迈耶贝尔被塑造成一个大阴谋家，说他主导了针对瓦格纳的阴谋，并直到1864年都在全世界支持这一行动。然而，真正的、直接的敌人是缺钱，缺乏为其复杂的艺术家天性所必需的生活方式提供的资金。但是，对于这一不可言说的理由，必须找到人来当替罪羊。

从一个敌人到许多敌人：人格神话成为民族神话

《音乐中的犹太性》一文，将对某个犹太人的敌意扩展到对全体犹太人的敌视——那个强大的敌人变成了一群强大的敌人。直到1865年，这都是神话的牢固组成部分。由于对反犹主义的一般性指控与其在公共领域投射的整合较晚，因此必须强调1869年的反犹小册子对神话形成的特殊重要性；在其中，“犹太人如此奇怪地**隐瞒其原因**地”针对他的“**鼓动**”仍然是一个主要方面。[7]瓦格纳神话般自我形象的两个构成元素现在已经被发现了：关于在巴黎受辱的故事，这个故事被迄今为止的传记作家们贪婪地运用；[8]以及关于犹太人的普遍敌视的故事。这两个部分一开始是分别发展的；自1865年起，它们愈发频繁地一起出现，[9]并在那以后被不加验证地**相信**了。[10]随着拜罗伊特计划的成立，这一趋势逐步加剧：人格神话变成民族神话。对此最清晰的表述是一封写给路德维希二世的信，但它早已经是这封信问世之前的“复兴文章”（1879—1881）的主题了。瓦格纳在1881年11月22日的信中向国王保证，他认为“犹太种族是纯洁的人类和一切高贵事物与生俱来的敌人：可以肯定的是，我们德意志人首先会因为他们而灭亡，而我或许是最后一个知道如何作为艺术家反抗已经主宰了一切的犹太主义的德意志人”（*WKL*，卷III，230）。类似的趋势在许多其他档案中也可以看到（见*SSD*，卷VIII，249，256；卷X，36；卷XII，325）。

神话向作品的过渡

瓦格纳的人格神话遵循着自古以来一直有效的基本原则：敌人具

有一个积极的反面形象，与一个拯救者的形象相对应，这种模式在很多地方已经渗透到艺术作品之中，但并没有达到平衡。这是一个过程，它在《黎恩济》和《罗恩格林》中得到了概述，但具体形式还有待《尼伯龙人的指环》的最初版本。瓦格纳首次在《音乐中的犹太性》中提出，随后又一次次在书信和文章中推动的"本土的"针对"外来的"表现，与他最初在《尼伯龙人的指环》中的设计相似：英雄受到迫害，尤其当西格弗里德勉强逃过了迷魅的袭击，又成为哈根的牺牲品；在《工匠歌手》中，贝克迈塞试图刺杀英雄瓦尔特·冯·施陶尔津；而在《帕西法尔》中，克灵索尔在昆德莉的帮助下用尽一切办法也无法获得救赎。这些敌人是谁？只是神话人物？不，乐剧中的反派人物与犹太人的一致性已经从瓦格纳的家庭成员处流传开来。[11]因此，其中的一些"敌人"可以解读为瓦格纳在其人格神话中定义为对手的迫害者的经过艺术加工的镜像。在这方面存在着把他的作品当作传记的映像的危险。已经有人做过这种尝试（比如哈特穆特·策林斯基，以及非常娴熟的罗伯特·古特曼），但作为解释模型，这还不够；太多的作品成分都反对这种解释——尤其是在音乐表达方面。

敌人的用处：反神话

与某些敌人形象相对的那些元素具有特殊含义。显然，这是意识形态专家瓦格纳所反对的，并且他留下了重要的（已引用过的）声明。[12]以这种方式出现的艺术品的自决是否部分地涉及文字、戏剧或音乐？一段迄今尚未被引用过的段落提供了更准确的假设：在《帕西法尔》的作曲快要结束时，柯西玛·瓦格纳在她的日记中记录下她的丈夫"被帕西法尔所困扰"，他"想从头开始重新作曲"（*CT*，1880年11月24日）。

这表明，即使在瓦格纳看来，也首先是音乐引起了矛盾；音乐显然已经发展出部分的独立性，否则他会使用“写”或“做”来代替“作曲”这个词。音乐对瓦格纳的意图做了恶作剧，这可以解释，为什么它经常做出支持他的意识形态斗争的姿态，而在某些方面却与之不相容。清楚这一点的瓦格纳为什么不通过理性的决定进行干预？他过分地尊重作品的自我发展过程，拒绝了有计划的干预，只接受在创作过程中表达为“自我决定”的内容（*GSD*，卷III，46）。他对柯西玛说，“独特的约束性，诗意的创作包含在其中，它禁止自由”（*CT*，1879年4月12日）。

神话—反神话模式非常接近瓦格纳的艺术现实，但有一个重要的前提。瓦格纳所谓的艺术“非凡之处”，在过去几十年里基于一个错误的假设，即他作为资产阶级，尽管有种族主义倾向，但创造出了不包含种族主义的艺术。由于当前的认知状况，这一假设已无法维持，因此任何的作品分析都必须考虑到种族主义的前提，并必须对此加以严肃对待。只有在此基础上，才会对作品产生包含着从**瓦格纳整体现象**出发的历史连贯性的见解。因为这涉及命运的伤害和毁灭，而这些都是在表达出的使命之下发生在瓦格纳的文章和乐剧之上的——为了后续发展的文化合法化，人们成百上千次地回到这些作品。只有理解了这些关系，才能在更广泛的意义上创造一种历史的正义。只有到那时，瓦格纳才能进入世界范围的伟大艺术家行列，这些艺术家有着与他类似的痴迷并将它化为艺术的主题。

种族主义和反女性主义的处理方式，在殖民地种族主义时代和帝国主义开端时代的欧洲和美洲都能够找到痕迹。但人们观察到，尤其在文学中，在表现一个种族主义的世界时，虽然通常得不到经过思考后的认同，但在其上层领域（世界文学）之中也可以包含批评，克服它的方法也包括在内。在瓦格纳的作品中，这种倾向是在上述自我矛盾中发现的，这种自我矛盾在瓦格纳的人物和作品中随处可见，并导致他的艺术也存在着摆脱意识形态上退化部分的方法：剥去种种外衣，乐剧的最终灾难从根本上否定了深藏其中的意识形态；更重要的是，音乐反复呈现出相反的模式，这提出一个问题，哪些超验的力量可以克服所有的世界冲突。超验在瓦格纳的音乐中起着重要作用；这对于反神话至关重要。只有在这里，超验（它也可以是完全不消极的）才会在与当今社会不可接受的“邪恶”事物的对抗中展现其全部力量和高度。瓦格纳的艺术为更晚近的、更糟糕的事物做了准备，**但同时它也克服了邪恶**。这就是它的伟大之处，这就是它的道德。

20

中期总结与展望：从浪漫艺术到“超验现实主义”

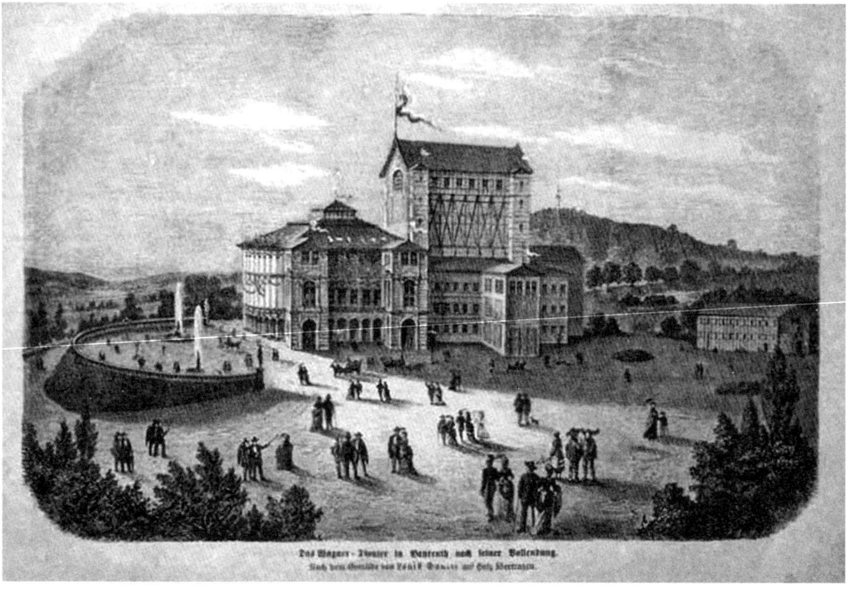

图52　在1850年代，瓦格纳最早有了举办只演出他的作品的音乐节的梦想。他写道，他最初想要一座木质结构的剧场，它将在演出后立刻拆除。作为一个实践家，他不是把目标对准了二十五年后在实际建造时流行的、类似于经过浪漫夸张的广告呈现的事物上去了吗？根据路易·索特在高度上极其夸张的绘画创作的一幅彩色木版画（真正的规模见第33章）。

本章的核心是瓦格纳作品中音乐超验性的另外两个例子。它们被挑选出来，是为了说明从记忆动机技术（《罗恩格林》）到主导动机技术

(《莱茵的黄金》)的转变。凭借后者，瓦格纳满足了黑格尔的要求，即作曲家在音乐中通过**情感信号**将思想传达给听众。这些音乐符号被听众所接收，并转换回可以部分地被传达的思想。在此过程中，意义的创造并不仅仅来自言语，也并非仅仅来自音乐，而是来自**言语和音乐背后**，并作为**共同感受**支撑这两者的**观念**。观念和表达的这种结合产生了声音形象，被记录为记忆的**含义**。

然而，随着乐剧情节的发展，主导动机不断地改变着环境，因此含义也在不断发展和变化。这使瓦格纳的音乐具有了超验的运作方式，它最初是纯粹的结构美学(而不是哲学)现象；但是，它经常到达形而上的维度。这种音调结构的影响经常是多重含义的，有时很难确定，这种超验是“积极的”，抑或有时也是“消极的”(在瓦尔特·本雅明的哲学意义上，超验很少被认为是“完全不消极的”)。许多主导动机结构描述了人类天性或环境中的过程，这些过程本身通常并不涉及价值体系。但是，如果将多个主导动机组合在一起，或置于一个在音调上有意义的语境之中，则可以考虑这些因素。

以这种方式，瓦格纳创造了一个叙事的连续体，他在其中加入了自我发明的、围绕他个人神话的许多元素。通过不同的转化过程，作品所讲述的神话般多样性就形成了。其中特别突出的是“本土的”形象；首先是日耳曼英雄，瓦格纳认为可以将他们看作“真正的赤裸的人”，他赞叹其“在绝无限制、最自由的运动中每一股热血的沸腾，强健肌肉的每一丝颤动”，也就是说，首先是一个生物学上的设计。但经过多次超验的转换阶段之后，从中产生了令人印象深刻的、注定要进行社会救赎的英雄(如西格弗里德)。另一方面，还可以看到“外来的”，非德意志的形象，它们在类似的转换之中象征着需要救赎的**现代性**。原则上，前者通过音乐的“美”和“秩序”会得到一个积极的评价；而后者则通过混乱的形象和紧张的、制造不幸和病态的声音形象而被贬低。这样，与“本土的”相对立的，不仅是唤起了现代性之消极面的事物，而且根据19世纪中叶的文化理解，还有所谓的犹太特征。这是瓦格纳发展出截然不同情节的一些基本要素和基础。

音乐部分地发展为一个独立的角色，它并不总是一比一地兑换诗与戏剧性，而是有时会消极地描绘“好的”，并夸大“不好的”，甚至给它平反。这种部分自主权禁止将神话与作品完全等同；这也解释了，为什么不值得去讨论许多认为瓦格纳的音乐是法西斯式的批评家的怀疑。相反，它创造了一种贴近实际的辩证法，关于“美”和“丑”、高和低、引人入胜和令人反感，属于理想的、“美的”和“强大的”或“外来的”，仅仅依附于物质。这样，瓦格纳的故事就发展成了失败的实验（《尼伯龙人的指环》《特里斯坦与伊索尔德》）或可疑的胜利（《工匠歌手》《帕西法尔》），并通常留下一个开放性的结局：一种不仅允许，而且引发超验通往形而上学的现实主义。

艺术工作流程在细节上能有多么开放，以下两个音乐超验性的例子可以说明，《罗恩格林》和《莱茵的黄金》展现了革命、流亡、“反犹小册子”和《歌剧与戏剧》的剧变时刻。

瓦格纳中期的超验性：《罗恩格林》的前奏曲

在已经讨论过的，也就是说1850年以前创作的作品中，《罗恩格林》前奏曲的音乐是超验性最显著的例子，超验在这里确实是作为“象征意义的力量”而出现的——这里也暗示了实际上不存在的东西（在卡尔布斯基的意义上）。这一前奏曲在作品开始时会产生非同寻常的惊人效果，因为分散的小提琴的水晶般旋律在某些极高的高音上创造出不真实的状态。戏剧性的意义则只在第一幕结束处重复这段音乐时才产生，此处仅凭声音就可以清楚地表明主角罗恩格林的使命的不真实性：他号称自圣杯而来，但圣杯是不可见的，也不存在于任何文件之中；因此，它不能赋予圣杯骑士以合法性，人们也不允许为此提出疑问。只有骑士是真实的；他那调解性的、消弭戏剧中力量两极之间矛盾的任务，仅仅基于一种假设的、只是号称的合法性而产生。

在涉及超验时，这是语义学的一个经典情境。罗恩格林的合法性这一宣称事实上并不存在，但它确实有影响，仿佛它存在一般，而这完全要归功于超验的、非凡的音乐力量。这又引发了第二个问题：在这部戏剧中，谁是“善”，谁又是“恶”？没有先验价值的音乐无法回答这个问题，但是前奏曲的音乐通过它“超凡脱俗的”美所发挥的惊人力量，使得听众快速体验到事件的所有主要情境，如此一来，正如瓦格纳所期望的，与罗恩格林和艾尔莎有关的一切都被体验为“美”，并因此是“积极的”；而如果像瓦格纳这里一样，“以明显更宏大的风格”来呈现的话，那么“古老的、有争议的从美到善的归属”就特别有效，或许恩斯特·布洛赫在这里会再次论证这一点。[1]

尽管如此，在《罗恩格林》的第三幕结束，前奏曲的空灵音乐最后一次出现时，第二次超验也将完成；主角的合法性不仅被视为存在的，还得到了评判：音乐上的“美”诱导性地成了“善”的同义词。而这次“所宣称的”依然不在场；罗恩格林虽然实施了“解救”，但没有任何地方能表明他将是一个“善的”、公正的，还是一个“恶的”、残暴的统治者；人们相信他是善的，但并不知道如果他留下，他是否会像泰拉蒙德一样成为另一个篡位者。他的品质仍然是假定的。由于戏剧本身在这个问题上没有任何可以在道德上证明的力量，因此尽管有音乐的影响，但它并非一种宗教性的超验，而是一种世俗的，并在各种意义上都是世俗的，因为并没有进行实际的评判；一切都在各个方面悬而未决。

《莱茵的黄金》的难产

瓦格纳在1852/1853年仍不能确定，他是否能掌控《尼伯龙人的指环》这一巨型项目；当被问到他是否还能作曲时，他甚至感到“羞怯”和一种“特殊的焦虑”。他的慢性腹痛也随着内心的压力而增强，面对人生中最大的挑战，他尝试卸下这些压力——这是一个作曲家在整个歌剧历史上能够面临的最艰巨的任务。这项任务使他充满了存在的忧虑，忧虑侵袭到他的内心深处，并让他的身体变得虚弱。困难在于，他的艺术家天性让他无法像约瑟夫·海顿一样坐在书桌前，点燃一根蜡烛，或许还穿上一件庄重的小礼服，然后就开始创作。凭借信仰和宗教般的自律，海顿可以命令自己的头脑应当在何时将上帝的赞扬记录到纸上。勃拉姆斯也处于类似的幸福情况。而不可知论者瓦格纳则相反，他没有这样可利用的简单方法。他的一些作曲家同僚的自外向内投射的宗教力量，在他这里必须由他自己建立。虽然他知道如何对思想的流动进行一些人为的促进，但是原则上他只能观察并等待，等待，等待，直到“事物”成熟、重大的突破到来。至少自1851年以来他就间或写下《尼伯龙人的指环》的音符和草稿，但这些都是单一元素，仍然缺少“整体”，缺少关于开端与根源的想法。

在这段等待的时间内，他和赫尔韦格一起去了恩加丁，后者是他那不可分割的、1848年革命中的另一个自我。格奥尔格·赫尔韦格1851年迁居苏黎世，并在那里成为瓦格纳的朋友之一。“赫尔韦格现在住在这里，跟他打交道让我觉得很惬意。”瓦格纳在1851年7月2日写道（*SB*，卷IV，790）。作为一支小型军队的领导者，赫尔韦格参加了1849

年巴登反对君主制的起义。这两名移民不仅拥有同样的政治观点，而且对路德维希·费尔巴哈的著作都充满热情。在赫尔韦格的建议下，瓦格纳于1851年12月3日给这位哲学家写了一封信，说希望他能来苏黎世见他们（*SB*，卷IV，206），但并没有什么下文。1852年4月4日，他向尤莉·里特尔吐露心扉：“赫尔韦格可能是唯一一个能够以全身心的赞同理解我的人。”（*SB*，卷IV，332）

当时仍然人迹罕至的阿尔卑斯山山谷，以其雄伟壮观的自然景色吸引了我们的旅行者。再一次地，瓦格纳被原始的、古老的事物所吸引。他为“荒原的神圣性和近乎粗暴的镇定的安静造成的崇高感”所征服，“这是植被的消亡在人类肌体搏动的生命中引发的崇高感”（*ML*，510）。这是他灵魂的安慰。在高山上的体验，无疑使瓦格纳的脑海中有了一些关于瓦尔哈拉诸神本质的想法，并形成了进一步的音乐设想（多年后，他对柯西玛提到“尤利尔山”，即库尔上方的尤利尔山口，他曾在那个高度上“构想沃坦和弗丽卡”）。[2]

他还曾途经日内瓦和都灵前往热那亚：“几天里我都感觉陶醉其中”，他写道，被身处新鲜事物中的孤独和陌生所驱动。从根本上说，他在陌生的他处只是要寻找一个地方，能够让他感受到“崇高”，并引发随便什么未知的和尚不可想象的情感。但是，饮食上的不注意在一开始就毁了一切；吃“冷食”引发了一场痢疾，而且一种过度兴奋的情绪仍然驱使着他。他病恹恹地到了拉斯佩齐亚；又多了晕船的毛病，到达时他吃力地进了附近的一家旅馆。经历了一个近乎不眠的夜晚之后，他出门徒步，到了下午四肢伸展地躺着。然后，他沉入“一种梦游般的状态”，感觉仿佛在下沉进入迅疾的流水中……

其后续，著名的1853年9月5日拉斯佩齐亚事件，在前文第17章已经讲过了。这个事件很可能是真的，因为它符合一些著名的创作过程：

令人惊奇，不期而遇，危机重重，使人虚弱。相反，更不可思议的是瓦格纳在《我的生平》中以极大的热情构建的因果关系。因为他写道，还没从床上坐起来，他就决定“即刻返回苏黎世，开始我那大型台本的谱曲工作”（*ML*, 512）。这可能符合他最初的意图，但并不可行。瓦格纳接下来的描述是针对他的人格神话的，我们可以遵循这个神话——或者最好还是不要了。他自称先是继续前往热那亚。但当他试图再去趟尼斯时，先前的不适，包括痢疾，又一次使他病倒，于是他只能听从创作力的召唤，动身回苏黎世了。

实际上，事情比《我的生平》和早年的传记里写的要复杂。梦只能产生音乐元素的姿态，只是声音上表现出的水流的基本结构。一个朦胧的愿望导致了第一个值得注意的形式，仅此而已。最终的产物还需要长期的思考。[3]必须考虑到，瓦格纳——老套地说——在寻找的并不是厨房水龙头喷涌而出的声音，而是在寻找元素的回响，这些元素不仅表现了激流，而且同时在隐喻层面表现了万物存在的起源和生命的萌芽。但也出现了其他东西：能够提供想法，但在内容上远超出所思所想的事物。详细的情况是怎样的？

创作《尼伯龙人的指环》的第一步：
一个超验的（《莱茵的黄金》前奏曲）

《莱茵的黄金》前奏曲的音乐基于物的思维，植物和水，由成长和潺潺的声音所唤起，但这段音乐传达出了纯粹的哲学。尤为令人惊叹的是，在经历了罕见的艰苦而漫长的工作之后，《尼伯龙人的指环》的第一声就获得了多么辉煌的成就啊！

首先听到的不是给人深刻印象的引导和弦，而是一个**单音**，即著名的低降E音。它保持了一百多个小节，随后在其上才缓慢生长出植物般的声音运动：一种“世界起源的音乐”，其结构极其简单。天才经常存在于绝对的简单之中！但是，低降E音只是一个音高吗？难道它不也是瓦格纳经常诉诸的内心本能的标志吗？这个降E音在一片无生命的荒凉中持续了16个小节。随后加入的五度音显示出了空虚——因为只有三度音才能定义和谐，给它以生命、欢乐或悲伤。同样从最深沉的低音里，在“平静地愉快的运动”中，在圆号中升起旋律线，它理所应当地被称为“自然动机”。在主音和五度音之后，才犹犹豫豫地，然后更加清晰地引入了三度音：自然的声音写照源于声音的自然秩序，来自泛音序列，也就是说来自自然本身。瓦格纳在《尼伯龙人的指环》中经常用动物的声音、朝霞、彩虹和森林，用火、风暴、闪电和雷声来回归自然——但在《莱茵的黄金》的开始，自然还完全是未被触及的、未受伤害的：它生机勃勃。更重要的是，自然动机逐渐展开成极其丰富的十三种声音——以听觉的形式呈现出对感性的辉煌、茂盛的繁荣和无边的财富的想象，现在生命在无尽的丰富中喧嚣。音乐中只有一个与它相类，但用的是另一种语言：斯特拉文斯基《春之祭》的开端部分。在大约50个小节之后，瓦格纳的自然音乐才在庄严的，然后越来越快的波浪般弦乐中加入了对流动和逐渐增强的奔流声的想象。自然变成了湍急的河流，直接通向世界最深处的生命——正如这部作品所呈现的。确实，在音乐中没有比瓦格纳在这里所做的能更恰当地诱发出世界的开端！托马斯·曼为此找到了最简洁的表达方式：“万物的开端”。

这一新的开端意味着什么？这是历经多年后，曾引发出《歌剧与戏剧》的理论历程的付诸实施。在最完美的浪漫歌剧《罗恩格林》中，更多的是从一种梦幻的—非现实的历史主义中产生的音乐的直接排列，但与之相反，从现在开始，瓦格纳的新艺术概念将在多个层面得到应用。首先是在自然所创造的现实层面。在《莱茵的黄金》前奏曲中"只"有两个元素，即象征着世界生长的自然动机，与象征着永恒驱动的流水形象。这两个动机都逐渐渗出并增强；通过从缓到急的加速（从八分音符变为十六分音符），以及弦乐音域的不断扩大直至最高音，产生出一种无与伦比的活力，它预示了即将出现的莱茵的女儿们欢快的生命感受。这种完全来自费尔巴哈精神的情绪，将对第一场的整个开始部分产生影响。两个物的原型，生长与流动，在音调上被拔高为对充足与幸福的暗示，但这并不能成立。因为在第二个，即隐喻的层面，这里实现的朝向奇妙的边界跨越意味着不同的东西。这里已经存在着一种"本体论的差异"，在《尼伯龙人的指环》中始终要对其加以考虑："自然"在这里与后现代意义上的"环境"几乎没有任何关系；相反，它是神话的活动布景。这一"自然"应当在接下来的戏剧中宣示作者瓦格纳的艺术意愿，"为权利辩护"——瓦格纳就神话的意义如是说。他的思想抱负以及他那个时代的抱负，在一开始就旨在颂扬自然法则——或19世纪的白人所认为是自然法则的东西。这并不总是"美"的，接下来的场景就会揭示这一点，我们将在下一章加以讨论。

前奏曲记录了可以被描述为**象征的**，甚至**超验的现实主义**的事物。尽管它揭示了最大的完美和最高的美，但它绝不是完全不消极的。然而，将现实主义、象征和超验放在一个句子里是一个矛盾，但对瓦格纳来说这是必要的，因为《尼伯龙人的指环》在真实的情节之外几乎总是存在另外的层次。因为元文本就部分是象征的，部分是超验的，它在神话的托词下似乎呈现了未来的或长久以来便存在的东西。在《尼伯龙人的指环》系列的形成过程中，它首先如瓦格纳所希望的那样，瞄准的是一个在他的时代尚不存在的人类形象。正如前文所说，对神话的运用，尤其是对自然的运用，是一种合法化策略，它假定新的人类在很久很久以前就已存在，但它被一个腐败的社会所毁坏。然而，瓦格纳的理想人性永远不会存在；他通过在戏剧中让它失败，将它提高到一种状态，直到《诸神的黄昏》结束时才指出一条通往那里的道路——而这条道路仅仅是在音乐上给出的。

瓦格纳作品整体的艺术主张是非同寻常的，纲领是宏大的。这就是为什么瓦格纳从《罗恩格林》的最后一个和弦，到《莱茵的黄金》总谱上的第一个音符，要花费五年半的时间，为什么他要辛苦奋斗，为什么他要在内心中完全毁灭那个对他来说早已成为过去的浪漫世界。因为他的新宇宙无法在《莱茵的黄金》创作过程中逐渐地显形；这个宇宙必须随着前奏曲的第一声就完全呈现出来！这段十分钟的音乐包含了瓦格纳下半生的艺术观念。在他能够应对这一巨大的挑战之前，对他来说以其他方式创作《尼伯龙人的指环》似乎是不可想象的，因为这整部长达十六个小时的作品都取决于这一音乐的开头。这个开头包含这整个系列作品的主导动机的许多萌芽；一切都必须彼此结合；**一切都必须彼此适应**。

从《莱茵的黄金》开始，或者说从整部《尼伯龙人的指环》开始，那个将瓦格纳的人生在1849/1850年截然分成“在此之前”和“从此以后”两部分的断裂变得明白无误。许多传记作者和研究人员的思想在这部作品上也产生了分歧。在四十岁的年纪上（莫扎特在这个年纪的四年前就死了），瓦格纳进入了一个新的阶段，他的艺术不仅非常出色——它十年前就很出色了——而且具有了爆炸性。相对于其他许多伟大的革新者来说，这已经很晚了。爆炸性，或者说**革命性**，自1853年开始充斥着瓦格纳的各个方面：音乐、文本、编剧和政治。现在几乎不可能再对这位艺术家达成一致意见。

与李斯特在巴塞尔和巴黎——初遇柯西玛

尽管有在拉斯佩齐亚感受到“救赎”的经历，但瓦格纳距离真的开始作曲还“时机未到”。否则，他就会抛下一切，开始工作。相反，他继续旅行，按照早就做好的计划，前往巴塞尔会晤李斯特和他的朋友们。应巴登大公的邀请，李斯特参加了在卡尔斯鲁厄举行的音乐节，这场音乐节成为新德意志乐派的展示会，因此节目单上也包括李斯特和瓦格纳的作品。然后，艺术家们前往巴塞尔，由于瓦格纳被禁止进入德意志邦联，这里是对他来说最近的地方了，他们打算一起庆祝。他写道，他惊讶地发现，在约定的地点“三王”旅馆只有他一个人。突然，他听到前厅传来用尽全力唱出来的《罗恩格林》中国王的呼喊！门突然打开，一大群人跟着李斯特挤了进来：汉斯·冯·比洛、约瑟夫·约阿希姆、彼得·科内利乌斯、里夏德·波尔、迪奥尼斯·普鲁克纳和爱德华·赖梅尼。第二天，卡罗琳·维特根施泰因侯爵夫人带着她含苞待放的女儿玛丽来了，她们很快就成了这个团体的核心。侯爵夫人全身心地投入到规划、关怀和行动之中，赢得了所有人的心，她使每个人都很兴奋，自己则绝不矫揉造作。晚上，这场狂欢变成了欢快的丑角表演。

瓦格纳特别注意到了不到十五岁的玛丽，他很快就称呼她为“孩子”，尽管她刚刚摆脱了那个年龄。瓦格纳仔细观察着她，并对她做了动人的描绘：“每当这种讨论甚或纯粹兴高采烈的长篇大论提高音量，直至大声喧哗时，她那热情洋溢的黑眼睛就会保持友好的、善解人意的镇静。这时我便会不由自主地感到，这种镇静就是对使我们激动的这些事情毫无害处的理解。我这个人当时差不多受到偏爱朗读自己台本的嗜好左右[……]我喜欢让自己决定去朗读我的尼伯龙人戏剧，而且因为分离的时刻即将到来，我只选了《西格弗里德》来朗读。”（*ML*，514）可以看出，瓦格纳被这个女孩的温柔魅力所吸引，因此愉快地加入了这个小圈子。李斯特打算去巴黎看望他的孩子们，他们陪他一起走到斯特拉斯堡。这个小群体沉醉在艺术与友谊的魔力之中。李斯特、瓦格纳和维特根施泰因家的两位女士一起兴高采烈地继续前往巴黎。在抵达后的第二天上午，她们要求继续朗读，而李斯特要去做他的事情。李斯特为迈耶贝尔的《恶魔罗勃》订下一个包厢，迈耶贝尔在大歌剧中的辉煌成就已经持续了二十二年；李斯特也带上了瓦格纳，这让他又变得痛苦。瓦格纳甚至声称，他的“悲伤情绪”也影响到了其他人，但这实在令人难以置信，因为本书作者亲身体验过迈耶贝尔的音乐和戏剧效果有多么好。

但随后还发生了一些应当具有历史意义的事情。李斯特邀请瓦格纳来跟他的孩子们共进家庭晚餐，孩子们在一位女家庭教师的照顾下在巴黎过着隐居的生活。在场的有刚刚成年、非常活泼、酷似父亲的达尼埃尔，还有两个个子很高、非常羞怯的女儿布兰迪内和柯西玛：这是瓦格纳和柯西玛·李斯特（后嫁给比洛，再后来嫁给瓦格纳）的**第一次**见面。柏辽兹到来时，正举行又一场朗诵会，这次读的是《诸神的黄昏》最后一幕中的一段。他们跟他约了早餐会，李斯特演奏了柏辽兹的《本韦努托·切利尼》中的一段，给柏辽兹“干巴巴的”歌声伴奏。著名的专栏作家儒勒·雅南也出席了。随后是在著名钢琴制造商埃拉尔家里举行的社交晚会，以及李斯特在皇家宫殿举行的又一场，再然后是卡勒吉斯女伯爵家里的另一场。瓦格纳在德累斯顿的一场《唐豪瑟》演出中认识了她。瓦格纳承认，在她家里他的表现很差——因为她与拿破仑三世所谓的关系，瓦格纳大概是不会觉得无聊的。

在度过喧闹而疲惫的八天之后，所有人都离开了巴黎——只有瓦格纳还留在那里。为什么？他显然很讨厌面对这座城市！他写道："因为我现在一度为重新开始我的工作耽搁了那么久，所以我决定，在我最终使自己得到一个对那个伟大目标有帮助的、比较安静的环境之前，再也不离开巴黎。"(*ML*, 517)他肯定感觉到了，仍然缺少什么东西——或许是整座尼伯龙人大厦地基中的一颗小石子，甚至一块基石，比如基础动机中的一个——他如此称呼它（现在则称之为"主导动机"）。他请求明娜也到这里来；在她来到之后，他们立刻去拜访了基茨和安德斯，好重温过去的回忆。通过基茨，他结识了年轻的医生卡尔·林德曼，此人发展出一种毒疗理论来取代水疗理论，并名噪一时。针对瓦格纳的神经痛，他推荐了缬草和更重要的鸦片酊，自帕拉塞尔苏斯以来，鸦片酊就被用作止痛药，或者干脆作为通用的灵药广为应用。它是由90%的酒精和10%的鸦片混合而成的，并在其中加入了天仙子，这种混合物是可以随意买到的。今天人们会说：这真是一枚炸弹！自大约1800年以来，这种令人上瘾的魔饮就一直在提升创造力方面享有盛誉，英国诗人、威廉·华兹华斯的朋友塞缪尔·泰勒·柯勒律治为此做出了巨大贡献。这种药剂在作家圈子里非常流行，但当时还没有人知道成瘾的危害。

10月28日，瓦格纳夫妇终于离开了巴黎；他"疲劳不堪，心神不定，激动万分，怒气冲冲"地到达苏黎世——他正处于在巴黎时想要治愈的那种状态。尽管如此，11月1日，他还是开始创作《莱茵的黄金》的音乐稿，并在创纪录的十周之内把它完成了。关于这一成功的"奇迹"，我们只能读到："[……]既然现在我真的很快就可以为此感到适逢其时，情绪高涨，那我也许就可以把我的音乐工作的重新开始，称作在完成了一次灵魂转世之后开始完全的再生。"这种"情绪高涨"是如何产生的尚不清楚。我们只知道，瓦格纳在完成草稿后又"恢复了健康”，他又一次“健康地组成了”自己：“我确实想起在做这项工作时我的健康状况发生的一次巨大而有益的变化，使我对那时候的生活环境只留下很少一点印象。”(*ML*,518)

既然没有别的东西可以解释这个“奇迹”是如何发生的，那么唯一剩下的问题就是，为什么瓦格纳要相当详细地探讨林德曼医生的治疗方法(*ML*,517)，他的名字，一如他的药物鸦片酊一样，直到苏黎世时代的后期还被瓦格纳提起，并且是作为他所使用的一种药剂。鸦片酊和开始创作《莱茵的黄金》有关系吗？这一点也是不清楚的，但是很有可能。因为作为一种艺术上的兴奋剂，鸦片酊的毒性远小于他在1850年开始创作《西格弗里德之死》时使用过，并在1868年重拾《西格弗里德》时还将再次使用的药剂：**反犹主义**。有据可查的是，他只有这两次将这种**绝对致死**的兴奋剂用于艺术创作，他实际上是否用了更多次则不为人知。还是选鸦片酊吧。

21

《莱茵的黄金》与劲敌神话

图53 《莱茵的黄金》最后场景瓦尔哈拉中的彩虹桥，根据路德维希·贝希施泰因的素描所作的木刻版画。

莱茵女儿之歌

1854年主要用来为《莱茵的黄金》作曲。瓦格纳于1853年11月1日开始创作管弦乐草稿，于1854年1月14日完成。在短暂的中断和休息后，他于2月1日开始撰写总谱初稿；2月15日，他开始同时誊抄总谱定稿，即包括最终脚本在内的第二稿。总谱初稿于1854年5月28日完成，而由于所有细节的关键都已经定了下来，定稿被搁置了一段时间，于9月26日才完成。这是一场狂热的工作；这部大作创作的专心程度和速度，可以与中断了多次的《工匠歌手》的作曲过程相比较，那部作品花了五年半的时间才完成。

《尼伯龙人的指环》系列作品是建立在一个关于原本完好的自然的神话基础上的，人类征服了这个自然，最终又因其而毁灭。《莱茵的黄金》开场便是自然哲学的谱曲，正如上一章所阐明的。

与之相对，莱茵女儿之歌非同寻常地让这部剧以仿佛牙牙学语的声音开始，它也可以被解释为语言哲学。

> Weia! Waga!
> 波浪，你摇动吧！
> 摇动成个摇篮！
> Wagalaweia!
> Wallala weiala weia!

瓦格纳怎么会想到这段被同时代人嘲笑为“Wigalawaia精神错乱”或“押头韵的结巴”[1]的声响，在1872年6月12日写给尼采的一封信中得到了揭示。他在雅各布·格林的书里看到“heilawâc”这个古老的字眼——它的意思是，“神圣时刻的水，日出前的午夜，在庄严的宁静中被创造出来”[2]。他把“heilawâc”换成了“Weiawaga”，“我们今天仍然能在‘Weihwasser’［圣水］这个词中看出它的词形”（*SB*，卷IX，300）。从这个“Weiawaga”出发，他找到了相近的“语言根源”，如“wogen”［摇动]、“wiegen”[摇晃]、“wellen”[形成波浪],随后他从中“用与童谣‘Eia popeia’相似的曲调,为我的水中女孩们创造一段从根本上说是按音节划分的旋律”。漫游在莱茵河底的姑娘们唱的主要是响亮的元音,“i”这样轻的元音她们用得很少,辅音方面则使用比较柔和的,她们避免使用强硬的摩擦音或爆破音如p, t, k或z,因此,她们的拟声法符合后来的语文学家指出的儿童与婴儿语言的普遍结构。[3]他后来在柯西玛面前将莱茵女儿的波浪之歌称为“世界的摇篮曲”(*CT*, 1869年7月17日)。与之相反,心怀不轨地接近莱茵女儿的阿尔伯里希主要使用鼻辅音n,摩擦音ch,闭合音k和t,并用带有强烈重音的诗句来表达自己:

嘿,嘿!你们可人儿!
你们是多么俊俏可爱,
令人羡煞!
若是你们喜欢我,
我愿从尼伯海姆的黑夜
到你们这儿来。

瓦格纳在这里是从雅各布·格林的作品中汲取的素材:“Nicker”(可人儿)这个词代表“小人”和“戏弄人的精灵”,源自戏弄矿工的金属,“neidlich”[“令人羡煞”]意味着“怀有敌意,令人不快”。瓦格纳在他这部《尼伯龙人的指环》的第一个场景中就已经实现了他在《歌剧与戏剧》中提出的要求,即要从以音乐的形式构建的语言中发展出音乐,整部乐剧都应从诗的—音乐的循环开始。

接下来展示了新的层次。关于人类如何剥削自然的描述揭示了,人类为了将自然的财富据为己有会对彼此做出什么事情：他们互相伤害。音乐从一开始就显示出，这一招适用得多么普遍。

由于瓦格纳赋予管弦乐前奏曲的音乐表达，《莱茵的黄金》中的“自然”首先是非常可爱的。三个莱茵河水仙沃格琳德、薇尔根德和弗罗西尔德徜徉其中，守护着流水中一块暗礁之下的莱茵的黄金。邪恶的矮人阿尔伯里希接近她们，试图捕捉这些女子；她们许可了他的接近，却一次次从他手中逃脱。阿尔伯里希追逐着她们，但总是跌倒，莱茵女儿们嘲笑他的笨拙。一道闪亮的光照射出来，莱茵的黄金显露出灿烂的光辉——整个管弦乐队爆发出欢呼。但是，滥用黄金会带来危险，这与滥用自然是一致的。莱茵的女儿们唱道，只有弃绝爱情的人才能获取这个宝藏：他可以获得这笔“世界的财富”，用黄金打造一枚指环，它会带来“无边的权力”！沮丧地追逐着莱茵女儿们的阿尔伯里希听到了这一切，立即诅咒了爱情；他从礁石中抢出黄金，逃向深处。

一部关于神与反神的犯罪小说

在《莱茵的黄金》第二场中，瓦格纳第一次向我们展示了他的日耳曼诸神。沃坦与他的妻子弗丽卡惊叹地注视着瓦尔哈拉，这座他们让巨人法索尔特和法夫纳“赊账”建造的宫堡。这些神反映了人类的特性，因此是人类的原型。瓦格纳将日耳曼神话与希腊神话相融合，他年少时在叔叔家里就非常熟悉这些神话了：沃坦具有墨丘利和赫尔墨斯的特征，布仑希尔德让人想起宙斯的女儿雅典娜，沃坦与弗丽卡之间的争吵则让人想起宙斯和赫拉争吵的场面。[4]同时，这些北欧的神灵被置于一个社会般的环境之中；每个人都表现为一个行使权力的“政治人”，因此他们与其他有权力的人发生冲突：与那些有生产力的人（巨人），与那些拥有资本的人（尼伯龙人的统治者），与劳工无产阶级（尼伯龙人）。在声音方面，这些工业无产者是由18块铁砧来表现的，它们在第二场和第三场结束时响起，当沃坦与半神娄格从那些铁匠身边走过进入尼伯龙人的国度以及从那里返回时。瓦格纳于1877年第三次来到伦敦，当他看到港口设施时，他惊呼：“阿尔伯里希的梦想在这里实现了，尼伯海姆，世界的统治权，劳动，工作，到处都是蒸汽和雾的压迫！”（*CT*，1877年5月25日）《莱茵的黄金》许诺了一种社会批判的行动，它也坚持了下来——直到结束前不久，当主导动机结构发生转变之时，但是文本上在许久以后才得到理解。

作为权力意志的体现，沃坦面对着各种利益集团，其他的神也围绕着他而划分开来。瓦格纳自己将弗丽卡称为“道德”（*SB*，卷IV，175）。弗莉雅：青春与美丽；多纳尔：战争；弗洛：幸福；埃尔达：良知和直觉的化身。尼伯龙人则显然代表着卑下的、负担沉重的人，我们徒劳地寻找着对他们同情的迹象。瓦格纳或许对阿尔伯里希有同情，他是他们中最特别的那个，但对他们的整体却没有。[5]总体上，尼伯龙人是“下等人”，是日耳曼诸神超人特性的反面。他们中间是巨人的种族。他们是否象征着“普通人”，市民？

作为建造瓦尔哈拉的代价，沃坦向巨人许诺了弗丽卡的妹妹青春之神弗莉雅，但他并不想兑现这个承诺。沃坦指望娄格的诡计，他也立即给出了建议：阿尔伯里希诅咒过爱情，选择了财富和权力，即黄金和指环这两个反爱的象征。巨人们现在要求宝藏，否则他们就不会释放青春女神弗莉雅。沃坦与娄格动身前往尼伯海姆去抢劫阿尔伯里希。经过一段惊险的管弦乐地狱之旅后，他们找到了他；由于指环，他已经变得无所不能。他让自己的兄弟迷魅打造了一顶有魔力的头盔，这是恐吓周围环境的最新发明：戴上这顶头盔的人会变得隐身，可以潜伏、控制、监视任何地方。阿尔伯里希就这样完善了保持权力的设施：指环和头盔是他新身份的象征。阿尔伯里希并没有向来访者隐瞒他征服诸神的打算。为了论证他的主张，他提议展示他的变身技巧。他第一次变的巨虫震惊了这两个神。但他们不相信阿尔伯里希还能变成一只小蟾蜍。阿尔伯里希掉进了这个陷阱，他立刻就变成了蟾蜍的形象，这一变化而成的神话动物同时也是恶魔、巫术和犹太人的古老象征。[6]沃坦延续了文化史上的一贯做法：他迅速将脚踩到这只动物身上；娄格抢走他的隐身头盔；阿尔伯里希被他们打败，不得不跟着他们走——从尼伯海姆回来之后，他要交出所有尼伯龙人的宝藏。但是阿尔伯里希不想交出隐身头盔，更不想交出指环："可以拿走我的命，不能拿走指环！"沃坦"用暴力"将它从阿尔伯里希的手指上扯下来，喝骂道："我只要这个圈儿，你的命你爱怎样就怎样。"在这种紧急情况下，阿尔伯里希用有力的独唱诅咒了戒指："戴它的人将死于非命[……]谁没有它，谁就受到嫉妒的折磨[……]这是尼布龙人在极度的困苦中对指环的祝福！"这段独唱是整部《尼伯龙人的指环》中最出色的唱段之一。我们愿意相信，瓦格纳对阿尔伯里希产生了一种艺术认同方面的深切同情，[7]并在这里形成独一无二的戏剧和音乐效果。这里出现的诅咒动机对于整个《尼伯龙人的指环》系列作品的戏剧结构来说是至关重要的。它来自《埃达》，可能也是出于这一点，瓦格纳才诉诸这个北欧神话世界，而没有使用中古高地德语的《尼伯龙人之歌》，这

> 个诅咒在《尼伯龙人之歌》中几乎无关紧要。**瓦格纳将从根本上解释这个诅咒的本质**，我们将会在《女武神》中看到和听到这一点。巨人要求交出指环，只有这样他们才会释放弗莉雅。沃坦极力拒绝，但随后天空一片漆黑。大母神埃尔达出现了；她警告沃坦这枚指环上的诅咒，向诸神预告了他们的末日。深受震撼的沃坦经过内心的猛烈挣扎后将指环交给了巨人。两个巨人立刻开始争吵，法夫纳杀死了他的兄弟法索尔特。弗丽卡邀请沃坦和她一起进入瓦尔哈拉。沃坦再一次停下脚步，产生了所谓的伟大想法，这通过上述"剑的动机"体现出来；但是，物的隐喻在这里似乎被提升为整个思想体系，它或许能找到摆脱阿尔伯里希困境的出路。

这出戏就像一部音乐社会小说，牵涉到背叛、抢劫、欺骗、再次抢劫、再次欺骗、危险的人身伤害、谋杀篡权，以及许多未付的账单。尽管如此，这个故事的哲学跨度在歌剧剧目中是无与伦比的。瓦格纳唤醒了对世界起源、纯洁自然的想象，引发对爱的意义与恨的危险，对滥用权力与身份丧失，对贪婪、不公、剥削与嫉妒的思考，他也思考了理性与感性之间的关系。多么丰富的主题！[8]关于这些，可以写出很多东西，因为在《莱茵的黄金》之中第一次揭示了瓦格纳从此往后的作品中一贯的多义性。首先是对阿尔伯里希和沃坦这两个形象的设计；他们的关系贯穿整部系列剧。如何看待这两个主要人物是存在很大争议的，如果不对主要的解释进行一番概述，则无法理解瓦格纳的影响史。或许在这许多意见中应当先提一下卡尔·达尔豪斯，他是战后音乐学的泰斗。他的二十四部著作中有四部是献给理查德·瓦格纳的。他反映了他那一代人对瓦格纳的普遍看法。

联邦德国早期的“朝向不精确的救赎”

很少有研究者对生活中的事物具有达尔豪斯那样的视野、正直和彻底的人文主义态度。在涉及瓦格纳的事物上，卡尔·达尔豪斯充其量可以被指责为太过于从字面上理解瓦格纳所说的“永恒的纯粹人性的根源”。然而，一旦这种“纯粹人性”无济于事，那么达尔豪斯宁可去分析和弦之间的关系，而不是去探究瓦格纳精神世界的曲折。因此，在他看来，《尼伯龙人的指环》之中仍有许多缺陷，他曾对此猛烈批评，但这些缺陷都可以从19世纪下半叶的文化趋势中得到解释。达尔豪斯把《莱茵的黄金》理解为一部“资本主义的自然史”，并认为瓦格纳“对工业无产阶级的同情”在其中扮演了特定的角色。[9]他由此泛泛地得出了共和主义和社会革命倾向的结论，这也符合瓦格纳1848年至1852年的生活阶段——但之后就不符合了。为了证实他的观点，达尔豪斯援引了《西格弗里德之死》的结局：“**尼伯龙人解除了奴役，指环不再束缚他们。**”[10]这句诗经常被作为瓦格纳的社会主义的证明。但达尔豪斯和几乎所有其他瓦格纳研究者都视而不见的是，这个段落在1852年被删掉了，且根本没有收入后来的《诸神的黄昏》之中，也就是说从未被谱曲。因此，这个段落从未被演唱或演奏；因此，它无法给出任何音乐上的——戏剧上的证明。原始剧本中最初具有的实际社会目标，在整部《尼伯龙人的指环》系列剧中已经不复存在——这一事实当然值得一提，但它在“老的”联邦德国瓦格纳研究中几乎从未被涉足过。[11]达尔豪斯也调整了对西格弗里德和作为劣等人的迷魅之间的对立的看法，仅仅将《西格弗里德》歌剧视作“童话歌剧”，具有自然的神妙和拟人化的主题。达尔豪斯认为，“在瓦格纳对工业无产阶级的同情之中掺入了厌恶”，因为阿尔伯里希被塑造得极为恶心。[12]

在《莱茵的黄金》(第一幕,第231—245小节)中,阿尔伯里希的特征是“毛茸茸的、驼背的丑八怪”,一个“黑不溜秋、面目可憎、臭气熏天的侏儒!”;他“像个地精”,一团“暗火”,“头发根根竖起”,“眼神刻薄”,“头发卷曲”,“胡子蓬乱”;他还是个沉浸于“爱欲”之中的“好色之徒”,他那“刺耳的声音”(舞台说明)令人不安;欢笑的莱茵河水仙面对他的“蟾蜍般外形”和“嘶哑的声音”表现得“吃惊和沉默”。令人惊讶的是,达尔豪斯没有注意到,这一连串的形容丑陋的词汇与同情无关。同情的假设也没有任何意义,因为此处的音乐既没有庄严的严肃,也没有与同情相关的哀伤。相反,乐谱中有对令人厌恶的声音的详细描述,无数喘息和打嗝般的声音描述了这个矮人踉跄的步态、执拗和整体的丑陋。在这里,必须从社会理论的高度走下来,进入讨论身形、体态和姿势的范畴,以便破解其背后的象征含义。我们选择上面提到的蟾蜍般外形,因为它将在第三场中再度出现。[13]让我们回到19世纪中期,寻找可以解释瓦格纳使用的形象的符号。在文学和美术中,我们会找到要找的东西;这些图像始终指向当时泛滥的反犹主义。只需要举出古斯塔夫·多雷笔下那个可怕的永恒流浪的犹太人(*Juif errant*),就可以看出阿尔伯里希究竟是谁。[14]瓦格纳所使用的隐喻属于敌视犹太人的文化符号和人体图像的武库,马克·A.魏纳对此曾有过研究:目光、声音、气味、头发、相貌、肤色、姿态、身材和性。[15]

经常有人说,瓦格纳的乐剧“完全摆脱了反犹主义的倾向”[16]。直至1980年代(即这句引语产生的年代),这一论断也相当大胆。首先,还有许多人活着,他们清楚地知道,“暗火”(Schwefelbrand)——瓦格纳用来描述阿尔伯里希的词——与纳粹给犹太人佩戴的大卫星具有同样苍白的、腐蚀性的黄色。其次,瓦格纳希望人们如何理解他的《尼伯龙人的指环》的许多话在当时便广为人知：沃坦是“雅利安人的真神”（*CT*, 1882年9月5日）；他也保证西格弗里德的“真正的雅利安特性”，而《尼伯龙人的指环》是“雅利安种族最独特的作品”（*WKL*, 1881年5月17日）。

T. W. 阿多诺被认为是乐剧中反犹主义倾向的早期批评家之一，但早在他之前，阿尔弗雷德·爱因斯坦便在1927年的一份关于音乐中犹太人形象的研究中，将阿尔伯里希—迷魅的“争吵场景”（《西格弗里德》，第二场）视为特殊情况，瓦格纳在其中描写了现实的犹太人形象。爱因斯坦认为，尼伯海姆是一个“神话般的隔离区”，里面有两种不同类型的犹太人：“一种矮小、精明、伪善、敏感如迷魅”，另一种则像阿尔伯里希，“在可怕的压力下散发出可怕的魔性”。阿多诺在1945年写道，所有尼伯龙人都是对犹太人的讽刺画，他这么说只不过重复了1900年左右在拜罗伊特圈子里正式公开的内容。[17]联邦德国的瓦格纳研究对爱因斯坦一直不予理会，他的教职论文因反犹主义在德国受阻，不得不移民美国，[18]而阿多诺——他在其他方面对联邦德国早期的音乐生活产生了极大影响——则因他写瓦格纳的文章令人不快而被弃置不顾。但他们俩说得都有道理：当邪恶的矮人展示他的财富时，沃坦和娄格问，这些黄金有什么用。“用这笔财宝，”阿尔伯里希回答说，“我想创造奇迹：我要用它赢得整个世界！”这是一个核心点：直到瓦格纳才把统治世界的主题和阿尔伯里希联系在一起；《尼伯龙人之歌》和《埃达》之中都不存在这种联系。瓦格纳由此引入了一种反犹主义的套话，它在一个多世纪的时间里充斥着各种论战文学，从卡尔·W. F. 格拉特瑙尔的煽动性文章《论今日犹太人的道德与身体构成》（1791），到伪作《锡安长老会纪要》（1905）。其他戏剧上的证据还可以在《女武神》、《西格弗里德》和《诸神的黄昏》中看到。一直持续到2013年的根本争议，即瓦格纳的作品中是否有对犹太人的讽刺，现在已经过时了：作品实际上的**戏剧**框架包含了只能用19世纪的反犹主义套话解释的元素，否则便是无意义的。《尼伯龙人的指环》中有犹太人形象，这是毋庸置疑的。但是，它们不是讽刺，而是体现了反犹主义元素的多层次人物形象——但这不是唯一的，如我们在阿尔伯里希身上看到的，他还代表了贪婪、逐利和对权力的痴迷。这种根本原则的讨论，必须在《尼伯龙人的指环》的开头就引进来。它很简短，因为证据的负担相当大；[19]它为新的解释方法提供了前提。

达尔豪斯面对瓦格纳的缺乏精确性，在他的许多讨论中都可以找到，因此，马丁·格雷戈尔—德林1980年的瓦格纳传记，在1982年被哈特穆特·策林斯基的一篇经常被引用的评论《朝向不精确的拯救》抨击。[20]然而，策林斯基的论点，即瓦格纳的乐剧只是纯粹的反犹主义戏剧，同样没有说服力。即使有个别的，有时或许很鲜明的反犹主义特征，也并不意味着整部作品都遵循着反犹主义的戏剧学。是有这样的歌剧，但那不是瓦格纳写的。[21]与此同时，策林斯基被瓦格纳信徒严重妖魔化了，但他也得到增援，尤其是罗伯特·古特曼、克劳斯·翁巴赫，部分也有埃娃·里格尔、保罗·劳伦斯·罗斯、戈特弗里德·瓦格纳和马克·A.魏纳的声援。[22]

达尔豪斯等人所引发的1980年代瓦格纳圈反圣像破坏动荡的原因是显而易见的：它关系着全部。“第三帝国”刚刚过去；恰恰是对瓦格纳最初困难重重的接受，在联邦德国成立初期受到威胁！因为这个共和国通过恩斯特·布洛赫、格雷戈尔—德林和汉斯·迈尔等成功作者实现了这一点，得到最高音乐权威如卡尔·达尔豪斯的认可，开始对瓦格纳展开朝向不精确的救赎，将这位先是被怀疑具有原法西斯主义思想的作曲家变成一位社会革命者：他们说，瓦格纳成功地“将社会主义者和德意志传说联系到了一起"[23]；或者，《尼伯龙人的指环》是"具有神话结构的社会批判的时代画卷"[24]。人们特别喜欢援引萧伯纳1898年写的《瓦格纳寓言》，他在其中第一次尝试了社会主义的观点，尽管总体上说它从讨论《女武神》以后的部分都是站不住脚的。[25]这里通过不精确的泛化对整部《尼伯龙人的指环》进行的错误解释，自1950年起提供了一种工具，仅次于1900年和1933—1945年的工具化。它最终表现出了瓦格纳神话形成的最后一步：他成为联邦德国作为自由的社会福利国家的文化担保。对于年轻一代来说，瓦格纳成了希望的灯塔——但他又是一个免罪证明，那些高举着手、在拜罗伊特温妮弗雷德·瓦格纳的后室中、穿着棕色制服的人，同样并尤其打着瓦格纳的名义。[26]

有关社会主义的更精确信息

但是，从历史的角度来看，瓦格纳与社会主义的关系究竟怎样？瓦格纳在1848/1849年几乎每天都与奥古斯特·勒克尔，有时也与米哈伊尔·巴枯宁讨论，后者是个狂热的无政府主义者，经常向瓦格纳炫耀他关于黑格尔的知识。这在前文已经有所展现，我们同样也说了，这不过是一时的热情。但这在艺术上导致了什么？瓦格纳在1850年便远离了革命精神。在《音乐中的犹太性》中，瓦格纳说，"我们所有的自由主义"都"是一场不很明智的头脑游戏"；他认为，"我们为了人民的自由不停抱怨，却对这个人民并无认知，甚至不愿与其真正接触"（*GSD*，卷V，67）。可以将这解释为他已经确定地背离了社会主义，但其艺术效果要直到1852年改动《西格弗里德之死》（以及后来的《诸神的黄昏》）的脚本文字时才能感觉到。

瓦格纳崭新的、以自我为中心的、几乎漠视社会的态度，在艺术方面可以说是滞后的。这就解释了为何《莱茵的黄金》中的音乐似乎并没有妨碍社会批判的态度，尽管对于“人民”，即尼伯龙人，既感觉不到同情，也没有进行社会改良的打算。瓦格纳猛烈的资本主义批判给人造成了社会主义的印象，但这是假象；瓦格纳思想中的无政府主义因素阻碍了一种社会政治的态度。尽管如此，直到今天，瓦格纳研究者们仍然自动自发地将他归类为“左派”，给他们的这位主角安上某种社会参与性，但这种特性或许会在私人生活中发现，不过在作品中是体会不到的。

然而，如果仅仅因为他的反犹主义就将瓦格纳简单归为“右派”，也失之轻率。从西格弗里德的形象中可以看出瓦格纳在艺术方面的立场：西格弗里德是所有无政府主义者中最纯粹的，他会打碎沃坦的长矛。对于西格弗里德，只能猜测他的举动的意义，却无法具体地把握它。他的意义仅仅是追求自由和实现爱情。爱情是一个乌托邦社会的灵丹妙药，在这样的一个社会中，黄金不复存在，财富再分配问题也不复存在。这样一种社会实际上是如何运行的，并未加以讨论，因为它反正是乌托邦。唯一可以肯定的是，瓦格纳利用西格弗里德这个形象从一开始就把他的革命参与置于完全的无政府主义背景下，它与社会主义毫无关系。

《莱茵的黄金》的根本层面：关于阿尔伯里希和沃坦

让我们回到两个主要角色——沃坦和阿尔伯里希，跟随他们在四部曲中的发展，我们可以尝试对《尼伯龙人的指环》做出新的解读。心理学的和精神分析的解释应当谨慎对待；它们虽然很吸引人，也具有一定程度的合理性，然而，它们也有变得武断、无视瓦格纳的意图的危险，因为这样一种今天的想法对于《尼伯龙人的指环》诞生的时代是完全陌生的。

在《莱茵的黄金》中，两个世界辩证地碰撞。这里有日耳曼的形象沃坦、多纳尔、弗丽卡、弗莉雅；以前人们就将他们塑造为金发的高大形象，长袍飘逸，长矛高挑——这些是统治地位的象征。诸神之父沃坦凭借他的智慧统治世界，但在《莱茵的黄金》中，我们感觉不到多少智慧；他在这里是一个玩世不恭、肆无忌惮、痴迷于权力的形象。直到《女武神》，瓦格纳才分化了沃坦的形象；在那部剧中，这个神会丧失许多权力，但会获得哲学的思想和情感的强度，因此成为正直情感和国家行为的代言人（后文将对此详加讨论）。而另一群人，阿尔伯里希、迷魅和他们的尼伯龙人，按照黑格尔的理论应当是沃坦的国家制度的反对者；但最重要的是，他们是“反德意志的”：他们矮小、丑陋，他们的对立方则高大、美丽。人们自1876年起就喜欢看到这种对比，一如当年的剧照和图像所证明的。[27]

然后，“第三帝国”来了，它充分利用了上述的反犹主义内涵。[28]因此，威兰·瓦格纳自1951年开始改变了一切：不再使用皮毛、带有翅膀和牛角的头盔，摆脱与之相关的意识形态，现在需要的是永恒的东西——本能，与弗洛伊德、荣格和列维—斯特劳斯有关的原型。[29]日耳曼人和犹太人的问题暂时似乎得到了解决。然后是1968年代联邦德国的社会主义解释，今天看来这也具有了局限性。

我们已经看到，瓦格纳在多大程度上为他的阿尔伯里希形象配上了反犹主义的套话，以便毫无疑义地展现出他的犹太内涵。尽管这些套话在1850年前后仍然属于普通的图像，[30]但到了1876年（第一场拜罗伊特演出的时代），由于进一步的犹太民族同化，这些词汇褪色了许多，变得不再流行。今天，**如果没有解释，它们几乎是不可能被理解的**。但是，它们依然被理解为敌人形象的建构，没有这种建构，极权主义的计划就无法实现。瓦格纳描述的阿尔伯里希是丑陋的，身体上是劣等的，与美丽、高贵的诸神对比，构成了生物学上的差异。《莱茵的黄金》尽管在今天只能经由文化考古学的调查才能被视为一部反犹主义的作品，但作为一部具有种族主义元素的作品，则无须特意寻找就可以看得出来。

对于今天的理解而言，《莱茵的黄金》代表着两个彼此竞争的人类体系。沃坦和他的氏族向观众展示了"本土的"，而阿尔伯里希和他的尼伯龙人则展现了"外来的"。[31]双方都在争取绝对的统治权，但是沃坦并不想消灭阿尔伯里希，只想夺取保证他的统治权的东西：黄金。因此，《莱茵的黄金》还显示了帝国主义和征服殖民主义的早期形式，在这种形式中，一个民族不仅要攫取另一个民族的权力与财富，还首先要攫取地底的黄金——用今天的话语来说，就是自然资源。神话的建构非常脆弱，因为瓦格纳的"日耳曼人"很容易被视为全球冲突中的符号承载者；在他们的背后，可以看到西方的"白人"，他们据说与一个所谓的外国"劣等人"组成的阴谋团体争夺统治权。这两种体系中的一方被以优美和崇高的形象和声音描述为优越的，另一方则用适当的相反手段表现为劣等的，以显示出竞争系统之中的种族差异。后来的一则笔记表明，瓦格纳对这样的解读方式并不陌生。[32]因此，《莱茵的黄金》是一个双重投影，其更深层次上表现的是日耳曼人与犹太人的对立，但表面上表现的是帝国主义的超人与劣等人问题。阿尔伯里希一方面是犹太人隐喻的投射，另一方面是一个体系的犯罪者，随之也是受害者，这个体系展现了当时已经长期存在的殖民时代的做法。

但是，也可以得出相反的结论。从《女武神》开始，作品的存在哲学观点变得令人着迷。瓦格纳用戏剧的形式展现了个人自决的可能性。从《莱茵的黄金》开始，他还致力于一种特殊的爱的概念，它应当可以治愈世界，并在《诸神的黄昏》结束时发展为瓦格纳反神话的主要元素。此外，还可以看到他在埃尔达的形象中创造的意识哲学方法。整个的地下尼伯龙人国度，也可以被视作瓦格纳的无意识的图像，作曲家在其中受困于冷酷的强迫观念。**阿尔伯里希**的名字已经指出了这一点：在北欧神话中，阿尔伯里希或埃尔伯里希是矮人的国王，矮人曾被认为是狡猾的宝藏守护者或巧妙的铁匠，具有友善的天性，直到他们的形象在基督教的影响下变得更为负面（关键词"调换婴儿"）。在中古高地德语中，小精灵（Alb或Alp）是触发噩梦的幽灵生物。它是一个矮人，是在黑暗中潜伏的恐惧的象征。[33]**阿尔伯里希表现出一切瓦格纳所遭遇的恐惧的形态**，而对"**那个犹太人**"的恐惧在其中占据着重要的角色。瓦格纳是格哈德·沙伊特论断的令人震惊的例子之一，他认为反犹主义者在他们的犹太人形象中首先暴露了"他们自己隐藏的本性"。[34]因此，阿尔伯里希是一个悲剧角色，而不是一个讽刺角色——阿多诺在此大错特错。阿尔伯里希代表了整个时代的戏剧性，因此他才是《尼伯龙人的指环》的主角，否则这部剧就会叫作"沃坦的指环"，而不是"尼伯龙人的指环"。阿尔伯里希是出场时间最长的角色：从开始到结束。

阿尔伯里希作为一个否定情感的存在，也是瓦格纳的爱情观的反面，这种爱情观在《尼伯龙人的指环》整个系列剧的进程中表现得越来越强烈。相反，阿尔伯里希表现出麻木不仁和无能为爱，渴望黄金与权力，这些早在中世纪就已经是反犹主义的套话了。他成为瓦格纳神话中"强大敌人"的缩影，这个敌人以阿尔伯里希的形象进入瓦格纳的戏剧之中：非艺术的个人神话成为艺术作品的内容。然而，与此同时，升华发生了，意识形态超越了自身，从而成为艺术：阿尔伯里希获得了戏剧性的纪念意义，具有永恒的特征。因为在他放弃爱情的过程中，存在着典型的**从爱欲到权力欲的升华**；这是人类的基本现象，后来才由西格蒙德·弗洛伊德和阿尔弗雷德·阿德勒——恰巧是两个犹太科学家——描述出来。瓦格纳早在几十年前就用阿尔伯里希的形象如此巧妙、生动、引人注目地描绘了这一点，虽然最初的反犹主义冲动并没有消失，但与这宏伟的舞台创造相比则显得有些无关紧要了。从开始的意识形态到缜密的心理哲学的一般化之中诞生了伟大的人性戏剧，它总是指向其问题重重的根源。对隐喻的娴熟运用是现代性的标志，瓦格纳因此将他戏剧上的楷模罗西尼和迈耶贝尔远远地甩到了身后：历史上特殊的——反犹主义——失去了色彩，而一般的，一种自古以来便写入人性之中的种族主义出现了。

22

叔本华、玛蒂尔德·韦森东克和《女武神》

图54 1864年的玛蒂尔德·韦森东克。阿尔贝特·弗里施根据约瑟夫·科普夫的浮雕所作的珂罗版画(1904)。

格奥尔格·赫尔韦格与阿图尔·叔本华

瓦格纳非常渴望能够听一次《罗恩格林》,至少是片段。在奥托·韦森东克的努力和资助下,他在进行了声乐和管弦乐的排练之后,于1854年5月组织了一场音乐会，演出了《黎恩济》和《唐豪瑟》的片段。在这场音乐会上，他还对威尔第的《纳布科》在苏黎世演出的成功做出了回应。瓦格纳的音乐会上演了四次，第三次是在他四十岁生日那天，每场演出的人气都在增长。音乐会的入场时间始终是晚上六点，十点结束。由于苏黎世直到1856年才有街道照明，因此音乐厅前面总是等候着带着灯的仆人们，好为他们的主人照亮回家的路；单独出行的女士们乘着轿子进入音乐会。[1]排练则是在圣母教堂的音乐厅里进行的。

1854年6月28日，还在《莱茵的黄金》总谱彻底完成之前，瓦格纳便开始草拟《女武神》的乐谱。除了去探望正在卢塞恩湖畔的塞利斯贝格休养的明娜之外，几乎没有任何分心的事情，因此《女武神》的乐曲在7月进展迅速。第一幕在9月初完成，第二幕在11月底，到了12月27日，第三幕也写完了。

9月，明娜去了魏玛，去李斯特当时的伴侣赛恩—维特根施泰因侯爵夫人那里做客。[2]她从那里又去了德累斯顿和柏林，以聪明而有力的方式推进丈夫的事业。11月初，她返回苏黎世，理查德对她感到满意。她没有丢面子地成功展示了他为何会放弃对柏林《唐豪瑟》首演的奢侈要求。柏林现在成为可以持续收取版税的地方，每场演出都会付费——这种制度直到很久之后才会在其他地方推行。瓦格纳有足够的理由来说明他的突然顺从，或许也是在苏黎世朋友们的压力下采取的行动。在上一次布置家居时，他又一次在财务上超支，加起来超过一年收入的账单和汇票纷纷涌来。奥托·韦森东克总是乐于助人，但他的耐心也不是无限的。因此，他与议员祖尔策商定，后者应当照管瓦格纳的财务并确保不出问题。作曲家同意了。

1855年1月，他开始创作《女武神》总谱的初稿，这一工作中断了很多次，直到1856年3月才告结束。1854年9月，他通过格奥尔格·赫尔韦格了解到叔本华的作品。他在这位朋友家的书桌上看到了打开的《附录和补遗》，并在其中读到了一篇以今天的视角来看相当荒谬的《论女人》，它声称所有女人都只是大儿童，只能注意到眼前的事情，理智永远不会成熟。瓦格纳发自内心地笑着，但想读更多，并沉浸在《作为意志和表象的世界》之中。伊莉莎·维勒后来带着嘲讽的语气回忆道："瓦格纳以令人难以置信的思维速度，很快地浏览了叔本华的作品。他和赫尔韦格惊讶地面对着解开的谜题。出世和禁欲，这是人类应当达到的。"[3]

1854年12月16日，瓦格纳给李斯特写信说，叔本华是最伟大的哲学家，康德和黑格尔相对他来说只不过是一个骗子。"他［叔本华］的主要思想，对生存意志的最终否定，是非常严肃的，但只是宣泄式的。它对我来说当然不新鲜，而任何人如果没有经历过，就无法思考它。但是，只有这位哲学家让我惊醒。"[4]1855年2月4日，他安排将《作为意志和表象的世界》送给"瓦尔德海姆城堡监狱里的朋友奥古斯特·勒克尔"（*SB*，卷VI，342；给弗朗茨·布伦德尔的信）。在1855年4月写给勒克尔的一封信中，瓦格纳将他对叔本华的热情和他的反犹主义牵扯到一起，将反犹主义伪装成对犹太人的"没有头脑也没有感情的乐观主义"的批判，"对他们来说，如果肚子和钱袋都能装满，一切就都挺好了"（*SB*，卷VII，130）。后来他把这本书借给了戈特弗里德·凯勒，但很快就想把它收回（*SB*，卷VIII，239）。

1854年12月，阿图尔·叔本华收到了在苏黎世避难的政治难民团体的一封感人的信。写信的人是弗朗茨·比宗费（原名马什尼茨），一位匈牙利作家和神学家，曾在德意志生活过，他在信中表达了结识这位哲学家的愿望。可惜他不敢踏上德意志的土地——比宗费同样也被驱逐。"所以我所能做的，只是请求您来苏黎世，到我们这里盘桓几天或几周时间。我说‘到我们这里’，因为想要结识您并与您对谈的不止我一个。约尔格·赫尔韦格先生，他是一位被很多人诽谤、为很少人了解的旧贵族诗人，著名的音乐家、值得尊敬的作曲家瓦格纳，他也是一位很有智慧的人，以及其他人，您跟他们在一起的乐趣要超过与过去两个世纪以来的所有教授打交道，他们和我一起请求您的到来。”[5]

叔本华观看过《漂泊的荷兰人》的演出，却并不十分热衷于这种音乐。他知道柏林的《回声》周刊在关于音乐的主题中，曾摘录他的哲学著作的片段来攻击瓦格纳的歌剧，他对此也没什么反对意见。叔本华迅速且礼貌地写了回信。他拒绝了邀请：不，他对旅行并不抱什么期望。此后不久，他收到一本邮寄过来的“理查德·瓦格纳的书，这本书不在书店里卖，只是为朋友们印刷的，用的是精致的厚重纸张，装订整齐。它叫作《尼伯龙人的指环》，是四部歌剧组成的一个系列，他想将它们谱上曲；这是否是真正的属于未来的作品……随书没有附上信，只是在书上写着：‘出于崇敬和感激之情’”。[6]叔本华读了这本设计精美的书，并加上了许多批评性的边注。1855年夏天，当维勒博士从苏黎世的圈子来到法兰克福时，叔本华让他捎回了令人不太舒服的话：“请您告诉您的朋友瓦格纳，以我的名义感谢他寄来他的尼伯龙人，只是他应该放弃音乐，他做诗人的天才更多！我，叔本华，仍然忠于罗西尼和莫扎特。”[7]

有了这些话，瓦格纳从未见过叔本华便不足为奇了。但仍然奇怪的是，瓦格纳对叔本华的告白就像突然冒出来的一样，仿佛灵光一现。他的重要理论著作是在丝毫未受叔本华影响的情况下写成的，仍然体现着费尔巴哈和黑格尔的精神。在叔本华的代表作中，瓦格纳显然发现了他自己的最隐秘的，在此之前都从未明白过的冲动；它为他“揭示我痛苦的原因”（*SB*，卷VIII，154；致奥古斯特·勒克尔的信，1856年8

月23日)。他相信,他突然找到了将作品联系在一起的隐秘线索。直到现在,他才理解了他的沃坦。

在瓦格纳的自传中,叔本华是第四次伟大的觉醒经历,是他所认同的传统的第四个要素。对威廉明妮·施罗德—德弗林特的《菲岱里奥》的体验代表了戏剧的使命,即宣讲的风格;正如在柯西玛的日记中瓦格纳一直强调的那样,贝多芬代表着大众的且有机增长的艺术作品,其中的各个部分互相联系;埃斯库罗斯代表悲剧的,叔本华代表哲学的深度。瓦格纳永远不会怀疑这四个基准,他们构成了一个传统,他视自己为这个传统的完成者,直到去世。

对叔本华的敬仰,将赫尔韦格和瓦格纳结合在了一起。赫尔韦格或许还因此取代了瓦格纳的一个去世朋友的地位。经常来苏黎世探访瓦格纳的特奥多尔·乌利希得了肺结核,于1853年1月3日去世,终年三十一岁。赫尔韦格与瓦格纳有许多相似的地方:赫尔韦格的婚姻——在这位诗人的一桩风流韵事之后——也岌岌可危;埃玛·赫尔韦格却与格奥尔格有相同的政治观,在起义时穿着长裤、别着手枪,还抽烟,就像法国的乔治·桑。她是一个改了宗的犹太人的女儿,为这段婚姻带来了可观的嫁妆。1853年,埃玛跟随格奥尔格来到苏黎世,他们先是住在基希比尔,后来住在松比尔的优渥环境中。

图55 瓦格纳的朋友格奥尔格·赫尔韦格。

瓦格纳可以和赫尔韦格争论水疗法和乳清疗法,争论政治,而不会因此产生裂痕。瓦格纳受赫尔韦格

图56 汉斯·冯·比洛,根据迈森巴赫与吕法特公司拍摄的照片,莱比锡,1898年之前。

感染,完善了法语的发音,这本是他说得最好的外语,却带有萨克森口音,还学了意大利语。他们一起努力说服李斯特使用他在这两种语言和文化中的技巧,为他的清唱剧写脚本,一段时间以来,赫尔韦格自己也担当了文本提供者的角色。但瓦格纳很快发现,勤奋并不是他杰出的特点之一。“他变得懒惰了。”瓦格纳后来回忆说。为了让他有创造力,他提议由他写一点东西,关于灵魂转世,三首歌,三个命运徒然交织的人物(*CT*,1880年1月15日)。有一次,他将他比作“一只睡着了的脚”(*CT*,1870年8月28日)。

当这对夫妇因埃玛·赫尔韦格继承来的财产在1856年前后花费一空而变得贫穷时,在所有人当中,恰恰是瓦格纳对这两个人的乞讨感到厌恶,尤其是对埃玛。但是,瓦格纳仍然对赫尔韦格保持着友善。当瓦格纳写信给玛蒂尔德·韦森东克或明娜讲到关于他的一些坏话时,他很快就会把这些话收回。1858年,在给柯西玛的一封信中,他说赫尔韦格是他在这里最喜欢的人(*SB*,卷IX,206)。他可以赞美他的诗。即便很明显,赫尔韦格与瓦格纳不同,仍然保持着他的政治立场。

叔本华与瓦格纳——老师与学生?

有人认为,阿图尔·叔本华对瓦格纳中年时期美学和思想的发展具有最大的影响，与此同时，叔本华的敌人黑格尔在关于瓦格纳的文献中几乎没有出现过。而瓦格纳的年表表明，这里同时存在着高估和低估。在中断《西格弗里德之死》的作曲之后，瓦格纳在1850/1851年秋冬写下了论文《歌剧与戏剧》。叔本华的代表作《作为意志和表象的世界》(1818)是瓦格纳直到1854年才开始研读的，那时《歌剧与戏剧》早已出版，《尼伯龙人的指环》文本业已完成，而且《女武神》的作曲也已经进行了一半。在阅读叔本华后对《尼伯龙人的指环》进行的文本修改少之又少。尽管时间并不符合，但瓦格纳仍然坚信，叔本华是他的乐剧的哲学先驱。为了证明这一点，许多瓦格纳研究者都把《歌剧与戏剧》的意义低估了，并提升了1854年之后创作的较小篇幅美学作品的重要性。然而，瓦格纳并没有从《歌剧与戏剧》中删除任何一句话，因此这部作品依然被视为瓦格纳创作中期的核心美学文章，尤其是对《尼伯龙人的指环》而言。为了捕捉瓦格纳的风格从《尼伯龙人的指环》到《特里斯坦与伊索尔德》、《工匠歌手》和《帕西法尔》的进一步发展，只需要在以后的文章中添加和说明一小部分内容即可。与其说这位法兰克福哲学家对瓦格纳产生了“影响”，不如说他们**志趣相投**，因此瓦格纳才明白了自己。

叔本华的“影响”说，很好地掩盖了黑格尔作为瓦格纳的哲学启发者的事实。当他于1854年在叔本华的影响下宣布黑格尔是个“骗子”，并于1855年将他的学说与费希特和谢林的学说一起定义为“胡说八道”时(*SB*，卷VI，298，347)，这是在抹去痕迹，要让黑格尔对他作品的影响变得无法辨认。瓦格纳无疑对叔本华非常推崇，但是瓦格纳在1854年前后的思想已经成形；这是一种艺术的、有着具体目标的思想，而叔本华的思想当然是一种哲学的，也就是说，是一种抽象得多的、更加无目的的思想。若是对叔本华的影响力估计过高，就会跟随错误的线索而忽视瓦格纳艺术工作中根本的辩证结构。剩下的模糊否定看似叔本华式的,但其实并非如此。

差异在艺术范畴之外就产生了。叔本华始终与国家保持距离,而对瓦格纳而言,处理与国家之间的关系始终是至关重要的;在历史思想方面,他遵循了黑格尔的轨迹,自1845年以来,他一直在研究黑格尔的哲学。另一方面,瓦格纳和叔本华都赞成反犹主义,这在叔本华那里也很明显。[8]阅读叔本华的著作并没有让《尼伯龙人的指环》的社会结构产生变化。这位哲学家的影响仅限于《女武神》最后一幕的音乐,以及后来《诸神的黄昏》结束时的文本变化。

瓦格纳对叔本华的音乐美学的态度是矛盾的。吸引这位作曲家的是,这位哲学家赋予音乐超过其他艺术种类的重要意义,以及他热情洋溢地将艺术作品描述为“天才之作”。叔本华在音乐中看到了人类意志在艺术上最忠实的表达。“因此,音乐绝不会像其他艺术那样是观念的写照,而是意志本身的写照。”它完全独立于表象的世界,是“整体意志的直接的客体化和写照,正如世界本身一样”[9]。在这个意义上,音乐表达的不是某种特定的喜悦、某种特定的痛苦、某种特定的欲望,而是喜悦、欢乐、恐惧,“几乎是抽象的,是这些情绪的本质本身,没有任何附属物”。因为:“所有音乐无法言说的亲密性,能够将它作为非常熟悉却又永远遥不可及的天堂传递给我们,完全可以理解,但又无法解释,这基于这样一个事实,即它再现了我们内心深处的所有情感,但绝对不带现实因素且远离一切苦难。”因此才有了将作为抽象艺术的音乐“用血肉来装扮”的需求,即给它配上文本,配上歌词。但是叔本华强调,重要的是音乐始终起着主导作用,“正是这种完全属于它自己的普遍性,以最大的清晰度给了它作为医治我们所有苦难的灵丹妙药的更高的价值”[10]。另一方面,因为它非常适应语言,就有了不用它自己的语言说话的危险。

当叔本华想将自己的整体思想体系强加于音乐之上时，例如他认为低音声部属于无机物，旋律属于谨慎的头脑，且热衷于贬低复调音乐，这就使得他的音乐美学变得可疑了。叔本华最终代表了一种不明确的“为艺术而艺术”，在其中所有概念性的东西都被视为非审美的。这使他与声乐尤其是歌剧保持距离，在他看来，这是一种“有利于非音乐的头脑的非音乐的发明”。在这种美学中，瓦格纳只能在其最外层的表层上立足，其核心仍然是与他对立的。由于叔本华美学的无针对性，瓦格纳自己的具有极强目的性的美学在这里几乎找不到论点。黑格尔比叔本华更理解音乐的技术方面，但叔本华从未（像黑格尔那样）试图使音乐成为思想的从属物。因此，叔本华大体上业余的音乐美学取得了更大的成功。

玛蒂尔德·韦森东克

叔本华对否定意志的哲学原理产生了更大的影响，用今天的话来讲，这可以解释为一种自我施加的长期性的挫败感。这一原则将在1850年代的大部分时间里主导瓦格纳的生活：那指的是他与玛蒂尔德·韦森东克的关系。她要为《莱茵的黄金》和《女武神》的作曲进展如此顺利负责。

与韦森东克夫妇的第一次相遇发生在晚会上，那是瓦格纳在德累斯顿的熟人内廷大臣冯·比贝尔施泰因在1852年2月组织的。奥托·韦森东克比瓦格纳年轻几岁，在丝绸贸易中获得了一笔“并非无关紧要的财富”；他和他的妻子都来自莱茵兰，决定在瑞士定居。这对夫妻参加了瓦格纳前一年在苏黎世举办的贝多芬音乐会；考虑到这一活动在苏黎世引起的轰动，他们认为，与这位作曲家打交道“很适合他们的初来乍到”（瓦格纳语）。但是，直到1854年，他们的关系才进入了更深入的阶段。对此已经有许多逸事在流传；大多数人都相信，在瓦格纳和玛蒂尔德·韦森东克之间存在肉体上的爱情关系。从现存的信件中可以看出，伟大的情感对他们彼此来说都很重要，但没有记载这段爱情发展到了性的阶段。更重要的是这个问题：这段爱情对瓦格纳的创作性工作为何如此意义深远。在他最美的两部作品《女武神》和《特里斯坦与伊索尔德》之中，都可以看到瓦格纳对这段感情的思考。

对许多音乐家来说，爱情是一生的主题。瓦格纳直到很晚的时候，当爱情超越平凡的界限时才发现，爱情可以是什么。在他遇到玛蒂尔德·韦森东克之前，爱情就已经成为一种强大的艺术力量。但是，有很多迹象表明，他直到体验了玛蒂尔德相当有魔力的出现之后才意识到这一点。瓦格纳无疑曾经深深地爱过明娜，他们婚姻的最初十二年也是很好的，很多时候甚至是非常美好的，其特征是真诚的人性依恋和深深的性欲满足。但是，从瓦格纳这方面也有一种强烈的占有欲；这是否是一种疯狂的爱，一种浪漫的愤怒之爱，似乎值得怀疑，因为明娜属于一种更为理性的类型。尽管如此，他仍需要她寸步不离地在身边，来进行《尼伯龙人的指环》之前的所有作曲工作。

瓦格纳与玛蒂尔德·韦森东克的关系从一开始就有别于这种爱情。玛蒂尔德是个结了婚的女人；她的婚姻是否幸福，我们不知道，但重要的是：作为一名最上层社会的成员，玛蒂尔德的婚姻被认为是绝对不可侵犯的。尽管如此，瓦格纳对玛蒂尔德的感情从一个难以确定的时间点开始，最晚始于为《女武神》作曲之时，变成了一种疯狂的爱。在他亲笔写下的总谱中，有隐晦的标记可以证明这一点，例如GSM这个缩写——“玛蒂尔德是有福的”。由于奥托·韦森东克很早就开始资助他，因此瓦格纳必定已经意识到，伤害社交界限会带来经济上的危险，特别是在洛索事件之后。在当时苏黎世这样的中型城市之中，这无疑是一桩不可能的爱情。韦森东克的婚姻承受了压力，但并未破裂——与瓦格纳的婚姻不同，他们于1858年8月分居，明娜再也不能控制自己的愤怒，在五年之后也不再想要这段婚姻了。早在1854年，在第一次见到瓦格纳时，他的狂热追随者奥古斯特·勒桑普勒就发现，明娜虽然散发着“善良、迷人的天性”，但在她的脸上再也看不到“广为传颂的美”，“痛苦和悲伤在这张脸上留下了痕迹”。[11]1858年8月20日，在从苏黎世动身前往威尼斯三天之后，瓦格纳在给姐姐克拉拉的一封信中保证，他与玛蒂尔德的交往从未“违背道德”；他们之间的爱情从未“宣之于口”，因为“我们之间根本不可能结合”。瓦格纳直到几周之后才以书面形式表达了对玛蒂尔德的热爱，但强调说，在他与她之间“一切都是光明和纯洁的”(1858年10月12日)。

图57 玛蒂尔德·韦森东克。恩斯特·贝内迪克特·基茨的粉笔画，这里是根据《画报》第3646期，1913年5月15日“理查德·瓦格纳百年诞辰”特刊上刊登的珂罗版画的仿制品。

在1858年12月22日 和1859年1月1日之间，瓦格纳收到了玛蒂尔德的来信，她在信中明确表达了自己的爱，并且根据瓦格纳记录时的语气，显然这是第一次。瓦格纳在为玛蒂尔德留下的笔记中写道：“不！永远不要后悔，这些爱抚，你用它们装点了我贫瘠的生活！我不曾见识过它们，这些可爱的花朵，盛开在最崇高的爱情的最纯净的土地上！［……］这些火焰，闪烁着燃烧，纯洁又明亮！没有黑暗的余烬，没有烟尘，没有焦虑的蒸汽污染过它，这纯粹的、纯洁的火焰，它从未像照亮我们一样如此纯洁、幸福地照亮任何人，因此没有人知道它。”（*WMW*，1859年1月1日）我们不知道瓦格纳面对自己姐姐的时候是否诚实；但第二份文件是具有决定性的：作为共同参与者，瓦格纳不可能对玛蒂尔德写下完全不相干的文字。因此在最后，即在五年小心翼翼的柔情之后，终于要面对不可避免的分离了。五年来，这种美好而深刻的爱情的意义恰恰在于它的不可能和不可言说。西格蒙德·弗洛伊德后来在“建设性受挫”的关键词下描述了这种现象。在对玛蒂尔德·韦森东克的爱情升华时，瓦格纳——通过“绕道”叔本华——发现了一种对他来说全新的创造力，这种创造力与他从前的，通常是积极进取的创造力相反：同情的创造力。

阿图尔·叔本华与瓦格纳的“同情心理学”

黑格尔对认识到同情心是没有帮助的，这实际上完全要归功于叔本华的悲观哲学。但是，瓦格纳的接受有多么随心所欲，在音乐美学的例子上已经很清楚了。我们必须回顾一下同情在叔本华哲学中的作用，才能理解瓦格纳从中做了什么。

叔本华的“意志”是一种生命的普遍力量，在植物、动物和人类身上有不同程度的客观化：“世界即意志。”另一方面，他仍坚持观念论，假设个人只能在有限的范围内了解世界。在他看来，世界是一种幻象，这就使得在其中活动的生命相对化了：“世界是我的表象。”但是，生命的目的仍然是未知的：“每一行为都有其目的，但整体的意愿是没有目的的。”——“所有意愿都来自需要，也就是说来自匮乏，也就是说来自痛苦。”从无尽的痛苦出发，叔本华提供了两种路径作为对认识的总结：通过断念和节欲来否定意志并从事艺术。将之应用于人际关系时，意味着“所有的爱都是同情”，因为性欲循环作为“对生命意志最重要的肯定”必须通过禁欲来打破。这通向虚无，通向涅槃。[12]叔本华的否定词汇延续了莱辛和后来的观念论者，以及浪漫派如黑格尔和弗里德里希·施莱格尔等人的“毁灭”比喻。[13]这是很重要的，因为瓦格纳也经常使用“毁灭”这个词。有时它只是意味着某种状态的消除，有时则指向身体的毁灭，但它经常被用作意识改变的隐喻。

叔本华的哲学是诱人且卓越的；同时足够广泛和灵活，为瓦格纳提供了他所需的尽可能多的自由空间。因此，他在概念上只是部分地与叔本华的同情理论相近。根据吕迪格·萨弗兰斯基，同情“并非道德要求”，而是一种“伴随着强烈情感的经历”。[14]对于叔本华来说，这种经历是哲学的，并有助于识别“他的自我，他的意志[……]在每一种存在中，因此也在痛苦的存在中”[15]。这只是有限地适用于瓦格纳，因为同情的意义对他来说并不在于道德领域，而在于情感领域。他在1858年10月1日给玛蒂尔德·韦森东克的一封信中写下了这一点；首先他谈到了“同情”，然后他的思想进一步发展：

> 这种同情在我看来是我道德本性的最大特征，或许也是我的艺术的源泉。但是，同情的特征在于，它在情感上绝不是由遭受痛苦的对象的个体属性决定的，而是仅仅由所感受到的痛苦决定的。[……]同情[可能]朝向最卑鄙、最微小的存在，[……]甚至是让我们产生厌恶的存在。[……]在以这种方式产生的同情中，我们会遇到苦难本身，不论其品性如何。[……]这不是其他人遭受什么苦难的问题，而是我知道他受苦时**我**遭受的苦难[……]如此

> 一来，我的同情使他人的苦难成为事实[……]我也认识到，为何低等的天性比高等的更能引起我的同情。高等的天性[……](能够)通过自身的苦难(到达)断念的高度[……]它直接地靠近我，与我相似，与它一起我能感到共同的快乐。因此从根本上说，我对人类的同情要少于对动物的同情。他们超越苦难、通向断念的资质[……]是完全看不到的。如果他们通过遭受折磨陷入苦难的境地，那么我以自身的、痛苦的绝望只能看到绝对的、没有救赎的苦难，没有任何更高的目的[……]因此，如果这种苦难可以有目的，那么这只能通过唤醒人类心中的同情，人类由此吸收动物的错误存在，成为世界的救赎者，当他们认识到所有存在的错误之后[……]看到人类的这种通过同情达到世界救赎的资质却没有得到发展，且有意地没有经过训练而荒废，这使我对人类如此反感，并削弱了我对人类的同情到了完全无视他们的困境的地步。他们在困境中拥有通往救赎的道路，这条道路对动物是封闭的；他们若找不到这条路，[……](我)可以残酷地使他们意识到苦难的困境。(*WMW*,50)

同情在今天被普遍理解为“对他人的不幸的参与”，严格说来表示一个“道德上中立的位置”。[16]但是，这个概念总显得有些含混不清，它与具有相似价值的概念如博爱和怜悯(作为同情的社会化的活跃变体)的界限通常是不稳定的。有趣的是，恰好是叔本华没有区分这些概念，他要求“同情的日常现象”作为“对他人的苦难的参与”，必须引起“对这一苦难的预防或消除”。[17]瓦格纳显然忽略了叔本华的这段话；对他而言，“同情”是一种相对随意的情感价值，与行动领域没有联系(类似于他的革命概念中最终变得随意的社会思想)。可以从对瓦格纳而言非常重要的核心句子中看出:“**这不是其他人遭受什么苦难的问题,而是我知道他受苦时我遭受的苦难。**”这种自相矛盾的说法意味着,在瓦格纳这里,对于哲学的同情概念而言不可或缺的“他人的范畴”(凯特·汉布格尔语)是不存在的。在瓦格纳这里,情绪冲动完全降低到同情信号接收者的层面:他自己的,也就是说瓦格纳的情绪,是突出的!随后,当他将同情描述为“他的艺术源泉”,其创作背景就可以看得出来:“同情”,正如前文讨论过的侵略性与升华了的爱情的情感复合体一样,属于情感的催化剂,在其激情的热潮中打开了艺术灵感的“狭窄的门”。更重要的是——这是至关重要的:**只有“同情”才能让瓦格纳对他的戏剧人物产生认同感**,只有这一过程才赋予了他的戏剧人物令人惊叹的可塑性与合理性、伟大与生动。

《女武神》:乱伦、阿尔伯里希的指环与诅咒的秘密

在《女武神》中,瓦格纳第一次实现了他对一种“新人”的设想,新人应该解决《莱茵的黄金》中由于违反基本社会规则而产生的问题。早在1849年的《艺术与革命》一文中,他就已经探讨过这种“自由、强大、美的人”(*GSD*,卷III,35),正如我们在埃斯库罗斯的戏剧中所看到的。他的特点是庄重、强大和优雅。他的相反类型是后来的时代被基督教统治谴责为伪善的人,“国家的臣仆”,“奴颜婢膝,愚钝而虚弱”,而“新人”则通过艺术、力量和美而通向爱。[18]这无非是暗示,在瓦格纳看来,不自由的、虚弱的人既不适合爱,也不适合艺术。

在《告友人书》(1851)中,论“真正的人”一节说:“我在这里看到的,不再是历史上的常规形象——我们对这些形象的表象比对真实的人物兴趣更大——而是真正的赤裸的人,我能从绝无限制、最自由的运

动中每一股热血的沸腾，强健肌肉的每一丝颤动中认出他来。”（*GSD*，卷IV，312）这种新人在《女武神》中是如何实现的呢？

西格蒙德，第二部尼伯龙人戏剧中年轻、亲切、美丽而强大的英雄，是“新的”“真正的”人类最早的体现。正如后来在西格蒙德的儿子西格弗里德的例子中一样，瓦格纳为他美丽的主角所陶醉，以至于他“忘记”了1848年“尼伯龙人计划”最初的社会革命方面。革命在《莱茵的黄金》中有所布置，但尚未完成；但是，在《尼伯龙人的指环》的第二部分之中，它让位于一种呼唤某种不可遏制的力量的生物学主义：

> 西格蒙德，沃坦的“自由英雄”的首次尝试，是应当建立一个氏族，这个氏族——同样自由地——选择对抗“邪恶”，即对抗尼伯龙人，并将他们的指环归还给自然，由于阿尔伯里希的诅咒，诸神自己无法这样做（见后文）。但是这项计划失败了。西格蒙德没有获得自由，他与权力的代表发生了冲突，遭到了迫害。他精疲力竭，在最先碰到的小屋中寻求庇护；这座小屋属于粗野的猎人洪丁，沃坦的女儿西格琳德的丈夫，西格蒙德后来才认出她是他的双胞胎妹妹。他的目光（这与弗洛伊德式的自恋还没有任何关系，在19世纪的意义上是氏族成员的标志）让西格琳德明白，这个陌生人是个值得同情的自己人。当兄妹之爱演变成一种性的关系时，乱伦开始了，瓦格纳这么安排不是没有原因的。

乱伦是沃坦试图摆脱阿尔伯里希诅咒所造成困境的计划的一部分。音乐的力量和压倒性的美，赋予兄妹之爱一种自然法上的合法性。西格琳德的好感变得不仅仅是同情，而是产生了爱情，这一方面是计划，但同时也是引发对沃坦意图的质疑的纠葛。就一项计划而言，它在乱伦动机中表达了沃坦的新英雄种族，即魏尔松血脉的“优化”意志；产生纠葛，则是因为乱伦的古老神话与19世纪的道德观发生冲突。这部作品基于两个互为反题的思想；它们直接产生于这部作品诞生的时代精神，在这一时期，严格恪守道德的传统主义与生物学的选择观念相结合，形成灾难性的混合物。[19]

> 洪丁也注意到，西格琳德和这个陌生人属于同一“类”：“他和这个女人多么相似！”他不安地询问陌生人从何而来。音乐引用旋律跨度很大的魏尔松动机雄辩地回答了主人的问题，这一主题表达了美、内心、自由和适当的力量：这正是沃坦所延续的氏族的本质，这正是瓦格纳希望的德意志人未来的英雄气概。与《莱茵的黄金》第一场的比较显示出，身体语言是如何演出的：在《莱茵的黄金》中，它创造出丑陋和卑鄙的形象（阿尔伯里希）；在《女武神》中则以相同的原则创造出相反的形象，传达出沃坦的孩子们美丽、高贵的信号。但是，洪丁接到过命令，要追杀西格蒙德。在他睡觉时，西格琳德出现，告诉陌生人，沃坦曾在小屋外的树干上插了一把剑。一个特殊的人将从树干中拔出这把剑，从那时起，西格琳德就渴望拥抱这位英雄。西格蒙德“热情地拥抱了西格琳德”，非常明白：这里计划了某种生物学的优化方法。门突然打开；春夜和满月映照着歌剧史上最伟大的爱情二重唱之一。“冬季的暴风雨被幸福之月所取代”——管弦乐同爱欲的狂喜交响为两位彼此着迷的歌手伴奏。两位主角现在已经认出对方是兄妹；瓦尔哈拉的音乐响起：他们是神性的，他们就是神。在狂喜中，西格蒙德从树上拔出那把救赎之剑，将其命名为诺通：“魏尔松的血脉绽放！”他带着“愤怒的热情”将西格琳德拥入怀中——幕布及时落下。

到目前为止，我们听到的是音乐化了的达尔文。瓦格纳让相似、强大、未来的传统文化影响，服务于他对一个新的、“更高等的”人类种族的设想。这种意识形态通过最高质量的音乐和近乎无与伦比的美得到完善。瓦格纳发展出一种音乐的劝说技巧，没有人能够逃脱这一技巧。必须认识到，决定了《女武神》剧情的种族纯洁观念，从现在开始就是瓦格纳宣传“新人”的基本思想了。到1882年，在《帕西法尔》的文字说明中，他从意识形态层面发展出了救世主思想“雅利安化”的概念。

这些都并不新鲜。作为“象征性的重生”与“仪式性的婚姻”的乱伦主题，可以追溯到伊西斯和奥西里斯，而西格蒙德和西格琳德的结合，也是一种“对仅在生物学方面存在的可能性进行传奇的改善”的尝试。[20]在《女武神》第一幕中，未来的人即英雄西格弗里德的神圣血统神话被赋予了感性的基础。西格蒙德和西格琳德的兄妹结合产生了西格弗里德，这被安排为一种爱的庆典，而爱情给出了艺术上的合法性。在“伟大的”歌剧中，“爱情”通常被理解为一个隐喻性的帮助体系；尤其是在威尔第那里，爱情冲突是一种社会话语手段。在西格蒙德和西格琳德的例子中，只有**幸福的**爱情才能指向沃坦通过西格蒙德和西格琳德带给这个世界的强大、自由、美丽的人类的概念。从树干中拔出的剑是力量的象征，被迫害是独立、自由的象征，而音乐提供了美丽的语言。第一幕还同时将“本土的”与“外来的”冲突作为主体，其种族主义的(反犹太的)背面基于沃坦和阿尔伯里希的关系。我们看到，在历史上导致了如此多犯罪和战争的古老的陌生人冲突，是如何在情节的进程中发展的。

在第二幕中，弗丽卡挫败了她的丈夫沃坦利用通奸和乱伦创造出更好种族的计划。她要求处罚西格蒙德。作为神的良知的化

> 身,她毫不留情地揭露了沃坦的自欺欺人:如果新人类的基础是通奸,那将使她作为神的本性蒙羞。西格蒙德应为犯下的罪孽付出代价,否则诸神将被所有人嘲笑;诸神的体系也将崩溃。——沃坦被他自己的逻辑武器击败。阿尔伯里希的诅咒再次击中了他,这次是通过弗丽卡的无可辩驳的论点。从此,这部剧变成了沃坦的悲剧。在《莱茵的黄金》中显得如此冷酷、粗暴的这个神,在他的力量消散的那一刻才到达一个伟大人物的深度。"非常恼怒地",他期待着女儿布仑希尔德,向她敞开了心扉。他描述了权力意志如何逐渐取代了他心中对爱的渴望;他还说出了他是如何尝试着探究埃尔达所预言的诸神的黄昏。世界的战争在继续,他恳求她,因为阿尔伯里希的大军会给诸神带来灭亡。虽然创造女武神布仑希尔德和她的姐妹及魏尔松氏族是他一直以来的生存策略,但现在要面临失败了。

像弗丽卡一样,布仑希尔德是沃坦的部分自我。"你为沃坦的意志而说话,"她对自己说;"我只向我建议,我对你说话,"诸神之父回答她。布仑希尔德是沃坦的精神主动进攻的一面,弗丽卡则是被动保守的一面,她是他的社会良知。这当然反映了作曲家的分裂思想,其个性的退缩部分催生了一种退行的意识形态,而与此同时产生一种革命性的艺术,勾画出现代性的方方面面。尽管如此,沃坦仍陷于对权力的贪婪之中,因此阿尔伯里希的诅咒才能在他身上奏效。这是沃坦无法独自摆脱的困境:只有他人能带来救赎。这很难理解,而瓦格纳的解释看上去很荒诞:沃坦的手被诅咒的指环**污染**了!必须仔细研读剧本,才能找出为何这个神变得不洁:"**我触摸了阿尔伯里希的指环——我贪婪地握着黄金!/我要逃离的诅咒,/现在不肯放过我。**"

卡尔·达尔豪斯在这里发现了某种断裂，但他没有深究这一核心句子的含义；像他的同僚一样，他无法解释它。因为瓦格纳的戏剧没有给出丝毫从今天的角度来看有说服力的理由。这是什么样的黄金，即使在丢失它之后，它带来的诅咒仍然不会消失？实际上，黄金“被抛弃”之后，所有的诅咒也就消失了，这位强大的神只需要采取防范措施，让指环回到莱茵女儿们手中——那么指环就会重新变成黄金，自然也会给出宽恕。但在瓦格纳这里，并没有那么容易。阿尔伯里希诅咒的后果是，沃坦自己不能将指环还回去，为此需要那不祥的“伟大思想”（在《莱茵的黄金》结束时听到的）。这一思想在于，一个与沃坦的契约无关的英雄才能赢回指环。但是，自由英雄的存在本身便是对神界“律法”的嘲弄。在《莱茵的黄金》中，沃坦使用了更简单的手段来实现自己的目标：暴力——通过暴力，他或许也可以解决阿尔伯里希和他的诅咒。但是，沃坦在《女武神》中提到的阻碍突然具有了道德的性质。这种戏剧性乍看之下，在与瓦格纳神话中普遍存在的专横与性宽容相关的方面似乎毫无说服力。

沃坦对契约的惊人忠诚只能被看作一个借口，来掩盖指环已经不那么重要，而诅咒成为主要问题的事实："抛弃”黄金不能再解决诅咒：**他的手被受到诅咒的指环不可挽回地污染了**，他所做的一切都将失败；他受到诅咒并且将永远被诅咒，尽管他与黄金已经不再有任何关系。因此，对瓦格纳而言，黄金不仅是黄金，诅咒也不仅是诅咒。诅咒剥夺了沃坦的统治能力，破坏了他的生存："我所爱的，我必须抛弃，/我深爱的，会遭受谋杀，/欺骗背叛，/那些信任我的人！”阿尔伯里希的诅咒迫使沃坦杀死他的孩子西格蒙德，以他为牺牲！为什么？瓦格纳的戏剧在这里越来越难理解——总谱没有提供丝毫帮助，尽管这一诅咒决定了沃坦在《尼伯龙人的指环》剩余部分中的命运。

在这个丛林中，只有19世纪的文化形象能够提供帮助。阿尔伯里希的诅咒不存在于瓦格纳使用的任何资料中——只有一处例外：在反犹主义的文化史中。正如阿尔伯里希尽管因财富而同化但永远都是个犹太人一样，他的诅咒也不可消除地附着在每一个与他有关的人身上。这与**犹太性格和血脉不可磨灭**的理论相对应，这一理论是我们在《莱茵的黄金》相关部分已经见到过的卡尔·威廉·弗里德里希·格拉特瑙尔在1791年首次提出的，它一直发挥影响，就像一部所有反犹主义者的黑色福音书，直到"第三帝国"的立法。如果忽略1848年《西格弗里德之死》的反犹冲动，并且无视当时与之相关的反犹模式，那么整个《尼伯龙人的指环》中的沃坦问题在戏剧性上就没有任何连贯意义了。仅仅因为这一诅咒，沃坦才不能自己拯救世界，才不得不利用魏尔松的血脉西格蒙德、西格琳德和西格弗里德。战后没有一个作者解释阿尔伯里希诅咒的真正本质，以及它对沃坦的致命后果，因为他们宣称所有瓦格纳作品中都不存在可能对犹太人怀有敌意的东西。但若是不用文化考古学追溯18世纪晚期，沃坦的"伟大思想"的扭曲"逻辑"，以及由此产生的行为，就始终是难以理解的。

只有这样，沃坦的进一步论点才变得清晰：尽管有了"伟大思想"，他还是会将世界移交给从黑暗中来的敌人哈根。哈根是阿尔伯里希所生的堕落和强奸的混合物：[21]"所以接受我的祝福吧，尼伯龙人之子！令我恶心的东西，我都作为遗产留给你！"为此，沃坦放弃了他的宏伟计划，命令他的女儿布仑希尔德服从弗丽卡的命令，将西格蒙德处死。沃坦—布仑希尔德场景包含以下核心信息：沃坦——以及瓦格纳——不信任**纯粹的雅利安民族**，将德意志留给"蠕虫"，留给现代的腐化者。

尽管如此，这里仍须强调的是，可以用多种方式来解读《尼伯龙人的指环》——至少要走得更远一些。但是，这要求进行更大的跳跃，尤其是在整个诅咒问题上。大多数解释都是合理的，即便仅仅是因为开放的艺术作品允许各种观点。但是，在阿尔伯里希传给沃坦的诅咒的不可磨灭的天性方面，只有一种解释模式——反犹主义。瓦格纳用生物学的“伟大思想”代替了社会模型（“尼伯龙人的奴役被解除了”），其中包含了特殊种族的逻辑。尽管如此，人们还是反复地任意解释，忽略了“不合适的”部分——甚至声称这些在瓦格纳那里都是“不重要的”。[22]我完全拒绝：瓦格纳不是一家自助商店，可以从中只取合适的东西。从方法上讲这是不可接受的，因为没有任何人有权利决定瓦格纳艺术中什么是“正确”的，什么又是“错误”的。他的艺术就在那里——它还准备好了很多惊喜呢。

心理学家布仑希尔德

直到第三幕快结束时，女儿布仑希尔德才敢提醒诸神之父想起他的**爱之造物**，魏尔松的血脉西格蒙德；她称沃坦的话是“矛盾的”。沃坦吼道：“你以为你是谁？ 你不过是盲目服从我的意志的工具！”对于沃坦来说，意志现在是盲目的，理性占了上风！弗丽卡的命令起了作用！弗丽卡，社会知识的女神弗丽卡，现在也成为掌控意识的理性之神。[23]这是哲学上层建筑的支柱，它赋予了从世界观浅层中诞生的尼伯龙人戏剧以更高的层次：理性主义讨论尽管是浪漫艺术的现代性批判的一部分；但是，在《女武神》中这一主题随着情节的进展逐渐加强，以开拓广泛的哲学视野：沃坦越来越成为理性主义的代表，而布仑希尔德是沃坦的自我感性—直觉的部分。现在清楚了：西格弗里德并非乍看起来的那样，只是一个愚蠢的金发的本能英雄。就连他也是一种哲学思想的承载者：他将象征无意识与意识之间的冲突——并因此而失败。

沃坦经历着深刻的变化。由于他的“污点”，他不再是一个真正的神；原本的、被阿尔伯里希诅咒损害了的神性，以及与之相关的力量，他都在与弗丽卡的斗争中输掉了。沃坦只是流浪者，瓦格纳在下一部《西格弗里德》中正式这么称呼他。瓦格纳可以在雅各布·格林的著作中读到，作为流浪者，北欧的神沃坦/奥丁获得了希腊的神赫尔墨斯和墨丘利的特征。[24]但是，瓦格纳的无能为力、无家可归的流浪者，难道不是一个亚哈随鲁的志趣相投者，是现代文明永恒的无根状态的体现吗？因为沃坦自己也变成了一个“阿尔伯里希”，而后来，在《西格弗里德》中，他也确实被称为“光明阿尔伯里希”。接下来，我们将更多地探讨如今出现的沃坦形象的现代性，而不是他原来的、更加退化的权力欲。但是，要回到情节中。

《女武神》第二幕结束时，西格蒙德和西格琳德逃离洪丁。布伦希尔德在命运主题的庄严声音中出现，向西格蒙德宣告，他必须跟她走。他想带西格琳德一起走，但布伦希尔德说，他将活在她的心里。西格蒙德想杀死自己和西格林德，这让布伦希尔德决定违抗沃坦的意志。她将在战斗中帮助西格蒙德！西格蒙德奔向战斗；布伦希尔德用盾牌遮护他，但是沃坦用长矛阻止了诺通的打击——剑粉碎了。洪丁杀死了手无寸铁的西格蒙德。弗丽卡的意志得到满足，沃坦宣布将惩罚布伦希尔德的背叛。

在第三幕的前奏曲中，女武神的呼唤很快加入辉煌的管弦乐之中。女武神们带着各位英雄的尸体过来，要把他们带给沃坦。当布伦希尔德最后一个出现时，这可怕的场面才平息下来。她带着想寻死的西格琳德；但布伦希尔德告诉她，她已经怀上了魏尔松的血脉，这鼓舞了这个绝望的女人继续逃亡。西格琳德“怀着世界上最崇高的英雄”，伴随着这一句，第一次响起了西格弗里德动机；当西格琳德从布伦希尔德那里得到诺通的碎片时——西格弗里德将重铸这把剑——响起了救赎动机：这两个主题直到《诸神的黄昏》最后一幕都至关重要。沃坦怒吼道：“布伦希尔德在哪里，这个罪犯在哪里？”随后她从姐妹之中走出来。在严厉的指控后，沃坦剥夺了她的神性，并惩罚她要在岩石上陷入长眠，任何人只要能唤醒她就能够占有她。在痛苦的叫喊声中，其他八个女武神四散逃走。布伦希尔德现在单独与沃坦在一起，试图为自己辩护。她的声调表达出她的内心。只是因为沃坦的内心矛盾，她才违背他的意志行事，为了保护他最渴望的，魏尔松的血脉西格蒙德。魏尔松之爱的美妙动机，描述了布伦希尔德与魏尔松氏族之间已经存在的情感纽带。但是，沃坦必须否定个体之爱，因为他为了在诸神的社会中实现更高等级的和平而放弃了自己的愿望。布伦希尔德指出，沃坦驱逐她就是驱逐了“自己的另一半”，自身便分裂了。因此，她请求他不要将她送给随便哪个没有价值的男人；沃坦将用火焰包围住那块岩石，只有最强大的人，西格弗里德，才能将她唤醒。沃坦被他孩子的勇气所鼓舞，因为布伦希尔德展示了一条仍有可能实现“新人”计划的道路。这一场景的悲剧性的伟大，激发了或许是瓦格纳最美的音乐时刻：父亲和孩子之间的爱从未表现得如此卓越。它产生了一种情感张力，这部剧的意识形态理由退到后面，为人的亲密与关怀的呼吸，爱，创造了广阔的空间。

在第三幕中，音乐奠定了社会含义上的爱的概念朝向爱的超验哲学的超越，这是由布伦希尔德—沃坦的关系中发展起来的。结束时阐释的思想和引发的情感具有宗教的特性。超验的主题从审美的一面转向更具宗教性的一面。

作为一部完整的作品,《女武神》既是一部乌托邦作品,也是相当悲观主义的作品。以火焰的音乐结尾的梦幻般奇妙结局,是歌剧舞台上最伟大的时刻之一,它没有预示美好的未来,只是一种欺骗性的幻象,是对过于积极的第一幕的否定。因为沃坦的乌托邦——“新人”,目前已经被证明是不可能实现的,而西格弗里德的未来先验地受到哈根存在的威胁。在《莱茵的黄金》散发着“一切皆有可能”信息的乐观主义态度之后,《尼伯龙人的指环》转向了相反的方向。这也意味着,悲观主义基调引发对作品的一个可疑倾向,即达尔文主义—种族主义倾向的怀疑,作品纲领受到内部的对抗。瓦格纳戏剧性上的自我矛盾,是一个自《女武神》之后所有未来乐剧都具有的特点。正是通过最终对一个“理想”解决方案的拒绝,它们才接近生活,赋予作品一定的深度,不仅伟大,而且具有一定的真实性。

沃坦的形象真正表现出的,与瓦格纳最初对神的观念不再一致,他原本应当代表一个“新的、提高了的人类关于自身的意识”(*GSD*,卷II,132)。由于这种“提高的意识”甚至没有在诸神之间达成共识,沃坦才打破了自己的计划。但正是由于他个人的失败,他才变得有趣,且让他的音乐形象极为动人。作为诸神的强大独裁者,他是过去时代的遗物;作为瓦格纳时代之动荡的文化史反映,他成为现代性的象征。原本的冲突被重新解释,新的和旧的、本土的和外来的,使人**意识到这些概念的失败**。这几乎不会是瓦格纳想要的,但他不可避免地在沃坦的转变中展示出这一失败。在这种无能为力的情况下,“本土的”是否属于雅利安的,“外来的”是否属于犹太的或者属于其他集团,在一个超越时代的观点之下虽然具有典范性,但是并没有意义限制。因此在第二幕,尤其是在第三幕中，几乎不再出现瓦格纳**原本**想以《尼伯龙人的指环》表达的东西——回忆一下他的要求，将指环“根据黄金的含义和一个种族走向衰落的意义”来解释（*CT*，1881年3月21日）。但是，在普遍意义上超越时代的东西有着更强的效果。正是音乐，由于其艺术品质和伟大，才能对抗狭隘的政治幻想。音乐将这些幻想冲刷到一边，使人得以进入作品的“更高”层次，看到其中心理学的—人性的沃坦悲剧。虽然它没有消除作品中瓦格纳所期望的作为某种未来人类生物学模型的根本意义；然而，由于所有这些都失败了，沃坦寻而不得的痛苦对那些面对同样普遍存在的徒劳无功的世代便有着更加持久的影响。作为单独的作品，《女武神》——与《莱茵的黄金》相比——遵循了一条超越之路，最终也有许多“完全不消极”的东西。因为即便是仍为个体的爱的形式的父女之爱也从音乐上进行了强调，从特殊提高到一般：最初在特定的人之间生发出的爱通过音乐投射向全部，并因此指向整部系列剧的结局，即《诸神的黄昏》结尾，在那里，爱被视为绝对。

23

《西格弗里德》：“本土的”和“外来的”神话

图58 伦敦，1855年。

伦敦之行

1855年1月，瓦格纳受到伦敦爱乐乐团的邀请，去指挥他们这一年的音乐会。他要在四个月内指挥八场音乐会，为此将获得200英镑。这大约相当于5000法郎。伦敦的生活过于昂贵，瓦格纳用这笔收入几乎无法改善自己的财务状况。但他被指挥大规模管弦乐队的机会所吸引。2月26日，他终于经由巴黎前往伦敦，于3月2日抵达，并去找了勒克尔青年时代的朋友费迪南德·普雷格。普雷格在伦敦担任音乐教师；他非常热情地接待了瓦格纳，并陪同他去拜访了许多人。伦敦给瓦格纳留下的第一个印象是，“那难以忍受的煤烟，无论是在屋子里还是在街上都无法清除”(*Burrell 1950*, 466)，他给明娜写信道。他住在摄政公园尽头的一所房子里，在有壁炉取暖的餐厅里有一架钢琴，通常叫人把食物送进房子里来。

瓦格纳在《我的生平》中叙述他在伦敦的音乐活动之前，似乎要继续润色他的人格神话。他写道，乐团指挥米歇尔·科斯塔(1808—1884)从一开始就显示出敌意，并对《泰晤士报》的乐评人詹姆斯·威廉·戴维森(1813—1885)产生了负面影响。戴维森习惯于“注意”每一位刚到达伦敦的音乐家；但由于他显然是犹太人——据说是由于《音乐中的犹太性》这篇煽动性文章——显示出了对瓦格纳的敌意，所以他立即进行了公开对抗。这位戴维森知道瓦格纳这篇当时还很冷僻的文章，是极不可能的。此文章的英文版直到1869年才为人所知。欧内斯特·纽曼仔细研究了1850年代的伦敦乐评人，没有发现任何有偏见的迹象，更不用说收买了。与此相反，瓦格纳对迈耶贝尔的敌对立场，以及对门德尔松的敌对立场——这在伦敦更重要——倒是众所周知的，这才是他最初受到苛刻对待的原因。1857年4月27日，瓦格纳写信给朋友基茨道：“我在媒体上被贬低了，原因是门德尔松和其他犹太人。”(*Burrell 1950*, 471)当他准备指挥门德尔松的一首交响曲时，瓦格纳如他在这封信里所说，也像他告诉普雷格的那样，“一直戴着手套指挥，并且——怀着恶意[……]直到《欧丽安特序曲》[卡尔·马利亚·冯·韦伯]才把手套摘下来”(*Burrell 1950*,472)。一个“德意志犹太男孩”(出处同上),歌手莱夏特,偶然听到了瓦格纳对肤浅的英国音乐会文化的抱怨,立即将它告诉了媒体,现在他也被德国媒体给拖下了水。可以看到,瓦格纳确实紧紧抓着他的假想敌。

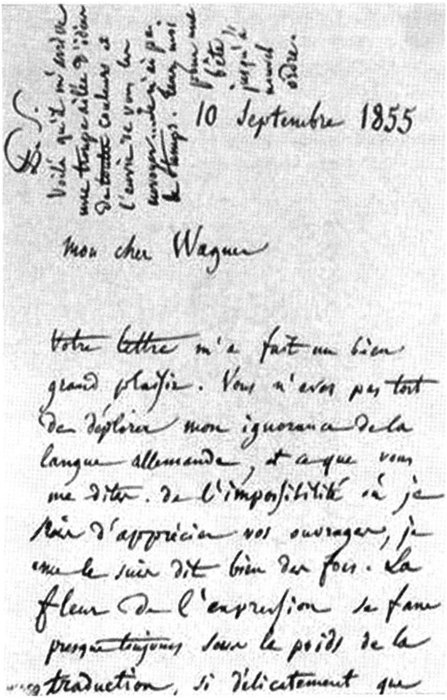
10 Septembre 1855

Mon cher Wagner

Votre lettre m'a fait un bien grand plaisir. Vous n'avez pas tort de déplorer mon ignorance de la langue allemande, et ce que vous me dites de l'impossibilité où je suis d'apprécier vos ouvrages, je me le suis dit bien des fois. La fleur de l'expression se fane presque toujours sous le poids de la traduction, si délicatement que

图59 埃克托·柏辽兹给他的朋友瓦格纳写的信。

当然,伦敦也有某种文化上的钟塔心态和明显的保守主义,这一定引起了瓦格纳这样新来的非英国人的保留态度。他被和柏辽兹搅到一起,两个都被骂作“音乐界的红色共和党人”。英国音乐界甚至将这个称号扔到了刚刚创作出《茶花女》的威尔第身上。[1]

第二个困难是排练的不足。众所周知,瓦格纳有多么重视严肃的排练。每场音乐会只排练一次,这少得可笑——至少从今天的角度来看。只有贝多芬的《第九交响曲》批准了他两次排练——作为对第一场音乐会取得巨大影响力的赞赏,那次上演的《英雄交响曲》脱颖而出。尽管在观众处取得了很大的成功,但是据说戴维森先生还是要在《泰晤士报》上贬低第二场音乐会。事实是否如此,仍然是可疑的,因为维多利亚女王表示希望聆听第七场音乐会,并明确请求重演在第五场已经造成轰动的《唐豪瑟》序曲。批评家们不可能将瓦格纳的出场写得很糟,因为女王不可能公开出席普遍被认为是二流的活动。女王还请瓦格纳来见她;他们开着玩笑,开怀大笑,她似乎不敢相信这位音乐家竟然是个革命重犯，一如她的德累斯顿皇亲告诉她的那样。

根据瓦格纳的说法，这次旅行的真正收获是他在伦敦结识的关系。他一开始就认识了钢琴家卡尔·克林德沃特，[2]他由李斯特介绍而来，并自告奋勇要将《莱茵的黄金》改编成钢琴曲。他还遇到了因过于自由的思想而被驱逐出柏林的女作家玛尔维达·冯·迈森布格，她成了他最忠实的朋友之一。她在她的回忆录中证实，瓦格纳的成功是很大的——因此，他对伦敦听众和那里的乐评人的保留意见必须格外谨慎地对待。

据说对爱乐乐团秘书乔治·霍格思的一次拜访很不愉快。1855年6月24日，瓦格纳在那里遇到了贾科莫·迈耶贝尔，这应该是他们的最后一次见面。迈耶贝尔在日记中写道："拜访贝内迪克特、狄更斯、霍格思。在后者那里遇到理查德·瓦格纳。我们冷淡地打了招呼，没有相互讲话。"[3]而瓦格纳的说法是："迈耶贝尔看到我时完全僵住了，这反过来使我感觉到，我们无法跟对方说一个字。"(*ML*, 535)这两个对立的人说的几乎完全一致！但当他向霍格思指出迈耶贝尔的诽谤时，这个英国人说，从他那里只听到了"极大的赞赏"。然后，瓦格纳说，他从巴黎的《音乐报》上得知了，"费蒂斯先生前不久用一种不太令人满意的方式，表达了迈耶贝尔先生评论我的那些观点"(*ML*, 535)。瓦格纳利用这次在伦敦遇到迈耶贝尔的机会继续编造关于迫害的传说，这一行为尤其阴险。因为那时还发生了其他事情，对于理解双方的无语更加合理。1851年11月27日，迈耶贝尔在日记中记下了已完成的信件："为理查德·瓦格纳的手稿[写信]给古安[巴黎的代理人]——因为我要借钱给他。"1852年6月16日，迈耶贝尔提到了"瓦格纳的信用证"：几天后要被带去巴黎的物品中，有"瓦格纳开给白令的信用证，并且在巴黎”[4]。因此,似乎瓦格纳在1851年11月和1852年夏天之间从迈耶贝尔处获得了贷款。瓦格纳在《我的生平》和他的信件中对此事绝口不提,这并不奇怪;不过这确实解释了,瓦格纳为何在1853年和1854年对迈耶贝尔这个话题保持了克制。因为这个流亡者通常需要几年时间来偿清债务,因此或许尚未还清的债务能够更好地解释1855年的互相沉默。这次在伦敦见面后,他们没有再见过对方。

瓦格纳在《我的生平》中还声称,迈耶贝尔在巴黎的《音乐报》上抹黑了他。他当然可以依赖这样一件事实,即在1911年(《我的生平》的保护期到期之后)没有读者还能再看到1854—1855年份的相关报纸。格拉泽纳普像接受福音书中的诗句一样接受了这一指责。[5]今天的情况则有所不同,因为1854年和1855年的《音乐报》已经数字化了。迈耶贝尔在其中出现了138次,瓦格纳15次,9次是一起出现的。因此,迈耶贝尔的批评性话语本可能会出现在这里。但是,并没有他这一方发出的任何攻击。[6]瓦格纳确实曾在三个地方遭受严厉批评,但只是在与凯鲁比尼相关之处;也有人批评瓦格纳这么快离开伦敦,他很高兴离开这座“对未来的先知之声充耳不闻”的城市。[7]这种程度的幽默应当是理查德·瓦格纳能够忍受的。瓦格纳很懂得玩笑——但是当笑话要以牺牲自己为代价时,他就一点也不幽默了。比利时乐评人弗朗索瓦—约瑟夫·费蒂斯的攻击[8]使他感到不安,因为它们产生了广泛的影响。因此,他早在1852年,在费蒂斯的第一次攻击以一系列文章的形式出现时,就暗示迈耶贝尔是幕后推手——他在1852年9月7日给恩斯特·贝内迪克特·基茨的一封信中这么说,他在信中对费蒂斯先生的文章做了如下点评:“谁会在巴黎读这些东西——那里都没人认识我!迈耶贝尔多么不切实际!”(*SB*,卷IV,457)这暂时只是一个暗示性的关联。但是到了写作《我的生平》的时候,这已经变成了一个**自我暗示**:

“对于他[费蒂斯]我知道，他早在几年前就被迈耶贝尔收买下来针对我了。”(*ML*, 625)费蒂斯相当富有，被比利时国王亲自任命为布鲁塞尔音乐学院建校院长，他几乎不可能会被收买。瓦格纳的指控再次以诽谤的形式出现，无论如何都得不到任何证实，但它们是有系统的。回忆一下，自1950年以后，瓦格纳就声称，他因为发表《音乐中的犹太性》受到犹太报界的惩罚。但是，费蒂斯根本不是犹太人。就连瓦格纳的第二个敌人，路德维希·比绍夫(1794—1867)，《下莱茵音乐报》的出版人，也是个“基督徒，一个教区牧师的后代”(*SSD*, 卷VIII, 242)。这两个1850年代中期报界的主要敌人**都不是犹太人**。因此，迈耶贝尔必须充当所谓的幕后黑手，才好在旁边加上费蒂斯和比绍夫这两个真正的麻烦制造者。如此便产生了关于劲敌神话的核心部分，被犹太人迫害的故事，尽管根本没有犹太人什么事。

图60　作为指挥家的理查德·瓦格纳。奥托·伯勒的剪纸作品。

1855年6月25日，瓦格纳的最后一场音乐会以贝多芬《第四交响曲》和《奥伯龙》序曲大受好评，为他的伦敦之行带来了和解之光。他给明娜写信道，管弦乐队——以及观众——对他倾泻了掌声，上百位音乐家跟他握手，“场面十分真挚”(*Burrell 1950*, 478)。他和乐队第一小提琴手、克林德沃特、普雷格、柏辽兹(“一个可爱的——只是非常不幸的人”)及其夫人一起用香槟酒庆祝了这最后的成功，直到凌晨三点，第二天他便动身回了瑞士。

苏黎世：戈特弗里德·凯勒，李斯特来访

从8月中旬开始，理查德和明娜·瓦格纳重新回到苏黎世。他很高兴在收到的邮件中看到，继《唐豪瑟》继续新的演出之后，现在《罗恩格林》也开始进入德意志的剧院了。然而，随着秋天来临，健康问题再次出现，比如让他痛苦万分的面部丹毒让他无法工作。现在他只能阅读，比如比尔努夫的《佛教史导论》，这本书给他留下了深刻印象，让他创作出一部佛教戏剧《胜利者》的情节草稿。多年来他都希望能够投入这个项目，但最终只是间接进行了它，在后来的《帕西法尔》中应用了几个动机。

苏黎世的熟人和朋友圈因戈特弗里德·凯勒从柏林移居苏黎世而得到了极大的丰富。之前祖尔策就向瓦格纳提到过他的小说《绿衣亨利》。凯勒很享受瓦格纳的亲近，他认为他是个“好人”，并赞叹《尼伯龙人的指环》系列剧是“地道德意志的，但摆脱了古典悲剧的精神”。[9]正在这时，戈特弗里德·森佩尔也搬到了苏黎世，瓦格纳在伦敦时再次遇到过他，他将在苏黎世担任教授职位。美学家、法兰克福国民议会议员弗里德里希·特奥多尔·菲舍尔也得到了苏黎世的教授职位。尽管有许多有趣且乐于助人的朋友，瓦格纳在苏黎世的社交氛围却变得逼仄。不允许踏上德意志的土地这件事让他觉得痛苦——并非出于政治原因：在这个方面，是他自己拒绝了他的家乡。但是，他想念他的传统艺术实践。试想：《罗恩格林》现在马上问世十年了，但是他还没有完整地听过这部作品——更是什么都没有看到！这样一种情况必然会使一名艺术家陷入绝望。他恳求李斯特去推动魏玛大公提议大赦，但遭到了自1854年开始统治的萨克森新任国王约翰的最严厉的拒绝。5月

15日，瓦格纳本人向国王递交了赦免申请；他的表述让人觉得，上书人被一个强硬的、不人道的、政治才华极为有限的君主扔到了尘土之中。徒劳无益！8月，瓦格纳得知，司法部经调查后拒绝了他的申请，调查充分显示，他确实参加了1849年的暴动。[10]

瓦格纳允许自己做的唯一“工作”是规划建造一座房子。布赖特科普夫与黑特尔公司起初并不反对以四万法郎的价格买下《尼伯龙人的指环》，其中一半应立即支付用来盖房！但最终，出版商对这一行为的盈利能力表示怀疑。这是怎样的错误判断——《尼伯龙人的指环》这桩世纪交易将由美因茨的肖特接手！[11]然而，对瓦格纳来说，这次拒绝并不简单地是商业上的短视行为，还可能是阴谋的结果：“我没有弄明白，这种事是由于他们[……]认为无法演出引起的后果呢，还是由于从那方面，从自那时起，对我的迫害越来越明显的那一方面对他们施加了影响，这种影响迄今为止，大都试图阻止我所有的演出活动。”（*ML*, 549）这是怎样的官样文章，完全是对所谓的犹太报界的毫无根据的指责，完全站不住脚的假设！

8月24日，丹麦作家汉斯·克里斯蒂安·安徒生拜访瓦格纳，是李斯特让他来的。安徒生在自传中热情洋溢地记录了这次难忘的访问。李斯特也预告了他的到来，但是他到来之前，9月22日，瓦格纳开始为《尼伯龙人的指环》第三部《西格弗里德》作曲。当他得知李斯特将于10月15日到达时，他已取得了良好的进展。他又带着一箱子乐谱来了，其中有在此期间完成的《浮士德》和《但丁》交响曲：现在，“听到他在钢琴上演奏给我听，这真是一个奇迹”（*ML*, 551）。关于结尾的设计，进行了激烈的讨论：瓦格纳赞成轻柔的呵气，李斯特最初就是打算这么写《浮士德》的，但后来他令人失望地发现了气势恢宏的结尾，赛恩—维特根施泰因侯爵夫人获得了胜利。这也是作曲家的手艺活！侯爵夫人很快也带着女儿玛丽过来了,她们住在苏黎世最好的博尔奥湖酒店里,这座城市整个舒适的社交生活很快就混乱了。突然间像置身于国际大都市:“车子驶来驶去,仆人进进出出;午宴、晚宴没完没了;我们突然发现自己被越来越多有趣的人簇拥着,我们都从不知道他们住在苏黎世,这些人却显然无处不在。”(*ML*,552)每一个音乐家都以怪人自居,大学教授们在瓦格纳家里接受侯爵夫人的“服务”。“更好的”苏黎世变得醉醺醺的,瓦格纳暗地里嘲笑了瑞士的大民主主义者秘密的封建渴望。尽管如此,一切仍非常自由、舒适,尤其是当侯爵夫人在上菜时对明娜施以援手;她们俩“只不过”是女人,男人似乎都没有触动。但是,整个过程都点缀着许多音乐,还朗诵了进展迅速的《特里斯坦与伊索尔德》中的文字,给《胜利者》画了场景素描。活动的高潮是李斯特10月22日的生日,侯爵夫人邀请大家去博尔奥湖酒店。从魏玛甚至用电报发来了诗人法勒斯雷本的霍夫曼的一首诗,格奥尔格·赫尔韦格欣喜若狂地朗诵了它。接下来是《女武神》中的场景,由苏黎世女高音海姆和瓦格纳本人演唱,李斯特伴奏——谁不会为此倾倒呢!

李斯特病倒了,这段无忧无虑的时光似乎结束了,但是他一恢复,就立刻和瓦格纳一起研究两部已经完成的总谱《莱茵的黄金》和《女武神》,而玛丽小姐就不得不向众人解释发生了什么。所有人都兴致高昂,就连赫尔韦格完全走了调的钢琴在李斯特听来都像是天使的歌唱。瓦格纳不相信天使,认为这完全是巫术!……在这场为期六周的访问结束后,他们在圣加仑举办了一场音乐会,李斯特为此排练了《俄耳甫斯》和《前奏曲》。尽管当地条件有限,音乐会仍然非常出色;瓦格纳献上了《英雄交响曲》,这两位指挥家都在对方表演时互相观察,每次都是“具有教益的聚精会神”,瓦格纳如此美妙地描写道。第二天是明娜和理查德结婚二十周年纪念日,旅馆内用一支《罗恩格林》中的波兰舞曲来庆祝。11月27日，他们送旅行者去罗尔沙赫乘船，而瓦格纳则急于返回继续他如此愉快地中断了的工作。

1857年春，韦森东克一家想在苏黎世永久定居，开始建造一座别墅。他们为瓦格纳一家在自己的地产旁边买下一块小花园，上面有一座较小的房子。在这座房子里安装了暖气以适应冬天，之后开始了劳累的装修。与此同时，《西格弗里德》第一幕的配器工作继续进行；1857年6月18日，第二幕的管弦乐草稿也开始创作。但手稿的开头已经写下“特里斯坦已经决定”。到8月9日，瓦格纳完成了第二幕；早在6月28日他就写信给李斯特说，他带领西格弗里德“进入林中孤寂”，并在“菩提树下”“含着衷心的热泪”与他告别。

《西格弗里德》:“本土的”和“外来的”

《尼伯龙人的指环》四部曲的第三部讲述了西格弗里德的青年时代，他是两个魏尔松的血脉西格琳德与西格蒙德之子。因此，西格弗里德是沃坦的孙子，他被迷魅，尼伯龙族的矮人、阿尔伯里希的兄弟，抚养长大。迷魅想要让这个英雄的男孩杀死巨龙法夫纳；这个矮人想自己成为尼伯龙人国度的统治者，尤其是要做指环的主人。但是，西格弗里德讨厌迷魅，因为他与自己不同，对他来说是一个异族人。

> 很难识别出丑陋、阴险、自私的矮人迷魅和沃坦族的英雄西格弗里德的泾渭分明的形象之间形而上的含义。在阿尔伯里希的人物形象中仍然具有文化动机的反犹主义，在迷魅身上变成了一种生物学上的反犹主义。因此，精神上的东西在《西格弗里德》的前两幕中只是间接地表现出来，只能绕路通过身体的隐喻来理解。

瓦格纳并没有回避让所谓的“好人”(西格弗里德与流浪者沃坦)来说出他自己的仇恨,从而使“坏人”(迷魅)失去了在阿尔伯里希的形象中仍然受到尊敬的象征作用,成为种族歧视的纯粹受害者。马克·A.魏纳用激烈但准确的词汇说明了瓦格纳设定的西格弗里德和迷魅之间的区别:“闪着光的眼睛,或睁不开的眼睛;洪亮的声音,或刺耳的声音;青春爱情的体味,或硫黄和屁的恶臭;一个肌肉发达的战士的稳健脚步,或一个爱笑、多毛、有着惨白色或死灰色皮肤,长得像山羊一样的生物的歪斜、跛脚的步伐……”[12]

当马克·A.魏纳的书于2000年出版德文版时,人们感到这个段落很可怕,但这段文字只是瓦格纳的舞台说明里面所包含的,以及上述古斯塔夫·多雷的漫画以画面**呈现**的:1850年前后东部村庄里的犹太人的形象。仅仅出于这一原因,就应该注意不要将《西格弗里德》仅仅看作一部喜剧,其中的丑陋者像在意大利即兴喜剧(Commedia dell'Arte)中那样只是为了达到喜剧效果而存在。如果这种对比只是为了娱乐,瓦格纳就不会费力将开头两幕的大部分用来对美和刻画更极端的丑进行极为详尽的描述了。美与丑之间的对立,是《西格弗里德》的中心主题,必须在这样的前提下看待:在《尼伯龙人的指环》中,正如瓦格纳在1852年写给朋友特奥多尔·乌利希的信中所言,“找到了”作曲家“整个世界观”的“最完美的艺术表达”(*SB*,卷IV,385)。《西格弗里德》不是如卡尔·达尔豪斯所认为的“童话”;而是一部乐剧,使用了不同的童话元素(动物语言,蠕虫等幻想生物)。只在迷魅身上听到一种“滑稽模仿的声音”,是不可接受地过于狭隘地理解了。在达尔豪斯认为看到“仍然近乎纯粹的童话气氛”的地方,[13]实际上是关于可疑的,甚至可以说是卑劣的人性。达尔豪斯并未对主要人物西格弗里德和迷魅从戏剧和音乐的角度辩证地分析，而是单单分析了歌曲和回旋曲的形式，这是将次要问题当成主要问题的一个例子：音乐学作为庸俗化的手段。

“劣等人”对抗“未来人”

在最黑暗的b小调的阴郁开头之后，尼伯龙人动机在痛苦的重复重音中从前奏曲中显现出来，我们在《莱茵的黄金》第三场中就已经接触过这个动机了。那时它一出现几乎纯粹是粗暴的，在单调曲调的衬托下，那时它就已经很明显了。但此时它轻柔地出现，不断重复，先是重复了十次，在短暂的中断之后又重复了三十二次，更不用说接下来的不断出现。这种压迫性的循环音乐适用于谁？谁在图谋指环的力量？是矮人迷魅，随着幕布缓缓升起，我们看到他在打铁。瓦格纳在《年轻的西格弗里德》第一版中仔细描绘过他的外貌：

> 他身材矮小，有些畸形，还有些跛；他的头长得过于大了：他的脸是灰黑色的，布满皱纹；他的眼睛小而刻薄，眼眶发红；他的灰色胡须长且散乱；他的头是秃的，戴一顶红色的帽子；他穿着一件深灰色的上衣，系着宽腰带；赤着脚，脚底粗糙。这些可不是漫画：他平静的时候，目光就显得阴森；只有当他受到极大的刺激时，他才因外表而变得可笑，但不会太滑稽。他的声音急切而沙哑；但即便是声音也不会让听众发笑。[14]

在最终版本中，瓦格纳将这份说明融入了舞台指示之中——马克·A.魏纳只是重构了资料来源所包含的内容。西格弗里德用英雄

亚哈随鲁的形象(图61,古斯塔夫·多雷,1852年;图62,夏姆,约1845年)显示出,瓦格纳的尼伯龙矮人形象是从哪里来的。《莱茵的黄金》首演时的阿尔伯里希设计稿(1869年,图63),以较温和的方式呈现了1850年前后普遍存在的反犹主义形象;直到1900年前后,才多次出现弯曲三次的摩西式胡须,以公然将阿尔伯里希和迷魅标记为“犹太人”(图64)。

男高音的腔调唱出了针对迷魅的一部分咒骂："鬼脸铁匠"，"无耻的垃圾"；"卑劣的矮人"打造出来的都是"无足轻重的东西"，"老蠢货"制造出来的都是"不值钱的玩意儿"，让人"无法忍受"，只能心生"厌恶"。迷魅走路不是在迈步，而是"踉跄着，佝偻着腰，点着头"，他是一个"丑陋的笨蛋"，"头发灰白，矮小且驼背，一瘸一拐，耳朵下垂，烂眼睛"。这只是西格弗里德对他的养父迷魅奉上的恭维的一部分，他也没有忘记告诉这个老人，他再也不想看到他了。跟他的兄长阿尔伯里希一样，这个怪诞的矮人也像只"蟾蜍"。他一激动起来——按照总谱的指示——就唱得"刺耳""尖锐"，有时甚至"可怜地尖叫"。这让人怎么能不想起瓦格纳在《音乐中的犹太性》中关于所谓的犹太人的说话和歌唱方式的论调呢？回忆一下，瓦格纳在那里是怎么说的：那具有"最明显的特征"，发出"嘶嘶声、嗡嗡声，尖锐刺耳、粗鄙的声音表达"（*GSD*，卷V，75，71）。瓦格纳通过使用犹太人的典型身体形象来使他的戏剧人物突出：如前文所述，迷魅的皮肤是"灰黑色"，正如马克·A.魏纳所示，这是18和19世纪典型的反犹主义套话。[15]就连跛脚、难闻的气味、极差的视力和迷魅的畸形，魏纳也找到文献来源，显示出这些身体特征是当时描述犹太人的典型。在第二幕中，西格弗里德将他的养父迷魅称为"贼"（Schächer），并借此明确地将他斥责为犹太人，因为这个词指向各各他（这个词的变体"Schacher""schachern"到现在还有反犹主义意味）。[16]在音乐方面，瓦格纳也将迷魅描绘成犹太人：急促的第三音挂留音作为装饰音，在艺术音乐中并不常见，但在今天的克莱兹默音乐中仍很普遍，它在1830年前后的犹太流行音乐中就已出现：**迷魅是以犹太人的方式在唱歌。**[17]

西格弗里德却截然不同！他还是个男孩；他的第一次出场是这样的：他"突然地"闯进来，并"带着兴致勃勃的忘乎所以"将一头熊驱赶向迷魅。他有“力量”,“勇敢”,“健壮俊美”,是“自由的”,什么都不能“束缚和强迫”他,他从这里“飞奔”向那里,“就像风吹过森林”。这就是“新人”！这就是“年轻俊美的西格弗里德式的人”,就像瓦格纳梦想的那样,“完全是‘真正的人’”(*GSD*,卷IV,312)。这一“真正的人”需要更精确地下定义。众所周知,他应当是日耳曼人,但这只是他本性的一个方面。

值得注意的是:《西格弗里德》的第一场事实上几乎没有任何情节,尽管有些喧闹,还有一头熊在晃来晃去。然而,所有事物都有其意义:这一场体现了俊美、强大、健壮、勇敢的一方,与弱小、丑陋、令人反感的另一方之间的根本对抗。西格弗里德家人的名字听起来都完全是德意志式的;他是西格琳德和西格蒙德的儿子。迷魅则是他者;“你对我而言很陌生”,矮人对西格弗里德说。西格弗里德是**真实的**,因此没有任何艺术的作用;他就是他自己。迷魅则是一个**戏子**,他扮演着一个角色;矮人既不是真的,也不是真实的。瓦格纳用最强的艺术辩证法展示了本土的(德意志的日耳曼根源)与外来的(正如开始时的音乐所示,来自尼伯龙人的)之间的对立。瓦格纳的同时代人是怎样理解“本土的”这个概念的?在有关《西格弗里德》首演(1876)的评论中,洋溢着欢快。人们对“日耳曼本质”和西格弗里德对于“大众精神”的引导作用抱有强烈的期待。西格弗里德身上显示了

> 对于外部世界未知的远方的渴望,以及对我们内心存在和理想存在中的指路明星的坚守,德意志人渴望冒险和德意志忠诚,对危险的蔑视和对友谊与爱情不设防的慷慨,对于触及我们内心本质的一切事物的独立性,忠实地追随客观真理的意愿,但最重要的是,某种永恒的年轻气息,可以用一个词来形容这种德意志精神的

> “率真”，但遗憾的是，这个词已经不再被理解为其原先的含义：所有这些在我们眼前呈现出一幅带有不可抗拒魔力的甜美、成熟男性气概的图像。[18]

瓦格纳的西格弗里德是多么符合这些期望！1900年前后具有广泛民族意识的德国民众，对瓦格纳笔下的这个天真的金发肌肉男产生认同感而迸发的热情令人惊讶吗？人们期待的不是进步，而是“坚守”；人们要的不是民主的共同决策，而是“忠实地追随”，而理性的分析则没有天真的“率真”魔力！瓦格纳迎合了帝国建立时在政治领域表现出的反动品位和对现代性的广泛敌视。就像在《莱茵的黄金》中一样，《西格弗里德》中也盛行一种语义，它用语言和音调的形象来描绘肢体和性格。

由此，《西格弗里德》发展出一种模式，凭借对“外来的”诽谤来夸大和宣扬“本土的”信息：评论界就是这样理解的，它从不吝于因西格弗里德身上体现的“日耳曼天性”、“理想主义的宏伟类型”和“梦想中的纯粹美丽的原初的人”而称赞瓦格纳。只是破坏性的部分在1876年尚未被完全理解；人们称赞着“德意志”，但几乎没有评论其对立面——迷魅。大多数人觉得他“滑稽”，有些人觉得他“太卑鄙，令人厌恶”，太过于“超越所有人性”，乃至不足以成为“我们同情的对象”。很少有人从美学上对迷魅进行分类。[19]然而，拜罗伊特的演出传统努力地促进种族主义的理解，正如1900年前后的照片记录所显示的。在其他地方，阿尔伯里希的形象都被很明确地与莎士比亚的夏洛克进行对比。[20]在斯图加特，也有人早在1888年就批评道，迷魅被赋予“过多的犹太腔调”。古斯塔夫·马勒也是这样理解迷魅形象的，他在1898年9月23日写信给纳塔莉·鲍尔—莱希纳说：“这个人物［迷魅］确实就是瓦格纳想要的对犹太人的嘲讽(在他给这个人物配上的所有特征之中:狡猾、贪婪,以及在音乐上和文本中出色的隐语)。”[21]可以看到:瓦格纳希望获得更清楚理解的愿望逐渐得到实现。这也对他最亲密的家庭圈子产生了影响。[22]

《西格弗里德》的前两幕是消极超验的一个例子,一种特定的判断策略,一种只能在一定时期内得到理解的纯粹肢体定义的反犹主义变体,被转化为具有可怕后果的长期确定了的“外来的”形式。在有了这一接受立场之后,就可以更仔细地察看这一故事了。

西格弗里德与迷魅:谋杀玩笑还是隐喻的行刑?

西格弗里德与迷魅,养子与养父,在四部曲的第三部中作为锻造艺术,即艺术本身极端对立的两个代表,制造出冲突。矮人掌握着一种虚假的、模仿的、最终失败的艺术,而西格弗里德则出于本能,掌握了一种真实的、完美的、面向未来的艺术。

> 作品开场时,迷魅在锻造一把剑,是西格弗里德要求他这么做的。后者要用这把剑击败法夫纳,法夫纳看守着尼伯龙人的宝藏和被他的犹太性污染了的黄金,为此他自己也变成“巨虫”:就连资产阶级现在也腐坏了!迷魅想要在战斗结束后毒死这个年轻人,好将宝藏据为己有。西格弗里德砸碎了剑,因为迷魅是一个只会模仿的笨拙铁匠:作为犹太人,他没有“切割”的技艺,也就是没有形而上地有效的技艺,正如观念论者在瓦格纳之前就已经宣称的那样。西格弗里德用野蛮的侮辱让他的养父感受到了

这一点。他想要知道，为什么他们有根本的不同：在动物界，不论老小，都很相似。迷魅承认，他并非西格弗里德的真正父亲；矮人讲述了西格琳德和诺通剑残骸的故事，它是西格弗里德的生父西格蒙德在殊死的战斗中所使用的。西格弗里德要求迷魅修复这把剑，然后冲入森林。在沃坦来访之后，此时沃坦已是一名有着亚哈随鲁式躁动的流浪者，西格弗里德回来了：一种动物的本能总是把他带回他的养育者那里。迷魅又没有造出有用的东西；他知道，诺通只能被不懂畏惧为何物的人制造出来。西格弗里德于是自己接手了这活计。著名的《锻造之歌》赋予了这个丰富多彩、音乐上变化万千的场景以"本土色彩"。诺通很快就做好了。为了试其锋利，西格弗里德砍碎了铁砧。

在第二幕中，阿尔伯里希和沃坦在法夫纳的洞穴前相遇。神向矮人指出了他弟弟迷魅的恶毒和邪恶计划。沃坦也想警告法夫纳，但后者回答说："我躺着占有：——/让我睡觉！"瓦格纳非常简短地回顾了他对资产阶级的攻击；自从《莱茵的黄金》以来，这位作曲家就完全忘记了这些攻击。迷魅和西格弗里德来到了法夫纳的洞穴。矮人躲藏起来，西格弗里德思考着他和迷魅的身体差异。一段美妙的自然音乐——著名的"森林摇动"——隐藏了令人不快的场景：英雄的种族主义生存智慧再次被表现为自然法则——瓦格纳抓住这个机会，将他的生物学教条转化为世界通行的智慧。西格弗里德想要懂得鸟的语言；一根未经人工雕琢的芦苇秆当然不适合对话沟通。但是，他出色地吹奏起的号角是正确选择，因为只有通过艺术才能理解自然。但是，号角唤醒了法夫纳，这头野蛮的巨虫，西格弗里德径直杀死了他，却没有学会害怕是什么。龙血喷洒了英雄一身；但由于他对这种血液的问题一无所知，因此它使他免于现代世界的诱惑:西格弗里德变得刀枪不入。这是最强大的隐喻之一,瓦格纳随之利用这种完全不同的神话,形象化了一种思想史上明确定义的意识形态。对文明的免疫,使得西格弗里德摆脱了理性计算的必要;因此,他现在懂得了鸟的语言,也就是自然的语言。西格弗里德进入法夫纳的洞穴拿取指环和隐身盔,此时迷魅和阿尔伯里希爬了出来;他们互相争吵,争夺宝藏。西格弗里德从林中鸟那里得知了迷魅对他的恶意;迷魅准备了一剂毒药,想用它来解决西格弗里德。迷魅想在这个年轻人面前表现得谄媚,但暴露了自己的险恶意图,于是西格弗里德杀死了矮人,并跟随那只林中鸟走向布仑希尔德的岩石。

关于超人与劣等人之间关系的黑暗篇章在这里结束了:西格弗里德杀死了迷魅。这是自卫,大厅里的每个观众都这么说。瓦格纳是如何成功地将不必要的谋杀重新解释为公正的惩罚的?通过他那让人眼花缭乱的、滥用的自然概念。在瓦格纳的理解中,自然的前提就是,优越者胜过卑下者。这就是为什么西格弗里德通过龙血这种神药懂得了这一自然法的语言(鸟的语言)并成为这一律法的执行者,因为他由此明白了迷魅的谄媚言语背后**未说出口的目的**。西格弗里德也知道了“贼”这个词的含义,他将它用在了法夫纳身上:他抱怨说,“[比法夫纳]差劲得多的贼还活得好好的”。由于自然,西格弗里德在他的养父迷魅身上不仅发现了他的谋杀意图,还发现了他的犹太本质。瓦格纳用当时著名的来自迈耶贝尔《加冕进行曲》的三连音动机描绘了这一点。[23]

谋杀发生前,西格弗里德和迷魅进行了一次对话,瓦格纳不仅写下了对话的内容,还记录了与此同时的内心想法。所谓的童话变成了心理学课。瓦格纳由此消除了有声语言和其后隐藏的思想的区分,语言在此取代了手势。由此，这一场景变得非常荒谬。这是文本和音乐话语性的杰作，因为瓦格纳的惑人技术得到了音乐手段的支持。老父亲似的手势和儿童歌曲般的，后来又像摇摆舞一样的艺术风格，使得迷魅的邪恶思想得到弱化，甚至到了难以识别的地步。“轻柔地”，过于调笑的曲调，迷魅用仇恨的话语表达了所谓的犹太人对德意志人的攻击。从表面看，只有通过怀疑和说出口的话语的荒唐混合，才能产生滑稽。但是随着祛魅，这一场景失去了乐趣。《西格弗里德》由此成为一出阴险的歌剧；对于不相信达尔文门徒“律法”的人，剩下的只有谋杀——作为象征的谋杀。瓦格纳在这里进入危险的地带，与他的人物一起进行了一场任性的游戏——但首先是与他的听众，他将迷魅的死作为公正的惩罚摆在观众面前。瓦格纳这样做就掩饰了他“真正揭示了的目的”，他的担心是有道理的，他担心会让观众感到“惊慌”，因此“不能说出”他的目的（*CT*，1879年11月19日）。《西格弗里德》这部剧，在任何时候都不是喜剧。西格弗里德背后的“大众精神”，谋杀了迷魅背后的那些人的生活方式——这一暗示已经朝着隐喻性的集体谋杀的方向发展了，瓦格纳在1879年之后的“复兴文章”中对此进行了主题化处理。

但是在剧院里，这些据说都看起来很滑稽，而粗心的瓦格纳的观众也感到非常高兴，并满意地期待着第三幕的到来。

沃坦的故事也在继续

《西格弗里德》不是一部纯粹的反犹主义歌剧，这要归功于沃坦神的人性化设计。

沃坦尽管失去了他的权力，但他仍是《西格弗里德》中的主要角色。在每一幕中他都会出场,隐藏在流浪汉的形象之中。在第一幕中,迷魅对西格弗里德的要求感到非常气愤,想要避开神的造访。沃坦向迷魅问了关于头和脖子的问题——类似于俄罗斯轮盘赌的猜谜游戏。这六个问题和六个答案一方面具有回顾情节,尤其是回顾《莱茵的黄金》和《女武神》的音乐主导动机的功能;另一方面,这一场景应当告知观众沃坦所经历的剧变。西格弗里德这个孩子已经成长为年轻的英雄。从前的神沃坦仅依靠施舍而活。

在第一幕插入的猜谜场景中,迷魅询问了地下、地上和天上的居民——询问了尼伯龙人、巨人和神。而轮到迷魅回答问题时,他却丧失了勇气。“我躲避故土已经很久,离开母亲的怀抱也已很久,”他说道——这是指向瓦格纳时代之前就被怪罪给犹太人的无家可归吗?迷魅回答了两个问题——它们涉及他非常了解的过去:魏尔松的血脉和诺通,那把有待重铸的解放之剑。但第三个问题是关于未来的——或者需要创造性思想或创造性行为:“谁能[……]焊接起诺通这把剑?”在瓦格纳的逻辑中,没有创造力的矮人暴露了:他不知道答案,并“尖叫着”陷入恐慌。“只有那些从未经历过恐惧的人。”沃坦的回答指的是西格弗里德。于是,沃坦就把迷魅的头留给他来收。

阿尔伯里希的诅咒已经发挥了它的全部效力,并改变了沃坦的存在。无论在政治上还是在社会关系上,沃坦都完了:“你不是你所自称的存在!”在第三幕中,当他还将自己称为神时,埃尔达如此对他说。在沃坦的本质改变中,阿尔伯里希的诅咒尤其让人感到糟糕——他成了一个**知识分子**,说出的话就像书斋中的浮士德:“我研究很多,也得到许多结果;我可以告诉某些人重要的事情。”这是从前的娄格的作用,现在它转移到了沃坦身上。但沃坦不仅将它作为命运来经历,也将它作为兴趣；分析和讨论成了沃坦的激情之所在。最后，他自信而大胆地以头颅来跟迷魅玩一场“知识赌赛”！在持续发挥效力的阿尔伯里希诅咒之下，沃坦陷入一种破坏性的理性主义，它不会回避致命的后果。瓦格纳是想以此来表明，沃坦的本质就像德意志观念论者如此冷酷地将法国、意大利、耶稣会和犹太知识分子作为现代性的本质来谴责的吗？[24]瓦格纳非常微妙地描绘了心理后果，使得迷魅—西格弗里德场景给人留下的不快印象有所消退。

第二幕完结时，“逗乐的”西格弗里德片段结束了。从第三幕开始，这部剧打开了一个新的维度，这一新维度从之前的主题中浮现出来。如此一来，1857年的未完成的《西格弗里德》的头两幕对于观看者来说便只剩下苦涩的味道：在这一未完成的形式中，这部作品要么是一部不怎么成功的戏剧，其对主角之间**差异**进行的过分刻画到了无聊的程度——要么它就是相当坦率地表达出对种族主义的辩护。达尔豪斯知道，他为什么会徒然地用音乐理论来分析这两幕：在其更深层次的意义上，它们对于“旧的”联邦德国的气氛并非是值得称道的。只有在威廉时代和“第三帝国”时期，人们对着这样的剧情才笑得出来；在奥斯维辛之后，没人还能这么做了。只是无论如何，对这部在形式上从未进行过如此考量的作品，在1857年的状态下进行衡量，仍然是冒险的。第三幕包含着哲学见解和美，它们改变了前两幕中畸形剧情的分量。值得注意的是，西格弗里德击碎了始作俑者沃坦的长矛，给他带来了最终的失败。剥夺了沃坦的理智的魏尔松计划，现在失去了目标，成为白费工夫的空想。尽管《西格弗里德》在文本和音乐上都具有最大的积极性，**但“尼伯龙人计划”的整体戏剧性仍然是否定性的**，并且——正如前文已经解释过的——使生物学手段变得可疑。沃坦的拯救计划是徒劳无功的,这也是对种族主义的质疑;每一种选择思想的失败,可能都包含在了作品的结构之中。

在音乐结构层面,瓦格纳也面临着一个严重问题:“西格弗里德完全活在当代,他是英雄,是意志的最美的赐予。”(*CT*,1872年3月12日)这一对西格弗里德的设想如何与主导动机的音乐程式融为一体?主导动机会唤起人的永久性记忆,并不可避免地将主角一再带入历史之中。[25]

《西格弗里德》的最后一部分不在这里预先讨论,而是留待讲述其创作阶段(1869年之后)时再行赏析。不过现在已经很清楚了,这部作品的前两幕对于瓦格纳原本是私人的,但现在也成为其艺术纲领一部分的**劲敌神话**,在艺术编排上产生了多么大的影响。

24

为《特里斯坦与伊索尔德》而“自愿”受难

图65　特蕾莎·马尔滕扮演的伊索尔德。

“于是4月20日到来了”，瓦格纳写道——这是1857年的一个重要日子：在4月剩下的日子里，瓦格纳一家得以迁入以“避难所”的名字而闻名的房子里。那天是耶稣受难日。不是随便哪个，而是**那一个**耶稣受难日，据说《帕西法尔》就是在那一天诞生的。首先还是应该先读一下瓦格纳描述的一种创作体验：

> 在耶稣受难日，我在这所房子里第一次在阳光灿然中醒来：小园子披上绿装，鸟儿在歌唱，我终于可以坐到小屋平坦的屋顶上，享有渴望已久、满怀希望的宁静了。这个愿望已经实现了——我突然自言自语——今天真的是“耶稣受难日”，我想起自己在沃尔夫拉姆的《帕西法尔》中就曾经发觉这个提醒具有多么重要的意义。自从那次在马林巴德——我在那里构思《纽伦堡的工匠歌手》和《罗恩格林》——待过以来，我就再也没有从事那部台本的写作了。现在，我所面临的是它那以扣人心弦的形式表现的理想内容，从这个耶稣受难日想象出发，我很快就构想出整个剧本。我把这个剧分成三幕，立即就用寥寥数笔，仓促写就这个剧本的草稿。(*ML*, 561)

耶稣受难日——自然——灵感……这些对欣欣向荣的大自然、欢乐且引人深思的心情和灵感的描述是很伟大的风格，但事实可能与之并不怎么相符。柯西玛在她1879年4月22日的日记中写道，这个耶稣受难日的故事是“荒诞的”，只有“大自然中的美好心情”才给了他推动力(*CT*, 卷II, 335)。指出耶稣受难日会产生一个特定的信息：《帕西法尔》在诞生之初就被置于一个宗教背景之中。人们是否应当或者可以相信它，是另一回事——不过最好**不要**相信这个说法。

瓦格纳在“避难所”的第一项**工作**是重拾《特里斯坦与伊索尔德》的作曲。这个素材他可能最早是在1842年通过尤利乌斯·莫森关于特里斯坦的一首诗而了解到的，此外他还知道，舒曼在1846年曾有过创作一部特里斯坦歌剧的念头。

6月30日，他的朋友爱德华·德弗林特来了，他是卡尔斯鲁厄宫廷剧院的经理。第二天，他们便有了在卡尔斯鲁厄上演《特里斯坦与伊索尔德》的计划。瓦格纳清楚地表明，那里的演出只有在他亲临现场并参加排练的情况下才有可能实现；而德弗林特则认为，通过巴登大公，他或许还能为瓦格纳弄到一份赦免。德弗林特立即写信给他的君主，仅仅几天之后，瓦格纳便收到了大公的一封亲笔信，大公在信里先是感谢了献给大公夫人的音乐小品，并向瓦格纳保证，愿意帮他做任何事情。德弗林特还讲到了著名男高音施诺尔·冯·卡罗尔斯费尔德，他在卡尔斯鲁厄取得了令人难以置信的成就。7月3日，德弗林特带着满腹的计划，还有满腹的怀疑和不确定离开了苏黎世。他在他的回忆录中总结了自己对这位作曲家的印象："他简直就是一个很可怕的人。"[1]

明娜，柯西玛，玛蒂尔德

1857年8月20日，瓦格纳开始撰写《特里斯坦与伊索尔德》的宏大的散文稿。韦森东克家在四个星期前做了他们的邻居；8月22日，可以迁入完工的别墅了。"这时，便由此开始了我和这个家庭交往的新时期，一个其实并不重要，但是对于我的人生的外在变化却影响颇大的新时期。"(*ML*, 565) 瓦格纳的这种粗糙的轻描淡写，是让他想起巴伐利亚所有婚姻的保护者路德维希国王还是柯西玛？他应当恰恰是在这些日子里第二次见到她的。那年夏天的惊喜还没有到来：汉斯·冯·比洛在8月18日迎娶了弗朗茨·李斯特的二女儿柯西玛，并希望尽快将她介绍给瓦格纳一家。8月31日，他们来到苏黎世，不久后就搬入了瓦格纳家的"避难所"。《特里斯坦与伊索尔德》第一幕的诗体文本刚刚完成，瓦格纳无法要求更好的听众在无休止的谈话中探索这一素材的悲剧性了。在他们逗留的四个星期内，瓦格纳完成了诗体文本，而比洛已经同时获得了一份抄件。在逐幕开过朗诵会之后，整部作品立刻被整体介绍给了常来的客人们，他们都被最后一幕深深打动。当然还有许多音乐活动；比洛令人钦佩地演奏了卡尔·克林德沃特创作的《尼伯龙人的指环》(《莱茵的黄金》和《女武神》)钢琴改编版，还以完美的理解力对着总谱直接演奏了《西格弗里德》的部分。“柯西玛低头听着，不发一言，”瓦格纳写道，“别人询问她时，她开始哭泣。”(*ML*，567)

柯西玛，1837年出生于科莫湖畔的贝拉吉奥，是弗朗茨·李斯特与玛丽·达古伯爵夫人所生，这位夫人以达尼埃尔·施特恩的笔名创造了一段辉煌的写作生涯。她是最后一位弗拉维尼子爵与玛丽·伊丽莎白·贝特曼(法兰克福银行家西蒙·莫里茨·贝特曼之女)的女儿——贵族与金钱的结合，这在19世纪并不罕见。玛丽·达古出版过成功的小说，并吸引了所有思想界与艺术界的男人；1834年到1839年，她与弗朗茨·李斯特生活在一起，并给他生了三个孩子布兰迪内、柯西玛和达尼埃尔。这些孩子由年长的家庭女教师在巴黎抚养长大；柯西玛后来抱怨说，她没有过父母——她对他们的长期缺席感到不满。当她于1855年去到柏林的比洛家时，汉斯成了她的音乐教师；和他一起，她去看了1856年1月14日的《唐豪瑟》柏林首演，这对她来说是一次觉醒的经历。从那以后，她就沉迷于瓦格纳的音乐。与汉斯·冯·比洛的关系，可能从一开始就基于某种危险的投射。她爱的是他，抑或首先爱的是汉斯·冯·比洛赞不绝口且理解深刻的瓦格纳音乐，他们两个或许都不完全清楚。柯西玛并不是普遍意义上的美女，但由于她的聪明才智、良好教养，以及最重要的某种隐忍的激情，她具有强烈的个人魅力，她在苏黎世不止让戈特弗里德·凯勒这样的艺术家印象深刻。

比洛夫妇被介绍给瓦格纳的苏黎世朋友圈，这引起了一些紧张。

瓦格纳不能到场时就会很嫉妒，而柯西玛应该注意到了她的偶像瓦格纳和玛蒂尔德·韦森东克之间有点什么，这对她而言形成了一道鸿沟。但是，有人能想到，瓦格纳生命中最重要的三个女人——明娜、玛蒂尔德和柯西玛——在这里度过了四个星期的亲密时光吗？这里面也包括瓦格纳，他事实上是在高尚的断念中行事。不过在此期间，他每天上午都会处理《特里斯坦与伊索尔德》的文本，将它加工成某种语言交响曲，这种语言交响曲通常在具体的词义之外庆祝能想象得到的最令人陶醉的狂喜；它恰恰**暗示**了那种精神的结合，而情节出于戏剧性是要严格避免如此的——完全符合他现实中的爱情关系。

1857年9月18日，《特里斯坦与伊索尔德》的诗体文本完成。瓦格纳将它朗读给朋友们听时，每个人都被触动：明娜对诗中的情欲冲动感到厌恶，但另两位夫人则内心深受感动，而她们的丈夫则保持沉默。他们没有遮掩什么。不过，每个人都有自己的理由来看好这部极其独特的戏剧。因为每个人都很好地判断出，艺术在这里到达了一个前所未有的高度，并且是在一个当时刚刚开始流行的领域：心理小说。这种艺术正侵袭着音乐，当时也已经有许多证据表明，在所有人眼前发生的**闻所未闻**的过程将载入史册。赫尔韦格、凯勒、比洛，他们都有能力判断出这一点。因此，无论是汉斯·冯·比洛还是奥托·韦森东克，都有足够的理由来抛弃他们肯定感受到了的嫉妒心。韦森东克尽管不是文学专家，却是一个敏锐的观察者。他的沉默是为了保住这段如此展开的历史中的参与者位置所要付出的代价。这位著名作曲家精神上纵情渴望、肉体上却无果而终的痛苦，对于这对大资产阶级的挑剔夫妻来说，难道不是一个极其讨喜的神经刺激吗？这不是一场无与伦比的挑衅游戏，那个根本没有受到愚弄的丈夫不是在半公开地扮演偷窥者的角色吗？这说到底不是对韦森东克夫妻的承诺，甚至是让其步入不朽殿堂的门票吗？他们没有搞错。因为**这对夫妻**扮演着到今天为止都最有趣的两个辅助角色，并且不是在随便哪段历史中，而是在**艺术史之中**：妻子或许是最有名的一位缪斯，而丈夫则是心领神会的赞助者：高贵，慷慨，友善。

10月1日，比洛夫妇刚刚离开，瓦格纳开始为《特里斯坦与伊索尔德》第一幕作曲。音乐遵循着语言——抑或刚好相反？——落在纸面上的东西到达了无限含糊的、几乎难以界定的高度。这种音乐成了无与伦比的艺术毒品；它将暗示和预感、思念和伤害、渴望和催逼与秋天的柔美混合在一起，并以交响曲的宏大形式将所有这一切统一起来，最终产生了这部作品，直到今天，每个试图在美之中治愈受伤灵魂的人都会在其中重新找到自己。但是什么样的人能够写出这样的作品呢？**要实现这样的目标，又要付出多大的代价呢？**

图66 苏黎世的韦森东克别墅。

第一幕在新年之前完成了；在此期间，瓦格纳开始为玛蒂尔德·韦森东克的五首诗谱曲，后来作为《韦森东克之歌》组曲（*WWV* 91）广为流传。12月23日，他让人演奏了其中的《梦》这首歌的管弦乐版，献给玛蒂尔德的生日。这些歌曲中的某些部分是为了研究《特里斯坦与伊索尔德》而设计的，比如《梦》这首歌中“轻柔地在你胸口逐渐冷却，然后沉入墓室”的和声和旋律，就采用了第二幕第二场“永远不要再醒着，没有幻象，美好的有意识的愿望”一句的动机；而持续在6/8拍和9/8拍之间切换的《在温室里》，则使用了第三幕前奏曲中的叹息动机，随后也是上升的旋律线。无论如何，这些歌曲都是瓦格纳为不是自己所作的文本配上的最美妙的音乐。

“避难所”和别墅之间的关系日益紧密和复杂，但正是这种共同创作为瓦格纳和玛蒂尔德·韦森东克之间灵魂上的，有时也是精神上的亲密提供了真正的基准。在那几周的时间里，他的情绪“梦幻般地陷入一种可怕的退缩状态”（*ML*, 567）。上午工作，下午长时间散步，晚上阅读卡尔德隆，和另两个家庭一起长时间讨论。这构成了瓦格纳的日常生活。瓦格纳上午的作曲工作不能超过两个小时，否则会引发严重的神经问题。当时与外部世界的唯一联系，是跟布赖特科普夫与黑特尔出版社的通信，瓦格纳要求预付600金路易——相当于1.2万法郎——但对方只愿意预付100金路易再加上后面的版税。瓦格纳认为这部作品“很容易上演”；但出版商在试读了第一次总谱之后就正确地意识到，这是有史以来最为复杂的歌剧之一。因此，瓦格纳必须接受目前的条件，足够他生活很长时间，但不会让他致富。

从巴黎来了一位年轻的作家利奥波德·阿马，他希望能将《唐豪瑟》译成法文，因为巴黎歌剧院计划上演这部歌剧。瓦格纳担心，他的著作权在法国得不到保障，任何人都可能吞掉他的钱。他将此作为前往巴黎的理由；但真正的理由则并非如此：与奥托·韦森东克的关系变得糟糕，因为玛蒂尔德对自己每天钻研《特里斯坦与伊索尔德》总谱的成就表现得太过亲密，而瓦格纳觉得她的这种感觉太不谨慎。其他外界并不曾看到或听到的关于“深沉的目光”“叹息”之类的猜测是没有的。在瓦格纳与玛蒂尔德的关系中，艺术是最重要的，而在现实中则**什么也没有发生**。出于这个原因，人们可以原谅瓦格纳一生中最美好，同时也是最痛苦的经历之一：他对玛蒂尔德的感情。从她的方面讲似乎也是一样的，但不能确定，因为她的书信中只有几封躲过了后来的毁灭。

二人的灵魂友谊在1858年年初擦出浪漫的火花，因此当奥托·韦森东克从长时间的商务旅行中返回并注意到——瓦格纳委婉形容的——“邻里关系的混乱”时，就面临着一个难以维持的局面了。为了避免公开的决裂，瓦格纳决定，尽快为著作权的事情前往巴黎，他在1月14日就动身了。在斯特拉斯堡做短暂停留后，他终于在奥尔西尼刺杀拿破仑三世失败事件的几天之后抵达巴黎。他立刻去了李斯特的女儿布兰迪内那里，她不久前嫁给了一名律师埃米尔·奥利维耶；[2]此人对于他亟待解决的著作权问题也很有帮助。在做了一份公证之后，奥利维耶被授予全权来登记瓦格纳的权利，由此这趟旅行的目的已经完全达到了。他又重温了与埃克托·柏辽兹的友谊；柏辽兹为他一个人举办了一场歌剧《特洛伊人》的朗诵会，就像瓦格纳对待自己的作品一样，这部歌剧的文本也是柏辽兹自己撰写的。瓦格纳陷入了“完全的绝望之中”——他没有给出原因。柏辽兹当然采取了与瓦格纳截然不同的美学策略；他这部大歌剧的完美之作没有瓦格纳的戏剧激情，但拥有其他优点，但这些优点对于这位德意志作曲家显然没有吸引力。瓦格纳还与奥利维耶夫妇一起参加了著名钢琴制造商埃拉尔的遗孀举办的盛大晚会，加斯帕雷·斯蓬蒂尼的遗孀也在场。瓦格纳负责在钢琴旁弹奏音乐助兴，他按照当时的口味即兴演奏了他所有歌剧的精彩片段。演出是如此成功，埃拉尔夫人甚至许诺给他一架新的大三角钢琴作为礼物，几周之后，它也确实被送到了苏黎世，使瓦格纳兴奋不已。

嫉妒的闹剧

2月5日，瓦格纳回到苏黎世；当天晚上，他便以书面形式邀请朋友们来参加晚会，好给他们讲他的旅行见闻。他随即再度投入《特里斯坦与伊索尔德》第一幕的配器工作，但现在他对观众的接受度第一次产生了怀疑；这是“除了政治问题之外的其他反对意见”，瓦格纳写道。“所以我真是在毫无目的地，其实是在做一种毫无指望的工作。”他补充说（*ML*, 574）。同时，他还为奥托·韦森东克将于3月31日补办的生日会准备了一场大型家庭音乐会。生日会在新别墅中举行，有将近100位来宾，还有一整支交响乐队；瓦格纳从贝多芬的交响作品中精心挑选了曲目。苏黎世社交界认为这场音乐会过于夸张，它的首要目的，即安抚奥托·韦森东克，暂时是达到了。

但是，灾难要到几天之后才爆发。1858年4月3日，瓦格纳完成了《特里斯坦与伊索尔德》的第一幕；他立即将总谱寄给了布赖特科普夫与黑特尔公司，但将草稿，像说好的那样，送给了玛蒂尔德·韦森东克。根据瓦格纳自己的说法，他的妻子明娜打开了随手稿附上的书信，并给当时“支配着他的心情”配上了“她所熟悉的庸俗解释”；她立刻冲进他的书房，指责他。但是，在她看到丈夫“极其平静，似乎很无所谓”的态度后才真正愤怒起来。“我对她一言不发，几乎没有改变我的态度，只是让她走出门去。”（*ML*，576）不过，他们后来决定搁置这件事情。

事实上，这关乎的并非瓦格纳4月3日的那封短信，而是明娜截获的4月7日的长信。瓦格纳是否在记忆中混淆了这两件事，还未有定论；但是，他忽略了第二封信的情况，这种忽略模糊了人们对他们之间裂痕的理解。一段时间以来，玛蒂尔德跟随一位那不勒斯来的德·桑克蒂斯教授学习意大利语，他以自己地中海地区的愉悦赢得了韦森东克家的好感。4月5日晚上，当德·桑克蒂斯教授来到别墅参加社交聚会时，瓦格纳气哼哼地走了出去。第二天，瓦格纳肯定对玛蒂尔德说了些很恼怒的话，他们关于歌德的《浮士德》也有争议。

瓦格纳试图在第二天以书面形式来纠正这一点，他为因德·桑克蒂斯教授产生的妒意表示了歉意。随后的几句话，即便是最宽容的妻子也需要极大的耐心，而明娜此时已不可能再如此大度：“前天中午，一位天使来到我身边，祝福我，振奋我；这使我非常愉悦，让我在晚上感到非常需要朋友们的到来，好让他们分享我内心的幸福；我知道，我会非常亲切和友善。”瓦格纳描述了他的嫉妒如何毁掉了那个夜晚，并继续道：“早上，我再次变得理智，能够向我的天使诚挚地祈祷；而这祈祷就是爱！爱！这份爱带来的最深刻的灵魂喜悦是我的救赎之源泉！”然后瓦格纳转向了因歌德而起的分歧，并详细解释了应当如何理解《浮士德》，然后又发出了火热的告白：

> 是的，对你！但是，如果我看你的眼睛，我就无法言语了；那么我所能说出的一切都是无意义的！瞧，那一切对我来说都是无可否认的真实，当这双奇妙的、神圣的眼睛停留在我身上，我是如此确定，我是如此沉醉！那样就不再有任何客体、任何主体；一切

都融为一体，深刻的、无法估量的和谐！哦，那是平静，而平静中有最高级的、最完美的生命！哦，笨蛋，谁不想从中获得整个世界和平静！除非是盲人，那样他就不会看清楚你的眼睛，就无法在你的眼中找到他自己的灵魂！只有在那里，在深处，才有救赎！——如果我看不到你，或者不允许我见到你，我才能向你讲话，并为自己辩白。(*SB*，卷IX，392)

这里引用的段落的前两句话似乎会让人尴尬。但是，在叔本华诗学的意义上显得很矛盾的第三句，减弱了前两句的印象，并清楚地显示出，这绝对与情欲无关。因此，传记作者和评论家得出结论说，明娜既“平庸”又“世俗”，并到处都显露出“对她丈夫的艺术意义无可救药地不能理解”；明娜还被指责“对于她所无法理解的人际关系”具有“诽谤性的误解”。[3]但实际上，如果从捍卫他们的英雄的角度来评论，那么他们理解得与明娜一样少——除了欧内斯特·纽曼：“瓦格纳正在神话化、特里斯坦化。”在纽曼看来，瓦格纳的精神同时存在于两个层面：一个是玛蒂尔德的层面，从中产生出灵感；另一个则是对他的情感非常重要的围绕着明娜的家庭层面；这两者“对他来说是完全不同的”。[4]

理查德与玛蒂尔德

理查德·瓦格纳与玛蒂尔德·韦森东克的关系代表了一种非常特殊的爱情关系，这种关系因为未能实现而赋予了生活创造力，虽然它在艺术史上并不是独一无二的，但足以作为类似情况的典范。这便是中世纪游吟诗人艺术的诗学，在这种诗学之中，心爱女性的无法接近变成了一种遥远的崇拜。这里还让人想到贝多芬与“不朽的挚爱”之间的关系。对于瓦格纳而言，从十二个月内自威尼斯和卢塞恩写给她的33封信和同样多的日记条目中，就可以清楚地看出玛蒂尔德的特殊地位；它们是一位作曲家所能给出的最惊人的自白。

在对情况进行精准的评估后就会发现，没有理由怀疑瓦格纳所宣称的他与玛蒂尔德关系的“纯洁性”。由于他的名声，他在苏黎世有足够的机会进行性的冒险；他没有必要去碰金主的妻子。但是他需要她，好为《特里斯坦与伊索尔德》的谱曲进行切身的体验。这与“谱上曲的传记”问题无关，即与自成一体的生活境况投射到随后的艺术作品中无关。但是，与许多艺术家一样，他知道艺术基于那些只有亲身经历过才能产生的情感——只有这样，艺术才能生动、有信服力、“侃侃而谈”。在音乐界，像阿尔班·贝尔格、柴可夫斯基和瓦格纳这样的作曲家似乎都创造出了情境，以在日常生活中尝试将艺术的东西现实化。因此，**它与“谱上曲的传记”相反**：事先体验，以便根据由此产生的情感来作曲。在1924年保罗·贝克尔的瓦格纳研究著作之后，达尔豪斯便指出，这里并非是生活经历催生出了作品，毋宁说，是“乐剧，是不得不实现的计划，带来了生活经历”。如此一来，对玛蒂尔德·韦森东克的爱，就成了“将戏剧构想变成音乐的一场景的形象之手段”。[5]

这里应当再次拾取洛索事件讲到结尾时丢下的线索。那时，瓦格纳要为《铁匠威兰》创造一个情境，即“逃避到爱情中去”，这是一个短期计划，它不仅由于外部原因，还因为作品的内在因素而失败了。有时，**艺术品似乎可以影响传记**，似乎生活情状必须如此安排，而它在其他创作计划中是无用的、荒诞的、不可想象的。如果一家歌剧院催促瓦格纳迅速完成《尼伯龙人的指环》四部歌剧，那么他在苏黎世可能会采取或者已经采取了不同的行为。但这样一来，《西格弗里德》第三幕的音乐就会完全不同了。因为爱作为精神，同时也是肉体的交流，它影响了作品的最后结局，但它对苏黎世时期的瓦格纳不再存在，或者说尚未再次到来。《女武神》的第一幕是他怀着对玛蒂尔德不可遏制的渴望在很短时间内创作出来的，但是到了《西格弗里德》第三幕的时候，他已经很清楚，这种愿望是不可能实现的。这种认知被阅读叔本华的心情所浸透，导致了其他形式的体验，这些体验只能在《特里斯坦与伊索尔德》这样的作品，而不是在《西格弗里德》最终幕中得到体现。由于瓦格纳最初对《尼伯龙人的指环》是“毫无目的地”创作，因此他可以允许自己中断它，等待尚未经历过的情感。《特里斯坦与伊索尔德》提供了别的东西，因此他并非一无所知地在这部剧中加入了自己的情感，对明娜的以及对韦森东克的。

瓦格纳如何理解他在苏黎世的最后几年在玛蒂尔德身上感受到的那种爱？爱对他来说意味着什么？爱——在他的婚姻之中——或许已不复存在，却出现在了不允许它出现的地方。总的来说，爱的概念在瓦格纳这里非常重要；他的乐剧作品没有一部离得开爱情故事。但它们很少被理解为爱情故事；如前所述，它们通常都有一个隐喻的含义。之前已经提过费尔巴哈的爱情观；以下是一个变化了的概念，可以在1854年1月15日给弗朗茨·李斯特的信中找到这些说法：“所以我——或许是在《罗恩格林》之中——感觉到，这两股潮流在真正的爱中合为一体，这种爱我或许只能在渴望之中，但从未在经历之中认识到。”“两股潮流”指的是在《唐豪瑟》中表现的“强烈的、奇妙的纵情欢乐”，即维纳斯之爱，与精神升华的伊丽莎白之爱的对抗——这两种爱的形式，瓦格纳将来会在“真正的爱”中将其统一，并消除其对立。1854年12月16日谈到了《特里斯坦与伊索尔德》：

但由于我一生中从未享受过爱的真正幸福，所以我想为所

> 有梦中最美的梦再竖立一座纪念碑，它从头到尾都应充斥着这种爱：我在头脑中构想出一部《特里斯坦与伊索尔德》最简单却最纯正的音乐概念[……]

“从未”肯定是错的，那只是在很久以前，并且那段感情走上了歧路。他过去曾与明娜有过精神上的交流——只是在最初，瓦格纳本人并不具备他从1839年开始逐渐获得的，到1854年为止在生活的严酷中切实掌握了的智识水准。这不能投射到明娜身上，他太过投机，而她太过理性。那时，瓦格纳事实上有很长一段时间都不再有感性和精神交流的结合——但这才是他所理解的**真正的爱的幸福**。

从保存下来的书信推断，作曲家无疑对玛蒂尔德怀有异常强烈的情欲。玛蒂尔德1861年之前的书信没有保存下来，但可以肯定的是，她无限地崇拜瓦格纳，并对关于他及其作品的一切都具有非常强烈的求知欲。她似乎也有一种从不引起丈夫严重关注的特殊技巧。这种受到极端紧张与自觉挫败的感受影响的与玛蒂尔德的关系，对瓦格纳来说，成了《特里斯坦与伊索尔德》构思和创作的最重要的催化剂。这种被瓦格纳故意促成、极其暧昧的“避难所”中的日常生活状态，也对他给她的信中提及的爱的概念的形成产生了决定性影响，这种爱的概念在此前和此后都没有出现过。玛蒂尔德扮演了缪斯的角色；从1853年11月到1859年8月一直持续着的创作高潮，从根本上讲应该归功于她，瓦格纳在此期间为两部半《尼伯龙人的指环》和一部《特里斯坦与伊索尔德》作了曲，这短短六年里产出了他全部作品的三分之一。

瓦格纳对玛蒂尔德·韦森东克的爱，蕴藏着性的方面无法实现的爱的原型。通过其挫败感，产生了瓦格纳的艺术创作始终需要的心理上的高张力——这种张力也可以由完全不同的压力因素引起，比如侵略性（见第17章）。1858年夏天，他写道，他“自愿受难”。这不是受虐狂，而是对这种爱的创造力有充分认识。五年后，玛蒂尔德还写道：“我的整个生命，因和您一起受难，而感到变得高贵了。”（1863年8月9日——那时他们又用“您”来称呼彼此了；亲密的“你”不再具有任何艺术上的必要性。）挫败感对于这种特殊的爱的形式的艺术功能来说是至关重要的，正如瓦格纳1858年10月12日写给玛蒂尔德的信中所表达的。

> 因为我在这种意义上所能获取的最可爱、最期待的事物，事实上是不能让我满足的，因为我必须体会我们的分离，体会这种分离的必要性，体会我所寻求的庇护不可能也不应该为我而存在。[……]另一方面，我现在在内心深处被我在你的心里获得的永恒的、不可亵渎的、坚不可摧的庇护支撑和安抚。

“不可能也不应该为我而存在”——这种爱在任何情况下都不允许得到性满足；瓦格纳或许会想到，满足和习惯的结果可能是抑制创造力的引擎。只有始终存在的期望态度才能创造出高张力，它会释放出创造性的能量，这是完成这样一部在音乐史上前无古人的作品所要求的。瓦格纳对前述玛蒂尔德爱的表白的回信结尾应当这样理解：“你的爱抚”——显然这是存在的——“它们是我生活的皇冠[……]没有愿望，没有要求！享受，最高的意识，对一切的力量和能力……”这段引文可以让我们更贴近问题的核心。模仿叔本华，但与此同时又与他相矛盾的措辞非常关键。如果爱不能创造愿望，而是——代替寻常的爱——孕育出“陶醉”——“最高的意识”，以及“对一切的力量和能力”，这就是通过无法满足的欲望实现创造力的理想。叔本华是这种爱的教父。瓦格纳给玛蒂尔德的信的其他地方还显示出，通过挫败和由此产生的创造性反应所引起的情感强度有多大。他从威尼斯写信给她，并使用了感伤主义时代，也就是《维特》时代的一个概念：“痛苦的喜悦”，在英语文学中叫作“the joy of grief”，但是这一文学概念在这里并非一件道具，而是他所经历的现实。

> 你真的不知道，我是怎样依赖你吗？[……]现在让我终止吧！不是为了寻求休息，而是让痛苦的喜悦把我淹没！（1858年10月31日）

> 我醒来了！[……]在经过长久的、可怕的受难之后，我还从未经历过这种苦难。我站在阳台上，低头看着黑潮澎湃的运河；狂风呼啸。我的纵身一跳，我的坠落将不会被听到。[……]我可以——注视着你——注视着你的孩子吗？[……]你把我握在掌心，只有和你一起我才能——完成。[……]你是否知道我是你的，只有你才能掌控我的行为、活动、创作和决定？（1858年11月1日）

瓦格纳将这种可以从本质上感知的爱视为一种超越日常生活的体验，他给予它一个哲学的维度：

> 因此，这不是关于任何哲学家，也就是说包括叔本华在内，都没有认识到的通过爱达到意志的完全平静的救赎之道，并且不是某种抽象的人类之爱，而是真实的、基于两性的爱，也就是说男女之间萌生的爱情。其表现非常深远；它给出了某种状态的确切解释，在这种状态中，我们能够辨别出思想，以及天才本身。（1858年12月1日）

唯一使他感兴趣的认识是艺术灵感，他每天都努力寻找它，但是在“情感的平静”中却找不到，只能在情感沸腾的热度中找到它。尽管这一浪潮在实现过程中一再被耗尽，但它在艺术的压制下仍然是活跃的。

升华之爱的创造力

许多艺术家都利用这种无法实现的关系的超强手段，来激发艺术想象力和创造力。除了联想到游吟诗人和贝多芬，这还让人想到约翰内斯·勃拉姆斯同克拉拉·舒曼的关系：他给她写信说，根据法律，他必须写出自己最好的旋律：“事实上是关于克拉拉·舒曼的！”他解释道：“因为当我想到自己时，我想不到什么聪明的甚或美好的东西！我的许多旋律都要归功于你，远远多于你能从我这里得到的章节或类似的东西。”[6]

无法得到性满足的爱情，或许是艺术创作最强大的引擎之一，因为它会加剧精神的紧张。这种紧张不仅比得到满足的爱更为持久，也更为强大。自西格蒙德·弗洛伊德以来，人们更加清楚地认识到了性剥夺的显著双重影响：在没有创造力的人之中往往会引起侵略和破坏性愤怒的东西，在艺术家这里则通常会导致“由于本能的受挫而引起的文化的更高发展”（建设性受挫）。[7]瓦格纳在1852年1月12日写给特奥多尔·乌利希的一封信恰当地表达了这一点：

> 如果我们拥有生活，我们就不需要艺术了。艺术开始之处，正是生活终止之处。[……]我一点儿都不明白，一个真正幸福的人怎么会想到去制造“艺术”的：只有在生活中才“可能”——我们的“艺术”难道不是对我们的性无能的承认吗？（*SB*，卷IV，249）

直通灾难

在这段插曲之后，我们回到“避难所”；可以看到，瓦格纳是如何谨慎地对待突然发生的事情以及他的艺术计划的。他要做的是重建外部“秩序”，但要最大限度地维持内部“混乱”。谁对他更重要？明娜还是韦森东克一家？他威胁明娜说要离开她，如果她扰乱了他所巧妙筹划的事件发展的话。而且他知道，他必须保证韦森东克的好感：他需要奥托的钱和玛蒂尔德振奋人心的缪斯形象——并且是同时需要这两者。而且他知道，如果明娜不配合，一切都将处于极大的危险之中。

后世所写的关于明娜的“不理解”，完全都是胡说八道。她是一个非常理性的女人，热爱她丈夫的艺术，只是不能理解当时尚未演出的那些，但她绝不是唯一如此的人——就连弗朗茨·李斯特也需要进一步习惯瓦格纳的狂热戏剧。但明娜也是一名骄傲的女人；由于她的丈夫，她已经遭受了无尽的痛苦，而且自从洛索事件以后，她就给自己设置了界限，不愿再次走出。她丈夫犯下了战术上的错误，他在被截获的书信中的措辞践踏了她作为女性的荣誉。她可以想象，当韦森东克夫人一大早经过她的身旁冲上楼梯进入作曲室，按照作曲家的指示润色自己的歌词时，她的丈夫是如何在玛蒂尔德耳旁低语的。根据过去的经验，明娜还是保持了镇定，按照瓦格纳在《我的生平》中的说法，问题不在于夫妻间的忠诚，而是社交性的冷淡。毫无疑问，玛蒂尔德有时会对社会地位远逊于自己的这位对手表现得麻木不仁。[8]因此，明娜才无法接受园丁在交给她这封不祥的书信时白纸黑字读到的内容——这违反了她与理查德在1850年从波尔多回来时达成的协议。

然后是她的心脏病——她的病从表面来看，至少要部分归咎于她的丈夫。不过，他在“避难所”事件中正确估计了这种病的严重性。至少在信中是这样。但在《我的生平》中，他做了一些不同的描述——对后世的传记产生了负面影响。他在那里说起明娜的“庸俗”（*ML*，576），但是他一时还不敢相信，否则他不会和她一起生活了二十年，也不会多次把她叫回来，在他需要她的时候。这种蔑视只是对这一事实的委婉说法，即现在，1858年春天，他将她视作必须要谨慎对待的危险因素。因此，在她截获那封信时，他才毫无反应，冷漠以对：他火速做出了一个长期以来都作为可能性被衡量的决定——分居。不是最终决定性的，而只是临时性的，这显示出，这一切都是按照计划进行的。在《特里斯坦与伊索尔德》完成后，他会再度需要明娜，而玛蒂尔德那时又会从艺术媒介的核心角色退回到“最好朋友”的位置。就像后面的玛蒂尔德·迈尔（创作《工匠歌手》时期）和朱迪·高蒂耶（《帕西法尔》时期）一样——一切都取决于他的目的和艺术上的需要。

明娜的心脏病正是瓦格纳快速解决问题的第一个理由。但是，亟待采取行动的情况还在变得更加复杂。尽管在截获信件后明娜答应保持沉默，但她还是接受了埃玛·赫尔韦格的建议，认为必须理清头绪，于是在理查德不在家时与玛蒂尔德做了交谈。瓦格纳在《我的生平》中写道：

> 有一次我散步归来时，遇到坐在车上正好外出的韦森东克先生和夫人；我注意到她惊慌失措的举止，以及与此相反，她丈夫面部表情中的那种奇怪微笑、心满意足的神情。我立即就明白在这儿之前发生了什么事；我见到我妻子倒是怪开心的；她十分老实地向我伸出手来，向我宣布她同我重归于好。对于我问她是否违背了诺言这一问题，她满怀信心地回答说，她作为聪明的妻子，当然要把

事情处理好。我暗示她，她很可能会自食其违背诺言的糟糕恶果。首先我觉得绝对必要的是，她应当按照我们之间先前已经商量好的方式，关心自己的身体健康。为此，她几天之后就该去寻找给她推荐的哈尔维尔湖畔的布雷斯滕贝格疗养地。(*ML*,576)

明娜同意去疗养，他们于4月15日动身。但是这两个家庭之间的和平永远消失了。明娜不可能预料到的是：**韦森东克夫妇之间没有秘密**，他们的角色被精确地分配并得到互相尊重。被明娜理解为打扫的，最后被证明是打乱了关于《特里斯坦与伊索尔德》这盘大棋精心放置的棋子。玛蒂尔德将明娜的“开诚布公”视作背信弃义和严重侮辱，把一切都告诉了自己的丈夫；韦森东克夫妻二人都指责瓦格纳没有充分地向明娜透露角色扮演的信息。这是对的，而瓦格纳也试图弥补这一疏忽。为了所有人的利益，他对明娜使用三寸不烂之舌，让她相信所有卷入者都是无辜的，并在4月23日的信中雄辩地总结道：

但是，我现在恳求你，运用你的心灵的全部力量，请你相信我内心深处和终此一生愿意与你相伴，相信我衷心希望你幸福，相信我坚强的意志不会再给生命中其他妄想以余地，保持坚定且信守不渝。如果你做不到这样，你就会让你和我不幸！

他指责她不信任他；但是他不愿认识到，这封不祥的信的措辞是多么尴尬，让这种“美好的信任”即便不是不可能，也变得极其困难。然后，他谈到了韦森东克夫妇，但没有提他们的名字：

我从另一方面只受到了一个指责，那就是，忽略了教导你这份关系的纯洁性，好让你不要如此侮辱这位卷入其中的女性。这一指责是她的丈夫对我发出的，他一直深深相信他的妻子，因此总是能够对我表现得高尚、友好，因为他深信我们关系的纯洁。

他知道明娜的病在所有问题中所占的分量，于是继续以一种混合了恳求与威胁的语气写道：

神是我的见证人，知道我是多么真挚地希望你早日康复。坚持住！只有当你的病情好转时，你才会再次平静地看待这一切，并认识到，这一生活苦难的原因不仅是外在的，而且大部分是源于我们自身。所以！早日康复吧！很快我们会再见面！你忠诚的丈夫。(*SB*，卷IX，241)

可以看到：瓦格纳在争取明娜，他不愿意放任她离开。这种努力也说明，他对明娜所谓庸俗的指控是站不住脚的。

当韦森东克夫妇在意大利度了几周假之后，情况进一步缓解。但是，玛蒂尔德事先明确表示，她不想再与明娜有任何接触了。这意味着，瓦格纳在“避难所”里住了一年半之后，能否继续住下去就很难说了；将明娜打发走暂时不是他的选项。这种不幸中的一个巨大安慰是，埃拉尔的大三角钢琴于5月3日送达；这件乐器给了他极大的鼓舞，让他第二天就开始创作《特里斯坦与伊索尔德》第二幕的第一份草稿，他在7月1日之前就相当顺利地完成了它。

5月底，当不到十七岁的卡尔·陶西希来拜访“避难所”时，发生了两次并非微不足道的中断。他或许是弗朗茨·李斯特的学生中最有天赋的那个。双方一拍即合；陶西希住了两个月，他们之间几乎发展出一种父子关系——尽管陶西希是犹太人。[9]一封1858年6月9日写给明娜的信显示出，他们俩之间建立了怎样有爱的关系，他们是怎样相互敬重的。[10]瓦格纳在创作《特里斯坦与伊索尔德》时对犹太人没有任何问题，他不需要将它们作为强大的敌人，他拥有更具魅力的创造力引擎，因此尽管他对现代性提出了批评，但《特里斯坦与伊索尔德》并没有特别地针对犹太人。

韦森东克夫妇6月2日从意大利回来了。为了避免造成误解，瓦格纳现在请求奥托，"我们应继续保持友好，但不要进行个人接触"，6月3日的书信如是说。他或许也开始怀疑，他自己也不能继续在承受这种心理—情欲张力持续增强的同时而不再犯错误。他要求妻子不要干涉；这是必不可少的，"如果我们想留在这里的话"，而6月11日，他强调说："我对你没有任何要求，就像我对自己也没有做出任何明确的决定。"(*SB*，卷IX，511，521)无论如何，她平静下来了；瓦格纳发现，在5月底的最后一次争吵之后，她放弃了从前或多或少有意为之的自信举止，变得"更柔和""更端庄"。情况直到7月15日都很明朗，那天理查德将疗养结束的明娜从布雷斯滕贝格接回了"避难所"；似乎一切都可以修复。

只是出现了一个小的变故，而明娜实际上是不应为此负责的。仆人用花环装饰了房门以迎接明娜，她让这一饰物保持了几天，以充分享受仆人的尊敬。根据《我的生平》的说法，玛蒂尔德似乎误会了这一点，她似乎做出了非常强烈的反应。瓦格纳记录道，他已经清楚地告诉明娜，夏天的客人们离开之后，他们必须放弃"避难所"了，他还补充说，他绝望的原因"并非仅源于她的行为"(*ML*，582)。

这段文字让人猜测，他对玛蒂尔德的消极反应感到郁闷。但这种郁闷是可以控制的，事情实际上已经解决了，棋子们已经重新摆好；按照原定计划，暑假和紧接着的明娜去萨克森的几周旅行可以治愈伤口。欧内斯特·纽曼便怀疑，瓦格纳决定离开的背后隐藏着什么，它并不明显，也并不仅仅基于玛蒂尔德的反应。纽曼给出了一个答案，它类似于在洛索事件中所要注意的："不是生活决定了他的艺术，而是相反，瓦格纳用艺术为他的生活着色。他预感到，他不久后就不再需要玛蒂尔德了。"[11]纽曼的预测将要成真——但要在很久以后。接下来，瓦格纳在威尼斯度过的几个月里，他仍需要玛蒂尔德，**不过是以另一种形式**。

不惜任何代价都要离开的新形势包含了一些暴力色彩。玛蒂尔德对明娜的反感有多强烈，是无法明确确定的。根据明娜的一封信，理查德曾在争吵中向她吼道，玛蒂尔德"异常愤怒"，"不想再容忍"明娜的存在[12]——但是，理查德并未在他的任何一封信中证实这一点，《我的生平》中也没有，他在后者中更多提到的是玛蒂尔德对他离开的痛苦（*ML*，584）。因此可以想象，理查德以夸大玛蒂尔德的愤怒来操纵明娜，以使得离开的必要性变得合理。明娜遭受了极大的痛苦，因为尽管受到了恶劣的对待，她仍然爱着他，而他依恋着她，尽管他认为她不了解自己。在这长达数月的反感与依恋的交替中，明娜早在1858年6月14日就给朋友埃玛·赫尔韦格写信道："理查德对因他而病重的妻子是那么糟糕，这真是卑鄙。"[13]

但直到他们真的离开，他们必须要度过艰难的几周，因为好些人要来拜访。7月，剧院监督博托·冯·许尔森来为《罗恩格林》安排柏林的演出。维也纳宫廷歌剧院的乐队长卡尔·埃克特也计划在直到那时都很顽固的哈布斯堡家族的这座缪斯神殿里上演同一出剧目——这已经是一个突破了！不久之后，汉斯·冯·比洛和柯西玛也来了，随后是卡尔·克林德沃特和卡尔·里特尔。情绪很低落，每个人都了解了情况，并且都参与进了这些无法解决的问题之中。

然后，到了悲伤的8月16日，瓦格纳终于告别了“避难所”。明娜“因为离开”卖掉了家具——这再次引起轰动。去与韦森东克家告别时，瓦格纳带上了汉斯·冯·比洛；玛蒂尔德很痛苦，明娜哭了，她似乎还被骂了。每个人都很悲伤，瓦格纳无动于衷地坐在他们中间。1858年8月17日早上五点，瓦格纳离开苏黎世，前往日内瓦。明娜被这沉重的时刻压倒了。“但是，当我乘着蒸汽火车到达那里时，我甚至都无法掩饰一种逐渐增强的幸福感。”（*ML*, 584）这意味着：离开对他来说是必要的，但对其他人而言则不一定。对于未来这也意味着：瓦格纳作为艺术家的使命将决定生活境况，他必须认识到这一使命，必须面对所有阻力将这一使命贯彻到底。

25

内心渴望的漂泊

图67　威尼斯的朱斯蒂亚尼宫，瓦格纳1858/1859年曾生活在这里。1900年前后的珂罗版画。

威尼斯

1858年8月17日晚，瓦格纳抵达日内瓦，他在这里待了一个星期，以确定接下来的方向并集中精力思考。他原本想去意大利，但这里阳光和煦，如同早春，很有助于他的创造力，他也怕太热的天气。他写信给洛桑的卡尔·里特尔，后者立即回信告诉他，他也打算去意大利并很愿意与他同行。他在前一年去过威尼斯，现在建议他们俩一起到那里去。这座潟湖边的城市目前还处于奥地利的统治之下，因此可能会受到德累斯顿当局的影响，但瓦格纳很快就得到了奥地利驻伯尔尼大使的批准，没有碰到任何麻烦。因此，他去洛桑接上卡尔·里特尔，于8月25日启程前往南方。里特尔再次陷入严重危机，并即将与妻子分居。但当他俩于8月29日晚抵达威尼斯时，就连忧郁的里特尔也高兴地将帽子扔向了空中。

在达涅利酒店面向大运河的黑暗房间中度过一夜之后，他们俩出去寻找一个长期的居所，瓦格纳决定要朱斯蒂亚尼宫的一间富丽堂皇的公寓，带有延伸到大运河的阳台。虽然这座建筑看上去有些残破不堪，但是充满了振奋人心的艺术品，瓦格纳给明娜写信道："古老的、精美的天花板画，漂亮的地板上有着精美的马赛克画，[……]旧式的、看上去很高雅的家具有着红色棉绒的镶边，非常脆弱，坐垫很不舒服；一切都无法正常使用，门不能正常关闭，所有东西都是坏的。[……]一切看上去都像是精美的剧院装饰。"（*SB*，卷X，82）瓦格纳给宽阔的大厅贴上了深红色的墙纸，希望这种氛围能将他重新带回为《特里斯坦》作曲的气氛之中。匈牙利房东带来了一些不好不坏的剧院家具，但还需要购买地毯和门帷——后者是用最便宜的印花棉布制成的。终于，埃拉尔大钢琴也从苏黎世运来了……"它被放置在大厅的中间，现在美妙的威尼斯将被音乐征服。"（*ML*，587）可以看到：一切都经过精心准备；在瓦格纳创作《特里斯坦》第二幕的最关键时刻，能够激发所需品质的那种特殊的"气氛"绝不是凭空产生的。文本很有象征性，难以理解，因此音乐必须传达出诗歌所隐藏的一切。

演出按计划进行。上文引述过的7月6日写给玛蒂尔德·韦森东克的信已经解释了,“避难所”的任务是有意安排好的:

> 当我一个月前向你的丈夫宣布终止与你们的私人联系时,我舍弃了你。但我在这一点上并非完全清白。我只是觉得,只有完全的分离,或者完全的结合,才能使我们的爱在我们近来所看到的可怕触动面前得到保护。因此,尽管感觉我们有必要分开——即便这并非所愿——但仍有我们所渴望的结合的可能。这种情况下,仍然存在一种致命的张力,让我们两个人都无法承受。我走向你,在我们面前明确和肯定的是,另一种可能性包含着甚至不允许我们去想的牺牲。然而,最终我们的舍弃本身却呈现出另一种特征:危机被一种温和的和解所取代。[……]

因此,这是日常的近身搏斗,互相之间的“艺术挫败感”,让人再也无法忍受。但是,这种爱的原则必须得到坚持,才能继续对《特里斯坦》发生作用。受过良好教育的瓦格纳回想起中世纪的诗人是如何处理这一问题的:用远距离的爱代替近距离的爱。这是残酷的——对涉及其中的所有人来说,包括瓦格纳自己在内。他写道,他不得不放弃了“避难所”,这个“由友谊和崇高的爱为我所建的可爱天堂里的安乐窝”,“几乎还没有享受”,就不得不“摧毁它”。离开玛蒂尔德,离开苏黎世,“对我来说也意味着——毁灭!”而在那时,7月6日,这封信以离别结束:“永别了,我亲爱的、神圣的天使!”(*SB*,卷IX,334)

另一方面,明娜却必须应付9月1日的一封信,信中明确写着,正在进行的工作比她的病更重要。他一开始试图在信中对她的病表示极大的同情,但他随后又写下这些话:

> 我现在想要的，只是收敛我的内心，好让我仍然能够完成我的作品：[……]什么都没有，什么都没有——只有工作，只有创作本身让我还活着。这样非凡的命运当然会激起非凡的参与过程；有许多人都密切注意着我。如果你也要因此受难，那么这苦难有朝一日也要归功于你，而你的酬劳必将是——我的繁盛，我的作品的繁盛。(*SB*，卷X，52)

为了让他给她服用的苦药变甜，瓦格纳甚至诉诸来世的承诺，而他自己根本不信这个。为了让她不那么如鲠在喉，他请求纳塔莉去订购一盏带时钟的台灯，来陪明娜度过不眠之夜，灯罩上写着："他可是个好人。"(*SB*，卷X，320)但是，明娜早就不相信这一点了。

威尼斯的军棋推演现在已经决出胜负，工作继续进行，尽管痛苦难以估量。"对我来说，主要的吸引力在于，一切对我来说都很陌生，就好像我身处戏中一样；我避免与任何人相熟，因此始终保持这种心境。"(*SB*，卷X，130)未完成的第二幕在金色书桌的红色锦缎上铺开，墨水瓶打开，他用玛蒂尔德的金笔继续书写。一切如在戏中。

但是首先，瓦格纳病了：痢疾。跟在热那亚和拉斯佩齐亚的时候一样吗？仅仅是由于威尼斯的水土，还是他的整个身心再度陷入疯狂？在他第一次能出门散步时，两个陌生人向他走来，自我介绍为埃德蒙·齐希伯爵和多尔戈鲁科夫侯爵。他们来自维也纳，在那里观看过《罗恩格林》演出，而瓦格纳很快了解到，这次演出很成功。或许这有所帮助：10月15日，瓦格纳终于感到能够继续《特里斯坦与伊索尔德》的工作。齐希伯爵很快就回去了；至于多尔戈鲁科夫，瓦格纳尽管实际上谁都不想见，但他还是想"迁就"一下，与这位极为有趣的侯爵保持交往。[1]"他有一副严肃认真、十分富于表情的相貌"，受过出色的教育，

“再加上丰富的世界知识，而首先是对音乐的理解”——简言之，他让瓦格纳不会有浪费时间的感觉。就这样，他就与此人以及住在附近的卡尔·里特尔几乎每天都“非常愉快地来往着”(*ML*,588)。

瓦格纳在苏黎世曾经见过、目前正在威尼斯的钢琴家亚历山大·温特贝格尔(1814—1914)很倒霉。此人求助于卡尔·里特尔，等了好长时间才被接纳到大师的社交晚会中去。当地的钢琴教师泰萨林则更幸运地赢得了瓦格纳的“倾心”。泰萨林是“典型的漂亮的威尼斯头脑”，爱好德意志音乐，精通李斯特的作品和瓦格纳的歌剧。显然，他是卡尔·里特尔的猎物，里特尔很少工作，他白天去参观博物馆和美术馆，夜晚却——根据瓦格纳的记载——在圣马可广场上的咖啡馆里“研究人类的知识”。然而，卡尔却有指示，要让所有人都远离大师。剩下的一个例外只有维也纳来的画家拉尔，因为瓦格纳喜欢他的相貌。他为拉尔、泰萨林、里特尔和多尔戈鲁科夫侯爵举办了一场音乐会，钢琴家温特贝格尔也终于被邀请了过来。因为瓦格纳的这场晚会需要《唐豪瑟》和《罗恩格林》的钢琴改编谱，而根据温特贝格尔的说法，在整个威尼斯只能在于此地过冬的加利钦侯爵夫人那里才能找到它们。瓦格纳强调说，他明确避免亲自与她见面。奇怪的是，他在威尼斯陷入了一个独特的男性世界，气氛类似于后来托马斯·曼在《死于威尼斯》中所描绘的。这和《特里斯坦与伊索尔德》有关吗？抑或是为艺术品的特殊元素而制作的又一本艺术传记？瓦格纳在给明娜的一封信中有些刻薄地做了评论。他在信中将卡尔·里特尔称作卡琳，以映射他的同性恋倾向：“昨天晚上，我给卡琳和温特贝格尔(我的‘两个男孩，漂亮、纤细、年轻、聪明’)弹奏了《特里斯坦与伊索尔德》的第二幕，这两个人都发了疯。”[2]正如瓦格纳所写的，他在威尼斯的七个月里的日常交往，完全是在这几个男人组成的小圈子里完成的；或许可以相信，他对马尔克国王和特里斯坦的男性社会的隐喻用途做了试探。

他每天都进行总谱的创作，直到下午两点钟，然后登上等待着他的刚朵拉小船，驶向圣马可广场，在广场旁“他的”餐馆里独自或者与里特尔一起用餐，然后去斯拉夫人堤岸上散步。夜幕降临时，船夫将这位大师沿着黑暗的建筑物外墙带回朱斯蒂亚尼宫，然后他再工作一会儿。里特尔在八点钟准时过来，如果剧院里没有上演哥尔多尼的戏，他们就喝茶聊天消磨一晚。瓦格纳很欣赏哥尔多尼，但是当地的歌剧却吓坏了他。除此之外，只有奥地利的军乐队吸引了他。由于他的逗留理所当然地成为城里的话题，于是军乐队的乐队长来向他求助，请他监督《黎恩济》和《唐豪瑟》序曲管乐版的改编和排练，整个军官团都为此向他表达敬意。很快，这两支序曲每天晚上都会在挤满了游客的圣马可广场上充满节日气氛的凉廊里奏响，瓦格纳透过他的餐馆的窗户也可以听到。

从利多岛驶回主岛的刚朵拉给这位大师留下了深刻的印象，城市沐浴在夕阳的光线下，耳畔传来船夫的夜歌，或许他在这里就已经写下了《特里斯坦与伊索尔德》第三幕开始时的牧人的哀叹。

反动的狭隘思想，加上相当大的孜孜不倦的恶意，促使萨克森当局给维也纳政府施压，导致瓦格纳于1859年2月3日收到了威尼斯的驱逐令。那里的当局对维也纳外交部虽非法但强大的命令无能为力，但他们建议瓦格纳向米兰的伦巴第总督府申请延长最后期限。出示医疗证明也有助于获得这份许可。这位总督正是马克西米利安大公，一位热爱音乐的哈布斯堡家族成员，后来被拿破仑三世扶植为墨西哥皇帝，随后被狂热的墨西哥爱国者射杀。幸运的是，奥地利的官僚机构有意地宽松对待了萨克森的报复心。由于限期延长，瓦格纳平和地在威尼斯完成了《特里斯坦与伊索尔德》的第二幕草稿，他在3月10日向玛蒂尔德·韦森东克宣布了这一点。

但是,即使没有被驱逐出境,他本来也是时候离开威尼斯了。意大利统一运动愈演愈烈,威胁到了哈布斯堡王朝的统治。奥地利在意大利北部投入了50万人,以求对反叛者加里波第和加富尔采取行动。走向末路的多瑙河畔君主尚且不理解,伦巴第和威尼托必须属于意大利人,而不是维也纳僵化的哈布斯堡家族。在第二幕的总谱也于3月18日完成之后,瓦格纳准备动身。他与卡尔·里特尔告别,后者与温特贝格尔"建立了特殊的友谊"(*ML*, 597)并想与他一起前往佛罗伦萨;瓦格纳应该不会再见到他了。3月24日,瓦格纳离开了潟湖之城。他在米兰观赏了达·芬奇的《最后的晚餐》壁画,参观了大教堂和斯卡拉剧院,1859年3月28日,乘坐冰冷的雪橇经过圣哥达之后,他抵达了他创作生涯的下一站,卢塞恩。

卢塞恩

那里很冷,施维泽霍夫旅馆里空空荡荡,因此瓦格纳很轻松就找到了一个安静的住处。然而,服务只在夏季开始后才提供。因此,瓦格纳继续尝试寻找"一个细心的""对他的舒适很上心的女人"。在某位弗雷内莉·魏特曼身上,他也找到了管家这一物种的模范样本,多年之后,他有了钱,又雇用了她担任同样的职位。

不久后,埃拉尔大钢琴毫发无伤地通过圣哥达的冰面抵达了,它被安放在瓦格纳宽敞的客厅中。《特里斯坦与伊索尔德》的工作本可以继续进行,但直到5月底都在下大雨,因此无法找到一丝一毫的"情绪"。尽管如此,自从4月9日以来,他还是努力处理剧情草稿,同时自5月1日起也开始处理《特里斯坦与伊索尔德》第三幕的管弦乐草稿。第三幕的“暗淡”状况使他十分沮丧，让他只能“怀着恐惧”想起那段时间。

瓦格纳在卢塞恩过着一种隐士的生活。除了作曲家、李斯特的学生费利克斯·德莱塞克（1835—1913）曾于夏季来访之外，他只偶尔会见到韦森东克夫妇。早在4月2日，他就去苏黎世拜访了他们和其他朋友；与前者的再见面是“忧郁的，但绝不是拘谨的”。到了8月6日，恰好是在瓦格纳完成《特里斯坦与伊索尔德》第三幕总谱的那一天，他们才去卢塞恩回访。在搞定了新作品最具戏剧性的场景，而夏季的天气也终于到来了之后，剩下的工作就可以很轻松了。

9月6日，瓦格纳又一次去了苏黎世的韦森东克家，并于1859年9月10日从那里动身前往巴黎。在魏玛拒绝了《尼伯龙人的指环》后，奥托·韦森东克提出，要为三部歌剧的发行权支付必要的款项，总计1.8万法郎。他是否曾想过要用这些权利盈利，尚不可知；作为一名好商人他必须知道，没有出版方面的专业知识就很难做到这一点，更别提在苏黎世了。这或许主要还是为了在不久的将来为朋友提供经济支持。奥托·韦森东克的这种慷慨再怎么称赞也不为过。瓦格纳现在可以自由地规划，他请明娜随后过来，以便在巴黎重建一个共同的家庭。在这座塞纳河之城，事情不会朝《特里斯坦与伊索尔德》的方向发展，而是会回到《唐豪瑟》。但首先要考虑的是，瓦格纳用《特里斯坦与伊索尔德》给世界带来了什么新的东西，以及他如何从音乐的—戏剧的角度来回顾《唐豪瑟》的巴黎。

《特里斯坦与伊索尔德》：瓦格纳最极端的作品

《特里斯坦与伊索尔德》是一部浪漫的，同时也是一部非常现代的，对广为流传的中世纪骑士特里斯坦的传说进行的再创作，特里斯坦要为他的国王向伊索尔德求婚，但最终却自己陷入了她的爱情。在中世纪的文本中，“宫廷之爱”是由严格的社会规则决定的；这些社会规则导向灾难，因为它们与两个主角的个人幸福渴望相对立。瓦格纳主要使用了斯特拉斯堡的戈特弗里德的版本，1844年之后出版了赫尔曼·库尔茨翻译的这部史诗的高地德语版本。瓦格纳将社会维度转移到思想领域，为此他再次将爱作为隐喻。这部作品的产生与他对叔本华哲学的研究有关；它以“无意识——最大的欢乐”这句格言结束。这指向叔本华的“更好的意识”概念，这个概念始终与越界、理想和五旬节经验有关，但这位哲学家也用它来指“艺术，尤其是音乐带来的入迷”。[3]

《特里斯坦与伊索尔德》的音乐是瓦格纳所创作的最进步的音乐，并产生出一种让人难以逃脱的魅力。戏剧的文本具有令人印象深刻的美，并使用了多层次的图像语言——但瓦格纳并没有提供解开他的隐喻的钥匙。因此，人们批评诗歌部分“无法理解”，“古怪又模糊”（罗伯特·古特曼语），“颇为晦涩”（雅克·沙耶语），甚至“多余”（迪特马尔·霍兰语）。不那么激进的评论家使用了“超验之爱”这个术语，但没有说明它的含义。直到今天，当人们面对《特里斯坦与伊索尔德》无从下手的时候，就会提出随便一个无法被定义的超验性。

瓦格纳在1859年4月写给玛蒂尔德·韦森东克的一封信里指出了神秘的东西：“这个特里斯坦会变得可怕！［……］恐怕这部歌剧会被禁演，除非糟糕的表演让整部剧都受到嘲笑：只有平庸的表演才能拯救我！完美的表演会让人发疯［……］。”恩斯特·布洛赫对“配乐的叔本华”感到困惑，托马斯·曼谈到了“带有情欲基调的意志哲学”。[4]但是在《特里斯坦与伊索尔德》之中，理智因爱的感觉而被**切断**，因音乐的催眠作用而受到质疑。法兰克福的哲学家仅承认其生物学理由的爱情，但特里斯坦追求爱，只是为了**破坏**自己内心的理性思维。这与叔本华想要的恰好相反。对叔本华来说，意志的否定服务于“知识的完备”，而知识的完备则被定义为“理性、形成概念的能力、记忆、前瞻性并由此扩展意识的才能”。[5]因此，当瓦格纳用“扬弃个人意识”来代替“知识”，他绝不是“错误”地理解了叔本华，而是有意地在表达其他东西。[6]回想一下瓦格纳1849年写下的话：“科学的傲慢”必须被摧毁，理智必须被消灭；只有“无意识、无自觉、感性得到承认”才是目的。[7]通过打破叔本华的意识观念，瓦格纳描述了面对一个日益理性主义的世界，凭直觉创作的艺术家所遇到的问题。为了以乐剧的形式来实现这种苛刻的思想，瓦格纳创造了一种最为难以捉摸的隐喻语言。但是，爱不能像在西格琳德—西格蒙德或布仑希尔德—西格弗里德的关系中那样，以其完美的形式实现这一目的，而只能以一个问题重重的形式，作为不幸福的爱出现。这样做的出发点是，取自中世纪的爱情魔药主题非常适合作为催化剂，然后作为意识变化的隐喻。

“不能实现之爱的戏剧性”

在《特里斯坦与伊索尔德》故事的所有版本中，爱情魔药都起着关键作用。在瓦格纳这里，这一幕发生在第一幕的结尾处，就在抵达康沃尔（威尔士）之前，而不是像斯特拉斯堡的戈特弗里德版本那样，发生在辽阔的海上。通过这一看似微小的干预，在中世纪诗人那里尚且是强迫性实现的爱的结合，在瓦格纳这里被阻止了。更重要的是：在瓦格纳这里，性行为在整部剧中都绝对被排除在场景之外：在任何地方都没有提到它，剧情时间也没有像《女武神》第一幕和第二幕之间那样给它留出空当。在19世纪的剧院里，**舞台上**出现肉体之爱当然是不可想象的——它只是间接地出现在关闭了的幕布后面；在威尔第那里也是如此。即便第二幕中特里斯坦与伊索尔德之间经典的爱的幽会，也是以不发生肉体之爱来设计的。在《特里斯坦与伊索尔德》的前两幕结束之后，女主角伊索尔德属于她合法的丈夫马尔克。但后者却放弃了他对婚姻的合法主张。[8]肉体之爱在整部作品的情节之中没有含蓄地出现一次；瓦格纳对戏剧条件的要求总是非常精确。[9]瓦格纳将爱情魔药推迟到抵达康沃尔之前，在第二幕中进行了漫长的哲学讨论（“白日谈话”），让马尔克国王和梅洛特直接发现了秘密，由此，瓦格纳创造了“不能实现之爱的戏剧性”。它是有计划性的；在上文已经提及的1854年12月16日致弗朗茨·李斯特的信中，瓦格纳并没有宣布要为**爱**建造一座纪念碑，而只是为**爱的梦想**而建。[10]这种爱的“满足”既不在文本中，也不在情节中发生，而只是发生在最纯正的音乐概念之中。因此，托马斯·曼仅仅在《特里斯坦与伊索尔德》的音乐中，而不是在情节中诊断出一种“色情”，是完全正确的，“这种色情在社会中还从未被展示过”。同样，恩斯特·布洛赫在这种音乐中发现“与性高潮的一致性”，他也是正确的。

图68　一页走遍世界的手稿：这张包含《特里斯坦与伊索尔德》前奏曲结尾的手稿，是西格弗里德·瓦格纳1930年送给指挥家阿图罗·托斯卡尼尼的，目的是让他长期与拜罗伊特音乐节绑定。托斯卡尼尼接受了这份礼物，却再也没有回来，因为他不满于纳粹主义者对拜罗伊特日益增加的影响。

瓦格纳创造这种“不能实现之爱的戏剧性”的目的是什么呢？自从《漂泊的荷兰人》以来，瓦格纳几乎只描述在危机情境下的爱。戏剧人瓦格纳无法将“完美的”爱作为他所有作品的主题，因为对于受众而言，这种爱的识别度很高，会阻碍接触更深的隐喻意义层面。观众对于在完美的爱中自身参与的欲望是如此强烈，导致将这种爱情背后的象征性内容主题化的尝试都不会有什么希望。只有不能实现的爱才能同时保证距离和同情，使爱可以明显看出来是个隐喻。然而，从行为者的角度来看，或许有很大不同。

伊索尔德

特里斯坦的侍从库尔韦纳尔嘲讽地称她为“爱尔兰姑娘”，因为对于他和其他男人来说，她在一个只有男人有话语权的国家的政治计算中只是一个形象。马尔克国王叫她“绝妙的女人”，但她对康沃尔的朝臣们来说依然陌生。伊索尔德代表着马尔克和他的臣民无法理解的一种生存原则。马尔克代表着以理性的政治手段运作的王权：国王的婚姻是为了确保和平；征服、抢劫和掠夺的古老传统已被更为明智的共处所取代。马尔克的国家中盛行着现代性精神。自从爱尔兰的统治者遵循同样的原则以来，伊索尔德就将她的族人斥为“破落的家庭”。因为她的氏族曾经拥有可以“掌控大海和风暴”的直觉的力量；这些力量现在已经退化，因此人们不得不诉诸她讨厌的政治联姻之类的把戏。

> 第一幕。在正午的灿烂阳光下，一艘船正驶向康沃尔的海岸。在遮挡住男性水手视线的闺房中，伊索尔德向她的女伴勃兰格妮透露了自己的悲惨境地。伊索尔德原本想向特里斯坦复仇，因为在前一次出征爱尔兰时，特里斯坦在战斗中杀死了她的未婚夫莫罗尔德。但莫罗尔德也在临死前刺伤了他。特里斯坦化名坦特里斯，被送到因治愈术和药剂而闻名的伊索尔德那里得到救护。通

过他剑上的缺口，她认出“坦特里斯”就是杀死她的未婚夫莫罗尔德的凶手。她要用剑杀死他，以这种方式来为莫罗尔德复仇，但特里斯坦直视着她的双眼，他们爱上了彼此。因此，伊索尔德没有采取报复行动，而是将特里斯坦治疗痊愈。特里斯坦没有对爱情做出承诺，而是回来，替他的君主马尔克国王，求娶她为新娘。因此她才在这艘船上。伊索尔德无法逃脱与国王的强制婚姻，伊索尔德在死亡中才能看到拯救。只有死亡才能阻止将她送给马尔克。她的母亲在临行前给伊索尔德带上了一剂毒药和一剂魔药，她应当将后者交给马尔克国王，好让他立刻就能爱上她。但是，伊索尔德要求女伴勃兰格妮为她准备好毒药。她想和特里斯坦一起服下这剂药。

在坚持要求下，特里斯坦终于进入她的闺房。在被问及为何他背叛了他们的爱情时，特里斯坦只能敷衍地指向“习俗”的约束。他准备好了和伊索尔德一起服下这剂毒药。但是，勃兰格妮故意调换了这两剂药——特里斯坦与伊索尔德都喝下了爱情魔药。

在外部活动完全停止的情况下，内部情节正在像灾难一样发生。在对死亡的期待中，特里斯坦与伊索尔德承认了“他们原本要一直缄口不言的爱”。[11]在对死亡的期待之中，出现了一种反抑制力，它战胜了所有的计划和克制；只有在死亡面前，这种爱的宣告才是可能的，它完全违反了社会规则。这是一种解放，通过它，传说中超自然的魔法行为获得了心理学上的证明。传说因此成为戏剧的真实情节。在对死亡的期待中，特里斯坦与伊索尔德失去了理智，但获得了一种更高层次的心灵的意识，即心的意识。

从音乐上讲，伊索尔德对死亡的呼唤在“死亡动机”中达到高潮。

这一在旋律上极富戏剧性的主题是作品的核心主导动机之一。在和声方面,它大大超出1850年前后纯粹的三和弦移调的范畴,而是在主题中间为降A大调—A大调,然后以f小调—小调结尾。在瓦格纳的大型管弦乐队的演奏下,这一动机在“献给死亡的头颅! /献给死亡的心!”(第一幕第二场)这一句就像是冲破了法律与现实的束缚。找不到比“死亡”更为醒目的音符,但是这一动机从未与真正的死亡联系在一起。特里斯坦、梅洛特、库尔韦纳尔和伊索尔德都死了,在音乐方面,都或多或少地以古典的和声关系来表现。“死亡动机”由于其文字联系而与遗忘、光的熄灭、毒药、昏厥、夜晚存在关联。

从第二幕的剧情可以看出,这一动机与意识的丧失状态有关。最重要的是,它伴随着特里斯坦的心理发展。这一动机在第三幕的最后一次响起非常突出:我们听到它不是在撕开绷带时,这是真正的致死原因,也不是在特里斯坦的最后一次呼吸时,而恰恰是在英雄昏厥的那一刻,在他失去意识的那一刻:“我怎么听到光? /灯,哈! /灯熄灭了!”瓦格纳的舞台说明:“特里斯坦,无法掌控自己,倒下了。”因此,“死亡动机”并不意味着现实生命的结束,而是理性思维的丧失,因此是某种状态不真实的、超验性的标志,这种状态被设想过,但不存在。

特里斯坦

他被称作“无与伦比的英雄”“所有帝国的奇迹”“荣誉的宝库”。但是在第一幕的一开始,英雄就处于他生命中最关键的阶段:他被伊索尔德爱着,并且他知道这一点。他爱伊索尔德,她也知道,尽管他们没有为此说过一句话。但是,特里斯坦不允许爱伊索尔德,因为他已经被一种更古老的关系所束缚。

> 伊索尔德明确提到能够将特里斯坦与伊索尔德分离的人："我照护这个受伤的人，/使他恢复健康，/那个从他手里夺取伊索尔德的人，就一定要报仇杀死他。"她恰好指出了特里斯坦的存在的根本问题：他的情感的双重纽带。直到后来，伊索尔德才指出，她指的是谁："如果我亲爱的人要避开我，/那他就独自待在梅洛特那里。"特里斯坦也很清楚："正是这位朋友，/他极其地、忠诚地爱慕（minnen）我。"

"爱慕"这个词，与《唐豪瑟》中"爱"（Minne）的用法一样，没有性的含义，而在《特里斯坦与伊索尔德》之中，性在情节开始之前可能存在，但在情节发展过程中并不存在。这是不能实现之爱的戏剧化结果。尽管如此，瓦格纳还是走到了文本误解的极限。[12]这种花哨的，或许也是故意为之的模棱两可的用词，在《特里斯坦与伊索尔德》脚本的某些地方导致了相当大的解释难题。应该在"字面上"理解到何种程度？特别是当它涉及女性之间（伊索尔德—勃兰格妮）或男性之间（特里斯坦—马尔克—库尔韦纳尔—梅洛特）的感情时。文本并不能提供清晰的解释——它似乎包含着所有的可能——但是在音乐中有着明确的陈述：自从托马斯·曼和恩斯特·布洛赫以来，性相关的音乐只是在特里斯坦与伊索尔德之间的"白日谈话"结束时才被听出来（第二幕第二场结尾），而同性之间的关系，相似的音乐段落则很难识别出来——如果不是完全没有的话。[13]瓦格纳偶尔夸张的语言让人想到1800年前后以及在此之前的一段时期，任何形式的友谊都以类似的夸大方式来描述；就连格鲁克的《伊菲姬尼在陶里德》之中，欧雷斯特和皮拉德斯之间也发出"深深的叹息"，"那么爱你的人"，但是从戏剧的角度来看，这仍然是完全中立的。[14]但是在1860年前后的《特里斯坦与伊索尔德》年代，这种说话方式是否还普遍呢？在脚本之中，男人之间似乎是绝对不会这样的。在夏尔·古诺的《罗密欧与朱丽叶》(1867)之中，罗密欧与茂丘西奥是密不可分的好友，但他们更愿意用剑说话，而不是用语言。在乔治·比才的《采珠人》(1863)之中，那迪尔和祖尔加也是密友，但是涉及渔村女祭司莱拉时，他们立刻成为死敌。1867年，威尔第和他的《堂卡洛斯》的脚本作者约瑟夫·梅里和卡米耶·迪·洛克莱则非常与众不同。对于堂卡洛斯和罗德里戈之间的友谊，他们虽然找到了最热切的表达好感的词汇，但这段友谊的目的却被他们主要定义为意识形态方面：它是关于“同样的、炽热的爱，对自由的爱”。[15]威尔第对此有何看法？在第二幕，友谊的音乐以战争的形式呈现；这就是一首战斗音乐！但在第四幕中，随着友谊旋律的最后一次响起，它似乎以缓慢的节拍和钢琴的形式成为记忆的动机；只有以这种形式，它才获得了全部的情感力量。魔术师威尔第在文本和音乐方面实现了双重超越：首先它从情感进入世界观，但是到最后，罗德里戈面对着政治谋杀，它又从意识形态回到爱和苦难。[16]

关于威尔第的这段话说明了在瓦格纳的《特里斯坦与伊索尔德》之前几年就已经发生了的事情：爱与友谊是复杂话语的隐喻。只有在这一层面上，《特里斯坦与伊索尔德》的词汇和瓦格纳在其中的新的语言表达才具有了明确的意义。从其隐喻意义的角度探讨这部作品独特的情节结构是值得的。

梅洛特是马尔克宫廷的朝臣；他在第三幕的死前哀叹呼唤的是他生命的核心，特里斯坦。梅洛特对特里斯坦的爱是占有性的。伊索尔德知道这一点：因此她要把特里斯坦争夺到自己这边，否则就让他被嫉妒的情敌杀死。特里斯坦预感到了这一点，并意识

> 到自己的绝望处境。他必须在朋友的剑和伊索尔德的复仇之间做出选择；无论他怎么做，都仿佛自杀。通过男女之间和男男之间情感纽带的双重结构，瓦格纳创造了一种戏剧性情景，正如上述写给玛蒂尔德·韦森东克的信所显示的那样，这引起了他对于戏剧演出的接受程度的担心——他怕这部剧会被禁演。为了创造最细腻的情感结构，脚本最大限度地承载了信息量。因为爱的这两种形式截然相反，他赋予它们的含义是如此不同。从第一种形式，特里斯坦对伊索尔德的爱中，产生出对瓦格纳来说伪叔本华式的“平静”[17]，只有不能实现的爱才能给予的“救赎”。如上所述，瓦格纳将其（产生创造性张力的）心理作用描述为“使意志完全平静的救赎之路”，为了“认出思想”，甚或部分地“参与天才”。但是，瓦格纳并没有宣扬盲目的非理性主义，而只是抗议夸张的理性主义，反对否认其情感联系的“理智”。第二种形式，特里斯坦、马尔克、库尔韦纳尔和梅洛特这几个男人之间的关系，形成对立面。尤其梅洛特是“白日”的体现，特里斯坦将其斥为“狡诈”“放肆”“邪恶”“撒谎”“虚荣”“虚伪”；瓦格纳因此将他分配给理性这一敌对阵营。

这段话直到今天也依然有意义；卡尔·波普尔认为，“理性主义和非理性主义之间的冲突是我们这个时代最重要的思想冲突，甚至是最重要的道德冲突”。[18]《特里斯坦与伊索尔德》的结构显示出，这个论断在瓦格纳这里也多么适用：作曲家在这里没有为两个主角中的任何一个准备个人的音乐主题，代之以两个音乐上特别强烈的主导动机，分别代表“白日”/“光”和“黑夜”/“死亡”的意义范围，它们背后隐藏着“意识”的隐喻。早在波普尔之前，瓦格纳就对理智和情感层面的分裂提出抗议，梦想着它们相互促进的结合成为“天才”。这种痴心妄想投射到特里斯坦与伊索尔德的关系上，一个始终危机重重，但具有整体性的概念。“只有”理性的人对瓦格纳来说是不完整的。在《特里斯坦与伊索尔德》中，这投射在男性世界，尤其是梅洛特身上。第二种爱的形式，特里斯坦和梅洛特的关系，是特里斯坦与伊索尔德关系的象征性的、辩证的对立面。特里斯坦和梅洛特是“挣脱开意志的理性”的体现；代表这种思维方式的还有并不总是父爱的马尔克对其外甥特里斯坦的爱[19]，以及后者对其侍从库尔韦纳尔的态度。

致命三角：特里斯坦—伊索尔德—梅洛特

在两种爱的形式中，瓦格纳继续他的反现代的文化批评；梅洛特成为主要的目标。

> 梅洛特没有创造力，因为他只是一个微不足道的宫廷侍从。从音乐上看，他只是一个边缘人物，在一部拥有近2400行文本的戏剧之中，只有15行唱词。但他的作用是巨大的，尤其是他不出现在舞台上的时候：他的存在本身就像是一把达摩克利斯之剑，威胁着特里斯坦与伊索尔德的爱情。梅洛特主要是在后台行动；他是一个叛徒，他是破坏者，根本就是恶魔本身。由于梅洛特，特里斯坦与伊索尔德的二人爱情关系变成了伊索尔德—特里斯坦—梅洛特的三角关系，由此出现了两个相互对立的爱情观的辩证建构。因此，对特里斯坦与伊索尔德“平凡的”爱的通常解释就都不太完整了。事实上的三角关系是极其危险的；这关乎生与死。但是，瓦格纳并没有赋予梅洛特这个角色以特征，甚至没有一个“坏”的

标签，因为他变成叛徒并非出于恶，而是由于受伤的爱。梅洛特的作用很难衡量；无论如何，作为反面形象，他成为特里斯坦意识问题的中心。

两名主角在舞台上的第一次重逢发生在第二幕第二场中。马尔克国王和他的宫廷即将举行夜间狩猎。伊索尔德留了下来，等待着特里斯坦。这次相遇是其他类似主题的代表。只有三个事实被传达出来：1. 特里斯坦与伊索尔德到达了马尔克国王这里；2. 马尔克国王还没有与伊索尔德成婚；3. 梅洛特在船上就已经注意到了特里斯坦的变化，并充满了不祥的嫉妒。

第二幕的前奏曲以一个锐利、简短的动机开始，具有类似信号的效果，就像一道强势插入的闪电：四个音符，仅此而已！它们构成下行的五度音，并在两个音度之后重新上升。它表现的应当是某种巨大能量的破坏力。这是“白日的动机”，是第二幕和第三幕的基本要素之一。它由最纯粹的全音程暴露在相对简单的和声之中。通过第三小节在减弱的七和弦中出现的强颤音，表现了一些具有威胁性的东西，似乎代表着真正的危险。在接下来的文本中，它与白天、光明、光线、敌人、痛苦、苦难、名望、荣誉等概念结合在一起，并在音乐上成为“死亡动机”的敌对力量。瓦格纳使用“白天”和“死亡”这两个动机，从音乐上定义了他的爱的概念；主要动机的辩证法，对应于瓦格纳在人物及其隐喻之间建立的敌友关系。因此可想而知，“白日的动机”在意义上属于“死亡动机”的相反领域：理智和意识。因此，“白日的动机”也可以被称为“意识的动机”；[20]但是“意识”必须用引号括起来，以免与当今的术语混淆。[21]主导动机的侵略性让人想起瓦格纳不仅在苏黎世的艺术著作中，也在1850年前后的书信中对理性主义发出的批评。[22]“白日的动机”的动态发展（这一幕开始时很强，第二幕第二场结束时轻缓、温柔、柔软、富有表现力）表明，瓦格纳想以此来展现对理性力量的逐步驯服、对创造性两极的建设。

第二幕第二场是整部剧的核心。它分为三个部分；从思想流的角度来看，它遵循一种奏鸣曲的模式。第一部分是关于爱的，甚至是关于“爱本身”；在第二部分，也就是著名的“白日谈话”之中，对爱的象征意义的可转移性进行了考察；而在第三部分，也就是某种重复中，又回顾了关于“爱本身”的对话，同时包含了中间部分的谈话结果：奏鸣曲形式作为黑格尔式正题、反题、合题的发展。第一部分是典型的爱情二重唱；管弦乐陷入某种难以形容的声音的暴风雨中几乎一片混乱，并最终沿着《女武神》中类似动机的模式流入了“爱的动机”之中。中间部分带来了彻底的变化。恋人们不谈论爱情，而是赋予他们的对话越来越抽象的特征。音乐很快就以“白日的动机”为主导，该动机以各种变化几乎不断地出现。从现在开始，瓦格纳将“光”、“白日”和“夜晚”等主要概念与语言上并不匹配的属性结合在一起，从而创造出散发着极大诗意魅力，但难以先验地理解的语言形象。开头提到的对文本的判断，指的就是“白日谈话”这一部分，可以进一步加以补充：“滔滔不绝的[……]话语实际上已经变得多余了”（A. 钱保伊语）；“没有情节，甚至没有话语”（C. 达尔豪斯语）。实际上，人们会对瓦格纳赋予“光明”和“白日”这些概念的属性改到惊讶：谈到了白日的“嫉妒”，而且白日是“潜伏着危险的”“怪异的”“威胁性的”“邪恶的”“固执的”“撒谎的”“自负的”“虚假的”“荒凉的”“嫉妒的”“吹嘘的”……从字面的含义来看，这些属性在这里没有意义。这一看似超现实的话语占据了总谱的107页，这是整部作品的十分之一！并且正好位于中间的位置。

在现有的《特里斯坦与伊索尔德》分析中，几乎没有涉及“白日谈话”；直到最近，它在演出时还一直遭到大幅度的删减。在瓦格纳的所有成熟作品中，都有一些暂停情节、为抽象思想的讨论留出空间和时间的地方。然而，在《特里斯坦与伊索尔德》之中，瓦格纳几乎把情节完全转移到了角色内心，此前从未有过一部歌剧拥有如此少的外部情节。从这个意义上讲，《特里斯坦与伊索尔德》的戏剧性令人惊讶：当伟大的爱即将终结时，它就还原成了抽象的对话。事实证明：爱在这部剧中并不是自为的，而是通往其他意义层面的钥匙，这些层面虽然可以在**情感上**通过音乐的超验力量抵达，却无法通过作品内在的语言逻辑获得。瓦格纳在《罗恩格林》中已经使用了这种技术，并在稍后的1851年给出了解释：“艾尔莎是无意识、不自觉的，而有意识的、自觉的罗恩格林的天性渴望在这之中获得救赎。”（*GSD*，卷IV，301）作为合题，瓦格纳当时设想了一种“无意识的意识”。1854年之后，他或许会用叔本华的概念“更好的意识”来称呼日常生活向创造力的转化。《罗恩格林》谈的是浪漫艺术家的意识觉醒，他不是为自己而活，而是生活在社会的—政治的框架内，必须承担黑格尔的世界精神承载者的使命。瓦格纳称其为绝对的艺术家。他必须忍受“具有现代批判意识的必要艺术感觉”的“常胜冲突”，也就是说，与现代性斗争到底（*GSD*，卷IV，301）。

在“白日谈话”中，伊索尔德与深受苦难的特里斯坦对谈；这也是一场治疗谈话，或者是一场忏悔，用的通常是彻底的宗教口吻。特里斯坦是宫廷秩序里无情算计的囚徒；自从与伊索尔德的第一次相遇以来，他生出了与这种秩序相矛盾的内心波澜，这威胁到了特里斯坦在一个男性的—理性的政治世界中的得体行为。他为国王求娶伊索尔德，再次表现为出色的外交官。但这是对他的灵魂的背叛，在伊索尔德的目光中，他才在生命中第一次认识到了原因。将1851年的《罗恩格林》评论与1857年的《特里斯坦与伊索尔德》文本叠加,可能有助于我们理解“白日谈话”,这当然等于是让诗歌文本变形。

> 当特里斯坦唱道:光亮! 亮光! /啊,那亮光。/多久不灭! /太阳落,白日尽,/他抑制不住/自己的妒忌心[……]可以解释如下:长期以来,理性的“光”超出所有的事物,甚至心灵的力量都无法胜过。即使在这种“光”偶尔消失的时候,它仍然坚持要求仅仅依靠理智来掌控生活……伊索尔德回答的原文是:但是爱人的手/熄灭了灯光;/即使我的侍女拦住我,/我也不畏缩不前。/我有爱神的权力和保护,/去反抗白昼!

换个说法,这或许也意味着:伊索尔德不让特里斯坦说那些恼人的怨言。尽管勃兰格妮希望保护伊索尔德免受男性世界带来的危险,但伊索尔德完全接受了内心的呼唤:她仅凭爱的力量对抗欺骗的理性。这种“翻译”可以继续如下:

> 特里斯坦的思想是“理性的”,是一切直觉的敌人;他非常想消灭这种痛苦的意识(熄灭光亮[……]/那令人厌恶的白日),以遵循心的呼唤。没有什么比这种对社会利益的争夺更糟糕的了。伊索尔德指责爱人,通过背叛自己的心而欺骗了她(不就是在白天/公然撒谎),第二次前往爱尔兰,将她献给马尔克国王。特里斯坦很哀伤:伊索尔德作为国王新娘的名声刺伤了他,使他失去了任何精神上的价值感(白昼! 白昼/阳光照耀着你[……]伊索尔德离开了我!)。为国王求娶她的冒险使他着迷,使得每一丝心灵的悸动都沉静下来。通过替马尔克国王求爱,他用她来追求名望和

荣誉。因为只有通过最高级别的冒险活动才能抑制对照耀全世界的光芒的价值的怀疑:恰恰是在他(因莫罗尔德之死)而被放逐的国家,在爱尔兰,冒着生命的危险,为了马尔克国王去争取最高级别的装饰品,那位灵魂的新娘。伊索尔德:哦,理智的可怜奴隶!(啊,虚荣的白日的奴隶!)

伊索尔德从她的角度解释了,面对特里斯坦的背叛,她的爱如何变成了仇恨。复仇的愿望在船上再次燃起。但这最终指明了特里斯坦摆脱矛盾的出路:“甜蜜的死亡/就在你的手里。/我已认出死亡,/你把它向我呈献;[……]崇高的黑夜的力量/在我胸中/渐渐地扩展;/我的日子就此算完。”死亡提供了出路——通过伊索尔德和梅洛特而人格化。在梅洛特的剑和伊索尔德的(毒)药之间,他最终选择了后者,即“甜蜜的死亡”,伊索尔德之爱的“黑夜”,为了避免在与梅洛特的战斗中被杀而蓄意的自杀。[23]“穿过死亡之门[……]给我展现/神奇的夜的王国。/否则,我以前只在梦中见过。[……]啊,我们已是/献给黑夜的牺牲品!/这狡猾的白天,/怀着妒忌之心,/它用欺骗能把我们分开,/但是它的谎言不再能迷惑我们!”在这种奇妙的矛盾语言之后,是对特里斯坦之爱的概括:“谁爱看死寂的黑夜,/就了解夜的深层的秘密:/白天的谎言,/荣誉和名声,[……]都会像太阳中的空虚尘埃,/在知情人面前烟消云散!/在白天的空虚幻象中/只留存着唯一的渴望——/渴望去/那神圣的夜,/只有在夜里,/一切都真正永恒。/爱的喜悦向着他微笑!”非理性的“神圣的夜”上升为特里斯坦之“爱”的目标和意义,这是一种完全以自我为中心的情感。理性的消亡是爱,并取代了其感性的内容,因此肉体在戏剧安排中是缺失的。[24]

瓦格纳的“白日谈话”，所谓的“怪诞”和“晦涩”的对话，结束于一种夜间的、麻醉般的魔术音乐（“爱情之夜／请降临到我们头上”），这里开始了第二场的最后一部分，从前一个讨论中回到爱的主题。前一个部分中讨论的“死亡”与“夜晚”之类的概念现在具有了新的含义，即情感的同义词，形象地表示为理智的“死亡”或“夜晚”。在前一部分中可以被理解为对社会理性的谴责的，现在以一种非凡的诗意魅力和无与伦比的音乐奇迹融入了爱的意象。文本是一种神秘的—宗教式的“交融”——可以听到对爱之神性的祈祷。通过消除对恐惧的幻想、成为世界的救赎，爱实际上成为宗教。在“白日谈话”部分常常使人紧张、有时显得脆弱且很少具有形象性的音乐，通过爱之平静的旋律达到美学的高度，这极大地提高了作品的声望，并通过其暗示性的力量为实际上只是想象的爱赋予了一些实际的东西。音乐宛如一场雷暴的爆发，只有勃兰格妮意识到，这不是爱本身，而只是**爱的梦想**在笑。[25]

如果特里斯坦的“意识形态”继续观念论—浪漫派的反理性主义传统，那么瓦格纳在这里——与《尼伯龙人的指环》相反——则拒绝使用清晰刻画的反面人物。在《特里斯坦与伊索尔德》之中，反面的世界，即梅洛特和“男人们”，在主角身上是如此内化，因此主要的敌人最终存在于特里斯坦的心中。在他极度的非理性主义——对他从前的、过度的理性的反应——之中，他向由理性构成的启蒙社会宣战，即便只是被社会不允许的爱和不负责任的自杀所掩盖。但下一个场景表明，特里斯坦性爱化了的逃避世界的行为，只是一种在有缺陷的、基本无沟通的爱情关系中的虚假解决方案；只是在音乐上得到增强的性爱原则仍然是纯粹的幻想，只是存在一个“**爱的梦想**”。

现实中无法实现的爱的认知目的，在勃兰格妮刺入骨髓的尖叫之后，通过马尔克国王和随从的闯入而被扬弃了（第二幕第三场）。这些“白日的幽灵”——特里斯坦如此称呼他们——摧毁了他的人造天堂，且一并摧毁了通过爱和死亡获得救赎的美丽幻想。“白日的幽灵”代表着社会中的权威，他们不接受不道德的爱（本意为：通奸），正如不接受充满幻想的梦。但第一个谴责者并非马尔克，而是因嫉妒而告密的梅洛特。马尔克用展现出真正人性的深深的悲哀，斥责特里斯坦的背叛——背叛友谊，且同时通过否定社会秩序而造成精神上的背叛。对于特里斯坦来说，“救赎”的幻想终于崩溃了。他不为自己辩护，仿佛不在场一般。“颤抖，激烈”，舞台说明如此标注，他激动地说：“白天的幽灵！/早晨的美梦！/欺骗和空虚！/无影又无踪！”特里斯坦公开地亲吻伊索尔德，从而激起了梅洛特的嫉妒（舞台说明：“梅洛特怒不可遏”）。马尔克是唯一有权利的人，但他还没有提出要求，梅洛特就拔出了剑威胁特里斯坦；后者很快转身也拔出了武器，他的目光盯着梅洛特的眼睛：“他曾是我的朋友，/他曾高尚且可贵地爱过我。”特里斯坦要求朋友与他搏斗；“梅洛特以剑相迎，特里斯坦任凭手中的剑跌落，受伤后倒在库尔韦纳尔的怀里[……]马尔克制止住梅洛特”。幕布在特里斯坦第二次尝试自杀时落下来。

爱的危机反映了更为根本的情感危机：**无法与他人真正地沟通**。这种对于无私的爱的无能被瓦格纳认为是现代性的征候，但这是人类的一个基本问题，证明了作品的思想内容的普适性。

第三幕发生在布列塔尼。自从被梅洛特刺伤以来，特里斯坦一直处于昏迷状态。库尔韦纳尔将他的主人带到卡雷奥尔，这是特里斯坦的父亲留下的城堡。当特里斯坦最终醒来时，他很快就明白了自己的处境。对伊索尔德的回忆维系着他的生命，尽管他对可恨的意识发出诅咒："该死的白天和你的强光！/你一定要使我永远感到痛苦？[……]哎，伊索尔德，你什么时候熄灭这火光？"

库尔韦纳尔告诉他伊索尔德的船到来了，特里斯坦意乱情迷，扯掉了伤口上的绷带。因此，当伊索尔德拥抱他时，他已经近乎流血至死："我怎么听到光？/灯光，哈！/灯光灭了！"特里斯坦昏倒（"死亡动机"猛地变强，掩盖并粉碎了"爱的动机"）。伊索尔德"接住他，抱入怀里"。舞台上再也没有比这更清晰的哀悼基督的形象了。马尔克国王也来了，伊索尔德向他解释了真相，他愿意原谅特里斯坦，也不再阻碍他的爱情幸福，库尔韦纳尔杀死了梅洛特，然后自己也死了，但这一切对相爱的人来说都太迟了。特里斯坦的自杀同时也杀死了伊索尔德。但是在咽下最后一口气之前，她开始了最后的吟唱，这是19世纪的音乐最伟大的创造之一："在这汹涌的浪涛中/在这响亮的声音中，/在这于世界的呼吸之内/飘摇的宇宙中——/淹死，/沉没——/无意识地——/极乐！"

当瓦格纳在《特里斯坦与伊索尔德》中将他的文化批评作为一种意识的戏剧来发展时，女性成为胜利者。伊索尔德即便在失败中也保持着伟大和尊严：只有在她身上，**爱的哲学**才得到探讨，正如它在《诸神的黄昏》中在布仑希尔德的形象中具体化了一般。在特里斯坦病态的、通往自杀情结的非理性主义与他如此出色地代表着的理性的男性世界的冲突之中，伊索尔德展现了一条艺术上的光辉的中间道路。博爱只在伊索尔德身上得到体现，而特里斯坦的形象常常只让人看到一种利己主义的反爱的特征。相反，在伊索尔德的“明确的女性气质”中，直觉的力量绝不会像特里斯坦在他妄想的分裂中所希望的那样会排斥理智，而是会通过包容思想和灵魂的各部分而实现上述“更好的意识”，一种与后现代的概念相似的观念。《特里斯坦与伊索尔德》在各方面都是瓦格纳最具革命性的作品。此前男性英雄主义从未受到如此质疑，更不用说被解构了，而除了贝多芬的莱奥诺拉之外，也没有任何一个女主角被提高到伊索尔德的高度上，事实上被神化了。这种对经典的性别角色的颠覆为20世纪做好了准备。

隐喻形成自己的语言

《特里斯坦与伊索尔德》最大限度地脱离了当时的歌剧习惯，从而证实了新的艺术观念需要新的表达方式与新的语言这一规则。没有任何多余的风格上的新颖性（即为了新而新），每一处作曲上的创新都对应着一个新的思想。半音音阶的使用本身不是目的，它的意义可以通过与它对应的自然音阶的特性来定义。《特里斯坦与伊索尔德》的自然音阶被大大低估了，它的意义在音乐研究中尚未得到展现。这里仅能略作提及。《特里斯坦与伊索尔德》的自然音阶遵循着一切理性的、现实的、男性的和自我指涉的东西。半音音阶则与它们的反面联系在一起，与直觉的、非现实的、心灵的和象征性的东西相联系。在这方面，音乐通常是附加的，有时甚至是唯一的指南，以确定哪些诗句应按照原本的意义，哪些应按照象征的—隐喻的含义来理解。

与自然音阶—半音音阶问题类似的还有和声。具有经典结构和功能的“清晰的”和声在意义上与自然音阶相对应，而紧张的和声和变和弦则延续了半音音阶的意义。这些现象常常是密不可分的。因此，如果《特里斯坦与伊索尔德》的变和弦没有出色地赋予它独特的光环的话，作品开始的主题便会显得相对平淡、较少色彩。在这种情况下，和弦，和声，是真正的主导动机。在第一幕的前奏曲和爱情魔药的场景中，和弦的基本形式仍未解决；经过最剧烈的改变之后，它变成了一种属七和弦的柔和形式，但仍然保持在一个相对不和谐的状态。只要特里斯坦的问题仍然悬而未决，未解决的和声，即表达欲望的主要代表，就仍占主导地位。在第二幕结束时，为他找到**真正的**解决方案——自杀——的那一刻，"特里斯坦和弦"得到了解决——尽管是**违反规则**的，绕过了基本调式，通向遥远的重属和弦的平行和弦。音乐上的"错误"解决方案因此成为特里斯坦死亡方式的违背规则、违背生命的写照。"特里斯坦和弦"的处理当然只是一个例子，是作品主要趋势的一个征兆，其中未解决或违背规则解决的和声象征着如此救赎的渴望：对无法实现、无法到达的东西的渴望——对更高、更美、更远的追求始终遵循着一种偏袒——以其绝对的形式朝向无法实现之物的超越。

通过此处概述的新的语言学方法，瓦格纳成功地为托马斯·曼所说的"反对理性的感性国度"创造出尽可能高的艺术表现：浪漫时代之人的"人造天堂"。瓦格纳用《特里斯坦与伊索尔德》的语言实现了更多。他甚至知道，他此后再也找不到提高表现力的可能。因为在《特里斯坦与伊索尔德》中，瓦格纳实现了黑格尔的要求，音乐——或更广泛地说，艺术——以其最完整的形式臣服于思想。《特里斯坦与伊索尔德》的音乐不是独立的；在它表面上的远离意识形态之中，它以一种升华的语调根本上参与了瓦格纳及其先驱者的思想体系。

26

巴黎与《唐豪瑟》丑闻

图69　巴黎皇家剧院内景，1861年，这里进行了三场《唐豪瑟》的演出，这是19世纪最为壮观的剧院丑闻之一。

自掏腰包的成功音乐会

瓦格纳非常清楚，为了帮助《特里斯坦与伊索尔德》上演，他要取得所有报纸都争相报道的成功。但没有德累斯顿的大赦，一半艺术世界都对他关上了大门。因此，他有了再次去巴黎碰运气的计划。他于1859年9月15日开始了第二次长时间的停留，这次一直待到1861年7月，尽管中间也有中断。自10月20日起，他住在牛顿街的一座安静的房子里，明娜于11月17日也搬了过来。夫妇俩住在不同的楼层，正如他明确告诉她的那样，瓦格纳不想再与明娜有任何性关系。1860年5月，他们不得不再次搬家，因为街道上的建筑噪声变得令人难以忍受。

他在巴黎戏剧界最近的联系人是莱昂·卡瓦洛，歌剧院的负责人。从一开始，他就被《唐豪瑟》所吸引，与瓦格纳进行了初步交流。瓦格纳邀请他过来预谈，卡瓦洛对他解释说，《唐豪瑟》和瓦格纳对巴黎人来说是同义词，因此不考虑其他作品。

瓦格纳最初考虑在巴黎举行为期两个月的德意志歌剧演出季的可能性，此前已有过类似先例。为此必须结识有影响力的人，在这一点上，他得到了汉斯·冯·比洛的熟人，奥古斯特·德·加斯佩里尼医生的大力帮助。他很快就同意加斯佩里尼的观点，要先举办几场音乐会，好让瓦格纳的音乐在巴黎广为人知。李斯特从前的秘书，瓦格纳的老熟人贝洛尼可能会特别有帮助。贝洛尼的合伙人贾科梅利的办公室很快就成为所有进一步计划的战略基地。要先找到并租下合适的音乐厅——大歌剧院和它的管弦乐队当然是最佳选择，为此要先求助于拿破仑三世。然而，实现这一目标的所有道路都暂时走不通，瓦格纳在《我的生平》中再次将之归结于迈耶贝尔的恶劣影响（*ML*, 610）。必须不断地提醒这部自传的读者这个神话的主线，而在创作《特里斯坦与伊索尔德》的这段时间完全没提过迈耶贝尔，那么此刻就是时候了。

在大歌剧院暂时碰壁之后，瓦格纳转向“第二选择”——意大利歌剧院，其负责人是卡尔萨多。在使用了只有瓦格纳能驾驭的飓风般的说服力之后——这让那位老奸巨猾的经纪人贾科梅利都大吃一惊——

卡尔萨多才同意租借三个晚上，每晚要价4000法郎。尽管经受了第二轮恳求的狂轰滥炸，他也不愿意在价格上让步了。下一步是寻找管弦乐队。瓦格纳目标明确地求助于柏辽兹，他非常了解这方面的情况。他向瓦格纳的经纪人提供建议，表现得非常合作；直到柏辽兹夫人闯进经纪人办公室的那天，为贾科梅利和贝洛尼服务于瓦格纳而感到愤慨。根据《我的生平》所述，贝洛尼似乎立即发现了迈耶贝尔刚刚送了一条珍贵的手链给柏辽兹夫人（*ML*，612）。但这样的礼物可比通常的礼尚往来要超出许多。此外，迈耶贝尔1859年秋天待在柏林，他在那里正投入于席勒诞辰纪念游行的作曲，这次盛会于11月10日举行。迈耶贝尔习惯于在日记中扼要地写下所有书面委托；但他的日记之中完全没有提到柏辽兹夫人的话题。

瓦格纳显然是凭空捏造的攻击是极不公正的，因为迈耶贝尔在1860年10月6日第一个签署了提案，推荐瓦格纳成为柏林艺术学院的正式成员。[1]如果迈耶贝尔热衷于针对瓦格纳四处煽动，那么阻止这份提案就将会是很容易的事情：跟他一起签名的人（巴赫、格雷尔、J. 施耐德、H. 多恩、F. 科默）都是地区性的风云人物，但在学院的文化政策舞台上跟当时最著名的歌剧作曲家迈耶贝尔相比没有任何分量。[2]因此，瓦格纳在1872年写下《我的生平》第三部分时，对1860年的事实进行了近乎怪诞的扭曲，以便在一离开瑞士之后就立即重拾迈耶贝尔的劲敌神话，并给它混入了最刺眼的色彩。

让我们回到巴黎的音乐会事务和瓦格纳的家庭生活。明娜到来后——她带来了狗和鹦鹉——旧的争吵再度开始，因为瓦格纳以令人惊恐的奢华装饰了房子。发生了一些可能会推迟可预见的财务灾难的事情。维也纳的乐队长海因里希·埃塞尔，[3]曾在瓦格纳离开苏黎世的“避难所”之前不久拜访过他，带着美因茨的音乐出版商肖特的委托到来了,这是一家德意志音乐产业的领头公司。瓦格纳果断地将《莱茵的黄金》以1万法郎的价格卖给了他,并给了他以同样价格购买《尼伯龙人的指环》其余部分的优先权——尽管前三部已经卖给了奥托·韦森东克。他向后者提供《诸神的黄昏》的出版权作为补偿,当然这部剧还没有写下一个音符。

由于从苏黎世带来的靠把歌剧权利出让给韦森东克赚到的钱已经花得差不多了,因此期待中的《莱茵的黄金》稿酬给加埃塔诺·贝洛尼提供了他非常渴望的与意大利歌剧院和管弦乐队音乐家达成协议的保证金。他还订了一个合唱团,抄写员每天都来誊写管弦乐队和合唱团所需的材料。在这种喧闹中,汉斯·冯·比洛到来了,他立刻在需要的地方全力投入帮助。1860年1月25日的第一场音乐会便取得了巨大成功。包括《特里斯坦与伊索尔德》在内的所有作品都有片段上演,每一支乐曲都受到好评。然而报应来了,瓦格纳没有像巴黎惯常的那样受到报界的吹捧。比媒体的负面反响更糟糕的是财务上的结果:收入近6000法郎,但支出高达1.1万法郎。1860年2月1日的音乐会只带来了2000法郎的收益,而观众数量只是通过免费入场券来粉饰的,这时肖特付的钱已经花光了,人们不得不怀疑第三场音乐会是否还能办得下去。只有在加斯佩里尼找到担保人贷了一笔款之后,他们才能振作起来。这次虽然也要派发免费入场券来填充所有座位,但是付费观众的比例却大大提高了。

从经济上看,这次计划是一个彻底的惨败。因此,战后几乎所有的评论者都对瓦格纳口诛笔伐。大错特错。因为单独一场音乐会在巴黎望不到边际的音乐产业里是没有一点作用的。相反,瓦格纳的行事代表着他对音乐会、音乐实践和法国人心态的熟悉:在那里,只有非同寻常才能获得关注。三场专门献给出色的“未来音乐”——这个在德意志被当作骂人的词的术语，在莱茵河对岸也像一道野火一般蔓延开来——的音乐会，这是记者们在演出开始之前很久就讨论了很多的话题。即使他们大部分是恶意的，但也符合当时音乐会的铁律：即使是最负面的报道也有助于成名；恶意越大，就越能引起好奇心！因此，没有一张报纸不发表意见，即便很少说它“好”。

第二点是——我必须作为音乐行业的从业者发表我的意见——当时瓦格纳的音乐还是非常陌生的，每场音乐会仅仅排练两次，最优秀的音乐家也无法期望获得真正好的结果。瓦格纳非常清楚这一点，这也是他如此坚持第三场音乐会的原因，即便冒着债台高筑的风险：因为他很清楚，在这样的行动中会经历一个成熟的过程，在优秀的音乐家手下，从一场音乐会到下一场可以听出质的飞跃。后来的理查德·施特劳斯、勋伯格、斯特拉文斯基、巴托克和其他所有音乐新人都是如此，直到今天也未曾改变。

因此，瓦格纳是对的。他在音乐会前的诽谤策略理应获得所有批评，这恰恰是因为所有传记作者都对此保持沉默，更糟的甚至接受了瓦格纳的无理指责；但对于这些巴黎的音乐会，他理应获得赞赏。这需要勇气和**使命感**。长期的影响力证明了他双倍的正确。因为就连经常能看到的对他不负责任地处理金钱和债务问题的指控，有时也只有很短暂的影响。瓦格纳坚信车到山前必有路，这可以从一个非常务实的角度来理解：他是劝服别人的大师，甚至能把人说得**无言以对**，他把纠缠和魅力与感染力交织在一起，让许多听者都摇摆于迷恋和厌恶之间。无论如何，他几乎一生都以这种方式成功地为他的项目找到了赞助人，也是在巴黎，正如我们将看到的那样。因此，瓦格纳的计算最终完全实现：一次比一次成功的音乐会的情况，虽然没有反映到巴黎的报纸上，但很快传遍了全欧洲。尤其是瓦格纳对媒体的蔑视被大加报道，对之做出的判断也是他们所看到的：一个过于顽固的艺术家对媒体的冷落表达出的愤怒。激动的音乐会观众转向瓦格纳，其中包括后来的大歌剧院负责人埃米尔·佩兰，1860年出版了第一本法语的关于瓦格纳的小册子的尚弗勒里，[4]就连伟大的列夫·托尔斯泰也来接近他。但最重要的是夏尔·波德莱尔，他在一年后的1861年带来了《理查德·瓦格纳与〈唐豪瑟〉》。他先是给瓦格纳写了一封信，在信中用最大胆的隐喻表达了他的钦佩之情，并用文字总结了他在瓦格纳的音乐中感受到的情感：

> 这似乎就是我自己的音乐；我再次认出了它，就像每个人都能认出他注定要爱的东西！［……］先生，我再次感谢您。您把我重新带回了我自己，带回我伟大的黑暗时刻。[5]

此后，最早的法国瓦格纳信徒在瓦格纳的接受史中发挥了关键作用。

罗西尼、保利娜·梅特涅侯爵夫人与救世主卡勒吉斯

瓦格纳现在成了城中的话题。按照巴黎习俗，他现在可以告诉所有的新老朋友，他每周三晚开门迎客，在他香榭丽舍大街上的新住所里，这就是他的沙龙的构成：圣桑、古诺、雷耶、斯蒂芬·海勒和其他作曲家都向他伸出手，古斯塔夫·多雷具有很强的亲和力并在许多方面都与瓦格纳一致，作家儒勒·尚弗勒里和卡蒂勒·孟戴斯，以及卢浮宫的乐队长和其他许多名人都表达了敬意。瓦格纳在伦敦结识的玛尔维达·冯·迈森布格[6]不仅定期来访，还在许多方面发挥着越来越重要的

帮助作用，包括财务方面。瓦格纳与焦阿基诺·罗西尼的相识非常有趣。有人对他说，他给一位公开支持瓦格纳的朋友上了没有酱汁的鱼。面对朋友惊讶的疑问，据说这位老艺术家回答道，对**没有旋律的音乐**感到满意的人，吃这个就足够了。罗西尼后来在报纸上登了一条启事，说他永远不会对能够“扩大艺术领域”的人开这么恶劣的玩笑。瓦格纳为此表示感谢，去拜访了他，这促成了双方的友好交流。阿莱维也支持瓦格纳——很明显，这样的公开讨论对新来的音乐家非常有帮助。

但是，成为城内的文化话题并不能保证带来新的合作。财政部长阿希尔·富尔德，一个犹太银行家的儿子，据说也是迈耶贝尔的朋友，在阻碍瓦格纳觐见拿破仑三世的道路中发挥了什么作用，现在已无法查清。无论如何，瓦格纳一再提到他的负面影响。但是迈耶贝尔仍然在柏林，并且可以肯定的是，他没有从柏林就此发出任何指示：在这有争议的几个月里，阿希尔·富尔德在迈耶贝尔的书信和日记中一次都没有出现过，因此可以将瓦格纳又归因于迈耶贝尔的不可救药的不良影响的敌意，放心地再次将它视为其恶毒神话的一部分；上面写着：只有连国务大臣设下的陷阱都能绕过去的艺术英雄，才有资格攀登奥林匹斯山！

根据《我的生平》，瓦格纳绕过富尔德的陷阱，是因为结识了马尼昂元帅，他来听了瓦格纳的三场音乐会，并为它们激动不已。他承诺亲自去政府斡旋。但更有帮助的或许是，好人汉斯·冯·比洛从柏林带来了给普鲁士大使普塔莱斯伯爵的推荐信。比洛安排了一场晚宴，瓦格纳得以合乎其身份地邀请伯爵赴宴，而他的期望没有落空：奢华的菜单可以在一个花花公子这里消除掉最后一丝障碍。判断艺术品质或许并不是这位贵族外交官的事情，但是一流的美食却不仅仅在法国具有超凡的说服力。普塔莱斯为他开辟了通向皇帝的司库大臣巴乔基伯爵的道路。现在，瓦格纳终于到达了乏味的、对于艺术事务一无所知的帝国贵族等级中的正确位置，这些贵族有权决定是否委托瓦格纳创作一部新的歌剧。歌剧院的负责人鲁瓦耶（他当然懂得更多门道）只是执行命令而已……

但是，用全新的主题创作一部全新的歌剧，现在并不符合瓦格纳的观念，他已经沉浸于进行中的项目好几年了。反复进行的磋商再度停滞不前。然后发生了“奇迹”，就像瓦格纳至少每年都需要一次的那样，而这次的奇迹又是一个女人。保利娜·梅特涅侯爵夫人，奥地利驻巴黎大使的妻子，作为一位社交名媛并非是毫无影响力的：她的沙龙在第二帝国时期的巴黎树立了风范。显然，保利娜·梅特涅对于瞄准未来的行动有着天生的嗅觉。她知道如何让法国皇帝承受某种难以抗拒的女性的压力，因此有一天早上，普鲁士大使馆的随员哈茨费尔德伯爵按响了瓦格纳家的门铃，他带来消息说，拿破仑三世前一天亲自点了《唐豪瑟》。瓦格纳对事件的过程感到不舒服。在第一次拜访鲁瓦耶时他就不得不承认，大歌剧院主要不是一个艺术机构，而是贵族的娱乐场所。观众们无所谓晚上由谁来上演歌剧，只需要“配得上”。这就意味着，人们期待瓦格纳对他的歌剧进行深入的改造。第二幕中必须加进大型芭蕾舞。

自拿破仑三世钦点了《唐豪瑟》以后，瓦格纳的周三招待会就被各种各样的陌生人占领了。但是熟人也越来越频繁地到场，例如卢浮宫的文物保管员弗雷德里克·维约，他拥有所有买得到的瓦格纳的总谱。他雇用了年轻的卡米耶·圣桑，后者必须为他在钢琴上把所有作品都弹奏出来。瓦格纳惊讶于这位才华横溢的音乐家几乎记住了所有复杂的总谱，包括《特里斯坦与伊索尔德》。

通过上面提到的哈茨费尔德伯爵，瓦格纳与内塞尔罗德女伯爵（婚后姓卡勒吉斯）取得了联系。他早在1853年就在弗朗茨·李斯特的陪同下结识了她。现在她愿意承担巴黎音乐会的亏损，她的1万法郎就像是从天而降的礼物。巴黎音乐会的章节就这样结束了。

与歌剧院负责人阿方斯·鲁瓦耶的谈判自两个月以前就停滞了。尽管有强大的演讲能力，但瓦格纳仍无法说服他相信往《唐豪瑟》第二幕中插入芭蕾舞是没有意义的。在歌手方面，瓦格纳此前就曾在巴黎看过多尼采蒂、罗西尼的歌剧和威尔第的《游唱诗人》，却没有找到符合他要求的男高音。因此他们最终同意，将当时已经非常有名的阿尔贝特·尼曼从汉诺威叫到巴黎来担任主角。[7]为了适应场地，他必须在歌剧院的大厅里进行一场彩排，为此他选择了（直到今天都因其难度而著称的）第三幕中“讲述罗马经历”的那一段。歌剧院的管理层非常激动，他们立刻以每月1万法郎的价格与他签订了为期八个月的合约……那时已经有了给明星的天价报酬（很久以前就有了），而这个肥胖的男人现在就即将有8万法郎入账，这个数字瓦格纳要挣三年。在这次试听会上，除了救世主玛丽·卡勒吉斯之外，就只有他的保护人梅特涅侯爵夫人出席，是她促成了这一切。瓦格纳感受到了她的权力，这使他充满了“前所未知的力量感”。他正处于这个可恨的贵族社会秩序阳光灿烂的那一面，他曾在德累斯顿诅咒这一制度；贵族为了满足他们的欲望动用了大量的金钱和物质，只是这次恰好与《唐豪瑟》有关。瓦格纳现在迅速成为高级贵族中的“宠物”，政治与权谋都掌握在这些人的手中。

这种情况并未对萨克森政府隐瞒，他们逐渐意识到，出于“司法理由”而强行拒绝赦免瓦格纳的行为，逐渐在全世界范围内变得荒谬。普鲁士和奥地利的大使馆先后向萨克森驻巴黎大使冯·泽巴赫先生提出申请，而这位大使恰巧与玛丽·卡勒吉斯的一位表亲结了婚，接下来的事情就进展很快了。1860年7月31日，瓦格纳嘲讽地向妹夫阿芬那留斯写信讲述了他最近获得的部分大赦："无论如何，我那——所谓的——大赦让你比我更高兴。不过，我现在可以重新进入德意志邦联，以演出我的作品——除了强大的萨克森王国。"（*SB*，卷XII，229）

赛马会

《唐豪瑟》的文本终于翻译好了；瓦格纳最终同意将《唐豪瑟》的开场扩展为一个巨大的酒神节场景，为大型芭蕾舞表演留出空间。9月就开始了排练，他为新的场景创作了音乐，但更多地是用《特里斯坦与伊索尔德》的风格，因此"巴黎版《唐豪瑟》的第一幕"提供了截然不同的风格元素；但它们被极为巧妙地串联起来。同时，新任外交部长瓦列夫斯基伯爵抱怨第二幕仍然缺少芭蕾舞。瓦格纳告诉他准备加在第一幕，但是瓦列夫斯基说这不算，因为贵族中的常客习惯于在晚上八点用餐，然后到十点左右才去歌剧院，那时他们会想欣赏芭蕾。

瓦格纳拒绝再次做出更改。他努力与芭蕾舞大师吕西安·珀蒂帕尝试让第一幕中维纳斯山的芭蕾舞场景大放异彩，并提出闻所未闻的要求，让女舞者们改掉她们相当无聊的小步跳，给她们灌输戏剧的感觉，但他到处都遇到了阻力。管理层拒绝进一步增加开支——由于拒绝更改第二幕，他们似乎觉得这部作品已经完了。排练进入了最后的阶段，并非常仔细地推进着；根据瓦格纳的口味，似乎是太过仔细了，因为他觉得主角阿尔贝特·尼曼很疲劳。瓦格纳在1872年的《我的生平》中以明显的胡言乱语写道，此人应当把他在巴黎收入的一部分"视为巴黎主要批评者的利润的一部分"；他说这些人告诉尼曼说，《唐豪

图70 1861年巴黎版《唐豪瑟》：华丽的舞台场景中的第一幕，正如大歌剧在法国的一贯风格那样。

瑟》"没救了，他自己只能通过放弃，通过出演迈耶贝尔的歌剧来获得拯救"（*ML*, 644）。我必须承认，我读到这一段落时是无语的，起初根本看不到验证瓦格纳这段骇人听闻的话的落脚点在哪里，因为贿赂通常是留不下痕迹的。或许这是瓦格纳为伤害迈耶贝尔所编造的最荒谬的诽谤，因为即便是恶毒的批评家也不敢让一名歌手去撕毁合同，这会让他退回超过6万法郎，这在当时是很大一笔钱，再加上无法估量的赔偿款。仅仅当时很普遍的法律后果，就能证明瓦格纳的编造。

就连1861年的原始文件，也就是《我的生平》相关场景撰写的十一年前，也描绘了完全不同的画面。在瓦格纳写给尼曼的信和歌手及其妻子给瓦格纳的许多回信中，找不到任何一丝背叛的痕迹。但是，这位时年二十七岁、必须大放异彩的著名歌手，与想要驯服歌手、让他融入戏剧概念的作曲家之间却爆发了冲突。瓦格纳在一封信中指责尼曼说，他在第三幕中没有表现出那种“从幽灵般的无声状态[……]逐渐上升为动人的柔和表达”(*Burrell 1950*, 512)，他的表演还是“太过写实了”。但他在这方面仅仅取得了一部分成功，不由得怀旧地写信给他在德累斯顿的老朋友阿洛伊斯·蒂查切克，但后者此时已经五十三岁，似乎不再适合这样一个角色了。基本上是作曲家输掉了这场较量，因为尼曼建议他去找另一个唐豪瑟。瓦格纳怒不可遏，却又不得不屈服，然后寻求报复。用那个背叛的故事，他实现了一石二鸟的目的：对固执的歌手的惩罚，再给神话加点料！这个段落在1911年出版的《我的生平》第一个公开版本中被删除了——这是有充分的理由的。因为尼曼一直活到了1917年，如果他辟谣，不仅会推翻这些说法，甚至会推翻整个反迈耶贝尔神话。按照瓦格纳的意愿，《我的生平》应当在作者去世后“给那些有着为世界描述我的生平之使命的人提供一些真实的线索”[8]但是这里显示出，瓦格纳神话作为拜罗伊特的运营资本在出版者的心目中有多大分量：为预防起见，他们删除了一些段落，以免暴露瓦格纳的谎言。

除了这场权力斗争之外，另一种冲突引起了广泛的神经紧张和挫败感。那些只想在歌剧院里寻求消遣的高等贵族在所谓的赛马会里组织了起来。从这里，而不是从什么迈耶贝尔主义者那里，燃起了一场真正的针对瓦格纳的战斗，他和《唐豪瑟》践踏了这个高贵种姓的习惯。这些先生这么晚才进歌剧院，对第一幕丝毫不感兴趣，是有一个特殊原因的。这种切实的针对《唐豪瑟》的行为已经被描述过很多了；让我们看一下一位目击证人的总结，即上面提到过的玛尔维达·冯·迈森布格：“众所周知，这些跳芭蕾的女士们从[赛马会]先生们手里能拿到更多报酬，而后者习惯于在晚宴之后再去歌剧院，他们不是为了听和声，而是去看现代艺术最不自然、最丑陋的产物：芭蕾。结束后，他们会在舞台后面跟这些跳跃的妖精进行更亲密的接触。这些高雅的浪荡子对一部圣洁的艺术作品的演出在乎什么呢？庆祝神圣的爱战胜了感官陶醉吗？”[9]这位证人在后一点上是错的，《唐豪瑟》的第一幕也不那么圣洁，但是赛马会的先生们还是不会去看，因为晚宴对他们来说更重要。无论如何，他们组织了一场复仇运动，他们不可能知道，他们由此而成为艺术史上永恒的邪恶蠢货。

现在，最后的彩排就在眼前，瓦格纳的朋友中有能力负担的人，都蜂拥至这座塞纳河畔的大都市：韦森东克、普雷格、基茨，他从前的赞助人尚东也从埃佩尔奈过来了，还有比洛。他认识到，问题首先出在指挥皮埃尔·路易·菲利普·迪茨的无能上。没有节奏，没有层次，就像瓦格纳在排练中指出的那样。尽管排练场次已经增加到了164这个可怕的数字，但一切还是没有改善，瓦格纳现在都想要徒劳地撤回这部歌剧了。他怀着沉重的心情为3月13日的首演开了绿灯。奥托·韦森东克和费迪南德·普雷格那时已经失望地离开了。

赛马会的成员们最初很收敛；自觉受到蔑视的媒体雇来的水军和那些觉得这部戏太不法兰西的保守主义者的倒彩声被欢呼和掌声淹没。直到第二幕快结束时，似乎有过预演的行为才出现：在听到一些关键词后，对手们仿佛接收到命令一般大笑起来，好在幕布落下时盖住掌声。在第三幕中，这些行为越演越烈，但这次却激起了更大的掌声，掌声在快结束时越来越热烈，“敌人”事实上被挫败了。3月18日的第二次演出，瓦格纳的朋友们牺牲了一点钱来买票，好引导正常的掌声。第一幕进行得很顺利，人们感觉胜利在望。但是第二幕中，赛马会的先生们到了，还带来了哨子，猛烈地吹着。太可怕了。基茨很无语；演出结束后，比洛抽泣着拥抱了明娜，她感到心脏都抽搐了。

第三场也同样如此，瓦格纳的朋友们远离了这一次表演。观众对哨声感到愤怒，爆发了骚乱，第一幕中就有两次各长达十五分钟的中断。鉴于观众越来越认可演出，赛马会的先生们缩短了晚宴时间，好在演出开始时就展现他们战斗的勇气。据说第三幕成了“一个充斥着火药烟雾的战场”（*ML*，652）。拿破仑三世和他的妻子心平气和地观看了这三场演出。皇帝知道他们在搞什么，但是他无法干预。他虽然觉得这些赛马会的先生是白痴，但他把他们视为最忠实的拥护者，并允许他们向《唐豪瑟》发泄他们的怒火。皇帝可不愿意为了一丁点儿艺术而冒政治上的风险。买票入场的观众嘶哑地喊叫，但是面对刺耳的芦笛组成的一个连队，他们无能为力。

瓦格纳对此感到很痛苦。第二天，他撤回了歌剧演出单。他被一个敌人打败了，他低估了对方的力量；但是说到底，这是他在最大胆的梦中也从未希望过的敌人！因为在接下来的几天里，没有一家欧洲报纸不对这件事情进行详细报道的。他们也没有讳言其政治背景，因为这起丑闻超出了玛尔维达·冯·迈森布格提到的原因，它是法国宫廷派系与可恶的梅特涅夫妇领导的奥地利宫廷派系的公开对抗。

因此，真正的赢家不是别人，正是瓦格纳。从来没有一位音乐家能在这么短的时间内获得如此多的报道。夏尔·古诺，他的歌剧《浮士德》自1859年以来就取得了国际性的成功，正确地判断了这件事情，据说他还大声疾呼：“愿上帝也给我一场这样的失败！”[10]

两天后，整个柏林都知道了。迈耶贝尔在远方于3月15日的日记中做出了几乎是明智的判断：

> 今天传来了《唐豪瑟》第一场演出的消息，据说那是一场惨

> 败。观众在许多段落故意[……]发出嘲笑，有时甚至吹口哨。梅特涅侯爵夫人和泽巴赫伯爵夫人，这部作品的上演应归于她们的庇护，受到观众的如此嘲讽，在第二幕之后就离开了剧院。对一部如此值得关注且才华横溢的作品的这种不同寻常的不满，在我看来是一场阴谋，而不是出于真正的判断力，在我看来，这甚至会对接下来的演出有好处。[11]

迈耶贝尔这样的预见是正确的。《唐豪瑟》的德累斯顿版和巴黎版都得到了演出，内斯特罗伊感觉自己有必要写一部戏仿作品，其中包含这样的嘲讽诗句：“在维纳斯山上他忘记了荣誉和义务/是啊，我们中的人可不会这样。”瓦格纳自己，正如他的朋友彼得·科内利乌斯所证实的，甚至非常高兴地看着这一切，这也表明，他有时候也能自嘲。[12]

图71　神话在这里是真的！瓦格纳所描述的他与夏尔·古诺因巴黎《唐豪瑟》丑闻的会面以及他的妙语（“愿上帝也给我一场这样的失败！”）常常令人怀疑。图为瓦格纳送给同僚古诺的总谱副本，日期标注为1861年3月18日，即第二场《唐豪瑟》演出的那天。如果这次会面是“真的”，那么上面那句话大概也是。

保利娜·冯·梅特涅侯爵夫人后来在回忆录中说，她一直坚持到了演出结束，但是“遭受了真正的痛苦”。[13]对她来说更糟糕的是，因为政治背景，她对瓦格纳现在面临的经济崩溃负有连带责任。在与歌剧院的合同中，他没有约定非过失下的失败的赔偿条件，而这在巴黎的歌剧院中很普遍。但瓦格纳又一次很幸运：梅特涅侯爵夫人组织了一次募捐，其收益可以清偿瓦格纳2.5万法郎债务，"各种债务，[……]像蘑菇一样遍地开花"。迈耶贝尔文献的出版者认为，感恩这种事情跟瓦格纳无关；但对这次事件来说，这句话并不完全正确：瓦格纳回报以一张纸，但这是怎样的一张纸呀！他给梅特涅侯爵夫人创作了一首C大调钢琴曲，用"一种在我脑海中浮现了很久的动机"（*ML*, 664），对于后代来说这已经是一笔小小的财富了——瓦格纳后来也得以通过出版它又再次变现。带着这首"钢琴小品"（*WWV* 94），瓦格纳暂别巴黎，以在德国寻找东山再起的可能。

27

“世界亏欠我的，正是我所需要的！”

图72　弗里德里克·迈尔（左）。玛蒂尔德·迈尔。

新朋旧友

瓦格纳从巴黎出发，短暂造访卡尔斯鲁厄，巴登大公对演出《特里斯坦与伊索尔德》表达出浓厚的兴趣。为了满足巴登大公的要求，他于5月9日前往维也纳，想在那里招募卡尔斯鲁厄需要的歌手。5月11日，他在一次彩排中第一次观看了他的《罗恩格林》；不过尽管情绪激动，他还是与某位爱德华·汉斯立克博士见了面，歌手们想介绍他们相识。瓦格纳在德累斯顿时便已经认识他，他那时对瓦格纳的音乐充满热情。不过在此期间，汉斯立克已经养成了从历史角度看问题的习惯，这极大地促进了他的成长，他已成为维也纳无可争议的音乐评论界教宗。瓦格纳是个不会妥协的人，只有在评论家全身心地投入描写他时，他才会把他们当回事。因此，1861年5月，他无视了汉斯立克，而后来他将为此付出代价。但是就目前而言，5月15日的《罗恩格林》演出成为一种独一无二的经历；观众以“持续不断的狂热掌声”来向作曲家致敬，他“只有在维也纳的观众这里才经历过这个”（*ML*,659）。他自豪地写信给明娜说：“人们非常崇拜我，门房在帮我开门时几乎绊倒在彼此身上。”（*Burrell 1950*,524）

歌剧院的管理层立刻想到要利用观众的热情，把瓦格纳和皇帝的宫廷总管兰斯克隆斯基伯爵叫到了一起。这位年老的绅士不喜欢让他的主要歌手杜斯特曼女士、贝克先生和其他人请假去卡尔斯鲁厄的想法；他觉得把演出计划搬到维也纳来，让歌手留在原地更为合适。瓦格纳认为没有反对的理由。在离开霍夫堡宫时，他遇到了约瑟夫·施坦德哈特纳医生（1818—1892），他是皇后的私人医生，也是全维也纳最受欢迎的医生。他将成为瓦格纳所需要的那种最忠实的朋友之一。李斯特最喜爱的学生卡尔·陶西希也来拜访了他，他在维也纳的事业辉煌却太过短暂。通过陶西希，瓦格纳再次见到了年轻的作曲家彼得·科内利乌斯，他曾于1853年在巴塞尔见过他，此人将成为他的一个宝贵的助力。[1]直到5月23日，瓦格纳才有勇气前往卡尔斯鲁厄，向那位慷慨的大公说出拒绝的话：奥地利不愿意放歌手离开，这是无可辩驳的。

为了搬家，瓦格纳去了巴黎，明娜随后在7月11日离开了那里，而瓦格纳直到8月初才走；他在巴特索登跟明娜会合，她陪着他到法兰克福。“叔本华不久前在这里去世。”瓦格纳记录道（*ML*，667）。他继续朝着魏玛旅行，去参加李斯特在那里的音乐节。“就这样，我又一次穿过图林根，经过瓦尔特堡。”（*ML*，671）瓦格纳第三次经过这个神话般的地方，这次又是因为尝试在巴黎立足不得，失败而归。他在晚上抵达了魏玛，第二天李斯特带他去了阿尔滕堡。这座宫殿里客人云集：比洛、科内利乌斯、达姆罗施、德莱塞克、阿尔温纳·弗罗曼、文德林·魏斯海默、陶西希、李斯特的侄子爱德华，以及《音乐新杂志》影响力强大的编辑弗朗茨·布伦德尔，此人是进步的、“新德意志”音乐的强力鼓吹者。最后布兰迪内·奥利维耶带着她的丈夫埃米尔也从巴黎赶来了。经过一个星期的音乐会和庆祝后——他拒绝了一次为向他致敬而策划的火炬游行，就像他曾经在苏黎世享受过的那样——分别的时刻到了。李斯特陪伴瓦格纳、女儿布兰迪内和她丈夫到了火车站，因为他们要一起前往维也纳，并且决定在巴特赖兴哈尔停一下，柯西玛正在这里疗养。她已经等在站台上了。两姐妹在一个房间里咯咯笑着有说不完的话，导致瓦格纳只能独自忍受奥利维耶关于法国政治的谈话；但他的头更多地侧向那姐妹两个。布兰迪内和柯西玛，她们两个都是那么迷人、才华横溢又桀骜不驯！但是维也纳在召唤。根据1876年1月写下的《我的生平》第四部分的回忆，在告别时，瓦格纳认为自己碰上了“柯西玛几乎是羞怯的目光”。

瓦格纳乘马车抵达萨尔茨堡，第二天，即8月14日，从这里坐火车前往维也纳。施坦德哈特纳博士立刻将自己的公寓提供给他作为临时住所，因为他正计划与家人外出度过六周的假期。“一个漂亮的外甥女，跟她的母亲和姐姐也住在这座房子里，会为我提供必要的服务，包括早餐等，这样我就能在整个公寓中得到最大程度的舒适。”（*ML*，677）开始时真的很美好，但来自宫廷歌剧院的消息则很糟糕：本来应该演唱特里斯坦的阿洛伊斯·安德尔（1821—1864）因为嗓子问题请了时间不定的病假。于是瓦格纳现在进退两难了。他在维也纳没有别的事情可干；施坦德哈特纳一家回来之后，瓦格纳于9月25日搬到了伊丽莎白皇后旅馆，但这里很贵，他也很痛苦地怀念施坦德哈特纳的外甥女塞拉菲娜·莫罗的全方位照顾：“她由于其娇小玲珑的身材和那总是细心梳理的‘儿童’般卷曲头发的缘故，被我称作‘玩具娃娃’。现在，我待在阴暗的旅店客房里更难应付日子。”（*ML*，683）

通过劳贝，瓦格纳结识了内廷参事冯·雷蒙德，一个金融家，如果没有他的建议，著名的兰斯克隆斯基伯爵就不敢做出任何决定。最终他见到了歌剧院主管马泰奥·萨尔维，他只是试图掩盖其乐团的怀疑态度，后者并不真正相信上演《特里斯坦与伊索尔德》的可行性。所有替换阿洛伊斯·安德尔的尝试都失败了；就连换成蒂查切克和施诺尔的提议也无法得到赞同。萨尔维通过虚假的消息和无法兑现的诺言成功制造了拖延战术。最重要的是，他认为没有必要为歌手阿洛伊斯·安德尔寻找一名替代者，因为他显然不知道如何评估角色的声音要求。没有纪律、不可信赖和能力不足，是阻碍任何进展的严重缺陷。瓦格纳开始意识到，他的创新和艺术要求远远超出了他的时代；此后不久，他将出版一本针对维也纳歌剧院改革的小册子，虽然他的同时代人不会听从，但它从根本上决定了这家顶级歌剧院如今的发展。

关于《工匠歌手》的想法

此时唯一的慰藉是韦森东克夫妇邀请他去威尼斯的信。他于11月7日在达涅利酒店与这夫妇二人会合，但他得到的印象是，这对老朋友并没有真正理解他的处境的绝望。只有去此前从未去过的艺术学院参观，才让瓦格纳觉得值得记录："在我对一切都无动于衷时，我却不得不承认，在总督府［事实上应为艺术学院］大厅里，提香的《圣母升天》给我留下了极其庄严崇高的印象，致使我自从见到这幅童贞女受孕以来，感到在我身上过去所有的力量几乎都突如其来地重新复活了一般。"（*ML*，684）提香和《工匠歌手》有什么关系？这种直接的关联令人惊讶。这在某种程度上涉及一种风格，因为这个决定并不是全新的；早在1861年10月30日写给出版商肖特的一封信中，他就宣布了《工匠歌手》计划。不过，瓦格纳想要通过艺术学院的经历来给出一点暗示。[2]我们还将回到这一点来。11月11日，他们分开了；瓦格纳回到维也纳，于13日抵达。他写道，在旅途中，他为《工匠歌手》"明确地写出了C大调序曲的主要部分"。一到维也纳，他就让科内利乌斯从宫廷图书馆里找出了关于工匠歌手艺术的主要文献，雅各布·格林的《关于古德意志的工匠歌手》（1811）和约翰·C. 瓦根赛尔的《工匠歌手的迷人艺术之书》（1697），瓦格纳立即从中找出了他的舞台情节所需的一切。这是一股创造力的狂潮，当月底他就拿出了两份散文草稿。

11月30日，瓦格纳离开维也纳，第二天到达美因茨，在那里访问了肖特家并进行了进一步的谈判。1861年12月1日，作曲家与出版商见了第一面，奠定了音乐史上最为激动人心的出版盛况的基石。瓦格纳认为弗朗茨·肖特是一个"极其古怪的人"，谈判进行得"非常困难"。12月3日，肖特举行了一场更大规模的社交聚会，瓦格纳在上面朗诵了《工匠歌手》最新的散文稿；他在聚会上结识了美因茨剧院新任乐队长文德林·魏斯海默，他将很快成为他的追随者。[3]当天晚上，瓦格纳动身前往巴黎，入住了伏尔泰旅馆。他在那里开始创作《工匠歌手》的诗体文稿，本月初他已与弗朗茨·肖特签订了它的合同。他只见了一些忠诚的朋友，如加斯佩里尼、特吕内和弗拉克斯兰一家。出版商现在打算也出版《黎恩济》的法语版，并向瓦格纳出价1500法郎。这个插曲也并非无趣，因为瓦格纳称它为“一小笔酬劳”。但事实上，这笔钱相当于一名官员一年的收入。

一名德意志音乐家的金钱忧虑和组织难题

关于在绝望的财务状况中获得更大进项的努力，瓦格纳在《我的生平》中只提供了不准确的信息，甚至绝口未提。困窘使得他做了在正常情况下肯定不会做的事情。1861年12月12日，他去找了作曲家罗伯特·冯·霍恩施泰因（1833—1890），他是卡尔·里特尔的瑞士朋友，在父亲去世后继承了一小笔遗产。瓦格纳向他要求1万法郎的“预付款”，并希望在他那里住更长的时间。但他拒绝了，并解释说他的庄园住着太不舒服，而瓦格纳在1861年12月27日要求道：“如果您没有准备在任何一处庄园中接待我，那么您必须抓住我提供给您的绝好机会，在我希望进行必要准备的情况下。您向我保证说会让我知道何时准备好了，这是一种侮辱[……]”[4]1万法郎，这是非常多的钱，而且请他住三个月可能是更大的苛求，一种“尊敬的证明”，霍恩施泰因或许更愿意自己来做决定。

瓦格纳流亡了十几年，现在重回德意志，发现这个国家在文化上仍然处于一种无组织的状态：许多小邦国虽然有着近乎统一的警察体系，但还没有完整的关税同盟。1860/1861年的巴黎时光让瓦格纳在十八个月内花掉了3.5万法郎，[5]也就是说年均2.3万法郎，这是当时最高收入的四倍——而且是在没有具体财务收入的情况下。这不是瓦格纳的错，他从韦森东克、肖特、弗拉克斯兰、卡勒吉斯夫人、梅特涅侯爵夫人和其他人那里得到了他所需要的，尽管在交涉时并非总是保持了得体的分寸。如果他不是一场政治阴谋的牺牲品，那么他在巴黎期间的收入将会达到4.5万法郎。这是迈耶贝尔在那里创作《恶魔罗勃》所获得的收入；而歌剧院利用这部作品赚到了300万法郎。在意大利，著名作曲家能分到更多的收益。威尔第能利用每部作品从出版商和经纪人里科尔迪那里获得至少6万法郎；《游唱诗人》甚至在一年内给他赚到了8万法郎。[6]这些法国和意大利的数据在德意志的报纸上也能读到；毫无疑问，瓦格纳了解这些。他还知道各国的歌手的收入；仅尼曼就在巴黎歌剧院的八个月里赚到了6万法郎。

要成为19世纪的顶尖音乐家或作曲家，除了纯艺术方面的成就外，还必须建立一家堪比大型艺术家经纪公司的商业公司。可惜瓦格纳的传记作者经常谈论的只是"收入"和"盈利"。非常不诗意的术语"营业额"可能是更加正确的，因为这种类似于经纪公司的活动支出不可避免地是巨大的，如果不考虑这些费用，就无法获得正确的印象。瓦格纳必须自己做几乎所有事情，在艺术、组织能力和财务上均具有同等水平的专家，如米兰的里科尔迪或巴黎的古安，是世所罕见的，在当时的德国更是没有了。无论布赖特科普夫还是肖特都无法担任这样的角色，因为德意志混乱的国家体系无法为音乐创作提供制度上的前提，一如法国、意大利

图73 基尔所作漫画，发表于1869年4月8日巴黎的《日食》杂志。

和英国已经存在的那样。在当时，德意志的音乐家为他们的成就还是赚不到什么值得一提的东西，德国的落后要为此负责，这种落后状态阻碍了1849年的民主，并在那之后让荒诞但纯粹是“上帝意愿”的小邦国里的文化体制改革无疾而终，从而也大大阻碍了歌剧的发展。因此，像过去一样，问瓦格纳最初冒着极大风险且亏损（直到后来才成功）的音乐会事业是否有意义就是荒谬的了：它们是开创性的、必不可少的，为将来更复杂的作品铺平了进入音乐世界的道路。

瓦格纳知道自己和威尔第势均力敌，他或许发展出了一种危险的内心怨恨，因为对他来说，一切都比对威尔第来说难得多。对威尔第来说也不容易；像瓦格纳一样，他也在当时的照片中表现出越来越冷硬的表情。瓦格纳的性格变得更加冷酷、封闭、执拗。他相信经常被引用的观点：“**世界亏欠我的，正是我所需要的！**”许多人为此而激动，但鉴于德意志邻国的情况，这种要求似乎并不荒唐。我不确定我们是否应当受到批评，因为请注意以上引语出现的直接背景；这种环境不仅会影响他的行为的经济方面，还会影响他作为艺术家的心理方面：“我的构成方式是不同的，我有敏感的神经，我必须拥有美丽、辉煌和荣光！世界亏欠我的，正是我所需要的！我不能像你们的大师巴赫那样住在一个可悲的管风琴屋里！——当我想要一点点奢侈时，难道这是什么闻所未闻的要求吗？我，就是我，为全世界和成千上万的人带来了享受！”[7]从普通人的角度来看，这种说法想必是狂妄的，很少有书信段落能像这段一样让人大摇其头。但是只要想想，虽然我们可以捕捉并分析艺术家的外在反应，但仍然要谦虚地承认，这位具有最高创造力的艺术家的灵魂最多只是可以被初步感知的。对瓦格纳的奢侈需求的通常批评，只会造成一种批判态度的出现，同时掩盖了真正的问题，即瓦格纳的意识形态及其对艺术作品的影响。

毕布里希的情感迷惘
（玛蒂尔德·迈尔、弗里德里克·迈尔、明娜、柯西玛）

瓦格纳不知道可以在哪里找到生计。许多可能性都化为泡沫，最后他决定考虑离他最初显得有些迟钝的新主顾肖特更近的环境。1862年2月4日，他到达美因茨。第二天，他在魏因加滕附近雄伟的肖特出版社大楼里朗诵了最近完成的《工匠歌手》诗稿。应邀而来的客人们热烈鼓掌。出版商给他预付了款项，并请他在秋天之前完成这部歌剧。瓦格纳住在美因茨对岸的莱茵河畔毕布里希（今天属于威斯巴登）。他先是住在欧洲宫旅馆，随后在安尼卡别墅找到了一间合适的公寓。在这里，埃拉尔钢琴和巴黎的一部分家具都放得下。一名女仆负责早餐，其他时候他大多在欧洲宫旅馆用餐。从他的房间里，一边可以看到莱茵河，另一边能眺望拿骚公爵的巴洛克式宫殿。时间在流逝，但真正的创造力狂潮迟迟不来。

在肖特家的社交晚会上，他遇到了玛蒂尔德·迈尔，[8]她将在不久的将来在瓦格纳的生活中发挥更大的作用。玛蒂尔德与母亲、两位姨妈和两个姐妹住在一起，靠父亲留下的丰厚遗产生活。玛蒂尔德比作曲家小二十岁，有着蓝色的眼睛和金色的鬈发。她读过叔本华和尼采，也知道如何经营家庭。肯定是这第二位玛蒂尔德周到又热情迷人的举止，再加上春日的天气，他终于开始作曲了："落日余晖让我从我住所的阳台，观察在万道霞光辉映下'金色的'美因茨瑰丽的景色，以及眼前滚滚北去、蔚为壮观的莱茵河。在这夕阳残照的美好时刻，在我郁郁寡欢时曾经看见犹如遥远的海市蜃楼般浮现在眼前的那首《工匠歌手》前奏曲，突然又近在咫尺、清晰可见地浮现在我脑海里。我开始记下这首前奏曲，而且同如今总谱中的前奏曲一模一样，因而也就极其准确地把握住了整部戏剧的主要动机。”(*ML*, 697)但愿这是真的，听起来这么美好……请考虑：早在前一年的11月，他就“明确地”设计出了前奏曲的主要部分；直到现在，过了四个月之后，即3月底，他才有了将这首前奏曲以最终形式完成的念头。通常，瓦格纳对这种阻塞或停滞根本无计可施，而我们必须理解他的紧张情绪，他有时对自己的创作计划停滞不前无能为力地激动。他受到自己的创造力的左右，我们应当意识到，他有时不得不诉诸非同寻常的手段，以缩短这种艰难地等待灵感，或者说等待正确灵感的时间。但是现在，随着前奏曲的完成，主要动机（或者以今天的话来说叫主导动机）也确定下来，因此可以继续流畅地创作第一幕了。

1862年2月，明娜出人意料地来到毕布里希。夫妻二人已经彻底疏远了——那是“地狱般的十天”(*Burrell 1950*, 530)，瓦格纳给他的朋友科内利乌斯写信道。在她到达时，他还是很开心的，明娜给她的女儿纳塔莉写信说。但到了第二天，玛蒂尔德·韦森东克寄来了一封信，气氛立刻低落了下去，他变得暴躁起来（出处同上）。

1862年春，萨克森司法部终于做出了完全大赦的决定。这样一来，明娜至少可以摆脱居无定所又狭窄逼仄的居住条件，在德累斯顿租一间合适的公寓。尽管有老家庭医生普西内利博士富有牺牲精神的斡旋努力，瓦格纳夫妇间的问题仍在继续。当普西内利不得不劝说明娜同意离婚，却只得到了愤怒的拒绝时，他声称这只是他自己的建议，以便把理查德从明娜的怒火中解救出来。

瓦格纳在女演员弗里德里克·迈尔身上寻求肉体上的亲密关系，他在法兰克福观看一场演出时对她留下了深刻印象。她是他在维也纳认识的女演员路易丝·杜斯特曼的妹妹。他们经常互相拜访，弗里德里克有一次得了猩红热，据瓦格纳所写，此时他们的行为举止非常高尚。但是，当路易丝·杜斯特曼从维也纳来访时，他应当听说了弗里德里克与法兰克福剧院的导演保持着关系。这位先生似乎非常善妒。如果我们相信瓦格纳1863年2月16日写给汉斯·冯·比洛的信，那么瓦格纳与弗里德里克·迈尔之间的关系只维持了很短的时间。弗里德里克很快就回到了她的导演身边，和他生了两个孩子，后来过着退隐的生活。柯西玛似乎从未将她视为真正的对手，因此她后来能将弗里德里克称为“他的女性相识中最有趣的一个”（*CT*，1880年9月28日）。[9]根据柯西玛的女儿达尼埃拉的记载，理查德·瓦格纳在去世前的最后几天还梦到和提起了弗里德里克·迈尔（*CT*，1883年2月12日补记）。

在这种情况下，《工匠歌手》这部作品本身进展缓慢，而瓦格纳向肖特要求预付款的频率却越来越高。瓦格纳给了他韦森东克的歌曲用来出版，以作一定的抵偿。汉斯·冯·比洛来看望了他，比洛弹琴，他们和歌手埃米莉·格纳斯特一起排练了歌曲，以便在肖特的避暑别墅中首次上演。每个人都听入了迷；与丈夫冯·比洛一起前来的柯西玛几乎流下了眼泪。但是肖特并未对此表现出仁慈。10月，他暂时停止付款，因为他认为委托作品的进展与他付的钱不成比例。出版方不再给钱对瓦格纳来说是一个严重的挫折，驱散了他所有的创作心情。

比洛夫妇的到访也在其他方面产生了影响。比洛的妻子柯西玛陪着他，瓦格纳跟他们一起在8月去了法兰克福。他们想在那里的一间旅店内用餐。瓦格纳心情振奋，产生了让柯西玛坐在一辆手推车上，他们把她推过去的想法。比洛怀着嫉妒的惊讶之情看着这一切（见*ML*，709），但柯西玛似乎很享受这一场景。后来她写道，这辆手推车对她来说就像一辆“星星的车”，他用这辆车带她“去往灵魂的故乡”（*CT*，1878年11月1日）。

但是，比洛夫妇和其他来访者，比如歌手路德维希·施诺尔·

冯·卡罗尔斯费尔德及其妻子马尔维娜——瓦格纳与他们一起去了宾根的龙岩山——都只停留了很短的时间(卡罗尔斯费尔德夫妇待了两周)，然后瓦格纳就又是一个人了。在这段时间写给他的姐妹克拉拉和塞西莉的书信中，他表达了他的绝望，关于无可挽回的破碎的婚姻，关于缺失的安全感和无家可归之情。

在这种心情下，维也纳歌剧院再次尝试上演《特里斯坦与伊索尔德》就不失为一则好消息了。1862年11月13日，他从美因茨动身前往维也纳。

维也纳：创造力危机，债务与逃亡

《特里斯坦与伊索尔德》终于进行了排练时，瓦格纳拜访了他的维也纳朋友，特别是施坦德哈特纳博士，11月23日在他家里举行了一场《工匠歌手》的朗诵会。爱德华·汉斯立克也应邀前往；“我们在这里，在朗诵过程中发现，这位文艺批评家越来越生气，脸色越来越苍白，并且[……]立即用一种显而易见是激怒的声调告了辞。”(*ML*, 720)汉斯立克认为《工匠歌手》中的贝克迈塞这个角色，主角瓦尔特·冯·施陶尔津的恼人的批评者，是在讽刺自己，并很快就为此复了仇。瓦格纳计划在维也纳再现巴黎模式，在这里也举行音乐会，上演他的几部最新作品的片段。此外，他与科内利乌斯和陶西希很快重修旧好；上一年夏天，他们严重地伤害了瓦格纳，因为比起陪伴他，他们更愿意去日内瓦旅游。但是现在瓦格纳需要人手为音乐会做准备。为管弦乐队抄写乐谱的助手是文德林·魏斯海默和一名来自汉堡的年轻音乐家**约翰内斯·勃拉姆斯**，后者抄写了《工匠歌手》的一部分，瓦格纳觉得他“谦虚且驯顺”——“只是他显得不怎么活跃，所以他在我们相聚时往往几乎就不引人注意”(*ML*, 722)。勃拉姆斯后来还积极参与了这部歌剧在慕尼黑的演出和《莱茵的黄金》的演出，多年后，瓦格纳向他索要在巴黎时写出，由陶西希转赠给他的《唐豪瑟》维纳斯山场景的手稿，勃拉姆斯表现得非常震惊；这份乐谱对他来说非常珍贵。[10]

歌手是由宫廷歌剧院提供的，他们开始排练要上演的《莱茵的黄金》、《女武神》、《西格弗里德》和《工匠歌手》片段（《特里斯坦与伊索尔德》由于计划中的首演而被排除在外）。第一场音乐会于1862年12月26日在维也纳剧院举行；座无虚席，但瓦格纳感觉声音效果很差。1863年元旦举行的第二场音乐会没有获得许多赞许，但由于此间竖起的一块声障板，声音的问题得到了解决。1月8日的第三场音乐会门票再次被预订一空；除了良好的门票收入外，外国资助者还给出了慷慨的捐赠，这是卡勒吉斯夫人动员的。皇宫中对此则毫无反应，因为根据瓦格纳的说法，萨克森大使用这么一个传说压制了所有积极的反应，说瓦格纳放火烧了德累斯顿歌剧院。

卡勒吉斯夫人还动员了她在圣彼得堡的关系，让瓦格纳收到了那里的爱乐乐团音乐会的邀请。由于维也纳的《特里斯坦与伊索尔德》排练再次停滞不前，瓦格纳接受了它。他先是到了柏林，愉快地再会了比洛夫妇，然后到了柯尼斯堡，在越过俄国边境后不久就被皇家管弦乐队的使者发现，将他以几乎是凯旋的姿态护送到了首都。为了1863年3月3日、10日和18日举行的音乐会，从沙皇的乐队中挑选出120名音乐家。卡勒吉斯夫人甚至还仔细顾及了社交需要，因此瓦格纳不仅收到了作曲家安东·鲁宾斯基[11]和叶连娜大公夫人的盛大社交晚会的邀请，还被大公夫人邀请参加亲密圈子的茶会。由于音乐会的成功，这一切应当在莫斯科重现一遍。虽然这在财务上并没有多少收益，但也同样成功；在送别宴会上，一名音乐家将瓦格纳扛在肩上，整个大厅齐声欢呼——这是非常俄国式的，或者更确切地说，非常具有音乐感的！ 4月

22日，瓦格纳终于踏上了回家的旅程；4月25日，他回到维也纳。他再次对我们隐瞒了财务状况；他带回了4000塔勒，不过据说他总共赚到了7000塔勒，据他说，他在俄国就已经向各位债权人寄出了大约3000塔勒。

尽管《特里斯坦与伊索尔德》再度停滞不前——这次不是因为演唱特里斯坦的男高音阿洛伊斯·安德尔，而是因为扮演伊索尔德的杜斯特曼夫人——瓦格纳还是决定在维也纳定居下来。在郊区彭青，有一座漂亮的房子，它非常安静，还有一个大而阴凉的花园。每年的租金是1200古尔登，似乎很适合瓦格纳。

从毕布里希运来了钢琴和家具，他找了一对姆拉泽克夫妇作为仆人，他们将忠于他许多年。5月12日，瓦格纳搬了进去，并立即开始建

图74　瓦格纳在维也纳附近彭青的房子，这里极其奢华的布置几乎把他送进了债务人监狱。

立“避难所”；也就是说，要花很多很多钱，把它变成他认为有利于创作的极乐世界。因为很快他就要意识到，《特里斯坦与伊索尔德》这一次在维也纳也会无果而终：在歌手方面再次遇到了最让人惊讶的困难。因此，瓦格纳竭尽所能，以最理想的方式把他在彭青的家打造成《工匠歌手》的灵感源泉。但是（不利于收入的）夏天临近了，花费又非常大，他不得不考虑很快赚到钱，此时很幸运地来了一封布达佩斯音乐会的邀请函，为他在7月赚到了1000古尔登。

然而，许多其他演唱会的计划和邀请都失败了。秋天来临，但他还没有找到新的收入来源。俄国之行赚到的钱早就花光了，瓦格纳最终不得不求助于维也纳的放债人。仅仅自4月份从俄国返回以来，瓦格纳就花了至少4000古尔登（参见前文），也就是说，年平均收入的四倍以上。但是，他显然是在六个月内就花光了这么多钱，导致他在秋天就不得不求助于高利贷者。他发现自己陷入了眼花缭乱的支出的螺旋式增长，最初的目的，为作曲创造条件，如今因为对经济生存的担忧而被打得粉碎：“可是，每当我真的着手工作时，惊恐不安的担心一再促使我去保持我这些日子的平静。”半页纸之后他又写道：“如果说再一次萌发谱曲的欲望的话，那么忧虑也一再搅入其中。”（*ML*，741）瓦格纳成为自己的敌人。他远离明娜，而明娜总是知道如何在生活条件和创作欲望之间取得平衡的，他自己无法创造一个使得作品蓬勃生长的环境。《工匠歌手》的工作停滞了；他无法为已经写下的部分成功地配器。

他大多数时间都在写信，指望或许还能获得音乐会的邀请。1863年11月，机会终于来了。在布拉格举行了两场音乐会，并在财务上有了一些好转之后，1863年11月14日又在卡尔斯鲁厄成功举办了一场音乐会。接下来要途经柏林去往西里西亚的勒文贝格；拜访比洛家是理所当然的事。汉斯在准备他要于11月28日晚指挥的音乐会，而他的妻子柯西玛却和瓦格纳两个人一起散步，最后单独乘坐一辆马车环游城市。“这一次我们一声不吭，没有开玩笑。我们都默然不语，相对而视，对于承认真相的强烈要求，迫使我们不需要任何言语来表白无穷无尽的使我们感到心情沉重的不幸。我们用眼泪和啜泣来铸就这种唯一属于我们彼此之间的表白。”（*ML*，746）

霍亨索伦—黑兴根侯爵在将其领地归入普鲁士后回到了他西里西亚的地产上，现在居住在勒文贝格，他是李斯特的朋友，因此也非常喜欢瓦格纳。现在他为12月2日准备了一场舒适的私人音乐会，还有一场盛大的宴会，并提供了可喜的1400古尔登，这是这位老人能够给出的最大数额了。

12月9日，他回到维也纳，由于要偿还债务，这次旅行赚到的钱立刻就花光了。由于在新年之后没有再举行音乐会，瓦格纳别无他法，只能继续陷于债务的螺旋之中，他公开承认，这是一个“导致明显而不可阻挡的毁灭的”体系（*ML*，749）。他以越来越快的速度漂向这样一个灾难。自1864年2月起，到期的汇票不能再用新的汇票来支付，债权人开出了拒付证明，这在维也纳是要受到监禁的惩罚的。尽管如此，他还是在12月购买了150瓶香槟，并在圣诞节给他的朋友波格斯、陶西希和科内利乌斯送上了礼物。[12]我们不禁要问，他是否像1849年5月那样又陷入一种近乎自杀的疯狂，因为几乎无法理性地看待他在德累斯顿革命期间的行为。在这种意义上，可以读一下他1864年3月10日写给柯西玛·冯·比洛的一封信：“我告别生命的最后一下抽搐，你已经感受到了。自那时起，我就进入了苦难的最后阶段：我明确感觉到，很快就会过去的。最后一次可悲的努力，而那已经结束了。”[13]因为在这些日子里，《特里斯坦与伊索尔德》在维也纳歌剧院经过了77场无用的排练之后，最终被取消了演出。

1864年3月10日，就在瓦格纳给柯西玛写出这封绝望的信的那一天，巴伐利亚国王马克西米利安二世薨逝。他的儿子路德维希二世虽然年轻，却立即登基为王。瓦格纳此时意识不到，这对他来说意味着什么。

在经济拮据的情况下，他求助于友善的法官爱德华·李斯特博士，弗朗茨·李斯特的一个叔叔，此人与施坦德哈特纳一起短暂地推迟了票据到期时间，并在随后通过调解的方式降低了高利贷的利率。尽管如此，他还是建议他的委托人瓦格纳在3月23日离开维也纳，以逃避监禁的处罚——维也纳的法律规定非常严格。尽管在11月和12月获得了音乐会的收入，但仍有12100古尔登的债务以危险的汇票形式存在，此外还有8000古尔登的欠账——总共2万多古尔登——二十倍于当时的平均年收入，今天相当于约60万欧元。陶西希和科内利乌斯安排了一次有趣的会面：受到他们的怂恿，约翰内斯·勃拉姆斯在彭青的别墅里拜访了比他大二十岁的瓦格纳。应瓦格纳的要求，勃拉姆斯为他演奏了他对亨德尔作品第24号的一个主题的变奏和赋格曲，瓦格纳为此大加赞扬。[14]

就这样，瓦格纳赶在被捕入狱之前逃离了维也纳，扔下了他的猎犬波尔，他把狗留给了彭青的房东。3月25日，他在慕尼黑停留了一下；在那里，他写下了辛酸的讽刺诗《给自己的墓志铭》。[15]3月26日，他抵达苏黎世附近的玛丽亚费尔德，隐居在忠实的朋友伊莉莎·维勒家里。他们无休止地讨论，重点落在世界这个词上，世界亏欠天才瓦格纳的，正是他所需要的，还有："如果我的手稿将来被锁在了圣坛里，您会怎样谈论这样的未来！谁能表演这部艺术作品？是我，只有我，在快乐的恶魔的帮助下缔造了它！"[16]

关于瓦格纳为了创造力所需要的恶魔，我们已经了解了几个，但是在维也纳，无论是金钱和奢侈，还是敌人形象和爱情关系，全都失了效。他在那里的恋爱经历是最后的尝试——代价极高，但显然也徒劳无功——尽管著名的彭青的“园林”很像真正的维纳斯山。[17]从瓦格纳1863年12月6日写给曾经的女仆和情人玛丽亚·弗尔克尔的信中，或许可以猜测出这座“园林”中发生了什么：“现在，最亲爱的，我把家里布置得很漂亮[……]照顾好了漂亮的花园[……]还让它散发出宜人的香气：我买了最好的香水，让它变得很香。天啊，我期待着再次与你一起在那里休憩。（希望粉色的内裤也已经准备好了？）是的，是的！你只要美丽和可爱，我理应再次拥有它。”（*SB*，卷XV，326）瓦格纳在维也纳彭青的生活作风被德意志媒体大肆宣传，明娜在德累斯顿甚至都注意到了，此后成为瓦格纳宿敌的《奥格斯堡汇报》和慕尼黑的《笨拙》杂志刊登了“关于理查德的生活与奢华的最可笑的荒谬传闻”（*Burrell 1950*，550）。在此期间，瓦格纳不再与他的妻子通信，而是写信给纳塔莉，因为他们夫妻即使在书信中也只剩下互相指责。明娜在写给朋友基茨的信中寻求安慰，她称其为她的“养子”。只有在明娜的姐姐，住在茨维考的夏洛特·特勒格尔——纳塔莉经常住在她家里——去世之后，理查德才安慰性地再次与她联系。

他渴望“令人愉悦的女性的存在”（*SB*，卷XV，195），不仅是为了性的消遣。玛蒂尔德·迈尔，他曾向她写出过热情似火的书信，却始终无法企及，她有着坚定的道德观念，不愿意在他和明娜的婚姻还维系时就搬过来与他同住。为了工作，他需要一些能产生紧张感的东西，即便仅仅是与明娜的日常冲突：“我看到，这一切——因为这只是我内心的历程——都可以通过适当的反作用力来改变。”（*SB*，卷XV，196）**在内心之中产生反作用力**，经常奏效的老办法！但是，上面提到的与委身于他的女仆的恋情，并没有产生他所需要的反作用力。显然，“只有”性欲是无法产生创造力的，他曾经依靠“不可能的”爱才获得了创造力，因此，他在6月5日写给伊莉莎·维勒的信中对他与玛蒂尔德·韦森东克曾经的关系做了或许是最动人的表达，这可能并非巧合："她［玛蒂尔德·韦森东克］是并将永远是我最初的也是唯一的爱！［……］那是我一生的顶点：那些焦虑、抑郁的年岁，我是在她的亲密、她的倾慕中度过的，包含了我一生中所有的甜美。"（*SB*，卷XV，182）谁能替代这一关系呢？

在这种财务上的绝望处境下，他越来越深地陷入创造力的危机之中。在告别时，他对伊莉莎·维勒说："**朋友，您不知道我的苦难的程度，不知道我面临的痛苦有多深**。"[18]瓦格纳此前从未说过这样的话，在流亡时没有，在巴黎时也没有。无家可归，金钱匮乏，形单影只，这些都是他可以承受的不幸。"**痛苦有多深**"，是完全不同的，是关乎存在的，而**存在对于瓦格纳来说只有艺术，只有创作**。在《我的生平》中，他连续三次提到在维也纳持续经历的创造力停滞（*ML*，738，741，742）。这段时期的书信也证实了这个说法：1863年7月4日，他写信给明娜："我受苦于一种致命的疾病，它最终剥夺了我的全部力量，使我成为永远的惶恐的牺牲品。"在给文德林·魏斯海默的信中（7月10日），他说得更为直接："我承认，产生这种工作兴趣所必需的情绪和勇气的源泉，现在对我来说已经枯竭了。"7月15日："工作？工匠歌手？——它停滞不前！"心理障碍变成了身心疾病："我病了。我的腹痛越来越使我烦恼；我的烦恼又加剧了我身体的痛苦，在身体的痛苦中，一切最终再次暴露出其形而上的原因。最可悲的是，工作不再让我快乐了。我根本没有心情来写这种风趣的音乐［例如《工匠歌手》］。"[19]8月17日，他写信给比洛说，他担心自己"永远无法重拾""属于他的天才"。

这种情况将他拖入一个自我毁灭的旋涡之中，他再也找不到出路，而他通过持续借债而加剧的财务灾难似乎是最后一个产生"反作用力"的手段，但由于生存压力而变得无效。否则我们便无法理解，他为何要继续大笔花钱，即使已经陷入债务的困境。新的债务，更多的债务；这造成了紧张感。这是让灵感奔涌的最后手段吗？我们必须提出一个问题，瓦格纳在不到一年的时间里，从1863年5月到1864年初，总共花了多少钱，以至于他在1863年的总收入达到2.5万古尔登[20]的情况下，还能在1864年的三四月份面临如此的灾难。如果在上面这个收入数字上再加上2万古尔登的债务，那么他在一年左右的时间里，一共挥霍掉了4.5万古尔登(当时平均年收入的四十倍，或约100万欧元)。[21]这一切能否像在1849年和1850年那样，成为那种“绝望的手段”，打破持续了一年的创造力阻滞?

然而，瓦格纳绝不是自杀者。他在维也纳的所作所为，就像从前在德累斯顿、苏黎世和巴黎的行为一样，对于作为艺术家的他来说都是理性的，尽管像在赌场里玩轮盘赌一样冒险。他只会出于创造力的欲望而接受风险。这些对于非艺术家来说都显得极不理智，因此有些人很快做出了判断：他们在这段维也纳插曲中看到了“怪诞的喜剧”，看到了“他的现实感的缺失”，仿佛创造力问题是不现实的！[22]有着丰富戏剧经验的欧内斯特·纽曼对维也纳的冒险只有简单的描述，没有对彭青的生活方式和债务的产生和金额提供任何细节。[23]格拉泽纳普则将彭青描述为一个普通的住处。他称瓦格纳的动机是“认命和耐心！耐心和认命！”:“这是他活下去的唯一手段。”如此一来，他就掩盖了其与直接表现出的“外部困境和苦难之高峰”的矛盾，他把这与莫扎特的传奇相提并论:“‘极其特殊的、近乎恶魔般的艰难’多年来‘阻碍了他的每一步’，几乎把他拖垮了。”在格拉泽纳普的笔下，瓦格纳是突然就有了债务，没有给出任何解释。全世界都突然与“大师”为敌，瓦格纳必须逃离维也纳，躲避从天上掉下来的债务，但这不能归罪于他。在编造阴谋的传说时，这位传记作者比“大师”还要略胜一筹。[24]

纽曼和格雷戈尔—德林这样的作者，没有理会瓦格纳在这段时期写的45封信，或者对它们进行了严格的过滤，[25]尽管其中有12封信准确地描述了他的生活。它绝不是一出“怪诞的喜剧”。瓦格纳陷入了悲剧性的心理困境之中。今天我们可以说，他经受了与创造力有关的最危险形式的抑郁。

他仍然住在瑞士，但很快就认为必须了解德意志戏剧的发展，便动身前往斯图加特，并于4月29日抵达那里。他住在马尔夸特旅馆。他经常和宫廷乐队长卡尔·埃克特在一起，他在维也纳时认识了此人，与他关系很好。瓦格纳还在等文德林·魏斯海默，他想和他从5月3日起隐居在斯图加特地区的一个偏僻角落里。在极大的限制条件下，他仍打算继续《工匠歌手》的创作，而魏斯海默则将负责它的钢琴改编版。**或许瓦格纳终于想起了巴黎模式**：在埃尔德街的奢华生活破产之后，他在默东的夏季小屋里遇到的艰难困苦，产生了类似于天鹅绒和丝绸般的创作压力：**心理上的反作用力**和贫穷带来的绝望挫折感，在短短几周内就催生出了《漂泊的荷兰人》。维也纳“郑重其事地认真准备的安宁环境”，并没有能促进作曲工作的进行，不断攀升的债务这把达摩克利斯之剑虽然带来了失去自由的威胁，却没有带来创造力，现在他不得不尝试隐居的朴素生活。这一乍看之下非常惊人的决定显示出，他的行为最终是多么理性——尽管我们很难理解他。

但结果却与预想的不同。1864年5月2日，在出发的前一天晚上，某位“巴伐利亚国王陛下宫廷秘书”的名片被送进了瓦格纳在斯图加特的旅馆，这位先生想与瓦格纳见一面。普菲斯特迈斯特，巴伐利亚十八岁半的路德维希二世国王的这位内阁秘书十四天前出发，追着瓦格纳经过维也纳和苏黎世来到这里。他终于抓住了这名逃亡者。

第三部分
神话的完成

28

国王的救援

图75　救世主：巴伐利亚国王路德维希二世，珂罗版画，1896年。

奇　迹

早在1864年4月17日，即路德维希二世登基后五个星期，他就指示他的内阁秘书弗朗茨·冯·普菲斯特迈斯特去寻访这位作曲家并将其带回慕尼黑。[1]当国王的特使于1864年5月3日出现在旅馆房间中，并向瓦格纳解释国王陛下未来愿意将他从一切经济负担的束缚中解救出来的时候，他完全困惑了。为了让瓦格纳相信这一意图的严肃性，这位内阁秘书立即给了他一幅国王的肖像——或许是巴伐利亚宫廷摄影师约瑟夫·阿尔贝特拍摄的——还有一枚价值不菲的戒指。[2]瓦格纳不久前还说到过的唯一能拯救他的奇迹发生了。在这位天使离开旅馆房间后，瓦格纳立即给国王写了一封信，扯出了这样的比喻："我向您献上这美好的感动带来的泪水，好告诉您，诗的奇迹就像一则神圣的现实一样进入了我贫苦、穷困的生命！——而这条生命，它最后的写作和作曲都属于您，我慈悲的年轻的国王：请您把它当作您的财产来处置吧！"（*SB*，卷XVI，141）这封感谢信又让国王陷入某种狂喜的状态，正如他在日记中所写："星期三晚上十一点，普菲斯特迈斯特来了，一切进展顺利，令人喜悦的消息，渴望着的人，收到了他的信！极度的兴奋，陶醉，散发着狂喜！——夜里非常不安，梦到了他！梦境混乱地搅在一起！"[3]瓦格纳当天与普菲斯特迈斯特一起到了慕尼黑，第二天下午两点在慕尼黑的王宫觐见了国王。作曲家几乎不敢相信自己的运气："这难道不是一场梦吗？"他在1864年5月4日的信中问伊莉莎·维勒（*SB*，卷XVI，144）。1864年5月7日，瓦格纳向斯图加特的朋友卡尔·埃克特讲述他与路德维希二世国王的初次见面时，也使用了奇迹这个字眼："年轻的国王是一个真正的奇迹；他是那么俊美、深刻、善解人意，让我满怀不安地被他吸引。他对我的热爱是无限的：他对我（以及他周围的人）坦白说，他的教育全要归功于我，自他十五岁起，他就把我，我的作品，我的榜样，视为唯一的教师。他以初恋般的亲密理解着我的天性和我的诉求：我应当遵从内心，从事、创作我想要的东西；他想要的一切就是让我摆脱所有烦恼，让我有充分的闲暇去工作，并且只要我提出要求，就为我创造演出所需的一切条件。为此，他给我提供了非常可观的薪水，以作为慕尼黑舒适生活的基础。[……]他渴求地期待着我的‘尼伯龙人’的完成，然后他希望按照我的计划和愿望，将它作为伟大的戏剧与音乐的全国性节日来演出。一句话：这就是梦想成真！［……］他的俊美，他的仪态——令人着迷；除了他向我展现的无尽善意之外，再也没有什么能比爱这个出色的年轻人并经常和他交往更能令人愉悦和兴奋地期待的了。”(*SB*，卷XVI，153)

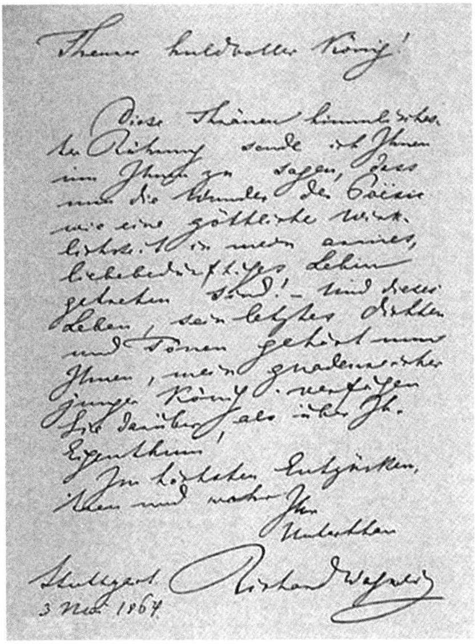
Theurer huldvoller König!

Diese Thränen himmlischster Rührung sende ich Ihnen um Ihnen zu sagen, dass nun die Wunder der Poesie wie eine göttliche Wirklichkeit in mein armes, liebebedürftiges Leben getreten sind! – Und dieses Leben, sein letztes Dichten und Tönen gehört nun Ihnen, mein gnadenreicher junger König: verfügen Sie darüber, als über Ihr Eigenthum!

Im höchsten Entzücken, treu und wahr Ihr Unterthan

Stuttgart. 3 Mai 1864. Richard Wagner

图76 瓦格纳写给路德维希二世国王的第一封信，震惊地感谢他救他于水火之中，斯图加特，1864年5月3日。

“初恋般的亲密”，这一表达方式说明了作曲家遇到的这一“奇迹”是多么伟大；三十六个小时之前，他还在想着，这次彻底完了。“初恋”这个概念当然也不应引起误解，即便这位国王偏爱同性的倾向众所周知。这可能为两人都创造了一些额外的魔力；不过，迷恋的原因在于，国王认为在瓦格纳的主角之中认出了自己，确切地说是自从十五岁的他作为王储在女家庭教师茜比拉·冯·迈尔豪斯的陪伴下看了第一场歌剧演出之后：《罗恩格林》，1861年2月2日，慕尼黑宫廷剧院。一年后，1862年12月，他第一次看到和听到了《唐豪瑟》。他年复一年地将这些日子作为真正的“节日”来庆祝，对他而言，它们比教会的节日更重要。[4]考虑到1852年11月1日弗朗茨·拉赫纳指挥的《唐豪瑟》序曲在慕尼黑首演时在观众中引发的困惑和不满，这位年轻人对《唐豪瑟》

的热情在当时是完全不可理解的。但路德维希却对瓦格纳的歌剧流下了“狂喜的泪水”；他立刻背下了整部台本，并阅读了《未来的艺术作品》。[5]1859年8月，他就经由家庭教师特奥多尔·德·拉·罗谢伯爵的介绍了解了瓦格纳的《歌剧与戏剧》。国王非常认同瓦格纳的舞台作品，他甚至用歌剧中的人物给周围的人命名，比如当他发表批评意见时，就把普菲斯特迈斯特称作“法夫纳”或“迷魅”；曾与他短暂订婚的索菲，奥地利皇后伊丽莎白的妹妹，被他叫作“艾尔莎”，他自己则被当作“瓦尔特·冯·施陶尔津”或“帕西法尔”。[6]

国王迷恋于瓦格纳的歌剧主角，也为他们的创造者所倾倒，而这是他们的关系中的许多错误之一。如果说路德维希忽略了罗恩格林这一人物形象的许多阴暗面，那么他同样看错了其创作者，他的新的被保护人。后来，他们俩都认识到了这些错误的判断，路德维希用精湛的技巧，或许可以这样说，以真正的高贵风度掩盖了它们。不过，这一关系的基础首先是一种太过理想化的想象，瓦格纳不仅出于感激之情，也出于最深刻的信任而参与其中。

奇迹也包括财务方面的。除了免费的住宅和薪水——开始是4000古尔登，自12月1日起为5000古尔登，自1865年10月1日起为8000古尔登——瓦格纳还从国王的内帑中获得现金作为礼物：5月9日4000古尔登，6月10日1.6万古尔登，1865年10月18日4万古尔登。在一年前的1864年10月18日，还有3万古尔登作为《尼伯龙人的指环》的作曲费用——继奥托·韦森东克和弗朗茨·肖特之后，瓦格纳如今第三次出售了这四部曲：在这方面，他也是个世纪天才。瓦格纳在慕尼黑的最初十八个月里，国王就给了他超过13万古尔登。[7]为了清理债务，瓦格纳于5月10日至12日和6月11日至14日先后两次前往维也纳。他用到那时为止收到的2万古尔登，摆脱了最严重的恶果。

路德维希二世给瓦格纳的一切，都在当时的音乐家如古诺、迈耶贝尔或威尔第在相似的时间段赚到的钱款数额的范围内。许多来自资本界、工业界和贵族阶层的同时代人花了数额相近的钱——由于他们的举止没有引起人们注意并始终匿名——而从未遭受过批评。瓦格纳的需求也由他自己的行为所决定：他在维也纳挥霍了太多的钱，救命的钱也就相应地要非常多。如果说这相当于巴伐利亚高级乃至最高级官员四十倍到七十倍的年收入的话，那么这对于一个天才的分量来说并不是一个坏的标杆。[8]因为国王的新宠当然不应该有债务。国王方面没有对债务问题做出任何评判；我们也应当避免妄加评判，而是要尝试理解这些进展。

这位国王经常被指责为不通世务。但是，说他把“梦想和生活混淆了起来”则是过于简单化了。路德维希二世非常推崇一种艺术教育计划，他想要他的臣民拥有更深的艺术感，让他们脱离低级趣味。“我的目的是，通过演出严肃的、重要的作品，如莎士比亚、卡尔德隆、歌德、席勒、贝多芬、莫扎特、格鲁克、韦伯，让慕尼黑的观众拥有一种更加高尚、更加集中的心绪，让他们逐步戒断那些庸俗的、轻浮的剧目，从而为迎接您的作品的奇迹做好准备[……]因为一切都必须被艺术的严肃性所填充。”[9]路德维希的梦想既不是错误的，也不是不切实际的。他对瓦格纳的照顾是如此，他对艺术的资助和他的建筑物也是如此。仅仅将后者称为“头脑狂热的产物”是不够的。[10]他的每一座宫殿都遵循着某种美学纲领，例如海伦基姆湖宫就遵循着凡尔赛的美学，这极大地刺激了反对法国专制主义宫廷文化的瓦格纳。林德霍夫宫的维纳斯岩洞、洪丁小屋和古尔内曼茨隐居处，当然还有新天鹅石堡，都是“路德维希二世将瓦格纳乐剧中的虚构场景转变成他自己的生活空间”的产物。按照歌德将建筑称为“无声的音乐”的说法，人们可以像迪特尔·博希

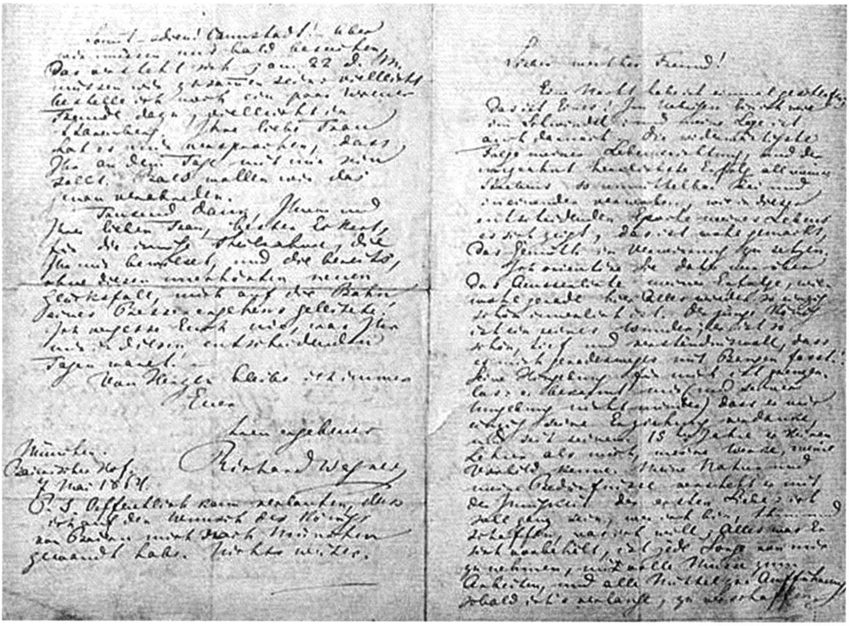

图77　瓦格纳写给斯图加特宫廷乐队长卡尔·埃克特的信，动人地描述了与国王的第一次见面，1864年5月7日。

迈尔一样将这些建筑物称为“无声的瓦格纳音乐”[11]。区别在于，不同于王家建筑，瓦格纳的音乐包含了大胆的、前瞻性的创新。路德维希二世去世之前不久，甚至计划建造一座北京的北海风格的中国宫殿，这位巴伐利亚国王国际化的开放程度至少可以让今天的人们称道。这位从小就对建筑艺术充满热情的国王，用他的计划给国库增加了负担，也为自己的国家创造了文化增值，直到今天仍有着重要意义。

国王与艺术家的通信中洋溢着一股狂喜的语调。“最亲爱的、最重要的朋友！”路德维希二世于1865年3月10日写信给瓦格纳称，而后者反过来又称他为：“我的高贵的、出色的朋友！我的美丽意志，我的慈爱的天命！”（理查德·瓦格纳，1865年3月21日）

这种情感的洋溢不应用今天的标准进行评判。如果一个瓦格纳迷读到这位大师在十八岁之前的许多书信中就曾多次提到“死亡”(ersterben)这个词,可能会感到不寒而栗。在一位充满“神的恩典”的国王面前,平民——瓦格纳当然也是——在当时每封信的结尾都要写上“死亡”,这在几个世纪以来都很普遍。这些书信的其他部分则是角色扮演,瓦格纳这方面大概从一开始就如此,国王方面最晚自1865年年底起。在他的天真的掩盖下,许多都是做戏;欧内斯特·纽曼举出许多例子,展示了国王是如何将私情与政治、艺术与行政明确区分的。而我们也将很快看到,当瓦格纳的要求变得过高时,他是如何礼貌却严格地应对的。[12]

1864年5月2日,就在巴伐利亚国王的内阁秘书在斯图加特找到瓦格纳的这一天,贾科莫·迈耶贝尔在巴黎去世,享年七十三岁;此前,他正在这里准备他的歌剧《非洲女人》(今天也叫《瓦斯科·达伽马》)的演出。巴黎为纪念死者举行了盛大的哀悼仪式,但葬礼是在柏林的勋豪泽大道犹太公墓举行的。迈耶贝尔有一个妻子和五个孩子,但他留下遗嘱,把丰厚财产中的大部分都用来资助年轻的德意志音乐家。对于瓦格纳来说,对手的死亡是第二次“解脱”,而在他的自传中,他充分地利用了这种时间上的巧合。他一次又一次地使人感到惊讶:即便他深深地仇恨迈耶贝尔,他还是在后来——1872年和1880年,如同柯西玛的日记显示的——有了一个惊人的,如同只会在梦中出现的转折。

1864年,他暂时摆脱了两个如同永恒的噩梦一般缠绕着他的负担。他将来打算怎么办?

柯西玛

1864年5月到8月,瓦格纳的大部分时间都是在施塔恩贝格湖东北岸的肯普芬豪森度过的，国王在那里给他租了一栋有二十多个房间的别墅——佩雷宫。在夏季，瓦格纳经常和路德维希在附近的贝格城堡见面，或者也在菲森，但他一个人的时候却会在佩雷宫。

经过长时间的寻觅，瓦格纳在10月15日搬到了由国王免费提供的豪华住宅，慕尼黑布林纳大街21号，位于普罗皮莱门附近的黄金地段。尽管他可能在几个月前就和汉斯·冯·比洛的妻子柯西玛发展出了一段关系，但他还是在6月1日写信给他，请求比洛来慕尼黑。“我求你！来和我同住，只要你想，多久都可以，一分钱也不用花[……]我还欠你一些钱，你可以借此机会收回去。”（*SB*，卷XVI，215）但是，在施特恩音乐学院担任钢琴教师的比洛，还是和柯西玛以及他们的两个女儿达尼埃拉和布兰迪内待在柏林。瓦格纳感到孤独，试图把两年前在美因茨认识的公证人的女儿玛蒂尔德·迈尔从美因茨引诱到肯普芬豪森来。这也是徒劳的。[13]只有在瓦格纳宣布，巴伐利亚国王很认可他请比洛来慕尼黑演出，愿意开付至少1500古尔登的薪水时，比洛一家才同意过来。尽管比洛还要继续在柏林履行工作上的职责，但柯西玛却在1864年6月29日带着女儿们来到了肯普芬豪森。理查德·瓦格纳在这里跟柯西玛成了秘密情人；当然，关于他们未来的最重要计划的讨论是在这一个星期里进行的。当汉斯从柏林过来时，一切都已成定局；未来的结合已经铸就，瓦格纳在下一年的4月有了一个孩子，这是他的第一个孩子。当汉斯于7月7日抵达佩雷宫时，对他妻子的恋情还一无所知；柯西玛希望至少在开始时将这段感情保密，而瓦格纳则想让比洛指挥和表演。很难说他是否被蒙在鼓里很长时间；弗朗茨·姆拉泽克，瓦格纳的一个仆人，告诉妻子安娜说，比洛想要进入佩雷宫瓦格纳的卧室，却发现门被反锁了，因为他自己的妻子在里面。据说比洛倒在了客厅里，还大发雷霆，但与仆人们不同的是，他对那两人之间的关系似乎还抱有一些幻想。[14]为了创造距离，柯西玛在那时还扮演了病人的角色。[15]

但真正病倒的是汉斯·冯·比洛。胳膊和手上严重的风湿病让他长达数月不能触碰钢琴，为了实现国王的愿望，他还要不断地往返于施塔恩贝格和慕尼黑之间。[16]与此同时，柯西玛去了卡尔斯鲁厄寻找她的父亲弗朗茨·李斯特。直到8月，她才随父亲一起回来——她的丈夫依然没有康复。李斯特想挽救女儿与曾跟他学过钢琴的汉斯·冯·比洛的婚姻，与瓦格纳发生了争执。因此，恰恰是李斯特建议比洛接受瓦格纳介绍的一份慕尼黑的工作，显然是希望他女儿的婚姻还有挽回的余地。1864年9月17日，路德维希二世签署了汉斯·冯·比洛担任慕尼黑首席音乐家的任命书。

这一整个时期和现存的文献都非常混乱。在尤利乌斯·卡普的描述[17]基础上，关于瓦格纳的研究几十年来一直假设，汉斯·冯·比洛直到1866年5月才通过一封书信了解到柯西玛与瓦格纳之间关系的性质。这一理论有助于更有效地描绘这对恋人在国王与公众面前上演的捉迷藏游戏。然而，欧内斯特·纽曼通过最为接近的观察者彼得·科内利乌斯的书信得出了不同的观点。瓦格纳也同样邀请了钢琴家、作曲家科内利乌斯到慕尼黑来，并在路德维希国王那里为他谋了一个职位，而国王实际上并不热衷于弹钢琴。科内利乌斯非常了解理查德与柯西玛之间的感情，而比洛得病可能是因早就面对事实所起的反应。他从未指责过柯西玛隐瞒实情，也证明了这一点；在他深陷于可怕的自我怀疑之中的天性里，他认为性格强势的柯西玛被胜利者类型的瓦格纳所吸引是不可避免的，并且接受了这两个人是彼此般配的。关于这一点的最公开的文件是1869年9月15日比洛写给柯西玛同母异父的姐姐沙尔纳塞侯爵夫人的一封信，他在信中说到了他多年来的苦难。[18]他保护了柯西玛，并赞扬了她卓越的才智和她忠实、坦诚、高尚的性格。

他只是责怪了瓦格纳：他的作品有多么崇高，他的行为就有多么卑鄙；他毫无忠诚心可言，丝毫不值得尊敬，他与这位作曲家打了二十年交道之后完全可以证明这一点。[19]因此，迄今为止流传广泛的关于柯西玛隐瞒了两年的指控是站不住脚的。

当柯西玛于1868年带着孩子们到特里布申去找瓦格纳时，李斯特中断了与瓦格纳的联系。李斯特研究者恩斯特·布格尔正确地指出，李斯特的这种"市民般的严厉和个体的痛苦"令人震惊，因为在他本人与玛丽·达古和卡罗琳·冯·赛恩—维特根施泰因的爱情关系中也没有考虑过道德习俗。布格尔也为李斯特的严厉提出了合理的解释，即担心受到背叛、饱含痛苦的汉斯·冯·比洛会因此丧命。[20]李斯特很珍视这个学生，像爱自己的儿子一样爱他。直到1872年5月，瓦格纳才敢再次给李斯特写信寻求和解。

是什么使柯西玛中断了与汉斯·冯·比洛的婚姻？这桩婚事轻率地缔结于1857年8月。"就我这方面来说，没有一丝情绪，没有一点感动，也就是说，没有经过深思熟虑就举行了婚礼。"柯西玛后来对她的女儿达尼埃拉说。[21]因此，她很快就在这段关系中感到了不幸福。在瓦格纳介入时，当时二十七岁的柯西玛与三十四岁的病弱的、因其火暴脾气而闻名的汉斯之间的婚姻，可能也只剩下一层纸了。

尽管柯西玛不是职业音乐家，但她的钢琴弹得非常出色，但她与瓦格纳住到一起后很快就不得不放弃了；[22]她充其量还与瓦格纳或他们的常客汉斯·里希特（*CT*，1870年7月4日）一起弹弹曲子。她仿照母亲玛丽·达古，以笔名为法国报纸撰写文章，并在美学问题上达到同时代的高峰。因此，她很快就认识到了瓦格纳的天才。然而，与明娜或玛蒂尔德·韦森东克这样的女性形成鲜明对比的是，她接受了瓦格纳的独裁态度，并让自己屈服于他的思想。她认为，自己最重要的任务就是帮助他创作；她会在她的日记中写下："他的思想的剧院是一座神殿，而现在的剧院则是一个露天市场的摊位，他说的是神父般的语言，庸人们应当理解他！我要将毕生都奉献给他，因为我已经认识到了他的境况。"（*CT*，1869年10月4日）对瓦格纳而言，女人的忠诚是他创作的一个前提；在因瘦长的脖子和独特的鼻子而获得了"鹳"这个绰号的柯西玛身上，[23]他找到了理想的形象，因为她的使命感使她忽略了所有不愉快的事情。

《特里斯坦与伊索尔德》的首演

回到那座位于施塔恩贝格湖畔肯普芬豪森的拥有二十多个房间的佩雷宫。1864年8月，瓦格纳再次开始作曲。首先是一首向国王致敬的进行曲（10月5日在慕尼黑王宫首演）。9月27日，他又拾起了已经放置了七年的《西格弗里德》总谱。12月，按照瓦格纳的愿望，戈特弗里德·森佩尔第一次觐见了国王，因为国王正计划请这位著名的建筑师建造一座巨大的瓦格纳音乐节剧场。因此，作曲家开始着手准备自己的未来。为此，他早在1864年7月就写过一篇文章《论国家与宗教》，他想以此在理论上也诱惑住国王。迄今为止，这篇文章大多被认为是瓦格纳晚期从早年的社会主义目标中的退出，乍看之下确实如此。然而，正如前文已经说过的，瓦格纳的社会主义在1840年代晚期就已经相当肤浅，1847年他将普鲁士国王当作他的救世主，但那位国王却不愿意配合。[24]现在终于找到了一个国王，一个巴伐利亚人，他履行了普鲁士国王十七年前"忽视"了的职责。瓦格纳捕获了他的猎物；现在，只要在慕尼黑将年轻的、对他如此顺从的国王按照他的意愿来塑造就可以了。

1865年4月，发生了两起重大事件：10日，柯西玛生下了理查德·瓦格纳的第一个孩子，伊索尔德·约瑟法·卢多维卡；面见国王并告知他即将到来的重大活动，因为与此同时，《特里斯坦与伊索尔德》首演的排练开始了。这是瓦格纳一生中最伟大、最充实的几个星期。慕尼黑的管弦乐队就让他激动不已。尽管瓦格纳抢了汉斯·冯·比洛的妻子，但比洛还是站在指挥席上给他带来了奇迹！但最重要的是歌手路德维希和马尔维娜·施诺尔·冯·卡罗尔斯费尔德夫妇所取得的成就，他们在很大程度上代表了瓦格纳理想的歌唱，并非常精确地实现了作曲家的意图。瓦格纳最初是持怀疑态度的，因为他听说路德维希·施诺尔过胖了。根据1854年写下了《德意志伟大的歌唱流派》的弗里德里希·施米特的回忆，施诺尔的声音并不那么悦耳，技术上也不是那么成熟；柯西玛·瓦格纳认为它的中音部分过于低沉了，但瓦格纳对他的全心投入和他戏剧表演上的才华，与对他的妻子马尔维娜心理上的移情能力同样激动。[25]“我生平第一次，带着我的全部艺术，仿佛躺在爱的床榻上，”瓦格纳写信给伊莉莎·维勒说，“整部艺术作品的布局非常丰富：一对上天赐给我的艺术家夫妇，全心信任，全情投入，天赋使人惊叹。像一场魔法的梦一般，这部作品成长为意料之外的现实。”[26]彩排在5月11日进行得非常完美，但是在慕尼黑宫廷与国家歌剧院的首演却不得不推迟多次，因为马尔维娜·施诺尔由于一次蒸汽浴而声音嘶哑。伊萨尔城郊剧院利用这一不幸来了一次戏仿：“第一次且被推迟了好几次的演出：特里斯坦德尔与西索尔德。”[27]媒体嘲讽说，蒸汽浴是对付“未来音乐”的最佳手段。之前汉斯·冯·比洛就已经激怒了媒体，因为他想拆掉一些座位，扩大管弦乐队的空间。剧院的机械师向他指出，如此一来观众的席位将减少，而指挥吼道：“多进来或少进来三十头猪，那又有什么关系。”[28]同时，欧洲各地的瓦格纳迷都来

图78 1865年5月17日，瓦格纳与朋友和仰慕者在慕尼黑，左起：奥古斯特·勒克尔（坐者），奥古斯特·加斯佩里尼，理查德·瓦格纳和他的狗波尔，汉斯·冯·比洛（站在他后方者），阿道夫·延森，卡尔·吉尔，弗朗茨·米勒，费利克斯·德莱塞克，亚历山大·里特尔（坐者），利奥波德·达姆罗施，海因里希·波格斯，米夏埃尔·莫斯佐尼。

了，音乐评论家里夏德·波尔描述了火车上的“瓦格纳信徒的雪崩”，[29]其中包括海因里希·波格斯、亚历山大·里特尔、奥古斯特·德·加斯佩里尼。上午，瓦格纳的信徒们聚集在比洛那里，他给他们演奏李斯特的新作品，下午在瓦格纳位于布林纳大街的住处，或者也去巴伐利亚王宫。瓦格纳还再次见到了他从前政治上的同伴奥古斯特·勒克尔，他在瓦尔德海姆被监禁了十三年，几乎没人看到过他，“仿佛什么都没有发生过”。[30]两年前，两个人才再次在毕布里希见面。

首演最终于6月10日举行，随后在6月13日和19日又各举行了一场。第一场演出引起了很大的惊叹和谨慎的嘘声，但嘘声很快就被淹没在欢呼声中，仿佛观众中的大多数已经意识到，他们亲历了音乐史上最难忘的夜晚之一。观看了演出的路德维希二世紧接着就给瓦格纳写了一封信：“绝无仅有！如此神圣！多么美妙！［……］神一般的作品！——永远忠诚——超越死亡！”[31]由于无法去观看第三场演出，路德维希二世国王便下令在7月1日举行第四场演出，为此，他甚至让萨克森国王延长了施诺尔·冯·卡罗尔斯费尔德夫妇的假期。[32]慕尼黑的报纸充满了崇敬，勒克尔在法兰克福的《改革报》上写道，这也是巴伐利亚国王的胜利，其他的外地报纸听起来则颇具侵略性；有人说这是“衰败的、病态的幻想的精致佳酿”；[33]说音乐“已成为不道德绘画的颜料提供者”。[34]

不久之后，特里斯坦的扮演者路德维希·施诺尔·冯·卡罗尔斯费尔德病倒，并于7月21日在德累斯顿去世。瓦格纳深感震惊，他在一封信中说，他想再也不演《特里斯坦与伊索尔德》，以此来为“高贵的”男高音竖立一座纪念碑（1865年8月2日致安东·普西内利，*SB*，卷XVII，230）。直到最后一场演出还都欣喜若狂的公众舆论，如今部分地转变成了仇恨：瓦格纳的新作品不仅会威胁到国王的头颅，还会谋杀歌唱家（在此之前这些作品还被认为是“无法上演的”）。[35]瓦格纳在一封信中向国王保证说，歌手本人曾经说过，他不是因为过度劳累而生病的，而是由于“风湿症”，这是他多年来“在维护不善、有穿堂风的戏剧舞台上得的”——而今天认为，他或许是得了伤寒。[36]在公众舆论发生变化之后，瓦格纳陷入了深深的危机之中，但这场危机却是极富成效的：在国王位于瓦尔兴湖畔的狩猎小屋中，于8月底诞生了后来成为《帕西法尔》的散文初稿。然而，柯西玛在精神上已经站在他这边了。这第一稿的《帕西法尔》文本写在《棕色笔记本》上（以其棕色的皮质封面而命名），这份笔记是他自不久前为柯西玛而写的，正如在威尼斯时为玛蒂尔德·韦森东克写下的那样。《棕色笔记本》里还说：“哦，柯西玛！你是我生命的灵魂！完全的！”[37]

柯西玛已经在许多方面照顾瓦格纳的生活，管理着他的秘书处，对他的权力越来越大，因此彼得·科内利乌斯很快就写道："瓦格纳完全地、无条件地受到她的影响[……]别人再也无法单独与他谈话，再也没有一封写给他的信是不经过她的手打开并朗读的。"[38]一天的大部分时间，她都与瓦格纳一起度过，而还是她丈夫的汉斯开始懂得这会有什么结果。在某些情况下，他感觉无法控制自己了，几乎要对她做出粗暴的举动。[39]在与瓦格纳相识的头几年，她产生了强烈的负罪感，她越来越深地陷入其中："我受的苦越深，这种苦难的快感就在我心中越来越强烈。"[40]她指责自己"消灭了对个人存在的一切冲动"，因此通过这种全身心的投入，使得理查德对她的依赖也在增长，于是他说："你就是那个把我挂在悬崖上的钩子。"[41]这些形象说明，他有着对分开的恐惧。柯西玛虽然非常有意识地培养了苦难的激情，却没有因为命运施加于她的"牺牲者角色的不对称性"（埃娃·里格尔语）而感到筋疲力尽，相反，她用她自己的方式在权力本能的发展中寻求平衡，她以最大的一致性将自己在未来生活中的地位扩大到瓦格纳的环境中不可避免的固着点上，她坚持了数十年。瓦格纳对柯西玛的父亲弗朗茨·李斯特的嫉妒也造成了困难。"他说到爱人者的可耻状况，让被爱者屈服于另一种左右她的力量。"[42]

干预政治

自1865年9月起，瓦格纳再次试图更强烈地从政治上影响国王，为此，他每天为国王写笔记（后来使用在《什么是德意志？》一文中）。他抱怨说，"法兰西—犹太—德意志的民主"使贵族堕落，不符合德意志的精神，正如所有的革命一样。[43]1849年的精神去了哪里？我们现在看到了真正的瓦格纳吗？抑或这只是为了迎合国王这位金主？但是，瓦格纳的论点并非如此肤浅。他现在将国家利益完全系于国王一身，因为国王此时正准备保护适合国家的艺术理想，即瓦格纳的艺术理想。瓦格纳用叔本华的思想和伪宗教的迷雾遮蔽了这种基本思想，但是，单单他关于国王在艺术中得到"救赎"的假设就暴露了瓦格纳自己的目的。国王将瓦格纳的说教部分地透露给了他的大臣们，其他人则通过警务人员的观察和泄密了解了它。最终，瓦格纳成功地说服国王创办一份音乐杂志，瓦格纳的朋友海因里希·波格斯和弗朗茨·格兰道尔负责它的出版，后来的《拜罗伊特报》的理念就此诞生了。[44]

在王室、贵族和政治阶层中，人们认为这位作曲家可能会对国王造成危险。统治集团固然追求极端保守的目标，但绝不是为了要将权力集中在国王手中。恰恰相反，他们倾向于让路德维希二世享受他在戏剧和艺术上的爱好，并在可承受的范围内助长这种爱好；但这只是为了将君主的注意力从政治上转移开去。他们已经准备好了，无须国王的干预就可进行统治，并且应当如此继续下去。而瓦格纳试图对国王施加影响，这威胁到了巴伐利亚的寡头，这些寡头如今联合起来，要以团结的力量进行反击。

小规模的冲突迅速发展为戏剧性冲突。国王希望由画家约瑟夫·伯恩哈特来为作曲家画一幅肖像，不过瓦格纳更倾向于他的老朋友弗里德里希·佩希特，他画的肖像画国王也很喜欢。他于1月30日写信给瓦格纳说："画得多么出色——请您接受我最热烈、最衷心的感谢！"[45]但是，很快就不清楚谁应当为佩希特支付500古尔登的报酬了——内帑，还是瓦格纳自己？这引起了不满，媒体对此给予了最大程度的煽风点火。

至少同样尴尬的是，瓦格纳被卷入一场"内阁阴谋"之中，彼得·科内利乌斯在1865年2月27日写给卡尔·黑斯特曼的一封信中提到了这件事。[46]普鲁士联合奥地利在与丹麦的战争中取得胜利，还一起取得了石勒苏益格、荷尔斯泰因和劳恩堡公国的统治权，但普鲁士想独享这三个地方，并与之相对地放弃莱茵河左岸地区。莱茵河左岸应当与比利时的东北部合并，组成一个新的天主教国家，由马克西米利安·冯·图尔恩与塔克西斯侯爵来统治。这一计划的推动者希望也能得到路德维希二世的支持，于是他们找上了理查德·瓦格纳。他应当利用自己对其金主的影响力，设法让内阁秘书弗朗茨·普菲斯特迈斯特由格奥尔格·克林德沃特取代，此人是一名外交家和密探，为各个派别工作。克林德沃特的女儿阿格尼斯·斯特里特—克林德沃特曾经跟随李斯特学过钢琴，也做过他的情人，与瓦格纳相识。1865年2月，她两次在慕尼黑与瓦格纳见面，以求劝说他，但他幸运地拒绝了。[47]1865年8月14日，奥托·冯·俾斯麦（普鲁士）与古斯塔夫·冯·布洛梅（奥地利）达成另一份协议，[48]但是，路德维希二世的大臣和秘书们，如冯·德尔·普福尔滕[49]和普菲斯特迈斯特，从这一事件中可以看出，音乐家仍有可能对他们构成威胁。

此时，如前所述，瓦格纳的收入几乎翻了一番，同时还花掉了另外4万古尔登——不情不愿的官员们用银币付了这些钱，因为据说纸钞无法动用，柯西玛不得不叫两辆马车把这些钱运进布林纳大街的房子里——政客们认为他们的时机到来了。路德维希对内阁成员依旧充耳不闻，并从高天鹅堡写信给柯西玛，他正与他新的大祭司逗留在那里："我如在天堂！"（*WKL*，卷I，74）此时瓦格纳向他建议，重组现任政府并遣散他的敌人，即内廷参事普菲斯特迈斯特和政府首脑冯·德尔·普福尔滕；柯西玛在她写给路德维希二世的信中称这两名政治家为"普菲和普福"。[50]我们不能为此指责瓦格纳说他从政治的意义上策划了内部颠覆；他确实试图**除掉**那些攻击他，发动媒体针对他，破坏他的学

图79 巴伐利亚国王路德维希二世摆出法王路易十四的姿势，W. 赫希特所画的标准像，载于 *Bayreuther Festblätter in Wort und Bild*, München 1884。

校和剧院计划的政客。他又一次落入非此即彼的思维陷阱。在他的努力中，他也没有纠结于细枝末节，而是告诉国王说，他的敌人们不仅有害于他的崇高目标，甚至有害于他的王权观念。他继续以书面和口头的请求来施加影响，意图给国王塑造在一个民族主义的“元首国家”的意义上实现神授权威的浪漫理念。

这种紧张局势势必会在某个时候爆发。11月中旬，国王邀请瓦格纳前往高天鹅堡，与作曲家一起共度了许多时光。他们从慕尼黑召来乐师，演奏瓦格纳的音乐，沉醉于古老的德意志传说和神话故事之中。从11月11日到18日在高天鹅堡经历的这段时间，对于路德维希二世和理查德·瓦格纳两个人来说，都是他们这段友谊的最高点。但是在1865年11月26日，慕尼黑的《市民与农民信使报》上发表了一篇针对瓦格纳的煽动性文章，把他称作寄生虫和蝗虫（*WKL*，卷IV，106）。三天后，被攻击的作曲家匿名做了回复，猛烈抨击内阁和宫廷的高级官员。从这种风格上很容易看出这篇文章是谁写的；它引起了轩然大波，很快就有4000人签名反对瓦格纳。路德维希·冯·德尔·普福尔滕，巴伐利亚国王的首相，以辞职来威胁国王，要求结束瓦格纳对政治的干预；国王必须在对人民的爱和对理查德·瓦格纳的友谊之间做出取舍。路德维希二世意识到,他的被保护人做得太过分了。1865年12月6日,他不得不怀着沉重的心情,要求他的导师和他唯一的朋友离开巴伐利亚一段时间。四天后,瓦格纳带着仆人弗朗茨和爱犬波尔前往日内瓦湖。彼得·科内利乌斯与合唱团指挥海因里希·波格斯一起去慕尼黑火车站给他送别,科内利乌斯写道:“瓦格纳形同鬼魅;面色苍白纠结,长长的鬈发闪着灰败的光泽。”[51]

29

特里布申与《纽伦堡的工匠歌手》

图80　理查德·瓦格纳于1865年至1871年间居住的位于卢塞恩附近特里布申的住宅。

明娜之死

在日内瓦经历了一些情况后，瓦格纳终于找到了“洋蓟”别墅，并于12月23日搬了进去。他让人从慕尼黑运来啤酒和葡萄酒，尽情享受鼻烟，很少抽烟草。从1866年1月12日起，他重新捡起《工匠歌手》的作曲工作。和往常一样，他主要在上午工作。在慕尼黑时，环绕在瓦格纳身边的所有奢华都无法让他投入工作——这让人想起维也纳时的情况。最终，攻击性又一次成为正确的方法，从他发起的攻击再导致对他发动的更大规模的攻击。但从长远来看，日内瓦并不是合适的地方。1月22日起，瓦格纳经里昂和土伦前往马赛，他想在那里寻找一个更好的居所。在那里，他收到了德累斯顿的老朋友安东·普西内利发来的急电：他的妻子明娜于1月25日去世。第二天，他给医生回信说，他“处于完全的迟钝状态，整个人都昏昏沉沉的”。由于时间紧迫，参加葬礼显然是不可能的。1月29日，曾经尝试调解他们夫妻间离婚事宜的普西内利写信给他，讲述了明娜最后的日子。在她去世的前一天晚上，她还是很“硬朗的”；她在夜里心脏病发作了。德累斯顿的亲密朋友们——蒂查切克、汉内尔、基茨、普西内利——为她举行了葬礼。瓦格纳的姐姐路易丝也到场了。自分居以来，瓦格纳就定期给住在德累斯顿的明娜寄钱，让她没有再碰到财务问题。在她去世的几天前，她应马尔维娜·施诺尔的提议，为理查德·瓦格纳做了恢复名誉的声明，旨在反驳媒体上说她的丈夫自1862年与她分居以来就在经济上完全无视她的指控。“由于《慕尼黑世界信使报》上的一篇错误文章，我特此声明事实，直到现在，我都受到我分居的丈夫理查德·瓦格纳的经济支持，使我能够过上体面的、无后顾之忧的生活。”（*Burrell 1950*，565）瓦格纳于1866年1月29日回到日内瓦，据说他对仆人姆拉泽克进行了猛烈的攻击，导致其向他隐瞒了一段时间。[1]瓦格纳回忆时说，他结婚太早了。4月2日，他写信给明娜的非婚生子，所谓的“妹妹”纳塔莉：“就像我承诺过的那样，我会每个季度给你30塔勒（这次是6个拿破仑金币），从今天就开始。”（*Burrell 1950*，566）在这封信中，他还请求纳塔莉将明娜的书信和基茨在巴黎给他们画的铅笔肖像寄给他，纳塔莉也照做了。

他情绪激动地将死去的爱犬波尔埋在了花园里。“瓦格纳的老婆死了，他的狗波尔也死了。”比洛用他典型的讽刺语气说道。瓦格纳和他所有的狗都有一种亲密的关系。根据格拉泽纳普的说法，他在它们身上看到了“自然的元主题”，他在特里布申和后来在拜罗伊特都遵守着给小狗马尔克和莫勒、一条黑色的纽芬兰犬罗斯和一条圣伯纳犬法夫纳在圣诞节时派发礼物的习惯，后者曾充作节日剧院的守卫。后来他在那不勒斯逗留期间，没有人敢告诉瓦格纳他的狗布朗格在拜罗伊特死了：人们担心他会悲伤过度。

特里布申的田园牧歌

或许是得知了明娜去世的消息，柯西玛·冯·比洛很快去了日内瓦，她于3月8日抵达了那里。30日，瓦格纳和她一起前往卢塞恩湖，他们第一次见到了那座卢塞恩附近特里布申的房子。4月4日，瓦格纳租下了这座房子，并在十一天后搬了进去，慕尼黑的内帑支付了租金——国王承诺的免费住处的原则继续适用。这座三层小楼被杨树环绕，坐落在一处岬角上，从这里可以一览无余地看到湖泊和群山；很难想象还有比这更加安逸的了。瓦格纳在后来给普西内利的一封信中(1870年1月12日)将这里称作“我的大农舍”。搬入四个星期之后，柯西玛带着女儿达尼埃拉、布兰迪内和伊索尔德也住了进来，一直待到了9月1日。5月22日，路德维希二世出人意料、完全保密地来参加了瓦格纳的生日会；他报上了《工匠歌手》的主人公瓦尔特·冯·施陶尔津的名字，在特里布申住了三天。由于普鲁士与奥地利之间冲突的政治局势已经非常尖锐，这次旅行在慕尼黑引起了很多不满；俾斯麦对和平提出质疑，并试图将奥地利赶出德意志邦联；因此，内阁会议比一个音乐家过生日要重要得多。

瓦格纳的第二次流亡开局并不很糟糕——《工匠歌手》的作曲工

作在特里布申进展迅速。10月30日，年轻的汉斯·里希特，从前的圆号手，后来的慕尼黑合唱团指挥，担任了秘书兼抄写员一职；他被叫作让·保罗*，抄录了《工匠歌手》的总谱。后来，在他于1876年成为拜罗伊特《尼伯龙人的指环》首演指挥之后，他说，在他逗留此处的十三个月中，他从未听过瓦格纳弹钢琴——他的整个创作都是在脑中进行的。[2] 6月10日，汉斯·冯·比洛也加入了他们；继瓦格纳之后，他也陷入了慕尼黑媒体的炮火之中，因此请求国王将他解职。这个家庭现在总共增加到十三个人，其中有八名仆人。这可真是太壮观了。

柯西玛越来越多地承担起耗时颇多的与路德维希二世通信的任务。但是，当大师亲自给国王写信时，他在特里布申还要和国王讨论政治事务。普鲁士和奥地利在1866年春脱离德意志邦联，不可阻挡地走向战争，随后这位大音乐家产生一个想法，要把路德维希推荐到一个最小德意志运动领头人的位置（也就是说，德意志邦联除开最大的那两个后剩下的所有邦国）。这样一来，巴伐利亚仍将是剩下来的最强大的军事力量，将发挥领导作用。届时，那两个脱离出去的大国可能会悔恨地重新加入进来——在俾斯麦的时代，这是多么无稽的大梦！[3]瓦格纳在这里重申了康斯坦丁·弗朗茨的观点，他曾与此人保持密切的书信往来。[4]弗朗茨反对俾斯麦的计划，曾斥之为“犹太民族性的德意志帝国”。[5]但路德维希二世却不为所动，并且在1866年6月14日战争爆发前不久，及时地站到了奥地利一侧；如同所有德国南部的诸侯国一样。这位音乐家现在也以非凡的敏捷性转换了立场；新近发明的、对战争具有决定作用的针发枪使他相信，德国最好还是落在俾斯麦手里。[6]7月3日，克尼格雷茨战役使得尘埃落定：普鲁士军队于1866年7月3日在

---

* 因其名汉斯·里希特与笔名让·保罗的著名德国浪漫派作家原名相同。

萨多瓦村附近重创奥地利与萨克森的军队，给敌人造成毁灭性的打击。奥地利皇帝弗朗茨·约瑟夫投降，迄今为止的德意志邦联解体；普鲁士吞并了石勒苏益格—荷尔斯泰因、汉诺威、黑森选侯国、拿骚和自由城市法兰克福，并建立了北德意志邦联。路德维希再次想到退位。他关于基督教封建国家的设想已不再能适应现实。他对俾斯麦没有任何好感，尽管此人在《布拉格条约》中极为温和地对待了德意志南部的"敌人"。最终，国王受到瓦格纳的深刻影响，解雇了他的政府首脑冯·德尔·普福尔滕，转而任命霍恩洛厄—希灵斯菲斯特亲王克洛德维希。此人尝试谨慎地靠近普鲁士，而又不放弃巴伐利亚的自治或特性。他派出了尚岑巴赫博士为密使前往特里布申，意在向瓦格纳解释自己的路线，但并不希望他出现在慕尼黑来加重自己的负担。

《工匠歌手》的创作仍在继续，但并非完全未受政治发展的影响。汉斯·萨克斯在剧末讲话中通过强调"神圣的德意志艺术"和警告"外国的小玩闹"而获得的音乐上的重要性，可以被看作当时事件的直接后果。1862年初的时候，这个结尾还不那么富有激情；瓦格纳曾希望以瓦尔特的颂歌来结束《工匠歌手》。柯西玛在写给路德维希二世国王的一封信中说，节日的场面是在1867年初才添加的："高贵的朋友会惊讶地发现汉斯·萨克斯的全新章节；它是在1月28日夜间的两点至三点之间创作的，在前一天我曾与这位朋友就结局讨论了整整一天。他认为，这部剧将以瓦尔特的诗为结尾，萨克斯的伟大演说并不重要。[……]我露出难过的表情[……]他不由得停下来思考。[……]"[7]从这个意义上说，作曲草稿是在1867年2月7日结束的；17日，瓦格纳的二女儿埃娃出生，显然是以《工匠歌手》中的同名人物命名的。博内此时拍下的一组照片显示，瓦格纳从未像现在这样兴高采烈，抱着小女儿在怀中。格雷戈尔—德林补充说，汉斯·冯·比洛宽恕了这位大师，他高呼道，“我原谅了”，而柯西玛则要求说，“不要原谅，要理解”[8]。就连瓦格纳对自己在爱情事务上制造的苦难也并非完全无动于衷。1867年1月2日，汉斯・冯・比洛造访特里布申，他的心几乎要碎了，看起来是如此地虚弱和痛苦。比洛本人则遁入玩世不恭之中：“路德维希二世国王万岁，这些不幸都要由他来负责。”[9]

柯西玛巧妙地安排了应当很快成为现实的事情：瓦格纳迫切需要她的丈夫，因为除了汉斯・冯・比洛之外，没有人能够像作曲家所设想的那样把《工匠歌手》呈现出来。为此，他于3月9日前往慕尼黑，请求国王任命比洛为宫廷乐队长，这在4月初也实现了。瓦格纳带着额外获赠的1.2万古尔登返回特里布申，并给国王写信说：“哦，帕西法尔！我应当如何爱你，我亲爱的英雄！”书信一如既往地矫揉造作，此时双方都已经变得很不真诚。为了继续向国王和公众隐瞒真相，柯西玛在4月中旬回到慕尼黑，没有带上小埃娃。接下来长达数月的分离，对所有涉及其中的人来说都是地狱。李斯特于10月9日来到特里布申，与他的朋友交谈了几个小时，当然他们还弹奏了《工匠歌手》中的音乐。他们尝试寻找出路，但这些出路都不可能不丢面子。尽管如此，工作还是进展顺利——当外部的问题看似无法战胜时总是如此：《工匠歌手》的总谱于1867年10月24日完成，在1862年5月开始创作的五年半之后，这是瓦格纳的作品中耗时最长、最为难产的一部。10月28日起，瓦格纳在巴黎的一家豪华旅馆内度假，参观了世界博览会，认为到处都能看到“世界大都市居民的恶习”。

那支文学的笔也暂时完成了工作，他现在认为，必须要把为国王所写的私人论文发表出来。它们将以“德意志艺术与德意志政治”为题出现在亲政府的《南德意志媒体报》上，总共十五期，并将无休止地传递“德意志精神”的浪潮。部分早已被日常政治碾压过的这些小德意志的自白变得越来越令人尴尬，在第十三期之后，国王制止了这一行为。起初，他对此是感到十分兴奋的；有几次，他甚至让人把文章抄下来然后分发给他的部长们。彼得·科内利乌斯的丧气话是有道理的："一名艺术家对国家的整体生活具有决定性影响，这是绝不可能顺利的。"[10]瓦格纳非常生气，直到12月23日才前往慕尼黑，但并未真正与国王和解。他终于开始相信关于柯西玛的双重生活的谣言了吗？瓦格纳陷入沉默，直到国王在3月份发出许多抱怨。但新的会面被取消了，因为路德维希二世终于理解了戏剧计划的不切实际（在此期间，就连瓦格纳也不再认可这些计划了），并与森佩尔分开了。因此，瓦格纳周围的许多人都离开了。就连与柯西玛的共同未来也悬而未决，根据柏林的法律规定，她几乎是不可能离婚的。

1868年夏季和初秋，私人事务方面最初没有什么新鲜事。瓦格纳和柯西玛一起去了提契诺州旅行，遭遇了非常糟糕的天气，之后她才在10月初决定告诉汉斯·冯·比洛她即将最终与他分开的事实。瓦格纳还认为，是时候结束与国王的猫鼠游戏了，由于许多疏忽，这已经变得难以为继；他告知了国王他计划重组家庭——一开始还是有点隐瞒的。当瓦格纳于11月1日来到慕尼黑时，他没有被允许觐见。难道国王以错误的方式理解了这个消息？瓦格纳继续去往莱比锡与家人商谈。在他的姐姐奥蒂莉·布罗克豪斯（1811—1883）那里，他注意到一个二十四岁的年轻人，能够熟练地演奏《工匠歌手》中的音乐；他名叫弗里德里希·尼采，是莱比锡的哲学教授弗里德里希·威廉·里奇尔的学生。

一次在文化史上意义深远的相遇：瓦格纳与尼采

1868年11月8日，弗里德里希·尼采第一次见到了瓦格纳。尼采在莱比锡学习古典语文学，试图结识这里有影响力的人物，他得知，或许可以在瓦格纳的亲戚家里见到隐姓埋名而来的他：在娶了瓦格纳的姐姐奥蒂莉的东方学家赫尔曼·布罗克豪斯家里。布罗克豪斯目前是莱比锡大学东亚语言学的教授。尼采本以为那会是一场规模宏大的盛会，穿上了裁缝为他量身定制的新舞会礼服，最后却惊讶地发现，在位于斜街的布罗克豪斯家"非常舒适的客厅里"，只有瓦格纳家族最核心的成员。当他们被介绍给彼此时，作曲家详细询问了尼采是怎样熟悉了他的音乐的，咒骂了那些乐队长和对他的歌剧的糟糕表演，还嘲讽地模仿了莱比锡方言。"在饭前和饭后，瓦格纳表演了《工匠歌手》里的所有重要段落，他模仿了所有声音，整个人非常活跃。他是一个极其活泼、热情似火的人，说话很快，很幽默，让这种最为私人的聚会变得非常愉快。"瓦格纳读了自传中关于大学生活的一节后，语文学家尼采对他的文学才华也很钦佩："他的写作技巧也很高超，富有才智。"[11]瓦格纳也立刻对尼采充满热情，五十五岁的音乐家和小他三十岁的年轻语文学家之间迅速建立起了深厚的友谊。

直到这次见面前不久，尼采还是一个反瓦格纳的人。即便是具有音乐天赋和熟练技巧，他早年间的作曲也多得惊人，其中最重要的作品是1874年的《友谊颂》；直到今天，它在哲学界仍然有其意义。但是，尼采直到1863/1864年的波恩年代仍然深受海顿或莫扎特那样的古典音乐影响，拒绝"李斯特、柏辽兹那样所谓的未来音乐"。[12]他是通过青年时代的朋友古斯塔夫·克鲁格才了解瓦格纳的音乐的，此人与尼采和威廉·平德一起在普福尔塔州立学校组建了一个自我教育协会——"日耳曼尼亚"；这个圈子喜欢谈论瓦格纳，研究《特里斯坦与伊索尔德》的钢琴改编谱。[13]在《瞧！这个人》中，这位哲学家解释道："从见到《特里斯坦与伊索尔德》钢琴谱的那一刻起，[……]我就成了瓦格纳的追随者。”[14]瓦格纳的作品似乎具有这种突如其来的力量，但事实并非如此。在波恩，尼采仍然深受莫扎特专家奥托·雅恩和音乐评论家爱德华·汉斯立克的影响，在后者的《论音乐性的美》(1854)一书中体现了古典的原则；直到尼采深入研究希腊悲剧，并提出希腊悲剧的根源在于合唱团，音乐在其中与语言同样重要的观点时，他才在1864年四五月间第一次发出了对瓦格纳的新式歌剧的赞美之词。[15]1866年秋，尼采研究了《女武神》的钢琴改编谱，他就像是洗了个冷水澡，他在给卡尔·冯·格斯多夫的信中说：“伟大的美与道德被同样强大的丑陋与缺陷平衡掉了。+a+(−a)的结果却是个零。”[16]

最终的转折发生在音乐厅。尼采在听到《特里斯坦与伊索尔德》的前奏曲和《工匠歌手》的序曲之后，对朋友埃尔温·罗德坦白说，面对这种音乐，他必须放下武器，并且再也没有批评的能力了：“我身上的每一根纤维、每一条神经都在抽搐，很长时间以来，我都没有过这种持续的狂喜的感觉……”[17]因此，在莱比锡与《特里斯坦与伊索尔德》的作者的亲身接触让他极其激动。在写给埃尔温·罗德的那封著名的信中，年轻的语文学家描述了这一事件。[18]

就在这次初遇之后的第二天，瓦格纳经奥格斯堡和慕尼黑回到特里布申的别墅。一周后，柯西玛带着女儿们赶来跟他会合。尼采于几个月后，1869年年初，被任命为巴塞尔的语文学教授。在从莱比锡去巴塞尔的旅途中，他在卡尔斯鲁厄停了下来，去欣赏《工匠歌手》，这是他当时最爱的歌剧。[19]5月17日，圣灵降临节之后的星期一，他第一次在特里布申拜访了瓦格纳一家，柯西玛在那一天的日记中记下了这次“平静、愉快的访问”，并提到，尼采在他的讲课中引用了瓦格纳的《歌剧与戏剧》(*CT*, 1869年5月17日)。尼采在1869年8月3日致卡尔·冯·格斯多夫的信中对瓦格纳进行了发自内心的描述：“在他身上有着如此无私的理想、如此深刻而感人的人性、如此崇高的生活严肃性，让我感到在他身边就像随侍在一位神灵身边一样。”[20]这是一个知识分子的反应，他没有完全为瓦格纳倾倒，而总是能够进行批判性的反思。当年轻的尼采这么说的时候，可以拿比他年轻一岁的路德维希二世国王来做比较：他对瓦格纳口头的爱的宣言获得了更大的实质内容，除了尼采的证词之外，还使瓦格纳的形象更加具体。毫无疑问，这位作曲家是有一种个性和魅力的，“迷人”这个形容词用在他身上简直就是平平无奇的轻描淡写：他必定具有真正的吸引力。不仅是国王，而且连尼采也使用了的表达，或许最为生动地传达了瓦格纳在1868年前后的魅力四射。

图81 巨人间的对话：弗里德里希·尼采，特里布申的常客。

尼采成了瓦格纳特别有趣的新朋友；他很快就向他坦承：“我现在对待任何人都没有像对待你这么认真——除了一个例外［柯西玛］。”[21]

但是在那时，他还失去了另一个朋友：路德维希二世认为他搞清楚了，奥古斯特·勒克尔是那个把瓦格纳和柯西玛之间关系的正确谣言传得尽人皆知的家伙。瓦格纳相信了国王，给勒克尔写了一封措辞强烈的信。他们的关系遭到了不可挽回的破坏。勒克尔在1868年11月17日写给瓦格纳的最后一封信中悲哀地反驳道：“你希望，我在受到没有根据的怀疑的时候，能为自己辩护。我能怎么办呢？我难道还那么年轻，对着每一个诽谤、每一个误会都能喊叫起来吗？”（*WKL*，卷IV，194）

不过，现在还是回到那部歌剧吧，瓦格纳用它最终俘获了那位语文学家。

《纽伦堡的工匠歌手》：第一种解释

这部歌剧于1868年6月21日在慕尼黑宫廷剧院首演，汉斯·冯·比洛指挥。6月21日是精心挑选的日子，因为这一天是圣约翰节，也是纽伦堡行会的节日和汉斯·萨克斯的命名纪念日。路德维希二世国王在演出前夕进入他的包厢，瓦格纳和最亲密的朋友们坐在自己的包厢里。前奏曲过后，国王请作曲家前来见他：在所有观众面前，瓦格纳被允许坐在国王的包厢里。第二幕结束后，路德维希二世在热烈的掌声中打破了所有礼节，示意作曲家站起来，在国王的包厢中迎接观众的掌声，掌声变为欢呼：即便不是所有音乐评论家都已被劝服，尤其是当时正在场的维也纳赶来的爱德华·汉斯立克，但肖特音乐出版社后来的负责人路德维希·施特雷克的判断也是不无理由的："凭借《工匠歌手》的成功，理查德·瓦格纳开始了对德意志音乐界意识的真正突破。"[22]

那天晚上的成功，是瓦格纳自从二十六年前的《黎恩济》以来从未经历过的。在接下来的三年中，这部歌剧也在德累斯顿、德绍、卡尔斯鲁厄、曼海姆、维也纳和柏林取得了成功，这很大程度上要归功于它遵守了经典的时空统一性——瓦格纳只在《漂泊的荷兰人》中这样做了。情节发生在同一座城市的三十六个小时之内，共分为三幕，每一幕都以大场面结束。在1845年的文字初稿中，《工匠歌手》被设想为一部"指向明确的讽刺剧"（*GSD*，卷IV，284），是《唐豪瑟》中歌手大赛的滑稽、反讽的等价物。无论这部作品从1861年11月到1867年10月的最终创作中发生了多大的变化，《工匠歌手》在舞蹈、合唱、歌曲和群众场面上都重拾了瓦格纳早期歌剧创作的元素，尤其是《禁爱》和《黎恩济》的元素。

瓦格纳早在1845年就了解到纽伦堡的鞋匠诗人汉斯·萨克斯(1494—1576)的诗，他是最为重要的工匠歌手。历史上的汉斯·萨克斯是纽伦堡一个裁缝的儿子，上过拉丁文学校，跟一个鞋匠学过徒，然后离家漫游，在因斯布鲁克学习怎样做工匠歌手，并在回到家乡后开始创作诗歌。1523年，他对宗教改革满怀热情，将他的同时代人路德赞为"维滕贝格的夜莺"。萨克斯著名的诗句"醒来吧，日子临近了！我听到林中可爱的夜莺在歌唱，它的声音穿过高山和深谷"，生动地描写了宗教改革的精神，也进入了瓦格纳歌剧的最后一幕。[23]在瓦格纳笔下，萨克斯成为遵守规则、坚持文字和旋律创作规范及表演规范的工匠歌手与追求创作自发性、按照宫廷爱情诗和自己的想象来创作的歌手之间的调停者。瓦格纳对汉斯·萨克斯的认同可以从以下事实看出：他在这段时间内拍摄的一些照片上都会把自己打扮成汉斯·萨克斯。他也会在一些名片的附言中称自己为汉斯·萨克斯。[24]从一开始，瓦格纳就将萨克斯美化为"民族精神之艺术创造力的最后体现"。这一"民族精神"表现在《工匠歌手》第三幕中，将上面提到的汉斯·萨克斯的诗句"醒来吧，日子临近了"变成了一个宏大的合唱祈祷的咒语。这里开启了一个宗教的层面，似乎是在呼唤基督教，但实际上已经将它完全地去神圣化了。第一幕中的许多合唱旋律已经有了这种相似性，但这只能解释为地方色彩(在浪漫派文学的意义上)。如同许多艺术家一样，瓦格纳——或许是最早的其中之一——也追求将他的艺术重新神圣化，通过将他个人的思想世界——这里是对"民族精神"的展现——提升为一种宗教的替代品，从而呼吁其他人意识到这一点。这一观点是否充分，将在下文详细讨论。

此外，这里应该指出思想的主要层面之一：对于瓦格纳而言，指出德意志的和外来的艺术、德意志特质和其对立物的区别非常重要。德意志与非德意志，或者更宽泛地说，“本土的”与“外来的”之间的辩证对抗是贯穿《工匠歌手》的基本动机之一。这与同时存在其他精神的语义链条并不矛盾。在1845年最初的散文初稿中，贝克迈塞被简称为“记分员”，还不存在瓦格纳后来被指责为反犹主义的联想；这些只出现在1861年的文本中。1845年的《工匠歌手》还只是一部喜剧，充满了爱与笑话、伪装与殴打、欺骗与圆满结局；在瓦格纳的脑海中，这或许已经是一部关于艺术家本质的教学作品了。直到1861年才加入了当时的观众也都看出来了的邪恶元素。

故事发生在16世纪，即查理五世皇帝的统治时期。1520年，他称自己为“被选中的”神圣罗马帝国皇帝；1530年，他正式地被教宗克雷芒七世在博洛尼亚加冕，成为最后一个被教宗加冕的神圣罗马帝国皇帝。对于瓦格纳来说，这位不理解宗教改革、与之斗争并最终无法抗拒的皇帝，是德意志苦难的化身，正如他在散文《什么是德意志？》中所展现的。[25]当瓦格纳让汉斯·萨克斯说出，“很快就没有君主会理解他的臣民”时，他也在暗示一个事实，即查理五世，与他的前任“最后的骑士”马克西米利安一世不同，在语言上也与德意志民族疏远了，因为他会说意大利语、西班牙语和法语，但不会说德语。这些工匠歌手，看上去是如此顽固，在这种历史情况下仍然要发挥以其诗歌的规则坚守德意志本质的作用；瓦格纳通过约翰·克里斯托弗·瓦根赛尔的《论工匠歌手的优雅艺术》(1697)对他们的诗歌进行了细致的研究。[26]

第一幕发生在纽伦堡的卡塔琳娜教堂。信徒们合唱；瓦格纳为合唱插入了极美的间奏曲：这些间奏曲描绘了两名教堂礼拜者互相投射的爱的目光，他们是弗兰肯贵族瓦尔特·冯·施陶尔津和金匠的女儿爱娃·珀格纳。人群离开后，施陶尔津试图向所爱的人表明心迹，但是爱娃的使女马格达伦娜替她回答说：她已经被许了人，被指定作为第二天将举行的歌唱比赛的奖品。爱娃猛地插话说，除了这个骑士，她谁都不想嫁。不管愿意不愿意，瓦尔特都必须为赢得冠军头衔而歌唱，这样才能得到爱娃。马格达伦娜的未婚夫大卫是汉斯·萨克斯的学徒，他会教给他歌唱比赛的基础规则。记分员在这里有着特殊的作用，他会用黑板和粉笔记下参赛者所犯的错误。工匠歌手协会的成员出现了，先是金匠珀格纳，他是爱娃的父亲，然后是城市的文员贝克迈塞，他目前是行会的记分员，并且因为嫁妆也对爱娃感兴趣。瓦尔特报名参加了歌唱比赛，这让贝克迈塞感到不安。瓦尔特要求评审们在初试中听他唱歌，他唱了一首极富诗意，但与工匠歌手的审美格格不入的自然之歌，这让贝克迈塞的粉笔挥个不停：即使在其他工匠看来，这位参赛者也“唱砸了，搞错了”；只有汉斯·萨克斯，这位智慧的诗人，才在瓦尔特的参赛和试唱中看到了许多积极的东西。他（徒劳地）建议民众作为歌唱比赛的额外评委；民众应当证明，行会的古老规则是否仍然适合艺术的目的。

汉斯·萨克斯的这种干预可以解释为某种创造秩序的民主要素。但是，瓦格纳出于某种古老的无政府主义精神，拒绝将代表秩序的人放到舞台上：在这部歌剧中，没有教士，没有议员，没有高级官员；只有一名巡夜人，但他只在夜间斗殴结束后才出现。16世纪的纽伦堡看上去就像是一个完全自治的社区，没有垄断的暴力，处于完全的乌托邦状态。这表达了瓦格纳对席勒所说的“机械国家”的终身反感：这里再次显示了皮埃尔—约瑟夫·蒲鲁东的著作对他的影响。瓦格纳在1850年10月22日写给他具有民主思想的朋友特奥多尔·乌利希的一封信中承认，在他看来，社会主义者也过于关注组织、宪法和国家机构了。在《歌剧与戏剧》的第二部分中，瓦格纳以安提戈涅对代表国家的克瑞翁的反叛为例，提出了一个构想，即在“国家消亡之后”，或许会开始一个“纯粹的博爱”时代，在其中，“没有任何东西能阻碍自由的个人自决”（*GS*，卷IV，55—67），尼采在《查拉图斯特拉如是说》中也阐述了这一思想：“国家终结之处，人类才开始。”[27]

相应地，在《工匠歌手》的结尾处又拾起了全民公决的想法：当瓦尔特将他的夺冠歌曲唱完时，聚集在草地上的民众为他颁奖，他们呼唤爱娃：“给他那个桂冠吧！”和“他应当得到奖赏！”然而，如同即将看到的那样，通往这种民众“裁决”的道路是操纵——今天，人们或许会将汉斯·萨克斯的引导方法视为纯粹的民粹主义。无论如何，整部歌剧都有一种贯穿的基本政治局势，其社会可能性和同时存在的内部问题都不容忽视。瓦格纳在《未来的艺术作品》一文中提出，艺术及其组织形式可能成为所有未来的社会形式的先驱和榜样，这一论调虽然在《工匠歌手》的乌托邦时刻出现在了舞台上，但是对于一个政治已经变得多余的社会来说，其前景既是诱人的，同时也是危险的。

与政治层面平行的另一条分支似乎更加清晰，而且无可比拟地更加牢固。在对令人惊讶的参赛人瓦尔特·冯·施陶尔津的严厉询问中，“新艺术”的一些原则被阐述出来，瓦格纳正是以此命名他的艺术活动的基础的：施陶尔津说他的歌唱师傅是瓦尔特·冯·德·福格尔魏德，也就是说，“新的”艺术只有在传统的基础上才有可能实现。此外，施陶尔津的学校是壮丽的森林，即自然。瓦格纳在这里也为其艺术和思想主张自然法则。萨克斯说，瓦尔特的歌尽管与工匠歌手的传统截然相反，却很新颖，遵循着自己的规则。瓦格纳在这里致力于创造一种类似于康德的，也就是说已经确立的艺术理想，艺术应当像自然一样，这也完全符合“德意志的美德”。瓦格纳虽然援引了康德的最高“美学原则”——“只有无目的的才是美的”(《德意志的艺术与政治》，1867/1868, *GSD*, 卷VIII, 97)；但他在自己的艺术实践中为了意识形态的目的将其相对化了，在《工匠歌手》以及此前的《尼伯龙人之歌》中，毫不留情地让“美”与“不美”甚至“丑陋”相碰撞。如果像瓦格纳在同一个地方声明的那样，“一切有目的的都是丑的”，那么他自从《尼伯龙人的指环》以来卓越地发展出的音乐现实主义技术就会导致“丑的目的性”证明具有完全对应的镜像意义的“美”。正如康德原则的神圣标准一样，瓦格纳提出了“美的无目的性”，尽管他甚至可能完全没有意识到，就作曲技术而言，他正在把康德对应于音乐古典主义的美学降级到对历史的追忆。艺术理论方面的考量在接下来的情节中还有重要的转折，必须密切注意。

在第二幕中，白天即将结束；这是圣约翰节的前夜。珀格纳探究了女儿爱娃的感受。她的使女建议她去向萨克斯寻求建议。他为白天的事情感到激动，想起了年轻骑士那令人印象深刻的歌曲。这首歌不符合任何一条工匠原则，但其中没有明显的缺陷。瓦尔特想带着爱娃逃走；她为此穿上了使女的衣服。贝克迈塞向爱娃唱出了一支小夜曲，但萨克斯不停地打断他，给他更正。但阳台上站着的是穿着爱娃衣服的马格达伦娜，这让马格达伦娜的未婚夫大卫妒火中烧。他拿着一根棍子，袭击了唱歌的人；邻居们大叫要安静，学徒们斗殴，女人们从窗口向打架的人泼水，工匠们维持秩序——逃亡失败了，巡夜人再次唱起他舒缓的歌。

第三幕开始时，可以看到萨克斯在他的工作间里。他在思考着在这个春天的夜晚让整个世界混乱的疯狂。这种疯狂是一种幻想，它让人去追逐一堆无法描述的幸福，而幸福往往只是辛苦和负担。瓦尔特讲述了一个梦，他唱了出来，好让它不会被忘掉。萨克斯将他的讲述巧妙地编排出来，它成了一件艺术作品，是后来的"获奖歌曲"的前两段。两个人都离开房间后，贝克迈塞溜了进去，仍然因为前一晚的打斗而疼痛。管弦乐的沉默把每一步踉跄、每一声呻吟都变成了最清晰的"观点"。他发现了萨克斯的笔迹写下的瓦尔特的获奖歌曲；他把它装进口袋，相信鞋匠会在歌唱比赛中成为他的竞争对手。他因此指责萨克斯，但是萨克斯根本不想参加比赛，把这首歌送给了他。爱娃抱怨鞋子不合脚，但是瓦尔特一出现，她就忘了这回事。他为爱娃的美丽所吸引，找到了他的获奖歌曲的第三段，萨克斯立即便宣布这是一首工匠歌曲。在美妙的五重唱之中，所有动作都停了下来，直到在节庆草坪的场景中找到有力的解决方案。

人们聚集在纽伦堡的城门前，行会在游行，最后出现的是工匠歌手们。聚集的民众通过宏伟的"醒来吧"合唱向他们的大师汉斯·萨克斯致敬。萨克斯回想起歌唱比赛的目的，并邀请贝克迈塞作为第一名参赛者上台，他还在研究那首记不住的诗。他痛苦地歪曲了文本，并伴奏以奇怪的竖琴和弦及零散的、慌张的旋律。工匠们什么都没听懂，人们感到困惑。贝克迈塞又拿出纸条研究，但第二段变得更加怪诞。第三段让每个人都笑了，记分员越发语无伦次，并发起怒来。他指责鞋匠才是作者，但萨克斯说，原版听起来完全不一样。他喊来瓦尔特作证，瓦尔特完整地唱出了这首歌，人群为之震惊。民众给了他奖赏，让他跟爱娃牵手，工匠们也认可了这一决定。瓦尔特最初拒绝接受工匠的项链，但是萨克斯敦促他要尊重传统，若没有传统，就永远不会产生“德意志的和真正的艺术”。每个人都为萨克斯和“神圣的德意志艺术”欢呼。

瓦格纳的美学哲学：以艺术创作“艺术”

《工匠歌手》是瓦格纳唯一一部产生了幸福、简单的爱情并得到圆满的乐剧。伊冯娜·尼尔格斯在她2007年的研究《理查德·瓦格纳的莎士比亚》中，在《工匠歌手》和莎士比亚的喜剧《仲夏夜之梦》之间，在汉斯·萨克斯这个角色和精灵王奥伯龙之间，找到了许多相似之处，这不是没有理由的。

然而，这种爱并不像《特里斯坦与伊索尔德》里的那样具有象征性的多层意义。瓦尔特·冯·施陶尔津年轻、漂亮，或许还是金发，他抓住第一个最好的机会就拔出了剑：一个西格弗里德类型的不假思索的勇士，但是更敏感、更具有艺术天赋。正如被驱逐出德意志多年后的瓦格纳一样，他也是一个无家可归者，一个流浪者，作为贵族在纽伦堡的城市新贵中寻找自己的位置。但他只能通过接受传统，无论是城市生活方面还是艺术方面的传统，才能成为真正的艺术家——以及市民，这一传统通过萨克斯的知识、技巧和形式思维传达出来。与爱娃的相遇是卓越的创造力的引擎，并且是以**真正的**爱的形式，而并非像以隐喻的形式出现因而难以理解的特里斯坦的爱那样。爱在瓦尔特身上唤起了“妄想”的力量，这是瓦格纳用来称呼梦想、直觉和灵感的术语。爱调动了瓦尔特作为**艺术家**的才能，艺术家需要艺术来实现自己的爱。根据瓦格纳，这种动力只能通过“无意识”的力量如妄想和梦而变得活跃。瓦尔特代表着灵感；灵感通过萨克斯，一个沉思的形象，得到引导，最终出现技巧的乌托邦，这个乌托邦将终结于艺术的共和国之中。即便存在能够赋予意义的强大主题，艺术也只能在灵感和自我批评的创作过程中产生；只有当这些灵感得到符合规则的、技巧上完美的表现，它们才能够被理解。

这些美学原理在《工匠歌手》的作曲结构中找到了其技术上的对应：半音阶似乎减少了使用，全音阶乍看之下处于主导地位。但如果仔细观察，就会发现全音阶只在主题事件中占据主导，而半音阶则在伴奏的、平行的情境中得到频繁使用，如序曲的第二主题的E大调声部中，它已经预示了瓦尔特·冯·施陶尔津获奖歌曲的终曲：“新”与“旧”以这种方式结合起来。达尔豪斯所说的“古老的与现代的交织”，决定了这部歌剧的风格。[28]

艺术与非艺术的辩证法

瓦格纳的艺术哲学观或许不能在舞台上直接得到展现；单单这种尝试就会是苍白的、理论的和无趣的。这样的尝试只能在与辩证的反作用力的对抗中获得可塑性：与瓦格纳——以及他的许多同时代人——所理解的**非**艺术进行比较。这使得《工匠歌手》虽然贴近现实，但也很危险。在反艺术讨论中，瓦格纳捡起了一个在他的时代就已经很古老的话题，它自19世纪初以来就已具有一种民族主义色彩，假设德意志的作曲家比非德意志的作曲家更接近艺术的“真理”。[29]这样的讨论在《工匠歌手》中到达了顶峰；汉斯·萨克斯令人尴尬的民族主义结语围绕着“真正的”“德意志的和真理的”艺术而展开，它是在后来，在柯西玛的干预之下才加入作品中的，今天的人或许会公开地感到不适。据称，将这种艺术与“外国的乌烟瘴气”和“外国的小玩闹”区分开来并使之免受其侵害是很重要的。即便“神圣罗马帝国”不复存在，“神圣的德意志艺术”也应保留。这种论调在1868年，在一个尚未统一的德国，是有其政治上的重要意义的。但更重要的是文化因素。因为在《工匠歌手》的结局中，非德意志的艺术，在瓦格纳的眼中就是不主张“真理”的艺术，绝对被击败了，被公开地踩死和扑灭了。

非艺术在西克斯托斯·贝克迈塞的形象上得到了体现。他被嘲笑了，他最终会如何，在结尾的时候是完全未知的，因为这对瓦格纳来说无关紧要。他不在乎城市文员贝克迈塞在经历过纽伦堡节庆草坪上的“审判”之后，在他的故乡已经成了一个不成体统的人，近乎被活埋了。就贝克迈塞的形象本身而言，瓦格纳很少在作品中以如此粗犷的方式进行描绘：一个几乎完全由陈词滥调构成的形象，主要是德意志学究讽刺传统中的陈词滥调，比如歌德的《浮士德》中的法穆卢斯·瓦格纳。这个学究被讽刺为一个年迈的、教条的、足不出户的人，总是爱上太过年轻、太过漂亮的女人，因此而受到嘲笑。[30]瓦格纳在1861年的散文草稿中给他的名字还是汉斯·利克或威特·汉斯利希，明显地指向音乐评论家爱德华·汉斯立克，瓦格纳认为他是个犹太人。[31]汉斯立克曾受过洗，没有公开承认过他的母亲是犹太人。[32]阿多诺、托马斯·曼和其他人在这个人物身上也看到了对犹太人的讽刺；卡尔·达尔豪斯也认为，贝克迈塞的形象很像格林童话里的荆棘中的犹太人。[33]迪特尔·博希迈尔否认这一点，指出城市文员通常并不属于典型犹太人的职业领域；此外，他的名字西克斯托斯是拉丁化了的，因此这仅仅指向学究讽刺的传统。[34]然而，这可以通过以下事实来反驳：在接下来的1869年，瓦格纳向他的追随者提供了扩充了两倍的新版“犹太小册子”。时间上如此紧挨着的两部作品之间是否存在着某种联系？

30

《工匠歌手》与新兴的反犹主义

München.

Königl. Hof- und National-Theater.

Sonntag den 21. Juni 1868.

Mit aufgehobenem Abonnement.

Zum ersten Male:

Die

Meistersinger von Nürnberg.

Oper in drei Aufzügen von Richard Wagner.

Regie: Herr Dr. Hallwachs.

Personen:

Hans Sachs, Schuster	Meistersinger	Herr Betz.
Veit Pogner, Goldschmied		Herr Bausewein.
Kunz Vogelgesang, Kürschner		Herr Heinrich.
Konrad Nachtigall, Spängler		Herr Sigl.
Sixtus Beckmesser, Schreiber		Herr Hölzel.
Fritz Kothner, Bäcker		Herr Fischer.
Balthasar Zorn, Zinngießer		Herr Weixlstorfer.
Ulrich Eißlinger, Würzkrämer		Herr Hoppe.
Augustin Moser, Schneider		Herr Pöppl.
Hermann Ortel, Seifensieder		Herr Thoms.
Hans Schwarz, Strumpfwirker		Herr Grasser.
Hans Foltz, Kupferschmied		Herr Hayn.
Walther von Stolzing, ein junger Ritter aus Franken		Herr Nachbaur.
David, Sachsen's Lehrbube		Herr Schlosser.
Eva, Pogner's Tochter		Fräulein Mallinger.
Magdalene, Eva's Amme		Frau Diez.
Ein Nachtwächter		Herr Ferdinand Lang.

Bürger und Frauen aller Zünfte. Gesellen. Lehrbuben. Mädchen. Volk.

Nürnberg.

Um die Mitte des 16. Jahrhunderts.

图82 《工匠歌手》首演海报，慕尼黑，1868年6月21日。自1842年的《黎恩济》以来，瓦格纳最大的胜利。

瓦格纳的自传《我的生平》原本应写到1868年，但他只写到了1864年。作曲家是应巴伐利亚国王的要求写作这本书的，由他口述，柯西玛执笔，在1880年完成后分为四卷以私人印刷的形式送给了几个朋友。三年后，在瓦格纳去世之后，柯西玛把本就不多的样书又收集了回来；就连路德维希二世也不得不把他手上的那份寄回。直到1911年，《我的生平》才公开出版，但经过了润饰。这部作品的可靠版本直到1963年才出版。在1864年至1868年缺失的四年中，年鉴里只有关键字的集合。不过，为了自我表现而做的大动作不久就会出现：1869年1月1日，柯西玛开始用日记的形式，以总计21卷、近5000页的篇幅记录作曲家的日常活动、言论和思想，一直写到他1883年2月13日去世的前一晚。[1]始终应当注意的是，这不是为公众写的，而是为了瓦格纳的儿子西格弗里德。这一细致的，原则上也是认真负责记录着的典范之作，必将越来越紧密地陪伴着它的读者，尽管必须考虑到它也受到了有意或无意的美化，并且是从两个方面：理查德和柯西玛。与他的传记的头几十年相反，《柯西玛日记》的产生时代有许多文献和书信可供交叉核对，尽管后者尚未完全得到出版。

重新出版《音乐中的犹太性》

特里布申的生活是安逸的，或许从长远来看**过于**安逸了，因为音乐工作的进展并不顺利。自1867年10月24日结束《工匠歌手》的创作以来，瓦格纳还没有写过什么重要的东西，而《西格弗里德》还在热切地期盼着它的完结——路德维希二世国王在催促了。瓦格纳为此做了什么？ 1868年年初，他再版了《歌剧与戏剧》。他于3月16日写完了一篇新的序言。需要强调的是，这部作品与《音乐中的犹太性》和《告友人书》一起成为**瓦格纳神话**建立的支柱：天才敌人的象征性表达是必要的，这样才能将主要的理论著作当作对付那些敌人的武器。瓦格纳打算让世人意识到，他英勇地对战了二十年的“危险”不仅威胁着他一人，而是威胁着**所有人**：主要的敌人是总体上的现代性；但特别是它的主要代表，犹太性。[2]正如雅各布·卡茨所写的，瓦格纳将他自1850年以来遭遇的所有苦难都归结为犹太人对他论战小册子的报复。这升级为一种真正的被迫害妄想，这可以从《柯西玛日记》的至少177条反犹言论中感受到：他不厌烦地声称，犹太人毁掉了他的一切。

这种被迫害妄想的例子，在《柯西玛日记》中看起来虽然不像针对具体个人或事件的反犹言论那样激烈，但由于它们经常出现，还是构成了某种令人难以忍受的有害的怀疑气氛。这些段落通常很短，例如："以色列人不会安静下来"（*CT*，1874年3月24日）或"全体以色列人再次与我们作战"（*CT*，1877年5月3日）。一段时间之后，它升级为一种更普遍的对被迫害的怀疑。[3]特别恶劣的是那些并非针对个别犹太人的言论，尽管它们是在一个反犹主义的背景下出现的。1869年1月7日，柯西玛记录了非犹太记者尤利乌斯·弗勒贝尔在《南德意志媒体报》上发表的两篇极具批判性的文章，瓦格纳先是对其放置不顾，后来才恼怒起来。柯西玛解释道："起初他很平静地对待它，因为它为他的《音乐中的犹太性》增添了新的内容。"（*CT*，1869年1月7日）回想一下，在1850年出版的这本犹太小册子的第一版中，瓦格纳声称，犹太人只是艺术敌人的**形象**，因此无论是何种族，他的所有反对者都是艺术犹太人。尽管瓦格纳在第二版中更改了这一表述，但它仍在（柯西玛描述的）日常生活中继续；因此，他无数次对敌人的怀疑都可能具有反犹背景，从而使许多段落都颇为可疑。其中充斥的矛盾性，以及在如尤利乌斯·弗勒贝尔这样的段落中都能看出来的冷静思考，使我将促成瓦格纳的反犹主义的各种原因中的相当一部分，视为其促进自己职业发展的**策略**之一。正如前文所述，它们融合进了瓦格纳的天才所需要的**劲敌神话**的结构之中。在《对音乐中的犹太性的说明》，即1869年的新版

“犹太小册子”增加的前言中，瓦格纳最为清晰地阐述了自己的立场，并称之为犹太人针对他的“很奇怪地**掩盖了其原因的煽动**”。[4]在这里，神话被提升为一个秘密：1850年无法证明的“迫害”成了一种信条；天才因为未知的，因而也无法验证的原因而遭受着痛苦。

瓦格纳在1868年所做的工作先后顺序其实是反过来的，也就是说，在《歌剧与戏剧》再版之前，1867年6月和8月，他已经两次拒绝这本反犹太小册子的再版，正如在1857年，比洛以瓦格纳的名义拒绝了这本小册子的重印一样，理由是，作者担心“此刻或许无用的有害丑闻会卷土重来”。这可能会令人惊讶；[5]抑或可能也不会，因为若在《工匠歌手》首演之前再版会引起强烈的不和谐音。针对《工匠歌手》首演的评论中尽管有些负面的东西，但没有人提到瓦格纳的反犹主义。他本人认为这是一个缺陷，在1868年《工匠歌手》首演之后不久就抱怨说，这部作品虽然在经济上对他有利，但他只能满足于将它作为“鄙薄的剧院成就来拯救”。因为总的来说，瓦格纳1868年还在他的作品“充满误解的成功精神”与其仅仅对他一人“浮现出的正确效果”之间看到“可怕的鸿沟”！[6]甚至他在《什么是德意志？》（1865）和《德意志艺术与德意志政治》（1867）中的德意志民族主义和反犹主义的警告也几乎无人问津。他在1869年是否还认为，为了确保对《工匠歌手》的“正确”理解，必须推迟犹太小册子的新版？同样的缺憾还会出现在后来《尼伯龙人的指环》首演之时。瓦格纳还对现实的变化做出了反应：同化运动取得了成功，1862年，巴登的犹太人在法律上获得了与其他公民平等的地位，1864年，符腾堡和法兰克福也步其后尘。这显然不合瓦格纳的心意；同样令他不满的还有，他的金主路德维希二世对他的反犹主义论文毫不在意。[7]

瓦格纳从前的一个朋友，曾帮助瓦格纳让歌手练习角色的乐队长文德林·魏斯海默，道出了这个小册子再版的第三个“必要性”。他断言，对于这位作曲家而言，“反对是必要的，而出版犹太小册子是为了让反对保持下去”。[8]他明确指出，在1868年6月21日举行的《工匠歌手》首演之后，针对瓦格纳的媒体压力减弱了；他认为，1869年犹太小册子的再版与对反对的需求（作为心理压力的来源）直接相关。瓦格纳在1869年1月完成了《音乐中的犹太性》的修订，篇幅几乎扩充了一倍，并于3月出版了整本书，此后，他于1869年3月12日写信给他的姐夫奥斯瓦尔德·马巴赫，这封信就像是一份证明。尽管前文已经引用过，但这里必须再次摘录：“非常古怪的放荡不羁对我是有好处的，比如一篇突如其来的论战文章，[……]题为《音乐中的犹太性》，在我的委托之下希望现在已经出版了。”[9]事实上，在十一年多的中断之后，《西格弗里德》的作曲工作在1869年3月1日又重新开始了。即使现在反犹主义仅仅被宣称为作曲时的“有益”间歇，极度兴奋的创作过程中的喘息时间，但不容忽视的是，其创作环境仍可与1850年的相提并论。那时和现在一样，需要汇聚多种驱动力，无论是意识形态的还是心理的；即便在1869年，作曲家也不会因为一个单一的理由而进行如此危险的工作。

新版本的影响很快就到来了。李斯特在1869年3月写信给卡罗琳·赛恩—维特根施泰因：“瓦格纳以小册子的形式发表了他那篇关于希伯来的旧作——《音乐中的犹太性》。他没有承认自己的错误，反而更加重了它：增加了一篇前言和一篇后记，都是针对卡勒吉斯夫人的。”[10]一直协助瓦格纳的指挥海因里希·埃塞尔也很惊讶，他写信给瓦格纳的音乐出版商弗朗茨·肖特：“我不理解瓦格纳是如何陷入这种疯狂之中的，把多年前做过而此后一直被忘却的蠢事重新捡起，重新让自己永生都难堪。”[11]瓦格纳在新的前言中为新版本辩护说，他的朋友钢琴家玛丽·穆哈诺夫伯爵夫人，肖邦的学生，问他为何在报界有如此多的反对者。瓦格纳在后记中的回答是：犹太人对他1850年的批判性文章不会给出公开的反批判态度，但会以毁掉他的音乐作品来报复他。他声称，受到犹太人影响的不仅是罗伯特·舒曼这样的作曲家，而是整座城市，比如莱比锡（他称其为“犹太世界音乐之城”）。瓦格纳在新版中仍然保留着完全同化的愿望，但在某个地方加了一段评论，指出了以暴力解决问题的可能，即强制驱逐。延斯·马尔特·菲舍尔称，与匿名发表的第一版相比，增加的这一处是“关键性的恶化”。[12]这句被批判的话是这样写的：“是否可以通过强行驱逐腐蚀性的外来元素来阻止我们文化的衰落，我无法判断，因为这肯定包含着我不知道其存在的力量。”（*SSD*，卷VIII，449）

在报纸和杂志上总共有170篇文章对新版做出反应，绝大多数都是负面的。与1850年匿名发表的第一版不同的是，这次爆发了愤怒的风暴。

> 在这些大部分以小册子形式刊行的文章中，有一篇提前了一百三十一年，得出战后瓦格纳研究直到2000年才重新发现的结论：瓦格纳1850年发表的犹太小册子初版几乎没有影响力，他的反犹“原罪”是直到1869年才变得无法消除的。[13]记者、作家和书志学家爱德华·马里亚·厄廷格（1808—1872）在1869年加入了批判瓦格纳的合唱之中，写下《致著名的仇恨煽动者和食犹太人者威廉·理查德·瓦格纳先生的公开信》。[14]这是对瓦格纳小册子的最重要和最激进的回应之一，它也尽情暴露了作者粗犷的个

人风格和迫害指控:"在4000万德意志人中……只有不到1000人知道布伦德尔的报纸[指《音乐新杂志》,它在1850年刊登了瓦格纳文章的第一版],在这1000人中,只有不到300人读过布伦德尔的报纸,而这300人中,只有不到5个人知道,躲在'卡尔·自由思想'这个名字后面的是当时伟大的匿名者理查德·瓦格纳,只是为了不受惩罚地把他幼稚的气恼撒在犹太人身上……"

同样重要的是,歌剧观众也做出了反应。据柯西玛·瓦格纳记录,《工匠歌手》在曼海姆(1869年4月)、维也纳(1870年3月)和柏林(1870年4月)演出期间遭遇抗议。[15]曼海姆的第五场《工匠歌手》演出演变成犹太观众和反犹观众之间的公开混战,后者的行为让人联想起1819年的反犹暴乱。在柏林,一家报纸写道,观众席里"有许多特征明显的面孔",犹太人;按照这位记者的说法,他们试图报复1869年3月再版的《音乐中的犹太性》的作者,三天后,一名犹太记者强调"金发碧眼的德意志人"以挑衅性的掌声针锋相对。[16]在维也纳和柏林,令犹太观众感到愤怒的是,贝克迈塞的小夜曲戏仿了一首古老的犹太歌曲,以使其显得荒唐可笑。柯西玛也仔细提到了这一点;[17]正如瓦格纳希望的那样,"极其"德意志的和"非"德意志的观众的两极分化也出现在剧院中。值得注意的是,她没有记录下她丈夫一方的任何反应,他在遇到虚假的指控时很会为自己辩护。这是间接承认了瓦格纳是在故意讽刺犹太人吗?有关这一问题的讨论一直持续到今天。[18]

对这部歌剧的评论也破坏了瓦格纳与海因里希·劳贝的友谊,劳贝曾在巴黎对他提供许多帮助。海因里希·劳贝在回忆录中指出,瓦格纳在《工匠歌手》成功之后,性格发生了很大的转变。在此之前,人们还可以与他激烈争论,比如关于《唐豪瑟》的维纳斯山场景,他们在德累斯顿的茨温格街讨论了一整晚。但是现在:“他变成了一个大老爷,用无情的愤怒处罚每一个指责。”[19]劳贝曾经在一篇评论中批评过《工匠歌手》,而瓦格纳用《致海因里希·劳贝的三首十四行诗》做出了答复,说这位曾经的密友“在艺术上只是小打小闹”。他认为,友谊破裂了,是因为他没有实现劳贝担任慕尼黑宫廷剧院总监职位的愿望。劳贝后来在维也纳工作了很长时间,先是在城堡剧院,然后在维也纳城市剧院。他只比瓦格纳多活了一年。

《纽伦堡的工匠歌手》:第二种解释

如前所述,虽然瓦格纳用《工匠歌手》写出了他的艺术哲学宣言,但也捡起了对犹太人的讨伐。因此,这部作品在两个层面上发挥着影响。1853年前后,瓦格纳在意识形态上变得更加安静。随着《特里斯坦与伊索尔德》的完成,对犹太人的仇恨似乎结束了,藏入了巧妙隐藏起的文化批评之中。但是,这种表象具有欺骗性。根据弗里德里希·尼采的证词,他1869年至1872年与瓦格纳短暂的交好就因对犹太人频繁、粗野的辱骂而受到损害。[20]这种故态复萌甚至可以追溯到1861年,值得注意的是,那时从中世纪的圣母颂中演变出了《工匠歌手》最早的动机之一。[21]《工匠歌手》的贝克迈塞唤醒了那些中世纪的恶魔,他们只是蒙上了一层骑士浪漫主义的面纱。无论如何,瓦格纳在《工匠歌手》中对犹太人的敌视是隐藏在象征之中的。因为贝克迈塞是纽伦堡市的文员,他这份工作是16世纪的犹太人无法企及的。这种伪装可能会给瓦格纳提供保护,在1880年,或许甚至在1861年,在他明确地写下脚本,认为可以对犹太人说出“残酷的真相”的时候。但这是围绕着文化批评展开的,其重点是对犹太人的现代性的攻击。正如马克·A. 魏纳巧妙地指出的，它们是以身体和声音的形象来表达的。比如说走路（贝克迈塞“一瘸一拐”“跪下”“踉跄”“跌跌撞撞”），目光（他“盯着人瞧”），他的身体姿势，他的性格（“急躁”“无精打采、充满绝望”），他的声音（“刺耳”“尖叫”），最后还有他的艺术家本质（他是个“贼”）。这个城市文员比《莱茵的黄金》中的阿尔伯里希和迷魅更容易理解，因为贝克迈塞的身体标志是用醒目的喜剧手法呈现的。古老的反犹主义在身体上的偏见在1865年有多么普遍，可以从1877年6月29日埃尔温·罗德致弗里德里希·尼采的一封信中看出来，罗德在信中以作家西格弗里德·利皮纳为目标，写到了“他灰败的犹太人面孔”，并说他是“所有犹太人中腿最弯曲的一个”。[22]

瓦格纳在1850年，后来又在1869年的《音乐中的犹太性》中，向所有犹太音乐家展示了相同的特征。这本小册子的新版可以看作《工匠歌手》的反犹形象的“使用说明”。因此，贝克迈塞不仅是批评家、“记分员”；他也有抱负，想要成为创作者。作为创作者，他被指责为模仿者，他无法创造出真实的、发自内心感受的艺术，因为他根本不懂真正的艺术。他抄袭，更糟糕的是：他歪曲了抄袭的样本，让它变得可笑。应当用犹太小册子中的相应段落来看待这些指控：

> 犹太人讲现代的欧洲语言就像是后天学到的，而不像是与生俱来的，这使得他不具有根据自己的天性以独特和独立的方式表达自己的能力。[……]用这种语言、这种艺术，犹太人只能模仿、复制，不能真正地创作出诗或艺术作品。[……]对我们国家的语言完全不适合的使用及对单词和短语结构的任意歪曲，使得这种语音表达具有令人难以忍受的咿呀学语的特征[……]受过教育的犹太人，当他想进行艺术的表达，[……]但因为最伟大的天才

> 都已经说过了，[……]他就只会模仿，并且是以令人痛苦的精确和欺人的相似，就像鹦鹉重复人类的话语，但也没有表达和真实的感觉。因此，犹太人想从事艺术，就必定具有冷漠、冷淡的品质，甚至是平庸和可笑。[……][23]

表现在歌剧文本中，可以从瓦尔特的获奖歌曲的前几行就看出来："朝霞在玫瑰色的光彩中出现，/空气里充满了/盛开花朵的异香。/到处都洋溢着/从未有过的醉人的快乐。"贝克迈塞不仅将它变得不可理解地滑稽（"早晨我在玫瑰色的/血和香味的亮光中发光/空气移动得很快；/也许立刻会获得，/又好像要消解"），而且也完全符合所谓的以利益为导向的犹太人思维："在一棵奇异的大树下面/挂着数不清的果实/在幸福的爱的梦乡"变成了"我马马虎虎住在同一个房间里，/我去拿黄金和果实，/铅汁和冲击"。

这样，"果实"变成"黄金"，"奇异的大树"变成"房间"，这并不是巧合，而是戏剧性的结果。更有甚者，瓦格纳的城市文员将歪曲的文本与完全不合适的、非常平庸的音乐结合在一起："与旋律的音调简单、纯粹的e小调形成对照的是，主音、属音、下属音都用尽，句法上毫无关联的和弦；只有最后的结束是例外，其节奏的错乱凸显了贝克迈塞迷茫、惊慌的状态。"[24]我们无从得知瓦格纳究竟是如何知道那首犹太祈祷歌曲的；但是，如果有人在犹太小册子中读到他对犹太圣歌的讥讽，就会看出，他对所谓的"毫无意义的花哨吟唱"所知甚多。如果评论者猜测，瓦格纳主要是为了刻画剽窃者，即艺术窃贼的类型，就是不够的了。[25]如上所述，瓦格纳没有复制，而是用极富技巧的讽刺技术，将一首极富诗意的艺术歌曲的本意转变为其对立面，变为完全追求物质性的含义；并且是用非常透明的反犹策略进行的。

这也可以从柯西玛1870年3月14日的日记中看出来。她记录了贝克迈塞的歌曲是如何在维也纳被理解的："音乐报上有一篇关于《工匠歌手》在维也纳演出的报道：主要是犹太人传播了理查德想要讽刺的内容。"讽刺与剽窃无关，而是指意义的改变（当然是变成贬义）。柯西玛继续写道："于是在第二幕发出嘘声，还有'我们不想再听了'的喊叫，但这是德意志的胜利。理查德说：我们的文化史学家们都没有注意到，现在的犹太人居然敢在帝国剧院里喊'我们不想再听了'。"（*CT*，卷I，208）

贝克迈塞误解、戏仿、歪曲了"艺术动机"，正是这一主导动机，在瓦尔特引人入胜的歌声中用来表达真正的艺术——当然是德意志的艺术。正是从这一点上可以看出，这并不是廉价的喜剧；贝克迈塞对艺术犯下的恶行与瓦格纳在1850年和1869年的犹太小册子中针对艺术犹太人的指控完全一致。因此，不仅是阿多诺，还有此前的托马斯·曼和此后的卡尔·达尔豪斯，都将贝克迈塞视为对犹太人的讽刺。阿多诺评论道："瓦格纳的幽默残酷地转了向。"[26]战后的辩护士认为，"犹太"这个词并没有出现在歌剧脚本中，因此剧中也就没有犹太人，这一观点太过肤浅，没有看到瓦格纳的巧妙伪装。正如沃坦因阿尔伯里希的诅咒而受到伤害一样，《工匠歌手》中的反犹倾向也已经明显地根植于戏剧性之中，因此不必再宣之于口。在瓦格纳早期的反犹主义中，重点不是生物学上的，而是文化上的。无须把贝克迈塞从生物学的角度标记为犹太人。他是"真正"艺术（也就是瓦格纳的艺术）的敌人，这足以使他被打上"艺术犹太人"的标记（正如瓦格纳在1850年的犹太小册子中所描述的那样）。[27]瓦格纳为他的侵略性概念使用了两种策略：首先，他运用了肤浅的闹剧的意外效果。站在他这边发笑的人，更有可能打破社会共识；瓦格纳可能会让公众"惊慌"[28]的"真正目的"就隐藏在笑话的保护罩后面。其次，作曲家致力于不为人注意地扩充意识形态的隐喻。因此，贝克迈塞的唱错一开始是“偶然的”，很快却变成了精心设计的反犹形象。此外，瓦格纳甚至破格地无视了戏剧合理性的定律，因为贝克迈塞是一个知识分子。将一篇文本歪曲成完全的胡说八道，对于一个大的自由帝国城邦的文员来说是不可想象的。瓦格纳忽略了这种不协调——他的手段起了作用！因为极富画面感的音乐具有很强的情感凝聚力，即便在剧情最不可能的滑坡上也能抓住观众的注意力。正如上文所引用的，瓦格纳用语言总结了这种“技术”：他希望他的音乐压倒一切，“冲刷掉属于人性中幻想的一切”（*WMW*，1859年8月24日）。

因此，《工匠歌手》的观众在大笑时，几乎没有注意到贝克迈塞在这部剧中遭到了道德上的处决。人们在这部名为《工匠歌手》的喜剧歌剧中获得了许多乐趣，也得到了一点点哲学上的提升，欣赏了优美的音乐，如此密集的感受，让人根本想不到这天晚上的牺牲者！瓦格纳在1940年至1945年间的未来观众认为数百万同胞的命运同样无关紧要；人们根本不会过问，为什么被驱逐的犹太邻居在三个月后就没了消息。在贝克迈塞的形象中，瓦格纳移除了同样属于德意志观念论的一部分并很大程度上存在于《工匠歌手》其他地方的人文主义基础：在音乐上，没有什么比汉斯·萨克斯的“幻想独白”更加深入地问询人类存在之根基的了，没有比第三幕的前奏曲更庄严地看待未来的了。在第三幕的五重唱中，情感的内化表现得无与伦比；在第一幕（第一场）中，精确地描绘了爱的萌芽；美满爱情的幸福很少有像第三幕（第四场）爱娃与施陶尔津的重遇那样表现得如此动人。此外，还有对艺术创作中灵感与思想、直觉与学习过程、天赋与技巧之应力场的反思；瓦格纳在某些地方创造出了音乐上超验的效果，使得他的“民众”神话暂时失去效力，并将爱的反神话确立为他全部作品的绝对价值（将在本书最后一章进行讨论）。

但是，所有这些音乐上和思想上的高潮，对于汉斯·萨克斯导演的败坏名誉和由此引发的贝克迈塞由“民众”造成的社会性死亡，都没有引起重新评价。民众的判决经常被误认为是瓦格纳民主思想的萌芽。[29]但是，如果民众只是从一方阵营“获得信息”而对另一方阵营仅仅允许发出讽刺的话，又如何进行民主的评判呢？民众因此又被操纵降格为乌合之众。民众的概念在苏黎世时期的瓦格纳笔下指的是某种集体无意识、超个人意义上的创造力，就像在民歌中看到的那样；但在《工匠歌手》中，“民众”被用于一个高度现代的、20世纪的意义上，即：作为某个个体，汉斯·萨克斯，为实现个人目的的可用工具。

《莱茵的黄金》与《女武神》的首演

《音乐中的犹太性》引发的最引人瞩目的攻击来自古斯塔夫·弗赖塔格，他曾在其小说《借方与贷方》（1855）中将贪婪的犹太商人法伊特尔·伊茨希和正直的德意志商人安东·沃尔法特进行了鲜明的对比。目前他是民族自由党的议员；就瓦格纳再版一事，他写道：“就其宣传册的意义来说，他自己似乎就是最伟大的犹太人。”而由于瓦格纳先生几乎不同意这种观点，因此也就没有人适合谈论什么“犹太音乐家的局限性”。[30]人们对这个新版普遍不理解，一些朋友也感到不合时宜（比洛：“天哪，这可真是太出人意料了！”）；甚至柯西玛也感到“忧虑”，这让瓦格纳深感沮丧。有些敌对的文章让柯西玛怀疑，其背后站着（并不反犹的）巴伐利亚国王。然而，柯西玛的日记也显示，从那以后，他经常收到反犹主义的读物。反犹主义这个词最早出现在1879年，是在柏林围绕着威廉·马尔的运动中产生的。威廉·马尔的煽动性文章《犹太主义对日耳曼主义的胜利——从非忏悔的角度来看》在瓦格纳的家中很受喜爱(*CT*, 1879年2月27日),瓦格纳也喜欢他的无政府主义口号。瓦格纳与马尔保持了多年的联系。[31]

与路德维希二世之间的龃龉消失了,国王迫切希望看到完整的《尼伯龙人的指环》。瓦格纳起先对此表示同意,只是请求国王任命哈尔瓦克斯担任导演,这是他唯一相信能实现他的想法的人。他让国王知道,他无法亲自监督整个准备工作:他要尽快完成《西格弗里德》。汉斯·里希特应当接替汉斯·冯·比洛担任指挥;比洛正在退租慕尼黑的住处,因此将两个女儿达尼埃拉和布兰迪内送去了特里布申。他决定要作为钢琴家和指挥家闯出自己的路,并要去佛罗伦萨定居。从4月到8月,所有参与《莱茵的黄金》的人都到了特里布申,包括所有歌手在内,到这里演练他们的角色。

直到夏天才出现了摩擦,因为慕尼黑新的歌剧监督冯·佩法尔完全误判了瓦格纳在实现自己想法方面的坚持。8月25日,忠于瓦格纳的指挥汉斯·里希特要求辞职,因为《莱茵的黄金》的场景搭建不顺利。关于27日的彩排,有电报来到特里布申,说一切"都令人厌恶,极为可笑,愚蠢和恶毒动摇了这里的一切"(*CT*, 1869年8月28日)。瓦格纳于9月1日去了慕尼黑,但立刻又离开了,因为他看到自己的愿望没有实现。国王表现得异常专制,对于艺术上的反对意见充耳不闻,坚持要与不顺从的音乐家对抗到底。他写信给他的内廷参事冯·迪夫利普说:"'瓦格纳'和那些剧院恶棍的行为是犯罪,是无耻!这是对我命令的反抗;我不能容忍这一点。'里希特'不能再担任指挥了,必须立即将其解雇[……]'贝茨'和其他人要被制服。"[32]

巴伐利亚国王对瓦格纳和他的人使用的语调和引号表明,自1868

年10月瓦格纳以委婉的言辞向他的金主写信坦白在他和柯西玛之间关系的谣言中确实有许多真实成分之后，路德维希二世国王与瓦格纳之间的关系就背上了沉重的负担。国王感到被自己的偶像欺骗和背叛了，在接下来的几星期里，他拒绝了瓦格纳为面见他当面讨论所进行的所有努力。事实上，自1868年以后，他们二人终生只见过两次面，他们的关系收缩成一本书信体小说，展开在国王的258封信和作曲家的183封信之中；但尽管有种种不快，双方的书信都延续了早年的语气。

图83 《莱茵的黄金》扉页，瓦格纳的初版作品中最漂亮的之一。

瓦格纳不在场，一些歌手也被调换，排练在继续进行；弗朗茨·贝茨，瓦格纳的沃坦扮演者，愤怒地离开了。瓦格纳本人陷入痛苦之中；但他决定保持沉默，因为现在“他的作品属于国王”。如果他想“拿它们当作玩具”，也要满足他的愿望（*CT*，1869年9月10日）。与此同时，所有报纸上都充斥着丑闻——尽管如此，首演还是在9月22日进行了，而在特里布申没有进一步提及此事。显然，达姆施塔特的机械工程师卡尔·勃兰特还是做出了一些奇迹，力求拯救演出。[33]但是，国王与他的音乐家之间的关系遭到了无可挽回的伤害；柯西玛记下了瓦格纳的愿望，让儿子西格弗里德以后也要尝到生活的艰辛，这样他就不会“变成一个空想家”，“就像我们在巴伐利亚国王身上看到的那样”（*CT*，1869年11月5日）。

1870年8月25日，普法战争正在进行，理查德·瓦格纳和柯西玛在卢塞恩的新教教堂里结了婚，路德维希二世发来了一封简短的电报。两天前，内廷参事洛伦茨·冯·迪夫利普问他是否要为此送出礼物，但未得到任何答复。[34]10月31日，柯西玛皈依新教，后来，在得到汉斯·冯·比洛的同意后，让她的孩子们也改了宗。

特里布申的日子变得更加平静。尼采在6月5日第二次来做客，尽管柯西玛即将分娩——瓦格纳的儿子西格弗里德出生于1869年6月6日——但还是坚持不要拒绝这次来访。事实上，这对父母将尼采看作他们最小孩子的教育者，他们设想，被他们昵称为菲迪的西格弗里德以后能在巴塞尔跟随尼采学习。[35]瓦格纳陷入某种幸福的狂喜之中；一个星期之内，他完成了《西格弗里德》的乐谱草稿，又在6月25日至8月5日的创纪录时间里完成了配器草稿。孩子出生一周之后，柯西玛要求汉斯·冯·比洛同意离婚，他也照做了。

现在瓦格纳的日子要比刚开始创作《工匠歌手》时好得多！尼采在这样的田园牧歌中扮演了重要的角色。不仅是他们之间激动人心的谈话激发了瓦格纳的灵感，尼采还给了这个家庭切实的帮助，他抄写了手稿，监督了《我的生平》第一部分的印刷，圣诞节时从巴塞尔带来礼物，复活节时一起藏彩蛋。尼采的父亲去世很早，他几乎没有体验过家庭生活，现在他感觉自己融入了一个重要的家庭。如此复杂又敏感的人物之间的日常交往，不可避免会发生摩擦。其中一个就在于，瓦格纳曾有一段时间是食素者，后来又重新开始食肉，而尼采却是一个坚定的食素者。柯西玛在1869年9月19日的日记中说，理查德认为放弃食肉是“胡闹，也是傲慢，而教授告诉他，不吃动物在道德上很重要等等，理查德回答说，我们的整个存在就是一种妥协，只能通过创造美好事物来赎罪，只喝牛奶却不行，人会变成禁欲主义者。[……]教授同意了理查德的话，但依然保持节欲，理查德为此生气了。”[36]一个星期之后，尼采写信给他的朋友卡尔·冯·格斯多夫说，有精神创造力的人必须吃肉，只有面包师和农民这些“消化机器”才能靠素食过活。瓦格纳的批评似乎奏效了，后来在《瞧！这个人》中他应当感谢作曲家让他“皈依”了。[37]

尽管如此，瓦格纳对动物的爱和他对对待动物的现代态度的厌恶从未改变。1879年，他就写信反对活体解剖，并在《致〈科学的刑讯室〉一文作者恩斯特·冯·韦伯先生的公开信》中延续了叔本华对基督教的批评，基督教与佛教不同，它使人将动物看成单纯的物。1881年8月8日，他在拜罗伊特迎接了恩斯特·冯·韦伯的到访：他们就反活体解剖运动谈论了很多，瓦格纳抱怨说，王储本人参加了迪布瓦—雷蒙先生的活体解剖实验并对此表示赞同。[38]瓦格纳能够表现出与对待食素的观点截然相反的决心和自信，体现了他天性的复杂。

瓦格纳担心他尚未演出的作品接下来的命运。尽管瓦格纳经常向国王提出异议，但他不能阻止国王也要将《女武神》搬上慕尼黑宫廷剧院的节目单。为了抵制他认为是胡闹的事情(但其实并不是)，他只好采取谨慎的双重策略：一方面向国王隐瞒《西格弗里德》已经完成的事实，另一方面继续发展自己的音乐节构想并尽快付诸行动。因此，他中断了对《西格弗里德》总谱的加工，以便于10月2日开始创作《诸神的黄昏》草稿，而现在只需要进行配器的技术性工作的《西格弗里德》，“顺带地”直到1871年2月才完成。与此同时，从1870年3月开始，他搜集来所有印刷品，以便更多地了解拜罗伊特，并检验那里是否适合举办音乐节。

1869年7月，瓦格纳迎来了巴黎来的迷人访客：二十二岁的朱迪·孟戴斯—戈蒂埃，作家泰奥菲勒·戈蒂埃的女儿，和她的丈夫卡蒂勒·孟戴斯以及诗人维利耶·德·利尔—阿达姆一起旅行经过。朱迪绰号“飓风”；瓦格纳在巴黎的《唐豪瑟》时代就已经认识了她，但现在突然惊讶于这位前途无量的作家的美貌。整个巴黎的男人都臣服于她的脚下——瓦格纳当然也是——但柯西玛起初只是说她很“淘气”，但也“品行良好，并且极度热情”（*CT*，1869年7月17日）。随后便是惯常的外出，晚上演奏音乐并热烈讨论——瓦格纳朝气蓬勃，柯西玛心中难过，直到这三个人启程继续前往慕尼黑。在慕尼黑观看过《莱茵的黄金》后，这三名法国人再次在特里布申停留，朱迪和柯西玛成了好朋友。

朱迪·孟戴斯—戈蒂埃当然是柯西玛面临的唯一挑战。她恰好体现了她的生活方式的相反原则。“舍弃”是柯西玛的笔记中的关键语：在精神的意义上（“舍弃幸福的人是有福的”，*CT*，1869年11月9日），舍弃作为对世界的背离（因为“入世的那种人”始终是“肤浅的”，*CT*，1871年6月27日），是对现代性的背离（“我们的座右铭变得糟糕和现代”，*CT*，1873年6月24日），但还有情欲意义上的舍弃。柯西玛生活在深深的内疚感之中，因为她知道，她和瓦格纳的关系使得她的第一任丈夫汉斯·冯·比洛不幸，还暂时生了病。“压迫另一个人的罪恶是无法消除的”（*CT*，1869年6月29日），如同她在日记中透露的，这很早就剥夺了她的性欲，而她的丈夫则是肯定拥有的。

1870年年初，慕尼黑开始了《女武神》的排演——最初是在瓦格纳不知情的状况下进行的。不过，他的担心没有根据，因为这部作品几乎没有碰到场景技术方面的挑战，而这当初却曾经阻碍了《莱茵的黄金》的优秀演出。首演在6月26日举行，又是由弗朗茨·维尔纳指挥的。作曲家尽管不在场，却大放异彩，如同《莱茵的黄金》一样，整个瓦格纳圈子以及音乐节的许多顶级人物，如勃拉姆斯、迪帕克、约阿希姆、李斯特和圣桑等也再次出席。演出整体上很顺利，音乐上也很成功；但还少了一个人，国王路德维希二世，原因并不完全清楚。或许是因为普鲁士和法国之间摩擦日胜，因此路德维希于7月16日宣布因同盟条约进行战争动员。1870年7月19日，局势发展到这样的程度：在著名的埃姆斯密电中，俾斯麦将已经得到解决的继承问题定性为国耻，导致无论是法国还是德国都掀起了飓风般的民族情绪；特里布申的瓦格纳家也同样如此。7月19日，拿破仑三世宣战；一件小事引发了一场欧洲冲突。前一天，7月18日，汉斯·冯·比洛和柯西玛在柏林正式离婚。

31

《西格弗里德》的完成

图84　尽管艺术家们对布仑希尔德进行了多种阐释，但西格弗里德这个形象在其英雄的单一维度方面都是相似的。胡戈·L. 布劳内：西格弗里德与迷魅，后者又一次站到了“劣等人”的位置上。

论瓦格纳音乐中世俗的超验

《西格弗里德》的第一幕和第二幕中包含的动机，从今天的角度来看是可耻的。这也是对这部作品的意见分歧如此之大的原因。[1]然而，在第三幕中,《西格弗里德》变得完全不政治了,因此与前两幕之间出现了断裂,值得进一步考察。

我们记得:"尼伯龙人计划"中的主要思想——"新人",瓦格纳在《莱茵的黄金》前奏曲中是从社会批判的角度来理解的;但是,从《女武神》开始,人类学和哲学的问题走到了前台。《西格弗里德》的最后一幕是关于纯粹理念的核心,而这完全是通过音乐手法的改变来实现的。此前匆忙的、有时疲惫的音乐变成了宏大的旋律。但这也是作曲时的情况造成的:第三幕从1869年才开始创作,而瓦格纳从1857年就开始等待了。在此期间,他完成了《特里斯坦与伊索尔德》和《工匠歌手》,这在《西格弗里德》的最后一幕中自然有所反馈,尤其是在更为华丽的管弦乐编排中。但有一个问题是,1857年是否已经有了完成这一幕的所有内容条件。当时,瓦格纳陷入了内心的封闭之中,甚至面临整个"尼伯龙人计划"可以预见的失败。这最后一幕中随着布仑希尔德的觉醒和西格弗里德的爱情二重唱展现出许多心理学的,甚至是精神分析学的细腻之处,由此瓦格纳遥遥领先于他的时代和他当时的内心发展。因此,这符合一种内在逻辑,即第三幕不是在苏黎世完成的,而是直到十二年后才完成,因为布仑希尔德的觉醒开启了一个不同的世界,其前提条件在1857年仍不具备。

这个世界与女主角有关;男主角西格弗里德尚无法对此做出正确反应,因为他的行为完全出自本能,无法理性地去探究自己的行为。他不知道如何处理指环和隐身盔,这是他在杀死巨龙时获得的行使权力与维持权力的两个象征。在卡尔·马克思的意义上——几乎可以肯定瓦格纳读过《德法年鉴》上的文章[2]——完全可以把它们解读为资本主义世界体系中压迫的象征。西格弗里德没有意识到这一点,但他的行为可能有意料之外的作品，如果将原本致命的指环所有权与爱的感觉结合在一起的话：“乐于爱，没有嫉妒心，这高贵者消除阿尔伯里希的咒语；因他不知惧怕。”爱可以治愈世界上的邪恶吗？如此一来，每一种社会政治论点都会被一种哲学论点所取代——那是纯粹的乌托邦，人们将主要在其中活动。按照瓦格纳的观点，只有无意识才能战胜邪恶；当爱使权力意志沉寂时，这是有可能的。因为瓦格纳认为，爱不会引起对拥有和丧失权力的恐惧，也不会引起对死亡的恐惧；因此，爱是救赎的前提条件，甚至是其本质。就内容而言，这第三幕与前两幕之间确实没有关系了。因此，应当对其情节进行不同的评判。

当原初之母埃尔达对于如何阻止西格弗里德前往布伦希尔德处提不出任何建议后，诸神之父便等待这位年轻的英雄，尝试用温和的言语阻止他。但西格弗里德对诸神的问题不感兴趣；沃坦用长矛挡住道路，西格弗里德便击碎了它。沃坦力量的音乐象征“契约动机”飞散成碎片，碎裂成单个的音符。从这里开始，它不再作为一个整体出现在《尼伯龙人的指环》中，让位于“诸神的黄昏动机”，后者是从“指环”和“瓦尔哈拉动机”中衍生出的。向最后场景的过渡带来了宏伟的景象：西格弗里德穿越了环绕着布伦希尔德的火焰之墙，亲吻她使她觉醒之后，几乎无伴奏的小提琴旋律将注意力完全转向内心，为将作品的最后一个场景同前面所有场景区分开来并进入一个超凡世界的戏剧性变化做好了准备。在所有管乐器的伟大和弦中，布伦希尔德睁开了眼睛。绝对的美再次以最大可能的简单性存在于此：这种音乐的崇高性仅在于和弦的极端渐强减弱之中。应当如何表达它？用一整首交响曲还是用一部大型康塔塔？大错特错：瓦格纳用一个唯一的和弦就做到了，但是他从无发展出整体，最后又平息为无。然后他原本需要一些超人的东西：在一部已经演了将近四个小时的歌剧中，女主角布仑希尔德必须向世界发出她的第一声——是什么呢！“平安，太阳！平安，光明！平安，晴朗白昼！”这是瓦格纳的创造中最伟大的时刻之一。

布仑希尔德的“觉醒和弦”是超验对尼伯龙人彻底“邪恶的”世界的侵入。实现超验的音乐手段之一是，声音的美感不仅通过简单的，而且通过最大的表现力来达到。觉醒和弦和布仑希尔德声音的进入都符合这两个标准；顺带说一句，这只有出色的歌唱才能和一流的管弦乐队才能实现。在这些关键的地方，成功与失败只在一线之间；即使是将近一百名音乐家之中哪怕是音调的最轻微波动都可能破坏一切——显而易见的“极大的简洁”受到相当大的隐藏着的复杂性所威胁。即使对于受过训练的人来说，这也是很困难的。如果不想在不兼容的冲突中失败（不兼容的一方是第一幕和第二幕，另一方是第三幕），就必须回到第18章和22章探讨过的关于瓦格纳如何处理超验的问题。特别要记住，它可以从“消极的”过渡到“完全不消极的”超验；或许有时候也是“积极的”？

在这个意义上，必须尝试理解《西格弗里德》第三幕中惊人的转折。这里发生的超验的入侵使邪恶和犯罪的世界有了不同的色彩。但这样一来会让前两幕变成“更好的”吗？西格弗里德唤醒了布仑希尔德，但是他们没有维护爱情，而是犯下了艾尔莎、伊索尔德、罗恩格林和特里斯坦的错误：他们**讨论**西格弗里德真正的力量是什么。布仑希尔德向西格弗里德解释了她的角色。她是知与爱的统一。起初，按照沃坦的意志，她应该知，而**不去**爱。然而她的生存原则是，**通过爱**来认知。她要将这一原则传递给西格弗里德；她想成为他的另一个自我，将之表达出来：“我就是你[……]你不知的，我告诉你。”然而：“我无所不知/

图85 西格弗里德，汉斯·托马的版画。

只——因我爱你。”因为她没有**想到**沃坦所要求的思想，而是**感觉**到它，这对行为产生了不同的后果，为此她受到思想之神的惩罚。这是值得注意的爱的隐喻！瓦格纳在这里致力于发展一种“爱的哲学”，他现在试图将其应用于两性之爱。为此，他需要《特里斯坦与伊索尔德》的经验；或许这可以解释1857年之后的中断对于《西格弗里德》创作的必要性。

但是，西格弗里德并非哲学家：“神奇之音，/你唱得动听，——可我不解其意。”相反，他坚持自己的任务，要在布仑希尔德身上识别出生物学上的特征及其身体标志：“你眼睛的光亮”“你呼吸的吹拂”“你歌声的甜蜜”在对他说话；但不是她“歌唱着”“告诉”他的东西。对于西格弗里德来说，只有肉体的，才是布仑希尔德（与迷魅相反）属于他的独特之处。但是，布仑希尔德对西格弗里德只是感觉到却丝毫没有认识到的对爱的持续性感到怀疑；下行的五度音的动机，然后是上行的二度音，在《罗恩格林》中象征着疑问和怀疑，在《特里斯坦与伊索尔德》中象征着破坏性的理性，在这里展现了她内心的挣扎。然而，最终她被身体认同的语言力量所压倒；她成了“激情狂野的女人”。幕布落下，爱情得以完成——一种先验的**幸福的爱情**！这在瓦格纳笔下并不经常出现。但这种爱情真的是幸福的吗？被精心策划出的“理想的人”西格弗里德可以在这种程度上仅仅由本能构成，远离所有思考吗？西格弗里德毁灭的根源，难道不正是存在于瓦格纳纯粹出于意识形态原因想要的极度天真之中吗？

人性问题，即哪种形式的爱是“正确的”，在《西格弗里德》第三幕中没有得到回答。瓦格纳考虑通过爱来获得救赎，爱是物质主义和恐惧的解放者，爱是认识世界的手段，爱是感觉与认知统一的保证；从哲学上来讲，这是一个令人印象深刻的规划。作曲家提出了这一点，并为这些价值赋予了超验的音乐光环，但没有做出决定。即使最终最平庸的解决方案获胜——由对所有认知都持抵制态度的西格弗里德代表的“生物学”的解决方案——但只要布仑希尔德在爱着，其他解决方案就不会消失。只有在《诸神的黄昏》中，她的爱转变为恨的那一刻，所有爱的超验概念才会消亡。这是由于瓦格纳的“新人”在西格弗里德身上固有的设计缺陷：反现代的冲动使得作曲家极其排斥理性，因此在布仑希尔德不在场的情况下，英雄西格弗里德只不过是一个高大的、金发碧眼的杀手而已。在这种意义上，从此以后，瓦格纳的反女性主义弱化了。就精神和心灵的力量而言，布仑希尔德是个巨人，而西格弗里德只是个矮人。这种戏剧性中也包含着一个征兆，即瓦格纳偶尔也能摆脱其时代的束缚，因为布仑希尔德形象由此进入了“反神话”的领域；对于今天的我们来说包含了道德承诺和赠予的思想形象。

《西格弗里德》结束时，一切都还未决定。瓦格纳死前几个月的一次表达显示，在他自己的心目中情况也是如此。爱的哲学在他这里有时会消失不见，他会坦率地强调作品结尾的种族内容，他指向的是法国种族主义理论家阿蒂尔·戈比诺。他对布仑希尔德和西格弗里德欢呼的结局说：“这是戈比诺的音乐，这是种族。”他补充说：“谁给了我这两个注视彼此时欣喜若狂的造物？”（*CT*，1882年10月17日）[3]在这里，注视的动机再次引人注目：“他们注视彼此。”与《罗恩格林》中爱的注视

图86 亚瑟·拉克姆：西格弗里德与迷魅，再次强调了种族差异。

不同，《西格弗里德》中的注视是种族归属的标志，正如马克·A.魏纳所指出的。但是，瓦格纳晚年的戈比诺幻想并不减少其心理学和哲学的内容：在这一点上，可以让瓦格纳做反对其自己的辩护；他1882年的自我评价，无视了他1869年以戏剧性的方式表现出来却并非完全意识到的价值。这种所创造之物的范围的某些部分也可以向创造者隐藏的现象，如前所述，瓦格纳是非常清楚的。

因此必须接受的是，在《西格弗里德》第三幕结尾时，其两种主要趋势似乎都弱化了。在第三幕中，由于音乐而激发出的期待，即在糟糕的前两幕后终于能够面对哲学的，至少也是"不消极"的超验性被满足了——尽管还有强烈的痛苦。因为瓦格纳的爱情观始终是矛盾的。只有作为生物学平等的终极认知器官的眼睛，才能发出消除所有桎梏、投身于爱的风暴的命令。爱的哲学与颂扬种族的爱的意识形态相反，后者寻求同类、排斥异己。在这种矛盾的解决方案中，瓦格纳并不是唯一的案例。

其他歌剧对外来者的表现（《犹太女》《魔笛》《奥赛罗》）

如果我们能摆脱过去盛行的关于瓦格纳之独特性的神话，说他知道如何处理困难的主题又不至于让他的艺术陷入道德低谷（如此一来，乐剧就是“政治正确”的了），将会有很多收获。只要我们把目光从瓦格纳的例子上挪开，就会清楚看到，这样的神话是多么站不住脚，又是多么多余。因为文学恰恰在19世纪提供许多展现种族主义的例子，部分是作为公认的常态，部分是从批评角度出发。与瓦格纳这里一样，其他作品中也混杂着种族主义和解放。在美国，这一问题以对黑人的表现显露出来，而在欧洲，这一主题在对犹太人/非犹太人的表现中尤为突出。

种族以及颂扬神选思想的主题似乎一直都存在；它在1492年的西班牙首次进入“现代”阶段，在那里由于对玛拉诺人和摩里斯科人的种族隔离，纯粹血统论的意识形态和政策在经济和文化领域造成了破坏性的影响。经过伏尔泰、康德、林内、布封、黑格尔、叔本华等人的评论，普遍的种族主义——尽管有赫尔德的强烈抗议——广泛进入了古典主义和浪漫派的思想，尽管还缺少“科学的”方法。这种思想具有广泛的基础，导致哈里特·比彻·斯托（同样是解放性的）小说《汤姆叔叔的小屋》在美国发行数百万册的事件不仅引发了钦佩，也激起了怒火，并导致在短短几年内就出版了二十七种支持种族主义的“反汤姆小说”。

而在歌剧界呢？可以看到犹太人物或犹太主题部分作为不同者或外来者形象，部分也在异国情调或《圣经》象征的意义上，在非犹太作曲家如阿波洛尼、本德尔、布索尼、费尔斯特、古诺、丹第、兰贝蒂、莱哈尔、马施纳、马斯卡尼、马斯内、普菲茨纳、罗西尼、圣桑、理查德·施特劳斯、威尔第、韦伯和魏斯的作品中看到，其中也包括原始的反犹主义形象，如在丹第的《圣克里斯托弗传奇》之中。特别是在意大利歌剧中，直到19世纪中叶，刻板的犹太人形象都十分引人注目：从威尔第的《纳布科》中旧约风格的宗教狂热者撒迦利亚，到朱塞佩·阿波洛尼的《勒布雷欧》中的阴险主角。以布尔沃—利顿的一部小说为基础（如同

《黎恩济》)，基督徒和穆斯林中的犹太人这一主题符合马洛的《马耳他岛的犹太人》的传统，其杀气腾腾的复仇欲望和冷酷无情甚至在面对自己的女儿时也不肯停止。[4]但犹太作曲家，如埃尔朗格、埃德蒙·艾斯勒、戈德马克、卡尔曼、勋伯格和魏尔也触碰了外来者这一主题。[5]

其中最重要的当然是阿莱维，他的父亲是犹太人，从德国菲尔特移居到了自由的法国。1835年，阿莱维的歌剧《犹太女》在巴黎歌剧院的共同努力下(使用了马戏团的二十四匹马)首演，它的脚本作者是欧仁·斯克里布。情节发生的背景是1414年康斯坦茨大公会议。犹太金匠埃莱沙在一次火灾中救出了红衣主教布罗尼的女儿，尽管主教应当为他儿子的死负责。埃莱沙抚养这个女孩长大，并给她起名拉结，以犹太信仰教导她。几年后，一个已有婚约的基督徒贵族爱上了这个犹太女孩：当他们俩的私情和宗教信仰曝光时，拉结承担了所有罪责，以挽救她爱人的生命，并按照红衣主教布罗尼的判决，走向死亡。结局体现了戏剧的突变：拉结被迫跳入一口煮着沸水的青铜大锅中死去，而金匠埃莱沙直到这时才告诉红衣主教，这是主教的女儿，却被主教亲手送上死路。通过这一复仇行为，埃莱沙变成了一个恶魔般的、矛盾的人物，就像朱塞佩·阿波洛尼的《勒布雷欧》中的角色以撒查一样。[6]

尽管阿莱维的金匠形象上有诸多阴影，但其对反犹主义的批评仍然清晰可见，而“七月革命”五年之后生活在“资产阶级国王”路易·菲利普统治下的法国资产阶级渴望开明与自由，使这部歌剧取得了成功，尽管保守的报界磨快了刀子。瓦格纳面对柯西玛非常赞赏这部歌剧(*CT*，1878年6月4日)，他赞扬了“我是基督徒”这首咏叹调的“出色的戏剧性”(*CT*，1878年7月11日)。为什么呢？他在1880年观看了一场《犹太女》的演出后给出了答案，或者说是部分答案：在首演过去四十五年后，现在大歌剧基本上已经消亡，“只是学者的研究对象”，最重要的是：这部歌剧“根本没有犹太味，甚至没有那个倾向，只是正确地描绘了出来”（*CT*，1880年1月17日）。或许瓦格纳还记得，阿莱维在二十年前曾在巴黎为他辩护过。

与其强调瓦格纳无可比拟的特殊性，不如把他放在一个更大的环境中来考量。例如，可以将他对差异性问题的解决与奥柏、贝尔格、克热内克、普契尼、罗西尼、施波尔、施特劳斯、威尔第和C. M. 冯·韦伯相比较。因为克热内克的歌剧《容尼奏乐》（1927）绝不是第一部探讨少数群体之一员（在这里是一个“有色人种”）的歌剧。

很久以来，差异性这个主题的歧视性以及解放性萌芽就是歌剧的固有内容。在希卡内德和莫扎特对《魔笛》中摩尔人莫诺斯塔托斯的刻画中就已经存在分裂。一方面，他是残酷的奴隶监工，“体系内的真正走狗”。[7]他折磨奴隶，所有奴隶都恨他，他想强迫美丽的帕米娜，他在第一幕结束时追捕塔米诺，并把他带到萨拉斯妥共济会式的集会之中，他使自己成为夜后复仇计划的工具，并似乎是理所应当的，最终在“永恒之夜”中受到自然力量的惩罚。另一方面，《魔笛》的某些场景中，他与帕帕基诺是势均力敌的；二人在第一次见面时都视对方为恶魔，并在三重唱“你这美丽的小鸽子，快进来”中平分秋色。莫诺斯塔托斯或许在以一种控诉的语气为对他的歧视发声，在帕米娜拒绝他的欲望时他抱怨说：“为什么呢？因为我有着黑色幽灵般的肤色？”莫扎特和希卡内德没有将外来者的话题以文化密码和暗示的方式带到舞台上，而是直接谈起它。帕帕基诺看似天真的问题必定不可避免地引起听众对自己偏见的怀疑并引发讨论：“世界上有黑色的鸟，为什么不能也有黑色的人”（第一幕，第十四场）。也是出于这个原因，从黑格尔到阿多诺的哲学家们都为希卡内德脚本中的“被老式品位污蔑为恶劣的反抗力量”[8]辩护。

C. M. 冯·韦伯《奥伯龙》中的雷齐娅和瓦格纳《仙女们》中的阿达则表现为正面的女主角形象。解放的角度在帝国主义—种族主义背景下清晰地在普契尼的《蝴蝶夫人》中显露出来。威尔第在《游唱诗人》、《弄臣》、《命运之力》(甚至直接以种族主义的原始形象出现)和《阿依达》中已经实践过“外来者”的主题,但是和瓦格纳一样,这种永恒的、长期的问题只能在高度完成的艺术作品中以非常显著的方式表现出来。对于威尔第来说,这是《奥赛罗》(1887)。在这部作品中,两个男性主要角色都相当独立,无论威尔第想要做什么,都会引起同情或厌恶或这些感情的混合。尽管威尔第的脚本作者阿里格·博伊托确实削弱了莎士比亚原著中非常明显的种族主义,但是奥赛罗极端“英雄主义”的声音形象和伊阿古形象中几乎不可测的深度,都可能使表演者将威尔第作品中的摩尔人定性为暴力独裁者,将伊阿古定性为过于渴望复仇的受害者;或者将前者变成一个超级强大的伊阿古的受害者,这个伊阿古利用所有机会成为种族主义罪犯。这些相互矛盾的观点,我是通过男高音彼得·赛费特和弗拉基米尔·阿特兰多夫演绎的奥赛罗,卡洛斯·阿尔瓦雷斯和贝恩德·魏克尔演绎的伊阿古那截然不同但都合乎逻辑的表现来得出的。《奥赛罗》可能是两个恶人之间的斗争,或者是两种原则的冲突。这两种观点都是有道理的。我们面对着二分法,这在瓦格纳的作品中也随处可见。

如同威尔第一样,
瓦格纳的道德评判也取决于观众

这些思考可能使人们更容易注意到,《西格弗里德》的前两幕是什么:是对一种令人震惊的现实的呈现,这种现实即使在今天也随时出

现。必须回过头来看瓦格纳和他的同时代人一样对待外来者这种问题的态度。在瓦格纳的时代，当殖民探险和帝国主义征服军队带上神职人员，力求将基督的福音带给彻彻底底种族主义的和剥削性的殖民体系时，甚至基督教会的代表都没有发现这与他们的信仰不相容——人权只适用于白人基督徒。必须回忆一下瓦格纳晚年撰写的《英雄气概与基督教》，他在这篇1881年的文章中说，即使从基督教的信念中也无法推论出“可怕的”观念，即“人类必然会达到完全的平等”。在他看来，高等种族统治和剥削低等种族的世界秩序虽然是不道德的，但“从自然的意义上说确实完全合理”（*GSD*，卷X，283）。直到20世纪下半叶，才建立起一道政治“正确”之壁，种族偏见与道德考虑再也不可调和。但是，或许直到奥斯维辛才开始改变过去五十年中的瓦格纳接受史：让歌剧观众认为，舞台上的种族主义是无法接受的；人们甚至不敢承认歌剧中存在着种族主义，至少不敢承认瓦格纳歌剧中的。因此迄今为止，监督、导演和节目单设计者似乎更偏爱“政治正确”的瓦格纳诠释，例如“极端民主—社会革命的”诠释，[9]即使这些诠释在瓦格纳作品的许多段落中根本无法发挥戏剧作用。

这种态度是错误的。必须信任歌剧观众从文化史的角度看已经“长大”了。他们不再需要提前选择、注释好的家长作风。同样，对于瓦格纳，也要接受他的**全部**作品，包括其道德上不正确的方面。必须为观众准备好这种多样性，并从文化史的角度对他们加以解释，而不是将其屏蔽。因为艺术的**诞生**先验地与道德无关，因为艺术创作部分受制于半意识和前意识的力量，这些力量在道德反思**之前**，因此也在道德反思**之外**发生。但是，这绝不意味着道德在诠释和接受作品时不起作用。只是做出道德的艺术评判并不一定是作曲家的工作——他也做不到；他根本不能够完全约束只有部分是理性的创作力而不对作品造成损害。然而，创作过程根本上产生的是**形成观点的素材**，它让歌剧的听众或观众能够做出道德评判。因此，瓦格纳艺术的道德性并不在于他自己做出了判断，而是在于这种艺术为接受者提供了道德选择的机会，而通过道德上的**超前判断**剥夺掉这些作品的宝贵财富，将是最大的错误。

艺术内容的不可侵犯性也必须适用于瓦格纳。没有人敢于篡改蒙特威尔第，将《波佩亚的加冕》从美化通奸、为滥用政治权力辩护的名声中解救出来；没有人会去纠正莫扎特《堂乔瓦尼》的总谱，去掩盖（从音乐的角度来看）作曲家更多地同情犯罪者堂乔瓦尼而不是他的受害者；没有人会谴责他在《女人皆如此》中为玩世不恭和卑鄙无耻创造出了歌剧中所可能有的最美的音符；没有人会禁止他在《魔笛》中唱出反女性的，在莫诺斯塔托斯的角色中干脆是种族主义的高歌。在蒙特威尔第和莫扎特（以及其他许多人）这里可以允许观众成长并自行判断，但在瓦格纳这里，迄今为止还没有。因为希特勒；因为奥斯维辛。

在瓦格纳这里，不仅是“善”，而且特别是“恶”抓住了超验的手段。希特勒和奥斯维辛早已经过去，而观众也已经将对这种野蛮行径的恐慌刻在了内心深处。因此，可以利用瓦格纳作品中的机会来识别、区分和判断“善”与“恶”。

32

战争与和平:《诸神的黄昏》

图87　凡尔赛阅兵,威廉一世加冕为德意志皇帝。

1871,帝国的建立

《诸神的黄昏》的作曲工作与1870/1871年战争同时发生,这是巧合吗?[1]在宣战那天,1870年7月19日,《尼伯龙人的指环》最后一部作品的第一幕已经在瓦格纳的抽屉里躺了两个星期了。不过，他还需要四年时间才能在总谱上画下最后一个句点，这比持续六个半月的险恶战争耗时长了七倍。普鲁士军队在8月6日至8日之间就赢得了首场战役；9月1日的色当战役虽然对战争没有决定性意义，但从心理上来看，天平已经向德国人倾斜，并使法兰西帝国瓦解。拿破仑三世被俘；第三共和国宣告成立，但它不愿放弃战争。战争一直持续到1871年1月31日停战。再也没有什么能够阻止帝国的建立；普鲁士的威廉一世国王于1871年1月18日在凡尔赛被德意志诸侯推举为皇帝。帝国成立时，瓦格纳穿着古老的德意志服装，让慕尼黑摄影师弗朗茨·汉夫施丹格尔拍了照片。这些照片本来是供私人使用的，但它们直到今天还在影响着瓦格纳的形象。[2]与对1849年德累斯顿革命的误解无异，瓦格纳也误解了1870—1871年的迹象：他认为，德意志帝国与他的作品是一体的。但是在柏林，人们不怎么需要瓦格纳的艺术，他们要的是大炮！不过暂时，瓦格纳克制不住地对战争的敌人法国进行了肆无忌惮的攻击，本来他要感谢这个国家的地方很多："这个民族应该受到无情的惩罚"；"骄傲自大、罪恶多端的法国人"；"法国人是文艺复兴的恶果"，他希望，"烧毁巴黎，这个世界的娼妇"。[3]这些攻击现在针对犹太人和耶稣会士。另

图88　瓦格纳和他的儿子西格弗里德。这张著名的照片于1880年摄于那不勒斯，在这种青春艺术风格的相框中具有特别动人的特征。1896年的珂罗版画。

一方面，瓦格纳称赞“普鲁士的德意志权利”，并认为“战争是崇高的，它展现了个人的虚无”，希望“德国团结一致，上帝保佑他的武器！”最令人惊讶的是：“在我看来，即使最可怕的事物，即这场战争，对我来说也是有福的。”[4]尤其是阅读柯西玛的日记能让人产生托马斯·曼所说的“战争造成精神与道德堕落”的印象。[5]随着年龄的增长，瓦格纳似乎已经放弃了人类的同情心，因为他发现其他推动力更适合提高他的创造力。[6]

尽管发生了战争，但在特里布申，工作还在继续。从7月20日到9月11日，瓦格纳都在写他的文章《贝多芬》，为纪念他的一百周年诞辰。瓦格纳称赞贝多芬是捍卫了“最内在的声音世界景象之预示”，使之免于沦为仅仅是“娱人的艺术”的作曲家（*GSD*，卷IX，84）。贝多芬的音乐根植于理性之外，从来没有——瓦格纳在这里显然是错的——一个艺术家像贝多芬那样很少对自己的艺术进行思考（见*GSD*，卷IX，85）。他将贝多芬音乐的作用，特别是升c小调弦乐四重奏忧伤的柔板，比作“从一场梦中醒来”（*GSD*，卷IX，97），它使我们置身于那种“梦游般的清醒”状态（*GSD*，卷IX，75），在这种状态下，我们克服了日常感知的涣散，用“内心之眼”更为仔细地观察我们与世界的关联。

在那之后，他写了“古典风格的喜剧”《投降》。这个标题当然与法国对普鲁士的军事失败相关。但这部喜剧的主题指的是另一种胜利：德意志戏剧屈服于法国歌剧的压倒性力量，德意志音乐不加抵抗地屈服于法国的影响。同时，瓦格纳一口气模仿了法国的文化和政治现象：从部长莱昂·甘必大历史性地乘坐热气球逃离被占的巴黎去往外省，到歌剧中的芭蕾崇拜，再到维克多·雨果的名言。在法国，瓦格纳的这部作品很令人讨厌。直到1876年，法国杂志《日食》增刊还发表了一张理查德·瓦格纳的讽刺漫画，直指《投降》：瓦格纳被描绘为眼睛突出、鼻子弯曲的躁狂症发作的模样，下面配着他这部喜剧中的引言："法国人是猿猴"和"我们有德意志的艺术"。

对于瓦格纳而言，更重要的无疑是，1870年8月25日，在卢塞恩的新教教堂里，他与柯西玛结了婚，随后是9月4日他儿子的洗礼。同样重要的还有12月4日《西格弗里德牧歌》的完成，然后于12月25日，圣诞节的早晨，在特里布申别墅的楼梯间里首演，给了柯西玛惊喜，尼采也在场。

尼采已经在9月11日从埃尔兰根的军医院里对婚礼和洗礼向作曲家发出了祝福。他被巴塞尔教育当局批准以护士的身份参战。柯西玛虽然对普鲁士的进攻满怀激动，但还是非常担心这位朋友。从他的信中可以看出，他对自己看到的伤口和战后的流行病感到震惊；他自己也患上了痢疾和白喉。最重要的是，尼采怀疑，正如他在1873年的《不合时宜的沉思》中表达的那样，军事的胜利将伴随着文化的衰落；这种衰落"基于公共舆论和所有公共舆论制造者的错误，即认为德意志文化也在这场战斗中胜利了[……]这种妄想是极为有害的[……]因为它能够使我们的胜利转变为失败：为了德意志帝国而打压甚至清除德意志精神"。[7]

1871年4月15日，柯西玛和理查德第一次踏上了去往新成立的"帝国"的旅程。他们途经奥格斯堡和纽伦堡，到达了"可爱、安宁的拜罗伊特"（*SB*，卷XXIII，88）。瓦格纳曾在1870年听说，拜罗伊特歌剧院显露出对于当时的形势来说非同寻常的深度。但是在参观了这座宫廷歌剧院后，瓦格纳很快便发现，它不适合他的目的。瓦格纳夫妇很喜欢它的位置和环境，这让他们提出了建造一座新的节日剧院的计划。他选择了拜罗伊特，也是因为他要寻找一个远离大城市的商业艺术领域的地方，因为这里至少产生了一位重要的德意志作家让·保罗（见

GSD, 卷IX, 33)。途经莱比锡和德累斯顿, 他们于4月25日抵达柏林。卡尔·陶西希成为瓦格纳的音乐节赞助委员会的主席, 他早在苏黎世时代就非常赞赏他。28日, 瓦格纳在艺术学院的全体会议上作了《论歌剧的使命》的演讲, 他在其中阐述了他对"从音乐角度进行设计的戏剧"的设想; 这是他对自己作品的最新称呼。5月3日, 俾斯麦接见了他; 他曾在1月给他寄去一首诗, 颂扬德国对法国的胜利:《致德意志军队》。但是, 这两个人之间并没有太多的话可说。两年后的1873年6月24日, 瓦格纳在一封信中请求奥托·冯·俾斯麦资助他的音乐节, 却没有得到答复。

但是在1871年5月5日, 瓦格纳受邀在王家歌剧院为皇帝夫妇和整个宫廷指挥一场慈善音乐会。5月12日, 他在莱比锡向公众宣布, 他打算在1873年举办首届拜罗伊特音乐节, 并首次完整演出《尼伯龙人的指环》。5月16日, 这个伟大计划在卢塞恩继续; 22日, 他完成了他的第一个完整版文集《文章与诗歌》的序言, 6月24日, 他开始了《诸神的黄昏》第二幕的创作。

与尼采的友谊

由于尼采频繁来访, 特里布申在最后一段时间发生了可喜的变化。但是一次原计划的访问成了政治的牺牲品: 原因是巴黎公社这个插曲, 它尝试按照社会主义构想来管理巴黎。今天它被视为议会民主的榜样, 但是它只存在了七十二天, 从1871年3月18日到5月28日。

5月10日, 德国和法国之间实现了和平。俾斯麦支持法国军队的重新武装, 释放了战俘, 并允许法军增援, 以便其能够镇压社会主义起义并占领巴黎。事实上, 巴黎公社没有抵抗法军的机会。

尼采从朋友卡尔·冯·格斯多夫处得知了巴黎公社起义，因此“几天内都深受打击，崩溃流泪”（1871年6月21日致格斯多夫的信）。他认真地认为，欧洲文化的末日到来了，因为欧洲正在落入暴民的手中，他对关于巴黎公社焚烧并掠夺卢浮宫的报道也做出了反应。尼采内心深处对巴黎事件深感不安，柯西玛在她的日记中写道，他因此取消了在特里布申拜访瓦格纳一家的计划（*CT*，1871年5月27日）；但另一方面，从前的街垒战士瓦格纳对巴黎公社的命运并不真正感兴趣，他认为，“我们没有崩溃，这真是一个奇迹”，“世袭君主制等现象应当被视为神圣的启示”（*CT*，1871年4月9日）。

尼采和瓦格纳之间变得非常亲密，除了郊游，阅读彼此的文章也占据了很多时间。是的，两者之间的某种分工已经开始生效，它能如此有效，是因为他们两个的才华——语文学家的和音乐家的——能够互补。在1870年2月7日的一封信中，瓦格纳声明，尼采的第二份才华是音乐家，而他自己的第二份才华是语文学家：“如果您成为音乐家，那么您的成就大概会与我从事语文学研究所能达成的差不多。然而现在，语文学，作为重要的资质，确实存在于我的体内，它事实上指挥着作为音乐家的我。那么您还是做语文学家吧，好作为语文学家接受音乐的指挥……”[8]因此，瓦格纳在尼采的第一部伟大作品《悲剧的诞生》之中扮演了重要的角色，就是自然而然的了。该书于1872年出版，但未装订的校样就已经在特里布申激起了热情。尼采从瓦格纳1849年发表的短文《未来的艺术家特性》中汲取了思想，即悲剧的根源在于音乐，在埃斯库罗斯的戏剧中还贯穿着全剧的合唱；直到欧里庇得斯悲剧中合唱和音乐受到压制，悲剧才走向衰亡。尼采通过酒神之陶醉（音乐）和日神之清醒的理论深化了这一点；他在瓦格纳身上看到了复兴在古希腊时代创造出悲剧的酒神精神的可能。

1872年5月，著名的古典语文学家乌尔里希·冯·维拉莫维茨—默伦多夫在一份名为《未来语文学》的小册子中批评了尼采的作品，瓦格纳夫妇对这位朋友的遭遇并未停留在同情上；瓦格纳在1872年6月23日发表于《北德意志汇报》的一封公开辩护信中站在了尼采一边。看到瓦格纳说这个地位尊贵、心胸狭隘的语文学家“阴险诽谤”“肆意造谣”“嫉妒成性”，不由得让人想起贝克迈塞。[9]但是，他无法阻止尼采在他的“专业圈子”中的声誉败坏，学生们纷纷远离他，他也越来越怀疑他的学术工作的意义。但瓦格纳夫妇建议他，不要过早放弃学术道路。

瓦格纳对待尼采有时像一个父亲那样，他越来越担心尼采的健康问题和单身状况，他也半开玩笑地提出建议，比如“父亲”瓦格纳在1874年4月6日的信中对“儿子”尼采说：他应当去浴疗，娶个有钱的女人，或者写一部歌剧，好以此成名——还要吃肉。[10]当尼采在他的文章《理查德·瓦格纳在拜罗伊特》第九节中以前无古人（或许也后无来者）的方式领会到瓦格纳独特语言天赋的本质时，完全的相互理解再次闪现。瓦格纳并不是用概念思考和写作，而是像民众一样，以神话的方式，这意味着过程、行动和痛苦。“瓦格纳因此迫使语言回到初始状态，那时几乎没有东西是用概念思考的，那时语言本身还是诗歌、形象和感觉。”[11]尼采后来总结道：“我在特里布申附近度过的这三年，进行了23次拜访——这对我意味着什么！如果没有这些经历，我会变成什么样？”（致C. 格斯多夫）他最后总结道：“我绝不想让特里布申的日子从我的生命中消失。那些信任、愉快、充满崇高的巧合的日子——深刻的时刻……我不知道其他人和瓦格纳一起经历了什么：在我们头上的天空里从未有过一丝云翳。”（《瞧！这个人》）[12]当人们怀疑瓦格纳对友情的意义时，应当想想这些证言。然而，一旦瓦格纳开始以精神控制德意志帝国的战车，尼采是最早感到疑虑重重的人之一。

拜罗伊特节日剧院奠基与德国之旅

通过市长与银行家弗里德里希·福伊斯特尔的长期支持，[13]拜罗伊特市议会于1871年11月向作曲家免费提供一块建筑用地用于建造节日剧院。那是在比格罗伊特街尽头的绿色山丘。瓦格纳现在经常与柯西玛造访拜罗伊特，先是住在城市西边多恩多夫的幻想旅店里，后来搬到市中心路堤大道7号的一座大房子中，并为计划中的“妄想平和别墅”买下了另一块土地。1872年1月，拜罗伊特资助委员会成立，随后在1872年2月1日，拜罗伊特节日剧院理事会成立，市长蒙克尔、银行家福伊斯特尔和律师克费尔莱因都是其成员。他们要募集30万塔勒(合90万马克)，为此发行了300塔勒一张的赞助票(可以凭此参加第一届音乐节)。但是认购进展缓慢；到处都是困难，而在文章《贝多芬》中被强烈呼唤的“德意志精神”又迟钝又笨拙，以致瓦格纳抱怨道：“一个强有力的想法，如果不是从上面命令下来的话——遵照俾斯麦等等——啊，真是的！我们知道这一点，我也知道该如何看待这个光荣的德意志民族。”[14]尽管如此，瓦格纳还是在1872年4月22日离开特里布申，搬到了拜罗伊特。逐渐地，第一批瓦格纳协会诞生了，大师逐渐地必须去参加它们的活动，为了未来的音乐节活动指挥募捐音乐会和宣传音乐会(曼海姆早在1871年10月20日就成立了瓦格纳协会，维也纳是在1872年5月12日)。在这段忙碌的时期，有许多关于瓦格纳的和蔼可亲、关于他的幽默和机智的见证，他频繁地在各种招待会和庆祝晚宴上致敬酒词、感谢词、演讲和答辩。但这段时期也是他的心脏病迹象越来越严重的时候。

1872年5月22日，瓦格纳五十九岁生日，他终于可以为节日剧院奠基了,那天下着倾盆大雨,宾客们的鞋子反复陷入黏软的土地之中。尼采是和他的朋友埃尔温·罗德、卡尔·冯·格斯多夫一起来的,拿天气也没什么办法。[15]在1873年4月5日写给格斯多夫的信中,尼采将这些日子视为"严肃的、神圣的回忆",没有人能够从他那里夺走它。晚上,瓦格纳在边境伯爵歌剧院指挥了贝多芬的第九交响曲。地基中埋入了一个金属匣,里面装着巴伐利亚国王的祝福,这位国王因其缺席而大放异彩;还有瓦格纳自己写的神秘诗句:"我在这里锁住一个秘密,/它或许会在这里沉眠数百年:/只要石头保存下来,/它就可以向世界展示自己。"(*GSD*,卷IX,326)——对一种既揭示又掩饰的艺术的自白;它因此反对对意义的清晰解释,但仍想要反复地受到探寻。

节日剧院的建设方案来自莱比锡的建筑师奥托·布吕克瓦尔德,他努力将瓦格纳(很大程度上受到戈特弗里德·森佩尔影响)的想法以最精确的方式实现。瓦格纳希望这座建筑"外表上毫无艺术气息",不要通常的"传统装饰"(*GSD*,卷IX,341/343)。凭借"隐形乐队"的最具革命性的建议,达姆施塔特的机械大师卡尔·勃兰特,他也是《尼伯龙人的指环》第一部的机械师,实现了瓦格纳早在里加剧院就已经了解到的东西:勃兰特建议,将舞台前部——幕布与乐队之间——靠近观众。让乐队"隐形"的想法,瓦格纳或许是从歌德的小说《威廉·迈斯特的学习年代》中借用的,他曾多次读过这部作品:歌德在第8卷第5章中让娜塔莉的叔叔说:"真正的音乐只是为耳朵准备的。"这位叔叔希望"即使在演奏乐器时也要尽可能地隐藏乐队,因为人们会因为乐器演奏者单调的、总显得有些奇怪的动作而分心和困惑"。[16]瓦格纳至少在1870年发表的关于贝多芬的文章中就以明显相似的措辞写到,"音乐家的机械运动"和"乐团演奏时奇怪的辅助运动"最好从听众的视野中隐藏掉。[17]为了减弱管乐器的音量,瓦格纳还计划在舞台边缘的下方装一块羊毛材质的隔音屏。[18]

随后，他在11月环游德国，为音乐节招募艺术家：法兰克福、曼海姆、斯图加特、斯特拉斯堡、卡尔斯鲁厄、威斯巴登、美因茨、科隆、杜塞尔多夫、汉诺威、德绍、莱比锡。在寻找歌手的过程中，瓦格纳发现，在他流亡的漫长岁月里，表演风格已经发生了极大的变化。可以一再看到类似的表达："演员应受到任何批评。粗鲁、愚蠢现已出现在德国的剧场中。"（*CT*，1871年4月23日）现在，歌剧歌手在新成立的音乐学院中学习歌唱，曲目要求的能力比从前更高，专注于歌唱，不再像瓦格纳年轻时那样自然地成为演员。[19]对于经常把在选定的观众面前朗读文本作为谱曲的第一步的瓦格纳来说，现在的舞台实践意味着倒退。

1873年1月，瓦格纳在德累斯顿停留，与已定居此处的韦森东克夫妇重聚，也再次见到了普西内利、蒂查切克和其他许多人，随后他前往柏林、汉堡（与两名音乐会指挥一起）、什未林，然后又回到柏林，再次在皇帝夫妇面前指挥。这为他带来了5400塔勒的收入。在一场《诸神的黄昏》的朗诵会上，整个柏林的上层贵族，包括所有在场的外交使节，都听到了瓦格纳想象出的结局。这个文本对"拜罗伊特音乐周"的捐赠和预售意愿起到了相反的作用，因此苏黎世时代的老朋友格奥尔格·赫尔韦格只能嘲讽地说道："英勇地承受这一不幸吧 / 你要清楚，我亲爱的 / 唯一真正的未来音乐 / 说到底只能是克虏伯的乐队。"[20]

瓦格纳在1873年2月24日给出的诗体回复颇具讽刺意味，但并非出自恶意：

> 是啊，亲爱的赫尔韦格，我们老了；/ 但是在勇敢的花衣笛手演奏时 / 还始终在森林中回响；/ 而你，无论你是投身政治，/ 还是诗歌、物理，/ 你都仍然是民主的街头歌手。[21]

在他对普鲁士和俾斯麦最为崇拜的时期，瓦格纳虽然对柯西玛发出嘲讽之语，但他或许也可以想象赫尔韦格在德军于色当击败法国时所感觉到的“绝望”(*CT*, 1873年2月25日)。然而数年后，瓦格纳却告诉妻子，他对自己“对诸侯和这位皇帝抱有如此高的期待”感到羞愧，即使是对着已逝的赫尔韦格这样的人(*CT*, 1879年8月7日)。瓦格纳面对格奥尔格·赫尔韦格无法发出像对尼采时那样真正的恶意。在去世的半年之前，瓦格纳梦到了与这位诗人一起去滑冰(*CT*, 1882年10月26日)。他们二人是在彼此虚弱的状态下，在一场危机之中相识的，没有伪装，没有装腔作势。可以在瓦格纳对他的评论中看到这一点。1875年，格奥尔格·赫尔韦格于巴登—巴登因肺炎去世。按照他的意愿，他被埋葬在瑞士的利斯塔尔，在“共和的土地上”。

瓦格纳的狂热活动从1873年持续到1876年；其中要强调的尤其是1873年8月2日举行的节日剧院的揭幕仪式，虽然面临着极大的财务问题并造成施工进展缓慢，它还是如期举行了，但气氛却非常压抑。1874年1月，这个项目看起来都似乎注定要失败了。8月底，瓦格纳不得不宣布音乐节将推迟到1875年。尼采热切期待这个项目的实现，写下《给德国人的警示》，鼓动他们给予更多支持。这篇文章被提交给了拜罗伊特的赞助委员会，但出于外交原因，它遭到拒绝，据柯西玛10月31日在日记中的记载，人们担心这一警告因其对普通文化产业的大胆批评反而会吓退许多潜在的赞助人。

由于路德维希二世对拜罗伊特的行动有些不满，他在最初并不想听到有关财务担保的消息。必须记住，瓦格纳和路德维希二世关于节日剧院的想法大相径庭。瓦格纳曾在1863年《尼伯龙人的指环》脚本的前言中梦想过一座节日剧院，他写的是“一座临时剧场”，“尽可能地简单，或许纯粹是木头搭建的”。相反，路德维希二世和戈特弗里德·森佩尔提出的则是在慕尼黑建一座巨大的建筑，它将主导从布林纳大街到伊萨尔河的城市景观。因此，瓦格纳在1860年代中期对这些计划很少展露热情，于是巴伐利亚国王对瓦格纳计划的投入也相应降低。直到他得知，鉴于即将到来的失败，正在考虑将节日剧院建在柏林，并且音乐节也要搬到普鲁士举行，巴伐利亚国王才为拜罗伊特的继续建造批准了10万塔勒的贷款。瓦格纳热情洋溢地感谢道："哦，我仁慈的国王，只要看一眼所有的德意志诸侯就会发现，只有您还满怀希望地注视着德意志精神。"[22]此前，瓦格纳还从未敢于如此放肆地直接将自己等同于"德意志精神"。

由此，他那个建造一个远离他所厌恶的大城市娱乐产业的音乐圣地的梦想得到了拯救。一座简约的砖砌建筑，舞台区域的外墙向前凸出。观众席设计为圆形剧场，不带侧面厢座，简单的木质折叠椅，不带坐垫，以免影响到演出的声音，观众应当一进入建筑就被吸引进语言—音乐的戏剧中，而不是与之保持距离。"紧靠墙壁的科林斯柱直通天花板，以额枋与之相接，从而为空间增添了双重效果：一方面，其垂直线条创造了一种内心状态，向观众传达了一座仪式场所的严肃性；另一方面，它们通过剪力墙将观众的视线引向舞台，剪力墙位于柱子的后方，越往前就越明显变宽［……］天花板上绘有汇聚于舞台的放射状图案，同样具有引导视线向前的作用。"瓦格纳本人也说起并写下过关于"渐进的视角"和"观众席的宽度越靠近舞台越窄的设想"。[23]不存在门厅，它会把音乐场所变成观众自我展示的地方。

1874年4月28日，他们搬进了三层建筑"妄想平和别墅"。这个建筑项目的完成，也全赖路德维希二世的2.5万塔勒的赠予。入口的台阶后是高度直通屋顶的大厅，屋顶的大天窗提供了照明；后来在这里，也是在柯西玛的指导下，进行了音乐节的第一次排练。穿过这一门厅，是所谓的大厅,靠墙的书架上放着瓦格纳的书籍和手稿。除了扶手椅和沙发,这里还有瓦格纳的书桌和他的埃拉尔三角钢琴——1876年增加了一架施坦威三角钢琴——以及柯西玛的一张较小的书桌。书架的上方挂着伦巴赫所作的瓦格纳、李斯特、柯西玛和柯西玛的母亲玛丽·达古伯爵夫人的肖像画。楼梯前方竖立着一座路德维希二世的半身像,但它太小了,后来被替换成如今可以看到的那座。底层的从左侧到右侧的窗上铭刻着一行诗句:"在这里我所有的妄想得到安宁,妄想平和是我给这所房子的命名。"

在这种氛围中,瓦格纳迎来了他的第一个客人——安东·布鲁克纳,他自1865年在慕尼黑观看了《特里斯坦与伊索尔德》的首演以来就一直是瓦格纳的无条件崇拜者,很长时间以来都将自己的第三交响曲称为"瓦格纳交响曲"——其原始版本也包含许多对《尼伯龙人的指环》和《特里斯坦与伊索尔德》的引用——但如今更多演奏的是其1877年的第三版,对瓦格纳的依赖要小得多。布鲁克纳来到拜罗伊特,是要请瓦格纳接受他第三交响曲的奉献。他在拜罗伊特得到了善意的接待,但瓦格纳是否严肃地对待了这部作品则很令人怀疑。[24]

瓦格纳是如何在11月21日完成了《诸神的黄昏》总谱的,简直是个谜;即便我们知道,他现在有抄写员,有音乐上的助手约瑟夫·鲁宾斯坦。[25]他同时协调整个拜罗伊特的事务并使其在自1873年以来弥漫的大萧条下运转,这近乎奇迹。1873年5月3日,他开始誊清《诸神的黄昏》总谱,但是进展比预期要慢,通常每天只能写一页,而不是往常的每天三页。1873年12月24日,他完成了第一幕,1874年1月26日完成了第二幕,半年后他得以写下:"1874年11月21日完成于妄想平和。我什么也不说了! 理·瓦!"

加入独唱的《尼伯龙人的指环》第一次彩排自6月末就开始了;但

由于音乐节在1875年也无法上演，瓦格纳不得不继续巡回音乐会——单单为了1875年8月1日开始的乐队排练（歌手在7月1日已就位）就需要1.2万塔勒。8月13日，所有140位艺术家参与的这次盛会结束了。巨大的财务压力仍然存在；幸运的是，第一场《尼伯龙人的指环》在1876年——美国独立一百周年——看到了曙光：瓦格纳得到了7月4日庆祝游行的邀请，它将带来5000美元的巨额收入，相当于约2万马克（还有9000马克的出版收入）。[26]这至少可以部分支撑1876年支付给艺术家们的费用。此外，皇帝威廉一世还为《特里斯坦与伊索尔德》在柏林于1876年3月20日的首演支付了5000塔勒，这意味着第一届音乐节的钱箱里又增加了1.5万马克。如果门票销售状况良好，瓦格纳和他的同盟者就可以满怀信心地期待前几届音乐节了。会有足够多的观众来这个偏远的、难以抵达的拜罗伊特吗？但是，在转向这些问题之前，我们还应该仔细研究一下刚完成的作品。

所有曾经存在的终结：《诸神的黄昏》

《诸神的黄昏》——瓦格纳或许应当把这个标题归功于海因里希·海涅，他在1827年的《短歌集》中发表过一首以此为名的诗——序幕从音乐上总结了“尼伯龙人”的故事，使听众回想起若干主导动机。（《西格弗里德》结尾处布仑希尔德的）觉醒动机的强劲和弦形成了开始，但是现在降了半音，呈现出幽暗的色彩；然后是大地、波浪和命运的动机。

序幕的第一场就已经呈现出诸神世界衰落的景象。命运三女神诺恩试图收紧命运的绳索，但不再是在白蜡树下，而是在冷杉树下、岩石旁边。因为我们得知，沃坦砍掉了世界之树，并把它的木块堆放在瓦尔哈拉四周。其结果是：泉眼干涸，“树叶枯黄飘落，树木枯萎”。瓦格纳在这里描绘了大自然毁灭的压抑景象。多次重复、略有改动的问题——“你可知道，将要发生什么？”——为三者的对话增添了节奏感。她们的绳子断开了，因为正如第二位诺恩所说，指环的诅咒已经报复性地将自己编入“我的绳股”。伴随着诅咒和命运的动机，三位诺恩要做的只剩下以言语表达出世界的祛魅：“永恒知识的终结！/世界再不会知道/我们的智慧：/下去吧，到母亲那里去。”

在序幕的第二场中，舞台上再度升起《西格弗里德》结尾处的布仑希尔德之岩。英雄想开始新的冒险；但是，瓦格纳首先要定义西格弗里德与布仑希尔德之间的关系。她给了他在途中最有价值的东西，那是她所保留的神圣的知识。正如她在《西格弗里德》中已经解释的，这并非建筑在理性，而是在感性之上。但西格弗里德却不明白：“如果你的教导无法改变我的无知，你可不要生气！”布仑希尔德的教诲使他身体上无敌，但没有使他拥有智慧。但只要西格弗里德忠于布仑希尔德的爱，他就拥有心灵的力量，对抗世上的危险。《西格弗里德》中出现过的知识转移的形象被扩展为心灵交流的隐喻；它在《特里斯坦与伊索尔德》中已经发挥过作用：

> 布仑希尔德：啊，但愿布仑希尔德成为你的心灵！
> 西格弗里德：我的英勇气概就受到这个心灵的鼓舞。
> 布仑希尔德：这样你就成了西格弗里德和布仑希尔德？
> 西格弗里德：我在哪里，哪里就有我们两人。

在这些诗句中，瓦格纳描述了人类存在的两个部分，它们共同构成统一体和完美。单独西格弗里德就一直是天真的，甚至是愚蠢的，但他很强大：他是身躯、肉体、本能。单独布仑希尔德是智慧的，但不再具有神性、“只”具有人性的她显得柔弱。在西格弗里德—布仑希尔德的统一之中，瓦格纳看到了男性本能与女性心灵智慧的合题：一种保护人免受世上的危险伤害的直觉。瓦格纳在1854年1月26日写给奥古斯特·勒克尔的信对于《尼伯龙人的指环》的理解是很有助益的，他在信中也说：“单独西格弗里德（单独一个男人）并不是完美的‘人’：他只是半个人，只有与布仑希尔德结合，他才是救赎者，并非一个就是万能，而是需要很多个这样的人，而受难的、自我牺牲的女性最终成为真正智慧的救赎者：因为爱原本就是‘永恒女性的’。”（*SB*，卷VI，68）这个非常重要的段落包含了这部戏剧的本质。

每个观众都要问，但乐剧从未公开表述出来的一个问题是：西格弗里德究竟为什么要离开这个深爱他的女人？正如彼得·瓦普涅夫斯基所说，只有一个原因：“世界之爱”。在这一方面，西格弗里德就像在世上游荡的宫廷骑士一样，在追寻冒险、经受考验之中看到了人生的意义。[27]

西格弗里德用贯穿整部乐剧的隐喻说：“为了报答你的教诲，我把这枚指环给你。”而为了回馈这枚指环，布仑希尔德给了他天马格拉尼，由于她如今不再是女武神，它也只能在地上奔跑，不能再翱翔天际。布仑希尔德光辉四射的告别曲在高音C达到高潮，紧随其后的是乐队的幕间曲，它通常被称为“西格弗里德的莱茵河之旅”，进入吉比雄人的世界，它在音乐上以半音音阶塑造。

在第一幕中，我们将看到吉比雄人，一个居住在莱茵河畔，由国王龚特尔领导的种族。龚特尔和他的妹妹古特鲁妮都还未婚；他们同母异父的兄弟哈根认为，要改变这一点；他认为，龚特尔应当求娶世界上“最美丽的”女人布仑希尔德。

这个同母异父的兄弟哈根是谁呢？他对应于北欧神话《埃达》中的私生子霍格尼，在《尼伯龙人之歌》中他是莱茵的封臣特罗尼的哈根。他们兄妹三人共同的母亲是克里姆希尔德。她拥有高贵的血统，但除了与同种族的吉比希君主生下龚特尔和古特鲁妮之外，她还委身于黑暗之子阿尔伯里希："他的黄金为他带来利益"，他是哈根的父亲，沃坦早在《女武神》中就预言了这一点。[28] 作品开始时，阿尔伯里希拥有一切劣等人的生物学特征，阿多诺和他之后的许多人都将其视为对犹太人的讽刺。但是在《莱茵的黄金》结尾处，阿尔伯里希就已经从讽刺变成了"劲敌"的象征：他成了邪恶的隐喻，并且是最绝对形式的邪恶，与地点、与时间、与性别——并最终与种族——都没有关系。而现在，在世界末日即将到来之际，阿尔伯里希希望他的后裔哈根，"他的仇恨的果实"，能够夺回指环，那是权力的象征。哈根流着堕落的血液，而龚特尔则流着纯洁的血液，母亲很早就向这不对等的三兄妹指出了这一点："对你合法的称号我很是羡慕，"哈根说，并补充道，"生下我们弟兄俩的克里姆希尔德夫人使我对此事有了领悟。"这种家庭关系在《尼伯龙人之歌》和北欧神话来源中均未出现。瓦格纳自己构想了这一点，它自有其意义所在。龚特尔虽然有着白肤、金发、俊美的血统，但他并不是很强大，他的智力也无从弥补体格的缺陷："我很羡慕你，你不要对我羡慕！虽然我继承了长子的权利，才智却都为你所有。"他对哈根坦承。相反，哈根嫉妒别人的只有他人的"幸福"，因为他知道，他并非因爱而生的孩子，只是金钱强迫来的性交易的产物。

哈根想的只是他那抢夺了指环的父亲阿尔伯里希发誓要实现的物质目标。如果龚特尔求娶布仑希尔德，那么尼伯龙人的指环将落到他手里。哈根很聪明,但身体弱小。因此他需要西格弗里德。只有他才能为龚特尔赢回被烈火保护的布仑希尔德。为此,必须要对西格弗里德从感情上加以束缚:哈根准备的魔药已经在神龛中放了很久,这药会让他忘记布仑希尔德,疯狂爱上古特鲁妮。可以听到西格弗里德的号角声了;他听说了龚特尔国王的权力,想要结识他。这是他第一次待在一个纯粹宫廷式的环境里。他毫不犹豫地把自己高贵的马匹交给了哈根,这或许是即将到来的自然和动物世界之消亡的第一个迹象。他以淳朴的、完全是一个寻找冒险机会的骑士的姿态给龚特尔提供了选择:"现在和我战斗,/或者成为我的朋友。"龚特尔轻巧地、彬彬有礼地忽略了这一姿态("丢开战斗吧"),直接给他提供了财富:在这间辉煌的大厅里所能看到的一切,包括"土地和人民",西格弗里德都可以当作自己的财产。不谙世故的青年进入了一个腐败和邪恶的世界。他骄傲地将他的剑和他的体力视为自己的全部财产,但这对他没有帮助,因为哈根立即以此为机会向他询问了关于指环的问题。但是,西格弗里德对这枚指环的力量和诅咒还一无所知,当被问到尼伯龙人的宝藏时,西格弗里德承认他已经忘记了。他拿出了隐身盔,这是欺骗和压迫的象征,但在此处他也"不清楚它的力量"。这一事实很重要:至少对于瓦格纳和他的时代来说,理想的德意志人是襟怀坦荡的;他不能伪装自己,如果他这样做了,就会遭遇失败。然后门开了,古特鲁妮为英雄奉上了欢迎的酒,其中已经混入了哈根的遗忘魔药。

古特鲁妮只是哈根诡计中的一个工具。由下行的五度音和上行的二度音组成的她的动机,模仿的是《特里斯坦与伊索尔德》中"光的动机"和"白日动机",以及《西格弗里德》第三幕中象征性地指向意识问题的动机。在古特鲁妮的动机里,钢琴中加入了长笛和双簧管。对于哈根的酒而言,这样就通过音乐解构了“魔药”的神话,从而赋予其更为精确的含义。从音乐上来解释,魔药象征着一个变化的过程,在这一过程中,西格弗里德心灵的根基——布仑希尔德——被抢走了,他被置于一个陌生的文化环境中。这不一定意味着快速的洗脑;魔药或许象征了一个长达数月甚或数年的文化移入过程,也就是说,时间表现得被浓缩了。因为遗忘的问题只是表面。实际上,西格弗里德贴近自然的淳朴性被“文明化”了;他适应了“现代”世界——对于瓦格纳来说这个世界意味着谎言和欺骗——这一结果远非正确的,而是糟糕的。[29]在瓦格纳的眼中,魔药不仅仅是哈根做的,而是对现代世界影响的隐喻,在浪漫艺术家看来,这个现代世界受理性主义和物质论支配,而这些是“腐败的”——通常也指犹太的——文化的主要组成部分。

因此,西格弗里德失去了布仑希尔德的智慧:更糟糕的是,他失去了在布仑希尔德那里获得的心灵和肉体的统一。西格弗里德忘记了布仑希尔德,他已经与她做了分割。灾难的路径已经表露出来。瓦格纳超越了保守的文化批评,赋予了它心理学—哲学的结果。因为他通过自我观察了解到柏拉图式—基督教式灵肉分离的危险,这种危险在有意识行动的人中比在受直觉控制的人中更大,这是20世纪思想中的一个重要话题。

事件的进一步发展完全遵循着哈根的邪恶计划。西格弗里德渴望着古特鲁妮,而这只是一种纯粹的性吸引。为了赢得古特鲁妮,他提出,以龚特尔的形象前往布仑希尔德栖身的山崖,为龚特尔求娶布伦希尔德。在这里，爱成为生意伙伴之间的交换。交换的隐喻贯穿整部剧，这并非偶然（哈根在第一幕中说，“它能给你换上任何形象”；龚特尔在不久之后说，“西格弗里德你要和我交换，为了你的财宝，我不会给你微不足道的玩意儿”；在第二幕，西格弗里德又一次说，“龚特尔和我做了交换”）。使用隐身盔的想法是西格弗里德自己提出来的，尽管他在喝下魔药前就已经得知了它的特性。他没有忘记隐身盔的作用，这表明，魔药本身并不会带来记忆的消除，而是一种心灵和文化上的转变。在动身求婚之前，龚特尔要求“起誓立约”，西格弗里德提出结为生死之交。“哈根往角制酒杯里斟满新酒，然后把酒杯递给西格弗里德和龚特尔。这两个人用剑把自己的胳膊划破，并且把胳膊伸到酒杯口上停了一小会儿。”在深沉的音乐伴奏下——哈根的动机、剑的动机以及契约的动机都做了变形，低音号响起了诅咒的动机——两个人一饮而尽，歌颂了友谊、忠诚和誓言，而在哈根用剑把空酒杯劈成两半之后，西格弗里德才问，为什么哈根不参加宣誓。显然，哈根希望保持背叛的机会。但他没有找寻无赖的借口，而是揭露了自己真实的本质：“我的血会污染你们的酒；我的血不像你们的血那样的纯真和高贵 / 我的血是凝滞的，黏稠而且冰凉，我的血不会使面颊红润。/ 因此我待在远离热血盟誓的地方。”从戏剧上来看，歃血为盟这一日耳曼人经常诉诸的仪式是有清晰作用的：“对誓言的忠诚 / 遭到他的背叛，/ 他要用他的热血 / 赎回他的罪孽。”第二幕结尾处龚特尔、布伦希尔德和哈根齐唱道。只有歃血为盟才能赋予龚特尔 / 西格弗里德的联盟以正式的契约关系，这是必须的，这样才能对违背忠诚的行为施以死刑。这一“背叛歃血为盟”的行为，瓦格纳在

1848年的文章《作为戏剧计划的尼伯龙人神话》中就已经计划了(见*GSD*,卷II,160)。

然而,我们可能要问,瓦格纳为何在这里要使用直接把血液混合入酒杯的图像。乐剧《诸神的黄昏》是否有一套当时容易理解的潜台词? 不是“纯真与高贵”: 对于1875年的人而言,这意味着非日耳曼的,某些可能意味着“日耳曼种族”之“败坏”的东西。于是,哈根拒绝歃血为盟就成了理解《诸神的黄昏》意识形态上层建筑的关键。

西格弗里德和龚特尔动身前往布伦希尔德的山崖时,哈根守卫着吉比雄人的大厅。他随后的独白“哈根的守卫”是这部作品音乐上的高潮之一。阿尔伯里希之子用恢宏的声调表达了深植于他心中的嫉妒、父亲的复仇思想和随之而来的权力主张。如果说西格弗里德也是“一位强大的英雄”,如果说龚特尔也顺利地“扬起风帆”,如果说他,哈根,私生子,金钱交易的子嗣——若我们把他的父亲阿尔伯里希看作犹太人的化身——犹太人的儿子,那么他,卑微的哈根,会迫使这些看似高贵的人为他效劳。若干主导动机结合在了一起——其中包括黄金的动机、痛苦的动机、哈根的动机、契约的动机、指环的动机,当然还有诅咒的动机——在“哈根的守卫”之中,失败者的病态复仇在音乐上发挥到极致。

爱与世界毁灭: 创造与破坏的形象

场景又回到了序幕,回到了布伦希尔德爱上西格弗里德的岩洞。女武神骑行的动机响起,瓦尔特劳德,第八名女武神,布伦希尔德同父异母的妹妹，登上舞台。瓦尔特劳德无视了沃坦禁止探访这位独居者的命令，但并非像布仑希尔德一度希望的那样，出于对她的支持，而是为了帮助沃坦。沃坦变得衰老，因为他不再触碰弗莉雅使人永葆青春的苹果，他变得忧郁，不再给女武神下达任务。他只是偶尔地派出他的两只乌鸦，希望它们能给他带来好消息。

沃坦很少在家。“他作为漫游者独自骑着马走遍世界，既未休息，也没有安宁”，就像一个真正的亚哈随鲁。他沉默地坐在他的高座上；自从《尼伯龙人的指环》第二部《女武神》之后，他由于无可挽救的阿尔伯里希诅咒失去了救赎的主动性，自《西格弗里德》之后他又失去了剩余的权力。他只有一次向瓦尔特劳德透露了后者现在告诉布仑希尔德的事情：“她要是把指环归还给深渊里的莱茵河的女儿们，那么众神和整个人类都能从诅咒的重压下得到解放！”只有这样，布仑希尔德才能够逆转这出悲剧。但布仑希尔德不愿了解这些，指环对她来说是爱的唯一象征：“从我这里你骗不去指环！”她喊道，同时响起了《特里斯坦与伊索尔德》的光的动机和痛苦的动机。对她而言，指环是她和西格弗里德的精神统一的象征；主导动机结构将之显示为她的意识的问题，因为如果失去指环，她会觉得她生命的意义也不复存在了。在她的爱情中，布仑希尔德显得既崇高又盲目，因为听众已经知道，西格弗里德将为龚特尔诱拐她。因此，瓦尔特劳德是正确的，她伴着黄金的动机唱道：“你听听我的话，听听我的忧虑！ /世界的灾祸/肯定要从这指环上酿起：——/你要把它扔开，/投进波涛中！”最迟从这里开始，《诸神的黄昏》成为悲剧，因为布仑希尔德由于爱情失去了阻止灾难降临的机会。瓦格纳在1856年1月26日写给奥古斯特·勒克尔的信中直接谈到了这一点,并认为,布伦希尔德在这里对沃坦并不是非常“固执”和“强硬”。“你没有感觉到,布伦希尔德和沃坦以及其他诸神分开——为了爱[……]自《西格弗里德》结尾处她醒来,她就只剩下爱的知识,不再有其他知识。”(*SB*,卷VI,70)在临近第一幕结束时的瓦尔特劳德—布伦希尔德场景中,瓦格纳有意识地营造出一个悲剧的高潮:“如果你感到震惊,这个女人恰恰将这枚被诅咒的指环视为爱的象征,那么你完全是在按照我的意图来感知,并能在这里意识到尼伯龙人的诅咒最可怕、最为悲剧性的力量。”(*SB*,卷VI,70)但是,这种震惊,这种饱尝最大可能的悲剧的滋味并不是目的本身,而是服务于一个认识;瓦格纳在给勒克尔的书信的结尾处证明了这一点。“为了充分理解黄金的灾难,我们仍必须体验它。”(*SB*,卷VI,71)

瓦尔特劳德离开了,而西格弗里德穿过了布伦希尔德周围的火焰。他以龚特尔的形象出现,用伪装过的声音讲话,粗暴地将布伦希尔德打倒,从她手里夺走了指环,好将她随后转交给国王龚特尔。布伦希尔德说:“这指环使得我/比钢铁更坚强。”——指环是爱的印记——但这最终被证明只是错觉。西格弗里德再一次表现得肌肉发达头脑简单:作为完美的欺骗者,他本应不仅将女人交给龚特尔,还要把指环也给他。他不再了解指环作为爱情标志的作用,对于其作为权力象征的功能也不感兴趣,一如第三幕所证明的。但是,西格弗里德留下了指环,这并非戏剧情节上的错误,而是对这部剧第二层的、政治—意识形态的意义的集中阐述:德意志的英雄是一个糟糕的骗子,他天生的淳朴无可避免地深植于他的内心。在瓦格纳的“新人”乌托邦里,这或许是一种福祉;但是在现代文明中，它变成了一桩悲惨的灾难。音乐上，在这一涉及强奸的场景中，占主导地位的是**哈根的动机**，它以下行的停顿和疲惫的鼓点为特征。粗野的编曲强调了情节的意义：它要表明，如果一个人失去了爱的能力，会产生怎样的残暴行为。对瓦格纳而言，“无情”是西格弗里德调整，即他适应现代世界的可怕后果。第二幕中，哈根的梦境过后，阿尔伯里希最后一次登上舞台。哈根一动不动地坐着，胳膊环抱着长矛，坐在大厅前的堤岸上，睁着眼睛睡着了——我们很少听见如此黑暗的音乐。阿尔伯里希让儿子想起他要夺回的指环的力量。哈根要服从他，但是他恨自己的父亲。自从沃坦被“自己的种族”，被西格弗里德打倒并因此失去所有威力之后，阿尔伯里希感觉自己已经接近了目标：“我们来继承这个世界——如果我对你的忠诚没有认错。”只是西格弗里德仍然挡着他们的路：“对于这个无所畏惧的英雄，甚至我的诅咒也会失灵；因为他不知道这枚指环的价值。”哈根发誓，要不懈地努力去得到那枚指环。

从深层心理学的角度来看，这个场景或许是整部《尼伯龙人的指环》中最有趣，也最令人不安的场景，在其中，父辈的狂妄自大和统治意志同时作为儿子半梦半醒状态下的清醒之梦和噩梦出现，它还将决定哈根的白日意识和行为。关于这些献给狂热的物质论者，两个“犹太形象”哈根和阿尔伯里希的场景——哈根的守卫和梦中对话——必须指出旋律的创造、管弦乐的音色、和声及节奏的特征和丰富性。瓦格纳尤其擅长描绘戏剧中的反面形象。在这里，他为敌对角色赋予了最高的艺术“同情”，这种认同能力正是他的推动力。而现在，这种“同情”正在发生变化。

西格弗里德、布仑希尔德和龚特尔到达后，哈根吹响牛角号，召集所有臣民来参加婚礼。但是，当哈根在表演“艺术”时，却只会发出一个音符！持续重复的C音是最微小的“艺术”。瓦格纳对哈根的描绘有了一个新的层次；作为艺术家的哈根只被赋予了一点点东西，只有一个音符（而在《特里斯坦与伊索尔德》第三幕中，即使是最淳朴的牧羊人也可以在他的乐器上演奏出复杂的旋律）。作为狂热的物质论者，他无法进入艺术的世界。如果看到他的父亲阿尔伯里希，由于他所具有的相关特征主要被看作犹太人，当时的许多听众无疑正是这么认为的，那么这无疑又是舞台上的反犹主义主张：犹太人没有能力进行艺术生产。戏剧性上，这一场景是一种映射：正如沃坦为了实现自己的计划而生出西格蒙德一样，阿尔伯里希从一开始就计划将哈根当作他的工具。

随后的臣民聚集的场面被许多作者解释为对哈根的衰弱、堕落、道德腐败的描绘。[30]哈根发起了一种错误的警报：“危险来临了！/危险！不幸！不幸！/嗨！”他召集了吉比雄人，他们茫然询问，既然到处都没有敌人的身影，他们为何被召来这里。许多瓦格纳的阐释者对这一场景无从下手，觉得它没有作用，瓦普涅夫斯基认为这只不过是瓦格纳的阅读成果，并指出了《尼伯龙人之歌》的第15章，这里有些表达是从中而来的。但是，这一场景确实具有意义：吉比雄人在这里以冷酷的猎人形象出现。为了让龚特尔和布仑希尔德的婚礼顺利，他们应当为诸神“杀死野猪”，“宰杀”绵羊。在瓦格纳的世界观中，狩猎动物和反素食主义不仅是弱点或缺陷，还是文化衰退和关系僵化的原因和结果。[31]“臣民”所唱的婚礼的欢呼——“向你致敬，龚特尔！你和你的新娘万岁！”在音乐上用战争般的四分之三拍来描绘，并预示了哈根的险恶计划造成的爱的扭曲。

西格弗里德和哈根并列于舞台上，从中可以再度假设一个意识形态的潜台词。瓦格纳强调了“种族‘纯净’的后代跟那些德意志人(以克里姆希尔德为代表)和‘犹太人’(以阿尔伯里希为代表)的种族混合所产生的后代之间的差异”。[32]但正如马克·A. 魏纳所说，西格弗里德却是“基因上更高等的种族”西格蒙德和西格琳德“乱伦结合的产物”。从这个角度来看，西格弗里德是对“德意志未来的救赎的隐喻，只有在‘认识自己’的情况下，祖国才能得到救赎”。[33]《诸神的黄昏》的这一维度至少在瓦格纳去世后，在他最紧密的追随者和拜罗伊特报界是起到作用的(应该记得，柯西玛和他们的儿子西格弗里德在1900年前后还将犹太人列维和波萨特视为“该死的阿尔伯里希帮”)。[34]不过，我们也可以在《诸神的黄昏》中看到，西格弗里德还有一个完全不同的使命。因此，仅仅将哈根视为“犹太人”是远远不够的；许多作者在这方面做得都不够。重要的是，要更笼统地去看待他，也就是说，也把他当作始终是外来者、敌对者的象征人物。[35]

西格弗里德作为世界精神的工具

西格弗里德在《诸神的黄昏》中的行为，取决于他与操纵着他的哈根的关系。他甚至操控了西格弗里德的意识发展，这在喝下“遗忘”魔药的场景中就已经有所表现。情节主要由这两个角色的行动和反应构成，他们彼此关联；龚特尔和古特鲁妮处于两人之间，没有自主行动。布仑希尔德直到第二幕结束时才主动干预，然而在第三幕结束时，她已占据主导。

布仑希尔德被介绍给龚特尔的臣民,但她惊慌失措。直到两对新人面对面时,布仑希尔德才睁开眼睛。她看到了西格弗里德,“如同凝固了一样,她的目光钉在他的身上”。当西格弗里德说古特鲁妮是他的新娘时,布仑希尔德喊道:“你撒谎!我看不到光了……”然后,她看到西格弗里德手上的指环,按照她的理解,它应当是在龚特尔手上的。龚特尔很困惑,但她很快就明白了这出诡计,她自己就是受害者。“欺骗!欺骗!卑劣无耻的欺骗!背叛!背叛!”她“极度痛苦地喊叫起来”。西格弗里德宣誓自己是无辜的。瓦格纳让西格弗里德,而不是——像《埃达》里那样——让古特鲁妮来戴这枚指环,这样就激化了形势:在瓦格纳这里,西格弗里德生来就无法伪装!——在随后的宣誓场景中,布仑希尔德、哈根和龚特尔在一首名副其实的三重唱中决定了西格弗里德的死亡。

我们不得不再次怀疑,始创阶段的德意志人是否认同西格弗里德的质朴。[36]因为孤立来看,他必然显得目光短浅——瓦格纳自己在第一版散文稿中形容他“如此愚蠢”。对瓦格纳来说,西格弗里德是计划中的未来之人,只有与布仑希尔德结合起来才是完美的,但如果没有她,则是非常不完美的;但19世纪末未经过心理学训练的接受者几乎是看不出这一点的。因此,《诸神的黄昏》早期的评论中缺少这种考虑。

第三幕的开始是《尼伯龙人的指环》最为绝妙的场景之一,西格弗里德碰到了三个莱茵河的女儿。他与她们调笑;音调变得非常色情,英雄似乎很乐于与她们交往。她们请求他交还指环,而他为了占到女人的便宜,也差点就把这枚他并不在乎的指环给出去了。但是，她们并不想那么容易就取走指环：西格弗里德应当认识到指环带来的灾难；归还它的行动应当是有意识的，而不是偶然的。这意味着，只有在了解到过错和罪责之后，救赎才能够实现，这一思想在《帕西法尔》中将得到更为清晰的展现。水妖们讲出了阿尔伯里希的致命诅咒；如果西格弗里德继续拿着指环，他也将迎来死亡。但是，西格弗里德不喜欢这几个女人的威胁。瓦格纳在上述写给奥古斯特·勒克尔的信中写道："从这里我们可以看出，西格弗里德非常了解，因为他知道，死亡比生活在恐惧中要好。"（1856年1月26日；*SB*，卷VI，70）莱茵女儿们告诫说，诅咒是由诺恩们编织进了"原始法则的绳股"里的，这也让听众回想起序幕中第二位诺恩的话：瓦格纳以此为他对爱的诅咒和权力要求的哲学解释假设了自然法则。但是西格弗里德认为，他既可以粉碎原始法则，也可以粉碎沃坦的矛。突然之间，他似乎意识到了指环的作用："一枚指环能给我带来举世的财富：/但为了爱情的恩惠，/我乐于把它放弃。"在某些人看来，这或许是一种戏剧上的错误，一种不一致，[37]但对瓦格纳而言，这是他剧中角色的决定性特征：他只有"眼下的生活和行动"（见致勒克尔的信）。为了未来的利益放弃某些事物，对他来说就像他不愿意懂得什么是害怕一样陌生。为了"爱情的恩惠"他可能会交出指环，但受到生命的威胁则不会，人身威胁对他来说没有任何意义："生命和身体，你们看，我就这样——把它们往远处抛去！"莱茵女儿们对这样的愚蠢和盲目感到震惊：灾难临近了，因为已经可以听到哈根的呼唤声。

如前文所述，直到现在，西格弗里德只是给出反应。但是，对指环的要求让他第一次做出了决定。他打碎沃坦的长矛而获得的自由，对他而言比生命更重要。水妖们发挥了重要的作用:西格弗里德作为纯粹的自然之子的存在已经结束,因为西格弗里德有意识地做出了对自己的生命不利的决定:他非常了解自己行为的后果,这实际上包含了自我放弃的(自我)谋杀。作为本能之人,他对指环的诅咒免疫;但作为有意识的人,他会因之灭亡。当直觉这种以西格弗里德—布仑希尔德结合所代表的心灵力量消失时,本能和意识便被分离开来且毫无用处了。[38]

哈根邀请西格弗里德过来与他们共同休息,并请他讲讲自己的少年时代;据说他能听懂鸟的歌声。在突然出现的自我认识中,西格弗里德说道:"自从我听到女子的歌唱,就把鸟儿的歌声完全忘光。"这意味着,自从他和吉比雄人在一起之后,就忘记了如何聆听内心的、他的"天性的"声音。在西格弗里德讲述自己的故事之前,有几句从剧情结构中跳出来的话很容易被忽略:西格弗里德说"我渴了",这在狩猎场景中并不稀奇,哈根就给英雄递上了一只角杯。但瓦格纳精确地定义了这一场景:西格弗里德还给龚特尔敬酒,把杯子递给了他。龚特尔惊惧地说道:"你调的酒既无味道又无颜色:——酒杯中净是你的鲜血!"西格弗里德笑道:"那么就用你的与它混合!"为什么瓦格纳用一个看起来如此微不足道的插曲偏离了原本的情节?在瓦格纳的笔下,血液的象征从来不是微不足道的。

西格弗里德作为基督的隐喻
——"我们必须学会死去"

西格弗里德说的"我渴了",也可以被看作是在引用十字架上的基督的话(出自《约翰福音》)。西格弗里德继续说道:“现在混合好的酒漫溢落掉,这就算是给大地母亲的清凉饮料!”这就像是对福音的继续改写,福音记载“血和水”从基督的肋旁伤口中流出来。英雄西格弗里德成了基督般的救世主——然后,他就成了瓦格纳的日耳曼救世主,他的血为这个民族而流。《新约》中神圣的牺牲者在舞台上以某种形式被用于日耳曼的福音了吗?西格弗里德是基督,而哈根是犹大吗?瓦格纳明确承认他有救赎的作用,他在致勒克尔的信中说:“只有和布仑希尔德结合,他才能成为救世主。”西格弗里德—基督的比较在瓦格纳笔下出现得很早,1848年的文章《维伯龙人》中就对之进行了详细的讨论。文中说:

> 世界上最古老的正统王室存在于德意志民族之中:它来自神之子,与他最亲近的种族称他为西格弗里德,而世界上的其他民族则称他为基督;他为了他的种族,以及世界上从他而出的其他民族的救赎和福祉行了最好的事,也因了这事而承受了死亡(*SSD*,卷VI,158)。[39]

然而,这种救赎与基督教的救赎没有什么共同之处;1848年的情况更接近于一种不明确的社会主义;但在《诸神的黄昏》中,可以感受到叔本华的影响。因为瓦格纳将他的四部曲的意义阐述如下:“我们必须学会**死去**,并且是在这个词的完全意义上;对末日的恐惧是一切无情的源泉,而只有在爱本身已经失色的地方,无情才会产生。这一众生之中最有福者如此远离人类,导致人类所做、所安排、所建立的一切,都仅仅是出于对末日的恐惧,这究竟是如何发生的呢?我的作品将展示这一点。”

西格弗里德讲述了在迷魅处度过的少年时代以及如何杀了他,然后哈根在所有人面前将草药汁滴入西格弗里德的杯中,为了"唤醒[他]清晰的回想"。史诗一般的魔药动机再次出现,它再次表现为意识发展的图像。西格弗里德自我意识的形成过程已经完成,但他的存在无法在背叛的世界中延续。西格弗里德预感到新的潜能:只有在死亡之中,他才能恢复与布仑希尔德的心灵联系,从而完成象征成为"完美之人",并因此体现黑格尔的世界精神的救赎。但是在纯粹理性的社会眼中,西格弗里德对重新认识的心灵,即对布仑希尔德的承认就是背叛,仅仅是背叛。尼伯龙叛徒哈根以一种公正的复仇者的姿态将长矛刺入这个黑格尔式救赎者的后背。"我对假誓进行报复!"这是哈根的解释。他的阴谋实现了一个闭环。在乐队中,诅咒的动机和苦役的动机相结合,制造出令人恐惧的声响。西格弗里德的动机抵抗着,但没能奏完,从高处跌落下来结束。随后的西格弗里德的死亡独白是某种"瞧!这个人",这位救世英雄以此完成了对基督的改写。在庄严的和弦声中,西格弗里德向布仑希尔德致敬,这是在布仑希尔德醒来时首次响起的和弦。垂死的救世主没有转向尘世的布仑希尔德,而是转向神性的布仑希尔德,那个"圣洁的新娘"。他已经身处另一个世界之中:"啊,愿她的眼睛睁开,而且永恒!啊,愿她的气息令人喜悦地飘动!甜蜜的消亡——极乐的惊恐!布仑希尔德在对我表示欢迎!"(致奥古斯特·勒克尔的信,1854年1月25日,*SB*,卷VI,67)

这一场景非常崇高;这些话语指向《特里斯坦与伊索尔德》的结局,那个结局也是关于死亡的终极知识。西格弗里德也只有在面对死亡时才能达到最高的意识。[40]他遇害前乍看之下不合逻辑、消极不战斗的姿态，仅仅在“未来宗教”的背景下才有意义：西格弗里德死于基督式的自我牺牲，好让未来的民族存活；从海德格尔的意义上讲，这是一种“向死而生”。

随着西格弗里德的死去，布仑希尔德觉醒的和弦再度响起，瓦格纳重拾了布仑希尔德觉醒中使用的超验思想。西格弗里德在第三幕中首次登场时，很难说瓦格纳的超验是“宗教的”还是“世俗的”。在《诸神的黄昏》中，基督的隐喻似乎将其意义转变为宗教的，这在布仑希尔德身上也是如此：瓦格纳使用的“圣洁的新娘”这个说法是在引用教会的预言，它与圣母马利亚相关联。从历史上看，这是世俗的“宗教性”问题；这里让拜罗伊特的虔信徒瓦格纳感兴趣的很有可能并非宗教事务。[41]他或许只是将他的戏剧带回了海涅所抨击的“中世纪神秘主义的疯狂程度”及其“邪恶的幽灵”。应当回想一下四部曲的创作时间，他创作初稿的时间。瓦格纳在他的《维伯龙人》一文中说，“我们今天仍在向基督这个犹太人复仇”(*GSD*，卷II，144)，这就唤醒了基督教中最黑暗的幽灵。如前所述，瓦格纳后来甚至认为复仇的主题是“合乎道德的”，并由此得出结论，“德意志人”拥有(黑格尔意义上的)权利去“主张对世界的统治权”(*GSD*，卷II，146)。

但我们还是能找到某些文本信号，让我们发现对基督和圣母的隐喻变得相对容易，因为在瓦格纳的舞台上很少有人物或情景只拥有单一的含义。西格弗里德之所以能够被伤害到，是因为他失去了自然，即龙血的保护，并且进入了吉比雄人的“现代”世界，正如接下来的布仑希尔德一样。只有这样，哈根才能知道西格弗里德唯一弱点的秘密：布仑希尔德向他透露，她撤销了她保护西格弗里德后背的“魔术”，她的“祝福”。因为她知道，他绝对不会背对敌人(“我知道，对于敌人/他从来不退让，/也决不在逃跑中把脊背朝向敌人。因此省了我把祈福用在他身上”)(*GSD*,卷VI,206)。自然的象征龙血被一个知识的元素所取代。瓦格纳在布仑希尔德的话语中指向了阿喀琉斯神话,借助古代神话,他找到了与北欧和基督教隐喻的对立点。用更古老的阿喀琉斯的刀枪不入象征代替北欧神话中使人不受伤害的龙血,瓦格纳实现了对布仑希尔德之爱的更深层次的隐喻,由此,不仅是直觉的,还有有意识的关于这种爱之财富的知识产生了真正的保护。教诲与“祈福”成为神话化了的地区色彩,与布仑希尔德之爱在戏剧结尾时获得的哲学意义形成了鲜明对比。

因此,西格弗里德这个人物的含义不仅限于“日耳曼的”或“基督教的救世主”,而是在整个古典教育的经典领域里都有其意义。与《尼伯龙人的指环》系列的前一部剧《西格弗里德》的主角相反,我们在《诸神的黄昏》中看到的英雄发生了变化——尽管已经很迟了,甚至几乎到了最后一刻——几乎可以说是启蒙小说或成长小说一般的变化。在日耳曼的—德意志的、基督教的,以及古典的—希腊的这三个象征意义的支柱之上,在西格弗里德死前不久,产生了一种全新的情景,瓦格纳由此赋予他的戏剧一种非常普遍的意义,而这种意义也是令人信服的。体验与远离爱情,与自然结为一体,与腐败的世界发生冲突,人的精神之间爱的关系的有意识化和内化,所有这些实际上描绘出瓦格纳完整的“未来之人”的形象,但在他完成的那个瞬间就已经受到致命伤害,而只是一个美好的梦想和一个宏伟的乌托邦。

事实上,《诸神的黄昏》是一部爆炸性的作品,不仅仅是由于西格弗里德之死。施加于所有人际关系之上的黄金的诅咒,正符合无畏的天真者的神话;黑格尔的哲学与叔本华的哲学相冲突,背弃自然的基本思想变成了通过日耳曼人或希腊人获得救赎的幻想。所有这些解读都可以在音乐和文本中找到依据,而这种多义性——任何神话的显著特征之一——就是纲领。

只有在随后著名的葬礼进行曲中，瓦格纳才重又变得清晰，向听众展示西格弗里德的存在是某种原始力量。一种深邃动人的严肃感，可能从未在任何歌剧的管弦乐中如此强烈地表现出来过，逐渐在听众身上形成了不可抗拒的形而上的力量。如果你坐在观众席的第一排，或者像我一样，自己反复演奏这一作品，这声音的暴力会达到痛苦的极限。[42]在这里，除了美之外，还能体验到音乐之超验的另一个方面，因为葬礼进行曲不仅使情节停顿下来，而且使人直接走出了先前的话题，关于它似乎已经说尽了。音乐的力量在发挥作用，提高了之前的思想，并以一种全新的方式展现出它们：因为只有能够以肉体感受到的声音的**暴力**才能使听众跳出此前发生之事的视角，从**听觉**上理解，在一个"暴力原则"成为主导法律的社会里，"暴力原则"最终将通向何方：暴力是对瓦格纳核心的爱之原则的绝对否定，而爱之原则在这首进行曲的次要动机中始终回荡挣扎。瓦格纳由此回到了作品开始时所展现的哲学范畴。这是对不可回避的暴力与反暴力之争的作曲上的突破，在瓦格纳的设想中，只有通过自我毁灭与断念才可能摆脱这一争论。

超验：布仑希尔德带来了"真正的"救赎吗？

从最初的构想可以看出，瓦格纳似乎很清楚，西格弗里德的救赎任务不仅仅是一个政治的—民族的任务。尽管他自1848年起就迅速决定了意识形态的基本模式，但其哲学的上层建筑直到1856年仍在剧烈摇摆并显示出明确的不确定性。[43]无论如何，原本属于西格弗里德的救赎任务转移到了布仑希尔德身上，因为英雄与他最初的命运背道而驰，最终并没有拯救诸神："布仑希尔德在对我表示欢迎！"是他最后的话语。

西格弗里德的失败,不论是否愿意,都完全否认了这部作品的一个可能的政治方向。已经多次提到,尽管瓦格纳做了许多理性的计划,但有时还是不能完全掌控自己的作品;他曾多次抱怨,在他的艺术作品中"最后出来的东西"与他"原本设想的完全不同"。另一方面,这恰恰是他艺术观念的一部分:把自己推入一个状态,让前意识自己工作,从中产生艺术创作的想法。尤其通过这种方式产生了创作的"奇迹":艺术家超越了自我,瓦格纳以此完成了他在自己作品中遇到的最令人信服的反神话:对带来死亡与毁灭的神话最猛烈、最有生气的反驳。

这发生在布伦希尔德的最后一场中。自从被绑架到莱茵后,她的举止就非常人性化。她因痛苦而愤怒,同意了哈根的复仇计划。但是她现在似乎在后悔,自己如凡人一般无意识地做出反应。"我的智慧现在在哪里?"她问道,"不幸,啊,不幸!我传给了他我所有的知识!"它把一切都投射到西格弗里德身上,而他——除了在面对死亡之时——一无所知。

> 在西格弗里德之死和葬礼进行曲之后的一场中,我们从古特鲁妮处得知,她被布伦希尔德的笑声惊醒,然后去往莱茵河岸边。哈根告知古特鲁妮西格弗里德的死讯,并索要指环作为他复仇行为的报酬。而龚特尔要指环归自己所有,哈根就杀死了这个同母异父的兄弟。当哈根想要抓住西格弗里德的手取下指环时,这只手"威胁性地举了起来"。"一切都为之战栗,动弹不得",而布伦希尔德"坚定而庄严"地从舞台背景中走出。她下令为西格弗里德的火葬礼堆起木柴,而她自己在结束语时转向了在场者,也就是转向了观众。她戴上了指环,点燃了火焰,骑着天马格拉尼冲进了火焰之中。莱茵河水漫过了堤岸,在火场上翻滚。三个莱茵女儿

游了过来；哈根像疯了一样迎向她们，让她们远离指环。她们将他拖下深渊，高兴地将指环举起。男人和女人们“非常激动地”看到远处瓦尔哈拉的火光。

我们经常可以在瓦格纳身上观察到一种因毁灭而起的喜悦——用席勒《威廉·退尔》中的诗句说，“新的生命从废墟中绽放”——或许是在德累斯顿的起义中，或许是在他对一场不再发生的革命中燃烧的巴黎的想象中。“不可避免的革命必须以巴黎的大火开始，这场革命不会胆怯地回避暴力和恐怖。”他在1850年10月22日写给朋友特奥多尔·乌利希的信中说。因此毫不奇怪的是，《诸神的黄昏》结尾经常被视为对从前的朋友巴枯宁的迟来的致敬，他在1850年传播了“死亡的好消息”。

但是还有一个更迫切的问题：在这部剧中，爱情的救赎发生了吗？瓦格纳原本在《诸神的黄昏》结束之前为布伦希尔德计划了一段独唱，她要在自杀之前唱出来；有三十行，其中一段说：

不是财富，不是黄金，
不是诸神的壮丽；不是房屋，不是宫廷
不是君主的奢华；不是模糊的契约
欺人的盟誓，
不是伪善的道德
强硬的法则：
让爱成为唯一
喜悦与痛苦中的极乐！

1874年9月19日的一封信中，路德维希二世请求作曲家在演出时重新收录“我如此热爱的那些话”，“那段爱的福音”。瓦格纳一开始似乎打算这样做（1875年4月6日的信），但最后还是放弃了，他解释说，此前的音乐已经“非常明确”地将这些都表达出来了。

这一结尾处的音乐表述必须认识清楚。从意识形态的层面来看，戏剧的结尾既没有爱也没有救赎，因为救赎者西格弗里德已经死了。但是伤害他的人也都被毁灭了：哈根被拖入了莱茵河的深渊；在《西格弗里德之死》中，瓦格纳还让阿尔伯里希“以痛苦的姿态”沉没（在《诸神的黄昏》中没有改动的迹象）。瓦格纳在1856年之后不想用言语来表达这部剧没有爱的意识形态，他只想把最终的评论留给音乐（*GSD*，卷VI，256）。这种音乐上的超验被施加给了布仑希尔德的形象，她要表达出这部作品的精髓。如同《特里斯坦与伊索尔德》一样，英雄最终只是一幅草图；女英雄看起来更加完美，这也表明了这种戏剧安排在19世纪极端厌恶女性的世界中所包含的爆炸性。

布仑希尔德发生了变化，自从她，如古特鲁妮所说，在夜间，笑着走向莱茵河。卡罗琳·阿巴特指出了唤醒古特鲁妮的笑声的含义。[44]在这次夜行之中，布仑希尔德放弃了她高度情感化的人类存在，找到了神圣的原初智慧，那是沃坦在《女武神》第三幕结束时从她身上取走的。为了获得这一智慧，“那最纯洁的人会背叛[她]，一个女人会因此变得有智慧！”在夜里，她与原初的存在诺恩、埃尔达、莱茵的女儿产生了神秘联系；我们并未看到这一“神秘的超验”场景（阿巴特语），但它的影响可以从下面的事件中看出，即布仑希尔德不再坚持将指环**作为人类爱情的信物**来拥有，而是将它**作为邪恶的象征**，想要还给莱茵女儿。西格弗里德之死是为了“新人类”的完成，但在《诸神的黄昏》之中，新人类不是在男人身上，而是仅仅**在女人——布仑希尔德——身上实现**。只有她将感觉和知识结合成真正的直觉；这指向“救赎”的可能含义，尤其是对瓦格纳而言的含义。这就是戏剧结束时此前男性的情节高潮移交给她的原因。通过她在所有人面前赴死的自我放弃，她虽然没有实现某种社会的救赎，却实现了某种不同的、令人钦佩的，或许具有开创性的救赎：**她将指环交还给自然，使自然得以恢复**。这将产生一种不同的人类，他们会有所不同，或许会更好，或许也不会。在这种不同的人类身上，瓦格纳近似优生学的准则是否还适用，这里没有说，甚至没有畅想一下。这部作品的伟大就在这里：瓦格纳最爱的意识形态失败了，不会作为救赎的方法被强加给未来的社会！**这是一个完全开放的结局**。

在她的救赎行为中，布仑希尔德是同情思想的化身，这一思想对瓦格纳而言非常重要，虽然也非常矛盾。布仑希尔德对受到虐待的自然和社会感到同情，并从中做出自己的决定，这一点令人佩服。借此可以恢复自然的原初状态，就像是为了人类吗？布仑希尔德不可能作为人来完成这一点，只能作为女神来完成，因此作为人类的她必须走自我牺牲的道路。在布仑希尔德之死中，或许最完整地表达了对瓦格纳来说典型的创造与毁灭的紧密联系。乔治·斯泰纳说得最好："在她庄严的自杀之中，'自我毁灭'的作用更多的是对死亡的消解，而不是对永生的歌颂。"

如今被称作"救赎动机"的动机发展，对布仑希尔德的牺牲和被删掉了的原始结尾的文本给出了注释。[45]汉斯·冯·沃尔措根将这一动机称作"爱之救赎旋律"。在形式上，他是正确的，因为其结构，这一动机可以放在瓦格纳其他爱之动机的整体之中来看待。在音乐上，作曲家最终坚持了对爱的救赎力量的信念，即便他不想在文本中重复这一点——旧的政治救赎隐喻被他摒弃为空话。[46]因此在《诸神的黄昏》结尾处，通过对爱和救赎原则的颂扬，音乐走出了自己的道路，并为作品的结局给出了多义性的方向,因为救赎仍是有疑问的,而爱是唯一的动机。通过《诸神的黄昏》最后一刻爱之动机的激烈的旋律发展,瓦格纳以一种新的、真正积极的方式实现了超验的奇迹:它盖过了所有其他富有艺术技巧的主导动机;在小提琴最美的高音之中,包容一切的爱的音乐发出最后的声音。那是一条讯息!

33

第一届音乐节——经济崩溃

图89　节日剧院虽然令人印象深刻，但与索特的绘画相比还是要朴素一点（参见第20章）。1885年音乐节活动日历中的木版画。

《尼伯龙人的指环》首演

1876年6月3日，这次大型活动开始了初步的实验。人们发现自己晕头转向，此前从未有过如此大规模的戏剧实验，而拜罗伊特是一座小城，在旅游、食宿和交通方面都缺乏基本的设施，更不用说在给一个国家剧院级别的歌剧院提供支持方面了。6月3日到7月12日是第一个排练周期；从全欧洲赶来的音乐家都不领薪水，只是支付了他们的成本费用，他们必须熟悉彼此的音乐并通力合作，这也是音乐史上的新鲜事。7月14日到26日是第二个排练周期，7月29日到8月4日是第三个。弗朗茨·李斯特从8月1日起在场；路德维希二世于8月6日凌晨抵达；他的专列停在城外，没有人会看到他。他只想参加当天晚上以《莱茵的黄金》开始的四次总彩排；国王深受感动，再次为永恒的友谊立下誓言。8月7日是《女武神》，8日《西格弗里德》，9日《诸神的黄昏》；8月10日清晨，这位害羞的国王就回去了，在这场盛大的庆典开始之前。

彩排遇到了很多麻烦；瓦格纳有时生病，他的舞台指导每天都在变，莱茵女儿们最初拒绝登上游泳机器，而门票销售非常缓慢，音乐节在开始之前就面临着破产的威胁。德绍的芭蕾舞大师弗里克是助理导演，他记录了一切："瓦格纳，一开始怒吼着，我不知道为什么，尖叫着，握紧拳头四处奔跑，跺着脚……"然后他又平静下来，开着玩笑；"他是怎么能承受这一切的，对我来说是个谜"。他六十三岁了，对当时来说是个老年人——但最重要的是，他患上了很严重的心脏病。或许尼采的贺文（《不合时宜的沉思》第四篇《理查德·瓦格纳在拜罗伊特》）在排练期间到来又给了他很大的推动力：这是他们星辰般友谊的最后一曲赞歌，而这段友谊不会活过这喜庆的一年了。尼采参加了一场没完没了的排练，深感失望；一切都不完美。甚至连柯西玛也批评说："越来越深刻地认识到表达的缺陷！［……］服装让人想起印第安酋长，除了人种学上的胡闹，还有小剧场品位的烙印。"（*CT*，1876年7月26/28日）8月3日，尼采再也受不了，离开了。瓦格纳对里夏德·弗里克说："明

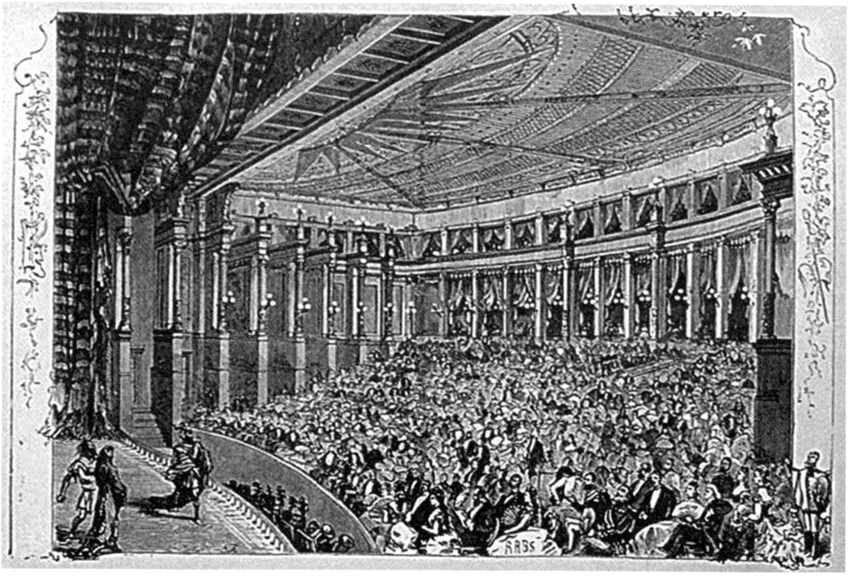

图90　1876年拜罗伊特音乐节以《莱茵的黄金》开始之际的节日剧院内部。

年我们一切推倒重来。”差不多两年之后，1878年7月23日，他甚至对柯西玛说：“当时一切都是错的！”我们必须理解这位作曲家：尽管他重塑了歌剧，但他不仅没有足够的钱来实现它，而且更糟糕的是，没有一丝一毫的经验可借鉴。

1876年8月13日，《莱茵的黄金》拜罗伊特首演举行了，皇帝威廉一世和巴西皇帝佩德罗二世到场观看，14日是《女武神》（威廉一世皇帝再次到场），16日和17日是《西格弗里德》和《诸神的黄昏》首演，皇帝没有时间再看这两场。8月18日举行了一场有700名嘉宾的宴会，以弗朗茨·李斯特为核心。瓦格纳宣布，若没有这位朋友，或许就再也听不到他的一个音符。

李斯特在8月10日致赛恩—维特根施泰因侯爵夫人的信中生动地总结了他对第一届音乐节的印象：

德意志艺术的伟大奇迹在这里实现了。所有的疑虑和障碍都被扫除了，瓦格纳无与伦比的天才战胜了一切，他的作品《尼伯龙人的指环》照亮了全世界。[……]巴伐利亚国王[……]下令不许隆重接待他。但这座城市还是旗帜飘扬；周日晚上，全城都张灯结彩。国王的包厢按照命令未被照明，[除了国王之外]只有瓦格纳始终在场。我的女儿被邀请到包厢里，[柯西玛的]五个孩子为国王献上一束鲜花。国王陛下住在城外的一座别墅里[……]没有踏足拜罗伊特。只有在瓦格纳的要求下，国王才同意，在《莱茵的黄金》上演后的周日乘坐封闭的马车游览这座灯火辉煌的城市。[……]作为拜罗伊特戏剧盛事的杰出赞助人，必须首先提到冯·施莱尼茨伯爵夫人。[1]她与她的丈夫，普鲁士国王的一位内阁大臣，自7月中旬以来一直在这里，上流社会的资助者们都汇聚在他们周围。我省略掉头衔，只列出姓名：丹克尔曼、洛昂、乌瑟多姆、鲁道夫·列支敦士登、阿尔贝特·阿波尼等等。这里不乏乐队长、作曲家和音乐家。[……]冯·许尔森男爵阁下，柏林剧院的监督——曾经说过瓦格纳的坏话——已经皈依了。德国、英国和美国的各大报纸都购买了赞助门票并派来了记者。就连巴黎的《费加罗报》都派来了代表沃尔夫先生。[……]这一盛事最重要的战士是：巴塞尔的教授尼采、波格斯、E. v. 哈根、我们的朋友里夏德·波尔、两卷本瓦格纳传记的作者格拉泽纳普、贝多芬传记作者诺尔。还有什未林的剧院监督之子沃尔措根[2][……]瓦格纳每周四晚上接待我们；今天至少有80个人。[……]不久前，我在威廉斯塔尔对[魏玛大公]殿下说："拜罗伊特现在是缪斯的宫殿，缺席的人将抱憾终生，而犹豫的人会被称为愚蠢！"[3]

然而，另一位观察者，柏林的评论家卡尔·弗伦策尔的记录也富有启发性，他记下了谁没有到拜罗伊特。没有社会主义者，没有一个重要作家。这个由“天生贵族”、音乐家和音乐评论家主导的社交圈却“胆敢称自己是德意志民族的精华！”[4]

从8月20日到23日是第二轮表演，8月27日到30日举行了第三轮；最后一次时，路德维希二世再次在最严格的保护下来到这里，在他年少时的偶像身边观看了演出。第三轮演出之后，李斯特在1876年9月1日在招待玛丽·冯·施莱尼茨伯爵夫人的晚宴上演奏了贝多芬《槌子键琴奏鸣曲》的第一和第三乐章。[5]

这些是关于这一至今仍然繁盛的大型音乐节起源时的简单数据；这种音乐节在当年是很罕见的，而今天有数十种音乐节充斥着国际音乐游客的日历。然而，拜罗伊特是一个特例，从那时到现在都吸引着特殊的观众，他们不是因其魅力，而是因为某种特殊的“精神”来到这里的，也因为特殊的听觉体验。1876年，有两位皇帝、两位国王以及不计其数的贵族和上层贵族代表到来。观众的社会结构直到今天为止变化都不大。的确，贵族在今天很少见到，但他们被高级政治人物和知名企业家取代了。或许这也是必须要把瓦格纳的这一盛会，以及由此而发的对瓦格纳的接受打造成某种程度

图91　1876年第一届拜罗伊特音乐节已知的唯一海报，在科隆出现于《科隆消息报》增刊上。

图92 当时照片中的节日剧院。

的“国家支持”的原因，有时是帝王支持的，有时是希特勒支持的，有时是社会民主党政府支持的。诸如将拜罗伊特“去神圣化”，也就是接纳其他作曲家作品的一流演出，或至少也为瓦格纳的早期作品敞开大门之类的建议，是无人理睬的。[6]

1876年对于影响史来说更重要的是，有哪些音乐家和视觉艺术家来到了这里：布鲁克纳、格里格、丹第、李斯特、圣桑、柴可夫斯基和其他人，画家有伦巴赫、马卡特、门采尔，还有尼采，以及艺术史家和欧洲知识界的其他学者。

著名记者如保罗·林道就很反感“瓦格纳崇拜产业”，1876年在拜罗伊特音乐节旁边就有“尼伯龙人帽”、“瓦格纳领带”、“西格弗里德帽”和“带气泡的莱茵葡萄酒”售卖[7]；还有已经不计其数的“真正的”瓦格纳崇拜者，“不容异议的追随者，信仰取代了理解，自以为是且狂热

图93 有人拿瓦格纳最喜爱的诗人埃斯库罗斯和莎士比亚开玩笑：这“两个唯一足以站在瓦格纳身侧的舞台诗人，穿着合规的燕尾服觐见这位大师”。摘自柏林的《玩笑》杂志，1876年。

崇拜，简言之：邪教”。[8]尼采对此也很看不惯，他在《尼采反瓦格纳》中回忆道：“早在1876年夏天，第一届音乐节正在进行之中时，我就告别瓦格纳那帮人了。”在拜罗伊特，个体不再存在，它融入了人群之中，瓦格纳将最为内向的艺术——音乐——献祭给了成功，“大量的普通水准的魔术”。[9]这种状况的形成对于个体主义者而言必定是一枚眼中刺；他后来的文章也表明，他认为这些瓦格纳追随者是作曲家如领主般地位的必要的伴生现象，他越来越远离他，以免被他碾成齑粉。尼采早在1874年就受到柯西玛和理查德·瓦格纳的责骂，因为他竟胆敢带来一份勃拉姆斯《胜利之歌》的钢琴谱，并称它是成功之作，即便他并不特别欣赏勃拉姆斯，这是多么令人震惊。

阿尔弗雷德·普林斯海姆与安杰洛·诺伊曼

瓦格纳的追随者中也有犹太人；其中最著名的或许就是数学教授与钢琴家阿尔弗雷德·普林斯海姆(1850—1941)，后来他成为托马斯·曼的岳父。自从在布雷斯劳观看了一场《唐豪瑟》的演出，他就大为赞赏瓦格纳的音乐，并为瓦格纳的作品写出了极为优秀的钢琴和室内乐改编版。他是第一批在1871年就购买了拜罗伊特的赞助票的人。普林斯海姆为瓦格纳对达尔文的狂热辩护，并痛斥他人对作曲家的品格和作品所做的批评。在第一届音乐节期间，1876年8月16日至17日的晚上，他在拜罗伊特安格尔曼酒馆被一名瓦格纳的反对者以言语挑衅，此人称拜罗伊特是一场巨大的骗局，只用一支施特劳斯的华尔兹就能把这些狂热分子全都从山上引下来。当来自柏林的莎士比亚研究者利奥教授——他和普林斯海姆一样也是犹太人，并曾在《福斯报》上猛烈抨击瓦格纳的反犹主义小册子——也附和起这名批判者，普林斯海姆就举起大啤酒杯砸中了这位教授的脑壳。在德国南部，这种啤酒杯叫作“叔本”，从此以后普林斯海姆就有了个外号叫作“叔本华”。*啤酒杯袭击事件的影响进一步扩大。媒体兴高采烈地盯住了他，到了10月9日，在排除了不相干人等的情况下，普林斯海姆和一名持批评态度的记者之间爆发了一场决斗，一共开了三枪，但没有人受伤。柯西玛和理查德·瓦格纳因安格尔曼酒馆的混战感到难堪，因此中断了与普林

---

* Schoppen指容量约在0.25—0.5升之间的酒杯，哲学家叔本华(Schopenhauer)名字的本义即为类似容量器具的制造者，而这个名字后半部分的动词原形hauen除了指“以敲打的方式制作”之外，也有“投掷、打、揍”的含义。因此这个外号既取了Schop(p)en部分的谐音，也取了Hauer部分的双关义。

斯海姆的联系。现在，阿尔弗雷德·普林斯海姆写下的1786年拜罗伊特音乐节的日记重又出版了选摘版，并被配上了出色的评注。[10]

于1876年待在拜罗伊特的，当然还有全欧洲音乐记者和戏剧记者中的精英们，他们向全世界刊发了这里的活动。新闻界大部分人都感到困惑，无法对所见所闻分门别类，但是一些技术上的不足之处还是暴露了出来。保罗·林道中肯地总结了这些不足，并指出，“瓦格纳的坚定支持者们对演出并不如他们所希望的那样满意，瓦格纳的反对者们也并不如他们所担心的那样失望”。林道认为，舞台效果很大程度上是“失败的”；瓦格纳也很明白这一点，据说他曾建议过，不要过多地去看，而是要去听。音乐上成功的，首先是“女武神的骑行”——其勇武的风格尤其受到赞赏，而今天的人更称道《女武神》的高潮部分、第一幕的“冬季风暴”和第三幕的终曲。林道赞扬了《西格弗里德》管弦乐出色的表达，它推动了情节的发展，是“真正的英雄”。但是那条龙，林道不是唯一一个觉得它太像闹剧的人。由于舞台技术上的失败，《诸神的黄昏》未能产生真正的效果；瓦格纳也知道这一点，并对导演助理里夏德·弗里克说：“明年我们把一切推倒重来。”

不过，作品的观念还是传达出来了；林道认为西格弗里德的死是“音乐和戏剧之中最伟大的画面[……]这是英雄的死法，这是对英雄的悲叹，这是对英雄的葬礼”。其他评论者则将西格弗里德的形象视为“德意志精神的指路明星”；[11]《尼伯龙人的指环》反映了“日耳曼精神”在“本土民族与诗人世界的艺术复兴”。[12]

前文提到的普林斯海姆的例子表明，《尼伯龙人的指环》的思想背景是完全可以被看出来的。在1850年前后，传统的从犹太隔都起源的所谓犹太人的身体特征仍然很普遍，可以被认为是反犹太的。二十多年之后，即1876年拜罗伊特第一次上演完整的《尼伯龙人的指环》的时候，经历了三代犹太人的同化，这种粗俗的陈词滥调消失了；只有移民过来的东欧犹太人的传统形象能让人再度想起这些。时代与瓦格纳的意识形态潜台词背道而驰；虽然人们热情地接纳了日耳曼精神，但过去的反面形象只是被人模糊地意识到。在1876年前后写出的《尼伯龙人的指环》首演评论中，人们称赞瓦格纳在为“德意志的事业”并“将德国从外来模式中解放”而斗争，它暗指的是法国和意大利的外来影响以及反犹倾向。[13]汉斯立克也没有明白这一点，因为他显然没有读过瓦格纳的晚年文章。路德维希·施派德尔更为清晰地看到了之间的联系；1876年，他就贝克迈塞和迷魅的形象抨击瓦格纳“音乐中的犹太切口”，卡尔·弗伦策尔则在“尼伯龙人”中看到“现代的矮人，即银行家”，也就是罗斯柴尔德家族。可以从后来的勃拉姆斯传记作者马克斯·卡尔贝克那里读到一些有趣的东西。[14]对他而言，重要的是瓦格纳反犹主义背后的文化批判，显然他在1876年就已对瓦格纳的意识形态非常了解：他认为《尼伯龙人的指环》是“当代德意志观念论的最高成就之一”，确保了“反对一切物质论的虚假成功的精神胜利”。[15]

1876年《尼伯龙人的指环》的首演正处于德意志—犹太融合的黄金时期，距离1880年前后开始的政治和“科学”反犹主义的灾难时期仅仅相距数年，那是黑暗的时代，针对犹太人的最恐怖的生物学和医学“理论”被发展出来并被奉为圭臬：如果它们没有造成如此多的灾难和罪行，甚至造成数百万人遇害，那么它们只会让人付之一笑。这些“理论”将取代19世纪上半叶仍然流行的古老的反犹代码。

不过，瓦格纳意图的主线已经很清楚了；可以猜测，谁属于本土的，德意志的阵营；他的设想绝对没有落空。尽管如此，作曲家仍然觉得《尼伯龙人的指环》的大部分评论都过于笼统；这让他有理由不久后写一系列的文化批判文章来发声。这些文章让人震惊于其中的反犹主义，当然还有1878年成立的阿道夫·施特克尔的反犹主义政党的活动拉开了《尼伯龙人的指环》影响史的第二阶段。[16]

9月初，客人们和朋友们人去楼空，必须考虑接下来要怎么办了。为此，音乐会期间对妄想平和别墅的一次访问有着特殊的意义：安杰洛·诺伊曼（1838—1910），莱比锡的歌剧导演；他想立即为莱比锡买下《尼伯龙人的指环》的版权，但是瓦格纳很犹豫。在这个时间点上，这是可以理解的：第一，瓦格纳认为1876年的成果还不完美，想要先自己尝试在第二年把音乐节办得更好，他还不可能意识到这一点无法实现；第二，诺伊曼到那时为止还只是以歌手的身份为人所知，1862—1876年，他是维也纳宫廷歌剧院的成员，但由于心脏问题而提早结束了他的演唱事业。在拜访拜罗伊特时，他虽然已经和奥古斯特·福斯特一起经营了莱比锡城市剧院几个月，但在1876年8月，还没有人看到这个来自斯洛伐克犹太裔戏剧从业者家庭的人有任何导演的天赋。

意大利之旅及与尼采决裂

一开始，瓦格纳累坏了。他需要去南方。9月14日，他带着家人经慕尼黑和维罗纳前往威尼斯。他在那里接到消息，说音乐节造成了巨大的亏空；总额据说达到了147851.82帝国马克。[17]再一次地，一切都要完了！ 9月底，他经那不勒斯继续前往索伦托，他和柯西玛于1876年10月底、11月初在那里最后一次见到了尼采。由于健康状况很糟糕，尼采在巴塞尔大学请了两个学期的假，希望能够在温暖的气候中恢复健康。他和新同伴保罗·雷一起受玛尔维达·冯·迈森布格之邀前往鲁比纳奇别墅，在这里诞生了《人性的，太人性的》第一部分。后来，1884年秋，尼采回忆道："当理查德·瓦格纳甚至开始对我讲起他从基督教

（新教）圣餐中获得的享受时，我的耐心就用尽了。”[18]但是，在尼采当年12月9日写给柯西玛的热情的生日贺信，以及柯西玛在新年写的同样热情的回信中，却看不到这种龃龉。尽管有尼采的妹妹后来散布的相反的传言，但那次会面应该还是很愉快的，他们经常谈起《帕西法尔》，根据柯西玛的证词，这部剧的第一个片段，他在九年前就和瓦格纳一起在特里布申读过了（*CT*，1869年12月25日）。但是，他们一起经历的是最后一次会面——这两位伟人之间的关系日渐暗淡。这是否真的要归咎于拜罗伊特的经历和尼采对瓦格纳追随者的强烈厌恶，抑或仅仅是因为太过广泛的思想分歧，是很难判断的。[19]

后来，瓦格纳在医学方面的误解和冒失行为也对此起了作用。瓦格纳在1877年10月23日致信哲学家的医生奥托·艾泽，用那个时代的基础医疗知识就尼采严重的健康问题给出预言："为了评估尼采的病情，我长久地回忆在颇具才智的年轻人身上碰到的同样或相似的经历。我看到他们死于相似的症状，并且清楚地知道，这是手淫的后果。自从我带着这样的经验更加仔细地观察尼采之后，在所有气质特征和典型习惯方面，我的恐惧都变成了一种确信。”瓦格纳在这里又一次成为他所谓的无所不知的受害者，或许尼采是在瓦格纳死后才知道他做的这种过分的事的，但尼采在1883年4月21日写信给彼得·加斯特（原名海因里希·科泽利茨）说，瓦格纳甚至跟他的医生谈论了他所谓的“不自然的放荡，暗含对他娈童癖的指责”。

瓦格纳的反犹主义在他们的分裂中也起到了作用。尼采在1874/1875年的笔记中就已经远离了反犹主义，他最初对这种反犹主义还抱有一定好感，尽管他也偶尔会夸耀“紧急时刻的犹太精神”。[20]对他起到影响的是上述年轻的犹太哲学家保罗·雷，尼采于1873年在巴塞尔与他结识并建立起深厚的友谊，直到1882年因露·冯·莎乐美而决裂。[21]尼采后来对反犹主义有多么厌恶，可以从他对妹妹伊丽莎白与反犹主义者伯恩哈德·福斯特结婚的私下言论中看出来。[22]当瓦格纳夫妇在索伦托见到保罗·雷时，[23]这次会面在柯西玛身上引起了反犹主义的反应。1876年11月1日的日记写道："晚上雷博士来拜访，他由于冷淡而尖锐的性格没有跟我们说话，仔细观察后我们发现，他肯定是犹太人。"他们后来甚至将尼采在《人性的，太人性的》之中对叔本华的排斥归咎为这个犹太哲学家的恶劣影响。弗里德里希·尼采遭受的又一重伤害是，瓦格纳并不拿他的作曲尝试当回事。

他们二人在索伦托会面的两年之后最终反目，当时尼采将他献给伏尔泰逝世100周年的作品《人性的，太人性的》寄往拜罗伊特，1878年4月25日送达。瓦格纳大失所望，因为尼采背离了他们共同的哲学之神叔本华，他否定了任何宗教的真实并纯粹从心理上加以解释，还对形而上学和道德情操提出了批评。柯西玛在4月27日到6月25日之间的日记显示，她的丈夫觉得这本书"空洞"、"悲哀"甚至"古怪"。通过出版商施迈茨纳，尼采得知了这一拒绝态度。因此尼采在《人性的，太人性的》第二卷中为瓦格纳安排了一个角色，这一定让他非常不满。这是一种迟到的、"落后的宏大风格"的音乐，它标志着"一种文化的声音"。[24]

虽然二人反目，但尼采对瓦格纳的音乐仍然另眼相看，《快乐的科学》(1882)格言第87条可以证明这一点，他在其中将瓦格纳视为"一切隐秘苦难的"最伟大的"俄耳甫斯"，一个伟大的忧郁者，但经常屈服于自己对宏大性的偏爱："在晚秋色彩的表现方面，在一种终极的、最后和最短的享乐那不可描写的动人幸福的表现方面，没有人能与他一较轩轾；他知道一种音调，来表现灵魂那个隐秘而可怕的午夜……"[25]

毫无疑问，尼采和瓦格纳两个人，都没有摆脱掉他们的决裂所带来的阴影。柯西玛记录了她的丈夫所做的有关尼采的噩梦，尼采接下来又会反复写到瓦格纳，主要是在“颓废”这个关键词之下。1883年4月27日，瓦格纳去世两个月后，他在给彼得·加斯特的一封信中回忆了特里布申的岁月：“那时我们彼此相爱，都为对方打算——那真是一种深切的爱，不带其他目的。”[26]

在索伦托休整了一个月之后，瓦格纳一家踏上归程；途经罗马、佛罗伦萨和慕尼黑，他们于12月20日回到拜罗伊特。这次旅行富有成果：他的头脑中现在有了一个全新的计划，他要抽出最后一张牌，好确保他最爱的项目音乐节，作为某种文化政治复兴计划的核心来得到拯救并取得成功。他应该宣布破产，卖出一切吗？还是应该去请求皇帝、帝国或国王？所有这些手段以前都做过，必须找到一个新的、完全不同类型的赞助协会。瓦格纳求助于路德维希二世，建议德意志帝国或巴伐利亚王国应当接管音乐节。几周后，国王派出内阁秘书迪夫利普前

图94　这幅弗朗茨·冯·伦巴赫所作的漫画最近被发现于一张“赞助票”(1876年第一届拜罗伊特音乐节的认购凭证)的背面。这张票或许是瓦格纳送给当时的“国家级画家”伦巴赫以期换取捐款的。但是这幅画显示出，这位著名画家对瓦格纳夫妇的态度在私下里是多么没有风度。

图95 通往节日剧院的上坡道。1900年前后的照片。

往拜罗伊特，与市长、银行家和法律顾问进行磋商。但他们没有达成协议。带着“对德国的完全失望”，瓦格纳不久自问，他是不是最好移民美国(致路德维希二世的信，1880年3月31日)。无论如何，1887年举行《尼伯龙人的指环》的又一轮演出是指望不上了。

但是，还需要另一部作品，最后一部完美和告别之作：《帕西法尔》。这必须在大规模的后勤和新闻动员中加以准备；影响、说服和宣传的机制必须重新启动。戏剧指导瓦格纳——除了《帕西法尔》的准备工作之外——又成了一名作家。但与此同时，他还要旅行、募集钱款，以确保音乐节在经济方面能够存续下去。

《帕西法尔》的文本在1877年4月19日甫一完成，瓦格纳便动身前往伦敦(4月30日)；5月7日至29日之间，他和汉斯·里希特一起在皇家阿尔伯特音乐厅指挥了八场音乐会，这座音乐厅有7000个座席，是当时世界上最大的音乐会场馆。演出在观众当中引起很大的成功，但由于歌手身体不适，音乐上存在一些问题。5月17日，瓦格纳一行在温莎觐见了维多利亚女王，这次会面似乎给双方都没有留下什么积极的印象。音乐会的净利润有700镑，当时约相当于1.5万马克。这虽然不能算是杯水车薪，但要解决音乐节亏损的巨大问题还是太少了。银行家弗里德里希·福伊斯特尔曾为瓦格纳定居拜罗伊特出过力，他是一名自由派的国会议员，曾给瓦格纳写信说需要偿清98028.57马克，并因此建议瓦格纳请求路德维希二世为他的作品支付十年期、每年一万马克的版税，然后将其以慕尼黑宫廷剧院的演出来抵。事实上，柯西玛在瓦格纳不知情的情况下给国王写了一封信，获得了一笔10万马克的计息贷款，1878年3月31日与路德维希二世签订了契约。瓦格纳一家直到1906年才偿清债务，包括1874年的贷款。[27]

此外，国王还在1880年10月24日明确允许，《帕西法尔》的首演可以在拜罗伊特举行；他还向瓦格纳许诺，可以使用慕尼黑歌剧院的人员和宫廷乐团。音乐节的未来得到了保证；现在要把《帕西法尔》作为音乐节的第二个起点来准备了，不仅要有一份总谱，还有无数可怕文章拼装成的战车。

但我们还是先好奇地看一下瓦格纳在拜罗伊特的生活吧。

工作、孩子、安格尔曼：瓦格纳在拜罗伊特的日常生活

柯西玛醒来时最关心的，就是她丈夫的睡眠。理查德·瓦格纳在1878年4月6日得了感冒，我们希望能够借助柯西玛日记和其他资料来追踪这一天。相较于他忍受心脏问题、腹痛、脚部长疖或持续的面部丹毒的无数个夜晚，感冒还算好的。他现在已经六十五岁了，自四年前开

始居住在妄想平和别墅，拥有了梦寐以求的节日剧院。在1874年10月1日致路德维希二世国王的一封信中，瓦格纳描述了自己上午的节奏："我在楼上的小房间里洗完澡、料理完自己并和妻子一起共进早餐之后，就在十点左右下楼走进大厅。"（*WKL*，卷III，40）在"大厅"里，瓦格纳的书桌对面还放着一架三角钢琴，这是威廉·施坦威在1876年音乐节开幕时送给作曲家的。沿着挂有红色帷幕的三面墙壁排列着巨大的书架，其上的书册都是由书籍装订师克里斯蒂安·森弗特装订的，入口的上方是一尊贝多芬的头像，席勒、歌德和其他大师的肖像挂在墙上。还有一把覆盖着黄色锦缎的扶手椅，其他几把椅子随意摆放着。

瓦格纳一生都将上午的时间用于工作：作曲、写作诗体台本或其他文章。今天他要创作他的《帕西法尔》的管弦乐草稿，并很开心能够搞定其中"最困难的部分"，一段小提琴段落。通常是柯西玛"记下"乐谱，也就是说，她用墨水抄写他用铅笔写的音符。只要瓦格纳还不确定他正在创作的段落是否应当换成其他调或者要进行怎样的改动，他就用铅笔记下来。从他的第一部歌剧开始，他的乐谱就始终以完美的书法清晰地展现出来。此外，他还经常邀请年轻的音乐家，诸如匈牙利的阿图尔·赛德尔、俄国的约瑟夫·鲁宾斯坦、马其顿的德米特里乌斯·拉拉斯，到家里来誊写演出所需的副本。给这些后辈的地址上写的是"拜罗伊特的尼伯龙人文书处"。瓦格纳在上述写给他的赞助人的信中赞美道："与此同时，我训练他们成为将来我的作品的出色指挥，而现在他们必须在一切方面都帮助我。我让这些伙计们在晚上演奏音乐，他们声称在这里学会了些独特的东西，至少比在昂贵的音乐学院里学得多。"（*WKL*，卷III，40）

孩子们上午做什么呢？苏珊·魏纳特1875年7月16日至1876年4月在瓦格纳家里担任家庭教师，记录了长达九个月的日记。她在日记中说，孩子们在上阅读课之前要上芭蕾大师里夏德·弗里克的礼仪和舞蹈课（*Burrell 1950*，573）。弗里克来自德绍，正如指挥家费利克斯·莫特尔所保证的，是个“风趣、聪明、有点健谈的老绅士”。[28]一年后被解雇的苏珊·魏纳特，会在上午给孩子们上课，在被用作教室的儿童客厅里，有一张长桌（*Burrell 1950*，569）：柯西玛在很大程度上都会放手交给老师来做，但是减少了她设置的宗教课时间。如果柯西玛在授课时间来到客厅，孩子们会亲吻母亲的手；而如果是瓦格纳进来，他们就会和家庭教师一起站起来。显然，父母希望他们的孩子们表现出某种礼节上的尊重。

结束工作之后，瓦格纳在大厅见到他的妻子：夫妻间的气氛有一些紧张。柯西玛回忆起她的丈夫曾经在与指挥家赫尔曼·列维的一次谈话中称她为“翠丝小姐”。翠丝是戈特弗里德·凯勒的中篇小说《三个正直的制梳匠》的主角。她全名翠丝·布林茨利，来自塞尔德维拉，是个二十八九岁的女人，爱情运不怎么好。三个制梳匠先后向她献殷勤，但他们的追求却因翠丝的道德感而碰壁。她始终坚持断念的原则，正如柯西玛一样。“断念”，既在精神方面也在性爱方面，是柯西玛笔记中的关键词之一。“我们是要建一座修道院吗？”瓦格纳在四天前（*CT*，1878年8月4日）嘲讽地问过他的妻子。这些对她道德观的影射肯定让她感到了被冒犯。

不难理解，妻子对他披着文学外衣的嘲讽针锋相对，对此丈夫又是如何回应的呢？柯西玛直接写下了他的回答：“啊！立刻将最严肃的事情转变成玩笑，这项能力是我的救命法宝，这样我才能在危急时刻活下来。”这句话看似随意，却明确地显示出一种双重性格，瓦格纳在第二天以另一种方式说：“我是哈姆雷特和堂吉诃德的结合。”（*CT*，1878年8月7日，边注）塞万提斯的小说一直是他最喜爱的书之一，就像他之前的浪漫艺术家一样，他不再把这个可悲的骑士形象视作对衰落的骑士阶层的讽刺，而是将他看作一个天真的理想主义者，拥有自己的幻想和崇高观念，对粗俗的现实世界嗤之以鼻，正如这个现实世界让他丢丑一样。两天前瓦格纳曾说："堂吉诃德实际上是圣杯骑士的一员，这个绝妙的家伙。"（*CT*，1878年8月4日）自承将严肃转换成玩笑，不仅仅是一种姿态，瓦格纳在柯西玛日记的边注中写道："比如，我今天想在作曲草稿中插入一句话：现在小妞昆德莉进来了。"如果瓦格纳在作曲时，把他清楚意识到的最后一部作品中或许最重要、最深刻的角色昆德莉粗俗地叫作"小妞"，这表明了他一定的自嘲能力。因此，他也将《帕西法尔》中的克灵索尔这个人物叫作"音乐性和戏剧性上的辣根"。[29]

在大厅碰面后，夫妻俩走进餐厅共进午餐。一点钟会响起午餐的铃声，瓦尔特对路德维希二世国王如此写道。穿过妄想平和别墅最奢华的"前厅"，这里铺着大理石，还有六尊祖姆布施制作的小雕像（其中包括瓦格纳、柯西玛、路德维希二世），他们进入"简朴的餐厅"，孩子们已经坐在桌边，会得到他们的爱抚。值得注意的是，瓦格纳在致国王的信中承认，"这里决定我当天的心情。如果没有特别严重的不适，或是令人厌烦的事务带来的烦恼，那么围坐着孩子们的家庭餐桌通常会成为好心情的来源。"（*WKL*，卷III，40）

瓦格纳在拜罗伊特有很多仆人：根据魏纳特的日记记载，有一个女仆，她也会陪同瓦格纳一家旅行，还有一个园丁、一个管家和一个清扫女仆（*Burrell 1950*，578）。掌控妄想平和别墅厨房的是厨娘维多利亚。她的前任被解雇了，因为她从瓦格纳的书桌里偷走了三枚20马克的金币，[30]而且柯西玛还觉得她不会做饭（*CT*，1872年10月1日）。女主人对维多利亚也颇有不满，她总是非常仔细地核对账目，还曾让维多利亚在瓦格纳的面前道歉，他则拿这些克扣开起了玩笑（见*CT*，1878年12月27日）。似乎只有1880年11月从慕尼黑派过来的厨娘才让柯西玛感到满意（*CT*，1880年11月18日）。紧张的气氛很容易在餐桌上继续。因为柯西玛对餐桌礼仪比她的丈夫要重视得多。根据曾在拜罗伊特演唱过沃格琳德和林中鸟的莉莉·雷曼的可靠说法，柯西玛甚至徒劳地尝试教导六十二岁的瓦格纳如何优雅地用英式礼仪来使用餐刀。她得到的结果只是，有时候用餐“出人意料地迅速结束了”。[31]但是今天来了一位客人，钢琴家卡尔·克林德沃特，瓦格纳夫妇都在尽力控制自己。餐前有短时间的祷告。“今天中午我们的朋友［克林德沃特］不愿双手合十做餐前祈祷，R.就批评他有义务这样做，并且兴致高昂地不断谈论宗教，诸如庸俗的无神论应当对如今的人们不再心怀敬畏，对于宗教只知道犹太神负有责任。”理查德·瓦格纳的反犹主义也通过在拜罗伊特对宗教的归咎自然而然、直截了当地凸显出来——“犹太神”这个贬义词。许多传记作者将瓦格纳的反犹主义的延续归因于柯西玛的影响。[32]其他文献则反映出不同的意见，例如第一届拜罗伊特音乐节助理指挥费利克斯·莫特尔的日记。他写道：“在进行了最后一次钢琴排练之后，瓦格纳要感谢安东·鲁宾斯坦所做的工作。他开始时非常友好，然后说了类似于这样的话：如果此后我们的关系没有更进一步，那不是因为我，而是因为您。因为您来自一个陌生的、跟我们不怎么近的种族（犹太人）。”在拜罗伊特，反犹主义不仅在小圈子中得到讨论，而且还肆意发展起来。至于说到午餐，瓦格纳后来似乎非常挑剔，并且沦为某种——坦诚地说，是庸俗的——迷信的受害者。恩格尔贝特·洪佩尔丁克，瓦格纳完成《帕西法尔》后在那不勒斯第一次碰到的音乐学生，后来成了拜罗伊特的常客和同事，曾写信给朋友说：“除此以外，他对数字13有一种迷信的厌恶，这显示为，无论在什么条件下，他从不允许13个人一起进餐。在我逗留拜罗伊特期间，当我受他邀请去吃饭时，甚至有几次不得不取消邀请，因为某个来到此间的陌生访客已经占了12这个数字，但又没有14个人的位置。”[33]

饭后瓦格纳会读报，天气好的时候在花园里，或者休息一下再工作一会儿。他只跟路德维希二世国王提过《拜罗伊特日报》，说其他报纸他都没有订阅。但实际上，他还会读幽默周刊《传单》，这份刊物在他生命中的最后几年里，甚至在意大利，当他待在锡耶纳的时候，都一直是他的长期读物（*CT*，1878年1月14日）。讽刺刊物《嘭叭》的编辑恩斯特·多姆是他的朋友。柯西玛会给他拿来邮件、签名要求、为诗歌谱曲的请求、为剧院提供道具的请求等等。有时“会去散步，或者，如果‘太阳酒馆老板’的马车经过，这是唯一的豪华出租马车，就带孩子们去‘世外桃源’或‘幻想世界’，他们就在森林里来一番‘发现之旅’，孩子们是这么叫的”（致路德维希二世国王的信，1874年10月1日）。瓦格纳经常用钢琴为柯西玛演奏他创作的东西，在这个1878年8月6日他也这样做了。柯西玛认为“一切都非常美”，而她的丈夫补充说，他在这里想让人想起病人，虚弱的人（阿姆佛塔斯），而在那里则是（可能是昆德莉的）狂喜，“全部的生命力”。

然后，理查德·瓦格纳带着菲迪，他们这么叫当时九岁的儿子西格弗里德，去上游泳课。父亲精确地记录下他的进步、天赋、疾病。在其他方面，他都将主要的教育工作留给妻子，授课则交给家庭教师。通常他会特别注意儿子的成长；西格弗里德将成为他事业的继承者，并将它推向未来。但他在两个女儿伊索尔德和埃娃的成长中也发挥了重要作用。他特别喜爱伊索尔德，她很有理由将自己视为瓦格纳最爱的女儿。毕竟，他在1872年4月10日《诸神的黄昏》第一版乐谱结束时如此写道：“我七岁的小洛尔德［即伊索尔德］出生那天所发生和完成的事情。”

在花园里，孩子们有一个木制的秋千，他们经常与两条纽芬兰犬布朗格和马尔克一起玩，或者玩他们的大型木偶戏。如果有客人来访，瓦格纳喜欢让孩子们演唱《欢乐颂》。不过，瓦格纳也经常和他们一起玩耍，无拘无束地与他们一起在地板上嬉闹。柯西玛的两个年长的孩子，在与汉斯·冯·比洛的那段婚姻里出生的达尼埃拉和布兰迪内，每年只在拜罗伊特待一段时间，大部分时间里她们都住在茨维考附近的路易丝寄宿学校。根据苏珊·魏纳特的说法，瓦格纳与他两个继女的关系也很真挚，她们动身前往茨维考时都哭了，她们都觉得他“独特”而“可亲”(*Burrell 1950*，574)。

晚上，瓦格纳接待了六名学生，他们从莱比锡来对他表示敬意，柯西玛在前一天如此说。他们穿过两边栽种着银白杨的大道，穿过宽阔的楼梯，走过一个小门厅，走进别墅底层。底层主要是前厅，四周是金色的画廊，这里被天窗和柔和的灯光照亮着，始终保持着宜人的温度。房子里到处都铺着厚厚的地毯，把脚步声掩藏。“四扇高高的对开门从这里通往接待室，这也是瓦格纳先生的书房，通往柯西玛的黄色客厅，通往餐厅，通往门廊。”苏珊·魏纳特写道(*Burrell 1950*，569)。

最后，他转向了一位莫斯科来的朋友——卡尔·克林德沃特，此人为他和柯西玛演奏了他所喜爱的肖邦的钢琴曲。卡尔·克林德沃特是前一天到达的，将在这里待一星期。他和瓦格纳分享了他们在伦敦的共同经历，他们于1865年5月在那里相识。汉诺威人克林德沃特是钢琴演奏家，为整部《尼伯龙人的指环》制作了忠于原谱的钢琴改编版，对于瓦格纳的品位来说，这已经是高档次的象征了；有时他也会责备朋友说，他的钢琴改编谱对于业余音乐家来说太难了，并建议他干脆忽略掉中声部。[34]不过，克林德沃特现在也应该再为《帕西法尔》改编钢琴谱，为此，柯西玛下午和他一起过了一遍这部剧的第一幕——她丈夫此时正在看着儿子游泳。克林德沃特和瓦格纳一直保持着联系，钢琴家此前也曾在施塔恩贝格和特里布申拜访过瓦格纳。多年以后，1915年，瓦格纳的儿子西格弗里德与卡尔·克林德沃特的养女结了婚。

就这样，安想平和别墅的夜晚以阅读、讨论或共同演奏音乐结束，很少打惠斯特牌。瓦格纳在需要时还有一间所谓的“晚间思考室”（*Burrell 1950*，569），“特别舒适，铺着红色的天鹅绒”。

对于瓦格纳而言，拜罗伊特的另一个选择是安格尔曼，一座乡村风格的两层小酒馆。瓦格纳在底层左边房间里有一个固定座位，一把白色木制长椅。他的大狗，纽芬兰犬鲁斯，经常躺在入口处，客人们必须跨过它才能进入室内。这里环绕着市民、穿着巴伐利亚蓝色上衣的士兵，还有音乐家，他们管这些酒馆房间叫“地下墓穴”，瓦格纳在这里抽烟、吸鼻烟或抽雪茄，喝着医生指定的维森啤酒，那是从木桶中新鲜流出来的，也很乐意来一杯格罗格酒，享受这简单社交的乐趣。[35]或许他有时只是想从柯西玛为了庄重的尊严而训练出的举止中休息一会儿，歌手莉莉·雷曼就记录说，如果他太过频繁地说萨克森方言或者口音太重，或者太过粗俗地表现出爱开玩笑的一面，在开心时忍不住想要来一番倒立，她就会投来责备的目光。指挥家费利克斯·莫特尔在日记中也强调了这对夫妻之间的这种摩擦点，永恒的贵妇柯西玛和爱逗乐的瓦格纳。瓦格纳对他说：“对我的妻子来说，我还不够优雅。”[36]可是，她是如此爱他，甚至在他浅淡的眉毛上看到“他的天性中完全没有动物性的存在”（*CT*，1878年7月27日）。

总而言之，理查德·瓦格纳这个“可怜的、深受困扰的音乐节主办者”——他在1873年2月17日写给市长特奥多尔·蒙克尔的信中如此自称——本可以在拜罗伊特度过美好的时光；但这里糟糕的天气使他越来越频繁地逃往意大利。

34

“最后一张牌”

图96　妄想平和别墅里瓦格纳的书房：柯西玛、理查德·瓦格纳、弗朗茨·李斯特、汉斯·冯·沃尔措根。

意大利之旅

再次举办音乐节的经济基础得以确立之后，《帕西法尔》的作曲工作得以迅速展开，尽管出现了一种奇怪的情况，在没有明显的外部压力的情况下，瓦格纳经常会中断工作，来写作他后来的那些“理论文章”，主要也就是一些改写的文章。这就产生了奇特的按时间顺序排列的碎片，对其加以解释并不困难：1877年9月25日至1878年1月31日：《帕西法尔》第一幕的管弦乐草稿/3月12日：文章《现代》收尾/1878年3月13日至10月11日：《帕西法尔》第二幕/10月11日：文章《时间与空间中的观众》收尾/1878年11月14日至1879年4月26日：《帕西法尔》第三幕/5月13日：文章《我们希望吗?》收尾/1879年8月23日：《帕西法尔》总谱开始誊清，因《宗教与艺术》(1880年7月19日收尾)、《这种认识有什么用?》(1880年10月25日)、《认识你自己》(1881年1月)以及《英雄气概与基督教》(1881年8月23日至9月4日)中断。这位年迈的大师需要这些“交替”来恢复精神，抑或是在增加压力，通过积极的紧张状态来提升创造力？两种情况都是有可能的，它们都是早年工作景象的一部分。

在此期间，从1879年12月至1880年10月，瓦格纳进行了将近一年的意大利之旅，在他看来这才是真正令人精神一振的事情。在那不勒斯，他遇到了恩格尔贝特·洪佩尔丁克，然后他去了罗马、佩鲁贾和锡耶纳，他在锡耶纳等待李斯特。大部分时间里，他住在那不勒斯附近的丹格里别墅，在那里可以欣赏到那不勒斯海湾和维苏威火山的风光。在这里，他还写完了自传《我的生平》。为他提供了《帕西法尔》服装灵感的俄国画家保罗·冯·茹科夫斯基也加入了他的旅程，像家人一般与瓦格纳一家待在一起。[1]1880年6月，瓦格纳花了三个晚上的时间为他的客人们朗诵了埃斯库罗斯的《俄瑞斯忒亚》，他自少时便将这部剧作视如戏剧艺术中的一颗恒星。达尼埃拉·冯·比洛在其母柯西玛的日记附录中写道，瓦格纳曾在死前不久说，他对埃斯库罗斯的钦佩依然每天增长(*CT*,1883年2月11日)。

意大利为瓦格纳在《帕西法尔》上的工作提供了进一步的具体灵感。1880年5月，他在卢佛罗宫的游客留言簿上写道，“克灵索尔的魔法花园找到了”。卢佛罗宫有一座美丽的玫瑰园，瓦格纳在这里看到了克灵索尔的王国的模样。圣杯神殿的设计也受到意大利建筑的启发，即锡耶纳大教堂。在意大利，瓦格纳与他的儿子西格弗里德的关系也更为亲密。1880年4月13日，柯西玛在日记中写道，这对父子在“互相吹口哨”交流，一天后，理查德告诉她，这很不错：“从前是一只鹦鹉回答我，现在是一个儿子。”（*CT*，1880年4月14日）1880年6月6日为西格弗里德十一岁的生日，父亲送给他一本关于美国的书；1880年6月1日，父亲还开心地揽着儿子请帕斯夸莱·比翁迪在那不勒斯拍了合影。在意大利，西格弗里德觉醒了对建筑的兴趣，他1881年冬天绘制完成了巴勒莫大教堂的素描，后来他学习了建筑，随后才成为拜罗伊特音乐节的指挥和导演。

绕道去了一趟威尼斯后，全家人于1880年10月返回慕尼黑。在瓦格纳的“御用肖像画家”弗朗茨·冯·伦巴赫家里举行了一次艺术展，对于国王，则要奉上《帕西法尔》的前奏曲和一场《罗恩格林》的单独演出；这是瓦格纳与路德维希二世的最后一次会面。它以一场不快告终，因为瓦格纳先后指挥了两遍《帕西法尔》序曲之后，他应当再指挥《罗恩格林》的序曲，但他把这个任务交给了赫尔曼·列维。[2]1880年11月17日，他们回到拜罗伊特。

《尼伯龙人的指环》在莱比锡和柏林上演

1876年开始的长期发展在1880年迎来了重要转折点。曾经共同经历了《尼伯龙人的指环》首演的安杰洛·诺伊曼，继续表达他对重演这部作品的兴趣。直到得知了灾难性的财务亏空之后，瓦格纳才放弃了对诺伊曼的拖延战术，把拜罗伊特的舞台布景卖给了他。借此，诺伊曼第一次在拜罗伊特之外完整演出了《尼伯龙人的指环》(莱比锡，1878年4月28/29日，9月21/22日)。他在1880年再一次证明了音乐节的普适性，6月13日和17日于莱比锡再次上演这部剧。这是安杰洛·诺伊曼对瓦格纳作品的第一部大制作，是他后来的“瓦格纳巡回剧团”的初始阶段。诺伊曼对瓦格纳展现出无限的敬佩之情，而另一方面，此事“仅限于经济利益”。[3]根据柯西玛的日记，瓦格纳觉得，因1876年重办拜罗伊特音乐节经济上的不可能性而将《尼伯龙人的指环》交给这个犹太戏剧人诺伊曼，是一种羞辱。根据T. 哈泽的观点，诺伊曼“对于欧洲范围内接受瓦格纳的影响功不可没。[……]为了正确表达瓦格纳的意图，诺伊曼的演出严格遵循[拜罗伊特的]原版，从双方书信中可以看出，这是受到瓦格纳本人监督的”。[4]或许可以将诺伊曼视作他那一代人中最有才华、最为自信的戏剧经理人之一，不要忘了，他在莱比锡取得了突破，而那里只有一座“普通的”城市剧院，没有宫廷剧院(以及相对来说更庞大的资源)。这部作品1878年在莱比锡复活节博览会上的演出非常成功，李斯特甚至写道，它在很多方面都超过

图97 莱比锡歌剧导演安杰洛·诺伊曼首次在瓦格纳的出生地莱比锡全本上演《尼伯龙人的指环》(1880)，驳斥了自1876年起流传开的说这部篇幅巨大的作品不适合于演出的流言蜚语。

了拜罗伊特。瓦格纳被成功的消息振奋，于4月30日给诺伊曼发去电报：“我的故乡莱比锡是有福的，它有如此果敢的剧院领导人。”[5]

这鼓励了诺伊曼，促使他从1881年5月5日至9日在维多利亚剧院举行了《尼伯龙人的指环》的柏林首演。瓦格纳抵达柏林的那一天，刚刚在这里以清唱剧《基督》和比洛设计的一场音乐晚会取得巨大成功的李斯特动身前往弗赖堡，两人没有相见，这令理查德和柯西玛感到沮丧。不过，《尼伯龙人的指环》取得了巨大的成功，政界高层与社会名流悉数到场；皇帝生病了，但是他的家人全都来了。瓦格纳也在场，据说他对诺伊曼说：“这部作品很难再如此完美地演出了。”[6]

观众席中坐着无数王公贵族。人们喜爱瓦格纳，是因为观众席散发的光芒；人们拼命鼓掌，却几乎什么都不必付出。瓦格纳诅咒柏林的势利小人；在维多利亚剧院，他因太过疲惫而拒绝了皇储弗里德里希送来的1881年5月9日《诸神的黄昏》结束后举办的皇室招待会的邀请。这变成了一桩社交丑闻。

继莱比锡和柏林之后，诺伊曼带着他的“瓦格纳巡回剧团”进行了180多场演出，先是在伦敦（1882），1889年之前还去了许多其他城市（包括阿姆斯特丹、巴塞尔、不来梅、布雷斯劳、布鲁塞尔、布达佩斯、汉堡、基辅、莫斯科、斯图加特、圣彼得堡、威尼斯）。如此一来，他把《尼伯龙人的指环》带向了全欧洲，并证明了它曾被许多“专家”怀疑的进行演出、进入汇编曲目的能力。[7]

瓦格纳似乎仍不相信这些最终如此光彩夺目的前景。1871年返回德国之后出现的对“德意志精神”的自我认同，在他身上只保持到1876年；音乐节的财务灾难迫使他重新思考。柏林的《尼伯龙人的指环》演出和诺伊曼的活动虽然带来了无尽的名声，但并未创造新的能够维持拜罗伊特音乐节之存续的财务关系。因此，作曲家打出了他的“最后一张牌”：一个虽然愿意为了他的艺术鼓掌却不愿为它付钱的帝国，必然是个贫弱的种族，迫切需要救赎。瓦格纳写道：“戈比诺说，日耳曼人是自然打出的最后一张牌。《帕西法尔》就是我的最后一张牌。”这个经常被引用的句子是具有多重含义的；它也可以解释为对戈比诺的反驳，瓦格纳与他的观点无论如何也并非完全一致的。尽管如此，《帕西法尔》还是需要瓦格纳付出全部力量。经过从未有艺术家在舞台上如此付出过的努力，《帕西法尔》1882年7月26日首演的基础已经准备好了。甚至很快就有了一份内部杂志，即汉斯·冯·沃尔措根领导的《拜罗伊特报》。[8]按照当时的标准，就连迈耶贝尔为他的巴黎首演所做的精心准备也达不到这一点！这份“拜罗伊特赞助协会月刊”成为瓦格纳的个人思想与他自制的救赎宗教的传声筒；大师本人也热切地为刊物供稿。他这么做可不缺乏驱动力。

朱迪·戈蒂埃

《帕西法尔》的工作进展得惊人顺利。只有一个问题：《帕西法尔》中的一个关键人物，昆德莉，一个犹太女人，应当是诱人堕落的、令人反感的，同时又要是美丽的；帕西法尔必须抗拒她，才能拯救圣杯之国于现代性的侵害。这个故事同时在纯粹的音乐方面通过一个极其人性的和普适的表达加倍了，这是作曲家从未面临过的矛盾又复杂的任务。瓦格纳出色地完成了这项任务，正如罗伯特·古特曼所言，《帕西法尔》既是奇迹，也是噩梦。

为了以只有瓦格纳掌握的高超技能来实现这一奇迹，他需要各种灵感。除了写作激励人心的文章之外，他还回忆起了他以前使用过的手段：毒品——以及一段危险的、事实上是无望的爱情！他与朱迪·戈蒂埃，法国著名作家泰奥菲勒·戈蒂埃的极具吸引力的女儿，展开了一场多情的书信往来。他是在他的儿子西格弗里德出生（1869年6月6日）的五个星期之前在特里布申结识她的。那时她只有二十三岁，是对他非常友好的评论家卡蒂勒·孟戴斯的妻子。她此前就已成为瓦格纳的仰慕者，高度赞扬巴黎的《罗恩格林》演出，甚至在普法战争期间他们依然保持通信。1876年，与丈夫分居两年后，朱迪·戈蒂埃前往拜罗伊特观看《尼伯龙人的指环》的首演，瓦格纳爱上了她。这演变成了一场外遇吗？根据瓦格纳写给她的信，它们是极其矫揉造作的法语和少女般痴情的结合体，我们可以猜测：他的理发师施纳保夫在她离开后帮助他们秘密地书信往来。“您的拥抱令我陶醉，是我此生最大的骄傲。这是诸神最后的礼物。”他在给她的一封未标明日期的信中写道。[9]

图98 朱迪·戈蒂埃，瓦格纳最后的缪斯，作家和巴黎上流社会的明星，激发了大师创作《帕西法尔》中昆德莉形象的灵感。当时的珂罗版画。

为了激发创作的感官，朱迪还要为年迈的大师从巴黎购买大量的香水和织物，尤其是昂贵的绸缎，他最喜欢的颜色是某种粉红色调，1877年12月的一封信中写道：“我迷上了某种再也找不到了的颜色：类似于某种麂皮色或肉色（啊，如果那是您肉体的颜色，那么我就有了我想要的粉红！）”[10]但是，当瓦格纳邀请她去伦敦，他要在那里举办音乐会，她却没有回应。在她的巴黎圈子中，她从未发表过指向外遇的声明。然而，他通过她得到了性的刺激，这是毫无疑问的。1878年2月，

图99 画家胡戈·L. 布劳内在约1906年为昆德莉创作了最好的绘画作品，并从音乐中读出了作曲家在写给他最后的缪斯的书信中表达出来并投射于其最后的女主人公身上的深刻的感官性。

瓦格纳完成《帕西法尔》第一幕的作曲之后，书信往来突然中止。或许是柯西玛发觉了这段关系，或许是他向她承认了这一点，无论如何，这一发现对柯西玛来说都是非常痛苦的，见于她1878年2月12日的日记。1881年，朱迪又在拜罗伊特出现了四天，这次她是为了将《帕西法尔》翻译成法文。晚上，她与李斯特和瓦格纳一起玩惠斯特纸牌；[11]柯西玛惊讶于她的"相当开放的衣饰"（*CT*，1881年9月27日）。

多亏了朱迪，瓦格纳才能在淫靡的香气和在他的手指下如身体的凹凸一般滑动的丝绸锦缎的褶皱构成的幻象中去看、去感知、去摸索——恢宏的与醉人的体验，这是他在开始创作第二幕时，在花园少女与昆德莉的场景中所需要的。在他1877年11月4日与1877年12月4日致朱迪·戈蒂埃的信中，瓦格纳直接将他（或许只是梦想中的？）和她之间的爱情经历与花园少女和昆德莉的诱惑场景结合在了一起。朱迪是犹太作家卡蒂勒·孟戴斯的前妻，后来成为犹太音乐家贝内迪克图斯的女友，她所形成的性张力给他带来的那种艺术创造力，进入了他最后一部作品带有犹太色彩的昆德莉形象之中。昆德莉在同时受到贬抑与抬高之时，或许已经成为瓦格纳最复杂的女性形象。她拥有耀目的吸引力，就像那位极具魅力的朱迪·戈蒂埃一样，让《帕西法尔》那没有她就几乎不能成立的情节变得可信了。

针对犹太人的投机手段

在拜罗伊特时期，瓦格纳奉行一种差异化的反犹主义策略。1871年5月31日致莱比锡的作品集出版商恩斯特·威廉·弗里奇的书信颇具代表性，信中涉及对前景的展望，即作品集的“规划”：“比如《犹太性》[指《音乐中的犹太性》]，我在规划中另起了一个标题，以免冒犯某些可怜的魔鬼。其主旨却仍是保留的。”[12]如果瓦格纳在接下来的几年中拒绝签署针对犹太人的公开声明，这绝不意味着思想的转变——有一部分瓦格纳研究这样认为——而是符合上述信件中的趋势：对外采取温和但基本上是机会主义的行为，但“主旨上”是对犹太性的坚定拒绝。[13]迄今为止，在已知的日期标注为1871年至1882年夏天的文件中，没有任何一份文件的态度是与上述信件中表达的策略背道而驰的。[14]在这种背景下，瓦格纳1881年2月23日写给安杰洛·诺伊曼的信就经常得到错误的解释，瓦格纳在信中说，他“完全远离当前的‘反犹主义’运动”。[15]我们必须考虑，如果瓦格纳没有给安杰洛·诺伊曼上述克制性的解释，将会是什么情况：如果瓦格纳在这个时间点投入反犹主义的政治宣传并签署福斯特的国会请愿书，那么《尼伯龙人的指环》在帝国首都柏林的演出，以及后面许多场在欧洲其他城市的演出——诺伊曼的“瓦格纳巡回剧团”对这些演出拥有近乎排他性的许可——就肯定会被取消。[16]自1876年的财务灾难以来，诺伊曼就是瓦格纳的声望的最有效传播者。因此，实用主义者瓦格纳认为高尚的克制是更好的。[17]然而，柯西玛的一条笔记表明了他话中的含义：瓦格纳“赞成完全驱逐”犹太人(*CT*, 1879年10月11日)，这便已经远远超越了反犹主义鼓吹者，尼采的妹夫伯恩哈德·福斯特的立场。瓦格纳夫妇为此开怀而笑，并坚信“看来确实是他关于犹太人的文章开启了这场斗争”。这个“反犹主义运动”——主要是1880/1881年由福斯特和所谓的柏林运动向帝国宰相和普鲁士首相奥托·冯·俾斯麦提交的请愿书——要求撤销犹太人的基本平等法案；但这份请愿书被认为是粗俗的；甚至极端的反犹主义者特赖奇克也拒绝签字。拒绝了它的瓦格纳，是与那些培养出更微妙的，尤其是文化上的反犹主义的人站在一起的。在这种情况下，战后的瓦格纳研究中诊断出的所谓这个时期的反犹主义令年迈的瓦格纳“厌恶”的结论，是一个致命的错误。对他晚年的文章，即“复兴文章”的分析表明，瓦格纳一生中没有任何公开记录表明他的反犹主义的削弱。[18]在这方面所构建的一切，都是基于有选择的引用；相反，这些文章为如何将社会从外来的，特别是犹太的“污染”中“治愈”提供了指示，因此直到1882年7月第二届拜罗伊特音乐节开幕，瓦格纳对犹太人的敌意都一直具有攻击性。

文化复兴的宗教作为治愈现代性的药剂

我们应当了解瓦格纳关于现代性的噩梦，这样才能了解他所谓的“文化复兴”。早在系列文章《什么是德意志？》(1865/1878；*GSD*，卷X，36)中他就写道，“犹太人”不仅是原本不通金钱事务的欧洲人民的金融剥削者，而且也是艺术文化的破坏者，导致艺术文化最终只剩下一幅讽刺画：一幅“令人作呕的德意志精神扭曲图像”。就连1849年革命的失败也应当由犹太人及其新闻媒体负责，它们恰恰代表了“法兰西—犹太德意志的民主”。[19]在这个特殊的时刻，反犹主义的冲动与现代性的主要概念民主联系到了一起，并立刻使这一概念变得可鄙。在用心近乎险恶的文章《现代》(1878)中，瓦格纳表述得更为清晰，并将

“现代性对我们文化发展的干扰”归结为“犹太新闻业”的“语言扭曲”(*GSD*,卷X,56)。瓦格纳花了七页的篇幅,不厌其烦地反对这种法国风尚;他甚至嘲笑了“自由的犹太性”,“现代的犹太世界”:术语的整合在这里完成了。正是这个现代的犹太世界,“尤其对我们德意志人来说”是“非常危险的”。

1878年,即他在1876年遭遇财务危机之后两年,阻止德意志人真正变得德意志的神秘恶棍被包围了:犹太人以及他们所塑造的现代性。1840年代的私敌——迈耶贝尔和犹太报界——已经被投射到了民族的层面。瓦格纳的分析完全是荒谬的,由于“尼伯龙人计划”在艺术上(但尚未在经济上)取得成功,他便以民族的医生和教育者自居。于是,他很快投入“复兴文章”的撰写之中,这将有助于这一目标的实现。

直到1876年,瓦格纳都认为,“文化复兴”必须在国家的主导下进行。在他与柯西玛和路德维希二世的书信往来中,提到过许多次通过“神圣艺术的旗帜”使理想的德意志民族“重生”。[20]但是在他看来,国家所主导的文化复兴应当以对音乐节事务的巨额补贴来体现。以柏林为统治中心的(普鲁士)帝国在瓦格纳眼中已经丧失了资格,已被证明没有能力履行其“崇高的任务”,即文化复兴。这是《我们希望吗?》一文的主要观点,瓦格纳在1879年完成《帕西法尔》的作曲之后,就立即以这篇文章开启了其世界观方面的晚期著作(*GSD*,卷X,118—136)。在瓦格纳看来,“未来的艺术作品”的实现取决于他所要求的文化整体状况的改善。“我们的外在和内在社会生活的可怕结构”促使他发问,“应该寄希望于何人”。无论如何,国家和教会都是应当排除的;与路德一起,人们只能说:“我们必须希望。”由于德意志人并非注定要成为“统治者,而是要成为世界的改造者”,所以他“唯一能够放在心上的就是[……]以一个明晰无误的例子来说明,德意志精神的某些气质可以明确地表现出来，其他任何民族都是不可能具有这种表现的，并建议执政的社会力量以之为长久的援护”。对于瓦格纳来说，是时候打出“最后一张牌”了。根据柯西玛1881年3月28日的日记，他指的是他的《帕西法尔》。这部“告别世界之作”展现了《我们希望吗？》中所宣告的事业的艺术层面。

在《宗教与艺术》(1880；*GSD*，卷X，211—253)中，瓦格纳首先明确了“宗教”以其传统的，主要是教会组织的形式的破产。他以一种艺术宗教来反对它，“瓦格纳式的”艺术宗教能够代替“天主教的—耶稣会的—希伯来的”宗教：它应当通过文化上的、基于“血统”价值的更新，为处于完全腐败状态的“日耳曼精神”带来真正的救赎。瓦格纳首先描述了宗教的崩溃；在“难以置信的教条符号”的“积累”中，他看到某种堕落，他将其归因于基督教源于犹太教的“错误”派生。犹太教破坏了整个文化、道德、科学和艺术。但是，基督教能够得到拯救，因为“耶稣本人是否犹太人，疑问还是很大的”。在这种情况下，日耳曼文化也可以重新得到治愈：抛弃“现代战争文明”的弊端，效仿“素食主义者、动物保护者以及与酗酒作斗争的人”，并在一定范围内聆听“如今社会主义的那些值得注意的”要求就足够了。在从这种“人类的复兴”中产生的“良知的平静”状态中，将会“感知到这种世界存在的巨大悲剧”，而“注视着十字架上的救世主”便是“最后的崇高安慰”。这一“世界悲剧”的调停人是“艺术诗人”，而这位“诗意的祭司”是“唯一从不撒谎的人”，因为“真正的艺术”与“真正的宗教是完美而一”的。惊人的是他为那种伪宗教的未来见解找到的不虔诚也不那么理想主义的理由：所有这一切都是必要的，因为“即使在公众面前取得令人尊敬和羡慕的成功，也令我非常不满”。瓦格纳的思想依然旨在最大化他的成功：因为这种艺术极权主义依然缺乏稳定的经济基础。

《宗教与艺术》的补遗几个月后才出版。在第一篇《这种知识有什么用?》(1881; *GSD*, 卷X, 253—263)中,他声称艺术作品能够取代宗教。这一观念来自浪漫艺术,瓦格纳把它与《帕西法尔》联系起来,但并没有提及作品的名称。他称这种作品的内容是原始意义上的基督教式的,以其三个主要概念“爱、信、望”来表达。(这同样是神话般的粉饰,因为根据柯西玛1878年10月21日的日记,瓦格纳承认,他在构思《帕西法尔》时“从未想到过救世主”。)瓦格纳继续写道,“望”比“爱”和“信”都更为重要,而这种希望也决定了新的、这篇文章以之为结束的所有瓦格纳一开始就追随的“信条”:

> 我们认识到历史上的人类衰落的原因,以及其复兴的必要性;我们相信这种复兴的可能性,并竭尽所能致力于它的实现。(*GSD*,卷X,263)

在另一篇文章《认识你自己》(1881; *GSD*, 卷X, 263—274)之中,瓦格纳再次解释了“历史上的人类衰落”的原因。这篇文章将反犹主义称作“科学知识”。在这里,瓦格纳的文明批评主要与对财产和资本主义的批评有关;犹太人虽然不是金钱的发明者,“从无到有的赚钱艺术就是我们的文明自己发明的”,但犹太人是获利者,他们是“专家,我们是傻瓜”。[21] 在这篇“讨论问题”的文章结尾,表现了瓦格纳的致命问题能够实现“伟大的解决”——“当不再存在犹太人时”……没有证据表明,瓦格纳将这种“伟大的解决”视为一种暴力行为。但是依据1933—1945年的经验,我们就会为这种表述感到毛骨悚然,即便不应当将它与奥斯维辛联系在一起,因为在瓦格纳时代,工业化的集体屠杀还是不可想象的。[22]

与种族理论家阿蒂尔·戈比诺的相遇

瓦格纳生前发表的最后一篇文章是《英雄气概与基督教》(1881;*GSD*,卷X,275—285)。瓦格纳先是概述了阿蒂尔·戈比诺(1816—1882)伯爵的论点,他在1881年研究了此人的主要作品《人种不平等论》(1853—1855)。

戈比诺是一名游历丰富的外交官,并曾短暂地担任外交部长,却自觉有作家的使命,一生中取得了相当大的文学成就,但是在推行他的《人种不平等论》,一种全面的种族理论方面,却遇到了困难。自1877年以来,他过着退隐的生活,而那部意识形态作品在相当晚的时候才引起共鸣。到1883年,它只卖出500册——对瓦格纳来说,要买到一本也很困难。[23]戈比诺首次根据种族原则对世界历史进行了全面的解释。像他之前的弗里德里希·施莱格尔一样,戈比诺从"荣誉"(Ehre)一词中推导出"雅利安人"(Arier)概念,以此来颂扬雅利安种族。柯西玛的日记中有许多篇都讲到他们一起阅读这部作品。瓦格纳在1881年3月16日致路德维希二世国王的信中甚至说,他认为戈比诺的理论"极其大胆,但博大精深"。瓦格纳夫妇都被种族问题吸引,但与戈比诺也有分歧,他们也探讨这一理论在多大程度上能与叔本华的哲学相吻合(*CT*,1882年10月16日)。

1876年在罗马的一个大型社交场所,瓦格纳第一次见到了戈比诺,彼此之间没有留下什么深刻的印象。1880年10月在威尼斯第二次见面时,他们对彼此表现出了更大的兴趣。戈比诺对瓦格纳的博学惊叹不已,而当戈比诺谴责《堂吉诃德》的作者塞万提斯,认为他嘲讽了人类最高贵的创造之一骑士阶层时,瓦格纳也在仔细聆听。[24]1881年,瓦格纳开始阅读戈比诺的作品，邀请这位法国人来拜罗伊特，从5月11日到6月7日，他们一起在这里度过了许多时光。戈比诺虽然出身于市民阶层，却自诩为贵族，极为傲气，瓦格纳对此感到不满是不可避免的。柯西玛1881年5月18日的记录非常清楚地说明了这一点，而令人感到宽慰的是，瓦格纳并未完全忘却和压制他早年的一切共和思想。戈比诺在一次谈话中抱怨爱尔兰人懒惰而无用。瓦格纳生起气来，大声申斥英国贵族强加给了爱尔兰人不合理的义务，在这种情况下他也不会愿意工作的。[25]

正当瓦格纳站上他声望的顶峰之时，戈比诺成了一个隐者和愤世嫉俗的人。[26]柯西玛的日记表达了对这个脾气暴躁的人的同情，但由于他的悲观主义以及对生活的敌视，她也表达出一定的困惑。戈比诺的思想对瓦格纳的最后一篇文章有很大的影响。

在《英雄气概与基督教》最前面的几段中，瓦格纳似乎与戈比诺达成共识，因为假定白种人更为优越，只是因为他们显示出更多的意志力和更敏锐的才智，但瓦格纳随后提出反驳，他指出，如果意志力变得独立且过于强大，反而会对人类有害。他指责戈比诺抛弃了基督教，抛弃了基督为人类牺牲所付出的一切（*CT*，1882年4月23日）。戈比诺虽然在他的作品中承认了天主教的传统，即所有人种都有一个共同的起源（独生之神），但认为人类在全球范围内的传播以及对不同生活环境的适应导致了种族根本上的不平等。戈比诺声称，白种人比其他种族都要优越；优越之处在于更高的文明成就以及更高的感性，这使他们具有最高的“承受能力”。这些主要存在于雅利安人种之中，他们是最后的保持纯净的日耳曼人。

瓦格纳称这些稀有的样本为“英雄秉性”，他将他的西格弗里德和赫拉克勒斯视为其中特别杰出的例子。对他们而言，种族的纯净是至高的信条："骄傲的美德是敏感的，承受不了任何妥协，例如血统的混杂。"然而，比骄傲的英雄更伟大的——骄傲在这篇文章的背景下是一种双面的品质——是基督教的英雄，尤其是耶稣。在他面前，种族问题就过时了："救世主的血，从他的头上，从他十字架上的伤口中流出——谁还想亵渎地问，他是属于白种人，抑或其他什么种族？"瓦格纳自己给出了这个问题的答案，这个答案引出了《帕西法尔》。

> 如果我们称其为神圣的，那么它的源头就只能在我们所约称的人类的统一性，亦即在有意识痛苦的能力中预示出来。我们必须将这一能力视为自然在其形成的上升过程中达到的最后阶段。

听起来似乎是，瓦格纳在晚年思考了基督教的某些方面，以便从中为《帕西法尔》构建起思想的大厦。然而现在，我们必须有些失望地认识到，对瓦格纳来说，基督之血绝不像福音使徒马太所说，是"为多人流出来，使罪得赦"。在瓦格纳这里，情况完全不同。

> 救世主血管中的血液可能[……]作为人这一物种本身的神性升华而流淌出来，以拯救其最高贵的种族。[……]在那奇迹般的诞生之中升华的血液[……]将自身奉献给全人类，使其经由他的血渍而得到最崇高的净化。(*GSD*，卷X，282)

如此一来，耶稣的血就成了"解毒剂"，成了治疗"种族衰退"的圣药，并且就像神迹般的改变容貌一样，它也会带来犹太血统的复兴，最终导致一个非犹太的"救世主"的出现：一个纯雅利安的、得到了救赎的基督！他当然是**反犹**的。[27]尽管这种“神迹般的”血统升华具有治愈的效力，但人们并不能从中得出“可怕的”结论，即“人类注定会实现完全的平等”。尽管这段话已经被引用过，但在这里也不可或缺，因为要注意其后续：高等种族统治并剥削低等种族所依赖的世界秩序，尽管是不道德的，但“在自然的意义上完全是合理的”！通过种族混血实现的某种“可能的平等”虽然是不美的，但在基督教的意义上却更具道德。[28]这是对先前所表达的种族主义倾向的收回吗？瓦格纳能够接受他认为“不美”的东西吗？但是，在“不道德”一词至少出现过一次、瓦格纳的思想转变似乎是可以想象的段落，这最后一篇文章戛然而止了。转变的可能依然模糊。它将部分地出现在瓦格纳的私下考虑之中（见最后一章），但不会出现在任何瓦格纳的出版物里。

瓦格纳在某些方面误解了戈比诺。戈比诺想以他的种族理论来帮助解释法国大革命中旧制度的毁灭，这是亚历克西·德·托克维尔这样的当时的批评家所意识到了的。但是，瓦格纳开启了对戈比诺的接受，1853—1855年的这部《人种不平等论》被视为客观的历史—人类学研究。在接下来的时代中，德国的这种接受还给戈比诺加上了一层不断蔓延的反犹主义色彩。戈比诺的翻译者路德维希·舍曼（1852—1938）和他1894年成立的戈比诺协会，把《人种不平等论》作为“雅利安人”与“闪米特人”之间种族斗争的主要论据，尽管这位法国原作者将犹太人视为白种人的一部分。[29]“复兴文章”中已经预示了舍曼的这种趋势。

1883年，这些不祥的文章与《帕西法尔》的文本一起收录于瓦格纳十卷本的作品集中大肆销售，并至少在文化领域为导致1933年的心态的形成做出了重大贡献。由于《帕西法尔》直到1913年都只在拜罗伊特节日剧院演出，“复兴文章”就作为大师亲笔写下的对《帕西法尔》的通行解释,作为他的“遗言”而出版。

然而,瓦格纳晚年文章造成的问题重重的影响史并没有在1933年结束。对它们的深入研究本可以阻止自1950年以来的半个世纪在“铁幕”的东西两边对德国乐剧的武断阐释:瓦格纳在这边被当作一个忠诚的、无神论的共产主义者,在那边被当作一个反资本主义的社会主义者,甚至是一个模范基督徒。每个人都应当接近他们心目中的瓦格纳。[30]

《帕西法尔》的筹备与首演;圣杯钟声的制造

《英雄气概与基督教》是瓦格纳中断《帕西法尔》的总谱制作而写出的最后一篇文章(1881年8月23日至9月4日)。这部“告别世界之作”的总谱于1882年1月13日完成;当时作曲家已经身处巴勒莫,他是在11月1日乘火车到达那里的。他下榻在棕榈旅馆,这家旅馆栽种的热带植物使人迷恋,比如纤长的棕榈树,旅馆的名字就是因此而来的,还有大片的仙人掌和芦荟。瓦格纳一家住在二楼;一个通往花园的阳光房紧邻着居住区域,在凉爽的天气里也能保证温暖的时光。他与鲁宾斯坦讨论《帕西法尔》的乐器的重要性,晚上活力四射地朗诵莎士比亚的戏剧,仿佛重新焕发了青春,还阅读了戈特弗里德·凯勒的传奇故事集《箴言诗》。南方对他有好处。曾在1882年1月在巴勒莫拜访过他并为他画过一幅肖像的奥古斯特·雷诺阿,在写信给一位巴黎朋友时说,瓦格纳开朗风趣,他们谈论了音乐中的印象派,而瓦格纳再次口出恶言。“他厌恶德国犹太人。”雷诺阿写道。[31]李斯特、戈比诺和沃尔措根都没有接受瓦格纳发出的前来此处的邀请,这让他很难过。

不过,音乐节还需要大量的准备工作。4月10日,瓦格纳一家踏上归途,经墨西拿、那不勒斯和威尼斯回到德国;5月1日,他们回到拜罗伊特，阿蒂尔·德·戈比诺伯爵接下来从5月11日到5月17日第二次也是最后一次拜访了他。他们两人绝不是完全意见一致的，但是他们都太过老迈，也太过病弱，无法再对彼此发起挑衅。他们避免谈起有争议的话题；比如，戈比诺就绝不提起瓦格纳的反犹主义。柯西玛的日记显示，他们探讨了波斯艺术，谈论了诺曼人和萨克森人。对戈比诺鄙视市民阶层、抬高贵族主义感到愤怒的任务，这次留给了俄国画家保罗·茹科夫斯基。

1882年10月13日，阿蒂尔·戈比诺死于利古里亚的一间旅馆里——他接受了傅油圣事，尽管他排斥基督教。瓦格纳于十二天后得知这一消息，并让柯西玛在《拜罗伊特报》上刊登了讣告。与一些传记作者（如格雷戈尔-德林）所主张的不同的是，戈比诺的死对瓦格纳影响很大。柯西玛在10月25日写道，她的丈夫非常紧张，他们一整天都在谈论这件事，瓦格纳唱出了他《诸神的黄昏》中葬礼进行曲的头几个小节。在随后的日子中，他们还不停地会想到这位“朋友”。

1882年5月22日，瓦格纳庆祝了自己的六十九岁生日。洪佩尔丁克在安想平和别墅“大厅”的画廊里，指挥男童合唱团表演了《帕西法尔》的第一幕结束片段。他又对服装和装饰感到不满。柯西玛不知道她是应该对他安排一切感到可怕还是可笑。但经过许多次更改，作

Bayreuther Blätter.

Monatschrift
des Bayreuther Patronatvereines.
Unter Mitwirkung
Richard Wagner's
redigirt
von
HANS VON WOLZOGEN.

Erster Jahrgang 1878.

图100　汉斯·冯·沃尔措根在瓦格纳的推动下出版的《拜罗伊特报》创刊号，它最初是一份具有反犹主义倾向的高傲反动的布道书，到1938年闭刊前已经变成了激进的战斗檄文。

曲家终于与供货商达成一致。

瓦格纳从四年前开始就在操心圣杯钟声的制造。“这里的铸工正在铸造《帕西法尔》的钟。”柯西玛在1878年2月25日记录道。根据作曲家的意愿，它的声音应当比维也纳圣司提反大教堂最深沉的钟声低20个音阶。根据柯西玛的记录，他在1879年3月7日写下了古尔内曼茨和帕西法尔从远处听到的钟声的和声顺序。1881年8月8日下午，他从拜罗伊特向爱德华·施泰因格雷贝尔下达了制造这件乐器的最终指令，这或许是他除了瓦格纳低音号之外最著名的特殊乐器：一架非常特别的钢琴，只有C–G–A–E四个音，而不是像通常的钢琴一样有88个键。1882年首演上较明亮的泛音是用锣敲出的，后来也用过内含锯片的发条盒。沃尔夫冈·瓦格纳后来将1882年的施泰因格雷贝尔钢琴与穆格合成器结合起来，而如今拜罗伊特的圣杯钟声主要来自录音带。[32]

7月2日，在赫尔曼·列维的指挥下，《帕西法尔》开始了舞台排练；路德维希二世只愿意在带上宫廷乐队长列维的条件下借给瓦格纳他的宫廷乐团。列维觉得他在拜罗伊特受到可疑的监视，于是便离开了。瓦格纳给他写了一封挽留的信，信中写道：“请您加深对我们的了解！”这位指挥家又回到了拜罗伊特。斯特凡·默施在他的研究中表明，柯西玛和理查德·瓦格纳认为，让一个犹太人来指挥《帕西法尔》的想法是不得体的。因此，他们给列维送去了《认识你自己》这篇文章，瓦格纳在文中对所谓的“犹太人的渗入所导致的毫无防备的德意志民族的衰落”（*SD*，卷X，270）大放厥词。在与列维的书信往来中，柯西玛反复提到这篇文章，而瓦格纳原本在他的反犹主义中并未区分未受洗的犹太人（迈耶贝尔）和受过洗的犹太人（门德尔松·巴托尔迪、约瑟夫·约阿希姆），却总是试图说服列维受洗，因为他自己如果坐在乐队之中“是不希望接受一个犹太人来指挥的”（*CT*，1881年1月

图101 赫尔曼·列维，慕尼黑宫廷乐队长，父亲是一位拉比，由路德维希二世国王坚持指定为《帕西法尔》首演的指挥。弗朗茨·冯·伦巴赫为他制作的给人特别深刻印象的平版印刷肖像，他想让人注意到瓦格纳对这位成名已久的指挥家的刁难。

19日）。当时的一位亲历者，指挥家费利克斯·冯·魏因加特纳认为，赫尔曼·列维的成就有多高，没有盲目采取立场的观众要到列维不再指挥之后才能做出判断。他还明确指出，瓦格纳“一开始”就拒绝了赫尔曼·列维，“就因为他是个犹太人”。[33]不幸的是，毫无疑问，瓦格纳让列维或陶西希或鲁宾斯坦这样的犹太人也清楚地感受到了他的反犹主义。

安东·布鲁克纳和理查德·施特劳斯也来参加了最后的排练。得到瓦格纳的承诺说可以上演他的交响曲的布鲁克纳，将《帕西法尔》给他留下的深刻印象融入了第八交响曲的最终乐章之中。那时他还没有意识到，这是他与他的音乐偶像的最后一次会面。[34]理查德·施特劳斯当时还是一名高中毕业生，是与父亲一起来的；后者是慕尼黑宫廷歌剧院的一名号手，事实上对“拜罗伊特的骗子”根本不感兴趣——他的儿子则与他完全不同，后来汉斯·冯·比洛将成为理查德·施特劳斯最大的赞助人。[35]

《帕西法尔》的总彩排在7月24日举行；第二天，所有参与人员举行了宴会，当然还有所有支持者和其他围观者；正如格拉泽纳普声称在边上听到的那样，瓦格纳私下里辱骂所有崇拜者为“蠢人”。不过，作曲家还是从1876年的错误中学到了东西；总而言之，7月26日的首演在舞台上的表现显然比《尼伯龙人的指环》那次要好得多。许多男女歌手来自维也纳宫廷歌剧院。第一幕中两幅场景之间变幻的装饰，以及一下子就沉入魔法花园的克灵索尔之塔，给人留下了深刻的印象。但令瓦格纳印象特别深刻的是第二幕中的花园少女，他在渐弱的“我们就会凋谢枯萎直至死亡”一句时给予了大声的赞扬，导致大厅中的瓦格纳追随者们对自己的偶像发出了嘘声……[36]但还是有一个巨大的遗憾：路德维希二世这次没有参加音乐节。

1882年8月29日上演了《帕西法尔》首演季的最后一场演出。在第三幕变幻音乐的第23小节时，瓦格纳从指挥赫尔曼·列维手中接过指挥棒，自己指挥作品到终场，而这部剧的整个救赎场景“充满了奇异的预兆”，后来的拜罗伊特历史学家奥托·施特罗贝尔如是说道。歌手们说，他们从未被要求过如此多的换气。[37]赫尔曼·列维在1883年8月31日写给他父亲的信中说，“作品结束时暴发出一声欢呼，任何描述都无法再现”，他还赞扬了瓦格纳指挥的稳定性，“仿佛他这一生都一直只是个指挥家”。瓦格纳自己则在音乐家之中坐了几分钟，讲了不少玩笑。[38]在歌手们大声呼唤后，瓦格纳让观众安静下来，发表了一通演讲。这部作品十分完美！

人们慢慢地离开节日剧院，离开这座弗兰肯小城，再次进入应得的安眠之中。8月30日，李斯特也离开了拜罗伊特，几乎是作为最后一位音乐节嘉宾离开的。此外，瓦格纳和李斯特还一致同意，第一个帕西法尔动机与李斯特早年的《斯特拉斯堡大教堂钟声》中的精华部分是相同的。[39]瓦格纳称李斯特的交响诗对于窃贼们来说就像一个藏宝洞，这不是没有理由的（*CT*，1878年8月29日）。

李斯特离开后，柯西玛终于可以开始为他们迫切需要的休养假期做准备了。但在我们接近瓦格纳生命的最后阶段之前，我们还想知道，他的“告别世界之作”究竟是什么样子的。

35

《帕西法尔》——一部欧洲作品

图102　瓦格纳的帕西法尔形象中明显的雌雄同体元素，并不一定适合首演时代身材魁梧的歌手类型。然而，天才的插画师弗朗茨·施塔森却很有表现力地描绘了这一点。

一部舞台节日祭祀剧

直到1876年，瓦格纳把所有的牌都押在“德意志精神”之上——但是输掉了赌局。第一届拜罗伊特音乐节以财务危机告终，这样的危机会让当时每个市民都喘不过气来——只除了一个人：瓦格纳。但即便是他也只剩下一张牌——《帕西法尔》——我们现在要紧张地跟着他，看他如何使用这张牌。人们或许会认为将看到一个顽固的思想家，在遭受如此打击之后激化民族主义和侵略态度，以向旧的和新的“仇人”复仇。在散文作家瓦格纳身上是可以看到这种倾向的。但是，作曲家和诗人瓦格纳的行为却完全相反，他没有立即变得如此，但在他的生命即将走到尽头的时候，他以惊人的平静写下了他所谓“最为和解的作品”。该剧的情节并未从戏剧性上显示出——但可以听出——作品所指范围的拓展。音乐将绕过那种将《尼伯龙人的指环》首先置于日耳曼语境下的意识形态归属可能。瓦格纳所借鉴的中世纪文献已经显示出了《帕西法尔》更为一般化的布局：他深入地研究欧洲神话，以便收集来自英格兰、西班牙、法兰西和德意志的元素，利用这些元素，这部作品可以创造出完全不同的、新的力量。它发展出一种面向所有人的语言。《帕西法尔》成了一部欧洲作品。

这种新的态度的结果是，瓦格纳指向了观众的宗教感受，他并非没有理由地期待，他的观众不仅在德国人中产生。他已经用相应的文章来让他的读者为这种转变做好了准备，但是这些文章在国外碰到的阻力要比国内碰到的大得多。因为他几乎是要消灭所有宗教，并用艺术来取代它们：

> 可以说，在宗教变得造作的情况下，艺术就注定要拯救宗教的核心，艺术通过根据其象征价值来把握神话符号，前者愿意在其本原的意义上相信它是真实的，以便通过对其的理想呈现来认识其中蕴藏的深刻真理。教士依赖于将宗教的比喻看作事实真相，但这对艺术家来说根本不重要，因为他公开和自由地将他的作品作

为他的创造物来展示。(*GSD*,卷X,211)

瓦格纳用文章《宗教与艺术》开头的这段话，就已经为他所谓的“舞台节日祭祀剧”定义了框架。瓦格纳早在1872年就使用了“舞台节日剧”这个表达，因为他的“言语—音乐—戏剧”概念并没有真正为人所接受；现在他更进一步，加入了“祭祀”这个词，它描述了戏剧对听众和观众的影响，还表明瓦格纳设计了许多仪式性场景：圣餐、涂膏、帕西法尔的濯足、昆德莉的受洗。[1]

在写作于当年11月的文章《1882年拜罗伊特的舞台节日祭祀剧》中，瓦格纳再次赋予“舞台节日祭祀剧”这个概念以更为广泛的含义：它指向“理想的自然性”，指向“庄严的朴素”，远离浮华与噱头。他称他的《帕西法尔》是一部逃避之作，并清晰地影射了他所逃离的军事上和经济上都全副武装的俾斯麦风格的德意志帝国：

> 谁能一生都以开放的胸怀和自由的心态去看待这个由谎言、欺骗和伪善组织起谋杀和抢劫并使之合法化的世界，而不会时不时地忍受可怕的厌恶呢？(*GSD*,卷X,307)

在这种显示出无与伦比的悲观主义，但也透露出非常清晰的对帝国之“赐福”的评价的时代分析基础上，瓦格纳以他唯一能够使用的财富做出了回应：艺术家的财富。如此一来，与最初的愿望相反，他创作出一部在任何意义上都绝非宗教性的艺术作品，它也并非艺术宗教，而是某种其他的、代表其自身的艺术，它“开放且自由”地使用宗教象征，以散发出新的思想。艺术家拯救了“神话符号”。但是，为什么这些是宗教的核心呢？因为对于瓦格纳来说，神话是那些指向仍然与自然融为一体的原初人类的观念内容。基督教的“核心”对瓦格纳而言就是同情：基督作为圣杯之主转化了酒和面包，正如第一幕中所说，“通过同情的爱之力量”，并将这些食物传递下去。在这个意义上，柯西玛也在1878年2月20日写信给奥托·艾泽说：“卡尔德隆用他的天才为人民将教会的教义戏剧化了，而《帕西法尔》则与任何教会，甚至任何教条都没有什么共同之处[……]《帕西法尔》继承了福音，而他的创作者继续塑造和创造，无视任何已经存在的事物。”柯西玛的归纳是否正确，还需加以验证。《帕西法尔》以及与它一体的同情戒律真的遵循着福音吗？

瓦格纳非常清楚地解释过主角的名字帕西法尔（Parsifal）：“这是个阿拉伯名字。古代的游吟诗人没有搞懂它的意思。‘Parsi-fal’的意思是：‘parsi’，请您想想崇拜火的帕西人，‘纯洁’，‘fal’意味着‘愚蠢’。从更高的意义上讲，这个人没有学识，却是个天才[……]”[2]因此，《帕西法尔》是一个纯洁的愚人的故事，他要去拯救一个狭隘的社会，最终却取得了更大的成就。瓦格纳在很大程度上是根据埃申巴赫的沃尔夫拉姆于1220年左右写作的《帕西法尔》来创作的。但自1859年以来，他就一直对这位诗人表达出极大的疑虑。

从德意志神话到欧洲神话

沃尔夫拉姆将圣杯定义为“来自天堂的石头”，[3]鸽子在每个耶稣受难日将圣餐放置于其上，但正如格拉泽纳普所恰当指出的，它只是具有“召唤出一桌美食”的作用。因为沃尔夫拉姆写道，圣杯关系着“幸福的宝藏，盛满尘世间美味的丰饶之角”。[4]这对瓦格纳来说没有意义，因此他经常对沃尔夫拉姆发出惊人的负面评价：“就算不存在沃尔夫拉姆的那首诗，他也能够写出他的这部剧，就像从民间故事中写出《唐豪瑟》一样。”(*CT*,1879年3月28日)另一次,他抱怨说,“沃尔夫拉姆的帕西法尔”其实“没有给人留下什么印象”(*CT*,1881年1月10日),他“太过迂腐”,他首先对自己说“无能为力”(*CT*,1879年6月20日),也可能是“奶妈的一个故事启发了”瓦格纳(*CT*,1881年6月17日),他被“他的无能粗暴地击退了”,格拉泽纳普记录道。

显然,正是由于对圣杯的极乐天国一般的定义过于幼稚,瓦格纳才将埃申巴赫的沃尔夫拉姆的作品主要当作原料的矿场来看待,但在精神上是部分地排斥它的,转而诉诸古代英格兰和法兰西的圣杯神话的象征与传统。瓦格纳拥有1880年出版的中世纪圣杯史诗的所有版本,它们至今保存于瓦格纳在拜罗伊特的图书馆中。瓦格纳在写给玛蒂尔德·韦森东克的两封重要的书信中提到过这些文献(1859年和1860年),后来又与柯西玛探讨过(尤其见*CT*,1877年9月27日、4月2日与10月6日)。所有这些记录在瓦格纳文献学中都没有得到足够的重视;即便是在最新的作品中,对文献的研究也没有真正超出埃申巴赫的沃尔夫拉姆的范畴。[5]在此必须以摘录的形式加以澄清,因为文献以及最重要的瓦格纳对它们的使用也对今天的解释非常重要。瓦格纳事实上创造了一个全新的圣杯神话,它不仅仅是从中古高地德语进入到新高地德语,也不仅仅在埃申巴赫的沃尔夫拉姆的有限意义上是东方的或西方的,而是更应该被称作欧洲的。因为瓦格纳所用到的血之象征,在沃尔夫拉姆那里根本不存在,却出现在英格兰和法兰西的神话之中,瓦格纳又将其与沃尔夫拉姆的元素相结合。

从1845年开始,瓦格纳就认识到了这一困境,他欣赏埃申巴赫的沃尔夫拉姆的诗作,从中却无法运用太多动机。他开始研究特鲁瓦的克雷蒂安的圣杯史诗,这是法国最古老的圣杯传说;他也拥有这部作品在当时的文字版,它也至今仍然存放在拜罗伊特的妄想平和别墅的图书馆中。[6]1859年，他就通过玛蒂尔德·韦森东克得到了特奥多尔·埃萨尔·德·拉·维尔马克（1815—1895）的《古代布列塔尼民间故事》（1842），此人是法国浪漫主义最卓越的语言学家之一，曾与格林兄弟进行过热烈的交流，格林兄弟于1851年使他被吸收为柏林艺术学院的通讯成员。瓦格纳曾多次提到他；他的《古代布列塔尼民间故事》在拜罗伊特有多个版本，因为这部作品中汇集了所有古代法兰西的圣杯故事摘要。最古老的一个是特鲁瓦的克雷蒂安创造的，因其中的昆德莉形象（柯西玛误称其为“丑女”），也因其阿姆佛塔斯形象中的特定元素，给瓦格纳留下特别深刻的印象。但给予瓦格纳的圣杯概念以决定性要素的，却是罗贝尔·德·博龙创造的几乎完全独立于克雷蒂安的较新版本（1200年之前）：瓦格纳借鉴了其中的圣杯构想，然后将之作为自己的设定。《帕西法尔》的这一核心理念在埃申巴赫的沃尔夫拉姆那里几乎没有任何线索。瓦格纳最初将他的草稿称为“法国南部的古老传说”，有趣的是对其语文学思想的总结，他在1859年5月29/30日致玛蒂尔德·韦森东克的信中写道：

> 最近这再次令我反对起帕西法尔。因为我又想到，这将又是一部糟糕透顶的作品。仔细来看，阿姆佛塔斯是中心人物和主要对象。[……]我突然非常清楚：这就是我第三幕中的特里斯坦，并且是令人难以置信的加强版。长矛的伤口，或许还有另一个——在心里，这个可怜人在他极度的痛苦之中再没有别的愿望，一心求死；为了获得这至高的解脱，他在看到圣杯后反复请求圣杯是否至少能够终结他的伤痛[……]但是圣杯始终只给了他一个答复，即他还不能去死；他对圣杯的注视只是增加了他的痛苦，因为圣杯维持着他们的永生。[7]根据我的看法，圣杯就是最后的晚餐中

使用的酒杯，亚利马太的约瑟用它承接了十字架上的救世主的血。这里的阿姆佛塔斯与这个神奇的酒杯之间的关系具有多么可怕的意义；他，承受着同样的创伤，在一场充满激情的爱情冒险中由敌人的长矛造成——为了获得唯一的解脱，他不得不乞求血的赐福，那是救世主弃绝世界、拯救世界、受苦于世界之时在十字架上因同样的矛伤所流出的血！以血换血，以伤口换伤口——但是这血、这伤口之间有着多么大的鸿沟！陶醉着，崇拜着，愉悦着，他如奇迹般地靠近圣杯，圣杯散发着柔和的、喜悦的红光，通过他倾泻出新的生命——而死亡无法靠近他！他活着，重新活过，但这不幸的伤口比以往任何时候都更剧烈地烧灼着他，他的伤口！虔诚对他自己来说是一种折磨！哪里是终点，哪里是救赎？人类的苦难在永恒中继续！在绝望的疯狂之中，他是否想完全摆脱圣杯，在它面前闭上眼睛？他想要如此，以求一死。但是——他自己，他注定是圣杯的守护者；并非一个盲目的外在权力决定了他如此——不！因为他值得，因为没有人像他一样如此深刻而诚挚地认识到圣杯的奇迹，正如现在他的整个灵魂最终还一再地渴求注视圣杯，但这会在他礼拜时毁灭他，以永恒的诅咒给予上天的救赎！

[……]可是您瞧呀，沃尔夫拉姆大师做得多么轻松！他完全不理解实质性的内容，什么都意识不到。他列举一个个事件、一次次冒险，以圣杯的主题描绘出奇怪又罕见的过程与图像，四处摸索，那些变得认真起来的人不禁要问，他究竟想做什么？他必须回答说，是的，实际上我自己也不知道[……]沃尔夫拉姆完全是一个不成熟的人物[……]事实上，只需要在内心之中感受这个传说的材料，正如我现在对这个圣杯传说所做的那样，然后迅速地看一下，一个像沃尔夫拉姆这样的诗人是如何表现它的[……]就会被

诗人的无能粗暴地击退了。[……]您只要注意一点，这个肤浅的“深刻”在圣杯传说包含的所有解释中恰恰选择了最没有意义的那个。这个奇迹是一块珍贵的石头，这种说法出现在可以追溯到的最早的资料中，即西班牙的摩尔人那里。[……]它具有神奇力量的传说很快就以其自己的方式吸引了基督徒，并使这件圣物与基督教神话结合起来；另一方面，法国南部的一则古老传说又使这种结合变得更加容易，传说亚利马太的约瑟带着最后的晚餐的圣杯逃亡了。[……]直到此时，感性和理性才进入其中，我确实全身心地陶醉于基督教神话之形成的这一美丽特征，它创造了最深刻的象征，这一象征作为一个宗教的感性—精神之核心的内容而被发明出来。这只酒杯，救世主曾用它向他的门徒做最后的告别，最终它又承接并保存了救世主自己的不朽的血液，而它是切实存在的，被赐予它的纯洁的人可以亲自看到它并礼拜它，听到这些故事，谁不会因最感动、最崇高的情感而颤抖呢？无与伦比！再者，这一容器的双重含义，也作为最后的晚餐中的酒杯——显然是基督教仪式中最美的圣礼！因此有了这个传说，圣杯（Sang Réal，从中派生出San[ct]Gral[圣杯]）仅仅滋养虔诚的骑士，在用餐时为他提供食物和饮品。[……]

帕西法尔还有一个困难。作为阿姆佛塔斯渴望的救赎者，他是必不可少的：“如果正确地看待阿姆佛塔斯，就会发现他具有极大的悲剧性，几乎很难允许出现第二个反对他的主要利益，但这个主要利益必须转向帕西法尔，如果他不是作为机械降神仅仅在最后出现的话。因此，帕西法尔的发展，他的最崇高的净化，即便是被他感性的、深具同情心的天性所注定的话，也要再次被放到前景中来。为此，我不能选择沃尔夫拉姆那样的广泛计划：我必须把一切都压缩到三个包含激烈内容的场景中来，使深层的、枝蔓的内容都清晰明确地出现；因为以如此方式行事和表现，正是我现在的艺术。而且——我还要承担那样的工作吗？上帝保佑！今天，我放弃了这个荒唐的打算；盖贝尔或许可以这么做，李斯特或许可以谱曲！”(*SB*，卷XI，104)

可以看到，瓦格纳的《帕西法尔》的早期构想(1859)，从埃申巴赫的沃尔夫拉姆的史诗之中，除了粗略的剧情结构之外，几乎毫无取用；法国的前辈们倒是更多地激发了他后来的乐剧的主要理念。自1872年起，瓦格纳重新致力于这一素材，他再次提到了同样的文献，并再次吸收了法国中世纪的许多故事。除了圣杯和阿姆佛塔斯的形象之外，还有圣矛[8]，最重要的还有昆德莉这个人物身上的轮回思想。

这些都没有出现在特鲁瓦的克雷蒂安及其后的埃申巴赫的沃尔夫拉姆那里。后者在他笔下的昆德莉于第六卷和第十五卷两次主要亮相时使用了相同的外表描写；第二次出场时，沃尔夫拉姆强调(XV，780，15)：“她看起来和那时一样。”然而，盖尔的《佩雷杜尔》的匿名作者确实写到了神话般的变身设想。这一威尔士史诗，英格兰亚瑟王文学的早期代表，是瓦格纳在维尔马克新的法语全译本中发现的。[9]史诗的核心是危机重重的佩雷杜尔氏族的初创之旅。佩雷杜尔的表兄给他提示了这些威胁，这位表兄在旅途中一再现身，有时作为黑人女孩，有时作为黑人男性，有时作为战士而出现，在圣杯的场景中又作为持矛者，他的作用始终是使人注意到危险的存在。危险也是通过多种形式来表现的，即通过各种巫婆的形象，佩雷杜尔最终将她们全都杀死了。

可以理解，瓦格纳在1877年为何会频频谈起古代法国小说，并且大多数情况下与圣杯的含义、安佛塔斯形象和昆德莉的先前模式有关：

从他在三部圣杯小说，即《佩雷杜尔》及其后的克雷蒂安与沃尔夫拉姆版本里发现的不同表现形式之中，瓦格纳创造出一个人物，这个人物身上最有趣的元素，即昆德莉的“灵魂转世”方面，主要并非来自佛教，而是来自《佩雷杜尔》。瓦格纳对亚洲哲学的偏爱可能起到了推动作用，但与亚洲哲学相反，昆德莉的形象改变在轮回的意义上并非连续的，而是交替的“身体变化”，正如《佩雷杜尔》中加倍表现出来的那样。迄今为止，瓦格纳研究对这些文献还完全一无所知，尽管在书信和日记中有20处提及。特鲁瓦的克雷蒂安对瓦格纳来说又有什么意义呢？

特鲁瓦的克雷蒂安（生于约1130年，卒于1180年至1190年之间），是法国亚瑟王文学的开创者，也是法国宫廷小说的最早作者之一。他的作品在整个欧洲流传，并对各个国家的文学产生了深远的影响。克雷蒂安的主要作品有小说《埃雷克与埃尼德》《克里格斯》《兰斯洛特》《伊万》，以及未完成的《珀西法尔或圣杯的故事》，后者是埃申巴赫的沃尔夫拉姆的《帕西法尔》主要的素材来源。有证据表明，瓦格纳自1872年起开始研究克雷蒂安的圣杯小说的第一个学术版本（1866—1871）——但那时他的《帕西法尔》的许多想法已经确立了。为了评估克雷蒂安的影响力，调查新的学术材料并没有太大意义；即便是1860年代的第一版也不能提供更多帮助，因为即便是瓦格纳收藏的这本中世纪文学作品原则上也没有显露出他研究了什么、研究了多少以及研究的精确程度——他在书上没有留下任何评注。从他创作策略的方面考虑，这一点是可以理解的，即尽可能地吸收，然后尽可能地“忘记”“一切”，以便随后独立地创造出“新的”或至少是“不同的”东西。因此，我们对今天的中世纪语文学知识要非常谨慎，并尽可能避免将其投射到1850年代至1870年代。也因此，我在这里再次使用德·拉·维尔马克伯爵在1842年出版的相当详细的内容简介，瓦格纳使用过它是众所周知的，它对瓦格纳的影响是显而易见的。

> 维尔马克总结了克雷蒂安的《珀西法尔》，将这位英雄描述为一个战士遗孀之子，母亲让儿子远离战事喧嚣，在懵懂与孤寂中成长。但是有一天，这个男孩遇到了亚瑟王宫廷中盔明甲亮的骑士。他们告诉他，他出身高贵，并将他带往宫廷，他一到那里就杀死了国王最大的敌人。他跟随一位老骑士接受宫廷骑士教育，然后遇到并解救了他未来的妻子布兰什弗洛尔。但是经历了许多冒险，他始终没有忘却突然被他抛下的母亲，而他现在要追寻什么，他也并不清楚。信步由缰的马将他带到一个湖边；渔夫指引他去一座城堡，年迈的城堡主人奄奄一息地躺在厅堂之中。一名仆人扛来一支长矛，矛尖上凝着一滴血，另两名仆人举着金色的灯，两名侍女带来一把银色的刀，以及圣杯，由纯金镶嵌珐琅制成。圣杯中装着一份圣饼，并在接下来的晚餐中被多次拿上来。珀西法尔希望得到解释，却不敢提出问题。第二天，他在离开城堡时得知，这里的主人自称渔人王，因为他的大腿被长矛刺伤，为了减轻痛苦，他大部分时间都逗留湖畔捕鱼。珀西法尔因没有向国王询问前一天晚上发生的事情而受到责备。

瓦格纳将城堡主人的名字读作Roi Pécheur，即“罪人王”，而沃尔夫拉姆则正确地将Roi Pêcheur翻译成vischaere，即“渔人”（Roi这个词通过渔人所穿的国王服饰得到了具现化）。[10]这种语言上的混淆只可能是基于克雷蒂安的文本，而不可能是基于沃尔夫拉姆的文本，因为在后者之中并没有出现与“pécheur”或“pêcheur”类似的词。“渔人”王是一个罪人，对于沃尔夫拉姆来说是一个从属的层面，在第一个圣杯故事

(第五卷)中并没有提到,而只是在第九卷中追述了这一点;也是在第九卷提到了他的名字安佛塔斯,这意味着,沃尔夫拉姆并不打算将罪愆展现为一个普遍的主题并描绘一位“罪人王”。但是,瓦格纳显然早在1859年,最晚到1875年就已相信,“渔人王是对pêcheur这个词的误读,他是罪人的王,名为安佛塔斯”(*CT*, 1875年9月28日)。只有将“罪人之王”与古老的法国圣杯传统的血之神话相结合,才可能将瓦格纳的阿姆佛塔斯形象设定为一个承受苦难的人,早在1859年对他的描述中,“有罪的”和“圣洁的”血液就已经在发生冲突。在沃尔夫拉姆的笔下,圣杯之石可以提供煮熟、煎炸和冷冻的食品,但这对瓦格纳所需要的血之神话根本没有什么用;他需要使克雷蒂安超凡脱俗,甚至更需要罗贝尔·德·博龙笔下血的象征性内容。[11]

但是,这对瓦格纳的阿姆佛塔斯形象来说还远远不够。因为1859年时瓦格纳还不知道如何以令人信服的方式来拯救阿姆佛塔斯;他只知道,不应该按照沃尔夫拉姆的方式:通过一个简单的问题得到救赎,这对于瓦格纳来说过于简短了,正如这封书信所说:“问题是,他究竟想做什么?他必须回答说,是的,实际上我自己也不知道。”但令人惊讶的是,同一封书信中包含着通向他的拯救阿姆佛塔斯特定方式的关键词。在看到瓦格纳1859年的另一个误读时,这一点将变得更为明显。他写给玛蒂尔德·韦森东克说,“圣杯(Sang Réal,从中派生出San[ct]Gral[圣杯])仅仅滋养虔诚的骑士”。从词源上来看,“Sang Réal”[国王之血]与“Sanct Gral”[圣杯]毫无关系。“圣杯”(Gral,法语为graal)这个词最初的含义只是一个并不太深的碗(或者一个浅的杯子),自12世纪起,它表示盛着不死药的容器,而这在凯尔特神话中曾经是达格达神的标志。[12]不过,瓦格纳绝不是凭空想象出“Sang Réal”这个词的;它出现在弗朗索瓦·拉伯雷著名的《巨人传》(1532)中,求知欲旺盛的瓦格纳最晚大约在1858年见过这本书，因为通过李斯特的女婿，“著名律师埃米尔·奥利维耶”(1825—1913)的介绍，与天才的拉伯雷插画师古斯塔夫·多雷(1832—1883)成为朋友。[13]拉伯雷在《巨人传》中提到了一种直到19世纪的英格兰，但最主要是在法兰西都广为流传的信仰，即国王凭借自己神圣的血统可以通过手的触摸来治愈某些疾病[14]——法国王室在9世纪就将这个神话视为理所应当，查理十世国王1824年在他的加冕典礼上就宣称了这一点并完成了手触的仪式。[15]这一话题以及这个狂热的天主教徒，极其反动的、1830年被革命赶下台的波旁王朝末代君主引起了持久的讨论，一直持续到今天。[16]

瓦格纳在语言学上的两个误解，即其血液能够起到圣化和治愈作用的国王(le sang réal)，以及相反的其血液因罪孽而被腐蚀，但仍可以得到救赎的“罪人王”(le roi pécheur)，却得出了正确的结论：帕西法尔，他本身便是圣徒，也就是国王——正是这种戏剧上的可能性令作曲家创造出最终的、令人恐惧但同时又伟大的阿姆佛塔斯形象。正是这种古老的诗意，国王的触碰能够治愈人的观念，对瓦格纳散发出魅力，从而赋予了他创作出阿姆佛塔斯独白的能力：堕落的国王的形象，在圣杯的注视下，他的血管中始终有“罪恶的”与“圣洁的”血液在交锋，使每一个愈合的伤口在最剧烈的痛苦中又重新破裂开来——但同时神圣的魔力又使他神奇地恢复清醒。

即使在瓦格纳这里，这种神力一般的全新构想也很少是凭空出现的；阿姆佛塔斯身上的那种情感爆发在他身上并不常见——或者说从未出现过——如果没有可理解的原因或理由的话。它并非来自沃尔夫拉姆；[17]到目前为止，也没有其他文献能够提供令人信服的解释。不过，既然瓦格纳以sang réal留下了明显的线索，而这个概念也确实存在，因此我们必须先确定其历史含义，以便稍后在解释作品的过程中确定瓦格纳是否，或在何种程度上，采用了其原始含义，或代之以新的内涵。

> 回到特鲁瓦的克雷蒂安的《珀西法尔》。在珀西法尔如今冒险的漂泊中，雪地里一只被射杀的野鸭的血滴让他想起情人布兰什弗洛尔的嘴唇，这使他陷入深深的幻想之中；直到亚瑟王的使者到来才唤醒了他。在国王的宫廷中出现了一个黑衣女人（丑女），她因珀西法尔在圣杯城堡中没有提出问题而对他加以严厉谴责：渔人王的伤口变得无法愈合，因为他，珀西法尔，没有问为什么那支神奇的长矛在滴血。自那以后，珀西法尔一直在寻找圣杯城堡，但仿佛被一只看不见的手所阻挠。绝望抓住了他，他失去了记忆，甚至忘记了神。五年来——在这段时间里，克雷蒂安讲述了另一名骑士戈万的故事，但是他在瓦格纳这里并没有出现——珀西法尔没有进入过任何一座教堂；但是在一个耶稣受难日，他遇到一群骑士，他们因他在一个如此神圣的日子里全副武装而愤慨。珀西法尔陷入沉思，并向一名隐士忏悔。这位神父向他解释说，对他母亲的不知感恩是圣杯城堡拒绝他的原因；神父赦免了他，并教给他一篇秘密的祈祷文，他不许向任何人泄露它那可怕的词句。珀西法尔获得了赦免，斋戒并接受了圣餐；他觉醒，开始新的生活。

特鲁瓦的克雷蒂安的小说在这里结束了；尽管它没有给出结局，也没有给出救赎的场景，却成了当年的“畅销书”：尚未有诗人敢于通过末世论的使命赋予贵族阶层**与教会产生竞争**的解决社会任务的能力。1190年（克雷蒂安可能逝世于这一年）之后，四位作者试图为这部小说补上缺失的结局，其中一位罗贝尔·德·博龙宣称，他是受教会之托来写作的：显然，教会立刻便意识到了这部圣杯小说带来的爆炸性创新，并试图通过博龙的版本（诞生于1190年至1199年之间）来将主题向自己一方拉近。在中世纪的手抄本中，这部圣杯小说多达54000行，但其中只有前9000行出自克雷蒂安之手。在1842年和1866年，即维尔马克从事整理工作和这部小说第一次完整印刷的时代，这可能尚且不为人所知；无论如何，这两个文献中都没有清晰地区分不同的圣杯文本之间的过渡，[18]因此，当瓦格纳想提到一位作者时，他只说起了克雷蒂安，显然他认为**所有**都是他创作的。

> 克雷蒂安的后继者讲述了千百种障碍和冒险，这些事件迫使珀西法尔远离圣杯，维尔马克极其浓缩地概括了这些，瓦格纳也弃之不用。维尔马克直奔圣杯追寻之旅的尽头，珀西法尔重又回到渔人王的城堡，并如期望的那样提出了有关长矛和圣杯的仪式性问题。后来的续写者都牢记罗贝尔·德·博龙相对较短的圣杯小说（3500行），并始终将那支长矛定义为罗马百夫长朗基努斯的长矛，将圣杯定义为亚利马太的约瑟那承接过基督之血的容器。渔人王是约瑟的后人、珀西法尔的叔叔，年轻的英雄经过更多的冒险后将成为他的继承人。

这就是瓦格纳读过的丰富的法国圣杯资料。作曲家也从埃申巴赫的沃尔夫拉姆那里借鉴了一些重要的东西：克灵索尔和昆德莉的第二条线索，在法国文献里不存在瓦格纳所运用的形式；终场的情节也与沃尔夫拉姆更为一致。即便在今天，研究他的诗也始终是一笔财富。沃尔夫拉姆讲述了一个不断奋斗和冒险的故事，在这一过程中，“朴素”的英雄除了所拥有的突出品质如俊美、勇敢、武艺高超之外，只是逐渐地才学会了某种谦卑。帕西法尔的骑士身份，他的战斗勇气，在瓦格纳这里几乎没有什么作用。就连这部剧中的爱情故事也仅限于对情节发展必不可少的回忆讲述之中——克灵索尔和阿姆佛塔斯的过去，除此之外只有帕西法尔在魔法花园中受到的诱惑。瓦格纳还略去了关于亚瑟王的圆桌骑士的故事，因为即便是在文本层面上，瓦格纳也注重于对材料的精神化。

还有一点：除了时代政治的各个方面之外，在沃尔夫拉姆那里还有另一层重要的意义层面——心理的维度，当沃尔夫拉姆说，圣杯城堡不可能怀有目的地去找到，而只能在无意识之中找到时，就会让人想起这一层面。[19]

C. G. 荣格的学派将凯尔特圣杯神话中作为死后经历来解释的频繁与水、湖泊及河流的相遇，描述为神话向意识层面的转移。特鲁瓦的克雷蒂安和埃申巴赫的沃尔夫拉姆都了解神话的"阴暗和消极方面"，并将其具体化为帕西法尔的新娘布兰什弗洛尔，而圣杯的使者（在沃尔夫拉姆这里是昆德莉）则展示了"内心的恶魔"（让・弗拉皮耶语）。从这一角度出发，针对圣杯的仪式性问题可以从另一方面来解释：只有意识到内心的二元性的人才能作为"完美之人"，作为"整体观念"，成为社会的救赎者。[20]沃尔夫拉姆通过史诗中的双重人物描写实现了他的"心理"目标。帕西法尔／高文就是其中的一对，在二人的争斗之后，沃尔夫拉姆让帕西法尔说出："我与自己进行了战斗。"而高文则回答说："你战胜了你自己。"

这种双重性也出现在瓦格纳这里。这反映在与基督教的模糊不清的关系中，它未必是人们在《帕西法尔》中所期望看到的，也被记录在柯西玛的日记中。她写道："下午我们出门，R.和我，去找沃尔措根，他的文章《舞台节日祭祀剧》R.非常喜欢，只是R.对我说，他太过了，居然把帕西法尔称作救世主的形象：‘我根本就没想到过救世主。’”（*CT*，1878年10月20日）几周后，瓦格纳又将救世主置于他在“复兴文章”中所探讨的框架内：“然后，他猛烈抨击耶稣是犹太人的说法，这是不可证明的；当所有教会都成为过去，我们才会到达救世主面前，是犹太人把他同我们分开。但他的思想是不容易掌握的。”（*CT*，1878年11月27日）瓦格纳也以奇怪的遮掩向巴黎好友朱迪・戈蒂埃表达了自己：“比如说，朱迪不愿意相信，《帕西法尔》是无法翻译成法语的！**可他们并不了解另一层面**！”（*CT*，1877年12月24日）[21]“另一层面”是什么？不了解它的又是什么人？《帕西法尔》当中似乎也有个晦暗的层面，应当把它提到光天化日之下。如同对《工匠歌手》的分析一样，对《帕西法尔》的两种解释将在稍后的地方出现：第一种是尝试直接从对文献和舞台作品的体验中获取信息；第二种方法才会去努力解释矛盾的、“隐蔽的”“另一层面”问题，它不仅仅出现在瓦格纳的作品中，早在他所参考的文献资料中就已经有所显示。

在探讨内容之前，还要再插入一段瓦格纳的个人经历。沃尔夫拉姆写的是中世纪人的同情能力，但与克雷蒂安一样，也事关末世论思想。沃尔夫拉姆和瓦格纳都创作了与教会的社会领域公开竞争的作品。为了能够正确分析《帕西法尔》，我们要问一个问题，瓦格纳对基督教持什么态度，以及他如何对待基督教思想（同情）与行动（怜悯）的某些经典概念。他在1850年代的同情概念已经得到展示，但是这在1880年代的《帕西法尔》时期还有效吗？

同情、怜悯与冷酷——瓦格纳是基督徒吗？

第22章中展示了瓦格纳对“同情”概念的理解，他在1858年致玛蒂尔德·韦森东克的一封信里表达了这一观点。那时,同情于他而言是一种相对随意的情感价值,与行动领域没有明显联系("这不是其他人遭受什么苦难的问题,而是我知道他受苦时**我**遭受的苦难")。这与叔本华完全相反,他认为,同情作为"对他人苦难的参与"必须起到"预防或消除这种苦难"的作用。这意味着,瓦格纳在《特里斯坦与伊索尔德》时代在同情的问题上既没有抱持叔本华的观点,也没有抱持基督教的观点。这并不奇怪,因为正如所展现的那样,瓦格纳总是相当随心所欲地对待这位哲学家的思想,而且他在当时对基督教也还没有表现出任何兴趣;在那时的书信和文章中,这个词几乎没有出现过。[22]在书信中,它只出现过十次,并且是以极不显著的方式。甚至在柯西玛的日记中,直到1877年都很少提及基督教(1869年起共18次),从1877年开始发生了变化,他在那年研读了埃内斯特·勒南的《耶稣传》(1863);勒南的反犹态度对瓦格纳关于基督教的论述产生了非常深远的影响。自1878年起,瓦格纳开始经常谈论基督教,1870年前还是批评性的语调,从1880年开始却逐渐缓和了。[23]

一方面,这种迟来的兴趣可以看作柯西玛的影响的结果,但另一方面,它是《帕西法尔》计划的基本前提,虽然它与任何教会或其他公共权威都是相背离的。瓦格纳想要将基督的苦难从教会的解释权中释放出来,并将其导向某种普遍的同情,在叔本华的意义上,它应当直接影响人类的"意志",而不"仅仅"影响可识别的"表象"。自1880年起,他以极大的毅力和严肃的态度研究了基督教的几乎所有方面;自此以后,他接受了精神化的理念,这种理念在日记记录下来的讨论中随处可见。他一再强调精神之人与物质论者及其他实用主义代表者之间的对比。不过,瓦格纳投入基督教的程度仍然很难评估。在这一时期,他不能再被视为一个无神论者,但他仍然是教会的极其强硬的批评者,而他对路德宗的态度更加温和。他对佛教某些特征的同情也仍旧显著。

原则上，瓦格纳承认，宗教，无论是佛教还是基督教，都具有教化的影响。叔本华与基督教在他这里融为一体："然后，他向我读了勒南关于耶稣与神的统一的美好段落。"柯西玛写道，"R.继续这一话题：他称这位居于我们之中的神为对抗意志的天生解药。"（*CT*，1878年7月29日）但是，瓦格纳只允许通过艺术对神下定义："神是什么，神存在吗？答案是：坚固的堡垒，那便是神，以及伊索尔德的变形的永生。什么是信仰？《唐豪瑟》中的朝圣者合唱。"（*CT*，1872年2月11日）这意味着，只有艺术能够说出宗教的真相。瓦格纳也并未掩饰自己迟到的靠近宗教的理由："你是上天的礼物。因为你，我信仰神。"（*CT*，1878年1月31日）

瓦格纳转向基督教的表现是他对路德的热情。在柯西玛的日记中经常可以看到这一点："我的叔叔[阿道夫]总是称他[路德]为神一般的人，这是多么正确。"他在1869年11月11日这样说："巴赫就是路德。"瓦格纳在1870年2月20日如此宣告。"宗教改革拯救了德意志精神，我的孩子们应当成为真正的德意志人。"柯西玛记录道（1871年6月10日）。路德的《圣经》译本对瓦格纳来说始终是一颗耀眼的恒星（*CT*，1878年5月16日），他甚至为了捍卫对路德的纪念而"反对如今的教会监理会"（*CT*，1878年10月24日）。瓦格纳一家愤怒地关注了梵蒂冈第一届大公会议，此次会议于1869年12月开幕，1870年7月以教宗无误论的宣布而结束。日记中几乎每天都有对此的批评性评论。他们为每一个异见分子的出现感到高兴，对梵蒂冈、耶稣会的顽固和自负感到愤怒。对于柯西玛来说，有意识地改宗路德宗信仰以及从汉斯·冯·比洛手中取得孩子们改宗新教信仰的权力，导致她与父亲弗朗茨·李斯特的深深裂痕。通过阅读英国人莱基的作品，瓦格纳加深了对"世界瘟疫"天主教的批判（*CT*，1878年11月11日）。因此，瓦格纳通过《帕西法尔》强调了将信仰从教会手中解放出来，使其更为普遍、超越机构性的要求："R.很高兴，他在《帕西法尔》中没有将情节置于教会之中，而是让一切都位于圣杯的祝福之下。"（*CT*, 1878年6月17日）"他［理查德］相信，可以以这种方式再次纯净地、真正地向世界宣扬基督教。"（*CT*, 1878年6月12日）这里再次出现了反犹主义："可以假设，为了净化《旧约》的启示，可能还需要一千年的时间。"（*CT*, 1878年11月13日）"他极力反对称耶稣是犹太人。"（*CT*, 1878年11月27日）[24]

毫无疑问，在当时的社会背景下，晚年的瓦格纳可以被称作基督徒；瓦格纳还在新教神学家与天主教教宗之间的广阔区域内找到了自己的位置，教宗在1848年依然拒绝让犹太人离开罗马那可怕的隔都。基督教对他来说似乎首先是一个智性的问题。关于耶稣血统的荒谬见解并非他独有，他的宗教动机愈发明显的反犹主义也有着悠久的传统。在1880年代的欧洲，这导致了朝向伪科学解释的危险转向，而这些解释为"第三帝国"做了准备。

但这还不足以消弭问题；有许多"犯错误的人"本身是严肃的基督徒。因为基督教信仰不仅由理性，而且尤其是由感性的方面来定义，感性的一面传递给信徒以行动的准绳：**信，爱，望**——基督教的三种主要美德，瓦格纳也宣称其为《帕西法尔》所拥有。在实践中，它们应当通过**祈祷**和**爱**（在博爱的意义上）来得到表达。由于瓦格纳只是在与柯西玛结婚后才转向基督教，因此她也是瓦格纳日常生活中最好的基督教信仰实践的记录者。

瓦格纳家中的祈祷

理查德·瓦格纳做祈祷吗？据说他的第一任妻子明娜在1840年

左右仍然祈祷；路德维希二世也祈祷，柯西玛经常祈祷，或许是每天，她对此有过记录，并教育她的孩子也这样做。但是理查德呢？在年轻时，他将对上帝的祈求委托给他的母亲，并在书信中请她在祈祷中也带上他（1835年7月25日）。然而在1867年，瓦格纳在书信中对他的救主路德维希二世倾泻出极大的感激之情，甚至写下了“我的感激将变为祈祷”这样的句子（1867年8月22日，类似的还有1869年3月22日）。

不过，如此严肃的事情似乎不会延伸到对他儿子的教育之中；柯西玛记录下一件相当玩笑的事情：“R.教授了菲迪［西格弗里德的昵称］最新的祈祷法：‘亲爱的上帝，请帮助我让我幸福，明天给我最大的一块。’”（*CT*，1874年4月8日）无论如何，瓦格纳一家是做餐前祈祷的，理查德至少在孩子们面前会带着一些认真地祈祷，我们在瓦格纳对克林德沃特的批评中已经看到了这一点。不过他承认，祈祷有一种“阻碍意志”的作用（《棕色笔记本》，第241页），这是他的叔本华主义信条之一，意为，祈祷可以令精神从理性转向感性。此外，只有1848年4月7日写给玛蒂尔德·韦森东克的日记才能证实理查德的祈祷实践：“早晨，我重新变得理智，能够真诚地向我的天使祈祷；这祈祷就是爱！爱！这份爱是最深刻的灵魂喜悦，是我救赎的源泉！”（*SB*，卷IX，228）这样的祈祷无疑还有许多是针对柯西玛的，但没有被记录下来。她非常注意自己内心深处的私密空间，并抹去了过于私人的东西。这种促进人际交往的祈祷，再怎么高估其意义也不为过。

令人印象深刻的是柯西玛记录下来的自己的祈祷。她先是记下了大约是在宗教课上听到的套语和格言：“对我遗漏的善事和所行的恶事感到悔恨，为此献上深切的感激与祈祷。”（*CT*，1872年6月14日）在特里布申的小教堂里，她激动且和谐地与农民一起合唱；在这种亲密的状态下，产生出她的这种思想：“因为人们见到穷人时感受到的，以及歌唱的礼拜所给予我的,就是祈祷;当我们歌唱‘我们的神救助我们’时,我联想到了新教徒们大声疾呼为信仰奉献出自己的身体和生命的时代。我想到路德和他伟大的战斗;朴实无华的教堂,昂然直立而不会卑躬屈膝的教众,吟唱的祈祷,这一切使我敬畏神。我多么喜爱以这种方式处在与世界的联系之中,我是多么理解他们的感情和面孔!”(*CT*,1872年7月14日)1878年12月26日,瓦格纳指挥了贝多芬和《帕西法尔》前奏曲。她就此写道:“他与贝多芬!……在晚间的前奏曲演出中却不像早前,当时我只是祈祷与狂喜,但此时我听到救世主对一个充耳不闻的世界发出的救赎的呼声,这呼声如此悲伤、痛苦而热切,我看到了那张面孔,看到了落在昆德莉身上的目光——我认出了这一呼声回荡的沙漠,我因这可怕的看见而是有福的!他就站在那里,他创造出这些奇迹,他爱我。他爱我!”(*CT*,1878年12月25日)或者:“R.有一个美好的夜晚,我有幸守护他的睡眠,在喜悦中变得虔敬,并在祈祷中抓住我灵魂所怀有的唯一一个愿望。空虚的一切不复存在,世界的苦难再也无法损害我,因为只有爱仍在我的体内呼吸。”(*CT*,1878年12月27日)

关于冷酷无情

尽管瓦格纳的同情概念是相当随意的,但瓦格纳的作品集整体给人的感觉是,同情(Mitleid)是世界上最高的美德。这种错觉还源于这样的事实,即“同情”在口语中会更多地理解为“怜悯”(Erbarmen)。然而,按照吕迪格·萨弗兰斯基的观点,同情“并不是道德要求”,如前文所述,仅仅是一种“伴随着强烈情感的体验”。[25]如此而已。惯用语“同情的微笑”或“主动的同情”也说明了这一点;因此“同情”一词单独来看并没有太多意义。最新的心理学理论,如耶鲁大学保罗·布卢姆的学说甚至警告说："同情使人迷惑"，它也有"其黑暗面"，并导致"以错误的方式做出反应"而引起"复仇的情感"，"对任何人都没有助益"，重要的是给出具体的帮助。如果只以自己的同情为导向，那么同情就更适用于"与我们相似"的人；"我们更倾向于忽视与我们不同的人，与我们有着不同肤色或不同文化背景的人"。因此，布卢姆更倡导怜悯(compassion)。[26]但是，与纯粹的同情相比，它确实需要更多的"思维工作"，同情是一种"直觉"，会"冲昏人的头脑"。"怜悯"以实际的解决方案为目标，"着眼于内心，但也倾听理性的理由"。

因此，只有当同情不仅仅是同情时，例如，当某人成为"好撒玛利亚人"时，才能成为一种道德品质。瓦格纳是这样的吗？他是否主张这一理念？在《帕西法尔》中，一如在日常生活中？在这部剧中，瓦格纳在文本上仅仅强调了"同情"。但戏剧情节，尤其是音乐，超越了这种同情，虽然并不完全按照布卢姆的同情定义。要追溯这一点，将是后面《帕西法尔》分析的任务。要将这一点用对我来说非常重要、与实践相联系的分析方法进行说明，我首先要对传记文献提出质疑，即同情是否以及如何影响过瓦格纳的个人生活。一般的同情可以在他身上找到成百上千次，但积极的同情就不同了。它在瓦格纳的现实生活中虽然确实存在，但很少出现——他对明娜的女儿纳塔莉的经济资助可以算在其中。穷困潦倒的肖像画家恩斯特·贝内迪克特·基茨，瓦格纳曾在他巴黎的忍饥挨饿的岁月里与他成为好友，还曾借钱给瓦格纳。瓦格纳大约在1842年从德累斯顿给他寄回了600法郎，"我就欠他这么多钱，如果不是更多的话"(*SB*，卷IV，209)——简言之：这可能并不是全部的欠款。他是带着吹毛求疵的建议寄出这笔还款的。但三年之后，当极度害羞、几乎秃顶的基茨请求瓦格纳给他一些钱的时候，这位乐队长称不能给他寄20塔勒去巴黎，因为"在德累斯顿这样的城市的闲谈中，保持说得过去的体面是相当困难的”（*SB*，卷II，484）。[27]瓦格纳写给基茨的信表明，共同的贫穷给他们创造了一条纽带，这些信透露出同情，但是这些信也表明，目前处在最好生活状态的瓦格纳有无数个花钱的借口，然后才能给这位朋友一点帮助。他对他抱有同情，但并没有采取怜悯的行动。

在他身上经常可以看到这种一般的同情的例子，例如当他对英国的贫困感到愤慨的时候：“单凭我们听说伦敦人都快饿死了，就怎么都谈不上进步。”（*CT*，1870年2月10日）五年后，柯西玛告诉她的丈夫：“关于伦敦的学校数量的统计数字少得可怜，更别提其糟糕的状况；英国状况的冷酷无情：他在伦敦看到，穷人被警察从一个院子赶到另一个院子，不允许他们在任何地方逗留。”（*CT*，1875年1月14日）瓦格纳在自己的国家也看到可怜的穷人：“孩子们为霍夫的可怜织工掏出了自己的积蓄（140马克），他们的苦难是任何文字所不能描述的。‘因此我们才要有一个国家。’R.说道！这太令人气愤了，我几乎无法忘怀。”（*CT*，1877年1月26日）他与妻子思考“为穷苦织工设置福利彩票的可能性，对人的惰性有了特殊的体验”（*CT*，1877年1月27日）。至于社会困境，1878年5月13日标志着瓦格纳终于从对法国的军事胜利使他陷入的那种类似催眠的状态中苏醒了过来。瓦格纳恢复了对普鲁士国家的批判能力：一个萨克森的失业者刺杀皇帝威廉一世未遂，瓦格纳虽然也觉得这一行动很骇人听闻，但还是不禁要问，这种绝望的行为背后有多少“饥饿”在推动。第二天晚上，柯西玛在日记中记录道：“一切都令人愤怒，没有人为自己是这个穷困笼罩着的社会的一员而感到震惊！”（*CT*，1878年5月14日）

他个人牵扯得越多，同情就越是明显；即便在三十年后，瓦格纳也还记得下面的事情：“在夏季别墅里，R.以感人的方式讲述了里加的一起盗窃案；明娜的几件衣服被偷了，那个女孩被起诉。警察告诉R.，如果价值超过一百卢布，被告就会被送去西伯利亚，R.告诉了他们最低的价格，但他也救不了这个人，因为这是一起累犯案，他不得不看着这个人被剃掉头发，穿着囚服，被判流放西伯利亚。可怕的记忆，他曾发誓再也不起诉别人；他现在一想到还受不了。”（*CT*，1878年7月7日）

但直到1879年，我们才看到三个例子，同情心变成了行动的怜悯：

> R.非常快活——但散步的结尾却很悲伤！遇到一个做篮子的人和他的儿子；他们请求施舍；R.给了一马克；他们走开后，我请R.买一个篮子，他便买了。诚实和饥饿都写在这个人的脸上，他什么也没卖掉，他走了九个小时，还要走到沃尔夫斯巴赫！哦，神啊，哦，神啊！德国到处都有我们善良的人民在挨饿。（*CT*，1879年5月15日）
>
> 当他听说矿工被解雇，他告诉柯西玛："怎么还能想着搞艺术！"他喊道，并为被解雇的工人设计了一次巡回演出，但他叹了口气说："我们太累了！"我们脑海中又浮现起那些可怜的矿工，如果神知道是怎样的疯狂行为把他们逼到了最可怕的境地，那么首要的义务就不是帮助这些可怜的人了。（*CT*，1879年6月23日）
>
> 他看到两个工匠学徒路过，便让西格弗里德跟着他们跑，好给他们一点没有乞求的施舍。（*CT*，1881年7月8日）

瓦格纳晚年在这个问题上的态度在他的最后一篇文章中有所回应，由于其重要性，在此节选较大篇幅，《致〈科学的刑讯室〉一文作者恩斯特·冯·韦伯先生的公开信》(1879)：该文于1879年发表于《拜罗伊特报》，随后由瓦格纳出资印刷了2000册单行本。[28]

> 在我们的时代，需要一位以最严厉的铁面无私对抗一切虚伪与装腔作势之物的哲学家的教导，以证明根植于人意志最深层本质上的同情是所有道德的唯一真正基础。这一点遭到了嘲笑，一个科学院的元老们甚至愤怒地提出抗议；因为美德，如果不是启示所传达的，只能被证明是由理性思考产生的。然而按照理性，同情甚至被宣称是一种潜在的利己主义：看到别人的痛苦也会使我们自己产生痛苦，这应当是同情行为的动机，而别人的痛苦本身却不是，我们正是因此才要消除这种痛苦，因为只有这样才能消除对我们自身的痛苦影响。我们变得多么明智啊，在最卑鄙的自私的泥潭中宣称要对抗人类共同情感的困扰！然而另一方面，同情也因此被鄙视，因为它即便在最卑鄙的人中间也经常被作为一种很低程度的生活表达：在这里，人们习惯于将同情与遗憾混为一谈，[……]这种情况频繁发生，那些最终转身离去的人摇摇头，耸耸肩，直到人群中走出一个被真正的同情驱使的人实施积极的帮助。谁的同情若只是发展成懦弱的遗憾，可能会设法使自己从中廉价地获得一些满足，而熟练的、为了内心舒适所准备的对人类的蔑视将助他一臂之力。事实上，很难让这样的人去学习和锻炼哪怕是施加在他周围人身上的同情；正如一般来说，在我们这个受到法律管制的社会里，履行救世主的诫命“爱你的邻人如同爱你自己一般”也是一件很难的事情。(*SSD*，卷X，196—197)

当然，要强调的是，瓦格纳(正如保罗·布卢姆假设为规则的那样)将外来者排除在他的同情之外——对瓦格纳来说就是犹太人和耶稣会士，有一段时间也包括法国人。这种选择性的同情形式在实践中是在他生命的最后几周才突破的，而在他的理论思想中，瓦格纳早在1879

年就把相反的“积极”同情置于文明和艺术的中心位置，这一点值得尊重。在俾斯麦的帝国中，这并不完全是时代的典型。不过，与此相对照，可以得出这样的结论：瓦格纳，除了在上述的晚年时期，是一个相当无情的人。当我们翻阅他的文章和书信，[29]寻找“怜悯”“慈悲”“冷酷”等词语时，就可以非常清楚地看到这一点。“怜悯”出现了5次，“慈悲”20次，其中有14次是出现在他的作品和文章中，书信和日记中则非常少，两次是在讽刺，其余则是用于“神的慈悲”的修辞意义上。对“可怜的动物”的慈悲是比较多的——在社会的意义上只能看到一次。柯西玛写道：“啊，愿我的同情唤起慈悲（[R.]给出了施舍）。”（*CT*，1877年2月19日）这一处还表明，瓦格纳比大多数追随者都更清楚地意识到怜悯和慈悲的区别。“冷酷”这个词则完全不同。它在瓦格纳的笔下出现了13次，只有4次是在非个人的语境下，9次是在实际的、字面的意义上，是在瓦格纳把自己的行为和意图描述为“冷酷”的情况下。[30]

在此，理解《帕西法尔》的两个前提条件已经得到了满足：首先，我们说明了作品的动机来源于何处；其次，说明了瓦格纳在创作作品时处于什么样的精神状态下。主要是与基督教的对抗，这是老年瓦格纳的全新主题。在对他的生活经历做过考量之后，对《帕西法尔》这部关于同情的歌剧就很容易形成印象了。

《帕西法尔》：矛盾的艺术

瓦格纳将中世纪文学作品的原始材料，其中的隐喻只有在无休止地串联起来的情节中才能辨认出来，转化为一种非常具有原创性的戏剧凝练形式，并从作曲之初就将其转移到一种彻底的精神化氛围之中。

从第一小节开始，《帕西法尔》前奏曲就显示出极大的内在化。这源于第一个主题的平静、浮动无形的特征，它引用了《特里斯坦与伊索尔德》中的“白日动机”，其核心是下行的五度音，然后荡出长长的旋律线。在弦乐器和木管乐器的合奏之中，声音呈现出某种陌生的感觉，某种脱离了一切现实的东西。在重复的过程中铺开最细腻的弦乐琶音，这一印象得到加强，不规则的木管三连音轻轻地跳动着。只有在这轻柔的雾气起伏之中，才出现了第一主题的重新阐释，这一次在钢琴与小号、双簧管和小提琴的合奏中显露出一丝轻松的色彩。当弦乐琶音逐渐退去，管乐的切分音在高音中挥发，紧张的初始寂静再次出现。接下来是已经听到的东西的双重阐释，不过这次是用的小调。特里斯坦的下行五度音在第一种形式中看似壮观，现在却由于前面张力的增强而成为痛苦的表达。因此，作品的两个基本特征从一开始就相互对峙；它们出自同一个动机：一方面是完全指向内心的尊严，另一方面是对痛苦和折磨的表达。它们是“圣餐动机”的两个版本。之所以如此称呼，是因为在第一幕结束时仪式性的圣杯情节中，伴随着这一重复出现的动机的是非逐字引用的圣餐祷词。

下一节又出现了两个直接并立的元素。其一是柔和、缓慢地上升的旋律，在18和19世纪作为“德累斯顿阿门”广为流传（它出现在门德尔松等人的作品中）；[31]瓦格纳用它引述了一种对信仰充满希望的态度。这段旋律作为“圣杯动机”回应了文学作品。第二个由停顿隔开的新元素是一个标记为“有力”的圣歌动机，以上升的三度音程三次出现，从而到达了令人印象深刻的强度。在一幅绝美的音乐图像中，这一核心动机经历了复调的、赞美诗式的处理；一个来自天堂的声音出现了，它似乎唤醒了对即将降临的恩典与对信仰的信心的感情——然后进入了紧张的宁静之中。定音鼓的震颤和弦乐的颤音唤醒了期待的感情。我们是否到达了神秘的核心，是否完成了精神的转变，这种触动之谜的意义正在于此吗？这样的转变就发生在这里。圣餐动机被小提琴的兴奋所震颤和具体化：震音、快速的增强和微弱的重音。乐器的这种颤动带来了基本主题的分裂：在分量过重的一秒钟内，它的表达被转化为几乎是身体可感知的痛苦。这就是同情的声音形象吗？不安和焦虑依然存在，而高亢的木管乐器持续在一个未消逝的属七和弦上，前奏曲结束了。结束？在作曲上，这不是一个结尾，更像是留下一个问题。因为下面开始的不是期待中的降A大调的“答案”，而是一个完全陌生的降F大调。

瓦格纳以最出色的技术与最完美的审美，在这首前奏曲中将对比强烈的音乐特性结合起来。崇高、庄严、内化、狂喜、神秘的沉浸、痛苦和最后的救赎性的提升：用这些词可以描述这首乐曲所唤起的感觉。然而，这些印象只有通过一个基本的暗示才会变得清晰，若没有这一暗示，整首前奏曲也会产生完全不同的效果：那便是核心的圣歌主题，称其为“信仰动机”是有道理的。通过这段由小号和长号组成的旋律，前奏曲中就确立了明确无误的基督教指涉。这是瓦格纳完成一部黑格尔美学意义上的杰作的关键思想。因为熟悉西方文化的听众会被唤起受魔术师瓦格纳严格控制的联想：他的目的是，这部作品应当发挥基督教一般的作用。基督教在这里既是一种主张，也是一种伪装，类似于瓦格纳在音乐上经常在自然界中寻找的那种伪装。瓦格纳在路德维希二世国王面前举行的首次演出所用到的那些关键词确认了基督教的方向：“爱—信：—望？”它们取自《哥林多前书》第13章的《爱之歌》：“如今常存的有信，有望，有爱，这三样，其中最大的是爱。”但是瓦格纳会遵循爱的首要地位吗？“爱—信：—望？”正是由于其问句的形式，必须被理解为对后来的拜罗伊特论文《我们希望吗？》的指涉——后面还会回到这一点。首先要探讨一个问题，瓦格纳是如何将前奏曲中唤起的主题融入接下来的叙事之中的。

昆德莉的双重本质：
犹太女人希罗底—北欧女武神昆德里吉亚

随着前奏曲渐弱，幕布拉开，这是距离圣杯城堡蒙萨尔瓦特不远的地方。年迈的圣杯骑士古尔内曼茨与他的侍从们讨论了圣杯骑士团的问题，这个团体已陷入严重的危机之中。他们的王阿姆佛塔斯自从被异教的魔女昆德莉诱惑之后，就一直遭受着无法治愈的“创伤”。昆德莉上场，带来能够舒缓的香膏。她的特性是具有改变自己身份的能力。

1865年的第一版散文稿里就已经说道：“昆德莉在不断变形的重生中过着一种不可估量的生活，这是一种古老诅咒的结果，使她类似于‘永恒漂泊的犹太人’，以新的形象给男人带来情欲诱惑的痛苦，只有当一个最纯洁的青年男子能够抵御住她最强大的诱惑时，她才能得到救赎、解脱、彻底的死亡。”（《棕色笔记本》，第62页）如同在特鲁瓦的克雷蒂安和埃申巴赫的沃尔夫拉姆作品中一样，她首先作为圣杯骑士身边的一个丑陋生物出现，后来则成为克灵索尔王国中的一个美丽夺目的诱惑者，克灵索尔想要夺取蒙萨尔瓦特的最宝贵财富，即圣杯。正如前文所述，转世的思想来自古代英格兰的《佩雷杜尔》；瓦格纳将它与沃尔夫拉姆的一个元素相结合：后者笔下的昆德莉，和她同样丑陋的兄弟马尔克雷亚杜雷一样，是亚当的女儿们的后裔，她们因堕落的罪行受到生下畸形后代的折磨。[32]因此，这两个人都有着动物般的外形，有着野猪的牙齿、猪的鬃毛、狗的鼻子、熊的耳朵、猴子的皮肤和狮子的爪子，但他们都受过良好的教育，衣着高贵。瓦格纳似乎把亚当女儿与生俱来的罪行和血统理解为对昆德莉犹太血统的暗示，并在1865年将她比作“永恒流浪的犹太人”，在戏剧文本中则比作（犹太人）希罗底。他笔下的昆德莉在前世曾嘲笑过耶稣，现在必须为此赎罪，才能“在一个又一个世界中与他重逢”。

除了沃尔夫拉姆的昆德莉是亚当后裔的说法之外，犹太教神秘学卡巴拉或许对瓦格纳也产生了影响。根据轮回转世的教义，灵魂必须为背弃神的原罪赎罪，而堕落是受到本能诱惑的。“在昆德莉身上，这种灾难性倾向表现为她的强迫性大笑。只有当纠缠在物质生活之中的灵魂认识到它源于天国，它才能回到那里。”[33]虽然瓦格纳在创作《帕西法尔》时依然有反犹言论，但他和妻子柯西玛对产生于13世纪、作为对塔木德派教法之反击的卡巴拉教义仍然很感兴趣。[34]如同瓦格纳创作的许多反面人物一样，昆德莉也有着两副面孔：“你曾是希罗底，还是什么？那里是昆德里吉亚，这里是昆德莉。”第二幕中这样说起她。作为昆德里吉亚，她也是“战争的编织者”，瓦格纳如此对柯西玛解释道（*CT*，1877年3月14日）；因此，昆德莉也具有了北欧女武神的特质。[35]后来，在洗脚那一场，她又让人想起抹大拉的马利亚，也就是说，作为罪人，她同时代表着异教、基督教与犹太教。她的戏剧功能是挑起圣杯之国与克灵索尔之间的争斗。但就其本身而言，她也是一个非常不幸的、值得同情的亚哈随鲁：在第二幕中，她对帕西法尔哀叹：“长久以来——我等待着你，/救世者你竟姗姗来迟！ /我曾大胆地中伤你。[……]我在死亡的渴望中思念着他，/我认出了他，这个痴呆可笑的人[……]他……他……/他曾经惩罚过我的嘲笑。”如同阿尔伯里希和贝克迈塞一样，我们无论如何都不能将昆德莉视作对犹太人的讽刺形象，虽然经常有人这样做。她以一种细微的方式反映了瓦格纳与犹太人的关系。她必须在作品的结尾死去，尽管她对圣杯骑士团获得救赎是不可或缺的，这导致了一个两难问题，我们必须对此加以探讨。

从戏剧性上来看，昆德莉的两个化身在《帕西法尔》中都被描绘得非常极端。作为诱惑者，她具有魔法般的美，但在圣杯国中，她却恰恰相反：就像中世纪原著中一样丑陋。圣杯骑士蔑视她：她为他们服务，如果她没有消失在她的某次神秘旅程中的话。她的外貌符合19世纪的人描绘的东方犹太女子的特征；第一幕的舞台指导写道："怪诞的衣服……松散的辫子中凌乱飘飞的头发；深棕红色的皮肤；咄咄逼人的黑眼睛，有时会闪出野性的光芒"，古尔内曼茨向他的侍从解释说："她跟你们根本没有共同点。"她代表着"他者""外来者"，代表着无法解释的东西。然而，古尔内曼茨同时也为她辩护，清楚地知道她作为信使和帮手是不可或缺的。她的主导动机是一系列从最强音急剧跌落的七度音，引起一种极高的侵略感。这是否是瓦格纳对于**受到犹太人攻击**的表达？这是不幸的、如此狂热持续着的基督徒对犹太人的原始恐惧。在这里，瓦格纳不仅将他的，也将所有基督徒的恐惧转化为意味深长的曲调。昆德莉的凶恶主题是这部剧中最常出现的动机；它出现了大约70次，有时是在三个半八度上的急速下降，但大多数情况下是缩短的，因为只需几个音符就足以令人想起它蔓延着恐怖的情绪。

与昆德莉相对的是五个男性演员：提图雷尔，古老的、长眠于一座坟墓之中的圣杯王朝创立者；埃申巴赫的沃尔夫拉姆也曾歌唱过他：在两篇关于提图雷尔的碎片中，描绘了他是如何将统治权力传给他的儿子的。在沃尔夫拉姆笔下，他的遗言是，纯洁的爱绝不应当从内心中消失。如同在沃尔夫拉姆那里一样，提图雷尔在瓦格纳笔下也只是依赖闪亮的圣杯而活着。但是，面对阿姆佛塔斯，他堕落的儿子，老国王却显得很专横，还要冷酷地惩罚他。

阿姆佛塔斯在试图击败圣杯的最主要敌人克灵索尔时被他击伤了腰侧。帕西法尔是"拯救者"，而年迈的圣杯之仆古尔内曼茨则充当叙事者和穿针引线的人物。通过他之口讲述了克灵索尔，此人渴望得到圣杯，为了达到圣杯所要求的纯洁，他阉割了自己。圣杯骑士团拒绝了这个阴险狡诈的人，从那以后他为自己建立了一个敌对王国，那里有闪烁的光芒和许多迷人的女子，将一个又一个圣杯骑士诱入她们的罗网。最后是阿姆佛塔斯，克灵索尔将他手下最具诱惑力的昆德莉派上了场。他就这样利用人性的弱点，从阿姆佛塔斯那里夺取了圣矛，并用它刺出了那道无法愈合的伤口。

帕西法尔的出现结束了古尔内曼茨对从前故事的讲述，因为这个年轻人射杀了一只神圣的天鹅，因此要受到严惩。轮回转世和禁止杀生的观念（这个信仰团体对出于不自知的残忍而杀害象征纯洁的天鹅[36]的愤怒是一种恶行，在第三幕开始时古尔内曼茨还提醒这个无知的愚者这件事），这些主题源自瓦格纳对佛教的关注。[37]古尔内曼茨强迫帕西法尔过来仔细观察死掉的天鹅。这是在死去的动物身上学会主动的同情的第一步吗？似乎是如此，因为帕西法尔折断了弓箭；悔恨是他成熟的第一步。然而，在被问到他的名字和出身时，他却不知道如何回答，但是古尔内曼茨猜到了他的高贵出身。帕西法尔起初是个无知的愚者。这表现在他问及圣杯时显露的天真之中："圣杯是谁？"古尔内曼茨的回答——"这可不好说"和"没有一条路通向它"——表明，追寻圣杯是一项精神任务。当帕西法尔认为，自己刚刚迈步，就仿佛已经走了很远的时候，古尔内曼茨唱出了那句经常被引用的格言："你看，我的孩子，/在这里时间将变成空间。"[38]与沃尔夫拉姆所写的不同，由于帕西法尔是偶然闯入圣杯之国的，因此骑士们认为，他就是预言中的"纯洁的愚者"，他将解决圣杯的难题；这位愚者将夺回圣矛，这是骑士团仅次于圣杯的重要财产，并将用它治愈阿姆佛塔斯。因为"能治愈伤口的/只有刺伤它的矛"——如前文所述，瓦格纳可能是从法国王室的血脉神话中提取的这个动机，因为他认为中世纪圣杯故事中的提问动机没有什么表现力。古尔内曼茨带着这个年轻人一起去圣杯堡，因为他也怀疑他是预言中的救赎者。圣杯仪式将在神殿中举行；它与天主教弥撒有许多象征性的呼应，但并不是弥撒。栖身于敞开的坟墓之中的提图雷尔命令他的儿子打开圣杯匣；但阿姆佛塔斯拒绝了，因为他害怕随之而来的痛苦；他渴望死亡。提图雷尔用圣杯世界典型的“怜悯”来回答他：“你在效劳中赎你的罪！ /取出圣杯吧！”阿姆佛塔斯：“不，不要取出来！——哦！ /没有人，没有人了解这种痛苦……”尽管他对痛苦充满恐惧，阿姆佛塔斯还是很快就被圣杯这一概念散发的魅力所倾倒；在近乎青春艺术风格的极端声响中，神圣的感觉、至高的精神与受虐的、最终依赖于性的痛苦愿望和痛苦义务混合在一起，只有圣杯在召唤。舞台指导写道，“从穹顶上”，听到男童的声音，在这里代表天使：“通过同情认识一切/这纯洁的愚者；/等待吧，/我选择的人。”当圣杯被举起时，也是男童唱出基督的话：“‘把我的血拿去/为了我们

图103 《帕西法尔》第一幕中场景转换音乐开始时的进行曲动机，应以适当的节拍演奏（四分之一拍，节拍器速度76）。用“1881年拜罗伊特节拍”来代替它，是瓦格纳私下里以最大的亲和力所能够展示的独特幽默。1881年的节拍说明是最滑稽的音乐笑话之一。

的爱！/把我的肉拿去/你们以此记住我。’”在台本中，这句话加了引号，这意味着，这些句子应当被认为是基督的话语，虽然从字面上看并非如此。帕西法尔深受感动，按住自己疼痛的心，却无法理解这一行为的象征意义。古尔内曼茨怀疑起他，把他赶出门去。

第二幕

在第二幕中，帕西法尔来到克灵索尔的魔宫，昆德莉刚刚被唤醒，开启了新的诱惑仪式；这是受愚蠢保护的帕西法尔所要战胜的最强大的敌人。他走近，遇到克灵索尔的花园少女，但她们不能使这位纯洁的人犯下丝毫错误。克灵索尔是一个没有感情的极端理性主义者。“克灵索尔[代表着]基督教带给世界的独特性；他不相信善，正如耶稣会士一样，这是他的力量之源，但也是他的灭亡之源。”（*CT*，1878年3月2日）尽管与耶稣会士做了对比，但克灵索尔与他们的信仰毫无关系：根据舞台指示，他的观星塔中存放着“魔法器具与亡灵武术装置”。然而在中世纪的宫廷中，魔法师和占星家往往是犹太人。[39]与此同时，他也代表了瓦格纳对拉丁基督教的指责，即以扼杀自我为代价的禁欲主义。另一方面，所有的情欲，或许是瓦格纳一直以来最强烈的，都投射到了一个人物身上，昆德莉，这个野性的女人，圣杯的信使和诱惑者，“瓦格纳戏剧中最复杂、最矛盾的人物”（卡尔·达尔豪斯语），“瓦格纳创造出来的最强大、文学角度上讲最大胆的人物”（托马斯·曼语）。瓦格纳原本甚至打算让昆德莉赤裸登场，但这将会是一桩太大的丑闻。“事实上，R.说，她应当像提香的维纳斯一样赤裸着躺在那里。现在必须用壮观来代替了。”柯西玛写道（*CT*，1881年1月4日）。昆德莉的宏大场景是第二幕的核心，是一个关于变身的核心寓言。如果说昆德莉在第一幕中主要是犹太人的形象，那么在第二幕中她的角色又增加了一个方面。通过唤起帕西法尔最早的童年情感，她转向了母亲原型的角色；她用被遗忘了的、沉入潜意识之中的**名字**称呼这个英勇的少年。找到名字就仿佛灵魂上的自我发现，仿佛内心深处的领悟。因为昆德莉并不是为了性而诱惑这个少年，而是为了救赎："在你怀里赎了罪，被拯救！"她对帕西法尔虔诚地唱道。最终，她想把自己从她的歇斯底里，从她受到的基督教诅咒中解放出来，摆脱她的出身。但是，她想看到的并不仅仅是她自己的、受到基督教的偏见诅咒的永恒流浪的灵魂得到救赎，还有那个让她着迷的年轻又英俊的男人的灵魂，她立刻就意识到了他的心理社会障碍。她诱使帕西法尔想起淹没在无数冒险之中的记忆，并帮助"梳理"它们。随着重新进入意识的母亲献上"母亲之吻"，年轻的英雄陷入混沌的感官之网中，陷入想象中的乱伦。瓦格纳以某种令人费解的方式描述了这种情况：在昆德莉的吻中，"致命的、如同毒药般蔓延的情欲动机产生了毁灭性的效果"（*CT*，1878年6月4日）。毁灭了什么？显然是很重要的事物，因为紧随昆德莉之吻而来的是最猛烈的剧变："阿姆佛塔斯！……那创伤！——那创伤！——它灼烧着我的心！"整个乐队发出强音，帕西法尔在一道尖锐的、令人心碎的叫喊声中把自己从昆德莉的身边扯开。由于这个吻，这个迄今为止形象还很苍白的少年的意识中便跳出了某些东西；他意识到自己处于和阿姆佛塔斯一样的灾难境况之中。帕西法尔因"母亲之吻"而发生的思想转换，是伴随着所有瓦格纳和弦中最令人不安的声音发生的，即渐弱的圆号发出的f–降e–降a–升c，其和声的模糊性完全对应于俄狄浦斯式的母亲之吻导致的令人震惊的自我否定思想，不仅是面对昆德莉，而且是面对女人与性的原则时的自我否定。认识即同情——然而对瓦格纳来说，这只是一种选择性的同情，只是对被选中的人的同情，被圣杯选中的人，而不是对昆德莉、对女人、对外来者的同情。帕西法尔将她推了开去。

在深深的绝望之中，她歌唱出自己千年的命运；她的回答“冷酷的人！ /你的心中/只感受得到其他人的痛苦”是这部作品最感人的段落之一。当昆德莉的故事响起时，遭受迫害的古老痛苦回响在人们耳边，人们惊奇地提出疑问：瓦格纳真的要把他所憎恶的人的命运描绘得如此人性化、如此富有同情吗？或许这就是他想要“重新创作”《帕西法尔》的原因——正如柯西玛的日记在1880年11月24日记录下来的一样。[40]必须指出，由于作品的部分自主决定性，艺术声明可能是自行做出的；只有这样才能解释内在的矛盾，而这些矛盾实际上是一个机会。如此一来，瓦格纳的创作在昆德莉这个人物形象上部分地走出了自己的道路，使其对于反神话来说特别有趣：通过音乐的力量，这里对瓦格纳试图从社会中驱逐出去的人产生了真正的同情甚至怜悯！在这第二幕中，他采用了极端的手法；在嘲笑背负着十字架的基督时，昆德莉的歌声几乎在她的整个音域中骤然下降，几乎越过两个八度——对声乐的极大苛求！帕西法尔的拒绝导致她歇斯底里的再次爆发，因为昆德莉起初相信，在帕西法尔身上，她终于找到了可以抹除她的原初错误的人：嘲笑一个不以眼还眼、以牙还牙的人，耶稣。但帕西法尔仍然不为所动。然而在这里，音乐家也与戏剧家产生了

图104　男高音赫尔曼·温克尔曼（1847—1912）在《帕西法尔》首演中扮演主角，从而载入音乐史册。

矛盾：昆德莉的音乐始终具有一种强度，这种强度只可能来自**作为爱的同义词**的对救赎的真正渴求。在第二幕中，昆德莉化身为动人的女性，试图将男人从根深蒂固的厌女症，从他对情欲的客体固着，从他对外来者的恐惧中解救出来——她超越了她的性别，成为真正的人性化身。但由于帕西法尔拒绝了爱和救赎，她便诅咒他，让这个顽固的英雄再也找不到通往圣杯之路；她呼喊克灵索尔来帮忙。[41]她是否会因为重新拿回她本愿意给予帕西法尔的爱而遇到另一个救赎者？“现在我要从一个世界到另一个世界去寻找他［救赎者］”——她会成功吗？

然而，通过这个吻，帕西法尔理解了他在圣杯神殿中看到的东西。他现在理解了阿姆佛塔斯的痛苦，他重复了阿姆佛塔斯的经历，因为和此人一样，他也渴望昆德莉，甚至在此期间已经迷恋于她，但他也明白，他只有抵制住欲望，才能拯救阿姆佛塔斯。当昆德莉问她，是否对她的苦难完全无动于衷，是否只对其他人抱有同情时，他回答说，他也想拯救她。她请求他给她“仅仅一个小时”的爱的欢愉，他回答说，他不可以这样做，否则将危及他的任务，并最终危及对她的救赎。因为他现在知道，他被委派了什么样的任务：寻回圣矛，治愈阿姆佛塔斯，成为圣杯国王，并将骑士团从虚弱无力的状态中解放出来。通过她的吻，他变得“可以洞察世界”。心灵受到重创的昆德莉召唤克灵索尔，他向帕西法尔投掷圣矛，却无法击中他，英雄夺取了这件神圣的武器。克灵索尔的魔法花园崩塌了。帕西法尔踏上寻找圣杯之路。他对昆德莉说，她知道在哪里能找到他，这表明，她已经注定会获得救赎。

第三幕

第三幕的前奏曲表现了帕西法尔的寻觅，是通过弦乐的狂野变调来描绘的。埃申巴赫的沃尔夫拉姆史诗中帕西法尔所经历的诸多冒险，在这里得到了音乐上的升华。多年过去，古尔内曼茨已经“老态龙钟”，作为隐士生活在离圣杯城堡不远的茅屋中。他已经脱掉了盔甲；他认为骑士团不再有意义，因为阿姆佛塔斯拒绝再举行圣杯仪式。提图雷尔无法再看到圣杯，已经死去。古尔内曼茨听到呻吟声，发现了昆德莉，她从死亡一般的睡眠中醒来；如同第一幕中一样，她再次表现为忏悔者的角色。“她睁开眼睛，发出一声叫喊。她长时间地凝视古尔内曼茨。”发生了什么？在昆德莉的哭声中，我们最后一次听到她的七度音动机，如同第一幕中一样，它以目标音的十六分音符重复结束。后者出现了几次，中间穿插着圆号的询问式的呼唤，然后是一段断念的旋律。昆德莉了解了情况：圣杯的救赎者尚未到来。她的诅咒阻止了他，而她对另一人的期望也没有实现。昆德莉必须放弃所有希望，这相当于是放弃自我：“效劳，效劳”——这是她在这漫长的第三幕中唯一唱出的一句话！她现在是否已经准备好了自我毁灭，正如瓦格纳如此“基督教式地”劝告犹太人的那样？[42]

但是昆德莉的作用，她的任务，还没有结束。帕西法尔现在结束他多年的流浪生活，这绝非巧合。昆德莉归来的行为是她**自我否定**的表达，这解除了她对帕西法尔的诅咒。一位骑士走了过来；他到达时，响起了b小调的帕西法尔主题，大提琴的拨弦因三全音而痛苦地变色，这是最不和谐的音程。上一幕结束时的所有胜利姿势都消失了。管弦乐中出现了三次特里斯坦的光之动机，然后是几乎听不到的圣杯动机。英雄**认出**了这个地方吗？他脱下盔甲，开始祈祷。古尔内曼茨通过圣矛认出了帕西法尔。年迈的骑士向新来者讲述了圣杯骑士团的绝望状态。阿姆佛塔斯已经很久没有取出过圣杯了。其结果是：“圣餐我们再也不能享用 / 我们只能靠粗茶淡饭果腹。”提图雷尔死了。帕西法尔发出绝望的哀叹，为事态的这一发展而自责。然而现在每个人都知道，救赎就在眼前，音乐以一种惊人的雄辩方式表达出这一点。这里响起的“奇迹动机”是被瓦格纳的门徒们错误命名了。这一动机是昆德莉的诱惑动机的缩影，并取代这一有活动及以及昆德莉的七度音动机，这两个动机都不再出现。主导动机的结构表明，昆德莉不仅是诅咒的原因，而且作为其在音乐上可感知的转变，也是诅咒**消除的原因**，更是救赎的催化剂。因此帕西法尔也知道：“你的眼泪已变成祝福的露水。”他因寻找，因从昆德莉处重新获得的**直觉**而得救——因找到正确道路的能力。现在昆德莉变成了《圣经》中的抹大拉的马利亚，为帕西法尔洗脚，古尔内曼茨为他涂上油膏，使他成为新的圣杯国王，帕西法尔立刻便为昆德莉行了洗礼。“祝福动机”和“受难日魔法”又是瓦格纳作曲的伟大高潮。自然得到赞颂，人赎去了罪过——基督教两千年来从未取得过的成功在拜罗伊特实现了！

“正午了：——时辰已到。”他们进入圣杯神殿。在宏大的葬礼合唱之中，提图雷尔的尸体被抬入。在不安和缺乏领导的状态下，骑士们再也无法掩盖他们的不幸。阿姆佛塔斯哀叹自己的罪过；骑士们疯狂地要求他，再举行最后一次圣杯仪式。他愤怒地要求他们杀了他：“圣杯自己会照耀你们的。”他嘲讽道。沃尔夫拉姆的作品中本来属于帕西法尔形象的完全怀疑与背弃神的动机，被瓦格纳在这部剧中转移到了国王阿姆佛塔斯身上。他遭到遗弃，异常孤独，面对着抛弃了团结精神的集体。提图雷尔死后，阿姆佛塔斯的罪愆便不仅表现为道德上的，而且表现为社交上的不当行为；如今茫无头绪的骑士们没有得到一声呼唤，像罗恩格林听到的那样。他们几乎要杀死阿姆佛塔斯了——然后帕西法尔来了，这个不再被期待的救赎者。他用圣矛触碰了阿姆佛塔斯的伤口：“痊愈吧，你的罪已赎！ /因为我现在已接过你的职务。”圣杯被取出；在变奏的圣餐动机中，这一动机的张力得到了纾解，响起了文化史上或许是最著名的谜语："给救赎者的救赎。"救赎者需要从什么当中被救赎？

首先，在这一点上，瓦格纳的舞台指导对于理解是很重要的："所有人（从中间处以及最高处发出几乎听不到的声音）。至高的赐福的奇迹：给救赎者的救赎。"所有人，那就不仅是天使，不仅是男孩的声音，还有那些骑士——最后还包括那些圣杯神殿之外的人。为什么呢？这是出于音乐上的原因。赦罪具有一种超验的特质，它由于"救赎动机"摇摆到无限远处的旋律弧线，覆盖面远远超出了圣杯骑士团的范围。瓦格纳通过放弃沃尔夫拉姆笔下治愈过程所关联的东方阿拉伯世界而在**戏剧性上**施加的社会限制，如今在作曲上被解除了：如果这是对个人的救赎，瓦格纳就会从他脑海中盘旋的爱情动机之中选择一个主题。然而，在《帕西法尔》结尾的永恒之声中，没有一个人被排除在外。

不过，在最后一幕中，超验性也通过圣矛和圣杯这两个图像范围产生。圣矛是男性的象征，在这里既是治愈阿姆佛塔斯伤口的长枪，也是克灵索尔的战矛；而圣杯作为一只容器，则是一个女性的元素。在创作《帕西法尔》时，瓦格纳也在写作一篇关于宗教中的女性和男性特质的文章。他也告诉了柯西玛这一点，柯西玛写道："为此，他为自己演奏了《帕西法尔》的第一个主题，回来后告诉我，他如何让合唱团说出那些话语，好让它既不显得阴柔也不显得阳刚，基督必须是非同寻常的，既不是男性也不是女性[……]既不显得老也不显得年轻，是人间的神。"（*CT*，1880年6月27日）与情节的戏剧性相反，《帕西法尔》有意指出，每个人心中原本所依赖的"善"是什么。

但是，从这个意义上讲，瓦格纳为何让昆德莉在"给救赎者的救赎"的话语中死去，仍然令人费解：她"目光望向他，如同失去灵魂般慢慢倒在帕西法尔面前的地上”。难道“奇迹动机”的旋律线并没有覆盖到每个人吗？它以如此永恒的方式——如此开放，意犹未尽，丝毫没有胜利的感觉——在钢琴声中消失，难道只是一个解不开的谜语吗？难道“给救赎者的救赎”只是一句哲学—宗教上的华丽辞藻吗？不，并非如此。

直觉的丢失与恢复

《帕西法尔》中寻求和平的内容部分在于宗教方面，部分在于心理方面。在前者之中是这一思想，即“基督”，“人间的神”，既非男性亦非女性，而是两者都是；此外还要注意叔本华的同情概念，瓦格纳在《帕西法尔》中虽然不是从一开始，但在最后通过音乐给作为“最后的话”的同情概念赋予了全部力量。自觉的同情是格雷斯意义上的那种原始神话之一，需要加以揭示和增强。瓦格纳对同情的理解多种多样，内容广泛；如何评估，需要每个人自己决定。比如认为，同情只有在非常接近于怜悯时才有真正的价值。

然而，它在心理学领域也寻求和平，瓦格纳在描述个性化的过程中表现了这一点。但这也是矛盾的。瓦格纳重构了中世纪教会的构成，根据这一构成，基督教需要犹太教作为反面形象，且关系像在一个共生体之中一样紧密。同样，帕西法尔需要昆德莉。但是，瓦格纳超越了文化传统，将这种关系转化为有关知识、理解和直觉的隐喻。在今天看来，确实没有任何形式的理性思维可以取代直觉。谁被剥夺了这种能力，谁就失去了决策能力——他就如字面意义一般“找不到正确的路”。[43]瓦格纳已经有了这种见解，并将它在帕西法尔的角色中表现出来：尽管对圣杯问题具有理性认识，但英雄在第二幕结束时仍缺乏找到正确道路的直觉。没有直觉，他就不能把他的知识转化为救赎。

自从《漂泊的荷兰人》以来，帮助获得直觉对于瓦格纳来说一直是在爱的且因此施加救赎的女性的特权。在《帕西法尔》中，直觉也是理性的对照物。直觉传递了前瞻性思维的力量，这种思维更早显示出正确的道路。但帕西法尔在昆德莉身上只看到了破坏性的性欲，它把基督教的灵肉分离推向了极端。帕西法尔的认识具有破坏性的作用，但在瓦格纳1850年代思想的意义上，这是一种“毁灭”：“毁灭”并不意味着消失，而是意味着过渡。因此，昆德莉在第二幕中的核心诱惑场景并没有像《莱茵的黄金》中法夫纳兄弟的自相残杀一样用死亡的鼓点来描绘，而是用一种变形的蛇形运动，逐渐增强，从最深远的过去延续到未来。**昆德莉的吻是对海涅的《荷兰人》故事中埃娃的吻的模仿**——在这两个例子中，都是对认识的拥抱，在海涅那里起到积极作用，在瓦格纳这里则起到破坏性作用。因为在这个吻中，帕西法尔才认识到他与阿姆佛塔斯所处情境的相似性。在沃尔夫拉姆笔下，阿姆佛塔斯就已经在承受基督之伤的一种性化的形式，帕西法尔也很快知道，他只有抵抗住昆德莉的诱惑，才能够拯救阿姆佛塔斯。但是，从认识这一步到拯救的行动还有很长的路要走，帕西法尔还不知道要如何做，或许昆德莉知道：只有她才有能力跨越圣杯世界和非圣杯世界的边界。“寻找正确道路的直觉”，即寻找通往圣杯之国的道路的直觉——这条道路在现实中并不存在，因为它是一条通往内心世界的道路——是通过昆德莉的爱的情感力量提供给帕西法尔的。帕西法尔拒绝这种爱，在思想上是坚定的，但在心理上对她和他来说都是致命的。因为在拒绝了她对爱的渴望后，昆德莉诅咒帕西法尔，导致他——如前所述——找不到通往内心的圣杯之路。

帕西法尔因此失去了直觉。他暂时地成了一个漫无目的的流浪者，就像被阿尔伯里希诅咒的沃坦一样，其相似性在此有所显示。经过与犹太文化的冲突，沃坦虽然没有像阿姆佛塔斯一样“受伤”，但在理性上还是染上污点，因此那个神也没有能力施行救赎行为。年轻的英雄帕西法尔因此不得不寻找圣杯，而且找了很长时间，直到他再次找到昆德莉。只有她才能做到意志和知识无法做到的事：找到圣杯。“没有一条地上的道路通向它 / 没有人能够踏上这样一条路，/ 如果它自己不愿意引导的话。”——瓦格纳的戏剧文本如是说道。在第三幕中，昆德莉将英雄从艰辛的漂泊中解放了出来；只有在这之后，他才能拯救圣杯世界。

作为超验力量与作为哲学内容载体的音乐

一方面，马丁·格克是正确的，他写道：“作为一种积极的艺术宗教，《帕西法尔》无法被拯救。”[44]因此格克只专注于音乐。正是作为一名音乐家，我对这一点有异议。如果昆德莉之死只不过是犹太文化的自我毁灭，只是为了给“新的”时代——黑格尔的纪元中的第四个时代，日耳曼人的世界帝国——让出位置，那么《帕西法尔》就必然会在鼓声和号声之中终结！但事实却并非如此，作品结束于微弱的音乐声中。要理解这一矛盾，就必须再次审视这个问题。“给救赎者的救赎”这个说法并未止步于瓦格纳在其可怕的“复兴文章”中所鼓吹的意识形态的一民族基督教的含义（我们还将最后一次回到这一问题上来）。

然而，我已经注意到，某些超验的意义过程在单个作品中很难确认，而在纵览全部作品时却很清晰，只有这样，它们才能揭示出反神话的要素。现在我们来做个尝试。瓦格纳的“救赎”总是通过爱来实现的。在音乐上，自《漂泊的荷兰人》以来，它几乎已经浓缩为一个公式：一个变格的和弦进行，第四位的小调下属音在第三位融入大调主音；[45]

瓦格纳一次次地使用这一结构，在《唐豪瑟》、《罗恩格林》和《特里斯坦与伊索尔德》中也有出现。但这种救赎总是女性的事，而代价总是她的牺牲性死亡。只有女性才能确保瓦格纳所说的“无意识的意识”，那种乌托邦式的内心和谐，能够消除自柏拉图以来西方人一直的灵肉分离。昆德莉也尝试协调救赎**与**爱、精神**与**肉体的关系。瓦格纳对他的反面人物所做的音乐上的伟大处理，为这部作品开辟了一个哲学上的新层面。其中再次探讨了“爱的哲学”；瓦格纳将它与《诸神的黄昏》和《特里斯坦与伊索尔德》中的主题联系起来，而这始终与女性，而非男性相关联。

前文提到的直觉问题，也就是正确提问和认识的问题，瓦格纳是在《罗恩格林》中首次作为主导动机来处理的。“禁止提问的动机”的下行五度音，随后是上行二度音，是瓦格纳相应的声音符号；在《特里斯坦与伊索尔德》的“光的动机”之中，在《尼伯龙人的指环》的“不幸动机”中，在《帕西法尔》的“伤口动机”中，它反复出现。《罗恩格林》、《特里斯坦与伊索尔德》和《尼伯龙人的指环》中试图解决意识问题的努力都已经失败；只有《帕西法尔》是一个成功的故事。剑对他没有什么帮助；他成为社会的救赎者，只因他牢记叔本华的“禁欲”和瓦格纳的“同情”。但这太有选择性了，因此他失去了真正的爱的能力。在这方面，他个人仍“未被救赎”。帕西法尔面对昆德莉究竟有何情感，文本和情节都没有给出答案。

然而，音乐提供了一个注解，很可能与昆德莉相关：在动机和声音的隐喻中，发生了一个心理救赎的奇迹。这首先发生在“圣餐动机”的发展中，其核心是痛苦地抵抗着的“伤口动机”，与《特里斯坦与伊索尔德》的“光的动机”有音调上的相似性，最终被解决了，实际上是被消除了，从此不复存在。在它的位置上，旋律线现在胜利地上升到一个长期保持的九度音。这是新的、鲜明的声音形象，其中能听到“给救赎者的救赎”！只有音乐揭示出——**也只有从瓦格纳全部作品的主导动机这一背景出发**——《帕西法尔》中的救赎不仅是血脉的救赎，也是精神的救赎。《诸神的黄昏》的结局在戏剧性上似乎保持“开放”，但《帕西法尔》却没有这么开放，而是得到了一个音乐上的精确答案：在瓦格纳这里，精神的救赎意味着再次拥有直觉。瓦格纳总是通过和谐的变调手法来实现这一点。[46]在《帕西法尔》的结尾就有一个这样的过程：在唱出的最后一个词“救赎者”（Erlöser）的第二个音节上（总谱编号293）开始了一个这样的和声滑行，这次是从降e小调到降D大调。仅仅六个小节之后就出现了与情节的对应，即意识的转变，或者更准确地说，意识的终结：“昆德莉倒下，目光望向他，如同失去灵魂般慢慢倒在帕西法尔面前的地上”——这是原本的舞台指导。这是至死不渝的爱吗？是的，当然，如果听到了音乐，就可以确认这一点，即便文本中没有提到爱。在1865年尚未“谱曲”的散文稿中，却谈到了爱这个话题：“昆德莉拥抱着帕西法尔的双脚，如同失去灵魂般静静地在他面前倒下。”[47]戏剧台本并没有脱离草稿；然而与《诸神的黄昏》结局类似，瓦格纳避免在文字上重复音乐给出的信息；因此，他简化了舞台指导。音乐反对昆德莉之死的情节似乎在暗示的民族性甚至政治性，因为瓦格纳不希望昆德莉之死响起鼓声和号声，而是希望这一段“演奏得非常美”；这里要散发出“圣洁的恐怖”（*CT*，1882年1月13日）。除了**出于爱**的真正的自我牺牲，圣洁还能是什么呢？只有在作品的最后，**音乐**所展现的救赎才表明，只有通过昆德莉的自我牺牲，濒危的直觉天赋才成为最终的赐予。一种含混的、与音乐相关的逻辑，充满危险的歧义，仅仅通过钢琴（而不是“鼓声和号声”）所表现的昆德莉之死来证明。在死亡之中，昆德莉与她之前的伊丽莎白、艾尔莎、伊索尔德以及尤其是布仑希尔德一样，成为属灵魂的、不可替代之物的隐喻。昆德莉的救赎的意识形态代价是非常高的，也是值得商榷的，因为对个体幸福及人与人之间包括性别之间平等的要求被践踏了。

恰恰是布仑希尔德与昆德莉的死亡场景之间的相似处提出了一个问题：几十年来一直受到热烈讨论、经常被解读为犹太人灭亡象征的昆德莉的结局，是否果真如此。[48]音乐的设计反对此说。正如在瓦格纳的设想中帕西法尔将成为西格弗里德的继任者一样，昆德莉也在继续布仑希尔德的任务，至少在她个性的某个方面。这两个人的死亡也是一个瓦格纳塑造的女性形象问题，因此人们可以争论，昆德莉的结局是瓦格纳的反女性主义的结果，还是其反犹主义的结果。

在极其男性化、敌视女性的圣杯世界里，瓦格纳无论如何都在昆德莉身上将“外来者”的威胁元素和施救赎的女性的解放时刻结合在了一起——必须重复指出：**如果没有她，帕西法尔就不能成为救赎者**！即便这位最后的女英雄并没有完全打开通往一个更公正世界的大门，但至少推开了一道缝隙。特里斯坦、西格弗里德和帕西法尔是否可作为榜样，是可以质疑的；伊索尔德和布仑希尔德——部分地还有昆德莉——则具有榜样的力量，因为她们在一场最终成

图105 《帕西法尔》的结局插画是早期瓦格纳工业中被复制最多的主题之一。仿照锡耶纳大教堂描绘的圣杯神殿为复杂的音乐活动提供了最好的环境。根据路德维希·贝希施泰因的素描所作的木版画。

为胜利的失败中获得了伟大和尊严。因为她们发挥了很大的作用，也成为这样一个榜样：在她们的角色中，而不是在那些男性英雄的角色中，探讨了一种真正的**爱情哲学**。她们展现出经过艺术化的“有认知能力的女性形象”的中庸之道，并在包容肉体、精神和灵魂的状态下通往一种“更好的意识”，一种与后现代概念已经很相似了的心理学设想。[49]在瓦格纳的戏剧创作中，作为对他人的奉献的爱只在伊索尔德、布仑希尔德和昆德莉身上体现出来，而在男性角色中，利己主义可以达到一种敌对爱的程度。但是爱，与同情一样，应当也是与利他主义有关的，也应当询问“他者的类别”（凯特·汉布格尔语）。然而，在特里斯坦、西格弗里德和帕西法尔的世界里，“他者”，与众不同的人，几乎没有任何空间，因为他们几乎只是在追求“本土的”东西。瓦格纳的英雄总是具有太强烈的生物性的一面；形而上的一面反而是留给女英雄的，瓦格纳虽然用它来否定他的资产阶级之存在的判断，但作为艺术家也指出了未来。

随着瓦格纳的英雄主义构想从男性英雄主义转向女性英雄主义，以及男性的、利己主义的胜利信念让位于女性的同情，这些艺术作品的最终音乐形象获得了一种解放的冲动，这与瓦格纳（生前发表的）文章以及新兴的威廉主义思维方式几乎是矛盾的。至少在心理学方面，对女性和外来者妖魔化的可怕双重神话之中加入了尊重与融合的反神话——一丝丝的公正，但完全是音乐的行为使《帕西法尔》的作品结局具有了其独特的意义。它以两种方式表达了叔本华所说的“入静”（Quietiv），一方面是两性之间的平衡，甚至是与少数群体的和解；另一方面则是由此产生的乌托邦式的和谐社会状态：“那种高于一切理性的和平，那种心灵之海的彻底平静；那种深沉的宁静，不可动摇的坚定与喜悦，它唯一在面容上的反映，正如拉斐尔和科雷吉欧所描绘的那样，便是一部完整而确定的福音：只有认识还在，意志已经消失了。”[50]

《帕西法尔》中的“另一层面”

叔本华的精彩文字或许可以作为最适合的文本出现在《帕西法尔》的结尾，但不应掩盖这样一个事实，即在这部作品中也存在一个潜台词，它不仅在深处蠢动，而且总是可以被人清楚地感觉到。瓦格纳知道这一点，并将这称作“另一层面”，他在提到朱迪·戈蒂埃时跟柯西玛这样说起过。他指的是，她不明白为什么《帕西法尔》不能轻易地被翻译成外语，也就是说转换成另一种文化。这在朱迪看来很奇怪，因为她能说完美的德语，而且她也是一名出色的法语文体学家：“比如说，朱迪不愿意相信，《帕西法尔》是无法翻译成法语的！可他们并不了解另一层面！”（*CT*，1877年12月24日）这里复数的“他们”意味着针对的并非朱迪个人，而是指某种超越了特定语言之外的，实际上也超越了艺术和基督教之外的思想。它也不是指作为一部**欧洲作品**所传达的主要思想。这个“另一层面”是专门针对德国观众的——其次才是邻近的文化圈，瓦格纳虽然很重视这些文化圈，但对他来说，必须要进行特定的改编。

这是一条社会的—政治的讯息，瓦格纳不是对语言艺术家或音乐天才传达这一讯息的，而是对有影响力的人，正如在其他地方所显示的：“或许新的学派，比如沃尔措根等，会遵循这一点。”（*CT*，1881年3月28日）“新的学派”，这些人虽然确实也包括要传播音乐的人，比如传播真正的瓦格纳歌曲；但这里指的主要是除了大师本人之外，也为他的家庭报纸《拜罗伊特报》写文章的文人和思想家。这些人主要包括汉斯·冯·沃尔措根、卡尔·弗里德里希·格拉泽纳普、约瑟夫·鲁宾斯坦、路德维希·舍曼、海因里希·波格斯、海因里希·冯·施泰因、康斯坦丁·弗朗茨、伯恩哈德·福斯特和戈比诺伯爵本人，这些人在瓦格纳生前就为瓦格纳的媒体之车做起了牛马，并巧妙地将诗歌、历史、思辨混杂民族主义和反犹主义连同瓦格纳自己的“复兴文章”一起传播给受过教育的人。有时柯西玛记录下的对话中也会有他们的内容。[51]

由于这个“另一层面”集中于对“正确的教义”，即瓦格纳的思想，以及基督教和最主要的对其“正确”理解的关注，因此它与中世纪的圣杯神话之间有相似之处，这就解释了为什么这些相似会给瓦格纳带来灵感。从某种意义上说，当时面对的问题具有可比性。圣杯神话表达了与中世纪基督教思想以及中世纪教会权力问题的对抗。在公元1000年前后，基督教在欧洲仍然处于与伊斯兰教和犹太教的竞争之中，和平共处的情况普遍存在。[52]只是随着基督教的统治地位在11世纪显露出来，教会才创造出进攻性的意识形态，这首先体现在十字军东征的理念上，这一运动对民生、心理和社会都产生了深远的影响。[53]在这一时期，自凯尔特时代以来与圣杯象征相联系的社会分离思想发展成为一种宗教不宽容的意识形态，由此反伊斯兰主义和反犹主义作为基督教的根本错误也对文学产生了影响。

克雷蒂安首次尝试将从前的凯尔特圣杯传说基督教化，但是在法兰西贵族努力与教会展开精神竞争的范畴之内。宫廷文学中就已经出现了谴责，让·弗拉皮耶就称其为“神话的黑暗和消极一面”。沃尔夫拉姆的《帕西法尔》通过将亚瑟王的圆桌骑士世界与东方世界对比带来了新的亮点。他把带来福祉的圣杯的起源说成东方：弗雷格塔尼斯，“以其学识而闻名，[……]是所罗门的后裔，具有古老的以色列血统”。[54]这个犹太人从星空得知了圣杯的力量，但直到后来沃尔夫拉姆（虚构出来）的权威学者基奥特才“从不列颠、法兰西、爱尔兰和其他国家的编年史中”发现了他。与克雷蒂安的作品相比，沃尔夫拉姆的创作已经是一部欧洲作品，但它已经受到了早期教会敌视犹太人的影响。因为随着圣杯的交接（它作为祝福的标志承载着圣体），沃尔夫拉姆针对的是他那个时代流行的对神的话语和与之相关的“神选之民”之应许的讨论；在十字军东征时代，基督徒对犹太人的这一主张提出了异议（替代说）。[55]

这些历史细节在19世纪后期还不能被轻易地理解。不过，在弗雷格塔尼斯的故事里，沃尔夫拉姆创作了圣杯事务的继承情况，从弗雷格塔尼斯这第一个、犹太人的圣杯编年史家，他预言圣杯是“受洗者”的遗产（IX，453，26），到基奥特，普罗旺斯人，意味着他是基督徒，发现并随后非常合乎逻辑地定位圣杯在安茹，也就是在法兰西，自此圣杯不仅仅再提供餐食，还会以铭文的形式在石质的表面宣告神的意志。

早在一百五十年前，沃尔夫拉姆作品的任何读者都可以清楚地看到，圣杯原本东方的—犹太的管理者应当被一个基督徒管理者所取代——类似1200年前后中世纪的精神生活中所发生的事情。因此，瓦格纳或许可以感觉到，圣杯文学伴随着沉重的意识形态烙印，非常适合为作曲家提供创作类似主题的空间。

“恶”的审美化

瓦格纳的戏剧结构因此显示出了对比的形势，沃尔夫拉姆笔下的圣杯追寻者角色——两个男性——分配给了一个男人和一个女人，好让故事能够发展出歌剧所需的情感张力。因此，他的戏剧英雄之一阿姆佛塔斯，基督徒的国王与圣杯的管理者，被一个女性舞台形象所吸引，她同时还具有犹太色彩，这导致了一场双重灾难。因为随着年龄的增长，瓦格纳似乎从原则上反对与女性交往，这使得舞台情节变得越来越复杂：“种族混杂使高贵男性的血统被低贱的女性血统所腐蚀：男性受到伤害，品格沉沦，而女性却获得许多东西，以取代男性的位置。”[56]这种过度的厌女可以解释为什么昆德莉会给圣杯之国带来无法回避的厄运：首先是犹太血统的不洁，其次是女性在一个瓦格纳不愿承认其地位的领域中的干预。在这两个方面，血统，无论是“纯洁的”还是“不洁的”，都起着重要的作用。这或许可以解释阿姆佛塔斯的哀叹异常固执于血的问题，这是第一幕圣杯情节的核心。这一哀叹和紧随其后的圣杯合唱，是瓦格纳所创作出的最令人印象深刻的片段之一，它们不仅是第一幕的核心，还代表了上述瓦格纳所谓“新的学派”之“教义”在艺术领域的传承。这种宗教般的“教义”是什么呢？马丁·格克认为：“如果瓦格纳在《帕西法尔》中写下了他的私人宗教，那么它依然是晦暗不明的；我认为自己没有必要加入那长长的诠释者的行列，他们对‘给救赎者的救赎’这句话进行了深入的解释，就仿佛瓦格纳的文本是《圣经》一样。”[57]然而，现在有一些1880年代的资料来自瓦格纳的身边环境，为瓦格纳的救赎者身周的“晦暗不明”带来了相对明亮的照明。这并非钻牛角尖，而是非常重要的，因为它涉及德意志文化史的一个核心部分。在圣杯神殿中究竟发生了什么？

在瓦格纳的笔下，阿姆佛塔斯的伤口被放在了腰侧，以创造出一种与基督的相似性（“跟他身上一样的伤口”）。然而，这里不断出现的并非“伤口动机”，而是昆德莉的动机。但是很快，昆德莉的动机就与阿姆佛塔斯的动机、克灵索尔的动机和圣餐动机在主题上发生冲突。此外，人们还听到一段非常离奇的文字：

圣杯里的神浆/放着闪闪的红光；/狂喜的痛苦震颤着我的心/

我感到神圣的血像泉源/向我的心窝倾注:/我自己罪恶的血像落潮,/它疯狂地骚动着/流回我心里,/它带着极大的恐惧/注入这有罪恶癖的世界;/现在它又冲开大门,/向外奔涌,/在这里,通过跟他身上一样的伤口,/那是同一支长矛所刺伤,/那长矛在那里是刺伤了救世主,/上帝把泪水滴在血上,/哭诉这人类的耻辱,/心怀怜悯的神圣渴望/而从我的伤口,那最神圣之处,[……]涌出滚烫的罪恶之血,/永远被渴望之泉更新,/这也永远遏止不住我的忏悔!

在接下来"怜悯!怜悯!"的呼喊声中,阿姆佛塔斯的血之独白达到了真正深入骨髓的戏剧效果。基督被提起,但并没有呼唤福音的同情。因为这里所谓的神圣的圣杯之血不是为了宽恕罪孽而流,而只是为了让被罪孽腐蚀的阿姆佛塔斯的血流回去。为此,在每一次的圣杯仪式上,伤口都要重新裂开。在圣杯之国里,许多事情都可以被原谅,甚至包括杀死天鹅,但血统的混淆是不可原谅的,"啊!——任何忏悔都不能使我安宁!"因此,阿姆佛塔斯的伤口是无法愈合的,而正如他的独白所显示的,他必须将圣杯崇拜仪式作为一个无意义的施虐事件来忍受,这毫无必要地拖延了他的死亡。而这一切都发生在一出必须深深打动听众的乐剧之中。

质疑瓦格纳的音乐在其最伟大的时刻和最悲壮的段落中的意识形态潜台词是正确的吗?难道不应该让自己在情感的浪潮中随波逐流吗?尽管我自己也经常受到这样的诱惑,并想到我作为音乐家在演奏这段音乐时所经历的深受感动的时刻,但仍不能放弃这种质疑。

紧随阿姆佛塔斯的哀叹之后的是著名的合唱,从音乐上承载了圣杯的神圣变化。这一情节——揭开圣杯,发出魔幻的光芒,给骑士们分发食物——是对圣餐礼的改写；合唱的特点产生了超验性的力量。但是这一力量会导致什么结果呢？在最强烈的情感冲击下，几乎没有人发现这是一种伪造——但仔细观察就会看到，瓦格纳把圣杯交给**他的**骑士们只是"为了我们的爱"。在《新约》中可没有任何限制；那里说的是："你们都喝这个。因为这是我立约的血，为多人流出来，使罪得赦。"（《马太福音》26：27）对于普通人来说，圣杯之国里既没有爱，也没有慈悲；在血脉的问题上，爱与慈悲这类事情严格限于血脉相同之人。如今的心理学家如保罗·布卢姆等所发现的同情的危险，即仅限于同类人并排斥其他人，在《帕西法尔》中，严格来说在第一幕中，却表现得非常明显；直到第三幕，这一问题才有了其他解决方法，或许是有了救赎。

从意识形态的方面来看，当瓦格纳将他最后一部歌剧当作他的"最后一张牌"打出来时，这绝不是一个和平宗教的问题；相反，它是一个文化政治项目：动人心魄的音乐中产生的超验性在这里运用了教会的声音，并不可避免地起到了教会的作用——但这是朝向错误的超验，是全部作品中最危险、最消极的超验。当最伟大的音乐手法变得可疑时，难道超验（与对这一概念的理解相反）不也可以从"善"进行到"恶"吗？这一问题必须得到解答。因为在瓦格纳这里，对阿姆佛塔斯没有丝毫同情。他的过错虽然是基督教道德规范意义上的"罪孽"，却是可以赦免的。这种罪行不能被原谅或赎回，只是在种族主义的拜罗伊特"宗教"前提下才会变得如此，这种宗教延续了《尼伯龙人的指环》的教义："西格弗里德原本是应该成为帕西法尔的"，并且是为了"拯救日耳曼精神"不受"犹太人的混合"和"拉丁文化的压倒性影响"。[58]帕西法尔也应当实现这一救赎。但他自己是否已经得到救赎？在第二幕的结尾，他去寻找，但他被诅咒找不到出路。出于两个原因。

“被救赎的救赎者”

“给救赎者的救赎”是《帕西法尔》的结束语。是哪一个救赎者从什么之中得到救赎？瓦格纳和柯西玛在一次对话中谈到了《帕西法尔》的结局：“不，不，我今天对自己说，我为这部作品倾注了全部，这是令人惊讶的；我明白我知道什么以及其中包括什么……”柯西玛继续写道：“然后，他比他所说出的更多地暗示了这部作品的内容，‘给救赎者的救赎’——他说出‘好在我们是孤独的’之后，我们就沉默了。”（*CT*，1882年1月5日）这种带有神秘感的游戏是非常模棱两可的。在更为公开的层面上，这“仅仅”是瓦格纳对教会，对信仰之制度化的厌恶，他想通过《帕西法尔》将围绕基督形象的同情的垄断权力从教会手中夺过来，将它作为神话还给人民。通过他的——在圣杯城堡的场景中——非常仪式化的音乐，通过他对教会仪式和圣餐礼、洗脚和礼拜式合唱的略微异化的改编，他提供了某种反宗教：用与神话相联系的方法，将基督教的精华从根深蒂固的僵化中剥离出来。

在更深的层面上，涉及的则是完全不同的东西。在1880年1月17日致汉斯·冯·沃尔措根的信中，瓦格纳对“救赎者”做出了一个惊人的定义。他强调，“对我们所有的未来来说，那个真正被承认的，从所有亚历山大—犹太—罗马的专制畸形中净化和救赎出来的，以拿撒勒人耶稣的历史形象出现的无比崇高的救赎者究竟意味着什么，以及究竟是什么”。然而，基督教本身对此刻的瓦格纳来说似乎并不重要，他将“无情地牺牲掉它”；他说关心的只是认识“那个[……]完全纯净的基督”：为了给拜罗伊特的宗教寻找一个有用的范本。这就是已经被费希特和叔本华，甚至是被路德构想出来的在血统上去犹太化的“基督”，瓦格纳在他的"复兴文章"《英雄气概与基督教》(1881)中探讨过这一形象,一个荒唐的、亵渎的幻想(见第34章)。

这一形象是否在《帕西法尔》中也有呈现,是一个完全不同的问题,因为这里我们只是在第一幕——而最后一句话直到第三幕才说出来!这些形象绝不是完全一致的,因为这样的呈现方式并不适合音乐的表达。瓦格纳在他生命的最后几个月中一定感觉到了这一点,并与他的血统意识形态下的耶稣形象拉开了距离——但只是在私下里(见第36章)。在没有公开收回言论的情况下,必须极其认真地看待瓦格纳的血统"理论",因为他的门徒们照单全收并把它传播开去,特别是通过一直办到1938年的《拜罗伊特报》,影响力直达"第三帝国"的高层。十卷本的《文集》也发挥了它的作用,他将《帕西法尔》的台本与"复兴文章"结合在一起,仿佛这些是这部舞台节日祭祀剧的指导手册。正是在这个意义上,前文提到的拜罗伊特门徒、作家和剧评家阿图尔·赛德尔声称:"《宗教与艺术》这篇文章与《帕西法尔》这两部作品是一体的。"[59]他还根据1883年的笔记补充说:

> 如果说昆德莉是作为犹太[……]原则的代表者出现的[……]那么帕西法尔则是基督教救世主的雅利安—日耳曼类型[……]阿姆佛塔斯在表演中戴上了东方—犹太(黑发)基督形象的面具,而帕西法尔则在最后一幕中显露出日耳曼的(金发)基督形象[……]但是克灵索尔也想夺取圣杯,为此不惜一切手段[……]因此,纯粹的犹太信仰到处篡夺基督教—日耳曼的文化,想要渗透其中,从而摧毁其最核心的部分,这在我们看来不仅是可以理解的,而且是众所周知的、非常常见的事实,在这里几乎不需要再被特别提起。[60]

许多批评家和评论家对瓦格纳的新德意志“基督教”的论述都非常肤浅；[61]但是这位瓦格纳追随者赛德尔说得更为精确。对他来说，《帕西法尔》中有一个意识形态的潜台词，产生了一个宗教的创始神话。正如中世纪的基督教一样，这需要一个“反犹太的”对抗力量，但他在一篇文章中指出，这种反犹主义“更多的是在文化和理念的方式上”。在上述文本中，他给出了他对主要角色的观点：犹太人昆德莉，日耳曼的破坏者克灵索尔，幸免于难的犹太基督（阿姆佛塔斯）和他的继承者，去犹太化了的、雅利安的基督（帕西法尔），**被救赎了的救赎者**。赛德尔的言论具有一定的分量，因为它总结了瓦格纳散见于各处的观点，这些观点也在他的家庭中流传。[62]

当时非常著名的俄国钢琴演奏家和作曲家安东·鲁宾斯坦（1829—1894）也是犹太人，他在《帕西法尔》首演时就承认：“《圣经》中的基督是犹太人，对他[瓦格纳]来说过于犹太了，因此他自己创造了一个基督教的基督。”[63]著名的勃拉姆斯传记作者马克斯·卡尔贝克在1882年《帕西法尔》首演时也表达过类似的观点，他说：“19世纪不能再使用一个基督教的—**犹太**的救世主了，迫切需要一个基督教的—**日耳曼**的救世主。”他还说，反犹主义的先生们“或许会为了这个金发基督感谢瓦格纳”。[64]在从1880年开始蔓延开来的激进反犹主义者眼中，《帕西法尔》宣告了德意志的教会—骑士制度对非德意志的犹太教堂的胜利。许多伪基督教论点被使用，其中一些也被瓦格纳作为意识形态元素来使用，但它们与教会的基督教无关。在谈到《帕西法尔》的“另一层面”时，瓦格纳也说：“我根本就没想到过救世主。”（*CT*，1878年10月20日）[65]

必须重申：本节讨论的只是《帕西法尔》复杂意义的一个侧面。出于历史原因——由于其痛苦的影响史——它绝不能被遗忘。但与此同时，我们可以满怀感激地想到这部作品的许多崇高的段落，它们已经成为无数观众的难忘记忆。其中一些还应当再提一下。

音乐：先发与未尽的语言

赖纳·玛利亚·里尔克在他1918年著名的诗篇《致音乐》中，似乎在追问为什么音乐和语言并不总是合拍的，也可能会陷入一种危机状态。这正是《帕西法尔》的某些段落发生的事情。如果语言在音乐面前失去效用，会发生什么？

> 音乐：雕像的呼吸。
> 也许：图画的沉默。
> 你语言停止之处的语言。
> 你垂直于消逝心灵之方位的时间。[66]

在与音乐打了几十年交道之后，我认为，它不仅是语言失败后的“语言”，而且代表了某种先于所说之物的“语言”。瓦格纳的《帕西法尔》便是这样一个双重的例子：最后的画面令我认为是第一种情况的范本，即音乐成为语言的反义词；但第一幕的前奏曲则展现了第二种情况，即音乐对于还未到来的语言可能是有好处的，也可能会带来负担。第一种情况能带来很大的好处，第二种情况同样如此，但其中也充满危险。在《帕西法尔》的结尾处，就像在《诸神的黄昏》中一样，音乐走出了自己的路，赋予结局的画面一种意义，而这是在重复中很快凝固又陷入沉默的文字所不能带来的：旋律是永恒的，救赎是永久的，它没有制造任何障碍，没有人被排除在救赎的奇迹之外。

这与作品的开头是不同的。开始时的动机是如此地深入灵魂，让人无法逃脱。这种内在化之中无法诞生一个真实的世界，因为这种音乐**预先**塑造和影响了随后的一切，达到了扭曲的程度。这近乎诱惑。这种效果并非无意为之，如前所述，瓦格纳清楚地表达了这一点。[67]

当一个人成为这种效果的“牺牲品”时，他的内心会如何波动？为了表现这一点，我必须交代一些原本无论如何也不愿意写的东西。我作为年轻的音乐家在斯图加特国家歌剧院经过许多排练和演出后，对其有了“深入了解”的瓦格纳的第一部作品，正是《帕西法尔》。在演奏前奏曲时，我时常陷入这样的情绪之中，苦涩的泪水顺着我这把几百年历史的宝贵乐器的漆面留下来，令我不仅对自己，也对这些咸涩的污渍感到恼火，当然它们很容易被清除。但我通过这样的经历陷入一种幻觉，正如我之前和之后的许多听众一样，觉得这样一部作品不可能有什么邪恶的东西，甚至根本不可能有什么“坏”的东西在里面。于是我开始研究，为的是更深入地了解瓦格纳，同时也是为了能够为他辩护，对抗1970年代末的可怕的批评者。随着时间的流逝，我才知道那些批评者并非都是错的，而我开始怀疑我是否上了一个魔法师的当，是否让自己被诱惑了。

但我可以忍受这一点。这是这种体验的代价，即——首先——**先验便是积极的、“好”的艺术**或许最终只是一种妄想，而且——其次——“积极”和“消极”相混杂的艺术**更好地说明了世界是如何运作的**。文学作品中流传下来的许多帕西法尔的经历都如同这样的交替变化，描述了最伟大和最痛苦、高尚和恐怖、压抑和难忘的经历：

古斯塔夫·马勒1883年7月在拜罗伊特看过《帕西法尔》的演出后深受感动，给他的朋友弗里茨·勒尔写信说：“我一句话也说不出来，走出剧院的时候，我知道，最伟大、最痛苦的情感降临到我身上，而且它将终身陪伴着我[……]”已经离开瓦格纳很久的尼采，当他在1887年在蒙特卡洛听到《帕西法尔》的前奏曲时，在一封写给彼得·加斯特的信中说：“[……]在音乐的根基里有一种非同寻常的灵魂的感觉、体验和事件，它会给瓦格纳带来最高的荣誉，带来许多种境况，许多人，甚至‘更高贵的人’，都会认为这些境况是不相容的，会让他被人指指点点，会让他高处不胜寒，会使他被人看透，就像用刀子划开一个灵魂——以及对被看到和被判断的事物的同情。”罗曼·罗兰也有类似的感受，他在1891年7月观看《帕西法尔》第三幕时完全被震撼了。他听到了“比世界上所有的演说都更深刻”的音乐，并认为在第三幕中听到了“第五福音……所有福音中最伟大的一部”。托马斯·曼在1909年8月23日致路德维希·埃维斯的信中提到了一场《帕西法尔》演出：

> 尽管我是带着相当大的怀疑去的，有种去卢尔德朝圣或去算命，或者去其他什么有暗示性的欺骗场所的感觉，但我最终被深深地震撼了。某些段落，尤其是在第三幕中，受难日的音乐，洗礼，涂油，还有令人难忘的结束画面——意义重大，令人无法抗拒[……]这样一种可怕的表现力可能在所有艺术中都不会再有了。瓦格纳毕生都在练习的忏悔和痛苦的腔调，只有在这里才达到最终的强度[……]

为了说出这里的音乐最打动人心的一面，我想用作品中最有趣的一方面来做个结束：迄今为止一直被忽略的对帕西法尔形象的音乐塑造。当然，这表现在他的主导动机上，这是一个主旋律的复合体，在它出现的四十次中，甚至**没有一次**是以相同的方式出现的！如果阿多诺否认瓦格纳的音乐有演化的特征，并将主导动机斥为“反复出现的累赘表达”，[68]那么仅仅帕西法尔的动机就足以说明他的错误。只有开头的**长—短—长**的点状节奏是共同的。它唤起了两种不同的感觉，这取决于它的演奏速度。在第一幕和第二幕出现的演奏较快的帕西法尔动机中，这一节奏暗示了这个青年特有的乐观精神。这一节奏中含有许多能量。然而，旋律的形成是渐进的：有时点状音之后跟着的是上行的小三度或大三度音，有时是四度音，也有可能是下行的。同样的音符，但用的是最悲惨的小调，能够提出最困惑的问题，表达最深切的痛苦。直到第三幕，这一动机才在圣杯之王的涂油仪式上获得其完整形态。这一庄重的节拍中包含着威严，这是英雄成为国王的最终目标。瓦格纳把这一点塑造得非常动人，不可能会听不出来。从粗野的青年，从涉世未深的质朴男孩成长为自信、成熟的人格，成长为拥有极大魅力的领导人物的道路是很清晰的。在帕西法尔的形象中，单单是音乐，没有任何语言的干预，就具现化了意识的发展要素，而意识的发展是任何个体形成过程的核心所在。只有知识，或许也包括对“最后的事物”的知识，使帕西法尔成为圣杯之王，成为精神的主宰。只有成为这种人，他才能够**治愈**，就像在王权还是神话的时代法国的统治者们那样。**是精神塑造了帕西法尔的形象**。这就是音乐所说的。我们也可以坚持这一点，即便我们已经意识到了作品的黑暗面。

这一音乐的结尾表明，《帕西法尔》的对抗性始终是越不过去的。这些对抗形成了矛盾的统一体，尼采很晚才在《瞧！这个人》之中找到了合适的结束语：“我想，我比任何人都更清楚瓦格纳所能创造的惊人事物，除了他之外，没有人能够创造出五十个充满奇异乐趣的世界；而强大如我，能够将最可疑、最危险的东西也变成有利于我的东西，从而变得更加强大，因此我称瓦格纳为我生命中的大恩人。”

36

魂断威尼斯

图106　理查德·瓦格纳的最后一张照片，1883年2月之后截取，原片为一张摄于1881年8月23日的全家福。最后一张（特征不明显的）单人照出自1880年11月16日。

财务上的突破

1882年8月29日，以“辞世之作”《帕西法尔》的最后一场演出为标志，瓦格纳人生中最后一段短暂却又非常重要的篇章开始了：不仅在艺术上，而且在经济上也获得了最圆满的成功。没有哪个艺术家会仅仅满足于受到敬佩，如果想要生存，他的成果必须得到回报。当年的艺术节落幕时，账面显示盈利超过14.3万马克，而1876年的艺术节乐剧是以约14.8万马克的亏损结束的，并威胁到瓦格纳的生存基础。换算一下：1876年约300万欧元的债务到1882年时变成了几乎同样高的盈利！如果再考虑到瓦格纳1881年出售《帕西法尔》的版权时已获利10万马克——这是到当时为止德国境内支付出的最高酬金——可以看到艺术成果终于有了立命之基。此外还能看到：1876年的财务崩溃似乎表明，《尼伯龙人的指环》虽然是一部伟大的乐剧，却无法解决经济问题。不过，自从剧院经理安杰洛·诺伊曼1878年在莱比锡于一年之内、1880年在准艺术节的条件下于五天之内上演了这组作品以来，经济问题也已得到了解决。尽管瓦格纳不得不忍受一个苦涩的事实，就是暂时“只有”一位犹太裔经纪人在此取得成功，但他相当务实，在没有其他选择的情况下可以接受这一点，因为他必须不惜一切代价消除“不可上演”的污名。其他剧院也开始尝试上演《尼伯龙人的指环》中的单个剧目：1878年在维也纳、1879年在不伦瑞克和汉堡……安杰洛·诺伊曼做得更多：1881年起他把自己的莱比锡剧团打造成“瓦格纳巡回剧团”，并在柏林（1881）、伦敦（1882）和其他一些城市演出了《尼伯龙人的指环》。这组作品如今被归为“无法绕开的”那一类：若想在现代歌剧中有发言权就必须观看它。到1889年为止，出色的戏剧天才安杰洛·诺伊曼的贡献让《尼伯龙人的指环》演出了185场，浪潮席卷整个欧洲。真正思想开放的观众不再可能不知道瓦格纳的主要作品。

但是从1882年的成果上可以确定：田地已耕，收获未知。瓦格纳清楚这一点，因此他在1883年2月6日对柯西玛说：“我就像奥赛罗一样，今天的工作已经结束。”这种像是同时期带着胜利和失败的新态度必然导向新的后果。

不过，瓦格纳暂且需要休息——他的健康被毁了，他把健康献给了工作。他的心脏表现出令人不安的征候，此外艺术节也造成了难以想象的压力。7月15日，李斯特去拜罗伊特拜访这位朋友，发现他在花园凉亭里呜咽抽泣，因为他的爱犬莫勒死了。李斯特在妄想平和别墅里给一位年轻的钢琴家授课，但是瓦格纳对频繁的练琴声极为恼火，导致李斯特只敢在他不在房子里的时候授课，而且不时走向窗边，以便在他接近时及时发觉。[1]

敌人退散

鉴于瓦格纳身体虚弱，一家人9月14日启程前往威尼斯，几天后搬进了温德拉敏宫，那里有15个房间供他的家人和随从们居住。李斯特于11月19日来访，逗留到次年1月13日，其他人也接踵而至：1882年恩格尔贝特·洪佩尔丁克不得不急匆匆地谱写完《帕西法尔》中场景转换音乐的延长部分，因为舞台设备的运作比瓦格纳计划的需要更长时间，其他人还有保罗·冯·茹科夫斯基、赫尔曼·列维和拜罗伊特艺术节的几位最重要的管理人员。瓦格纳多次要求李斯特一起陪着他们，可是有时候也会很生气，特别是当李斯特给他演奏自己的新钢琴作品如《葬礼小船》或圣诞树组曲的时候，这位歌剧作曲家就会称其为“刺耳的声音”，甚至将其误解和贬低为“疯狂的萌芽”（*CT*，1882年11月29日及12月2日）。[2]1月13日，瓦格纳陪他的朋友走下温德拉敏宫的台阶，到达刚朵拉船边，在李斯特启程之前最后一次拥抱了他。一个月后，李斯特在布达佩斯闻听瓦格纳的噩耗，说：“今天他离开，明天轮到我。”[3]

年迈的大师瓦格纳也问起过尼采的情况，可是这位曾经的门徒身在远方，正在写他的《查拉图斯特拉如是说》。当我第一次读到这部作品时，感觉正在读的是一部真实生动的反《帕西法尔》之作！尼采的文字变成我在《帕西法尔》上产生的不适感的解毒剂；《查拉图斯特拉如是说》于我而言比尼采后来写于1888年的《瓦格纳事件》更为重要，后者尽管有些夸张，仍然一直是除了托马斯·曼的文字以外理解这位拜罗伊特大师的核心。无论是尼采还是瓦格纳，人们都必须忍受和接受他们非凡的热情、洞见和认识。即使在两人被认为已经决裂的时候，尼采还是声称有一种“明星般的友谊”将他们团结在一起。[4]

从“完成今天的工作”的态度来看，瓦格纳在威尼斯的生活时日里终归是少了一个缺陷——至少是很大程度上地减少了，而且并非是不重要的缺陷：他对“犹太人”的敌意——无论这看起来有多么不可思议。“犹太人”依然是瓦格纳的老生常谈，可是自1882年夏天起他的语气明显变了：以前他的话里有的卑劣得令人难以置信，苛刻程度远超过当时的典型话语，这些东西现在从他的词汇中消失了，取而代之的是当时广泛流行的偏见所使用的温和的表达风格。柯西玛写于1881年12月18日的日记中还记录了瓦格纳在一次《智者纳旦》的演出中就维也纳环形剧院火灾发表的一通臭名昭著的言论，称他希望“在一场《纳旦》的演出中烧死所有的犹太人”！这样的句子听起来像是大屠杀的宣言；即使这个恶劣的表述是在临时的坏情绪下产生的，但过去三十五年里提出的任何相对化的解释都于事无补。还有1881年8月11日记录的瓦格纳日常词汇中应消除的部分：应该把犹太人“扔出去痛揍一顿”。同样可怕的还有瓦格纳将犹太人和“蛆虫”做比较（1881年7月20日），或是将他们比作一群盘旋在“一匹可怜的马的伤口上的苍蝇”（1882年2月9日）。诸如此类的邪恶文字在1882年夏天以前的日记中都有迹可循。然而在6月27日，柯西玛记录下他针对弗罗芒塔尔·阿莱维的歌剧《犹太女》的一条评论，表达出完全不同的思想："用餐时，他强调了《犹太女》的美、逾越节、最后的合唱，以及生机勃勃的第一幕，然后说，这是犹太人本质的最佳表达。"[5]1882年7月26日，艺术节开幕了，在节庆持续期间，柯西玛没有机会继续报道他的卑劣。

瓦格纳的蛮横在艺术节期间消失了吗？还是在那之后？无论如何，他在威尼斯直到10月13日才再次提及"犹太人"。将近三个月都没有发表反犹言论？在柯西玛持续了十四年多的日记中都从未出现过这种情况！10月，当提及普雷斯堡的一场犹太人大屠杀时，瓦格纳对该话题不予置评，也没有表现出任何幸灾乐祸的态度；三天后，门德尔松也在他的话语里毫发无伤。10月24日，瓦格纳甚至为犹太无产者的辛劳辩护："仿佛这场斗争不是最正当的。"这是新的声音！大多数情况下如此。11月13日，"犹太人"再次变成"骗子"，但在转天又变成无害的，再一天后，瓦格纳完全根据《旧约》的一般理解来解释犹太人的重要性。在其后的十几处，他针对犹太人的比较言论也仅仅徘徊在文字游戏和无害的教会语录之间。

瓦格纳身上到底发生了什么？让我们尝试按照时间顺序来归类和分析导致他的反犹态度从"强硬"到"柔和"的突然变化的可能原因。《帕西法尔》作曲的主体内容（即管弦乐草稿）于1879年4月26日完成；总谱的加工工作（将业已包含一切的草稿"翻译"成可供实际操作的内容）则持续到1882年1月13日。就《尼伯龙人的指环》作曲的个案而言，反犹主义偶尔会表现为一种创造性的力量；在相当恶劣的文章《现代》的写作上也可甄别出相似的情形，它诞生于1878年3月，正好处于起草《帕西法尔》的第一幕和第二幕之间的时段。假如是这种创造性工作和进攻性之间的制约关系在继续起作用，那么对犹太人"强硬的”敌意本应该在1879年春天终止。可是事实并非如此，因为“复兴文章”在那之后才产生，里面也包含糟糕的内容。

因此，“强硬的”反犹主义一直持续到1882年的艺术节，有着另一个原因。在我看来，这应该与瓦格纳的真正敌人，即金钱的匮乏联系起来，这位大师习惯了将之投射到金钱的象征性代理人，即“犹太人”身上。只有《帕西法尔》在**财务上的成功**才能带来上述变化。因为以前很重要的事情突然变成了小事一桩。所以他在1882年12月14日向柯西玛透露，他“再也不会说一句有关宗教的话，比如解释他对基督之血统的想法”。而将基督之血统在“理论上”去犹太化的胡言乱语，正是他的“复兴文章”的中心主题。现在却说，“如今谁都可以理解它们”——他不愿意再做出确切的解释！在这条线索上有两个前文省略掉的地方，鉴于它们的重要性，应该在此说明，它们都发生在1883年1月30日。瓦格纳首先称赞了“犹太人古根海姆是威尼斯的恩人”，不久后他又批评了自己对国王路德维希二世的依赖关系，并抱怨“给了他一百万的不是罗斯柴尔德”。

从本书的开头章节以来一直作为立论的假设，现在变成了残酷的事实：瓦格纳的反犹主义具有重要的**战略**意义。它旨在贯彻乐剧作品，实现乐剧的整体成功，然而随着《帕西法尔》也在经济上取得突破，瓦格纳自1840年以来建立并维持了数十年的人为的敌人背景变得多余：这道背景分崩离析了。但是瓦格纳一家还不清楚这一点。暮年的瓦格纳比起国王宁愿选择一个犹太人做他的赞助人，这对大师的熟人们来说太过分了，该段落后来在日记中被涂黑。无论是瓦格纳的家人还是他的思想遗产管理人，都没有去弥补被他自己错过的事：**向世界通报他看待事物方式的变化**。否则至少可能避免或削弱一件事：1905年左右，一个名叫希特勒的未来的独裁者谈到他第一次观看《黎恩济》的经历时说："一切始于那一刻。"

无论如何，在威尼斯期间，瓦格纳的侵略性在消退，从他从"强硬"到相当"柔和"的反犹主义的过渡时机和特殊方式可以得出这个结论。不过，这并不意味着道歉，更不是脱罪——而是恰恰相反。瓦格纳不是天生的反犹分子，也不是受他人影响，也找不到合情合理的外部动因；事实证明，他向这个方向提出的一切仅仅是自己的发明和谎言。就此而言，可以说，这种"战略性"的反犹主义比这种邪恶的其他形式更成问题。但是，除了也获得对此的认识外，别无其他可做的。瓦格纳偏偏是在威尼斯多次对柯西玛说："高贵、得体，我没有这些品质。"大约记录在1882年12月20日。不错，由**他自己**说出来了。可是这样就可以让人满意了吗？我不知道。无论如何，所有这些问题都不足以影响美学上的评价，因为艺术的核心在极端的心理状态下显露出来，从知识社会学的角度来看，这种心理状态出现在**道德思考之前**，因此与道德思考无关。这是一个未解之谜，但事实就是如此，并且在当前几乎所有的哲学体系中都被人们所接受。尽管如此，我还是无法摆脱一个疑问：一位极其难懂的艺术家，一个时而令人恐惧的人，一个相当危险的种族主义者，如何能够创作出那样的音乐？其声音体验完全符合"美得超凡脱俗"的陈词滥调。我们还是得再次追究这个问题，不过要换一个角度。现在，让我们回到威尼斯的大运河。

永　别

瓦格纳累了。刚朵拉船夫路易吉每天都在等他，把他送去圣马可广场，他在那里坐在宏伟的柱廊之间，迷失于时光，思考着世界。他的想法有时候很黑暗。正如已经提到的，他在刚刚完成的报道《1882拜罗伊特舞台节日祭祀剧》中把世界视为仅仅是“通过谎言、欺骗和伪善组织起来和合法化的谋杀与抢劫”的受害者(*SSD*,卷X,520)。他曾以作曲来抗争,试图改变世界,使其变得“更加理想”。他发挥了自己的才能,所使用的方式在他的时代除了他和威尔第以外,再没有别的作曲家能做到:两人都自己决定该如何表演和理解他们的作品,以及该售卖多少价钱。不过,瓦格纳拥有自己的剧院,而同龄的威尔第并不需要,因为他拥有相对统一的观众群体,因此几乎可以将所有的剧院都称为“自己的”。但是从整体上看,生活给瓦格纳带来了什么?像在威尼斯出现的这种自我怀疑以前从来没有动摇过他:“最后他大声抱怨自己建造了妄想平和别墅,连艺术节在他看来似乎都是荒谬的。”在柯西玛1883年2月9日的日记中如此记述。

这一切自然是可以解释的,包括生理上的原因。胸部痉挛变得越来越频繁,越来越痛苦,心脏不再正常工作。但是他想要活着!至少再活十年,好把他在拜罗伊特的权杖移交给儿子西格弗里德——他不相信其他任何人,连柯西玛也无法成为他的继任人。然而,他没有去期许什么,而是越来越频繁地就流行小调《小丑,你必须死》即兴创作钢琴幻想曲——有时出于野蛮的骄傲,有时陷于深深的沮丧。柯西玛后来评论道:“在他体内只是像风中残烛一样时不时地爆发一下。”访客们进进出出,报道豪华的宫廷布置,可是除了柯西玛以外没有别人了解大师的真实情况。在威尼斯的日常生活仍然慢慢安定下来:上午收邮件,处理一些工作,下午散步,有时候人们会激烈地争吵和发怒,大多数情况下很快和解,但也并非总能和解。西格弗里德在一位由海因里希·冯·施泰因介绍的姓豪斯伯格的年轻家庭教师的指导下继续他的拉丁语研习。他的姐妹伊索尔德和埃娃由一位叫科尔萨尼的女语言老师教导,柯西玛自一家人在巴勒莫逗留时起就为女儿们的教育选择了她。家务由一个名叫贝蒂·比克尔的女佣、一名厨娘和一个男仆（格奥尔格）负责，三人都来自拜罗伊特。夜晚通常用于待客、音乐和阅读。瓦格纳自己依然热衷于为别人朗读，他身体里的演员总能占据上风，并将惊人的力量还给受苦的身体："他的脸闪闪发光，"在他读了几幕《罗密欧与朱丽叶》后，柯西玛总结道，"他的眼神迷离，却像星星一样闪亮，他的声音似少女一般温柔，只有灵魂渗透进深处，奔涌在广阔的天地。"（*CT*，1882年10月30日）这听起来有点文学化，但我毫不怀疑柯西玛真的看到了——他确实可以如此。

12月24日，为庆祝柯西玛的四十五岁生日，瓦格纳在威尼斯凤凰剧院指挥了他最好的早期作品之一，即已经绝响了将近五十年的C大调交响曲。[6]音乐实践对他有益；在演奏完最初的两段后插入了中场休息，以免让这位六十九岁的老音乐家过度疲劳。管弦乐的激励让他再次精神焕发，接下来的好几天里几乎没有再谈到心脏痉挛的问题。除了修订交响曲外，大师还偶尔撰写文章，写有关《帕西法尔》和管弦乐队演出的报道。还有一些思路自1882年4月起的笔记中就已出现，显得更为重要：只有在实现"男性与女性的统一"，在至今为止的"分化"消失之后，才会诞生完美的文化和艺术。[7]昆德莉对帕西法尔的态度已经具有这个方向上的内在逻辑，但也仅是内在的，因为在看得到的外部情节中，人们只把她当作仆人，她可以死，也应该或必须死——而英雄仍然活着。同样在瓦格纳的最后一篇文章，即他1883年2月11日动笔、两天后以经常被引用的词组"爱情—悲剧"中止的《论人类中的女性》中，他也在探寻关于女性角色的新定义，但还是没有厘清明确的关系（*SSD*，卷XII，343）。假使他还有后续的作品，他会不会以不同的方式来对待这些问题呢？

瓦格纳去世的前一天晚上，他给妻子和孩子朗读了一篇浪漫文学——富凯的《水妖》原著中的段落。在朗读的过程中，保罗·冯·茹科夫斯基，即那位将这个关于水中精灵、弃女和爱情的故事翻译成俄语的俄国诗人的儿子，给瓦格纳画了像。据柯西玛的日记所述，瓦格纳走到钢琴旁，弹奏《莱茵的黄金》里莱茵女儿们的主题，谈论水妖们的渴望，然后说出了那句经常被引用的关于莱茵女儿们的话："我对她们很好，这些隶属于深渊的存在，这些充满渴望的存在。"

图107 戴黑纱的柯西玛·瓦格纳。

(*CT*, 1883年2月12日)我们无法推断他的思想发生了何种演变。第二天，即1883年2月13日早上，理查德·瓦格纳和柯西玛之间爆发了激烈的争吵，据称是因为女歌手卡丽·普林格尔。[8]争吵期间，心脏痉挛又复发了，午餐时他接受了柯西玛的道歉。电影和小说很喜欢对这场纠纷展开想象，但人们并不了解具体情况，柯西玛本人在日记中讲述，前一天晚上瓦格纳对她十分温柔。夫妻俩的关系在威尼斯时期很少引发争吵，柯西玛学会了有尊严地让步。绝大多数时候，夫妻之间互相体谅，瓦格纳向妻子展现了极大的爱意，即使柯西玛没有提及，也能让人感觉得到。她在牺牲和自我克制中，甚至在痛苦中，培养出了强烈的生活感乃至高度的生活热情。她在那时候锻炼出的体态和坚定的心态给予她力量，使她能在接下来的二十三年里用坚强的(有时是僵硬的)手继续她丈夫的工作。据我所知，她后来成为一家世界闻名的文化机构领导层中的第一位女性，虽然她在那里所做的事情并不都是正确的，但总是决定性的，并且她比丈夫多活了四十七年，1930年和儿子西格弗里德死于同一年。

茹科夫斯基1883年2月20日写给李斯特的信中说到，瓦格纳在去世的那天早上对他的仆人说："今天我要小心一点。"即便如此，中午他还是和往常一样在书房里写文章《论人类中的女性》。在组织完最后一个句子"无论如何，女性的解放过程只有在狂喜的抽搐中发生"（*SSD*，卷XII，343）之后，预兆不祥的词组"爱情—悲剧"神秘地现身了。紧接着，他心脏病发作，勉强拉响铃铛呼叫医生，下午三点半时死在柯西玛怀中——正如茹科夫斯基写给玛尔维达·冯·迈森布格的信中所描述的，他"没有痛苦；面容极其高雅而平静，仿佛睡着了一般，让我难以忘怀"。在当天余下的时间和整个夜晚，柯西玛都一个人和死去

图108 《理查德·瓦格纳之死——遗体从威尼斯温德拉敏宫移出——依据我们的特别艺术家的素描所作》是刊登在1883年一份剪报上的木刻版画。因为当时还不能将照片直接复制到报纸上，特别艺术家们用绘图铅笔向世界传播讯息，吸引眼球。大批木雕师等候在编辑部，准备将交付过来的照片或绘画转刻到特殊的木板上。

的丈夫待在一起。从儿子西格弗里德对父亲忌日的回顾中可以看到，艺术和生活在这个家庭里的联系有多紧密。“我永远不会忘记，我的母亲是怎么跌跌撞撞地奔向门口的，由此表达出极其强烈的痛苦的力量[……]此后的几年里，当我看到她排演艺术节戏剧里的一些角色，如昆德莉、伊索尔德、西格琳德、布仑希尔德等人物时，不禁时常回想起在威尼斯的那一时刻。”[9]

第二天，即2月14日，雕刻家奥古斯托·本韦努蒂摘下了瓦格纳的死亡面具；2月16日，遗体被从威尼斯经由库夫施泰因转运至慕尼黑。

莱兴费尔德伯爵在慕尼黑代表巴伐利亚国王献上系有白色缎带的棕榈花环，上面刻着题词：“巴伐利亚国王路德维希二世献给文字和声音的诗人、大师理查德·瓦格纳”。人们奏响了瓦格纳《诸神的黄昏》

图109　瓦格纳一家从威尼斯到拜罗伊特的专车，在慕尼黑中途停留：《艺术家团体在慕尼黑火车站迎接理查德·瓦格纳的遗体》。创作该作品的特别艺术家非路德维希·贝希施泰因莫属，他是当时起主导作用的最重要的插画家之一，是与他同名的作家的儿子。

里葬礼进行曲和贝多芬的葬礼进行曲。国王就瓦格纳去世的消息致信秘书比克尔："瓦格纳曾经告诉我，他的妻子将会在他死后八天里死去，或者想要随他而去；我希望您能采取良好的方式防止不幸的发生。"[10]

专车从慕尼黑启程，开往拜罗伊特，在那里进行了隆重的送殡仪式，消防员负责守灵工作。2月18日，葬礼在最亲近的亲友圈内举行，棺材被埋入由瓦格纳本人生前指定的妄想平和别墅后面的土地里。国王路德维希二世接受了内阁秘书冯·比克尔的采访，他说："现在全世界为之哀悼的这位艺术家，是我第一个发现的，是我为全世界拯救了他。"[11]这话说得没错。威尔第从他的《阿伊达》面世以来，一直遭受意大利记者们的指责，称他变成了一个"意大利的罗恩格林"，他第一次在纸上写下毫无保留的赞美之词："一个伟大的人物离开了我们，这个

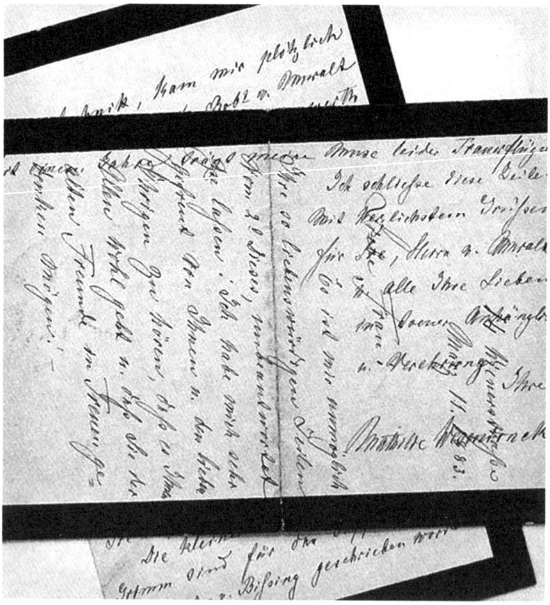

图110　玛蒂尔德·韦森东克1883年3月11日寄给一位女性朋友的信件，通报了理查德·瓦格纳的噩耗。

名字在历史上留下了最深刻的痕迹！！！”这句话是威尔第附在给他的出版商里科尔迪的一封商务信函中的，我们无法得知这是他的真心话，还是“表演性的强调”。[12]两个月后在威尼斯举办了盛大的追悼会：安杰洛·诺伊曼带着他的“瓦格纳巡回剧团”在凤凰剧院登场。[13]

图111　拜罗伊特妄想平和别墅花园里的瓦格纳墓，据路德维希·贝希施泰因的素描所作的木版画。

瓦格纳去世的消息到底引起了多大的轰动，如今很难想象，还没有哪位总统的死讯能够引发如此巨大的关注和参与度。在1883年，必须是皇帝或至少是国王才能与之媲美。用于刊登202个花圈的敬献人（其中包括约翰内斯·勃拉姆斯）名单、公告书、纪念音乐会和纪念活动以及国内外新闻稿的版面长达114页。[14]不过，在这个合集里少了一个反应，也是如今唯一有意义的反应：布鲁克纳《第七交响曲》中的柔板，他用艺术的形式诠释了备受尊崇的同行的离世；这段柔板尾声部分的音乐成为献给瓦格纳的安魂曲。这种创造性的纪念可能比1901年1月30日30万米兰人组成送葬队伍，陪同朱塞佩·威尔第的棺木从圣方济各教堂迁至米兰纪念墓园的行动更有意义。

结语

图112 头戴贝雷帽的瓦格纳像，弗朗茨·汉夫施丹格尔1871年摄于慕尼黑。

1860年以来，瓦格纳经常戴着自己设计的礼帽来拍照或让人给他画像，可以将其“解释为他对表演的痴迷”[1]，或者是对以前曾与他过从甚密的青年德意志和青年欧罗巴的好感标志。[2]

无论如何，这套装束展示了瓦格纳不仅在舞台上，也在生活中表演。他为这种表演付出了多大努力，单从以下事实即可见一斑：他至少四次以自传体的形式进行个人生活的自我展示，随后，作为第五种方式，在柯西玛的日记里展示，让他的妻子在日记中承担起类似爱克曼之于歌德的角色。瓦格纳不断用新的自我解释和改写来拔高自己的存在，从心理学角度看，他的这个需求证实了一种无论在财务还是艺术方面都盘织他整个人生的肆无节制。这种无节制在心理学上或许暗示着一个无家可归者的生存方式，他一岁时失去了生父，七岁时失去了继父，和他母亲的关系则是如前文所述的，彻底断裂。他是一个无根的流浪者，一生的大部分时间都在流亡，所以不得不等待很久才能实现他雄心勃勃的计划。

瓦格纳成长于一个戏剧之家：他的继父路德维希·盖尔是德累斯顿萨克森宫廷剧院的成员，也是一位喜剧作家；瓦格纳的六个兄姊中的四个——阿尔贝特（尽管学过医学）、罗莎莉（1837年10月12日英年早逝，让瓦格纳大为震惊，也无疑使他的不安定状态雪上加霜）以及克拉拉和路易丝——都从事戏剧工作，有的还很成功，而瓦格纳正如前文所述，在儿童时代就参加了不少演出。只有像瓦格纳这样具备戏剧天分的人才能忍受与明娜·普拉纳的婚姻的框架条件：她十五岁时与一名毫无廉耻的萨克森上尉陷入恋情，于是带着一个私生女（纳塔莉·普拉纳）进入婚姻，但她如果还不想脱离所有的社交环境，就必须从一开始就将这孩子伪装成自己的妹妹。这意味着，他们在日常生活中，甚至是家庭生活的亲密关系中，也在演戏，因为纳塔莉自己甚至直到成年后都没有被透露过她出身的秘密。瓦格纳一生都热衷于发挥他的戏剧才华，尤其是在受到官方高度重视的场合——1875年的《尼伯龙人的指环》排演、拜罗伊特艺术节开幕式、《帕西法尔》首演——用小丑提尔·奥伦施皮格尔的姿态，也是隐藏在他身上的特技演员的姿态，去打破太过隆重的严肃。

他的早年是一场为了生活和生存的斗争，表演尚不是最重要的。然而，从第一份工作及紧随其后的第一次财务危机开始，在剧院演出团队、经理、潜在资助人以及债务人面前的表演就变成了当务之急。他的表演在维尔茨堡、马格德堡和里加都生效了，但在巴黎没有起作用，那里名人成群，剧院里大牌演员扎堆。1840年左右的瓦格纳还不具备这种格局，直到很久之后才能达到这个高度。“我完全依靠自己，我一直是每个人的陌生人”（*ML*, 167）——这是他的状态，从中他大约只能编排出唯一一类角色：浪漫、被误解的天才，为了美丽、良善和高贵而忍受辛苦和贫穷。

当如慈父般的恩人迈耶贝尔帮助他晋升为德累斯顿的乐队长后，这种表演游戏就不再合适了。身居德国戏剧界曝光率最高的地方之一，最重要的是成为一个**原创天才**，不用模仿歌剧的榜样就能创造出新的东西。为此，用黑格尔的词汇来说，必须“摧毁”实际的榜样，从其公众形象中删除干扰性的元素。瓦格纳把这个干扰性的角色分配给犹太明星作曲家迈耶贝尔，把他当作天才迫切需要的“劲敌”来利用，以便让自己被观众感知为**独一无二**的存在。不久之后，瓦格纳将这个敌人的形象程式化为**犹太人对他所谓的普遍阴谋**——例如他第一部较全面的自传《告友人书》（1851）的要旨，这是他编织的第一篇瓦格纳神话。当时，艺术家神话前所未有地盛行于世；瓦格纳的特别之处在于，关于不被理解的天才的陈词滥调中出现了前所未有的侵略性，不是和某一个犹太人相关，而是联系到整个犹太敌人**系统**：全体“犹太人”。“战略性反犹主义”诞生了，一旦瓦格纳把个人的经历和感受融入他的戏剧规划，就会把它一并夹带进创作。

作曲家瓦格纳由此无法再将真实图像与他的自我演示相协调；早期的自传笔记被销毁，或在自传性的文章中被扭曲事实的内容乃至谎言所取代。自由的瓦格纳，意大利和法国的朋友，被埋葬了；新的瓦格纳写下关于德意志古老传说的歌剧，被列为19世纪40年代最受欢迎的主题之一。

然而与此同时，瓦格纳想对萨克森专制的小德意志封建体系的歌剧进行现代化改造，由此撞上南墙。他参加了1849年5月3日至9日的德累斯顿起义，失去了一切。弗里德里希·赫尔曼·塞米希常被忽视的证词表明，瓦格纳在逃离德累斯顿的途中遭受了神经衰弱之类的痛苦，导致他之后很长一段时间里无法谈论发生在那个5月的事件。他被画上海报通缉，经由魏玛逃往瑞士。他在巴黎见识了迈耶贝尔的歌剧《先知》的成功，不得不确定，只有一种方法能够对抗“伟大的巴黎歌剧妓女”的胜利：那就是发明新的歌剧，采用新音乐、新角色类型、新戏剧作法和新作曲体系。瓦格纳从以灾难告终的政治革命者的角色走出，转而投入艺术革命者的角色：“我一定且会永远打破约定俗成的现在”，是他的座右铭。不过，鉴于他还在流亡，他只剩一种表演的方式：写大量的文章，使德国艺术界人士着迷般地追随于他，随后在苏黎世诞生了德意志的戏剧。德国经过数十年才慢慢理解苏黎世戏剧的意义，那是在1850年李斯特在魏玛举行《罗恩格林》首演之后，人们才开始预感到，这位流亡瑞士的难民将是本世纪最伟大的歌剧天才之一。

自我表演按部就班地开展着，在1864年之后明显加速，因为自从得到巴伐利亚国王路德维希二世的拯救以来，瓦格纳还承担起国王之友和顾问的角色。德意志帝国的建立是将自己扮演成本民族的文化救世主的最后阶段，拜罗伊特艺术节被选为拯救民族的复兴之地。柯西玛和他的御用传记作者格拉泽纳普将他视为德国歌剧的“改革家”。在汉夫施丹格尔1871年于慕尼黑完成的瓦格纳肖像照上，他的侧面像与卢卡斯·克拉纳赫创作的伟大的宗教改革家路德的肖像极为神似。

此前不久，《音乐中的犹太性》也已经在这个意义上得到扩展并重新印刷出版；一直到臭名昭著的“复兴文章”(1879)出现之时，“犹太人”上升到所谓的德意志民族的总敌人的位置。

风流韵事也属于他作为乐剧作家的人生的一部分；完全符合他1849年12月27日对朋友特奥多尔·乌利希所说的话的精神：“女性是生活的音乐，她们更开放、更无私地接受一切，以借助她们的同情心美化这一切。”从1855年到1858年，他和玛蒂尔德·韦森东克纠缠在一起，陷入一种可能是柏拉图式的强烈爱情，与他这一时期创作的艺术作品中特里斯坦和伊索尔德的爱情一样，几乎不可能变成幸福的夫妻关系。后来，就在他谱写《帕西法尔》第二幕里性感的魔法花园少女和昆德莉场景之时，正与以美丽和性感著称的朱迪·戈蒂埃开始一段关系。在暧昧关系结束后，他仍然与这两个女人保持着朋友间的交往，这一事实则是与将女人工具化的冷血言论相悖的。值得注意的是，他的“女人故事”(包括与玛蒂尔德·迈尔和杰茜·洛索的故事)没有像和男人之间破裂的友谊那样以彻底的沉默结尾：例如和奥古斯特·勒克尔、弗里德里希·尼采、海因里希·劳贝。稍微复杂一些的关系是瓦格纳与格奥尔格·赫尔韦格和弗朗茨·李斯特的友谊；当瓦格纳破坏了李斯特虔诚的女儿柯西玛和李斯特的得意门生汉斯·冯·比洛的婚姻时，两人的友谊差点走向崩溃。然而，瓦格纳对深沉且真正的爱情的表演正是在柯西玛身上得到最佳发挥。1863年11月28日，他们在柏林一辆行驶的马车上以高度戏剧化的方式宣誓将永远属于彼此，并且年复一年地翻新这激情四溢的表白，是的，他们乐于经常互相祝福。事实上，这一直持续到瓦格纳的最后一次呼吸。

从创作的角度也总是可以看出他的一部分人际关系，其中有一些是亲密的关系。明娜启发了他早年的浪漫主义歌剧，杰茜·洛索是(未完成的)《铁匠维兰》的缪斯,玛蒂尔德·迈尔显影在《工匠歌手》中,玛蒂尔德·韦森东克则映射在《特里斯坦与伊索尔德》之中。在《帕西法尔》里出现了角色的分化,朱迪·戈蒂埃代表“感官”的体验,柯西玛则像在《诸神的黄昏》里一样,负责“精神”的方面——在心理学上起初是完全难以理解的特殊关系,假如不对西格蒙德·弗洛伊德做一番研究,就无法解释其创造性的功用。通过《帕西法尔》,他和弗朗茨·李斯特的旧日友谊也复苏了。

尽管瓦格纳进行了半靠直觉、半是蓄意的尝试,在个人生活中去亲自经历和忍受将要搬上舞台的东西,他也并不总是能够掌控自己的艺术且使之符合既定的目标。尤其是音乐,发展出越来越独立的特征,音乐有时候不是一一对应地转化文字和戏剧编排,而是也会消极地表现“好”,或是在声音上美化“不好”,甚至给它平反。由此产生瓦格纳耳熟能详的矛盾。这种部分的自主权阻止人们将个人神话与作品完全对应起来;作品中出现了更多接近现实的“美”与“丑”,高与低,吸引与反感,属于理想、“美丽”和“强大”的事物与仅附着在物质上的“陌生”事物之间的辩证法。瓦格纳的故事由此演变成高失败率的实验(《尼伯龙人的指环》《特里斯坦与伊索尔德》)或存疑的胜利(《工匠歌手》《帕西法尔》),通常会留下一个开放的结局:一种现实主义,它不仅经常允许通向形而上的超越,而且还呼唤这种超越。这个令人惊讶的方面是本书的一个重点,在末尾还将更深入地回溯于此。

总体上看,瓦格纳的生活和作品中包含规模惊人的决裂:和自由主义、浪漫主义、作曲传统、法国、德意志帝国、第一任妻子明娜、尼采——所有这些决裂都影响深远,深入作品,一直影响到《帕西法尔》,它嘲讽德国人的抒情叙事心性,不仅向欧洲精神开放,甚至激扬了欧洲精神;法国和加泰罗尼亚的瓦格纳主义、英国的插画大师亚瑟·拉克姆,以及德国和其他地方的无数艺术家们，把瓦格纳后期创作的匠心传播到世界各地。因为他的天赋同时提供了两项内容：对现代性的批评，却也在现代性中寻找“出路”——神话遭受到另一种反神话的反对，这种反神话在今天能给我们留下尤为深刻的印象。这些内容是强有力的隐喻，尤其对于一位反复重塑自我、把让观众通过艺术体验得到转变和净化作为自己的艺术目标的艺术家而言。

在瓦格纳登场之前不久，德国的罗伯特·舒曼和法国的柏辽兹已经首先以被明确公认为音乐作家的作曲家的身份出现。但是，瓦格纳给这个现象带来了新的维度。瓦格纳既属于认真仔细的读者类型，反反复复阅读和朗读莎士比亚、歌德、席勒、卡尔德隆、埃斯库罗斯、卡洛·戈齐、乌兰德、塞万提斯、阿里斯托芬的伟大作品；也属于博览群书的读者类型，在政治、宗教、历史、哲学等各个领域均有涉猎。只有这样一个理查德·瓦格纳才能想到，不仅去阅读查尔斯·达尔文的划时代著作，而且以个人（尽管相当可疑）的方式去进一步思考它们。只有这样一个瓦格纳才能在保守的局外人康斯坦丁·弗朗茨的作品中沉迷多年，后者在他的《关于欧洲平衡的研究》（1859）中提出，德国必须在艺术和教育领域也规避法国文明的影响。瓦格纳总是感觉自己应该对当代的这些和那些问题表明态度。因此，他在某些方面启发了1900年左右的生活改革运动[3]，也对德国知识分子类型产生了决定性的影响——人们可以把他视为“狂热的知识分子”的原型。他以此引起的公众关注与其作品的销量绝不相称。据他本人陈述，截至他去世之前五年，他的《文集》仅仅售出1300套，发行量为2000套（*CT*，1878年3月2日），某些单行本自然卖得更好。

持续不断的自我表演也是对由艺术家瓦格纳发现的一个客观前提的回应：作曲家和乐队长只有在特殊情况下才能获得丰厚的报酬。当时的版权法尚处于起步阶段，很长一段时间里，瓦格纳只能对大师们获取的费用心生嫉妒。他和威尔第同时但独立地做出了改变，使天才的工作，至少是对于杰出的作曲家而言，终于获得了与之相称的金钱。若没有这两位伟大又截然不同的音乐家，当今音乐生活的社会结构是不可想象的。同样重要的还有瓦格纳对工作和组织结构的影响。他为塑造现代指挥和歌剧导演做出了决定性的贡献，他的工作强度和排练方法为今天的艺术水准奠定了基础。

最后的总结

在这本传记的结尾，我们可以提出一个问题：是否存在一个共同的基础，可以承载起瓦格纳身上的那许多分裂的元素？在此正应谈及那些最极端的事物：创造性——似乎触及“神圣”的音乐之美，以及破坏性——直到《帕西法尔》首演之前一直像病毒一样活跃，文化史上尚未记载过还有哪位真正的伟人可与之比肩。主要的问题不仅是历史性的，而且是普遍的社会性的。许多瓦格纳的研究者声称，瓦格纳撤回反犹主义是在1879年对“复兴文章”进行编辑之前就已经开始的，他们将这个论据滥用为一般性的免责理由。这种宽恕实际上是没有道理的，是通过选择性的引用来实现的：引用情节较轻的反犹段落，问题深重的则被忽略。这些作者没有对瓦格纳关于该主题的私人言论做全面的检索。[4]

假如瓦格纳公开声明过他在人生的最后几个月里对“犹太人”的看法发生了怎样的变化，他的接受史或许将有不一样的走向。他散布了三十多年的反犹主义侵略行为，或许不会对后续的历史进程产生破坏性的影响；威廉皇帝式的和后来民族社会主义的种族主义者们，将不能轻易地将他们的文化依据追溯到瓦格纳身上。[5]可是到了1882年底，瓦格纳太累了，已经病入膏肓；没有力气再去撤回言论，由此犯下一生中最严重的疏忽罪。无论如何，他不可能知晓将有什么攀附上他的言论，他不是先知。毕竟，由于他处于生命的最后阶段，经常被人提及的猜测，即瓦格纳本可以扮演一个纳粹的追随者，不能作数：1882—1883年秋季和冬季，他身上残余的反犹主义并未为此提供证据。[6]然而，即便他不可能预知自己的疏忽造成的后果，人们仍然可以看到他生活中悲剧性的方面，他的历史责任仍然存在。

如果不尝试对这位作曲家的存在的两个方面，即创造性和破坏性做出综合思考，就不可能产生关于他的新观点。这两者都是人类存在的一部分，大自然创造其中一方用于平衡另一方，人们不应故意撕裂它们。为什么神学家弗里德里希·威廉·格拉夫对每个人都认可的事情却不能适用于**艺术家瓦格纳**？"不是一个人好，而另一个人不好，而是好与不好都同时存在于我们每一个人身上。"[7]假如恰恰只是对一个艺术家否认这一点，那么他的艺术作为对一个更大的社会环境的表达，就失去了其象征意义。在《西格弗里德》的前两幕，和《帕西法尔》里的部分场景一样，出现了种族主义的倾向，给作品里的相关章节造成破坏。但是，它没有改变其他部分更深远的意义，当然这是基于有待评价的跌落高度和相关性而得出的结论。这类分裂的作品反映了那个时代的思想从最致命的深渊驰向最奇妙的高空，它们从基本元素的极端反像结构中开发出自己的全部力量。

为了理解瓦格纳，还必须理解从一个时代到另一个时代的道德观念的转变。自瓦格纳登场以来的两个世纪内，文化发生巨变，从而改变了许多价值体系。瓦格纳绝不希望混淆"好"和"坏"，或将其中之一假冒成另一方，但他通过音乐手段的力量对听众施加影响，从而使他的意图变得模糊。他的一些想法是超越时空的，却也有一些想法受到时代的限制，有的甚至应该受到谴责。我们不由回想起前文引用过的给玛蒂尔德·韦森东克的信中，他筹划如何抓住听众的策略；[8]此处也解释了为什么直到今天仍有很多瓦格纳的追随者是感情的俘虏。为了摆脱感情的桎梏，不仅要质疑瓦格纳，还必须质疑**自己**，从瓦格纳倾注了声音的魔法和力量的花园中摇醒**自己**。人们可以"享受"，但不能忽视瓦格纳最重视的一点：他希望通过感情传达认识——只有通过这种方式，他的音乐才能展现出对另一个不仅属于感官，而且包括超验的世界的洞察力。对他来说，超验是理解的基本模型，首先还是表达的基本模型；超验源自形成主题的本质，特别是在音乐和情节彼此分离，并由此引起意义分歧的情况下。此时，瓦格纳到底在多大程度上蓄意为之的问题变得次要——他当然并不是总是怀有上述愿望，但至少是有意识地容许其发生。在《尼伯龙人的指环》和《帕西法尔》上已经可以观察到这样一种部分自决的艺术创作（参见第19章）。在他的艺术作品中，也活跃着反对他思想的力量，按照今天的理解，这力量会产生显著的道德效应。此类价值差异是成就瓦格纳音乐的超验性的主要因素。因此，乐剧中造就超验的戏剧学断裂点不应被当成"错误"，而应被视为**关键点**。超验不是由阐释学的思考来鉴别的；它更多地是以一种审美的，有时甚至是作曲技巧上的方式来运作的——本书只能从众多例子中选取一些进行演示。在这些地方，音乐让人凝神屏气，将思想带出舞台，进入"闻所未闻"的境地，听众受到无法抗拒的吸引，直面一种他们很少会遇见的力量。从技术角度来看，这些段落与最简单的静音或最强大的音效结合在一起；它们显示出乐曲结构上一种特殊的完美性，尽管不是一直，却经常只是简单地表现为"美"。

走出情节的框架并与真实脱节的音乐会产生怎样的效果？本书在

第18章和第22章中尝试了从美学和宗教史的角度看待这一点。人们也可以在一般的哲学基础上做此研究，追问凌驾于真实之上的还有什么。超验是“一种语言……用来理解现象背后可以感知的世界联系”。维尔纳·海森堡如是说。[9]在我看来，这个定义是理解瓦格纳的音乐边界体验的最佳方法：海森堡的这一名言超越任何语义学的讨论，也不会导致与任何教会解释里的宗教话语的混淆，同时也没有与道德观念产生联系。超验帮助人们理解世界，天生是一个审美价值中立的现象，既不代表“好”也不代表“坏”——**但也可以同时代表两者**。[10]

如前文查证的，瓦格纳的超验可以向两个方向进展，那么在这里还应强调它们之间的紧密联系：朝着“可怕”或“神圣”迈进。例如，当音乐特别“美好”，而情节却表达出可疑的东西时，或者在一个实际上十分崇高的背景下出现“丑陋”的音乐时，就会导向前者。《女武神》的第一幕中唤醒了自然的宏伟和绚烂，为的是将一种人类关系的破坏——此处是通奸——从有利于生物学学说的角度合法化。类似的情形还有《工匠歌手》第三幕里的赞美爱情，但作曲家通过完全不合适的间隔时间序列将其变得可笑，从而诱使这位大众情人落入圈套。诸如此类的逾矩在今天的我们看来是“错误”的，因为他们用不可接受的想法破坏了人性的价值——这里是爱情。此外，同样“消极”的美的超验还出现在《西格弗里德》里著名的“森林低语”场景。此处滥用了大自然的不可比拟性，以便给种族主义提供自然法则上的合法性，使得在听众眼中，金发蓝眼的怪物西格弗里德比之劣等人迷魅的优越性转向血与肉的方面。

瓦格纳这里的超验也能表现为导向“坏”的超越，在《帕西法尔》中尤为明显——我们必须永远接受这个事实，才能更容易理解以下内容。因为超验可以——必须一再重复——向各个方向迈进：向“好”的也向“坏”的方向迈进，所有的评价都与当前形势有关，在二十或三十年后可能又是另一回事了。重要的是，在《诸神的黄昏》的结尾，经常显得如此可疑的爱情，在今天的我们眼中变成了一个绝对的选项，变成拯救社会的手段。布伦希尔德让爱情实现了最高的意义，使爱情的价值不再作为文字，而是作为音乐获得“决定权”。种族也好，新人也好，都将失败，而代表它们的爱情将指明通向一个或许更好的未来的道路。“没有比人类共同拥有的力量更为强大的力量，没有比人类全体更值得爱戴的事物：只有借助最崇高的爱的力量，我们才能到达真正的自由，因为除了所有人类共同拥有的自由外，没有其他真正的自由。”（*SSD*，卷III，218）——这也是瓦格纳的原创！

正是这种爱情，在布伦希尔德那里从苦难和同情中诞生的爱情，始终是成熟的瓦格纳思想中的主旋律之一。特别是在他的最后一部作品《帕西法尔》里发展出一种美学的语言素养，在作品的前几小节已经竭力表现出来，并影响了整部作品的核心。存在着伴随痛苦的美与力。有时，在艺术中“横冲直撞的美之光芒似乎在内心‘伤痕累累’”。[11]人们完全可以把这句教宗的话与尼采对《帕西法尔》前奏曲的感受联系起来：哲学家说的是“一个也有别人知晓和看透的道理，它像用刀子刺穿灵魂”。[12]这样的艺术，和尼采意见相左的本笃十六世在一百二十年后补充说，显示了“对无尽的渴望和追寻”。这样的艺术“就如同一扇通往永恒的敞开门扉，通往超越日常生活的美与真”。[13]只要这种“真”能与“人的神圣性”联系起来，它就有可能成为一种价值，或许有一天能够具有超越西方文明的意义。[14]《帕西法尔》的许多地方都可以感受到这种不是出于装饰性，而是**有其意义**的美。这种超越是某种单行道：它只通向绝对，却绝不会回到前文引用的《女武神》和《西格弗里德》中非常美的段落的模糊和分裂状态。在《帕西法尔》之中，在其第三幕的圣杯场景之中，超验导致了一些**普遍**的东西，其解放性的意义在前一章已经得到阐述。

最后，应当以类似的方式提及《工匠歌手》中的两处：这两处比《帕西法尔》更加强烈地表明，在艺术中处理危险的意识形态可能导向最高的哲学甚至宗教的思想。这一点在第三幕最后的“醒来吧”合唱中尤为明显，但在这之前不久就停止了情节的五重唱也是如此。在奇妙盘旋的声乐中，被选中的女主角爱娃猜测着她身上发生的事情。在新的起唱中，她离开并拔高了主音，并沉思般地返回来；呼吸静止了，目光投向内心。“阳光”和“幸福”，“清晨”和“喜悦”引领她走出“梦境”，直到“幸福地”醒来，获得她不知如何解释的最高恩典。瓦尔特、萨克斯、大卫和马格达伦娜加入合唱，如此便形成了瓦格纳为歌颂爱情所创作的最宏大的合唱乐章。爱娃—瓦尔特的特殊关系虽然代表着意识形态上平等的人都到了一起，这排除了外来者——但在上述地方出现的音乐的提高使这里产生的暗示力量打破了所有界限，甚至似乎传达了超越任何仇恨的“新生活”的可能——当然，这始终只能是一种假设。然而，这是音乐对戏剧结构的反击，音乐并没有说出同样的话语，并且此前也见证了深沉的恶意和对人的蔑视——金钱是来自哪些舞台上的“好人”。相互矛盾的领域并没有互相毁灭，它们依然并立，爱与恨，就像在现实世界中一样。

在瓦格纳的艺术所上演的舞台上，这些是被称为神话与反神话的彼此对立的元素。在本书的引言中，我曾经写道，一件艺术作品的完成不仅要表现意识形态，还要能够克服意识形态。只有这样，艺术作品及其两个组成部分，即反神话和神话，才会通过塑造积极与消极的事物获得其道德力量。如同引言中所说，音乐原则上既不属于道德世界，也不属于不道德的世界，但通过在这两个世界之间建立声音的跨越，音乐进行了一种道德的行为：它本身并不包含判断，却引导听众做出评判。无论瓦格纳还是他的音乐都不具有道德性，但它们可以发挥道德的作用。因此，如今不需要再从政治方面拯救、粉饰或捍卫瓦格纳——没有人可以剥夺他的艺术的创造性价值。

注 释

引言 传记有多“真”？

1. 汉斯·冯·比洛（1830—1894），德国钢琴家、指挥家，弗里德里希·维克和弗朗茨·李斯特的学生，1857—1870年与李斯特的女儿柯西玛维持着婚姻关系，柯西玛因瓦格纳而在1865年离开了他；有二女达尼埃拉和布兰迪内。他自1865年起在柏林施特恩音乐学院任钢琴教师，但也作为演奏家进行了许多场巡演。1867年任慕尼黑宫廷乐队长，指挥了瓦格纳《特里斯坦与伊索尔德》（1865）和《工匠歌手》（1868）的首演，随后举办巡回音乐会。1877—1880年在汉诺威任宫廷乐队长，1880—1885年任迈宁根宫廷乐团指挥，1887年起任汉堡预售联票音乐会指挥和柏林爱乐乐团音乐会指挥。
2. *Cosima Wagner und Ludwig II. von Bayern, Briefe*, hg. von Martha Schad, Bergisch-Gladbach 1998, S. 23 f.
3. 参见Bülow, Hans.v., *Briefe und Schriften*, hrsg. v. Marie von Bülow. 8 Bde. Leipzig 1899-1908, Bd. IV, S. 119。6月19日发表于《慕尼黑最新消息报》，6月20日发表于《奥格斯堡晚报》。《人民信使报》并没有放弃竞争；相反，它认为告知读者是有益和有用的：“《人民信使报》当然不认为讨论国王的这封亲笔信是可以被允许的；相反，它认为必须局限于简单的声明，为它所写的与汉斯·冯·比洛及其夫人相关的每一个字负责。”（参见Bd. IV, Nr. 113）
4. *WKL*, Bd. 2, S. 55.
5. Martin Gregor-Dellin, *Richard Wagner. Sein Leben. Sein Werk. Sein Jahrhundert*. München 1983, S. 566.
6. *The letters of Franz Liszt to Olga von Meyendorff*, hg. von R. Tyler und E. Waters, Washington 1979, S. 26.
7. 玛丽·卡特琳·索菲·达古伯爵夫人（1805—1876），婚前姓德·弗拉维尼，亚历山大·德·弗拉维尼子爵和玛丽·贝特曼（来自法兰克福银行家族贝特曼）

的女儿，1827年与夏尔·达古伯爵结婚。作为作家，她以笔名达尼埃尔·施特恩发表作品。她是一个著名沙龙的核心人物，1834—1839年与李斯特交往。自1848年起她转向政治话题，写作小说和历史作品。

8. 里夏德·波尔（1826—1896），音乐作家和作曲家，起初曾学习自然科学。他在李斯特的魏玛时期与其关系密切，随后在德累斯顿接触到瓦格纳，创办了《音乐周报》，以霍普利特为笔名支持瓦格纳的艺术理论文章和舞台作品。见R. Pohl, *Autobiographisches*. In: *Musikalisches Wochenblatt*, Jahrgang 1881, S. 3a, 15a, 26a, 39a, 56a, 67a。
9. Max Fehr, *Richard Wagners Schweizer Zeit*, Aarau und Leipzig 1953, Bd. II (1855–1872), S. 258.
10. Richard Pohl, *Liszts Besuch in Tribschen*, in: Kürschners *Wagner-Jahrbuch 1886*, S. 78 ff.
11. Richard Wagner, *Das Braune Buch. Tagebuchaufzeichnungen 1865 bis 1882*, S. 147.
12. 以及："他［李斯特］是一个可亲的、伟大的、独一无二的人。"
13. 法语原文："La vérité existe uniquement dans le Romanesque"(in der Literatursendung »La grande librairie« des französischen Senders France 5, 21. März 2013)。
14. 瓦格纳1866年1月3日致姐姐路易丝·布罗克豪斯（1805—1871）的信：自传应当"在我死后作为那些以向世界描述我的生活为使命的人的真实依据"（R. W., *Familienbriefe*, S. 259）。
15. 艾柯用互文性理论部分取代了"真实"；他还说，如果不参考其他相关文本的整体背景，那么在一个文化语境下的任何一个文本都是不可想象的。
16. 下文还会多次提及迄今为止的瓦格纳批评者和那些与拜罗伊特音乐节关系密切的人之间的冲突。
17. *Autobiografische Skizze* (1843), *Eine Mitteilung an meine Freunde* (1851–1852), *Mein Leben* (1865–1880).
18. Martin Schneider, *Wissende des Unbewussten. Romantische Anthropologie und Ästhetik im Werk Richard Wagners*. Berlin und Boston 2013, S.60. 关于2013年的成果，见Gerhard R. Koch, in der *Frankfurter Allgemeinen* vom 29. September 2013。
19. 2013年，两位作者为瓦格纳的整体形象定下了基调：Dieter Borchmeyer, *Richard Wagner. Werk-Leben-Zeit*, Stuttgart 2013，该书虽然提出了有趣的思想史细节，但在意识形态方面仿佛回到了1980年代，因为其讨论的"永恒神话"类似于Kurt Hübner, *Die Wahrheit des Wissens*, Berlin 1984; Udo Bermbach, *Mythos Wagner*, Berlin 2013，该书尽管以"神话"为书名，内容中却没有对此提出异议，而是大加赞扬。更详细的，见互联网杂志*literaturkritik.de*的2013年5月瓦格纳特刊，它作为2013年讨论瓦格纳主题最详尽的论坛脱颖而出。
20. 马丁·格克批评了神话，但认为反对它是徒劳的，因此他几乎完全转向了作品（Martin Geck, *Richard Wagner. Biografie*. München 2012）。戈特弗里德·瓦格纳对家族神话进行了精彩的解构，重点是瓦格纳家的四代人对"大师"的接受（Gottfried Wagner, *Du sollst keine anderen Götter haben neben mir. Richard Wagner–Ein*

Minenfeld. Berlin 2013)。

21. Dieter David Scholz, *Richard Wagners Antisemitismus. Jahrhundertgenie im Zwielicht*, Berlin, 2000, S. 6，该书重复了许多知名作者的早期论断，包括Udo Bermbach, Dieter Borchmeyer, Carl Dahlhaus, Martin Gregor-Dellin, Joachim Kaiser, Peter Wapnewski等。
22. *GSD*, Bd. IV, S. 316. 瓦格纳的作品有脱离作者独立的倾向，下文将详细讨论，但滥用这些有限的艺术过程来对艺术意识形态进行普遍的宽恕是颇成问题的，就像1968年以来所做的那样。
23. Carl Friedrich Glasenapp, *Das Leben Richard Wagners in sechs Büchern dargestellt*, 6 Bände, 4. Auflage, Leipzig, Breitkopf & Härtel, 1905 (erste sechsbändige Ausgabe: 1894, erste zweibändige Ausg. 1876–1877). -Newman, Ernest, *The life of Richard Wagner*. 4 Bände. London 1976 (Erstausgaben New York-London 1933/1937/1946/1947). -Gregor-Dellin, Martin, *Richard Wagner. Sein Leben. Sein Werk. Sein Jahrhundert*. München, revidierte Ausgabe 1983.

    卡尔·弗里德里希·格拉泽纳普(1847—1915)，俄国驻里加的枢密院成员，里加多所学校的德语和文学高级教师，后任教于当地理工学院，自1876年起多次造访拜罗伊特音乐节和瓦格纳一家，被指定为瓦格纳官方传记作者。欧内斯特·纽曼(1868—1959)，英国音乐评论家和音乐作家；除了关于瓦格纳的著作外，他还出版过关于格鲁克(1895)、理查德·施特劳斯(1899)、爱德华·埃尔加(1906)、胡戈·沃尔夫(1907)、弗朗茨·李斯特(1934)的作品。马丁·格雷戈尔—德林(1926—1988)，起初是一名编辑，自1966年起成为自由作家；除创作小说外，他还致力于对瓦格纳的研究，除了1980年的主要传记作品之外，他还编辑出版了瓦格纳的自传《我的生平》(1963)和柯西玛·瓦格纳的日记(1976/1977)。
24. John Deathridge in Ulrich Müller/Peter Wapnewski, *Wagner Handbuch*, Stuttgart 1986, S. 818.
25. 瓦格纳传记的一个特殊问题是，迄今为止根本没有音乐学家参与其中，或者只是起到非常次要的作用。格拉泽纳普是语文学家，欧内斯特·纽曼获得过文学、哲学和艺术史学位，马丁·格雷戈尔—德林是文学家。他们三人都有一定的局限性，因为他们对瓦格纳音乐中的作曲问题无法解答，即使对作品有着最强烈的热爱，知道最详尽的细节，也是无法取代这一点的。
26. Ernst Bloch, *Das Prinzip Hoffnung*. Frankfurt 1973, S. 1276.(“音乐的道德作用”是“一直被寄予厚望的[……]并以诗歌所达不到的更伟大的风格，进行了将美归入善这一古老的、有争议的分类”。)
27. Wolfgang Rihm, *Gespräche mit George Steiner*. In: *Sinn und Form*, Bd. LVII/1 (2005), S. 42.
28. Alfred Einstein, *Größe in der Musik*. Zürich 1951, S. 210.

1 最初的十七年

1. 参见Dieter David Scholz, *Richard Wagner. Eine europäische Biographie*, Berlin 2006, S. 22。
2. Ursula Oehme, *Richard Wagner und Leipzig*, Berlin 2013, S. 30 ff.
3. Maximilian Poppe, *Chronologische Übersicht der wichtigsten Begebenheiten aus den Kriegsjahren 1806-1815*, Leipzig 1848, Zweiter Band, 1813-1815, S. 56.
4. 出处同上,S. 72。
5. 出处同上,S. 27。
6. Carl Friedrich Glasenapp, *Das Leben Richard Wagners in sechs Büchern dargestellt*, 6 Bände, 4. Auflage, Leipzig, Breitkopf & Härtel, 1905, Erstes Buch, Kapitel I.
7. Martin Gregor-Dellin, *Richard Wagner. Sein Leben. Sein Werk. Sein Jahrhundert.* München, revidierte Ausgabe 1983, S. 16.
8. Maximilian Poppe, *Chronologische Uebersicht*, Leipzig 1848, Zweiter Band, S. 182.
9. 出处同上。
10. Wagner, R., *Mein Leben*. München 1976.(以下缩写为*ML*), S. 9。
11. Ursula Oehme, *Richard Wagner und Leipzig*, Berlin 2013, S. 35.
12. 出处同上。
13. *ML*, S. 10. 瓦格纳有九个兄弟姐妹,包括阿尔贝特(1799—1874),歌手、演员、导演,其女约翰娜后成为著名演唱家;其他还有:罗莎莉(1803—1837)、尤利乌斯(1804—1862,金匠)、路易丝(1805—1872,1828年嫁给出版商弗里德里希·布罗克豪斯)、克拉拉(1807—1875,歌手)、奥蒂莉(1811—1883,1836年嫁给古典与文学家赫尔曼·布罗克豪斯,即上述出版商的弟弟),以及同母异父的妹妹塞西莉·盖尔(1815—1893,1840年嫁给书商爱德华·阿芬那留斯)。
14. Ernest Newman, *The Life of Richard Wagner*. 4 Bände. London 1976, Bd. II, S. 608-619(»Wagner's Origins«)对此有很好的概述。
15. Wolfgang Reihlen, *Die Eltern Richard Wagners*, in: *Familiengeschichtliche Blätter* 1943, Sp. 41-58;参见Volker L. Sigismund, *Ein unbehauster Prinz*, Hamburg 1984。
16. Martin Gregor-Dellin, *Richard Wagner. Sein Leben. Sein Werk. Sein Jahrhundert.* München, revidierte Ausgabe 1983, S. 26. 格雷戈尔—德林对待这种错乱的方式,仿佛是想借此可以多少检视出天才的某些特征似的:这不是指"随便哪个张三李四的特点和错误"。这是对的,但他后来滥用了这些,想要在瓦格纳的过去与其行为之间建立相关性。
17. 同样几乎站不住脚的相反模型,见Joachim Köhler, *Der letzte der Titanen. Richard Wagners Leben und Werk*. München 2001,通过将瓦格纳的生活状况完全性欲化来排除"不恰当的东西"。在我看来,性欲对瓦格纳创作与生活的显著影响几乎是看不到的;我们将看到,其联结点是不同的。迪特尔·戴维·肖尔茨(Dieter David Scholz, *Richard Wagner-Eine europäische Biografie*. Berlin, 2006)的策略是,将瓦格纳的政治—社会的恶习隐藏在一个伟大的欧洲人背后，但这仅在某些细节上是正确的。瓦格纳当然是欧洲人，但他首先想要被人看作最伟大的德国人之一，并且他也的确是，无论是在“好的”还是在“坏的”方面。一个更新的观点认为，瓦格纳过着一种“整体艺术的生活”；但这也只是一句文学的辩白（Martin Geck, *Wagner. Biografie.* München, 2012）。“整体艺术”这个概念，对于日常生活领域的许多东西来说都太高大了，即便在瓦格纳身上也是如此。

18. 见*Allgemeine Musikzeitung* 1936, S. 196/197；此处刊出了《红色记事本》，参见*ML*, S. 12。
19. Ursula Oehme, *Richard Wagners und Leipzig*, Berlin 2013, S. 39.
20. Max Fehr, *Richard Wagners Schweizer Zeit*, Aarau 1953, Bd. II, S. 258.
21. Richard Wagner, *Briefe in Originalausgaben: Familienbriefe von Richard Wagner*, S. 276，亦见*CT*，1870年1月11日。
22. Carl Friedrich Glasenaopp, *Das Leben Richard Wagners in sechs Büchern dargestellt*, 6 Bände, 4. Auflage, Leipzig, Breitkopf & Härtel, 1905 Bd. 1, S. 103.
23. Ferdinand Praeger, *Wagner, wie ich ihn kannte*. Leipzig 1892, S. 14 f.
24. Ursuale Oehme, *Richard Wagner und Leipzig*, Berlin 2013, S. 40.
25. Heinrich Brockhaus, *Tagebücher. Deutschland 1821–1874*, hg. von Volker Titel, Nürnberg 2004.
26. Ursula Oehme, *Richard Wagner und Leipzig*, Berlin 2013, S. 58.
27. 出处同上，S. 46。

2 大学时光

1. 《瓦格纳作品索引》（*Wagner-Werk-Verzeichnis*）将其列为第11号。
2. Traugott Krug, *Krugs Leben in sechs Stationen von ihm selbst beschrieben*, Leipzig 1842, S. 221 f.
3. *Traugott Krugs Lebensreise*, Leipzig 1842, S.22.
4. Traugott Krug, *Leipziger Freuden oder Leiden im J. 1830 oder Das merkwürdigste Jahr meines Lebens*, Ein Nachtrag zur Lebensreise, Leipzig 1831.
5. 瓦格纳在1830年12月25日给C.G.米勒的信中提到了1830年夏天的这首作品；参见John Deathridge, *Wagner und sein erster Lehrmeister. Mit einem unveröffentlichten Brief Richard Wagners*. In：Programmheft *Meistersinger*, Bayerische Staatsoper München 1979。
6. 海因里希·多恩（1804—1892），1829年在莱比锡担任指挥和作曲家，1833年担任教堂音乐监督，1839年成为里加音乐监督，后又去柏林。他还写了回忆录，特别讲到了他与瓦格纳的相遇。
7. Egon Voss, *Richard Wagner und die Instrumentalmusik. Wagners symphonischer Ehrgeiz*, Wilhelmshaven 1977, S. 120 f.

8. Ursula Oehme, *Richard Wagner und Leipzig*, Berlin 2013, S. 55.

3 作为艺术家的第一步

1. Johann Gustav Gottlieb Büsching(1783-1829, Breslauer Altertumsforscher), *Ritterzeit und Ritterwesen*, Leipzig 1823.
2. 瓦格纳夸张了，这个作品的某些部分后来被重新发现，《引子》、《合唱》和《七重唱》都保留了下来(见*WWV* 31)。
3. 海因里希·劳贝(1806—1884)，“青年德意志”派的剧作家和记者，书信体小说《青年欧罗巴》的作者，1849—1869年担任维也纳城堡剧院主管。
4. Ulrich Müller/Peter Wapnewski, *Wagner Handbuch*, Stuttgart 1986, S. 363 f.
5. 出处同上，S. 225。

4 如何将新歌剧搬上舞台？

1. 这是文章《论迈耶贝尔的〈胡格诺教徒〉》(*Über Meyerbeers »Hugenotten«*)的一部分，纽曼推测它写于1837年(见卷I, 224)，但库内尔(编号11)却推测是1840年(见*Wagner-Handbuch*, S. 477 f.)。
2. Melanie Wald-Fuhrheim: *Zukunftsexperimente in Werk und Leben. Richard Wagner in Magdeburg*. In: *Laurenz Lütteken, Das ungeliebte Frühwerk*, Würzburg 2014, S. 29 ff.
3. 出处同上。
4. 如果瓦格纳像他在1865年所说的那样当时就已经鄙视贝利尼，施罗德—德弗林特肯定就会去演些别的角色了。
5. 第一小提琴手的责任依然很大，但他现在只负责弦乐的部分，而直到大约1830年，他都是在第一小提琴的乐谱架旁引导所有芭蕾舞剧和大部分小型歌剧的音乐。参见David Day, *The Annotated violon répétiteur and Early Romantic Ballet at the Théâtre Royal de Bruxelles (1815-1830)*. Phil. diss., New York University 2008.
6. Robert Gutman, *Richard Wagner. Der Mensch, sein Werk, seine Zeit*. München 1970.

5 明娜·瓦格纳，原姓普拉纳

1. 见*Richard Wagner in Mitteldeutschland,* im Auftrag der Wagner-Verbände von Sachsen, Sachsen-Anhalt und Thüringen hg. von Ursula Oehme/Thomas Krakow, Leipzig 2013.
2. 纳塔莉·普拉纳，婚后姓比尔茨(1826—1892)，明娜·瓦格纳的非婚生女，与母亲一起在瓦格纳的家中度过了很长一段时光。她继承了母亲的文件，这些文件后来成为爱尔兰瓦格纳研究者玛丽·伯勒尔(1850—1898)的重要收藏，并于1950年出版(见*Burrell 1950*)。

3. 埃娃·里格尔引用了一封与此相关的、非常礼貌且坚决果断的信(Eva Rieger, *Minna und Richard Wagner. Stationen einer Liebe.* Düsseldorf, Zürich 2003, S. 32，首次出版于 *Burrell 1950*, S. 48)。
4. 1835年6月6日的书信，见 *SB*，卷I，第207页。
5. 1850年5月，见 Eva Rieger, *Minna und Richard Wagner. Stationen einer Liebe.* Düsseldorf, Zürich 2003。
6. 见 Carl Friedrich Glasenapp, *Das Leben Richard Wagners in sechs Büchern dargestellt*, 6 Bände, 4. Auflage, Leipzig, Breitkopf & Härtel, 1905，卷II，第582页："然而，对他来说最艰难和最痛苦的事情是，在他自己的家中没有共情，没有舒适的安慰，而他自己的妻子则站在那些认为他的艺术理念全然是怪癖和空想的人那一边，要求他只要继续产出《黎恩济》那样的歌剧就好了，在其他方面则要向观众的口味顺从和让步[……]"
7. 在他看来，明娜拒绝给予"正常的爱"，并且"对他的使命没有最小的理解和信任"(Ernest Newman, *The life of Richard Wagner*, 4 Bände, London 1976，卷II，第144页以下)。
8. John N. Burk(Hrsg.), *Richard Wagner Briefe. Die Sammlung Burrell.* Frankfurt am Main 1953(英文版 New York 1950)；以及许多其他细节，见 Eva Rieger, *Minna und Richard Wagner. Stationen einer Liebe.* Düsseldorf, Zürich 2003，第58页及以下。
9. Max Fehr, *Richard Wagners Schweizer Zeit*, Aarau, Leipzig 1933/1953. Hier: Bd. I (1849–1855), S. 33. Fehr，其中的观点没有证据支撑。尽管明娜的书信没有文学水准，但它们证明了她对戏剧实践和所有相关问题的相当多的了解。
10. Gregor-Dellin, Joachim Köhler und Oswald Georg Bauer. 见 Eva Rieger, *Minna und Richard Wagner. Stationen einer Liebe.* Düsseldorf, Zürich 2003, S. 11。
11. 格雷戈尔—德林显然忽略了瓦格纳亲自确认的令人震惊的多项相关事实："[……]使那种尽可能的理解一下子破灭的，就是由于我在语言上和态度上的暴怒和伤害性的尖刻。这种场面的重复出现导致我的妻子痉挛[……]"(见 *ML*，第146页以下)或者下面这段话："但主要的是，我的赫然而怒和疾言厉色有损于我，它使受伤害的人感到是奇耻大辱，这使我认识到，对这种过甚之举经常只有通过承认错误和求得原谅而得到被伤害者的宽恕。"(*ML*，第139页)
12. Martin Gregor-Dellin, *Richard Wagner. Sein Leben. Sein Werk. Sein Jahrhundert.* München, revidierte Ausgabe 1983, S. 123.
13. 明娜于1850年5月8日写给丈夫的信，转引自 Eva Rieger, *Minna und Richard Wagner. Stationen einer Liebe.* Düsseldorf, Zürich 2003，第170页。
14. 如1858年12月15日论《特里斯坦与伊索尔德》的信："我不想听到胜利和这部歌剧的任何消息，[……]因为我知道它的成因。"见 Max Fehr, *Richard Wagners Schweizer Zeit*, Aarau, Leipzig 1933/1953，卷II，第149页。
15. Ernest Newman, *The life of Richard Wagner.* 4 Bände. London 1976, Bd. II, S. 443.
16. Eva Rieger, *Minna und Richard Wagner. Stationen einer Liebe*, Düsseldorf, Zürich 2003,

S. 15.

17. 出处同上，第50页。
18. Martin Gregor-Dellin, *Richard Wagner. Sein Leben. Sein Werk. Sein Jahrhundert.* München, revidierte Ausgabe 1983, S. 107.
19. Eva Rieger, *Minna und Richard Wagner. Stationen einer Liebe*, Düsseldorf, Zürich 2003, S. 16；引文见第56页，明娜1850年5月8日的信。
20. 见*Burrell 1950*。
21. 这实际上是一个双重欺骗。明娜需要签名才能对从前诱拐她的艾因西德尔提起赡养费诉讼。见*CT*，1878年7月17日。
22. 这些来自瓦格纳的《棕色笔记本》，但是他在撰写《我的生平》时谨慎地略过了这些笔记。
23. 奥斯瓦尔德·马巴赫（1810—1890），哲学教师、作家，与瓦格纳早亡的大姐罗莎莉（1803—1837）结婚；他在1864年写了一部羊人剧《普罗透斯》（*Proteus*）。
24. 卡尔·冯·霍尔泰（1798—1880），德国戏剧作家、轻歌剧和小说作家、剧院经理。
25. 1837年6月12日写给路易·申德尔迈泽的信，参见Eva Rieger, *Minna und Richard Wagner. Stationen einer Liebe*, Düsseldorf, Zürich 2003，第63页。
26. 转引自Martin Gregor-Dellin, *Richard Wagner. Sein Leben. Sein Werk. Sein Jahrhundert.* München, revidierte Ausgabe 1983，第126页。

6　一次戏剧性的旅行

1. 一封未标日期的信记录了瓦格纳对她的热恋，见*SB*，卷I，第336页及以下。
2. 瓦格纳的自传《我的生平》（1976年新版，第144页以下）中可以看到一份冗长的内容摘要，但其中每个人的名字都被彻底隐瞒了，显然是要向《我的生平》的接收者路德维希二世国王隐瞒，他，瓦格纳，这么早就开始梦想反犹主义。
3. 海涅在诗歌《偷听到的话》（*Erlauschtes*）中嘲笑了"耶可夫"的丑陋女儿，她让她的犹太父亲付出了六万马克的嫁妆（转引自Joachim Köhler, *Der letzte der Titanen. Richard Wagners Leben und Werk*. München 2001, S. 154）。
4. 关于"绝对的犹太特征"，见Joachim Köhler, *Der letzte der Titanen. Richard Wagners Leben und Werk*. München 2001, S. 155。关于《幸福的熊家庭》的草稿，见Peter P. Pachl, *Richard Wagner und Karl Holtei*, in: *wagnerspectrum*, Heft 2, 2013, S. 151。
5. Gabriele Busch-Salmen, *... eine reiche und vornehme Wiege ... Pompöse Wohnungsansprüche Richard Wagners*. In：Monica Fink, u. a.: *Musica privata. Die Rolle der Musik im privaten Leben. Festschrift Walter Salmen*. Innsbruck 1991, S. 217.
6. *Burrell 1950*, S. 119 f.
7. 瓦格纳在《我的生平》第170页及以下如此记录道；明娜的女儿纳塔莉的讲述则更详细：必须"从地面高高的湿草丛中一路爬到船上"，"好让值班的岸边岗哨不会注意到他们"（*Burrell 1950*, S. 120）。

8. Ferdinand Praeger, *Wagner, wie ich ihn kannte*, Leipzig 1892, S.75.
9. Ulrich Drüner, *Ein Künstler emanzipiert sich. Erinnerungen an den Mannheimer Komponisten Carl Stamitz*. Stuttgarter Zeitung, 6. 5. 1995. 施塔米茨的许多作品如今都下落不明，因为在他死后，为了偿还债务，它们都被卖掉了。
10. 版权问题是莫扎特（以及施塔米茨）经济问题的核心，这里无法追究。这种不安全感继续对瓦格纳的前半生产生了影响，尽管那时已经对版权及精神与艺术产权的原则进行了深入研究。但这一直持续到1850年之后法律上有了成熟的表述，而等到法律生效还需要更长的时间。
11. 参见Edward Neil, *Nicolò Paganini. Eine Biographie*, München 1990, S. 214, S.236 ff。
12. Ernest Newman, *The life of Richard Wagner*. 4 Bände. London 1976。有关欧洲不同国家的音乐家的社会状况非常详细的介绍，见Band I, S. 149 ff。
13. 出处同上，Bd. I, S. 155；韦伯获得了120弗里德里希金币（约480塔勒）的酬劳。到了他的晚年，名气才推高了他的身价：他因《欧丽安特》的首演获得了1200塔勒。
14. Albert Lortzing, *Gesammelte Briefe*, hrsg. v. G. R. Kruse, Regensburg. o. J., S. 269 ff.
15. *De la situation des artistes*, in: *Gazette musicale de Paris*, s. Ernest Newman, *The life of Richard Wagner*. 4 Bände. London 1976, Bd. I, S. 164.
16. Ernest Newman, *The life of Richard Wagner*. 4 Bände. London 1976, Bd. I, S. 152.
17. Ernest Newman, *Fact and Fiction about Wagner*. London, 1931, S. 207 ff.
18. Max Maria v. Weber, *Carl Maria von Weber. Ein Lebensbild*. 3 Bde. Leipzig, 1864–66, Bd. 2, S. 658 f.
19. Ernest Newman, *The life of Richard Wagner*. 4 Bände. London 1976, Bd. I, S. 165.
20. 出处同上，Bd. I, S. 171（关于比洛）；关于施波尔，转引自Ulrich Drüner, *400 Jahre Staatsorchester Stuttgart 1593–1993*. Eine Festschrift. Stuttgart 1994, S. 100 f。
21. Edward Neil, *Paganini*, München 1990, S. 214.
22. 瓦格纳的故事后文详述。关于威尔第的神话，推荐阅读：Anselm Gerhard, *Verdi*. München 2012; Anselm Gerhard und Uwe Schweikert, (Hrsg.), *Verdi Handbuch*. Stuttgart-Kassel 2013。

7 瓦格纳在巴黎

1. 萨穆埃尔·莱尔斯（1806—1843），德国语文学家，居住在巴黎。瓦格纳在中篇小说《巴黎的终结》（*Ein Ende in Paris*）中描述过他。
2. 莫里斯·施莱辛格（1797—1871），德裔法国音乐出版商（柏林的犹太音乐出版商阿道夫·马丁·施莱辛格之子，C.M.冯·韦伯的主要出版商）。莫里斯·施莱辛格1821年在巴黎创办了自己的出版社，并很快成为肖邦、迈耶贝尔和罗西尼的主要出版商；1846年，该公司被出售给L.& G.布兰德斯。施莱辛格出版了《巴黎音乐公报》（*Gazette musicale de Paris*），自1835年更名为《巴黎音乐杂志与公报》（*Revue et Gazette musicale de Paris*）。

3. Giacomo Meyerbeer, *Briefwechsel und Tagebücher*, hrsg. v. H. u. G. Becker (Bd. 1–4), S. Henze-Döhring (ab Bd. 5), Berlin 1960 ff.(缩写为*GM*), Band III, S. 232 und S. 239 ff.; 亦见*SB*, Band I, S. 384 f. und S. 392 ff.。
4. Martin Gregor-Dellin, *Richard Wagner. Sein Leben, sein Werk, sein Jahrhundert*, München, revidierte Ausgabe 1983. 该书在第155页提到了一次瓦格纳为施莱辛格所做的"计件工作",但这绝对不符合实际情况。
5. *SB*, Bd. 1, S. 378. 尽管如此,瓦格纳也没有失掉勇气,他嘲讽地写道:"当我,就像我绝不会怀疑的那样,令人惊讶地成名了之后,一定会被某位伟大诗人用24到48首诗歌来纪念和哀悼……"
6. "您给安特诺尔·若利写了一封令人耳目一新的信,真是太过慷慨了!"(*SB*,卷I,338)
7. 见《瓦格纳作品索引》,第143页。
8. 意大利人斯蓬蒂尼和罗西尼,以及法国人奥柏和阿莱维,为迈耶贝尔在大歌剧领域取得的成就做了铺垫。瓦格纳的《黎恩济》是这个领域的第一部德意志作品,在19世纪上半叶真正在整个欧洲取得了成就。阿莱维和迈耶贝尔是犹太人(参与大歌剧发展的超过10%的作曲家都是犹太人)这一事实,典型地说明了犹太人在当时的文化发展中有多么强大的地位。
9. Carl Friedrich Glasenapp, *Das Leben Richard Wagners in sechs Büchern dargestellt*, 6 Bände, 4. Auflage, Leipzig, Breitkopf & Härtel, 1905, Erstes Buch, S. 374.
10. 与柏辽兹的关系后来变得非常紧张。毫无疑问,他们互相尊重,1858年1月或2月,柏辽兹向瓦格纳透露了他写作大型歌剧《特洛伊人》(*Les Troyens*)的计划,但他们也公开互相批评,包括在给其他音乐家如弗朗茨·李斯特和罗伯特·舒曼写信时。李斯特采取了圆滑态度,舒曼则在颇具影响力的《音乐新杂志》上发表了一篇文章,瓦格纳在文中将柏辽兹描述为"极其无聊"。瓦格纳还傲慢地对《幻想交响曲》(*Symphonie fantastique*)发表了看法:"形式的美无处可寻。"(转引自:Wolfgang Dömling, *Berlioz*. 4. Auflage, Hamburg, 1993, S. 120–125)
11. 奥古斯特·冯·吕蒂肖男爵(1786—1863),先是林务官,1824—1862年任德累斯顿宫廷剧院总经理。
12. Giacomo Meyerbeer, *Briefwechsel und Tagebücher*, hrsg. v. H. u. G. Becker (Bd. 1–4), S. Henze-Döhring (ab Bd. 5), Berlin 1960 ff. 亦见尾注155, 163, 174, 175, 200, 205, 284 Bd. III, S. 341。
13. Carl Friedrich Glasenapp, *Das Leben Richard Wagners in sechs Büchern dargestellt*, 6 Bände, 4. Auflage, Leipzig, Breitkopf & Härtel, 1894/1905, Bd.1, S. 415.
14. T. de Lajarte, *Bibliothèque musicale du Théâtre de l'Opéra*, Paris 1878, Bd. II, S. 165.
15. Alfred Loewenberg, *Annals of Opera 1597–1940*, London, 3/1978, Sp. 811.
16. 瓦格纳后来自己提到了1200法郎的租金。他自己的需求据称是八个月300塔勒(见*SB*,卷I,411),合每年1800法郎(1835年,1塔勒相当于4.14法郎)。
17. 换算成今天的情况非常困难,因为购买力几乎没有可比性。因此我避免将其转换成今天的货币，而是用当时特定职业的年薪对比，这更容易以现在的情况来理解。

18. Volkmar Braunbehrens, *Mozart in Wien*. München 1986.
19. 《瓦格纳作品索引》第213页指出：“可能是从1840年12月至1841年4月。”这是不准确的。4月29日，瓦格纳搬到默东，在那里专心于《漂泊的荷兰人》的创作。因此，*WWV* 62 A, B, C, D的改编应当是在12月中旬至4月底进行的。
20. 第二份收据开具于1842年4月6日（他离开巴黎的前一天），涉及阿莱维的《塞浦路斯女王》的工作（校对总谱和五首改编曲，其中两首还未完成，要稍后再交付），总计1425法郎，其中约1100法郎已付清。
21. 从出版商特鲁佩纳和朔嫩贝格尔那里得到的收入，以及至少545法郎的杂志文章收入。在巴黎的出版收入，有据可查的总计有4320法郎，还有250法郎可以从书信往来中推理出来。
22. 从里加带来的钱在1839年剩下的时间里似乎还不够，因为瓦格纳提到过要典当贵重物品。不过，他从1840年1月4日起才开始借用资金。如果算上这些，瓦格纳在巴黎期间，也就是从1840年1月至1842年4月，全部收入可总结如下：

    1840年：400法郎来自阿芬那留斯，约800法郎来自布罗克豪斯和一个莱比锡人（或许是犹太人阿克森费尔德）（纽曼的猜测，卷I, 291），以及125法郎来自特奥多尔·阿佩尔（1840年10月26日）；然后是1840年12月施莱辛格预付的500法郎；1840年总收入至少1825法郎。

    1841年：为施莱辛格改编乐谱1680法郎；为施莱辛格写文章420法郎；勒瓦尔德付稿酬（《欧罗巴》）约100法郎；卖出《漂泊的荷兰人》（情节草稿）500法郎。秋天：200法郎来自基茨；圣诞节：500法郎来自布罗克豪斯。1841年总计3400法郎。

    1842年：为施莱辛格写文章约100法郎，改编1425法郎，总计1525法郎。

    总结：两年零三个月的总收入6750法郎；生活成本约4050法郎；差额2700法郎。这个差额跟埃尔德街房子装修费用产生的总债务似乎对得上，这可以从1840年5月3日向迈耶贝尔提出的2500法郎借款请求看出来（*SB*，卷I, 388；迈耶贝尔拒绝了）；1840年9月15日，在还了一部分欠款后，瓦格纳向一位莱比锡的慈善家、丝绸商人海因里希·施勒特请求借款1500法郎（*SB*，卷I, 404；施勒特似乎同意了500法郎），这样一来，剩下的欠款数额又跟一开始差不多了。瓦格纳在1842年和1843年初还清了在巴黎的剩余债务，总计3 550法郎（见Ernest Newman, *The life of Richard Wagner*, 4 Bände, London 1976, Bd. I, S. 408 f.）。
23. 这个数字是由收入（6750法郎）和已知的生活成本（4050法郎）之间的差额产生的，但是还必须加上离开巴黎时剩下的债务共3550法郎（瓦格纳直到德累斯顿才还清）。
24. 当时法国音乐学院一名教师的年收入是1500到3000法郎。见Etienne Jardin, Concerts et Conservatoires en France au XIXe siècle, in: http://musique.ehess.

fr/docannexe.php?id=245. 其他关键数据可见：Gérard Weill, *Le rôle des facteurs structurels dans l'évolution des rémunérations salariales au XIXe siècle.* In: *Revue économique* 1959, S. 237–267; J. M. Chanut et al., *Les disparités des salaires masculins [...] au milieu du XIX.e siècle.* In: *Histoire & Mesure* 1995, Vol. 10, S. 381–409; J.-P. Jourdan, *Pour une histoire des traitements des fonctionnaires de l'Administration au XIXe siècle: l'apport du Bulletin des Lois à travers les années 1789–1814.* In: *Histoire, economie et Société*, Vol. 10–2, 1991, S. 227–244。因此，19世纪上半叶，农业、手工业和工业从业者的年薪在500到950法郎；一名法官能在巴黎赚5200法郎，首席道路工程师能赚5000到5500法郎，一名校长4500法郎，高级中学教师薪水为1000到3000法郎，而大学教授为3000到5000法郎，等等。

25. 瓦格纳在1841年2月22日给妹夫阿芬那留斯的信中说（*SB*，卷I，445），施莱辛格给其他改编者付的钱更多，但这无法证实，并且鉴于前文注释中概述的收入结构，这也是极不可能的。施莱辛格给克里斯蒂安・卡尔克布伦纳的一首原创作品付款300法郎，在另外三首作品上花了696法郎（A.C.Levin, *Seducing Paris, Piano Virtuosos and Artistic Identity 1820–48.* Chapel Hill 2009, S. 125）。对于当时已经享誉世界的肖邦，施莱辛格在1844年付给他的op. 57和op. 58共计1200法郎，即每一首600法郎（Versteigerungskatalog ALDE, Paris, 19. 10. 2009, Nr. 91）。施莱辛格为贝多芬的op. 132付了80杜卡特（相当于750法郎）。瓦格纳的改编曲根据篇幅大小收到200到300法郎不等；这恰好与"小音乐家"的原创曲目价格报酬相符（卡尔克布伦纳250到300法郎；"有名的"能拿到600到750法郎）。给当时完全不知名的瓦格纳的改编作品付出比同样等级音乐家的原创作品更高的价钱是不合适的。上述给阿芬那留斯的信件可能是一种战术手段，让他给出更多的金钱支持。同样的手段也为同一个目的用在了特奥多尔・阿佩尔身上，声称自己因欠债被拘留，但无法证明（见*SB*，卷I，第414页以下）。
26. Sabine Henze-Döhring, Sieghart Döhring, *Giacomo Meyerbeer. Der Meister der Grand Opéra*. Eine Biografie. München 2014, S. 145.
27. 例如*SB*, Bd. 1, S. 487 und 497; *SSD*, Bd. 1, S. 18（Autobiogr. Skizze）。
28. 对于自1968年开始流行的"社会主义者"瓦格纳形象（见第12章）来说，巴黎神话被证明是最合适的起始点。自1970年代以来，许多批评家（R. Gutman, H. Zelinsky, G. Wagner等）都强调说，这样一个"瓦格纳"也是不准确的，但这对根深蒂固的神话并没有什么改变。
29. *SB*, Bd. 1, S. 479.《宠姬》（多尼采蒂）和《吉他手》（阿莱维）是由瓦格纳作的改编曲，在这封信的上半部分已经算清了费用。
30. Eva Rieger, *Minna und Richard Wagner, Stationen einer Liebe*, Düsseldorf, Zürich 2003, S. 90.
31. 特别突出的，见Sabine und Sieghart Henze-Döhring, *Giacomo Meyerbeer. Der Meister der Grand Opera*, München 2014。这两位作者在2013年的一封信中向我保证，迈耶贝尔的文献来源中找不到一丝一毫的证据能证明迈耶贝尔曾煽动对付瓦格纳。

32. Giacomo Meyerbeer, *Briefwechsel und Tagebücher*, Berlin 1860 ff., Bd. III, S. 71 (Brief vom 20. Oktober 1837).
33. 皮埃尔·路易·菲利普·迪茨(1808—1865),法国指挥、作曲家,巴黎歌剧院合唱团指挥。
34. 恩斯特·贝内迪克特·基茨(1816—1892),德国画家、肖像画作者,1838—1870年生活在巴黎,德拉罗什的学生。
35. 雅克·弗罗芒塔尔·阿莱维(1799—1862),法国歌剧作曲家,大歌剧体裁的共同开创者。他的代表作《犹太女》(*La Juive*, 1835年于巴黎首演)在一个世纪的时间里非常著名,但自纳粹禁令之后直到20世纪末都几乎不再演出。如今有许多引起轰动的新的演绎,展示了这部作品的力量。瓦格纳非常赏识它——与对迈耶贝尔作品的态度形成了鲜明的对比。
36. *Lebensbericht*, S. 21 f.
37. 关于这个问题的详细讨论,见Paul Lawrence Rose, *German Question Jewish Question. Revolutionary Antisemitism from Kant to Wagner.* Princeton, 2/1992; Deutsch: *Richard Wagner und der Antisemitismus.* Zürich 1999。
38. 为了《漂泊的荷兰人》,迈耶贝尔于1841年12月7日在柏林与剧院监督冯·雷德恩伯爵直接接触,在1841年12月9日又写了信。弗里德里希·威廉·冯·雷德恩伯爵(1802—1883)于1828—1842年担任柏林宫廷剧院经理。
39. 瓦格纳夫妇通过布罗克豪斯的关系认识了来自德累斯顿的画家基茨;基茨成了瓦格纳忠实的朋友,也是瓦格纳圈子里极为重要的事件记录者。

8 “我是迈耶贝尔的学生”

1. Giacomo Meyerbeer, *Briefwechsel und Tagebücher*, Berlin 1860 ff., Bd. III, S. 281.
2. 见K. Leich-Galland, *Scheut ihr die Erinnerung? Zur Wirkung von Halévys La Juive*, in: *Programmheft La Juive*, Staatsoper Wien 1999, S. 19 ff。这篇文章驳斥了这样的观点,即在阿莱维的大歌剧中,宗教冲突“只具有一种素材上的色彩”。
3. 卡尔·特奥多尔·冯·屈斯特纳(1784—1864),1817—1828年任莱比锡城市剧院经理,1833—1842年任慕尼黑宫廷剧院经理,1842—1851年任柏林皇家剧院总监。
4. *Die Musik*, 2. Jg., 1903, S. 331 f.
5. 尤其是在文章《巴黎的厄运》[载《欧罗巴》,卷III(1841),第433页以下;以及《音乐新杂志》,1842年2月22日,第16期,第63页以下]中。瓦格纳在手稿中将迈耶贝尔称作“蓄意的狡猾欺诈者”,而编辑罗伯特·舒曼将它弱化为“蓄意的狡猾捣乱者”。
6. 作曲家也描述了这些过程。见Julius Bahle, *Hans Pfitzner und der geniale Mensch. Eine psychologische Kulturkritik.* Konstanz 1948(尽管这本书年代久远,但因为没

有更为详尽的与音乐相关的创造力心理学的新著作，还是要参考它）。约翰内斯·勃拉姆斯将创造力称作“超意识”。这种超意识使他处于一种状态，让他通过沉思性的集中精力达到实现如同恍惚一般的对“白日意识”的脱离；这样他就可以创造性地处理没有准备就无法获得的艺术灵感。见 Arthur M. Abell, *Gespräche mit berühmten Komponisten*. Eschwege 1973, S.65（关于此书的问题，亦见 Ulrich Drüner, *Schöpfer und Zerstörer. Richard Wagner als Künstler*, Köln 2003, S. 335 f.）。文学界可比较的例子，见 Petra Plättner, *Vom Schreiben 3. Stimulanzien oder Wie sich zum Schreiben bringen*? In. *Marbacher Magazin* 72/1995。

类似的话语也有其他作曲家说过，见 Eric Werner, *Mendelssohn. Leben und Werk in neuer Sicht*. Zürich/Freiburg 1980, S. 383；Robert Schumann, *Tagebücher*. Hrsg. v. G. Eismann. Leipzig 1971, S. 92。

相反的、阻碍创造力的情况，可以在路德维希·范·贝多芬处看到。*Berichte der Zeitgenossen, Briefe und persönliche Aufzeichnungen*, gesammelt u. erläutert v. A. Leitzmann. 2 Bde. Leipzig 1921，特别见 Bd. I, S. 333, Bd. II, S. 164。更多的，见 *Verdi-Boito. Briefwechsel*, Hrsg. u. übersetzt v. H. Busch. Berlin 1986, S. 388 ff：“我仍然无法预热这台机器！［……］白白过去了好几个月。” Hans Pfitzner, *Über musikalische Inspiration*. 2. erw. Aufl., Berlin 1940。

7. Hilmar Schwarz, *Wie die Wartburg zum Hörselberg kam*, in: *Wie der Tannhäuser zum Sängerkrieg kam*. Eine Begleitschrift zur Sonderausstellung 18. Mai. 2013 bis 21. März 2014 auf der Wartburg, S. 57.
8. Ders., S. 58, S. 61.
9. Christian Theodor Ludwig Lucas, *Ueber den Krieg von Wartburg*（Historische und literarische Abhandlungen der königlich deutschen Gesellschaft zu Königsberg），Königsberg 1838, S. 273.
10. 威廉明妮·施罗德—德弗林特（1804—1860），戏剧女高音，最初因扮演贝多芬《菲岱里奥》中的莱奥诺拉而成名。自1823年起住在德累斯顿，与C. M.冯·韦伯交好，在他的《欧丽安特》德累斯顿首演时扮演女主角。瓦格纳在德累斯顿指挥时，她以扮演《漂泊的荷兰人》中的森塔和《唐豪瑟》中的维纳斯而知名。1849年或因参加革命而逃离德累斯顿。
11. 约瑟夫·阿洛伊斯·蒂查切克（1807—1886），波希米亚男高音，1838—1872年在德累斯顿宫廷歌剧院演出，先是扮演黎恩济，然后是唐豪瑟。
12. Giacomo Meyerbeer, *Briefwechsel und Tagebücher*. Berlin 1960 ff. Bd. III, S. 526 f.
13. Ders., Bd. V, S. 602.
14. 转引自 Marion Linhardt: *Richard Wagner. Mein Leben mit Meyerbeer*. In: *Meyerbeer Wagner. Eine Begegnung*. Hrsg. v. G. Oberzaucher-Schüller, M. Linhardt u. T. Steiert, Wien, Köln, Weimar 1998, S. 292。
15. Hans Rudolf Vaget, *»Den liebe ich besonders«, Hitlers Rienzi*, in *wagnerspectrum* 5(2009); Heft 1, 129—149，其中包含希特勒幼时好友奥古斯特·库比泽克的证言等。

16. Peter Wapnewski in Ulrich Müller/Peter Wapnewski, *Wagner Handbuch 1986*, Stuttgart 1986, S. 235.

9 "荷兰人"的到来?

1. 1844年1月7日,门德尔松在《漂泊的荷兰人》的柏林首演之后拥抱了瓦格纳;如果他被嫉妒吞噬,他肯定会更加委婉地表达他的祝贺。
2. *GSD*, Bd. I, S. 17. 自1540年前后开始流传的亚哈随鲁传说,是在犹太人被驱逐出西班牙之后出现的,指向玛拉诺人,那些因武力逼迫改宗的西班牙犹太人,当时便被认为是"真正解放了"的。根据传说,亚哈随鲁是那个在基督背着十字架前往各各他时嘲笑他并因此受到永世流浪的惩罚的犹太人。其他关于亚哈随鲁作为浪漫艺术中犹太形象的研究,见U. Drüner, *Schöpfer und Zerstörer. Richard Wagner als Künstler*. Köln 2003, S. 62 f。
3. 因此,"文化档案"尚无法就值得了解的内容达成共识,如它今天由鲍里斯·格罗伊斯所塑造的那样。在19世纪,文化档案还囊括了所有这些群体的截然不同的思想背景,由于历史原因,它们之间尚且无法达成社会和精神的共识。
4. 转引自Eva Rieger, *Minna und Richard Wagner, Stationen einer Liebe*, Düsseldorf, Zürich 2003, S. 93。
5. 这种双关性在19世纪初很常见,比如在格林兄弟的《德语词典》中就对相邻的单词"毁灭"(Untergang)强调了具体的和经常是转移了的含义。

10 《唐豪瑟》年代

1. 瓦格纳对报界发怒的地方太多了,无法在此一一证实。针对所谓犹太报纸阴谋的最重要的攻击将在后文证明并驳斥。在这些主要段落中,可以加上其他内容,如*SB*, Bd. 2, S. 223和*SB* Bd. 3, S. 384(迈耶贝尔作为对瓦格纳怀有敌意的报纸阴谋策划者);*SB* Bd. 2, S. 234(针对门德尔松的同样指责,亦见*SSD*, Bd. 8, S. 276), *CT* I, 41(犹太人在一份意大利报纸上针对瓦格纳的煽动);*CT* I, 50和*SB* 8, S. 242(费迪南德·希勒作为针对瓦格纳的报纸阴谋策划者), *SSD*, Bd. 8, S. 254(泛指:"在犹太人针对我发动原因不明的煽动之前");*SB*, Bd. 3, S. 384("犹太人[……]反对我")。
2. 1836年12月17日的信;见Katalog 51, Musikantiquariat Dr. Ulrich Drüner, Stuttgart 2001, S. 4。
3. 奥古斯特·勒克尔(1814—1876),出生于格拉茨;他的父亲是歌唱家,也是1806年贝多芬《菲岱里奥》第二版首演时的弗罗雷斯坦扮演者。奥古斯特·勒克尔是指挥、作曲家和作家;1838—1843年在魏玛担任乐队长,1843—1848年任德累斯顿音乐指挥,《人民报》的出版人,1849年革命的领导者之一,被监禁至1862年;1862年获释后写作了《萨克森起义和瓦尔德海姆监狱》(美因河畔法兰克福，1865）。

4. 安东·普西内利（1815—1878），德累斯顿医生，瓦格纳家的朋友。

5. Curt von Westerhagen, *Wagners Dresdener Bibliothek*, Wiesbaden 1966. 该书让我们注意到，瓦格纳甚至订阅了德语语文学的权威专业期刊《德意志古物杂志》，并且拥有雅各布·格林的全部重要作品。

6. *ML*, S. 301, und *ML*, S. 805, Anm. zu 302.

7. 见1840年写给海因里希·海涅的一封信（转引自Léon Poliakov, *Geschichte des Antisemitismus*, 8 Bde., Worms 1977-88. Bd. VI, S. 248）。

8. 费迪南德·希勒（1811—1885），歌剧、清唱剧、管弦乐和室内乐指挥与作曲家；1843—1844年任莱比锡布商大厦乐队长，1844—1847年就职于德累斯顿，后来直到1850年为止就职于杜塞尔多夫，然后去了科隆。

9. 1844年1月25日的信，部分引用于Richard Strecker, *Richard Wagner's Verlagsgefährte. Eine Dokumentation mit Briefen und Dokumenten*, Mainz 1951, S. 25。

10. 约翰娜·瓦格纳（1826—1894），瓦格纳的哥哥阿尔贝特的女儿，1859年与县长阿尔弗雷德·雅赫曼结婚；非常成功的歌唱家，后成为演员。

11. 玛丽·卡勒吉斯（1823—1874），内塞尔罗德女伯爵，后嫁给穆沙诺夫，在柯西玛·瓦格纳的日记中被称为“玛丽·穆沙诺夫”，瓦格纳家族的朋友。

12. Jens Haustein, *Tannhäuser klopft an Richard Wagners Tür*, in: *Wie der Tannhäuser zum Sängerkrieg kam, Eine Begleitschrift zur Sonderausstellung* 18. Mai. 2013 bis 21. März 2014 auf der Wartburg, S. 32.

13. Ders., S. 35.

14. Christian Theodor Ludwig Lucas, *Ueber den Krieg von Wartburg*（Historische und literarische Abhandlungen der königlich deutschen Gesellschaft zu Königsberg），Königsberg 1838, S. 273.

15. Rudolf Kreis, *Antisemitismus und Kirche. In den Gedächtnislücken deutscher Geschichte mit Heine, Freud, Kafka und Goldhagen*. Reinbek bei Hamburg 1999, S. 61.

11 德累斯顿的政治使命：《罗恩格林》

1. 贝特霍尔德·奥尔巴赫（1812—1882），德国戏剧家、乡村故事讲述者，当时最流行的散文作家。

2. Giacomo Meyerbeer, *Briefwechsel und Tagebücher*. Berlin 1960 ff. Bd. IV, S. 147.

3. 海因里希·埃塞尔的证词也很有趣；他是维也纳的宫廷乐队长，对瓦格纳非常了解，并且知道他在说什么：“如果他过得不好，他就只能在以最豪华的方式布置并且以最奢侈的方式生活时才能工作……”埃塞尔同时提到了“过得不好”与“最豪华”，这有助于理解瓦格纳的天性。这两者都与创造力相关，但当然是不能同时出现的。见Richard Strecker, *Richard Wagner als Verlagsgefährte. Eine Dokumentation mit Briefen und Dokumenten*, Mainz 1951, S. 173。

4. *SB*, Bd. II, S. 433. 尽管我们今天"了解"瓦格纳的作品并且"聆听"它们，但部分情况依旧如此。在我三十九年的管弦乐队生活中，我对参加的每一场瓦格纳演出都包含着矛盾的情感，既有对音乐之美的期待，也有对有待解决的技术难题的敬畏，即使在几十年后这些难题仍然需要人集中注意力直到濒临崩溃。
5. Carl Friedrich Glasenapp, *Das Leben Richard Wagners in sechs Büchern dargestellt*, 4. Auflage, Leipzig, Breitkopf & Härtel, 1905, Bd. II, S. 243. 威廉·陶贝特（1811—1891），指挥、钢琴家、作曲家，柏林宫廷乐团指挥，柏林宫廷歌剧院乐队长。
6. 见第7章。
7. Giacomo Meyerbeer, *Briefwechsel und Tagebücher*. Berlin 1960 ff., Bd. IV, S. 322.
8. Carl Friedrich Glasenapp, *Das Leben Richard Wagners in sechs Büchern dargestellt*, 4. Auflage, Leipzig, Bd. II, S. 230 und 244 f；更多的相似论断，见Bd. IV, S. 38, 317 und 449。相同论调，见Martin Gregor-Dellin, *Richard Wagner. Sein Leben, sein Werk, seine Jahrhundert*, München 1983, S. 148 f；以及Udo Bermbach in: Dieter Borchmeyer, Ami Maayani, Ami und Susanne Vill (Hrsg.), *Richard Wagner und die Juden*. Stuttgart-Weimar, 2000, S. 56–78; Barry Millington, *Wagner*. Princeton 1992, S. 162 und Bryan Magee, *Aspects of Wagner*. Oxford 2/1988。
9. Cécile Gaby in *Mélange de l'Ecole Française de Rome, Moyen Age*, Band 115, 2003, S. 139："不言而喻，通过以纪念策略为理由，不仅存在伪造者与公众之间的默契契约导致的谎言真相，而且也存在接受谎言的条件，即信仰的引擎，存在于对过去和起源的回忆之中。"
10. 更多内容，见第18章。
11. Martin Gregor-Dellin, *Richard Wagner. Sein Leben. Sein Werk. Sein Jahrhundert*. München, revidierte Ausgabe 1983, S. 43.
12. Ders., S. 42.
13. "当然我免除了对明娜的这种无理要求，如此一来明娜走得更远，直到我们摆脱了母亲。"（*SB*, Bd. II, S. 157）
14. Carl Friedrich Glasenapp, *Das Leben Richard Wagners in sechs Büchern dargestellt*, 4. Auflage, Leipzig, Breitkopf & Härtel, 1905, S. 254.
15. 转引自Richard Wagner, *Oper und Drama*, hrsg. u. kommentiert v. K. Kropfinger, Stuttgart 1994, S. 401。此处实际上指的是"未来戏剧"之前的歌剧状态，也就是说指的是迈耶贝尔，他是将黑格尔的"思想沉重的"艺术美学付诸实践的最早的作曲家之一。
16. Friedrich Schiller, *Deutsche Größe*, Gedichtfragment.
17. F. G. Fichte, *Reden an die deutsche Nation*, Leipzig 1808, S. 109 und 34；转引自Michael Ley, *Apokalypse und Moderne. Aufsätze zu politischen Religionen*. Wien 1997, S. 156 f。
18. 迈克尔·莱在与作者的私人通信中对黑格尔的国家哲学作了如此简明扼要的总结。
19. G.W.F. Hegel, *Vorlesungen über die Philosophie der Weltgeschichte*. Hamburg 1968, S. 105.

20. Jürgen Schläder, *Die Tragik des notwendigen Scheiterns, oder: Wie man Politik in Kunst umdeutet. Über das Problem der Gralserzählung in Wagners Lohengrin.* In: *Programmheft Lohengrin*, Bayerische Staatsoper München 1999.
21. 必须将这一点看作当时政治气氛的结果，随后在1849年导致保罗教堂议会将普鲁士国王弗里德里希·威廉四世认定为一个统一的德国的国王。见第13章。
22. 关于沃尔夫拉姆的罗安格林，参见Joachim Bumke, *Wolfram von Eschenbach*. Stuttgart 2003, S. 122。关于海因里希·冯·克莱斯特的小说对瓦格纳的影响，见Volker Mertens: *Durch Gottes Sieg ... Gottesurteile im Lohengrin und anderswo*. In: *wagnerspectrum*, Würzburg 2014, S. 61–80；关于瓦格纳—克莱斯特的概述，见Martin Schneider: *Wissende des Unbewussten. Romantische Anthropologie und Ästhetik im Werk Richard Wagners*, Berlin und Boston 2013。
23. *SB*, Bd. IV, S. 273（强调为作者所加）。关于受到干扰的教堂之行的主题，参见Elke Ukena-Brest, *»Nie sollst Du mich befragen«. Erzähltexte des Mittelalters in Richard Wagners Lohengrin*. In: *wagnerspectum*, Würzburg 2014。瓦格纳当时研究了卡尔·西姆洛克的《尼伯龙人之歌》译本：布仑希尔德与克里姆希尔德在沃尔姆斯大教堂前发生争执，而女人之间的争吵在这里也导致了爱情关系的终结。
24. 最著名的例子可以在斯特拉斯堡和巴黎的大教堂中看到。在斯特拉斯堡大教堂，它们位于侧厅的入口处，在巴黎大教堂，则位于正门的左右，就在著名的、排列着24位中世纪统治者比真人还大的雕像的国王廊的正下方。这组雕像表现了中世纪教会的反犹主义具有明显的国家支持功能，每天都提醒着上教堂的人。1839—1842年在巴黎的瓦格纳参观过圣母院，可能对此颇有感触，并在三年之后创作《罗恩格林》时回忆了起来。
25. 理性主义与非理性主义之斗争的平衡一直延伸到我们的时代。卡尔·波普尔写道，这是“我们时代最重要的智性乃至道德冲突”（Karl R. Popper, *Die offene Gesellschaft und ihre Feinde*. Tübingen 1992, Bd. 2, S. 262）。
26. 黑红金三色旗的公开展示被部分地禁止了。民族主义元素不仅与诗歌，还与以下事实相一致，即瓦格纳从《罗恩格林》开始在总谱中不再使用意大利语术语和节奏标记，如allegro（快板）、moderato（中板）或più stretto（更快），而是只采用德语标记。
27. 即便“捕鸟者”亨利（德意志国王亨利一世，919—936年在位）在建立德意志帝国方面并非不重要，但那时的部落意识仍远胜于民族意识。
28. 见Ulrich Drüner, *Schöpfer und Zerstörer. Richard Wagner als Künstler*. Köln 2003, S. 105 f。

12 作为政治和作为哲学的革命 ——《尼伯龙人的指环》的诞生

1. 在同一天，他向吕蒂肖请求八天的休假（*SB*, Bd. II, S. 557 f.）。

2. 罗伯特・布卢姆(1807—1848),民主政治家,法兰克福议会中左派的领导人,在维也纳被定罪,并于1848年11月9日被枪决。阿诺尔德・鲁格(1802—1880),青年黑格尔派作家,1848—1849年为法兰克福国民大会中代表民主左派的议员,最后流亡英国。
3. 转引自Bernd Kramer, *»Laßt uns die Schwerter ziehen, damit die Kette bricht ...«: Michael* S. 209。
4. Eduard Devrient, *Eduard Devrient aus seinen Tagebüchern*. hg. v. Rolf Kabel. Weimar 1964, Band 1. Berlin-Dresden 1836-1852, S. 256(1848年6月21日内容)。爱德华・德弗林特(1801—1877),导演、剧院经理和作家,1844—1846年在德累斯顿,1852—1870年在卡尔斯鲁厄。
5. *ML*, S. 389. 强调为作者所加。
6. Hugo Dinger, *Richard Wagners geistige Entwickelung. Versuch einer Darstellung der Weltanschauung Richard Wagners mit Rücksichtnahme auf deren Verhältnis zu den philosophischen Richtungen der Junghegelianer und Arthur Schopenhauers*, Leipzig 1892, S. 200. 该书给出了一份有趣的目击证词:"吕蒂肖极不愿意放弃真正伟大的、重要的人才,毫无疑问,尽管有很多指控针对他,但他还是很看重瓦格纳。"
7. 米哈伊尔・巴枯宁(1814—1876),俄国无政府主义者,1841年移民,1849年革命后被判死刑,一年后被引渡到奥地利,1851年被引渡回俄国并被监禁。1860年,他从西伯利亚逃出,后生活在英国、法国和瑞士。
8. 特奥多尔・乌利希(1822—1853),小提琴演奏家、理论家和作曲家,自1841年起为德累斯顿宫廷乐队成员,创作了《罗恩格林》的钢琴改编版,这远远超过了宫廷音乐家的平均水准。
9. 爱德华・汉斯立克(1825—1904),奥地利音乐评论家和音乐美学家,1861年成为维也纳大学教授,后期浪漫音乐批评家,《工匠歌手》中的贝克迈塞的原型。
10. Carl Friedrich Glasenapp, *Das Leben Richard Wagners in sechs Büchern dargestellt*, 4. Auflage, Leipzig, 1905 Bd. II, S. 244.
11. *Das Braune Buch*, S. 113.
12. Eduard Devrient, *Eduard Devrient aus seinen Tagebüchern*. hg. v. Rolf Kabel. Weimar 1964, Band 1. Berlin-Dresden 1836-1852, S. 427.
13. Manfred Kreckel, *Richard Wagner und die französischen Frühsozialisten*. Frankfurt a. M. 1986. S. 78. 除了海因里希・劳贝之外,海因里希・海涅和卡尔・古茨科也非常接近圣西门主义者。
14. R. Wagner, *Jesus von Nazareth. Ein dichterischer Entwurf aus dem Jahr 1848*. Leipzig 1887, S. 24 f.
15. Ders., S. 30.
16. Ders., S. 49.
17. Ders., S. 61 ff.
18. 这在《莱茵的黄金》中也有体现:尼伯龙人受到剥削,这一事实虽然也得以呈现，但是没有神、没有英雄要求改变、自由或救赎——相反，抱怨的迷魅被斥责为“懒惰”。

19. 哲学家斯拉沃热·齐泽克用如下概念总结了《诸神的黄昏》三个不同的结尾：“革命之爱的统治，革命性的破坏与断念，以及退出世界。”他认为这三个版本分别受到了费尔巴哈，然后是巴枯宁，最后是叔本华的影响（Slavoj Žižek, *Was wusste Brünnhilde?*, in: *Götterdämmerung, Programm der Münchner Staatsoper*, 2011, S. 70）。
20. George Bernard Shaw, *The Perfect Wagnerite: A Commentary on the Ring of the Niblungs*. London 1898.
21. Hans Mayer, *Richard Wagners geistige Entwicklung*, Berlin 1953; Ludwig Marcuse, *Das denkwürdige Leben des Richard Wagner*, München 1963.
22. Martin Gregor-Dellin, *Richard Wagner. Sein Leben. Sin Werk. Sein Jahrhundert*. München, revidierte Ausgabe 1983 1983, S. 727.
23. 尤其是贝姆巴赫、博希迈尔、达尔豪斯。这一点如何在音乐作品分析中得到体现，将在第21章进行分析，卡尔·达尔豪斯的方法将在那一章仔细研究。

13　理查德·瓦格纳生命中的关键七天

1. Bernd Kramer, *»Laßt uns die Schwerter ziehen, damit die Kette bricht ...«: Michael Bakunin, Richard Wagner und andere während der Dresdner Mai-Revolution 1849*, Berlin 1999, S. 29.
2. Hans Mayer, *Richard Wagners geistige Entwicklung*. Berlin 1953, S. 129.
3. 转引自 Bernd Kramer, *»Laßt uns die Schwerter ziehen, damit die Kette bricht ...«: Michael Bakunin, Richard Wagner und andere während der Dresdner Mai-Revolution 1849*, Berlin 1999, S. 31。
4. Carl Friedrich Glasenapp, *Das Leben Richard Wagners*, Leipzig 1905, Bd. II, S. 371.
5. Carl Krause, *Der Aufruhr in Dresden am 3., 4., 5., 6., 7., 8. und 9. Mai 1849. Nach amtlichen Quellen geschildert*. Vierte, mit einem Nachtrage vermehrte Auflage. Dresden, 1849. 这是另一面的表述，将民主描写为“精神疾病”——因此它没有美化真相的嫌疑。
6. Georg Hermann Müller, *Richard Wagner in der Mai-Revolution 1849*. Dresden 1919.
7. 就连非正统的传记作者约阿希姆·科勒，也未经探讨和评论就将瓦格纳的行为视为“要被判叛国罪的冒失做法”（Joachim Köhler, *Der letzte der Titanen. Richard Wagners Leben und Werk*. München 2001, S. 296）。
8. 参见 *Die Zeit* Nr. 47, 19. 11. 2015, S. 25。古斯塔夫·拉德布鲁赫（1878—1949），法学家，海德堡大学、柯尼斯堡大学、基尔大学教授，1921—1926年任魏玛共和国司法部长。
9. 这一场景可在对德累斯顿起义的详细整体介绍中看到，见 Bernd Kramer, *»Laßt*

uns die Schwerter ziehen, damit die Kette bricht ... «: Michael Bakunin, Richard Wagner und andere während der Dresdner Mai-Revolution 1849, Berlin 1999。

10. 瓦格纳在勒克尔的《人民报》上以《论革命》为题对此作了评论（*SSD*, 卷XII, 243）。
11. Carl Krause, *Der Aufruhr in Dresden am 3., 4., 5., 6., 7., 8. und 9. Mai 1849. Nach amtlichen Quellen geschildert.* Vierte, mit einem Nachtrage vermehrte Auflage. Dresden, 1849, S. 53. 这份海报的作者是理查德·瓦格纳。这段文字是克劳斯书中唯一一段与瓦格纳的活动相关的文字。
12. Carl Krause, *Der Aufruhr in Dresden am 3., 4., 5., 6., 7., 8. und 9. Mai 1849. Nach amtlichen Quellen geschildert.* Vierte, mit einem Nachtrage vermehrte Auflage. Dresden, 1849, S. 64. 有报道称，那些逃跑、受伤、死亡和被俘的人都受到迫害。总共造成209人死亡、218人受伤，其中31名死者和96名伤者来自军队一方，178名死者和122名伤者来自起义者一方。此外还有至少50名死者，是普鲁士兵将受伤者和俘虏扔进易北河造成的，几乎所有人都溺水而死或被有针对性地齐射射杀。F. H. G. Graf v. Waldersee, *Der Kampf um Dresden im Mai 1849.* Berlin 1849（瓦德西是德累斯顿起义期间的普鲁士军队指挥官）。
13. 大量细节，见Bernd Kramer, *»Laßt uns die Schwerter ziehen, damit die Kette bricht ... «: Michael Bakunin, Richard Wagner und andere während der Dresdner Mai-Revolution 1849*, Berlin 1999；这里提到的受害者数量随信息来源而变动，最多的据说有1 632人死亡、500人受伤（见第122页）。
14. Ferdinand Praeger, *Wagner, wie ich ihn kannte.* Leipzig 1892, S. 159. 这本书争议很大。张伯伦甚至设法让出版商布赖特科普夫与黑特尔公司将其召回。但是在这种情况下，这种行为是无关紧要的，因为普雷格的陈述与其他人的对得上。费迪南德·普雷格（1815—1891），作曲家、音乐作家；瓦格纳习惯于将他的名字写成Präger。
15. 转引自Bernd Kramer, *»Laßt uns die Schwerter ziehen, damit die Kette bricht ... «: Michael Bakunin, Richard Wagner und andere während der Dresdner Mai-Revolution 1849*, Berlin 1999, S. 69。
16. 根据Hugo Dinger, *Richard Wagners geistige Entwickelung. Versuch einer Darstellung der Weltanschauung Richard Wagners mit Rücksichtnahme auf deren Verhältnis zu den philosophischen Richtungen der Junghegelianer und Arthur Schopenhauers*, Leipzig 1892。勒克尔要求向柏林、莱比锡、开姆尼茨和布拉格寄出更多的手榴弹补给（第167页，脚注3）。
17. 根据胡戈·丁格前引书，在1848年5月就已经有了讨论武装起民众的聚会（第180页）。
18. 根据胡戈·丁格前引书，第180页以下，针对计划于5月5日举行的音乐会，瓦格纳在起义爆发之前就已经说过，音乐会可能根本开不起来，“因为到那时肯定会爆发革命”。瓦格纳在3月21日因疝气申请退出市民警卫队并于5月1日得到批准，这一事实被G. H.米勒视为他已经有了情报的又一个信号。见Georg Hermann Müller: *Richard Wagner in der Mai-Revolution*, Dresdenn 1910, S. 10。

19. 这些可能是由瓦格纳手写的纸条现在还保存着；参见前引书，第31页，脚注45。
20. Joachim Köhler, *Der letzte der Titanen. Richard Wagners Leben und Werk*. München 2001, S. 295.
21. 《我的生平》，第412页。瓦格纳记录说他在这座钟塔上与高级教师威廉·贝特霍尔德博士长谈哲学与宗教，不容忽视的是，文本上的离题以及同时对牺牲者的避而不谈，目的在于将革命诗意化——并且同时也让自己的参与诗意化了。但是，这位贝特霍尔德是一名现实主义者，他请钟塔看守提供床垫，以防止从圣母教堂的钟塔上射过来的子弹袭击。瓦格纳似乎说过：**"能够击倒我的子弹还没有造出来呢。"**这一格言的多种变体收录于Hugo Dinger, *Richard Wagners geistige Entwickelung. Versuch einer Darstellung der Weltanschauung Richard Wagners mit Rücksichtnahme auf deren Verhältnis zu den philosophischen Richtungen der Junghegelianer und Arthur Schopenhauers*, Leipzig 1892 (S. 210); Georg Hermann Müller, *Richard Wagner in der Mai-Revolution 1849*. Dresden 1919 (S. 30) 等。
22. August Röckel, *Sachsens Erhebung und das Zuchthaus zu Waldheim*. Frankfurt 1865, S. 167.
23. Georg Hermann Müller, *Richard Wagner in der Mai-Revolution 1849*. Dresden 1919, S. 38, auch FN 58.
24. 审判文件中勒克尔的证词，见Dinger 1892, S. 184。
25. Georg Hermann Müller, *Richard Wagner in der Mai-Revolution 1849*. Dresden 1919, S. 33. Hugo Dinger, *Richard Wagners geistige Entwickelung. Versuch einer Darstellung der Weltanschauung Richard Wagners mit Rücksichtnahme auf deren Verhältnis zu den philosophischen Richtungen der Junghegelianer und Arthur Schopenhauers*, Leipzig 1892, S. 179.
26. Hugo Dinger, *Richard Wagners geistige Entwickelung. Versuch einer Darstellung der Weltanschauung Richard Wagners mit Rücksichtnahme auf deren Verhältnis zu den philosophischen Richtungen der Junghegelianer und Arthur Schopenhauers*, Leipzig 1892, S. 192.
27. 出处同上，S. 226。
28. 出处同上。弗里德里希·赫尔曼·塞米希（1820—1897）的生平，见Theodor Fontane, *Von Zwanzig bis Dreißig*, Hg. Von der Theodor-Fontane-Arbeitsstelle Universität Göttingen, Kommentiert von Wolfgang Rasch, Berlin 2014，第四章注释。
29. 丁格在同一个脚注的开头部分引用了另一份不那么极端，但意思相近的证词。费迪南德·普雷格也谈到了瓦格纳的"病态的兴奋"，参见Bernd Kramer, *»Laßt uns die Schwerter ziehen, damit die Kette bricht ... «: Michael Bakunin, Richard Wagner und andere während der Dresdner Mai-Revolution 1849*, Berlin 1999, S. 68。

14 被通缉的流亡者

1. Hugo Dinger, *Richard Wagners geistige Entwickelung. Versuch einer Darstellung der Weltanschauung Richard Wagners mit Rücksichtnahme auf deren Verhältnis zu den philosophischen Richtungen der Junghegelianer und Arthur Schopenhauers*, Leipzig 1892, S. 187.
2. Martin Gregor-Dellin, *Richard Wagner. Sein Leben. Sein Werk. Sein Jahrhundert.* München, revidierte Ausgabe 1983 (S. 279). 该书在此**编造了一段对话**（！），再次将明娜描述为不仅仅是一个愚蠢的小市民。
3. 全文见 Woldemar Lippert, *Richard Wagners Verbannung und Rückkehr 1849–1862*, Dresden 1927, S. 17 f。
4. 约翰·雅各布·祖尔策（1821—1897），语文学家、哲学家，1847年任州秘书长，苏黎世州民主党领导人，国民院和联邦院议员。弗朗茨·哈根布赫（1819—1888），1848年和1852年任州秘书长，苏黎世音乐界的赞助人。
5. 在完成《尼伯龙人的指环》的四个脚本之后，瓦格纳为他的朋友们私人印刷了50份，如今只有少数真本留存。我很高兴能在我的古物收藏中得到他送给雅各布·祖尔策的那一份。
6. Giacomo Meyerbeer, *Briefwechsel und Tagebücher*. Berlin 1960 ff. Bd. IV, S. 503.
7. Carl Friedrich Glasenapp, *Das Leben Richard Wagners in sechs Büchern dargestellt*, 4. Auflage, Leipzig, Breitkopf & Härtel, 1905, Bd. II, S. 396.
8. Ernest Newman, *The life of Richard Wagner*. London 1976, Bd. II, S. 116; Martin Gregor-Dellin, *Richard Wanger*, München 1983, S. 281.
9. 马丁·格奥尔格—德林给出了一个太过笼统的评论：对明娜来说是**不幸**的东西，对瓦格纳来说则是**解放**。"所有试图向她解释这一点的努力都以失败告终。"（Martin Gregor-Dellin, *Richard Wagner. Sein Leben. Sein Werk. Sein Jahrhundert.* München, revidierte Ausgabe 1983, S. 283.）又是这种陈词滥调：明娜，一个蠢人，什么都不懂！
10. 出处同上，第279页（强调为作者所加）。
11. 出处同上，第283页。
12. 出处同上，第291页。
13. *Burrell 1950*，第337页中提到了这封信。在这封6月28日写下的未收到的信中，她已经答应他要去苏黎世了。
14. Frank Helzel, *Die nationalideologische Rezeption König Heinrichs I. im 19. und 20. Jahrhundert*. Diss. Marburg 2000, S. 139.
15. 更多的，见Lippert 1927, S. 27 ff。
16. *Lippert 1927*, S. 27 ff. 强调为明娜自己所加。
17. 参见Dieter Borchmeyer, *Richard Wagner, Leben, Werk, Zeit*, Stuttgart 2013, S. 155。

15　再赴巴黎与洛索事件

1. 格奥尔格·赫尔韦格(1815—1875),革命的德意志诗人。
2. G. W. F. Hegel, *Vorlesungen über die Philosophie der Weltgeschichte*. Hamburg 1968, S. 105, S. 434.
3. Karl R. Popper, *Die offene Gesellschaft und ihre Feinde*. Tübingen 1992, Bd. II, S. 71.
4. 弗朗茨·丁格尔施泰特(1814—1881),诗人、剧评家,1851年任慕尼黑宫廷剧院监督,1857年任魏玛总监,1867年任维也纳宫廷歌剧院主管,1871年任霍夫堡剧院主管。
5. 罗伯特·弗朗茨(1815—1892),萨勒河畔哈雷大学音乐总监,浪漫歌曲作曲家。
6. Julius Kapp, Hans Jachmann: *Richard Wagner und seine erste »Elisabeth« Johanna Jachmann-Wagner*. Berlin 1927, S. 69.
7. 尤莉·里特尔(1794—1869),一位富商的妻子,瓦格纳的赞助人;她有两个儿子,卡尔和亚历山大。卡尔·里特尔(1830—1891)只在最初从事过音乐事业,自1851年起经常在苏黎世与瓦格纳在一起;后来成为作家。亚历山大·里特尔(1833—1896),弗朗茨·李斯特领导下的魏玛宫廷乐团的小提琴手;1852年与弗兰齐斯卡·瓦格纳(1829—1895)结婚,她是瓦格纳的兄长阿尔贝特的女儿。1856年,他成为什未林的乐队长;他创作过许多乐曲。
8. 1849年11月19日致弗里德里希·海涅的信。
9. 杰茜·洛索,原姓泰勒(生于约1829年),与商人欧仁·洛索结婚,离婚后嫁给历史学家、时政评论家卡尔·希勒布兰德(1829—1884),与他一起生活在佛罗伦萨。
10. “那篇文章”有多种可能。首先是《共和党人的追求如何应对王权?》,1848年6月的著名演讲,它正发生在两年以前。第二个可能是《德意志与它的君主们》(1848年10月),这篇文章也批评了国王,但这篇文章只是写于十七个月之前,因此在时间上不符合。第三个可能是《音乐中的犹太性》的一篇草稿,它针对的是瓦格纳职业生涯初期真正的恩人迈耶贝尔和施莱辛格的。这篇文章被认为是很有可能的。见Paul Lawrence Rose, *Wagner, Race and Revolution*, Yale University 1999, S. 17 ff. und 84。我也认为这一理论是有可能的,见Ulrich Drüner, *Schöpfer und Zerstörer. Richard Wagner als Künstler*. Köln 2003, S. 113。
11. 稍后他在《告友人书》(1851)中这么说,见*SSD*, Bd. IV, S. 336。
12. Ernest Newman, *The life of Richard Wagner*. 4 Bände. London 1976, Bd. I, S. 84.
13. 心理学家马库斯·基弗(Markus Kiefer)的表述(见*Die Zeit* 19/2012, S. 35)。

16　“这种愤恨对我的天性是必要的,正如胆汁之于血液”

1. Jens Malte Fischer, *Das Judentum in der Musik. Eine kritsche Dokumentation*, Frankfurt/Main 2000, S. 30. 否则,1869年的重新出版就是多余的了。

2. Otto Strobel, *Richard Wagner. Leben und Schaffen. Eine Zeittafel*, Bayreuth 1952.
3. 见Ulrich Drüner, Georg Günther, *Musik und »Drittes Reich«: Fallbeispiele 1910 bis 1960 zu Herkunft, Höhepunkt und Nachwirkungen des Nationalsozialismus in der Musik*, Wien 2012。
4. 转引自Egon Voss (Hg.), *Alfred Pringsheim, der britische Wagnerianer*, Würzburg 2013, S. 68。
5. Rudolf Kreis, *Antisemitismus und Kirche. In den Gedächtnislücken deutscher Geschichte mit Heine, Freud, Kafka und Goldhagen*. Reinbek bei Hamburg 1999, S. 187 ff.
6. 我唯一熟悉的《西格弗里德之死》片段收录于唱片*Richard Wagner im Schweizer Exil*, Migros-Genossenschafts-Bund, Zürich 1999, MGB CD 6156。
7. Hans Mayer, *Richard Wagner. Mitwelt und Nachwelt*; Zürich 1978, S. 23. 雅各布·卡茨与延斯·马尔特·菲舍尔、保罗·劳伦斯·罗斯、戈特弗里德·瓦格纳、马克·A.魏纳和哈特穆特·策林斯基一样，是瓦格纳的反犹主义最重要的研究者之一。
8. Gerhard Scheit, *Verborgener Staat, lebendiges Geld. Zur Dramaturgie des Antisemitismus*. Freiburg (Breisgau) 1999, S. 65.
9. 见Micha Brumlik, *Deutscher Geist und Judenhaß. München 2000, S. 229, und Jens Malte Fischer, Das Judentum in der Musik. Eine kritsche Dokumentation*, Frankfurt/Main 2000, S. 84。
10. 转引自Wilhelm Tappert, *Richard Wagner im Spiegel der Kritik: Wörterbuch der Unhöflichkeit*, Leipzig 1903, S. 78。
11. *WKL*, Bd. III, S. 208; *SB*, Bd. V, S. 189.
12. “**我们**[柯西玛和理查德]**都对这一事实报以微笑，即他的文章**[《音乐中的犹太性》]**正如看上去的那样，构成了这一斗争**[纯种德意志人的反犹主义]**的开端。**”(*CT*, 1879年10月11日)
13. 参见J. M. Fischer, A. Hein, M. Karbaum, J. Köhler, P. L. Rose, W. Schüler, B. Wessling, H. Zelinsky。这些作品表明，瓦格纳的反犹主义和基于其上的拜罗伊特运动一直无缝发展到第三帝国。
14. Jens Malte Fischer, *Das Judentum in der Musik. Eine kritsche Dokumentation*, Frankfurt/Main 2000, S. 122.
15. 西格弗里德·瓦格纳：1893年11月12日致理查德·施特劳斯的信；柯西玛·瓦格纳：致恩斯特·霍恩洛厄—朗根堡侯爵的信，1893年9月。转引自Hartmut Zelinsky, *Rettung ins Ungenaue*. Zu M. Gregor-Dellins Wagner-Biographie. In: *Musik-Konzepte*, hrsg. v. K. H. Mezger und R. Riehn, Bd. 25, München 1982, S. 430 und 423。正是在这种意义上，西格弗里德·瓦格纳将犹太钢琴家约瑟夫·鲁宾斯坦形容为“具有昆德莉般的天性”，将赫尔曼·列维形容为“昆德莉般的气质”，指的明显是《帕西法尔》中的犹太女人昆德莉(S. Wagner: *Erinnerungen*, Stuttgart 1923, S. 14 u. 25)。亦参见第35章中对阿图尔·赛德尔的引用，特别的相关段落，见*SB*, Bd. III, S. 462 f。

16. Carl Wilhelm Friedrich Grattenauer (1773—1838), *Ueber die physische und moralische Verfassung der heutigen Juden*（1791年匿名出版）; darin formuliert er erstmals in der Neuzeit die These von der »Unabwaschbarkeit« des jüdischen Wesens, eine Vorstellung, die es allerdings bereits im Mittelalter gab（见第35章）。在这篇文章中，他第一次在近代提出了犹太人的本性“不可洁净”的论点，而这一观点早在中世纪就已经存在了。
17. Martin Gregor-Dellin, *Richard Wagner. Sein Leben, sein Werk, sein Jahrhundert.* München, revidierte Ausgabe 1983, S. 314.
18. Jens Malte Fischer, *Das Judentum in der Musik. Eine kritsche Dokumentation*, Frankfurt/Main 2000, S. 28 ff.

17 天才如何工作？

1. Julius Bahle, *Der musikalische Schaffensprozess*, Konstanz 1947, S. 110; Petra Plättner, *Vom Schreiben 3. Stimulanzien oder Wie sich zum Schreiben bringen?* In. *Marbacher Magazin* 72/1995.
2. Walter L. Bühl, *Die Ordnung des Wissens*, Berlin 1984. 与其他作者一样，瓦尔特提出了大脑不同分区的神经生理学分配，大脑皮层的左半球负责特定的分析性机能，而右半球则负责情感的与直觉的机能。为此，他使用了“双监控系统”的形象。达玛西奥和戈尔曼的最近研究证明了它们之间的相互作用非常重要，如果负责情感的大脑结构被破坏，科学思维的部分就无法发挥作用。
3. Ulrich Drüner, *Antriebs- und Kompensationsformen musikalischer Kreativität. Wie Komponisten und Interpreten künstlerischen Streß erleben.* In: *Das Orchester*, 1996/6, S. 2–8.
4. Julius Bahle, *Der musikalische Schaffensprozess*, Konstanz 1947, S. 197.
5. Alfred Einstein, *Größe in der Musik.* Zürich 1951, S. 147 ff.
6. 路德维希·施诺尔·冯·卡罗尔斯费尔德（1836—1865），德国男高音，画家尤利乌斯·施诺尔·冯·卡罗尔斯费尔德之子，先是在卡尔斯鲁厄唱歌，1860—1865年在德累斯顿宫廷歌剧院。《特里斯坦与伊索尔德》于1865年在慕尼黑首演时，他是第一个特里斯坦扮演者。瓦格纳特别推崇他，认为他是歌手的典范。他的妻子马尔维娜·加里格斯（1825—1904）在1865年慕尼黑的《特里斯坦与伊索尔德》首演时第一个扮演伊索尔德。在丈夫去世后，据说瓦格纳曾对她做出过荒唐的许诺，使她追求过瓦格纳。
7. 见《棕色笔记本》，第122页；此外，在1854年12月19日致埃米莉·里特尔的书信中（*SB*, 卷VI, 308）也有提到，其内容在根本上与1869年写下的《我的生平》版本相一致。
8. 参见Ulrich Drüner, *Schöpfer und Zerstörer. Richard Wagner als Künstler.* Köln 2003, S. 335, Fußnote 3。

9. 引用的书信，见*Franz Liszt-Richard Wanger-Briefwechsel* hg. von Hanjo Kerting, Frankfurt 1988, S. 264；关于“心流体验”，见Andreas Burzik, *Flow-Erfahrungen bei Orchestermusikern*. In: *Das Orchester* 2002/Heft 1, S. 14–15。布尔济克在此首先引用了有关于此的基础性作品，见Mihalyi Csikszentmihalyi, *Das Flow-Erlebnis*. Stuttgart 1999。
10. *CT*, 1870年2月25日；1878年7月18日；1879年2月4日。
11. *CT*, 1878年10月21日；1878年9月30日；1874年7月24日。
12. *CT*, 1878年1月13日；1878年3月11日。
13. *CT*, 1869年5月4日；1879年9月9日。
14. 其他许多艺术家，尤其是约翰内斯·勃拉姆斯和理查德·施特劳斯，都强调了艺术家自我批评的至关重要性；它将思想区分良莠，并确定一部作品是否“完美”。在图书馆中——也在音乐旧书店中，关于此我可以说的就太多了——作品堆积如山，它们并不缺乏灵感——它们只是缺乏对灵感的正确使用，好让它们直到今天仍然具有吸引力。例如，勃拉姆斯从1855年到1876年一直在反复打磨他的《第一交响曲》；只有少数作曲家具有这种自我批评的毅力。
15. *CT*, 1879年3月25日；1878年11月22日。
16. Gion Condrau, *Psychologie der Kultur*. Bd. 1: *Transzendenz und Religion*. Bd. 2: *Imagination, Kunst und Kreativität*. Weinheim, Basel 1982, Bd. I, S. 297.
17. 这封并未整体出版的书信现藏于苏黎世中心档案馆。
18. 在这种情况下，似乎勃拉姆斯也很想要扼住捣乱者的咽喉；见Arthur M. Abell, *Gespräche mit Komponisten*, Eschwege 1973, S. 117 f。彼得·柴可夫斯基也记录下了“不安和紧张的兴奋”，特别是由草稿所带来的，有时甚至会使他忘记吃饭……见P. J. Tschaikowsky, *Erinnerungen und Musikkritiken*, Leipzig 1974, S. 25。
19. 我认为，艺术家最私密的东西——创造力和性欲——仅仅应当在对理解其创作必不可少的情况下得到探究。
20. 见Ulrich Drüner, *Schöpfer und Zerstörer. Richard Wagner als Künstler*. Köln 2003, S. 329 f., Fußnote 4。
21. 即使对于当今的职业音乐家来说，类似的过程也并非秘密，我也想到在某些情况下，指挥通过某种进攻性的举止能够取得更好的成绩，只要他们的要求也与自己的艺术潜力相一致。
22. Richard Strauss, *Betrachtungen und Erinnerungen*. Hrg. von W. Schuh. Zürich, Freiburg (Breisgau), 1949, S. 134 ff. 在这一点上可以指出，人们通常将创造力归因于性。但是在瓦格纳这里，我却找不到任何有关**积极的**性行为与创造力之联系的文献证据。通过被阻碍的性行为而产生的有益于创作的情感张力是可以证实的（见第20章），但积极的性行为却不行。恰恰相反：即便是像在维也纳那样人为安排的性行为（1863/1864年）也无法结束在《工匠歌手》时期引人注目、极其困难的创作障碍（见第27章）。
23. *CT*, 1869年3月10日和12月7日，1877年10月29日，1879年3月25日和4月19日，1881年12月18日。

18 通往乐剧之路——主导动机体系的超验性

1. 约翰·雅各布·韦伯(1803—1889)于1834年在莱比锡建立了J. J. 韦伯出版社。
2. *Franz Liszt-Richard Wagner Briefwechsel*, hg. von Hanjo Kesting, Frankfurt 1988, S. 268.
3. 关于瓦格纳和韦森东克夫妇的故事梗概，见第22章。玛蒂尔德·韦森东克，原姓卢克迈尔(1828—1902)，首先作为词作者，1865年后以历史剧作者闻名；瓦格纳为韦森东克谱的曲是成熟期瓦格纳为非本人创作的歌词谱写的唯一一部。她在1848年与纺织品商人奥托·韦森东克(1815—1896)结婚。他们来自杜塞尔多夫和埃尔伯费尔德，自1852年起生活在苏黎世，后来搬到纽约、柏林，自1871年起定居德累斯顿。奥托和玛蒂尔德都将自己的姓写作“Wesendonck”，瓦格纳以及柯西玛的日记中也这么写；他们的儿子卡尔将拼写简化为“Wesendonk”，除了一些例外，出版的书信和瓦格纳文献都遵循了这一写法，包括《我的生平》。
4. Robert Gutman, *Richard Wagner. Der Mensch, sein Werk, seine Zeit.* München 1970, S. 178.
5. 瓦格纳在这里赞颂了与李斯特的友谊的重要性。
6. 黑格尔在瓦格纳这里被塑造得如此糟糕，有着与迈耶贝尔不同的原因，我们将在后文中与叔本华的情况一起讨论。此处不乏专业的支点，正如尼采的名言。关于黑格尔，应当注意的是，在最新的《瓦格纳手册》中虽然经常提到黑格尔，但没有任何单独的章节系统地展现过黑格尔对瓦格纳的意义(*Wagner Handbuch.* Hrsg. von Laurenz Lütteken u. a. Kassel, Stuttgart 2012)。
7. G. W. F. Hegel, *Vorlesungen über die Ästhetik*, Bd. III, in G. W. F. Hegel: *Sämtliche Werke*, Frankfurt 1970, Bd. 15, S. 134.
8. 出处同上，S. 136。
9. 出处同上，S. 148。
10. 见第12章(“最现代的歌剧作曲家实际上已将黑格尔哲学体系带向了切实可靠的结论”)。
11. 政治学家乌多·伯恩巴赫(Udo Bermbach)就如此认为，见Dieter Borchmeyer, Anni Maayami, Susanne Vill (Hg.), *Richard Wagner und die Juden*, Stuttgart 2000, S. 55 ff。类似的观点，亦见Byran Magee, *Aspects of Wagner*, Oxford 1988, S. 19 ff.，以及Barry Millington, *Wagner*, Princeton 1992, S. 162。
12. Walter L. Bühl, *Die Ordnung des Wissens*, Berlin 1984. Abschnitt IV: *Der Mythos und die Kanalisation des Wissens*, S. 162–211. Zitat: S. 211.
13. Ulrich Drüner, *Schöpfer und Zerstörer. Richard Wagner als Künstler.* Köln 2003, S. 72.
14. *CT*, 1871年2月15日；柯西玛记录下这句话时，瓦格纳正由于应酬的原因创作他的《皇帝进行曲》，对此产生了很大的反感；他觉得这是“无意义的事”。
15. 威廉·海因泽早在1795/1796年就根据卢梭的音乐和语言理论发展了这些

思想，见他的音乐小说*Hildegard von Hohenthal*。详细情况，见Reinhart Meyer-Kalkus, *Richard Wagners Theorie der Wort-Tonsprache in ›Oper und Drama‹ und ›Der Ring des Nibelungen‹*, in: *Athenäum* (*Jahrbuch der Friedrich Schlegel-Gesellschaft*) 6 (1986), S. 170。

16. 出处同上，S. 160。参见*CT*, 1870年1月22日，埃特米勒在这里被称作“苏黎世来的朋友”。
17. 转引自Hermann Wiesener, *Der Stabreimvers in Richard Wagners ›Der Ring des Nibelungen‹*, Berlin 1924, S.26。
18. Werner Breig, *Wagners kompositorisches Werk*, in: Ulrich Müller, Peter Wapnewski, *Richard-Wagner Handbuch*, Stuttgart 1986, S. 418.
19. Carl Dahlhaus, *Richard Wagners Musikdramen*, Zürich 1985, S. 71.
20. 这些情感或多或少的重要性决定了，从小型动机中能否产生出旋律的—宣叙调式的延续性，或者能否形成在乐剧的整体背景下表达单个思想的总和或突出的主要思想的主导动机。如此，思想本身成为音乐形式的载体，这是一种闻所未闻的智性的，实际上也是理性的过程。如此一来，瓦格纳打破了古典主义音乐美学的形式标准——“奏鸣曲”“咏叹调”“展开”“重复”，所有这些概念对他来说都过时了。
21. 这里指的是第二幕中的归营号的小号动机，它不仅破坏了卡门和堂何塞的私人空间，而且由于他们相互应对的方式，还破坏了主角之间的信任关系。
22. “剑的动机”也是激烈的铜号音乐；像每一个军事信号的动机一样，它基于自然音阶（八度音、五度音、三度音、二度音）。由于前后的“瓦尔哈拉动机”的节奏，它的节奏也被拉伸了，但这并没有改变“剑的动机”最初作为战斗信号的特征的任何东西。
23. Vladimir Karbusicky, *Grundriß der musikalischen Semantik*, Darmstadt 1986, S. 272.
24. 完全康德意义上的“超验”：“我将所有那些不是与对象有关，而是与我们关于对象之认识方式有关的认识，只要它们是先天可能的，都称作超验的。”（康德，《纯粹理性批判》，导论）
25. Vladimir Karbusicky, *Grundriß der musikalischen Semantik*, Darmstadt 1986, S. 271.
26. Thomas Rentsch, *Transzendenz und Negativität. Religionsphilosophische und ästhetische Studien*. Berlin 2010. 超验往往过于普遍和草率地与宗教扯上关系。然而，在古代以及最晚自康德以后，超验仅仅指对某个经验领域的超越。因此，或许可以只从“外部”将宗教领域作为社会体系来审视，正如米尔恰·埃利亚德所做的（Mircea Eliade, *Das Heilige und das Profane. Vom Wesen des Religiösen*. Hamburg 1957）。如此一来，随着道德模式和社会规则随时间的推移而变化，就可以看出在一个社会内部，甚至在一个宗教内部，对“善”与“恶”的观念会有多么大的变化。瓦格纳的作品就是一个很好的例子；在这些作品中也出现了埃利亚德所说的“原型的敌人形象”，一个经典的“起源神话”，它不仅构筑了瓦格纳传记性的自画像，也——自《尼伯龙人的指环》开始——构筑了他的作品。
27. Thomas Rentsch, *Transzendenz und Negativität*, Berlin 2010, S. 81 und S. 88.

28. Stephan Mösch, *Weihe, Werkstatt, Wirklichkeit. Wagners Parsifal in Bayreuth 1892–1933*. Mainz 2012, S. 64. 关于普遍的超验概念，见Alexandra Kertz-Welzel: *Die Transzendenz der Gefühle. Beziehungen zwischen Musik und Gefühl bei Wackenroder und Tieck und die Musikästhetik der Romantik*, Saarbrücken 2001。
29. 如果只是把《尼伯龙人的指环》看作一部社会主义艺术作品，就像自联邦德国成立以来出于可以理解的原因那样做的一样，那么超验就只是美丽的装饰品，而没有支撑性的功能，因为如此一来它就只涉及将社会国家可以接受的"中间派"从极端者中剔除，却没有将之合为一体。瓦格纳文献中"超验"一词的使用相应地是偶然的、非特指的、未被反思的，这里仅举四个例子："《特里斯坦与伊索尔德》中通过死亡和超验得到救赎"（Programm Münchner Philharmoniker, Dez. 2014）；"闪光的超验——这是《特里斯坦与伊索尔德》所提供的"（Fonoforum 2004）；"爱的超验性"（Stefan Mickisch论《特里斯坦与伊索尔德》）；"超验，即奇迹的到来，通过被告和内心狂热信仰者的呼唤，也有其深层次的心理原因"（Martin Gregor-Dellin, *Richard Wagner*, München 1983, S. 346；论《罗恩格林》）。没有人讨论这个词应该是什么意思。
30. 参见导言的结尾部分，已经探讨了这一问题。瓦格纳知道，道德与创造力并不重合；应当回顾一下柯西玛日记中的这个段落，因为它非常重要："他抱怨自己的艺术使命的强制性，他听从它，不去训练自己的道德素质：此外，他什么也做不了，或者说一切都变得糟糕；成为一个相当有道德的人就意味着要在相当的程度上自我牺牲。"（1869年6月3日）
31. 见Stephan Mösch, *Weihe, Werkstatt, Wirklichkeit. Wagners Parsifal in Bayreuth 1892–1933*. Mainz 2012, S. 19。

19 神话与反神话

1. 可以只举出一个容易理解的例子：弗里德里希·巴巴罗萨与伦巴第同盟之间的冲突，双方流传下来的相互矛盾的传说也被称为神话和反神话，见Isabel Skokan, *Germania und Italia. Nationale Mythen und Heldengestalten in Gemälden des 19. Jahrhunderts*. Berlin 2009。
2. Sabine Kyora, *Eine Poetik der Moderne: zu den Strukturen modernen Erzählens*. Würzburg, 2007, S. 96. 其他重要例子还有：Roland Barthes, *Mythen des Alltags*, Frankfurt/M. 1976，以及George Bataille。上述布洛赫的作品主要写于1947—1948年，是在1944年出版的阿多诺与霍克海默的《启蒙辩证法》基础上创作完成的。
3. 迈耶贝尔写给德累斯顿总监冯·吕蒂肖男爵的推荐信落款为1841年3月18日；吕蒂肖在1841年6月给出了积极的回应。迈耶贝尔为《漂泊的荷兰人》在柏林所做的努力，是在1841年12月7日亲自与总监冯·雷德恩伯爵接洽，并于1841年12月9日写了信。
4. *GSD*, Bd. 1, S. 18; *SB*, Bd. 1, S. 487 und 497.

5. *GSD*, Bd. IV, S. 262, 261, 268 f.
6. 这就可以解释瓦格纳的辩护士攻击瓦格纳研究的启蒙者，如罗伯特·古特曼、哈特穆特·策林斯基、戈特弗里德·瓦格纳、保罗·劳伦斯·罗斯、马克·A.魏纳等人时的过度热情了。
7. *GSD*, Bd. VIII, S. 254；强调为作者所加。
8. 格拉泽纳普谈到“音乐的强制劳动”“施莱辛格的欺诈”，并坚称是“侮辱性的工作”(Carl Friedrich Glasenapp, *Das Leben Richard Wagners in sechs Büchern dargestellt*, 4. Auflage, 1905, 1. Bd., S. 369 u. 388)。里夏德·施特恩费尔德在1922年甚至更进一步，抨击“臭名昭著的奴役关系”(*Die Musik* XV/2, November 1922, S. 130)。格奥尔格—德林写的也与此相似(见Martin Gregor-Dellin, *Richard Wagner. Sein Leben. Sein Werk. Sein Jahrhundert.* München, revidierte Ausgabe 1983, S. 155)。就连迈耶贝尔故意将瓦格纳介绍去破产的文艺复兴剧院的阴谋理论，也为从格拉泽纳普到格奥尔格—德林的一干人所接受(F. Glasenapp, *Das Leben Richard Wangers*, Leipzig 1905, Bd. 1, S. 348, 363, 391 etc.; Gregor-Dellin 1983, S. 148 f.)。瓦格纳文献中的迈耶贝尔形象仍然是模棱两可的，而且极为不公平，并且至少在老一辈作家中，对他的蔑视是彻头彻尾的天经地义。就连谣传的关于经济情况的猜测，也让瓦格纳研究者们上了当，他们认为这些信中提到的收入仅够“糊口”，而忽视了在1840年代的巴黎事实上能够拿这些钱做什么的问题[*SB*, Bd. 1, S. 63 und 66 (Einleitung)]。
9. 《音乐中的犹太性》于1869年第二次出版，除其他原因外，也应被视为让人“牢记”此前出版的自传性作品中的“强大敌人”的手段。
10. 甚至格雷戈尔—德林都认为，瓦格纳“并没有严重地作伪、故弄玄虚或者有意识地说谎，如果不考虑对朋友和同时代人的不公正判断的话”。经过进一步描述，他得出了诸如“他什么都没有隐瞒”，或者“他从来都没有不坦率”，或者“这是自我审查的典范”等结论(Martin Gregor-Dellin, *Richard Wagner. Sein Leben. Sein Werk. Sein Jahrhundert.* München, revidierte Ausgabe 1983, S. 594 und 596)。
11. 更详细的内容，参见讨论《帕西法尔》的章节。
12. 诸如他的艺术观“被反复抛弃”等抱怨，以及类似已被引用的段落(*SB*, 卷VIII, 152)。

20 中期总结与展望：从浪漫艺术到“超验现实主义”

1. 见导言注释26(关于E. Bloch, *Das Prinzip Hoffnung.* Frankfurt 1973)。
2. *CT*, 1878年7月13日；与之相应的是《莱茵的黄金》的演出说明：“高山上的开阔地带。”
3. 这一假设基于以下事实：在《莱茵的黄金》最初的草稿中，作品的开头部分比总谱的版本短得多，并且与其复杂的声音网络相去甚远。

21 《莱茵的黄金》与劲敌神话

1. Eduard Hanslick sowie Otto von Leixner in der *Berliner Börsenzeitung*, zitiert nach: Wilhelm Tappert (Hg.), *Hurenaquarium und andere Unhöflichkeiten. Richard Wagner im Spiegel der zeitgenössischen Kritik* (1903), Neuauflage, München 1968, S. 17 und S. 12.
2. Jacob Grimm, *Deutsche Mythologie. Vollständige Ausgabe.* (Nachdruck der 4. Auflage 1874) Wiesbaden 2007, S. 445.
3. Reinhart Meyer-Kalkus, *Richard Wagners Theorie der Wort-Ton-Sprache in ›Oper und Drama‹ und ›Der Ring des Nibelungen‹*, in: *Athenäum*(*Jahrbuch der Friedrich-Schlegel-Gesellschaft*) 6 (1986), S. 185 f.
4. Wolfgang Schadewaldt, *Richard Wagner und die Griechen*, in: Wieland Wagner (Hg.), *Richard Wagner und das neue Bayreuth*, München 1962, S. 170. 与之有些分歧的，见Mischa Meier, *Richard Wagners Der Ring des Nibelungen und die griechische Antike*, Göttingen 2005。
5. 作曲家于1878年3月2日对柯西玛说，他对阿尔伯里希有着“完全的同情”，但这主要是瓦格纳为在艺术上最大限度地展现他的角色而需要的所谓“认同的同情”。
6. Jean Chevalier, Alain Gheerbrant, *Dictionnaire des symboles: Mythes, rêves, coutumes, gestes, formes, figures, couleurs, nombres*, Paris 1999, S. 310.
7. 见本章注释5。
8. 有关这不同方面的详细讨论，见Ulrich Drüner, *Schöpfer und Zerstörer. Richard Wagner als Künstler*, Köln 2003。
9. Carl Dahlhaus, *Richard Wagners Musikdramen*, Zürich 1985, S. 93 und 89.
10. 出处同上，S. 93 f。
11. 这种方法是联邦德国早期分析瓦格纳的特征，作曲家和他音乐节的举办地拜罗伊特在政治上被工具化，一如威廉时代和“第三帝国”时期一样。尽管1950年代发生了根本的范式转变，但瓦格纳——在不同的标记之下——在新的共和国中扮演了类似“国家支撑”的角色。最高层次的政治家和企业家出席了拜罗伊特音乐节，国家庆典上经常响起《工匠歌手》的前奏曲。
12. Carl Dahlhaus, *Richard Wagners Musikdramen*, Zürich 1985, S. 89.
13. 蟾蜍的象征意义前文已经讨论，见本章注释6。
14. 文学：Léon Poliakov, *Geschichte des Antisemitismus*, 8 Bde., Worms 1977–1988；戏剧：Hans-Peter Bayerdörfer, Jens Malte Fischer, Frank Halbach (Hg.), *Judenrollen. Darstellungen im europäischen Theater von der Restauration bis zur Zwischenkriegszeit.* Tübingen 2008。关于古斯塔夫·多雷等，见Ulrich Drüner, *Schöpfer und Zerstörer. Richard Wagner als Künstler*, Köln 2003, Tafel V bis XIII und XVI。
15. Marc A. Weiner, *Antisemitische Fantasien. Die Musikdramen Richard Wagners*, Leipzig 2000；详细说明，亦见Ulrich Drüner, *Schöpfer und Zerstörer. Richard Wagner als*

Künstler. Köln 2003, S. 163–182。

16. Dieter Borchmeyer in: Ulrich Müller, Peter Wapnewski, *Wagner Handbuch 1986*, Stuttgart 1986, S. 160. 因此，博希迈尔经常被充满感激地引用。
17. Arthur Seidl, *Richard Wagners »Parsifal«. Zwei Abhandlungen*. Regensburg o. J. [1914/15]；参见 Alfred Einstein: *Der Jude in der Musik*, in: *Der Morgen* 6(1927), S. 560–602。
18. 参见 Daniel Jütte, *»Mendele Lohengrin« und der koschere Wagner*. In: Mark H. Gelber u. a. (Hg.), *Integration und Ausgrenzung*, Tübingen 2008, S. 115–130。
19. 更多的内容，见 Ulrich Drüner, *Schöpfer und Zerstörer. Richard Wagner als Künstler*. Köln 2003, passim。
20. Hartmut Zelinsky, *Rettung ins Ungenaue. Zu M. Gregor-Dellins Wagner-Biographie*. In: *Musik-Konzepte*, hrsg. v. K. H. Mezger und R. Riehn, Bd. 25, München 1982. 达尔豪斯的表达方式非常普遍，从《瓦格纳手册》(1986，彼得 · 瓦普纽斯基所作)到最近的歌剧节目单中都一再出现。
21. 见 Anne-Laure Drüner, *Eine antisemitische Oper? Vincent d'Indys, La légende de Saint Christophé*, in: Hans-Peter Bayersdörfer/Jens Malte Fischer/Frank Halbach (Hg.), *Judenrollen. Darstellungen im europäischen Theater von der Restauration bis zur Zwsichenkriegszeit*. Tübingen 2008; Ulrich Drüner/Georg Günther, *Musik und »Drittes Reich«: Fallbeispiele 1910 bis 1960 zu Herkunft, Höhepunkt und Nachwirkungen des Nationalsozialismus in der Musik*, Wien 2012。
22. Harmut Zelinsky, *Verfall, Vernichtung, Weltentrückung. Richard Wagners antisemitische Werk- Idee als Kunstreligion und Zivilisationskritik und ihre Verbreitung bis 1933*, in: Saul Friedländer/ Jörg Rüsen (Hg.), *Richard Wagner im Dritten Reich. Ein Schloss Elmau Symposium*. München 2000, S. 309 ff.; Eva Rieger, *Minna und Richard Wagner, Stationen eine Liebe*, Düsseldorf/Zürich 2003; Paul Lawrence Rose, *Wagner: Race and Revoltuion*, Yale University 1999; Gottfried Wagner, *Du sollst keine anderen Götter haben neben mir: Richard Wagner–Ein Minenfeld*. Berlin 2013.
23. Martin Gregor-Dellin, *Richard Wagner*, München 1983, S. 246 und 248, 727，前文已有引用（“在自然主义出现之前德国唯一的社会主义艺术品”）。
24. Hans Mayer, *Richard Wagner, Mitwelt und Nachwelt*, Stuttgart 1978, S. 159.
25. G. B. Shaw, *The Perfect Wagnerite: A Commentary on the Ring of the Niblungs*. London, 1898.
26. Gottfried Wagner: *Wer nicht mit dem Wolf heult. Autobiographische Aufzeichnungen eines Wagner-Urenkels. Mit einem Vorwort von Ralph Giordano*. Köln 1997.
27. 如费迪南德 · 莱克(1859—1937)所画的瓦格纳作品插图，拜罗伊特的理查德 · 瓦格纳博物馆于2016年3月的“日耳曼崇拜”特展中展出。
28. Ulrich Drüner/Georg Günther, *Musik und »Drittes Reich«: Fallbeispiele 1910 bis 1960 zu Herkunft, Höhepunkt und Nachwirkungen des Nationalsozialismus in der Musik*, Wien 2012.
29. 见 Wieland Wagner (Hg.), *Richard Wagner und das neue Bayreuth*, München 1963。

30. 见 Ulrich Drüner, *Schöpfer und Zerstörer. Richard Wagner als Künstler.* Köln 2003，插图部分。
31. 术语“本土的”和“外来的”来自 Sander L. Gilman，后文将继续讨论。
32. *GSD*, Bd. X, S. 283 f.：对于“可怕的事物”，即“人类注定会实现完全的平等”，不应当充满期待。
33. Jean Chevalier/Alain Gheerbrant, *Dictionnaire des symboles: Mythes, rêves, coutumes, gestes, formes, figures, couleurs, nombres*, Paris 1999, S. 657. 继雅各布·格林之后，瓦格纳也区分了（住在云端之上的）光明精灵和（待在“地底深处”的）黑暗精灵，正如《西格弗里德》（第一幕，第二场）中著名的“问答游戏”所展示的，因此许多解释者得出结论说，沃坦与阿尔伯里希是同一种力量的两面。详细信息，参见 Gyogy Kroó: *Lichtalberichs Lehrjahre.* In: *Studia Musicologica Scientarium Hungaricae* 1980, S. 111–136。
34. Gerhard Scheit, *Verborgener Staat, lebendiges Geld. Zur Dramaturgie des Anitsemitismus.* Freiburg (Breisgau) 1999, S. 15.

22 叔本华、玛蒂尔德·韦森东克和《女武神》

1. 见 Max Fehr, *Richard Wagners Schweizer Jahre*, Aarau und Leizig 1934, Bd. I, S. 18。
2. 卡罗琳·赛恩—维特根施泰因，原姓伊万诺夫斯卡（1819—1887），弗朗茨·李斯特的朋友，1848—1851 年是李斯特在魏玛的生活伴侣。她与尼古拉·冯·赛恩—维特根施泰因的女儿玛丽（1837—1897）后来以其年轻的魅力给瓦格纳留下了深刻印象。1859 年，她与霍恩洛厄—希灵斯菲斯特亲王康斯坦丁结婚，他是维也纳宫廷总管，德意志帝国首相克洛德维希·霍恩洛厄的弟弟。
3. Eliza Wille, *Erinnerungen an Richard Wagner*, Zürich 1953, S. 33.
4. Liszt-Zitat in *Franz Liszt-Richard Wagner Briefwechsel*, hg. von Hanjo Kesting, Frankfurt/M. 1988, S. 393.
5. 转引自 Arthur Hübscher, *Schopenhauer und Wagner*, in: *Schopenhauer-Jahrbuch*, 37, 1956, S. 26–31。
6. 出处同上。
7. 出处同上。
8. Paul Lawrence Rose, *Wagner: Race and Revolution*, London 1992, S. 378.
9. Arthur Schopenhauer, *Die Welt als Wille und Vorstellung*, Zürich 1977, Erster Teilband, S. 324. (Par. 52)
10. 出处同上，S. 329。
11. August Lesimple, *Erinnerungen an Richard Wagner*, Dresden und Leipzig 1884, S. 10.
12. 所有引文，见 Christoph Helferich, *Geschichte der Philosophie*, Stuggart 1992, S. 339 ff。
13. 吕迪格·萨福兰斯基特别引用了 F. 施莱格尔，“他喜欢用他的革命哲学大规模地推动毁灭”。见 Rüdiger Safranski, *Schopenhauer und die wilden Jahre der Philosophie.*

Eine Biographie. 2. Aufl. München u. a. 1988, S. 195。

14. Rüdiger Safranski, *Schopenhauer und die wilden Jahre der Philosophie. Eine Biographie*. 2. Aufl., München u. a. 1988, S. 349. 相应地，斯特凡·莫施在讨论瓦格纳的同情概念时也写道，它绝对无助于"直接克服苦难和痛苦"(Stephan Mösch, *Weihe, Werkstatt, Wirklichkeit. Wagners Parsifal in Bayreuth 1882–1933*. Mainz 2009, S.41, FN 89)；莫施随后指出："同情在这种情况下似乎是选择性的。"(出处同上，S. 67)
15. Arthur Schopenhauer, *Sämtliche Werke. Textkritisch bearbeitet u. hg. von W. Freioherr von Löhneysen*. Frankfurt/M 1996 (Bd. 1) 1986, S. 508.
16. Käte Hamburger, *Das Mitleid*, Stuttgart 1985, S. 10 u. 126.
17. 出处同上，S. 17 f。
18. *GSD*, Bd. III, S. 32–34. 瓦格纳在这里强调，如果人类将"工业"当作自己的"仆人"而不是"主人"的话，他们就可以通过力量实现爱和美。
19. 爱与物种的驯教可以归于一体，在费尔巴哈处就可以找到："神就是爱，[……]是类之无限的容量[……]基督是人类的原型，是人类的存在着的概念[……]是类的总体。[……]爱，特别是性爱，尤其会行出奇迹来。男人和女人相互不足，为的是结合起来共同表现出类、完善的人。[……]爱，不外乎就是类之真理[……]，但仅仅是因为，类是真理的终极衡量标准。"(《基督教的本质》，第17章)瓦格纳仿效他宣称："在爱之中，可以证明成功超越个人意志的可能，[……]而类的意志变为完全的意识。"(*WMW*, S. 79 f.)
20. Robert Donington, *Der Ring und seine Symbole*. Stuttgart 1976, S. 108 f.
21. 阿尔伯里希——"对黄金的偏爱迫使他如此"——接受了他原本不愿接受的，与格里姆希尔德生了恶棍哈根。
22. 比如乌多·贝姆巴赫在"沉默的声音"会议上的报告(拜罗伊特，2012年7月)。他认为瓦格纳的晚期文章都不重要，以此来否定被广泛接受的东西，即这些文章也被认为可以帮助解释晚期乐剧作品。
23. 概念的相近有其语言方面的原因：在大多数罗曼语言中，同一个词可以表示良知和意识(比如法语中的conscience)。
24. Jacob Grimm, *Deutsche Mythologie. Vollständige Ausgabe* (Nachdruck der 4. Auflage von 1874), Wiesbaden 2007, S. 143.

23 《西格弗里德》："本土的"和"外来的"神话

1. Ernest Newman, *The life of Richard Wagner*. London 1976, Bd. II, S. 463 ff.
2. 卡尔·克林德沃特(1830—1916)，伦敦、莫斯科和柏林的钢琴家、钢琴教育家，李斯特的学生，为瓦格纳的作品创作过钢琴改编版；他的养女温妮弗雷德·威廉斯(1897—1980)嫁给了瓦格纳的儿子西格弗里德。
3. Giacomo Meyerbeer, *Briefwechsel und Tagebücher*. Berlin 1960 ff. Bd. VI, S. 292 f.
4. Ders., Bd. V, S. 437, 605 und 607.

5. Carl Friedrich Glasenapp, *Das Leben Richard Wagners in sechs Büchern dargestellt*, 4. Auflage, Leipzig, 1905, Bd. II, S. 440.
6. 即便在迈耶贝尔的书信中进行搜索，也没有找到丝毫证据能够说明瓦格纳针对迈耶贝尔的阴谋论是正确的。
7. *Gazette musicale* 1855, S. 119 und 223.
8. 弗朗索瓦—约瑟夫·费蒂斯（1784—1871），比利时音乐学家、管风琴演奏家、教堂音乐和歌剧作曲家，1827年在巴黎创办了《音乐评论》杂志，成为19世纪最具影响力的音乐评论作家之一。
9. 转引自 Martin Gregor-Dellin, *Richard Wagner. Sein Leben. Sein Werk. Sein Jahrhundert.* München, revidierte Ausgabe 1983, S. 405。
10. 相关文件收录于 Woldemar Lippert, *Richard Wagners Verbannung und Rückkehr 1849–1862*, Dresden 1927。
11. 1770年前后由伯恩哈德·肖特（1748—1809）在美因茨创立，是现存最古老、最重要的音乐出版社之一。在瓦格纳的时代，它是由创始人的孙子弗朗茨·肖特（1811—1874）经营的，自1855年起，他是出版社的唯一所有者。由于他没有子嗣，他在死前不久任命路德维希·施特莱克（1853—1943）为合伙人、共同继承人和出版社社长；后者主要负责瓦格纳的最后一部作品《帕西法尔》剧本的出版谈判。
12. Marc A. Weiner, *Antisemitische Fantasien. Die Musikdramen Richard Wagners.* Berlin 2000, S. 24.
13. Carl Dahlhaus, *Richard Wagners Musikdramen*, Zürich 1985, S. 124, 126.
14. Richard Wagner, *Skizzen und Entwürfe zur Ring-Dichtung*[...], hrsg. v. Otto Strobel. München 1930, S. 99.
15. Marc A. Weiner, *Antisemitische Phantasien*, Berlin 2000, S. 290.
16. 瓦格纳将迷魅描述为“贼”，因此明白无误地指向犹太人，这也为那些固执地声称瓦格纳的作品“完全远离”反犹主义元素的语文学家投射出一道引人注目的光。
17. Partitur Eulenburg, S. 676；参见 Ulrich Drüner, *Schöpfer und Zerstörer. Richard Wagner als Künstler.* Köln 2003, S. 216，以及 Marc A. Weiner, *Antisemitische Phantasien*, Berlin 2000, S. 177。更多的内容，见 Itzig Feitel Stern, *Gedichter, Perobeln unn Schnoukes fer unnere Leute. Zweyter Thal ouder Knoblichblüthe ...* Meißen 1833。音乐补充，见第143页。艺术音乐中的使用，见 F. Chopin, *Mazurka* a-Moll op. 17, Nr. 4。更多的例子，见 Gioacchino Rossini, *Mosè in Egitto* (1818); Richard Strauss, *Salome* (1904/1905); Modest Mussorgski, *Bilder einer Ausstellung*(1874)。关于克莱兹默音乐，见 Ottens, Rita/Rubin, Joel: *Klezmer-Musik.* München-Kassel 1999. Musikbeispiele S. 196 und S. 254。
18. Susanna Großmann-Vendrey, *Bayreuth in der deutschen Presse. Beiträge zur Rezeptionsgeschichte Richard Wagners und seiner Festspiele*, Regenburg 1977, Bd. I (Die Grundsteinlegung und die ersten Festspiele), S. 99.
19. 出处同上，Bd. I, S. 99, 126, 132 und 185。

20. Carlos Droste, *Wagnersche Charaktertypen*, in: *Bühne und Welt. Zeitschrift für Theaterwesen, Literatur und Musik*, XII, Berlin 1910, S. 945–963 u. 1033–1042, Fußnote S. 957：“鉴于这种同情感，天真的观众可能会在上述段落[作者按：指《莱茵的黄金》中娄格和沃坦抢夺指环的情节]中对阿尔伯里希产生这种情感，比较一下海因里希·海涅对莎士比亚的夏洛克引发的情感所做的相应评论吧！”不“天真”的、对瓦格纳的意图很熟悉的人或许可以从字里行间看出，对阿尔伯里希的同情是不合适的。德罗斯特指的显然是海涅在他的散文《莎士比亚的女孩和女人》(1838)中对《威尼斯商人》的评论。感谢斯图加特音乐研究者格奥尔格·贡瑟(Georg Günther)指出这一文献来源。
21. *Schwäbische Kronik* Nr. 57, 8. 3. 1888, S. 419；转引自 Herbert Killian, *Gustav Mahler in den Erinnerungen von Natalie Bauer-Lechner*, Hamburg 1984, S. 122。
22. 感谢埃娃·里格尔找到了瓦格纳家族最早的一些言论并分享给了我：1893年3月18日，瓦格纳的女儿埃娃写信给她的姐姐布兰迪内：“利未这个高贵的名字让我想起部落和名字的先祖。是的！‘哦，他们两个会杀死彼此！’”这句引文是《尼伯龙人的指环》中的一句话，指的是阿尔伯里希和迷魅。如果将他们与“利未”这个名字联系在一起，则意味着瓦格纳的家人将矮人阿尔伯里希和迷魅视为犹太人(来源：Bayerische Staatsbibliothek München, Nachlass Blandine Gravina, Ana 471)。在伊索尔德·冯·比洛1900年3月18日写给布兰迪内的一封信中，将犹太人的訾语“Nagods”与西格弗里德对迷魅的暴行联系在了一起，迷魅又被标记为犹太人：“快走吧，这地精——我不想再看到他！”(《西格弗里德》，第二场)(来源：Bayerische Staatsbibliothek, ebd.)柯西玛和西格弗里德·瓦格纳的相关言论(他们称犹太人列维和波萨特是“该死的阿尔伯里希帮”)已经在第16章引用过。
23. Partitur Eulenburg, S. 671 f.
24. 沃坦成了一个类似于亚哈随鲁的人物，瓦格纳在他身上体现了指向《特里斯坦与伊索尔德》的意识哲学。参见 Ulrich Drüner, *Schöpfer und Zerstörer. Richard Wagner als Künstler*, Köln 2003, S. 217 f。
25. 关于这一基本矛盾，参见 Arne Stollberg, *Auf der Suche nach dem verlorenen Jetzt*, in Programmheft: *Götterdämmerung*, Bayerische Stataasoper 2012, S. 32–49。

24 为《特里斯坦与伊索尔德》而“自愿”受难

1. Eduard Devrient, *Eduard Devrient aus seinen Tagebüchern*, hg. von Rolf Kabel, Weimar 1964, d. I.
2. 布兰迪内·奥利维耶(1835—1862)，李斯特与玛丽·达古伯爵夫人所生的长女，柯西玛的姐姐，与法国法学家、政治家埃米尔·奥利维耶结婚(1825—1913)。埃米尔·奥利维耶自1847年起在巴黎做律师，1857年成为反对派议员，1870年组建了拿破仑三世的第一个议会内阁。

3. Richard Pohl zitiert nach Martin Gregor-Dellin, *Richard Wagner. Sein Leben. Sein Werk. Sein Jahrhundert.* München, revidierte Ausgabe 1983, S. 429; Glasenapp, Bd. III, S. 169 und 178.
4. Ernest Newman, *The life of Richard Wagner.* London 1976, Bd. II, S. 542.
5. Carl Dahlhaus, *Richard Wagners Musikdramen.* Stuttgart 1996, S. 9.
6. Clara Schumann, Johannes Brahms, *Briefe*, hg. v. B. Litzmann, Leipzig 1927, Bd. II, S. 463. 类似的关系在柴可夫斯基的生活中也能找到（见 Pjotr I. Tschaikowsky, *Die Tagebücher.* Hrsg. von E. Kuhn. Berlin 1992, S. 22 u. 25）。
7. Gion Condrau, *Psychologie der Kultur.* Bd. 1: *Transzendenz und Religion.* Bd. 2: *Imagination, Kunst und Kreativität.* Weinheim, Basel 1982, Bd. I, S. 297.
8. *ML*, S. 576. 那时，明娜写信给朋友说："韦森东克夫人秘密地拜访我的丈夫，反之亦然，对我的仆人下禁令[……]不让他告诉我他们在楼上；我平静地接受了这一切。经常会有这种情况，男人在外面有段关系，我为什么不能忍受我丈夫这样呢？我可不会嫉妒。我只是应该避开这些下流话，这些侮辱，而我那可笑地沾沾自喜的丈夫不得不在我面前掩藏这些。"见 Julius Kapp, *Richard Wagner. Eine Biographie*, Berlin 1929, S. 147。
9. 卡尔·陶西希，原名卡洛尔·陶西希，1841年出生于华沙，神童，早慧的钢琴家，自1855年起成为弗朗茨·李斯特最喜爱的学生，1871年作为著名艺术家死于斑疹伤寒。在他死前六个月，1871年初，他成为拜罗伊特音乐节剧院建设赞助人协会创始人之一。1871年5月25日，瓦格纳写信给他说："你一定不能损害健康：你必须为我留下，我正遭受黏膜炎的困扰……"（*SB*，卷 XXIII，107）但此时陶西希已经去世。
10. *SB*, Bd. 9, S. 517. 瓦格纳与陶西希和其他几位犹太音乐家的良好关系，已被许多传记作者道歉式地提到。我有不同看法：这是对瓦格纳的反犹主义最初推动力的确认，它只是针对迈耶贝尔、门德尔松和海涅个人的，其他情况下只是泛泛地针对犹太精神，因此绝对不会排除与陶西希等人的友谊。
11. Ernest Newman, *The life of Richard Wagner.* London 1976 Bd. II, S. 549, 553 und 555.
12. Julius Kapp, *Richard Wagner. Eine Biographie.* Berlin 1929, S. 157.
13. 出处同上，S. 153。

25 内心渴望的漂泊

1. 这位侯爵的身份并不确定；据说他是俄国贵族多尔戈鲁基的后裔；一个叫彼得·弗拉基米罗维奇·多尔戈鲁科夫的人可能与此相关，他被驱逐出俄国，曾短暂居住在巴黎，后来成为作家，1868年在日内瓦去世。
2. SB, Bd. X, S. 351（括号内引用的文字出自莫扎特的《魔笛》）。
3. Rüdiger Safranski, *Schopenhauer und die wilden Jahre der Philosophie. Eine Biographie.* 2. Aufl. München u. a. 1988, S. 201.

4. Ernst Bloch, *Paradoxa in Wagners Tristan und Isolde*. In: A. Csampai/D. Holland (Hrsg.), *Richard Wagner, Tristan und Isolde. Texte, Materialien, Kommentare*. Reinbek bei Hamburg 1983, S. 98.
5. Walter Abendroth, *Arthur Schopenhauer*, Reinbek bei Hamburg 1967, S. 60.
6. 瓦格纳在1855年6月7日写给弗朗茨·李斯特的一封信中说:"这种否定意志的行为是神圣的[……]在完全扬弃了个人意识的情况下才能完成的行为。"
7. *GSD*, Bd. III, S. 45. 叔本华则谈到了"意识的双重性",即"更好的意识"必须与"经验"区分开来。后者指的是"表象的世界"。
8. "一个十分美丽的妻子/[……]谁从来不敢/接近我的意愿/谁敬畏地/放弃我的愿望"(第一幕结束时)。[应为第二幕第三场。——译注]
9. 如果瓦格纳想在《特里斯坦与伊索尔德》中实现肉体的爱,他就不会对斯特拉斯堡的戈特弗里德的情节(海上饮下爱情魔药—爱的完成—抵达康沃尔)做出无意义的改变了。
10. "由于我一生中从未享受过真正的爱的幸福,所以我想为这一最美丽的梦想树立一座纪念碑,这种爱从头到尾都应当得到满足:我的头脑中构想出一部《特里斯坦与伊索尔德》,最简单但也最纯粹的音乐设想……"
11. Carl Dahlhaus, *Richard Wagners Musikdramen*, Zürich 1986, S. 134.
12. 日耳曼语文学者和中世纪研究者在两个表示爱的词语"Liebe"(包括性)和"Minne"之间做了严格的区分,后者是一种与严格的社会规则相联系的情感价值。瓦格纳通常会遵循这种意义上的区分,但最迟在《帕西法尔》的花园少女的场景中放弃了它。
13. Eva Rieger, *Vom Tauschobjekt zur Begehrenden. Tabubrüche bei Tristan und Isolde*, in: *Wagner-Gender-Mythen*. Hrsg. v. Christine Fornoff und Melanie Unseld (= Wagner in der Diskussion, Bd. 13). Würzburg 2015, S. 199-211. -Ferner: Laurence Dreyfus, *Homoerotics in Wagner's Tristan*, in: *Representation in Western Music*, hg. von Joshua S. Walden. Cambridge et al. 2013, S. 167 ff. 见Eva Rieger, *Minna und Richard Wagner*, Düsseldorf, Zürich 2003。作者在该书中就已经指出了《特里斯坦与伊索尔德》音乐的强烈的性意味;特别是在第89页和第105页,她将伊索尔德为爱而死与"性高潮"相联系,文本与音乐也为此提供了切实证据。
14. 第二幕第一场(依据http://www.opera-guide.ch/opera.php?uilang=de&id=134#libretto的翻译)。
15. 第二幕第一场(依据 http://www.opera-guide.ch/opera.php?id=402&uilang=de的翻译)。
16. 如果仔细观察,威尔第在这里混合了回忆动机和主导动机,他给"友谊旋律"对位地加上了与之相反的"叹息动机",后者作为典型威尔第的"疑问动机",在第三幕最后一场堂卡洛斯被罗德里戈解除武装的场景中已经出现,在那里暗示了堂卡洛斯对罗德里戈是否正直的怀疑。
17. 他称其为"发自内心的、由衷的对死亡的渴望:完全的无意识,完全的不存在,所有梦想的消失——只有最终的救赎”；见*SB*, Bd. VI, S. 298。
18. Karl R. Popper, *Die offene Gesellschaft und ihre Feinde*. Tübingen 1992, Bd. II, S. 262.
19. 在第三幕中，当马尔克发现特里斯坦和伊索尔德倒在地上一动不动时，他并没有冲向伊索尔德，他从未碰过的妻子，而是冲向了特里斯坦。马尔克解释说，由于特里斯坦，他在第一个妻子死后不想再结婚，尽管民众要求他这样做：“当时马尔克的妻子辞世时没有子嗣，马尔克那么爱你，他决不想再婚。”
20. 这里必须特别指出与《罗恩格林》的“疑问动机”在音乐上和意义上的关系。
21. “意识”与“无意识”这对术语是心理学的隐喻，如今可以用理性和直觉来完全替代。
22. 见第14章。在当时的书信中，他要求，也要将理性作为“值得摧毁的东西去摧毁”（*SB* III, S. 366）。
23. 随后还有两次自杀尝试：第二幕结束时（与梅洛特的虚假搏斗）和第三幕，当特里斯坦撕下绷带流血而死时。
24. 另一种对“白日谈话”的“翻译”，见Ulrich Drüner, *Schöpfer und Zerstörer. Richard Wagner als Künstler*. Köln 2003, S. 253 ff。
25. 如前所述，这场著名的声音盛宴（口袋版总谱，第625—627页）被描述为“性的歌剧”（托马斯·曼语），“地狱的欲望”（弗里德里希·尼采语），“与性高潮一致”（恩斯特·布洛赫），“以音乐的手段达到肉体的结合”（罗伯特·古特曼语）。

26　巴黎与《唐豪瑟》丑闻

1. 这份提案，见Giacomo Meyerbeer, *Briefwechsel und Tagebücher*, Berlin 1960 ff., Bd. VIII, S. 114。
2. 他的原则是，“不要亲自应对攻击，在任何情况下都不要发起或应对个人论战”（见Giacomo Meyerbeer, *Briefwechsel und Tagebücher*. Berlin 1960 ff., Bd. III, S. 71；1837年10月20日的书信）。迈耶贝尔的书信、笔记和日记自2006年起得到了完整的编辑出版，如上所述，在其中找不到任何煽动的痕迹，因此他似乎遵守了1837年写下的格言。他只是注意与瓦格纳保持公共距离，甚至避免自己的作品与瓦格纳的作品出现在同一场演出中。因此，迈耶贝尔在1862年12月23日拒绝了维也纳询问能否将他的一支序曲放在也有瓦格纳参与的音乐会上的要求；见ders., Bd. VIII, S. 429。早在1856年，他就拒绝指挥《罗恩格林》中的一首合唱（见ders., Bd. VII, S. 129）。另一方面，他研究了所有能够得到的瓦格纳作品和文章，并观看了他的演出，直到去世的前一年。提到迈耶贝尔对瓦格纳出版物的最后研究和观看他的歌剧的，见ders., Bd. VII, S. 70, 94（关于《罗恩格林》：“美好的歌剧”），289, 298, 以及Bd. VIII, S. 43, 116, 173, 254（关于《漂泊的荷兰人》：“意义重大的美”）（zu Holländer: »bedeutende Schönheiten«）, 299, 410, 493, 505。
3. 海因里希·埃塞尔（1818—1872），作曲家、指挥家，自1847年起担任耶拿宫廷歌剧院乐队长。

4. 儒勒·弗勒里—于松，原名尚弗勒里（1821—1889），法国作家、雕塑家和画家，著有 *Richard Wagner*, Paris 1860。
5. “Cela me sembla être ma musique que je reconnus comme chaque homme qui reconnait les choses qu’il est destinné à aimer! [...] Encore, Monsieur, je vous remercie. Vous m’avez reconduit vers moi-même vers mes heures sombres, vers ce qui est grand.”
6. 玛尔维达·冯·迈森布格（1816—1908），德国作家，写过短篇小说和《一个理想主义者的回忆录》；她为工人和妇女的教育而斗争。1852年，她被驱逐出柏林，后居住在伦敦、巴黎、佛罗伦萨，最终定居罗马；自1872年起经常拜访拜罗伊特。她也属于弗里德里希·尼采的圈子。
7. 阿尔贝特·尼曼（1831—1917），男高音歌唱家，柏林歌剧院成员，1872年也曾为瓦格纳在拜罗伊特节日剧院的奠基仪式演唱第九交响曲，1876年出演了第一届音乐节上的西格蒙德。
8. 瓦格纳1866年1月3日写给姐姐路易丝·布罗克豪斯的信，见Richard Wagner, *Familienbriefe*, S. 259，转引自 *DB* 107, S. 18 225。
9. Malwina von Meysenburg, *Memoiren einer Idealistin*. Hg. von Renate Wiggershaus, Königstein 1998, S. 253 f.
10. 见*ML*, S. 654。这应该是真的。瓦格纳送给古诺的《唐豪瑟》总谱副本上有一句亲手写下的题献，日期标注为1861年3月18日，即第二场演出的那天（见Katalog 53, Musikantiquariat Dr. Ulrich Drüner, Stuttgart 2002, S. 26）。因此古诺出席了这场演出。
11. Giacomo Meyerbeer, *Briefwechsel und Tagebücher*. Berlin 1960 ff., Bd. VIII, S. 197.
12. Peter Cornelius, *Peter Cornelius*, Regensburg 1925, Bd. 1. S. 403. 关于瓦格纳性格中经常被忽视的风趣、自嘲的一面，可参见Joachim Köhler, *Der lachende Wagner*, München 2012。
13. 转引自 Giacomo Meyerbeer, *Briefwechsel und Tagebücher*. Berlin 1960 ff., Bd. VIII, S. 722。

27 “世界亏欠我的，正是我所需要的！”

1. 彼得·科内利乌斯（1824—1874），德国作曲家、作家，同名画家的侄子。主要作品:《巴格达的理发师》（1858）和《熙德》（1865）。
2. Martin Gregor-Dellin, *Richard Wagner. Sein Leben. Sein Werk. Sein Jahrhundert*. München, revidierte Ausgabe 1983，该书尝试（S. 476 f.）通过这封写给肖特的信，来证明在威尼斯观看圣母像这段经历的重要性。在这个意义上只与商业利益有关；“这种风格，无论在诗歌还是音乐中，应当很容易流行，并在所有剧院中迅速传播。”（致肖特的信，S. 24）格雷戈尔—德林通过曲解避免了一个敏感的话题，圣母崇拜对《工匠歌手》的影响，这在后来因另一件事才得到讨论。此外，格雷戈尔—德林还忽略了这样一个事实，即与瓦格纳签订商业协议永远不会具有艺术激励的价值，而只有后者才能成为一部新作品真正的起点。格雷戈尔—德林假装“破译”了瓦格纳的神秘性：整件事都是对玛蒂尔德的致敬。随着《特里斯坦与伊索尔德》最后一个音符的落下，玛蒂尔德问题肯定得到了解决。

3. 文德林·魏斯海默（1838—1910），乐队长、音乐教师和作曲家，曾在莱比锡求学，后活跃于维尔茨堡、美因茨和斯特拉斯堡；出版过《与理查德·瓦格纳、弗朗茨·李斯特和其他同时代人的经历》（斯图加特，1898）。
4. *SB*, Bd. 13, S. 643 f. und 668 f.；霍恩施泰因的回复，根据Newman, *The life of Richard Wagner*, London 1976, Bd. III, S. 167 f.；有其家人为证：Robert von Hornstein, *Memoiren*, hrsg. v. F. v. Hornstein. München 1908，以及*Zwei unveröffentlichte Briefe Richard Wagners an Robert von Hornstein*, hrsg. v. F. Freiherr v. Hornstein, München 1911。
5. 计算的方式，见Ernest Newman, *The life of Richard Wagner*. London 1976 Bd. III, S. 45。
6. Ernest Newman, *The life of Richard Wagner*. 4 Bände. London 1976, Bd. III, S. 46. Newman，消息来源查尔斯·德博涅也早在1857年便总结说，威尔第在那时“已经积累了巨大的财富，这个数额通常只能通过证券交易获取”。威尔第用这些收入建立起一座中等规模的农场，这为他的余生提供了保障，他还用剩下的收入创办了一家医院和一座带有养老院的音乐家福利社，该组织运作至今。
7. 1864年3月。载于*Richard Wagner an Eliza Wille, mit 15 Briefen*. Leipzig 1911, S. 85 f。
8. 玛蒂尔德·迈尔（1833—1910），阿尔蔡的公证人的女儿。瓦格纳对她怀有强烈的情感，曾向她提出与求婚无异的婚姻要求，意在加深关系；他似乎将她视为《工匠歌手》中爱娃的原型。在感情淡去后，她仍与瓦格纳保持友谊的关系。
9. 亦参见Dietrich Mack, *Wagners Frauen*, Berlin 2013, S. 73 f。
10. 见Kerstin Schüssler-Bach, *»Einige Tropfen Tannhäuserblut« – Die Rinaldo-Kantate von Johannes Brahms – eine Befreiung von Wagner?* In: *wagnerspectrum*, Heft 2 Würzburg 2013, S. 66。瓦格纳后来称勃拉姆斯的钢琴演奏是“呆板的”。后来瓦格纳还相信谣言，即在1877年之后他在维也纳写给女清洁工的轻浮的信被公开发表致使他出丑，这件事是勃拉姆斯推动的。关于瓦格纳和勃拉姆斯的关系，亦参见Gerd Rienäcker, *Brahms contra Wagner*, in: *Brahms- Studien*, hg. im Auftrag der Johannes Brahms Gesellschaft von Martin Meyer, Bd. 12（1999）, S. 13。
11. 安东·鲁宾斯基（1829—1894），俄国钢琴家，自1862年起任圣彼得堡音乐学院院长，创作了重要且非常成功的歌剧、钢琴曲和歌曲。
12. Ernest Newman, *The life of Richard Wagner*. London 1976, Bd. III, S. 207，该书指出，仅科内利乌斯一人（见他于1864年1月11日写给姐妹的信）收到的礼物就足够当时一个殷实的五口家庭所需了。

13. 转引自 Martin Gregor-Dellin, *Richard Wagner. Sein Leben. Sein Werk. Sein Jahrhundert.* München, revidierte Ausgabe 1983, S. 515。
14. 见 Kerstin Schüssler-Bach, *Einige Tropfen Tannhäuserblutes*, –Die Rinaldo Kantate von Johannes Brahms–eine Befreiung von Wagner? In: *wagnerspectrum* 2013, Heft 2, S. 66。
15. “这里长眠着瓦格纳，他一事无成，/ 不曾是最卑微骑士团的骑士；/ 没有从炉子后哄出一条狗，/ 在大学里也没混成个博士。”
16. *Richard Wagner an Eliza Wille, mit 15 Briefen.* Leipzig 1911, S. 75. 这一版本在瓦格纳写给伊莉莎·维勒的信中加入了她与瓦格纳对话的笔记。它的真实性从未受到质疑；鉴于伊莉莎·维勒的性格，也应当继续视其为正确的。
17. 这里指的似乎是所谓的“闺房”，有一段描述保留了下来。它是“最为精确地按照瓦格纳的要求，以极为奢侈的华丽”装饰起来的；“墙壁上铺衬着丝绸，到处都挂着花环。一盏奇妙的吊灯从天花板上散发出氤氲的光。整个地板上都覆盖着厚重的、极其柔软的地毯，脚踏上去就会完全陷入其中。家具［……］包括一张小沙发、几把扶手椅和一张小桌子。所有这些座位上都覆盖着昂贵的毯子和靠枕［……］”（*SB*, Bd. XV, S. 560）。可以想象，这要花多少钱；似乎只有一份相关的票据被保留下来：它来自维也纳的菲利普·哈斯父子公司，涉及1863年8月1日交付彭青别墅的织物和地毯，价值5000古尔登——这是俄国之旅获得的全部报酬（见 *SB*, Bd. XV, S. 694）！亦参见 Ludwig Karpath, *Zu den Briefen Richard Wagners an eine Putzmacherin: Unterredungen mit der Putzmacherin Bertha–Ein Beitrag zur Lebensgeschichte Richard Wagners.* Berlin［1906］。
18. *Richard Wagner an Eliza Wille, mit 15 Briefe*n. Leipzig 1911, S. 85.
19. *SB*, Bd. XV, S. 211, S. 216, S. 220 (an Editha von Rahden), S. 226 (20.7., an Mathilde Maier).
20. 见 *SB*, Bd. XV, S. 362。
21. *SB*, Bd. XV, S. 362 ff. 评注的作者详细列出了高昂的旅馆和旅行费用、极其奢侈的生活方式，也正确地猜测到彭青别墅的奢华家具是主要的支出。尽管有许多开销的点，但很难复原出整体的花费（只有上述所谓“闺房”的信息得以保留）。维也纳市立和州立图书馆中有一些文件，但似乎尚未得到充分的评估。对于那些家具，瓦格纳似乎从1864年起的慕尼黑时期回购了最重要的部分，但涉及的金额似乎只有2000古尔登。大部分的花费应当来自墙纸、丝绸挂毯、锦缎窗帘、帷幔和地毯——仅仅在别墅中住了十个月，在他逃亡以后，这笔投资就毫无例外地全部损失掉了，就像在1841年的巴黎一样。在衣帽商贝尔塔·戈德瓦克那里花掉的高额的衣物和内衣物的费用具体数额不明；据说有昂贵材料（锦缎、丝绸）制成的“王子般的睡袍”；这些衣服是瓦格纳的“主要爱好”之一；据说他有几十件，更不要提其他的衣服了。与之相反，跟债务有关的完整文件都保存了下来。它们现存于一个瑞士的私人收藏之中；幸运的是，我能够获得这些文件的一套影印本以供评估。

22. Martin Gregor-Dellin, *Richard Wagner. Sein Leben. Sein Werk. Sein Jahrhundert.* München, revidierte Ausgabe 1983, S. 505 f.
23. 如果他对瓦格纳生命的所有阶段都说得这么少，他的作品就只会有350页，而不是2656页那么长了！他的不理解是由于他的后维多利亚时代的心态；对他不能解释的东西，他宁愿保持沉默。
24. Carl Friedrich Glasenapp, *Das Leben Richard Wagners in sechs Büchern dargestellt*, 4. Auflage, Leipzig, 1905, Bd. 3, S. 429 ff., 446 u. 449.
25. 事实似乎是，在2005年出版的书信全集第15卷的评注部分才首次提出，见*SB*, Bd. XV（以及XVI）。

28　国王的救援

1. 内廷参事弗朗茨·冯·普菲斯特迈斯特（1820—1912），路德维希二世的内阁秘书，后来是瓦格纳在慕尼黑的主要反对者。
2. 见Gunther Braam, *Richard Wagner in der zeitgenössischen Fotografie*, Regensburg 2015, S. 64，以及Oliver Hilmes, *Ludwig II. Der unzeitgemäße König*, München 2013, S. 66。
3. 路德维希二世的日记，1864年5月3日，转引自Oliver Hilmes, *Ludwig II*, München 2013, S. 66。
4. 见*König Ludwig II. und Richard Wagner. Briefwechsel.* Bearbeitet von Otto Strobel, Karlsruhe 1936, Bd. II, S. 255。
5. Martin Gregor-Dellin, *Richard Wagner. Sein Leben. Sein Werk. Sein Jahrhundert.* München, revidierte Ausgabe 1983, S. 523.
6. 见Verena Naegele, *Ludwig II. und Richard Wagner. Real- und kulturpolitische Konsequenzen einer ungewöhnlichen Beziehung.* Diss. Zürich 1995, S. 110。柯西玛也将路德维希二世叫作“帕西法尔”。
7. Ernest Newman, *The life of Richard Wagner*, London 1976, Bd. III, S. 466 f, 该书最为精确地证明了这些数字。
8. 出处同上，卷III，第229页，指出当时的最高收入是1800至3900古尔登。一名音乐学院的钢琴教师的收入是300古尔登，一名作曲教授是400古尔登，一名歌剧院的助理指挥是600古尔登。
9. 路德维希二世致理查德·瓦格纳，1864年11月8日，载于*König Ludwig II. und Richard Wagner*, hg. Von Martha Schad Briefwechsel, Bd. I, S. 15。
10. Martin Gregor-Dellin, *Richard Wagner. Sein Leben. Sein Werk. Sein Jahrhundert.* München, revidierte Ausgabe 1983, S. 524.
11. Dieter Borchmeyer, *Richard Wagner. Leben, Werk, Zeit*, Stuttgart 2013, S. 235, S. 237 (nach Goethes *Maximen und Reflexionen* 1133).
12. E. Newman, *The Life of Richard Wagner*, Bd. III, S. 237 ff., 242（俾斯麦对路德维希二世的极高评价），486, 492, 538 ff. und *passim*。

13. 从瓦格纳1864年7月19日写给玛蒂尔德·迈尔的书信中可以推断出，他曾向她发出希望一起生活的长久承诺，他在这封信中收回了1864年1月23日书信中的“结婚请求”。
14. Oliver Hilmes, *Ludwig II. Der unzeitgemäße König*, München 2013, S. 79，引用了对证人安娜·姆拉泽克的聆讯记录，Landgericht München，20. 5.1914；NAB。
15. 这一角色在瓦格纳1864年9月30日致汉斯·冯·比洛的信中尤其明显（*SB*, Bd. XVI, S. 313 ff.）。
16. “我因风湿发热在床上躺了八天；这星期特别疲劳——每天乘船、乘火车进城再回来……”比洛致拉夫的信，1864年7月28日；转引自Bayerische Staatsblibliothek (Hg.), *Richard Wagner. Die Münchner Zeit (1864–65)*, München 2013, S. 55。
17. Julius Kapp, *Richard Wagner und die Frauen*. Berlin 1912. 卡普直至第15版（1929）才逐步描绘出慕尼黑年代，因此只能使用这一版本。
18. 克莱尔·克里斯蒂娜·达古，沙尔纳塞侯爵夫人（1830—1912），法国作家、记者，柯西玛的母亲玛丽·达古与夏尔·路易·贡斯当·达古的女儿，1849年与沙尔纳塞伯爵（后成为侯爵）结婚。
19. Ernest Newman, *The Life of Richard Wagner*. London 1976, Bd. III, S. 536 f. (1941)，该书引用了此信公开出版的第一版，见Guy de Pourtales, *Wagner*. Paris 1932, S. 337–339。比洛以何等的坚定在品行与才华之间做出区分，这令人钦佩。尽管瓦格纳给他带来了极大的失望和屈辱，他还是在艺术上继续给他奉献了几年的忠诚，直到1868年柯西玛和瓦格纳正式结婚之后，他才开始探索自己的道路。纽曼将这种心理敏感的持续性也归因于比洛需要依靠强大的、有创造力的天性，以便拥有他所缺少且给他带来如此大的麻烦的事物。
20. 见Ernst Burger, *Franz Liszt. Leben und Sterben in Bayreuth*. Regensburg 2011, S. 16。
21. Eva Rieger, *Artikel Cosima Wagner's Journals*, in: *The Cambridge Wagner Handbook*, London 2013. 转引自作者的私人报告（在删节的英文版之前）。我主要是以埃娃·里格尔对柯西玛·瓦格纳个性的评价为依据。
22. 1870年6月4日柯西玛的话充分说明了这一点：“晚上，我突然离开孩子们去弹钢琴，我再也没有这样做过，R.散步回到家，相当震惊，因为他自己想弹钢琴，或者说是必须弹钢琴，西格弗里德拔剑的音乐处理闪现在他的脑海中；带着我们的默契，我离开了房间……”
23. Dietrich Mack, *Wagners Frauen*, Berlin 2013, S. 90.
24. 见第12章引用的书信*SB*，卷II，第578页（“只要普鲁士国王对他的歌剧院做出一次明智的决定，一切就可以一下子都变好了！”），以及*SB*，卷II，第566页。
25. 见Martin Knust, *Richard Wagner. Ein Leben für die Bühne*, Köln, Weimar, Wien 2013, S. 131。
26. Briefe in Originalausgaben: Richard Wagner an Eliza Wille, S. 122.
27. Bayerische Staatsblibliothek (Hg.), *Richard Wagner. Die Münchner Zeit (1864–65)*,

München 2013, S. 49.

28. *Münchner Neueste Nachrichten*, Nr. 27, 7. Mai 1865.
29. Richard Pohl, *Die erste Tristan-Fahrt nach München* (1865) In. Richard Pohl, *Richard Wagner. Studien und Kritiken*. Leipzig 1883, S. 98.
30. 出处同上，S. 101。
31. 转引自 Bayrische Staatsblibliothek (Hg.) *Richard Wagner. Die Münchner Zeit (1864–65)*, München 2013, S. 49。
32. 出处同上，S. 50。
33. Eduard Schelle in *Allgemeine Musikalische Zeitung*, S. 7, 1865. 参见 Martin Gregor-Dellin, *Richard Wagner*, München 1983, S. 546。
34. 出处同上。
35. 就连已故男高音的遗孀后来也来纠缠他。她在绝望之中躲入神秘学，参加招魂会，在一个自称是"灵媒"的年轻女人的陪同下到卢塞恩去找瓦格纳，向他要求赔偿，因为她和她已故的丈夫为了他的艺术做出了自我牺牲。她知道他与柯西玛的关系，威胁要将一切透露给路德维希二世（见瓦格纳1866年11月19日写给马尔维娜·施诺尔的信，*SB*, Bd. XVIII, S. 255 f.）。
36. Bayerische Staatsblibliothek (Hg.), *Richard Wagner. Die Münchner Zeit (1864–65)*, München 2013, S. 51.
37. 1865年8月18日的记录。
38. 转引自 Martin Gregor-Dellin, *Richard Wagner. Sein Leben. Sein Werk. Sein Jahrhundert*. München, revidierte Ausgabe 1983, S. 550。
39. 柯西玛在1869年7月11日的日记中记下了这件事。
40. *CT*，1876年2月27日。
41. *CT*，1874年11月21日，1872年10月13日。
42. *CT*，1873年4月5日。
43. *SSD*, Bd. 10, S. 87. 瓦格纳在其中还要求解散仅仅服务于地方分治主义的军队，呼吁在民族的意义上建立全民武装。还有如此可怕的言辞："真的希望，和我们一样武装起来的犹太人要么消失，要么转变成真正的德意志人。"
44. 海因里希·波格斯（1837—1900），音乐作家、合唱团指挥，自1867年起生活在慕尼黑。
45. *WKL*, Bd. I, S. 52.
46. Peter Cornelius, *Literarische Werke. Ausgewählte Briefe nebst Tagebuchblättern und Gelegenheitsgedichten*, Bd. 2, Leipzig 1904, S. 32.
47. 参见 Pauline Pocknell, *Franz Liszt and Agnes Street-Klindworth. A Correspondence, 1854–1886*. Franz Liszt Studies Series No. 8, Pendragon Press, Hillsdale 2001。
48. 普鲁士管辖石勒苏益格，而奥地利管辖荷尔斯泰因。此外，奥地利将劳恩堡公国的所有权以250万丹麦塔勒转让给普鲁士。图尔恩与塔克西斯侯爵被排除在外。

49. 路德维希·冯·德尔·普福尔滕(1811—1880),法学家,巴伐利亚首相。
50. 见1865年12月11日的书信,载于*Cosima Wagner und Ludwig II., Briefe*, hg. von Martha Schad, Bergisch Gladbach 1996, S. 64, S. 68。
51. Peter Cornelius, *Tagebuchaufzeichnung vom 11. Dezember 1865, Ausgewählte Briefe*, S. 338, Anmerkungen zu Kapitel 26.

29 特里布申与《纽伦堡的工匠歌手》

1. 见Carl Friedrich Glasenapp, *Das Leben Richard Wagners in sechs Büchern dargestellt*, 4. Auflage, Leipzig, B., 1905, Buch IV, Kapitel 6。
2. 汉斯·里希特(1843—1916)后来成为他那个时代最成功的乐队长之一,1871—1875年在布达佩斯,此后直到1900年在维也纳(宫廷歌剧院和维也纳爱乐乐团),1876年任第一届拜罗伊特音乐节指挥,直到1912年在拜罗伊特主要指挥《尼伯龙人的指环》和《工匠歌手》。
3. *WKL*, Bd. II, S. 27,1866年4月29日致路德维希二世的信。
4. 康斯坦丁·弗朗茨(1817—1891),保守派政治作家,联邦主义者,主张欧洲国家联盟的理念。
5. 弗朗茨批判所谓的经济和新闻界的犹太人的过大影响,质疑犹太人对他们所居国家的忠诚。他在1844年的《亚哈随鲁或犹太问题》一文中首次阐明了他的反犹立场。他认为,即便是皈依和洗礼也无法改变犹太人的天性,这可能加速了瓦格纳思想从1850年代文化上的反犹主义到自1869年起开始表现出来的种族主义的反犹主义的过渡。
6. 1866年6月23日致奥古斯特·勒克尔的信。“朋友!如果你还想,还不得不从事政治,那么就支持俾斯麦和普鲁士吧。天啊,我不知道还有别的!”(*WKL*, Bd. II, S. 29)
7. *Cosima Wagner und Ludwig II. von Bayern, Briefe*, hg. von Martha Schad, Bergisch Gladbach 1996, S. 348 f.
8. 即使这句话非常符合当时的情况,也无法证明其真实性。
9. 转引自*Cosima Wagner und Ludwig II. von Bayern, Briefe*, hg. von Martha Schad, Bergisch Gladbach 1996, S. 348 f。
10. Peter Cornelius an Bertha Jung, 15.11. 1865, in: *Peter Cornelius, Literarische Werke*, Bd. 2, S. 295 f.
11. Friedrich Nietzsche an Erwin Rohde, 9. November 1868, in: Friedrich Nietzsche, *Sämtliche Briefe. Kritische Studienausgabe in 8 Bänden*. Hrsg. von Giorgio Colli und Mazzino Montinari. München 1986, Bd. 2, S. 336-341.
12. Friedrich Nietzsche, *Jugendschriften 1854-1861*. Hrsg. von Hans Joachim Mette. München 1994, S. 18.
13. 见Dieter Borchmeyer, *Nietzsche, Cosima, Wagner. Porträt einer Freundschaft*. Frankfurt

2008, S. 15。

14. C. P. Janz, *Friedrich Nietzsche. Biografie*, München 1978, Bd. I, S. 91 f.
15. Dieter Borchmeyer, *Nietzsche, Cosima, Wagner, Porträt einer Freundschaft*, Frankfurt 2008, S. 16.
16. C. P. Janz, *Friedrich Nietzsche. Biografie*, München 1978, Bd. I, S. 246；不过，扬岑也提出了相反的材料，可以证明对瓦格纳音乐的喜爱是渐进式的。
17. *Nietzsche und Wagner, Stationen einer epochalen Begegnung*. Hrsg. von D. Borchmeyer und J. Salaquarda, Leipzig, Frankfurt 1994, S. 308.
18. C. P. Janz, *Friedrich Nietzsche. Biografie*, München 1978, Bd. I., S. 248–251.
19. 见 Friedrich Nietzsche, *Sämtliche Briefe. Kritische Studienusgabe in 8 Bänden*. Hrsg. Von Giorgio Colli und Mazzino Montinari, München 1986, Bd. 3, S. 4。
20. C. P. Janz, *Friedrich Nietzsche, Biografie*, München 1978, Bd. I, S. 337.
21. *Nietzsche und Wagner, Stationen einer epochalen Begegnung*. Hrsg. von Dieter Borchmeyer und Jörg Salaquarda, Frankfurt, Leipzig 1994, Bd. I, S. 426.
22. Richard Wagner, *Die Meistersinger von Nürnberg*, Textbuch und Kommentar. Mainz 2004, S. 411.
23. 由于纽伦堡起初仍然信仰天主教，萨克斯被禁止写作，只能以制鞋为生（这或许就是众所周知的成语“鞋匠，管好你自己的事！”的起源）。当这座佩格尼茨河畔的城市最终转变为新教信仰时，汉斯·萨克斯爆发出极大的创作力：100部戏剧和喜剧，超过6000首歌曲和诗歌被归到他的名下。瓦格纳笔下的汉斯·萨克斯是鳏夫，他放弃了对爱娃的喜爱之情——这里指向了《特里斯坦与伊索尔德》："汉斯·萨克斯是个聪明人/他可不想要马尔克先生的幸运。"（第三幕第四场）在音乐上，这里也引用了《特里斯坦与伊索尔德》——而历史上的萨克斯在他的妻子死后又第二次结婚，在八十二岁的时候去世。萨克斯的作品在后世很长时间被视作笨拙的诗歌和戏剧的代表，直到歌德才给他平反，歌德在《布莱神父的狂欢节戏》这样的滑稽剧中使用了萨克斯的戏剧模式，并在《浮士德》的开头重拾了汉斯·萨克斯也很熟悉但长期以来声名狼藉的诗歌韵律形式。瓦格纳有意识地提到了这一点，如在1878年12月13日与柯西玛的谈话（*CT*, Bd. II, S. 276）以及在散文《论演员与歌手》（1872）中，他在讲到歌德的《浮士德》时都强调了崇高与民间的素朴的纠葛，“我们古老的民间诗人汉斯·萨克斯的淳朴艺术”（*GSD*, Bd. IX, S. 214 f.）。
24. 见 Gunther Braam, *Richard Wagner in der zeitgenössischen Fotografie*, Regensburg 2015, S. 98。瓦格纳当然知道戴因哈德斯坦的戏剧《汉斯·萨克斯》，他的姐姐路易丝于1820年代末在莱比锡饰演了其中的库妮根德（见 Ursula Oehme, *Richard Wagner und Leipzig*, Berlin 2013, S. 45）。
25. “查理五世，西班牙和那不勒斯国王，奥地利世袭大公；被选中的罗马皇帝和德意志帝国的霸主，意图统治世界，如果他真的能驯服法兰西的话，或许他会实现这一点，他对德意志没有别的兴趣，只希望能将他的帝国合并成一个稳固的王国，就像西班牙一样。他的行为中首先表现出极大的笨拙，后来几乎所有德意志诸侯都将之视为对德意志精神的不理解。”（*GSD*, Bd. X, S. 41 f.）

26. 约翰·克里斯托弗·瓦根赛尔（1633—1705），纽伦堡附近阿尔特多夫的教师，代表作为*Von der Meistersinger holdseligen Kunst* (Nürnberg 1697)，该书中的附录有纽伦堡城的编年史。
27. Friedrich Nietzsche: *Sämtliche Werke, Krititische Studienausgabe in 15 Bänden*, hrsg. Von Giorgio Colli und Mazzino Montinari, München 1980, Bd. IV, S. 63.
28. Carl Dahlhaus, *Richard Wagners Musikdramen*, Stuttgart 1996, S. 114.
29. Bernd Sponheuer, *Musik als Kunst und Nicht-Kunst. Untersuchungen zur Dichotomie von ›hoher‹ und ›niederer‹ Musik im musikästhetischen Denken zwischen Kant und Hanslick*. Kassel 1987.
30. 在即兴喜剧中，陷入爱河的学究和老夫子也是常见的丑角形象。
31. 见Hermann Danuser, *Universalität oder Partikularität. Zur Frage antisemitischer Charakterzeichnung in Wagners Werk*. In: *Richard Wagner und die Juden*, Stuttgart, Weimar 2000, S. 94。
32. Jens Malte Fischer, *Richard Wagner und das Judentum in der Musik*. In: *Richard Wagner und die Juden*, Stuttgart, Weimar 2000, S.45.
33. Carl Dahlhaus, *Richard Wagners Musikdramen*, Stuttgart 1996, S. 96.
34. Dieter Borchmeyer, *Richard Wagner. Werk, Leben, Zeit*, Stuttgart 2013, S. 268.

30 《工匠歌手》与新兴的反犹主义

1. 经过旷日持久的版权之争，其手稿直到1975年才可供研究使用，1976年才首次出版。
2. 这最终导致了具有强烈反犹主义倾向的文章《现代》，它虽然在1878年才发表，但它基于更早的思想。
3. 直接的反犹言论，如*CT*, Bd. I, S. 72, 85, 203, 223, 321, 340, 346, 363, 486, 489, 525；一般性语境，如 S. 624, 625, 639, 661, 663, 862, 892, und 903（第II卷中也与此相似）。
4. *GSD*, Bd. VIII, S. 254；强调为笔者所加。
5. Hans von Bülow, *Briefe*, hg. Von M. Bülow, Bd. 1855-1868, S. 110.
6. *Das Braune Buch*, S. 199; *GSD*, Bd. VIII, S. 199.
7. 见Jens Malte Fischer, *Richards Wagners »Judentum in der Musik«*. In: *Richard Wagner und die Juden*, Stuttgart Weimar 2000, S. 44。
8. Wendelin Weißheimer, *Erlebnisse mit Richard Wagner*. Stuttgart-Leipzig 1898, S. 318.
9. 亦参见Musikantiquariat Dr. Ulrich Drüner, Katalog 50. Stuttgart 2000, S. 64 f。这封尚未出版的信藏于苏黎世中央图书馆。
10. *Franz Liszts Briefe an die Fürstin Carolyne Sayn-Wittgensein*, hrg. von La Mara, Leipzig

1902, Bd. 3, S.12；原文为法语。

11. *Richard Wagners Briefwechsel mit B. Schott's Söhne*, hrsg. von W. Altmann, Mainz 1911, S. 187.
12. Jens Male Fischer, *Richard Wagners »Das Judentum in der Musik«*, in: *Richard Wagner und die Juden*, Stuttgart 2000, S. 46.
13. 见Jens Malte Fischer, *Das Judentum in der Musik. Eine kritische Dokumentation.* Frankfurt 2000, S. 121。
14. *Zweite Auflage*. Dresden, L. Wolf, 1869. Siehe Musikantiquariat Dr. U. Drüner, Katalog 70: *Richard Wagner*, Stuttgart 2013, S. 74. 该文的"第一版"尚不为人所知。快乐主义者厄廷格或许是那些值得羡慕的作家之一，他们的作品都是从"第二版"开始的……
15. *CT*，1869年4月14日和7月4日。
16. Barry Millington, *Wagner*, Princeton 1992, S. 259 f.
17. *CT*，1870年3月14日和4月4日。
18. Marc A. Weiner, *Antisemitische Phantasien. Die Musikdramen Richard Wagners.* Berlin 2000, S. 148–160; Barry Millington, *Wagner*, Pirnceton 1992, S. 251. Millington，该文献将贝克迈塞的小夜曲视为"对犹太人合唱风格的戏仿"，并提到了格申・西洛塔的雷采诠释（Musikbeispiele S. 252 f.）。详细的讨论，见Ulrich Drüner, *Schöpfer und Zerstörer. Richard Wagner als Künstler.* Köln 2003, S. 272–280。新的观点，见Nicholas Vazsonyi, *Richard Wagner: Die Entstehung einer Marke*, Würzburg 2012。他对马克・A. 维纳提出质疑，并认为贝克迈塞和考特纳的歌曲没有区别。这种观点过于肤浅了：贝克迈塞尤其在**姿态**方面有着反犹主义形象，考特纳则没有，因此维纳和米灵顿的观点更具分量。应当始终注意解释的全部三个组成部分：语言、音调和姿态。
19. Heinrich Laube, *Erinnerungen*, Leipzig 1909, in ders.: *Gesammelte Werke in 50 Bänden.* Neuausgabe 2001, Bd. 41, S. 296.
20. 由伊丽莎白・福斯特—尼采所记录。
21. 《我的生平》，第684页，提到开始作曲的动机始于在威尼斯见到提香的圣母升天图。在19世纪，圣母崇拜中仍然广泛存在着反犹主义的成分；参见Rudolf Kreis, *Antisemitismus und Kirche. In den Gedächtnislücken deutscher Geschichte mit Heine, Freud, Kafka und Goldhagen.* Reinbek bei Hamburg 1999，该书也在海因里希・海涅处找到依据。更多的，见Ulrich Drüner, *Schöpfer und Zerstörer. Richard Wagner als Künstler.* Köln 2003, S. 267。
22. 转引自C. P. Janz, *Friedrich Nietzsche. Biographie*, München 1978, Bd. I, S. 782。
23. *GSD*, Bd. V, S. 70 f., 74 f. und 78 f.；更多的比较，见Ulrich Drüner, *Schöpfer und Zerstörer. Richard Wagner als Künstler*, Köln 2003, S. 273 f。
24. Hermann Danuser, *Universalität oder Partikularität*, in: *Richard Wagner und die Juden*, Stuttgart, Weimar 2000, S. 97.

25. 有关例子，见S. 557 f。
26. Theodor W. Adorno, *Versuch über Wagner*, Frankfurt 1952, S. 19；Thomas Mann, *Wagner und unsere Zeit*. Hg. von E. Mann, Frankfurt 1963, S. 168; Carl Dahlhaus, *Richard Wagners Musikdramen*, Zürich 1985, S. 67.
27. 格拉泽纳普记下的一则逸事也揭示了这一点：汉斯·里希特曾在特里布申帮助瓦格纳工作了十三个月，发现作曲家对于配器非常确定。只有一次，瓦格纳向他走来，询问他第一幕的结尾，圆号演奏出贝克迈塞的主题，号手是否可以演奏出来，抑或太快了。里希特回答说：当然可以用这个节奏演奏它，只是听起来像是"带着鼻音的"。瓦格纳的回答是：这就是它的目的（Glasenapp Buch IV, Kapitel 6）。将犹太人的发音表达描述为令人不快的，正是瓦格纳的犹太小册子的支柱之一。
28. *WKL*, II. Bd. 3, S. 63（1875年5月30日）："我向他们揭示的真正目的会让他们所有人惊慌！"
29. 例 如Martin Gregor-Dellin, *Richard Wagner. Sein Leben. Sein Werk. Sein Jahrhundert.* München, revidierte Ausgabe 1983, S. 482. Udo Bermbach, *Blühendes Leid. Politik und Gesellschaft in Richard Wagners Musikdramen.* Stuttgart/Weimar 2003, S. 101。
30. *Der Grenzbote*, Nr. 22 (1869).
31. 记者弗里德里希·威廉·阿道夫·马尔（1819—1904）创建了"反犹联盟"。1874年，他娶了一个犹太女人，她于同年去世。"马尔可以说是德国第一个种族角度的反犹主义者。"该评价，见 Sven Friedrich, *Der Prophet seines Volkes–Der Wagner Mythos um 1800*, in: *Musik und Mythos–Mythos Musik um 1900, Zürcher Festspiel-Symposium 2008*, Kassel 2009, S.14–71, S. 34。事实上，他的*Der Sieg des Judenthums über das Germanenthum–Vom nichtconfessionellen Standpunkt aus betrachtet.* Costenoble, Bern 1879具有妄想般的狂热。他声称，不仅是整个新闻界，也不只是整个奥地利、整个德国，不，除了俄国以外的所有国家都被犹太人占据和破坏，为了反对他们的"外来统治"，或者说是"世界统治"（S. 45），马尔呼吁"文化斗争"（S. 25），"诸神的黄昏为了我们到来了。他们［犹太人］是主人，我们是奴仆"（S. 48）。瓦格纳在1879年居然赞同这样一篇语调比他自己的丑陋之作更为刺耳的煽动性文章，是令人震惊的。关于瓦格纳家中更多的反犹读本，见*CT*，1870年6月28日，1875年1月20日。
32. 转引自Egon Voss, *Richard Wagner*, Mainz 1998, S. 429 f。
33. 卡尔·勃兰特（1828—1881），舞台设计师，达姆施塔特剧院的技术总监，1876年拜罗伊特音乐节的技术总监。
34. 见Oliver Hilmes, *Ludwig II. Der unzeitgemäße König.* München 2013, S. 265。
35. *Nietzsche und Wagner. Stationen einer epochalen Begegnung.* Hrsg. von D. Borchmeyer und Jörg Salaquarda, Frankfurt, Leipzig 1994, S. 1152 f.
36. 出处同上，S. 1151。
37. 见Friedrich Nietzsche, *Sämtliche Werke. Kritische Studienausgabe in 15 Bd.* Hrsg. von

Giorgio Colli und Mazzino Montinari, München 1980, Bd. 6, S. 281。
38. 当后来古斯塔夫·马勒读到瓦格纳放弃享受宗教和艺术中的肉类的呼吁时，他也变成了食素者，并希望由此能带来“人类的重生”（转引自Kurt Blaukopf, *Gustav Mahler oder Der Zeitgenosse der Zukunft*, Wien 1969, S. 45）。

31 《西格弗里德》的完成

1. 如前文所述，卡尔·达尔豪斯把《西格弗里德》降低到一个无害的童话剧的高度。乌多·贝姆巴赫很少提及尼伯龙人中的恶魔迷魅，因此没有看到与矮人有关的生物学方面的问题。“《尼伯龙人的指环》是政治寓言”，贝姆巴赫坚定地写道，似乎其他任何观点都要被排除在外，见Udo Bermbach, *Blühendes Leid. Politik und Gesellschaft in Richard Wagners Musikdramen*. Stuttgart/Weimar 2003, S. 167。马丁·格克解决了问题，仅用了15行解读前两幕，否则他可能需要16页纸才能呈现相当的内容，见Martin Geck, *Richard Wagner. Biographie*. München 2012, S. 228。最后，乌尔里希·康拉德的处理方式是，几乎把第一幕和第二幕当作不存在，见Laurenz Lütteken: *Wagner Handbuch*. Stuttgart 2012, Kapitel *Siegfried*, S. 356 ff。
2. 推理链，见Kurt Kranke, *Marginalien zur politischen Biographie Richard Wagners*, in: *Sächsische Heimatblätter* 2/1989, S. 65。
3. 这句话指的是约瑟夫·阿蒂尔·戈比诺伯爵的代表作《人种不平等论》，出版于巴黎1853—1856年。戈比诺（1816—1882）是法国外交官、作家和种族主义理论家，他称雅利安人为“高贵种族”。
4. 对于这种角色形象的相似和不同之处，如在阿莱维的《犹太女》之中，可参见Sabrina Cherubini/Sebastian Stauss, *Szenographien unbeugsamen Glaubens. Jüdische Figuren in der italienischen Oper*, in: Hans-Peter Bayerdörfer/Bettina Dietz/Frank Heidemann/Paul Hempel (Hg.), *Bilder des Fremden. Mediale Inszenierung von Alterität im 19. Jahrhundert*, Berlin 2007；关于外来者主题，参见Charles E. Wilson Jr., *Race and Racism in Literature*（Westport, CT, London 2005），该书主要研究了20世纪的文学。亦可参见Benjamin Disraeli, *Coningsby*（1844）和*Tancred*（1847）。这位政治家最初是“新英国”的文学使徒，后成为帝国主义的设计师，作为小说家在《尼伯龙人的指环》诞生前几年就提出了纯净血统论。重要的是，迪斯雷利的神选论尚不完全是生物学的，而是与思想高度混合，这无疑与瓦格纳具有相似之处。迪斯雷利也说明，“文化种族主义”或者至少生物学上的考量，不仅出现在“雅利安人”，如阿尔尼姆、毕希纳、弗赖塔格、歌德、格里尔帕策、古茨科、黑贝尔、豪普特曼、内斯特罗伊、沃尔特·司各特和理查德·瓦格纳这里，也从犹太人的角度被米夏埃尔·贝尔、海因里希·贝尔、海涅、拉斯克—许勒、施尼茨勒、勋伯格、托勒、韦尔弗尔、茨威格和许多其他人所探讨。
5. 尽管对与犹太人相关的话剧有许多研究，但音乐学回避了这个话题；直到2008

年才出版了一本论文集，从外来者研究的视角研究了歌剧（见上一条注释）。理查德·瓦格纳的问题是否造成这种音乐学上回避的原因，是不能完全被排除的。无论如何，在经过前文提到的1970年代的激烈辩论之后，几乎要等到世纪之交，瓦格纳研究之中才出现新的观点。直到2007年，才在新版的百科全书《过去与现在的音乐》中以半官方的形式质疑了今天仍然广泛传播的德国瓦格纳研究中拒绝意识形态的态度。马丁·格克在该书关于瓦格纳的段落中写道："瓦格纳乐剧中的单个人物——阿尔伯里希、迷魅、贝克迈塞、昆德莉——显然具有反犹主义内涵。"格克补充说，这"有时也是因为音乐上的习惯"。

6. 见Sabrina Cherubini/Sebastian Stauss, *Szenographien unbeugsamen Glaubens. Jüdische Figuren in der italienischen Oper*, in: Hans-Peter Bayerdörfer/Bettina Dietz/Frank Heidemann/Paul Hempel (Hg.), *Bilder des Fremden. Mediale Inszenierung von Alterität im 19. Jahrhundert*, Berlin 2007。
7. Attila Csampai, *Das Geheimnis der ›Zauberflöte‹ oder Die Folgen der Aufklärung.* In W. A. Mozart, *Die Zauberflöte.* Texte, Materialien, Kommentare. Hrsg. von Attila Csampai und Dietmar Holland. Hamburg 1982, S. 14.
8. 出处同上，S. 6（阿多诺引用的格言）。这里也引用了黑格尔的名言，说希卡内德的文本属于"值得称赞的歌剧脚本"。
9. O-Ton Udo Bermbach.

32 战争与和平：《诸神的黄昏》

1. 至少瓦格纳在其中看到了某种关联："我相信德意志帝国前所未有的繁荣昌盛，因为尼伯龙人剧作与德意志的胜利同时发生，在我看来绝非偶然。"（*CT*, 1871年6月21日）参见瓦格纳1871年4月13日写给弗朗茨·肖特的信，他在信中希望能把《尼伯龙人的指环》的演出作为"某种国家行为"（*SB*, Bd. XXIII, hg. 2015 von Andreas Mielke, S. 78）。
2. 见Gunther Braam, *Richard Wagner in der zeitgenössischen Fotografie*, Regensburg 2014, S. 98 und S. 195。
3. *CT*, 1870年7月13, 15, 17, 18日。
4. *CT*, 1870年7月16, 18, 21日。
5. Thomas Mann, *Wagner und unsere Zeit.* Hg. v. E. Mann, Frankfurt 1963, S. 125.
6. 因此，一段前文引用过的柯西玛的文字应当这样理解："他抱怨自己的艺术使命的强制性，他听从它，不去训练自己的道德素质：此外，他什么也做不了，或者说一切都变得糟糕；成为一个相当有道德的人就意味着要在相当程度上自我牺牲。"（*CT*, 1869年6月3日）这整段文字是瓦格纳亲自写在日记中的，当时柯西玛正躺在产床上，给汉斯·冯·比洛生下一个别人的孩子。
7. Friedrich Nietzsche, *Sämtliche Werke. Kritische Studienausgabe*, hrsg. von Giorgio Colli und Mazzino Montinari, München 1980, Bd. I, S. 159 f.

8. *Nietzsche und Wagner, Stationen einer epochalen Begegnung*. Hg. v. D. Borchmeyer und J. Salaquarda, München, Leipzig 1994, S. 58 f.
9. 出处同上,S. 183。
10. Yirmiyahu Yovel, *Nieztsche contra Wagner und die Juden*, in: *Richard Wagner und die Juden*, Stuttgart, Weimar 2000, S. 124: 尼采不仅将瓦格纳视为欧洲文化的革新者,还把他看作"替代的父亲",而柯西玛,他曾秘密地称她为"阿里阿德涅",将她视为一个理想的、虚构的爱人。
11. Friedrich Nietzsche, *Sämtliche Werke*. Hrsg. von Giorgio Colli und Mazzino Montinari, München 1986, Bd. I, S. 485 f.
12. Friedrich Nietzsche, *Sämtliche Werke*, Kritische Studienausgabe, Bd. VI, S. 288.
13. 弗里德里希·福伊斯特尔(1824—1891),拜罗伊特银行家、市政委员会主席、拜罗伊特音乐节理事会成员,后来是德国国会自由派议员。
14. *Richard Wagner an Freunde und Zeitgenossen*, S. 535.
15. 卡尔·冯·格斯多夫(1844—1904),自1863年起成为尼采的密友,也是尼采的重要通信者,曾学习法律,后来经常待在拜罗伊特,放弃了他的学术生涯。埃尔温·罗德(1845—1898),语文学家,自1866年起是尼采在莱比锡的同学,尼采的重要通信者,经常造访拜罗伊特,1888年因对瓦格纳评价的分歧与尼采决裂。
16. 歌德的小说人物甚至认为,就连歌手也要尽可能地不可见,他们的"形象不应当贿赂或误导我",以便让精神和精神对话(Goethe, *Hamburger Ausgabe* in 14 Bd., Hg. von Erich Trunz, München 1982, Bd.7, S. 543)。亦参见Dieter Borchmeyer, *Richard Wanger*, Stuttgart 2012, S. 201。
17. *GSD*, Bd. IX, S. 75. 瓦格纳的同时代人注意到了这一点与歌德小说角色的相似之处,可见于1876年4月29日的《画报》(转引自Egon Voss, *Richard Wagner*, Mainz 1998, S. 457)。
18. 见Daniel Schneller, *Richard Wagners Parsifal und die Erneuerung des Mysteriendramas in Bayreuth*. Bern 1997, S. 132。
19. 见Martin Knust, *Richard Wagner, ein Leben für die Bühne*, Köln, Weimar, Wien, S. 141。
20. 转引自Martin Gregor-Dellin, *Richard Wagner. Sein Leben. Sein Werk. Sein Jahrhundert*. München, revidierte Ausgabe 1983, S. 665。
21. Richard Wagner, *Das Braune Buch*. Tagebuchaufzeichnungen 1865 bis 1882: An Georg Herwegh, S. 231.
22. *WKL*, Bd. 3, S. 33.
23. Liliana-Emilia Dumitriu, *Der Gral bei Wolfram von Eschenbach und Richard Wagner. Metamorphosen eines Motivs*. Diss. Mainz 2014, S. 27.
24. 参见Karl Grebe, *Anton Bruckner*. Reinbek bei Hamburg 2008, S. 81 f。
25. 约瑟夫·鲁宾斯坦(1847—1884),俄国犹太钢琴家,1869年作为室内钢琴家受雇于俄国大公夫人叶连娜。他在圣彼得堡接触到瓦格纳的音乐,对他而言,这无异于一次觉醒。他就此写道:"这次沉浸于全新世界的结果,是对那位拜罗伊特大师的原则的正式皈依，同时我也迫切渴望亲身接触这位让我如此热爱其作品的人，并尽可能地为他以及他那四处受敌的事业服务。”他在1872年写信给瓦格纳说：“我是犹太人——这足够对您说清楚了。现代犹太人所有的一切特质，我也一样有：我在完全的沮丧和几乎可耻的软弱之中艰难求生。然后在这些状况下，我遇到了您的作品。[……]但是，我生命中最快乐的时光，研习这些作品的时光已经过去了。我所剩下的唯有死亡！——我已经尝试过，把它施加给自己：但我仍然决定给您写信。或许您可以帮助我。当然，我指的并不是纯粹出于怜悯的帮助。[……]不！但是或许在尼伯龙人的演出时我会对您有用？我相信，我理解这部作品，尽管并不很透彻。——我期待得到您的帮助，紧急的帮助[……]”瓦格纳邀请他过来，并让他在“尼伯龙人文书处”工作，鲁宾斯坦在这里为《诸神的黄昏》记录总谱，并为《西格弗里德牧歌》和《帕西法尔》写作钢琴改编谱。直到1883年，他在自己音乐会之间较长的间隙里都像家人一样住在瓦格纳家里，后因走不出瓦格纳逝世的阴影，于1884年8月自杀。在柯西玛·瓦格纳的推动下，他的遗体被运到拜罗伊特，葬于犹太人墓地（来源：http://www.wagner200.com/biografie/juden/joseph-rubinstein.html）。

26. Lt. http://de.wikipedia.org/wiki/Pfund_(Währung)-36k.
27. Peter Wapnewski, *Der Ring des Nibelungen. Richard Wagners Weltendrama*, München 1998, S. 238 u. 243.
28. 原文为：“dess' Gunst Gold ihm erzwang”（我将它改写得容易理解了一点）。
29. 彼得·康威奇尼在斯图加特导演《诸神的黄昏》时，以最好的视觉性方式展现了这一情况，西格弗里德饮下魔药之后就把他的皮毛衣服换成了西装、领带和硬领。
30. 当哈根邀请臣民前来庆祝时，他们大笑道：“因为冷酷的人哈根竟能这样愉快，所以现在巨大的财富和幸福正在莱茵河上微笑！荆棘现在不再扎人了，它被指定为婚礼的司仪。”J. E. Chamberlin and S. L. Gilman, *Degeneration, The Myth of Progress*. New York. 1985; George L. Mosse, *Ein Volk, ein Reich, ein Führer. Die völkischen Ursprünge des Nationalsozialismus*. Königstein 1979; George L. Mosse, *The culture of Western europe. The Nineteenth and Twentieth Centuries*. London 3/1988，在该文中被描述为19世纪的种族主义。Marc Weiner, *Antisemitische Phantasien. Die Musikdramen Richard Wagner*s. Berlin 2000, S. 355 ff.，以及Ulrich Drüner, *Schöpfer und Zerstörer. Richard Wagner als Künstler*. Köln 2003, S. 229 f.；这两部著作将其解释为瓦格纳谴责了哈根的性变态：堕落的犹太人是古老的反犹主题。瓦格纳痴迷于“种族健康”的观点——不要忘了，他觉得达尔文的著作启发人心；见*CT*，1877年10月30日。亦参见Dieter Schickling, *Abschied von Walhall. Richard Wagners erotische Gesellschaft*. Frankfurt 1983, S. 73 ff. und S. 86; Marc A. Weiner, *Antisemitische Phantasien. Die Musikdramen Richard Wagners*. Berlin 2000, S. 377 f., S. 437 f., Anm. 15, 19 und 20; Lindsay A. Graham, *Wagner und Lohengrin. A psychologic study*. In: *Psychiatric Journal of the University of Ottowa* 3, Nr. 1 (März 1978), S. 39–49。

31. 瓦格纳在这里受到让—安托万·格莱兹作品的影响。他自己由于身体不好，在一生中的大部分时间里只是一个理论上的食素者。
32. 根据马克·A. 魏纳的说法，哈根的身体“以其所有生理上的恐怖，对一个拒绝承认面临着犹太人在生物学层面可能威胁的德国，发出了生理学的—隐喻式的警告”。
33. Marc A. Weiner, *Antisemitische Phantasien*, Berlin 2000, S. 353. 在此处所指的充满对犹太人的仇恨的文章《认识你自己》(1881)中，瓦格纳将“德意志种族所具有的看似无法弥补的劣势”与犹太人做了对比，后者代表了“种族一致性的最惊人的例子”，“仍然影响着世界历史”，并应当被认为是“造成人类堕落的恶魔”(*GSD*, Bd. X, S. 271 f.)。
34. Siegfried Wagner, *Brief an Richard Strauss vom 12. 11. 1893*. Vgl. Anmerkung 327.
35. 但是，瓦格纳的象征并不比当今仇外心理代表者的言论更糟糕。只要想想蒂洛·扎拉青(Thilo Sarrazin)的言论就够了，他关于德国国内移民儿童的主张被废除了(慕尼黑，2010)。
36. 这样的认同是19世纪晚期注明《尼伯龙人的指环》批评中的基本趋势。见 Susanna Großmann-Vendrey, *Bayreuth in der deutschen Presse. Beiträge zur Rezeptionsgeschichte Richard Wagners und seiner Festspiele*, Regenburg 1977, Bd. I (*Die Grundsteinlegung und die ersten Festspiele*), Bd. II (*Die Uraufführung des Parsifal 1882*)。
37. 见 Peter Wapnewski, *Der Ring des Nibelungen. Richard Wagners Weltendrama*. München 1998, S. 289。
38. 正如瓦格纳在最早的散文稿中所写的，西格弗里德实现了“人类意识的自由”，但在这种自由之中，“人类这个造物毁灭了自己”(*GSD*, Bd. II, S. 158)。
39. *SSD*, Bd. II, S. 146. 文中继续写道：“他所行之事的下一代继承者和通过它获得力量的是‘尼伯龙人’，以各民族的名义，也为了各民族的幸运，这个世界属于他们。德意志人是最古老的民族，与他们血缘相连的王是一个‘尼伯龙人’，他站在他们的顶端，宣称对世界的统治权。因此，这个世界上对任何财富或享受的权利，没有一个不是来源于这位王，不是通过他的赐予或许可而神圣化的：这位皇帝没有赐予或许可的所有财富或享受本身就是非法的，视同抢劫，因为皇帝为了所有人的福祉、财富或享受赐予和许可，而未经授权的私自获取则是对所有人的抢劫。”
40. 乐队也暗示了这一点；在随后响起的葬礼进行曲中，除了许多主导动机外，还令人想到特里斯坦的“白日动机”。
41. 很难在瓦格纳的作品中找到真正指向基督教思想乃至行动的段落，虽然很显然自1871年抵达拜罗伊特开始他就融入了一种受新教影响的社会环境之中，此前至第二次瑞士流亡结束，他似乎对这种社会结构只抱持一种怀疑的观察态度。我并不排除瓦格纳对德意志新教教派抱有真实的感情，但在我所能接触到的文献之中找不到必要的明确性来证明这一点。更多的见第35章“瓦格纳是基督徒吗？”一节。

42. 声音的暴力不仅在瓦格纳这里，在其他人那里也可能产生超验的影响，例如伊戈尔·斯特拉文斯基、谢尔盖·普罗科菲耶夫、奥利维耶·梅西昂等。
43. 西格弗里德先是一个政治上的救赎者，因为他的死亡作为一种自我牺牲确保了诸神的生存，其中黑格尔的哲学起着主导作用。在1852年版中，诸神灭亡；在如今受到费尔巴哈影响的戏剧中，爱的救赎力量作为"纯净种族"之生存的教条而存在。但在1856年，受到叔本华影响的认识论超过了一切。
44. Abbate, Carolyn, *Unsung Voices. Opera and Musical Narrative in the Nineteenth Century*. Princeton 1991, Chapter Six, S. 206–249: *Brünnhilde Walks by Night*.
45. 原始的文本已经引用过："不是财富，不是黄金，/不是诸神的壮丽；/不是房屋，不是宫廷/不是君主的奢华；/不是模糊的契约/欺人的盟誓，/不是伪善的道德/强硬的法则：/让爱成为唯一/喜悦与痛苦中的极乐！"然而最终的版本却是："明亮的火焰/席卷了我的心：/要去拥抱他，/要让他拥抱，/在最强烈的爱情中/和他结百年之好！ /Heiajoho! 格拉尼！ /向你的朋友问好！ /西格弗里德！西格弗里德！ /我极乐地向你问好！"瓦格纳解释删改的原因时说，从前的版本"试图以警句的方式预先取代戏剧的音乐效果"（*GSD*, Bd. VI, S. 256）。也就是说，这两个文本代表了爱的不同形式：后一种是"肉体的"，前一种是精神上超验的。后者被音乐所取代，音乐使文本变得多余。
46. 正如他在1852年就从《西格弗里德之死》中删掉的关于解放的文本一样："你们尼伯龙人，听我说！ /我要解除你们的奴役：/锻造了指环，束缚了你们这些勤劳者的人，——/不应该再取回它。"《诸神的黄昏》纯粹哲学性的结尾证实了对社会思想的放弃。

33 第一届音乐节——经济崩溃

1. 玛丽·冯·施莱尼茨伯爵夫人，婚前姓布赫（1842—1912），1865—1885年间与亚历山大·冯·施莱尼茨伯爵结婚，柯西玛的密友；她资助了瓦格纳，并对1870年代的柏林社交圈产生了巨大影响。1886年，她与奥地利外交官安东·冯·沃尔肯施泰因伯爵结婚。
2. 汉斯·保罗·冯·沃尔措根男爵（1848—1938），文学家、编辑和出版人。1872年首次造访拜罗伊特。1877年受瓦格纳委托编辑并出版《拜罗伊特文集》，直到他1938年去世都在不间断地为此工作。他本人也撰写了许多文章，还为瓦格纳的作品撰写了非常成功的指南手册，并在其去世后成为"妄想平和圈子"的核心人物。自1928年起，他参加了具有民族主义思想的"德意志文化战斗联盟"；1936年，他在《音乐杂志》上发表了一篇文章，在文中欢呼希特勒"是民族精神的化身"。
3. Franz Liszt, *Sämtliche Briefe*, hg. Von La Mara, Leipzig 1893 ff., Bd. VI, S. 150 ff. 原信用法语写成，其第一版德文版，见Ernst Burger, *Franz Liszt. Leben und Sterben in Bayreuth*, Regenburg 2011, S. 36 f。

4. Karl Frenzel, *Berliner Dramaturgie*, Bd. 2, Hannover 1877, S. 199–203.
5. 见Ernst Burger, *Franz Liszt, Leben und Sterben in Bayreuth*, Regensburg 2011, S. 38。
6. 见Yirmiyahu Yovel, *»Nietzsche contra Wagner« und die Juden*, in: *Richard Wagner und die Juden*, Stuttgart, Weimar 2000, S. 142。
7. 见Paul Lindau, *Nüchterne Briefe aus Bayreuth*, Breslau und Leipzig, 1876, 10. Aufl. 1880, S. 24 f。
8. 出处同上。这是一部报道集，由于其大获成功，自1876年后重印了好几次。
9. Friedrich Nietzsche, *Sämtliche Werke*, hg. von Giorgio Colli u. Mazzino Montinari, Bd. VI, S. 431 u. 418.
10. 我们讲述的"叔本华"事件源自Dirk Heißerer, *Der ›Schoppenhauer‹ und das Pistolenduell.* In: Egon Voss (Hg.), *Alfred Pringsheim, der kritische Wagnerianer*, (Thomas Mann-Schriftenreihe Bd. 9) Würzburg 2013, S. 63–81。
11. Susanna Großmann-Vendrey, *Bayreuth in der deutschen Presse. Beiträge zur Rezeptionsgeschichte Richard Wagners und seiner Festspiele*, Regenburg 1977, Bd. I (*Die Grundsteinlegung und die ersten Festspiele*); S. 99.
12. F. Müller, *Der Ring des Nibelungen*. Leipzig 1862, S. 1. 这本书是瓦格纳作品的民族主义接受的最早起点之一。
13. Susanna Großmann-Vendrey, *Bayreuth in der deutschen Presse*, Regenburg 1977, Bd. I, S. 49 und 83. 在1871年之前，必须认识到"德意志的事业"中对国家统一的渴望；在1870/1871年的成就之后，它指的是对德意志身份认同的发现，其中大部分也包含着仇外心理。
14. 马克斯·卡尔贝克(1850—1921)，音乐作家，著名的勃拉姆斯传记作者；曾为维也纳多家大型报纸工作，奥地利最有影响力的评论家之一，如同汉斯立克一样，是勃拉姆斯的支持者，同时也是瓦格纳、布鲁克纳和胡戈·沃尔夫的音乐的强烈反对者。
15. Susanna Großmann-Vendrey, *Bayreuth in der deutschen Presse. Beiträge zur Rezeptionsgeschichte Richard Wagners und seiner Festspiele*, Regenburg 1977, Bd. I (*Die Grundsteinlegung und die ersten Festspiele*), S. 49, 83, 226, 210 und 199. 反犹主义在卡尔贝克笔下简化为内含于其中的物质论批判。
16. 见第23章。
17. 尽管与今天的情况进行比较有着种种困难，但最好还是给出一个参考：1876年音乐节的亏损总额大约相当于300万欧元。
18. *Nietzsche und Wagner. Stationen einer epochalen Begegnung*, hg. von Dieter Borchmeyer und Jörg Salaquarda, Frankfurt, Leipzig 1994, S. 867.
19. 尼采最初可能对与瓦格纳一起合作拜罗伊特的工作有更多期待。关于医疗上的泄密行为，参见Martin Gregor-Dellin, *Richard Wagner. Sein Leben. Sein Werk. Sein Jahrhundert*. München, revidierte Ausgabe 1983, S. 748 ff。
20. *Nietzsche und Wagner, Stationen* ... S. 12.

21. 见Dieter Borchmeyer, *Nietzsche, Cosima, Wagner. Porträt einer Freundschaft.* Frankfurt 2008, S. 80。
22. 见Yirmiyahu Yovel, *»Nietzsche contra Wagner« und die Juden*, in: *Richard Wagner und die Juden*, Wien, Weimar 2000, S. 131。
23. 保罗·雷(1849—1901),医生,叔本华主义者,1873年与尼采相识,自1875年起成为亲密的朋友,经常做他的旅行同伴。他的作品有*Psychologische Beobachtungen und Der Ursprung der moralischen Empfindungen*。后来,他与露·冯·莎乐美成为朋友。
24. Friedrich Nietzsche, *Sämtliche Werke.* Hg. von G. Colli, München 1986, Bd. 14, S. 172.
25. 出处同上,Bd. 3, S. 445。
26. *Nietzsche und Wagner, Stationen einer epochalen Begegnung.* Hg. Von D. Borchmeyer und J. Salaquarda, Frankfurt, Leipzig 1994, S. 833.
27. *Cosima Wagner und Ludwig II., Briefe*, hg. von Martha Schad, Bergisch Gladbach 1996, S. 533 ff.
28. *Felix Mottls Tagebuchaufzeichnungen aus den Jahren 1873–1876*, S. 24.
29. Carl Friedrich Glasenapp, *Das Leben Richard Wagners in sechs Büchern dargestellt*, 4. Auflage, Leipzig, Breitkopf & Härtel,1905, Bd., 6, S. 618.
30. 1873年2月17日致市长特奥多尔·蒙克尔的信, *Bayreuther Briefe*, S. 119;参见*CT*,1873年2月17日。
31. Lili Lehmann, *Mein Weg.* Leipzig 1913, S. 283 f.,转引自Brigitte Hamann, *Die Familie Wagner*, Reinbek 2005。瓦格纳的同时代人奥古斯特·莱索普也提到了瓦格纳对"最滑稽的笑话"的喜爱,见Auguste Lesimple, *Erinnerungen an Richard Wagner*, Dresden und Leipzig 1874, S. 37。
32. 例如参见Dieter David Scholz, *Richard Wagner. Eine europäische Biographie*, Berlin 2006, S. 312 ff。舒尔茨非常仔细地研读了莫特尔的笔记,正如他传记中的其他段落所显示的,他无视了瓦格纳日常的反犹主义,这一点是无法解释的。
33. Eva Humperdinck, *Engelbert Humperdinck an Johannes Degen*, Paris 18.2.1883,转引自*Engelbert Humperdinck in seinen persönlichen Beziehungen zu Richard, Cosima, Siegfried Wagner, dargestellt am Briefwechsel und anderen Aufzeichnungen*, Koblenz 1886, S. 80。
34. 1874年2月14日的信。
35. Carl Friedrich Glasenapp, *Das Leben Richard Wagners in sechs Büchern dargestellt*, 6 Bände, 4. Auflage, Leipzig, Breitkopf & Härtel,1905, Band 5, S. 97.
36. *Felix Mottls Tagebuchaufzeichnungen aus den Jahren 1873–1876*, S. 199.

34 "最后一张牌"

1. 保罗·冯·茹科夫斯基(1845—1912),俄国画家,参与了1882年《帕西法尔》

的首演。他设计了服装和五套舞台背景中的四套，在这项工作中主要受到意大利主题的启发。

2. 赫尔曼·列维（1839—1900），出生于吉森，黑森拉比贝内迪克特·列维之子，师从文岑茨·拉赫纳并成为指挥家，先在萨尔布吕肯和鹿特丹，后于1864—1872年在卡尔斯鲁厄、1872—1896年在慕尼黑担任宫廷乐队长。他于1882年在拜罗伊特指挥了《帕西法尔》的首演，并长期在拜罗伊特音乐节的组织方面担任柯西玛·瓦格纳的左右手。
3. T. Haase in *Sächsische Biografie.*
4. 出处同上。
5. 转引自Ursula Oehme, *Richard Wagner und Leipzig*, Berlin 2013, S. 125。在为《尼伯龙人的指环》做出贡献的人之中有许多拜罗伊特人的名字，如H.和T. Vogl, A. Materna, F. Jäger等。
6. Angelo Neumann, *Erinnerungen an Richard Wagner*, 2. Auflage. Leipzig 1907, S. 165.
7. 比如，莱比锡监督奥古斯特·福斯特就曾警告诺伊曼，这部《尼伯龙人的指环》，最多除去《女武神》之外，是“不可演出的”。
8. 参见Annette Hein, *»Es ist viel ›Hitler‹ in Wagner«: Rassismus und antisemitische Deutschtumsideologie in den »Bayreuther Blättern« (1878–1938).* Tübingen 1996。另见Udo Bermbach, *Richard Wagner in Deutschland: Rezeption–Verfälschungen. Stuttgart,* Weimar 2011。这里详细讨论了如“文化与政治”“语言批评”“雅利安基督教信仰”，以及拜罗伊特与纳粹夺权等主题。
9. 转引自Egon Voss, *Richard Wagner, Leben und Werk*, Mainz 1998, S. 483。
10. 相应的伦敦代购是由一个年轻的英国人，（出生于科隆的）指挥尤利乌斯·西里亚克斯完成的。作曲家给西里亚克斯写了18封信，为了表示感谢，瓦格纳担任了他的一个孩子的教父。这份非常重要的西里亚克斯档案是在2000年经我之手进入拜罗伊特国家档案馆的。亦参见作为音乐古物收藏家的乌尔里希·德吕纳博士的*Katalog 50*, Stuttgart 2000, S. 68 f，以及*Katalog 70 Richard Wagner* (2013), S. 95 f。
11. 见Ernst Burger, *Liszt in Bayreuth*, Regensburg 2011, S. 49 (mit Briefbeleg)。
12. Ulrich Drüner, *»Unterbrechung« beim Komponieren. Neuentdeckte Dokumente von Richard Wagner in Zürich.* In: *Neue Zürcher Zeitung* vom 26. 7. 2000, S. 40. Der Brief ist jetzt auch abgedruckt in *SB*, Bd. XXIII, S. 112.
13. 迪特尔·戴维·舒尔茨用了整整一章的篇幅期待瓦格纳反犹主义所谓的“巨大回撤”，见Dieter David Scholz, *Richard Wagners Antisemitismus. Jahrhundertgenie im Zwielicht*, Berlin 2000, S. 137 ff.；贝姆巴赫和其他一些人援引了它。
14. 关于瓦格纳的反犹主义在1882年夏以后的变化，参见最后一章（第36章）。
15. 例如Martin Gregor-Dellin, *Richard Wagner*, München 1983, S. 768。
16. Paul Lawrence, *Rose Wagner: Race and Revolution, London 1992*, S. 242. 这份请愿书是1880年7月发起的，意在呼吁通过一项法律，将犹太人排除在政府机构以及司法

和教育领域的重要职位之外；在很短的时间内，福斯特就收到了25万个签名。

17. 亦参见Jens Malte Fischer, *Richard Wagner und ›Das Judentum in der Musik‹*, in: *Richard Wagner und die Juden*, hg. von Dieter Borchmeyer u. a. Stuttgart, Weimar 2000, S. 49。
18. “复兴文章”包括《宗教与艺术》(1880)、《这种知识有什么用？〈宗教与艺术〉补遗》(1880)、《详述宗教与艺术：“认识你自己”；英雄气概与基督教》(1881)。最初发表于《拜罗伊特报》(1880/1881), *GSD*, Band X再版。
19. 贝姆巴赫无视了这些和其他批评民主的地方，以免损害他的结论，即瓦格纳晚年的文章“没有否定《苏黎世艺术文集》中表达的关于政治与艺术之关系的信念”，见Udo Bermbach, *Der Wahn des Gesamtkunstwerks.* Zweite, überarbeitete und erweiterte Auflage. Metzler, Stuttgart/Weimar 2004, S. 349。这种夸张的歉疚态度只能通过对文本的单方面选择性评价来产生，是有问题的。
20. 1865年10月14日柯西玛致路德维希二世的信与1865年11月27日路德维希二世致柯西玛的信。
21. 瓦格纳早在1851年12月9日致尤莉·里特尔的一封信中就称自己“在资本的问题上……真是蠢得可怕”(*SB*, Bd. IV, S. 214)。
22. 贝姆巴赫用了将近两页的篇幅详尽地引用了瓦格纳在这里以令人联想起苏黎世时代的强度所追求的财产理论和语言理论思考。但由于贝姆巴赫并未引用任何《认识你自己》中泛滥的反犹主义辞令，因此他隐瞒了此处的财产讨论并不符合早先的社会主义理论，而是主要有着反犹太的背景(Udo Bermbach, *Der Wahn des Gesamtkunstwerks.* Zweite, überarbeitete und erweiterte Auflage. Metzler, Stuttgart/Weimar 2004, S. 63 und 280)。
23. 见Eric Eugène, *Wagner et Gobineau. Existe-t-il un racisme wagnérien?* Préface de Serge Klarsfeld. Paris 1998, S. 48 u. 131。
24. 出处同上，S. 56 und 58。
25. 戈比诺甚至抱怨，《新约》对穷人抱有太多的同情。告别时，瓦格纳送给戈比诺他的文章集，但是他写给法国人的献词却极为矛盾。“诺曼人和萨克森人是真正的联盟，新鲜而健康，将绽放并成长。”(*CT*, 1881年6月4日)“绽放并成长”，这不仅仅是在引用贝克迈塞的话，这就是他在《工匠歌手》中的座右铭，他曾在第一幕第三场、第二幕第四场和第三幕第三场中多次使用。瓦格纳的矛盾一面在这里似乎又出现了。
26. 他与妻子和儿女因争执已经分居很久了。
27. 这种思想在费希特和叔本华那里出现过，根据格哈德·沙伊特，它甚至在路德和圣克拉拉的亚伯拉罕那里就已经出现，一种前孟德尔式的突变理论。
28. 所有引文，见*GSD* Bd. X, S. 283 f。
29. Eric Eugène, *Wagner et Gobineau. Existe-t-il un racisme wagnérien?* Paris 1998. S. 186, S. 190 ff. 瓦格纳还在其他两个重要方面与戈比诺的论点相距甚远：首先，他拒绝将在阶层与种族方面门当户对的婚姻作为保存和传承“种族天性”的手段；其次，他认为种族混血并没有耗尽人类的文化潜力，相反，他从中看到了物种突变的能力。鉴于人类由于退化而面临着灭绝的危险，因此或许可以指望混血带来的人类生命力的再次凝聚并引起质的飞跃。不仅是要创造一个更高级的个体，更要创造一个新的物种：他指的是"救世主或曰神人，物种在其中得到升华"。参见W.-D. Hartwich, *Richard Wagners ästhetische Herrschaftsform. Zur Soziologie der »Bayreuther Idee«*, in: R. Faber/C. Holste (Hrsg.), *Kreise–Gruppen–Bünde*, Würzburg 2000, S. 307–328, hier S. 314 ff。

30. 马丁·格雷戈尔—德林对"复兴文章"的描写是不连贯且令人困惑的。尽管他作为《柯西玛日记》的主编之一能够了解不同的意识形态倾向，却几乎没有提及其中反复出现的反犹主义和种族主义，只是在仅仅偶尔才出现的社会主义细节上徘徊不去。格雷戈尔—德林是那些将瓦格纳的社会主义与反资本主义等同起来，从而混淆"现代"和"新"的评论家的典型代表。选择性引用瓦格纳的最费解的例子，见Francis Pagnon, *En évoquant Wagner. La musique comme mensonge et vérité*. Paris 1981。这本书里产生了一个**纯粹**是社会主义的和原始共产主义的瓦格纳。关于基督教方面的解释，特别见*L. Fremgen 1977*；更早的，见Otto Hartwich, *Richard Wagner und das Christentum*. Leipzig 1903。
31. Egon Voss, *Richard Wagner, Leben und Werk*, Mainz 1998, S. 486.
32. *Sonntagsblatt*, 25. 8. 2013.
33. Felix Weingartner, *Lebenserinnerungen*, Wien, Leipzig 1923, S. 164. 关于瓦格纳与列维的关系，见Stephan Mösch, *Weihe, Werkstatt, Wirklichkeit. Wagners ›Parsifal‹ in Bayreuth, 1892–1933*, Mainz 2009, insbesondere S. 169 ff。
34. Karl Grebe, *Anton Bruckner*, Reinbek bei Hamburg 2008, S. 93 f.
35. Richard Strauss, *Betrachtungen und Erinnerungen*, hg. von Willi Schuh, Zürich 1949, hier der Abschnitt »Erinnerungen an Hans von Bülow«[1909].
36. Felix Weingartner, *Lebenserinnerungen*, Wien, Leipzig 1923, S. 493.
37. Otto Strobel, *Leben und Schaffen, eine Zeittafel*. Bayreuth 1952, S. 131.
38. Egon Voss, *Richard Wagner, Leben und Werk*, Mainz 1998, S. 494.
39. Ernst Burger, *Franz Liszt. Leben und Sterben in Bayreuth*, Regensburg 2011, S. 20.

35 《帕西法尔》——一部欧洲作品

1. 见Liliana-Emilia Dumitriu, *Der Gral bei Wolfram von Eschenbach und Richard Wagner*, Diss., Mainz 2014, S. 24。
2. 1877年致朱迪·戈蒂埃的没有注明日期的信，转引自Egon Voss, *Richard Wagner. Leben, und Werk*, Mainz 1998, S. 483 f。
3. Wolfram von Eschenbach, *Parzival*. Mittelhochdeutscher Text nach der Ausgabe von Karl Lachmann. Übersetzung und Nachwort von W. Spiewok. Stuttgart 1981, Bd. I, S. 700.
4. 出处同上，Bd. I, S. 407。

5. 前文已经引用过的研究，Liliana-Emilia Dumitriu, *Der Gral bei Wolfram von Eschenbach und Richard Wagner*, Diss. Mainz 2014；该书虽然有些值得一读的独到见解，但情况也是如此。
6. 瓦格纳所拥有的特鲁瓦的克雷蒂安的《珀西法尔》版本，是1886—1881年间出版的六卷本。瓦格纳最晚在1872年秋季读到的它，见Graf Du Moulin Eckart, *Cosima Wagner*, München 1929–1931, S. 633。
7. 圣杯的这种特质，治愈以及维持不死，在瓦格纳接触到的流传下来这种说法的唯一文献，见Villemarqué, *Contes populaires des anciens Bretons*, Paris 1842, S. 163。那里就圣杯写道："[它]治愈所有伤口，甚至使死者恢复生命。"接下来的句子，除了插入的"根据我的看法"之外，也几乎可以追溯到对维尔马克的翻译："[……]圣杯就是亚利马太的约瑟收集他的神圣血液的杯子。"请注意，瓦格纳在这里是如何理所当然地把这句话发展为"他的看法"的。
8. 维尔马克强调说，圣杯的设想并非来自次经《尼哥底母福音》，而是来自凯尔特的"游吟诗人传统"(S. 193)。这一点也可以在柯西玛1872年11月4日的日记关于圣矛的内容中看到："似乎格林对凯尔特人的印象太过贬低了，我考虑过，染血的圣矛来自一个游吟诗人秘密仪式，帕西法尔说到底也是凯尔特人。"(*CT*, Bd. I, S. 590)另一个指向维尔马克的段落是关于昆德莉的内容："是的！他[帕西法尔]的力量击中窃贼与巨人。"珀西法尔与巨人的搏斗在沃尔夫拉姆那里并未出现；在瓦格纳使用的文献中，它只出现在《佩雷杜尔》之中，维尔马克用非常相似的语调提到过"骑士与巨人"(S. 198)。柯西玛1877年10月4日的日记中提到的"丑女"，也并未出现在沃尔夫拉姆和克雷蒂安那里，仅仅出现在匿名者创作的《佩雷杜尔》之中(10月5日瓦格纳错误地将她归于克雷蒂安，但在那里她叫作"隐者")。
9. Villemarqué, *Contes populaires des anciens Bretons*, Paris 1842, Bd. II, S. 131–301.
10. 见*Parzival* 225, 8–17。瓦格纳在巴黎待了五年之后精通了法语，但在口音上有些问题，这一点必须得到原谅，因为许多法国人也有同样的问题。问题在于，这种混淆只是发生在书面法语上的，因为pêcheur(渔人)第一个音节的读音类似于"派"，而pécheur(罪人)的第一个音节类似于"佩"(请原谅这里用非正式的方式标注读音，正式的标注对于语言学界以外的人来说很难理解)。
11. 罗贝尔·德·博龙生活在12世纪末、13世纪初，但确切的生卒年已不可考。
12. Jean Frappier, *Le Graal et l'hostie*, in: *Les romans du Graal dans la littérature des XIIe et XIIIe siècles*, Paris 1956, S. 70–71; Jean-Marc Pastré, *Structures littéraires et tripartition fonctionnelle dans le Parzival de Wolfram von Eschenbach*, Paris 1993, S. 270.
13. *ML*, S. 569; ferner S. 666："我第一次到巴黎时，奥利维耶就将古斯塔夫·多雷介绍给了我。"
14. 例如，见François Rabelais, *Esmangart et Éloi Johanneau, OEuvres de Rabelais*. Paris 1823, S. 410 und 402。
15. 根据兰斯的辛克马尔主教(845—882)的说法，在圣雷米吉乌斯为克洛维加冕时，从天而降的鸽子带来圣瓶，瓶中滴下的液体加入了圣油之中，因此法国国王的血通过兰斯大教堂加冕礼上的涂油仪式获得了合法化的力量。这一“血的神圣化”在整个旧制度时期（直到1789年）都表现为，国王的儿子们被称为“圣血王子”并以此区分于王国内的其他所有贵族；这一头衔还包含着潜在的王位继承权宣称。在法国人的心目中，这种观念是根深蒂固的，导致查理十世（1824—1830年在位）（鉴于他平庸的政治才能）还认为有必要为在法国大革命中毁掉的“圣瓶”安排一个“重新发现”，在他加冕礼的四天之前及时地向公众展示出来，并以此来强调他的波旁王朝继承人的合法性。

16. 早在1838年，巴黎非常重要的《十九世纪百科全书》中就出现了一篇详细介绍圣瓶的文章，它是国王血之神话的核心象征，这篇文章可能会让虔诚的天主教徒和极端的保王党感到梦幻，其他人则或许会觉得讽刺。电子版见https://books.google. fr/books?id=ZZsPAAAAQAAJ&pg=PA661&lpg=PA661&dq=sainte+ampoule+d%C3%A9b ris&source=bl&ots=052KlvzEdp&sig=k6piGTfn3pmgparFEOJVuzQ7oEU&hl=fr&sa=X &ei=3zaZUuraAai6iAekhYG4CA#v=onepage&q&f=false. -Noch ausführlicher: http:// leblogdumesnil.unblog.fr/2008/11/26/151-la-sainte-ampoule-et-le-sacre-des-rois-de-france-2nde-partie-de-la-revolution-a-nos-jours/。根据这一说法，查理十世国王在他的加冕礼上通过触摸治愈了好几个病人……这些说法自19世纪初就受到质疑，例如：Clausel de Coussergues, *Du Sacre des Rois de France*, Paris 1825, S. 127；Laurent Theis, *Au coeur de l'histoire*, 7 décembre 2011；等等。笔者第一次接触到这一主题，是2009年在法国电视台的一个流行文化节目中。
17. 由于选王制的历史地位，国王之血的命定原则在德国历史上几乎不可能产生任何作用。这或许也是埃申巴赫的沃尔夫拉姆用圣石取代圣杯的原因之一：法国人的圣杯概念中，血扮演着重要的角色，但这对沃尔夫拉姆来说不具有足够的可信度。鉴于他对十字军思想的开放性及其令人钦佩的融合外来文化的意愿（瓦格纳却拒绝了这一意愿），麦加的圣石对沃尔夫拉姆来说是更有意义的圣杯象征。
18. 除了《佩雷杜尔》，在这个故事中，神话容器的圣杯特征还没有得到明确的发展，还被视为亚瑟王传统的早期凯尔特形式。已知的《佩雷杜尔》手稿只能追溯到14世纪，但在其题材方面明显早于特鲁瓦的克雷蒂安（见Jean Frappier, *Chrétien de Troyes et le mythe du graal*, Paris 1979, S. 19）。
19. *Parzival*, 250, 26–30.
20. Emma Jung, M. L. v. Franz 1980, *Die Gralslegende in psychoanalytischer Sicht*, Stuttgart, Zürich 1980 S. 57. Dies. S. 83 ff.
21. 强调为笔者所加。
22. 在瓦格纳文章、书信和日记的CD版中，基督教这个词只出现了4次，第一次是在1849年的《相似的天才》之中，之后是在《但丁与叔本华》（1855）和《英雄气概与基督教》（1881）之中；早在1855年，瓦格纳就和后来一样，在反犹的背景下考虑基督教问题:"相反,让我们承认,基督教对我们来说是一个如此矛盾的现象,只是因为我们只知道它与狭隘的犹太教的混合形式,以及它被犹太教扭曲,现代研究已经证明,纯粹的、没有被混合的基督教只是可敬的佛教的一个分支,在亚历山大进军印度之后,佛教也找到了直达地中海沿岸的传播之路。"(*SSD*, Bd. 16, S. 101)

23. "基督教引导我们远离生命,使我们与死亡和解,但它与生命是没有什么关系的。"(*CT*, 1874年12月27日)——"然后我们要记住他的话,对他来说,为了谁、为了什么而建造都是一样的,然后是他对基督教的反感[……]"(*CT*, 1879年1月8日)——"我告诉R.,我在偶然的机会下研究了德意志神学,惊叹于叔本华通过最素朴的信仰的语言认识到了深刻的形而上学基础,他说:是的,叔本华为我展现了基督教。"(*CT*, 1879年2月19日)——"对我来说,基督教还没有进入生活,我像第一批基督徒一样等待着基督再世。"(*CT*, 1879年7月15日)——"他越来越不能忍受对基督教的恶意言论。"(*CT*, 1880年1月17日)——"关于基督教,R.说,对他而言,基督教完全包含在圣餐之中。但是,建立一个教会的可能性,以及像圣方济各这样的人现在谦卑地低头鞠躬,使得基督教如此可疑。"(*CT*, 1882年10月1日)
24. 在创作《帕西法尔》的第二幕和第三幕时,瓦格纳在《观众与流行》这个小册子中流露出了悲观的情绪:"我们的救世主的神被宣称是以色列人的祖先神,这是世界历史上最可怕的混乱之一;它[……]如今通过越来越坦率的、最粗俗以及最精妙的头脑的无神论展开报复。我们必须见证,基督的神被贬到空荡荡的教堂里,而我们中间却为耶和华建造起越发骄傲的圣殿。而且似乎正确的是,耶和华最终将会完全取代救世主的神,神被惊人地误解为来自耶和华。如果声称耶稣是耶和华之子,那么任何犹太拉比都可以像以往任何时候一样胜利地驳斥所有基督教神学。我们的整个神学现在都处于一个悲惨的、有伤尊严的地位,因为它[……]认为它必须一再地把他当作犹太世界的造物主耶和华!"(*SSD*, Bd. X, S. 140 f.)
25. Rüdiger Safranski, *Schopenhauer und die wilden Jahre der Philosophie. Eine Biographie*. 2. Aufl. München u. a. 1988, S. 349.
26. 采访,见 *Die Zeit* Nr. 49, 3. 12. 2015, S. 42。布卢姆定义其区别如下:同情意味着,只是感觉到"其他人的感觉";"怜悯"则意味着,"我关心他人,我照顾他"。根据布卢姆,情感过程的差异可以根据成像的实验来证明。
27. 后来,瓦格纳建议基茨来特里布申避难一段时间,但他知道基茨无论如何也不会接受。"但我能怎么帮你呢!"瓦格纳夸张地喊道(1869年3月29日致基茨的信,*Die Sammlung Burrell 1950*, S. 292)。1870年9月6日,柯西玛写信给在埃佩尔奈过着孤独生活的基茨说,他们不建议他现在来特里布申的唯一原因是,乐队长里希特目前住在那里,而他们全家不久后就会离开。
28. 关于出版数量和形式,见 Sven Friedrich, *Der Prophet seines Volkes–Der Wagner Mythos um 1800*, in: *Musik und Mythos–Mythos Musik um 1900, Züricher Festspiel-*

Symposium 2008, Kassel 2009, S.14–71, S. 38。此后，一家叫韦伯的书店又自费发行了2000册。文章后面部分的一些段落中延伸了同情的思想，瓦格纳称："但是，我们不敢把这种唯一决定我们的不容推卸的同情的动机置于我们对人民的所有呼吁和教导之上，这就是我们文明的诅咒，是我们的国家宗教去神化的记录。"他还要求，"从此以后，我们唯一关心的应该是**同情的宗教**，尽管有人宣扬功利主义的教条，但仍为我们新的修养打下坚实的基础"。

29. 见CD版：DB107（数字图书馆卷107：Richard Wagner: Werke, Schriften und Briefe）。

30. "但为了一个我完全相信会由此取得公共成功的美好事业，我会像罗伯斯庇尔一样无情，我会把所有人，那些最漂亮的脑袋们，送上断头台，如果他们阻碍这一主要目的的话。"（*SB*, Bd. 2, S. 440）或者，在评论杰茜·洛索对他的爱并攻击她的母亲和丈夫的反对时，他说："但她的死敌仍然拥有可怕的力量：他的手段是教育、婚姻、体面、生意——他的面具便是那爱情本身的闪光形象，他带着最不加掩饰的行为进军战场，毫无怜悯，杀气腾腾——但总是带着关爱的微笑！"（*SB*, Bd. 3, S. 321）也就是说，那些阻碍瓦格纳（至少危及婚姻）的爱情的人是毫无怜悯的，杀气腾腾的。

    其他例子：

    （1）"我将永远毫无怜悯地去面对那些在某些方面与你相似的人。"（*SB*, Bd. 3, S. 156）

    （2）"每一个阻碍事业发展的困难都将成为媒体上对我和我的盟友的攻击，因此毫无怜悯地搅动污泥，让清水流进来，是很重要的。"（*SB*, Bd. 3, S. 196）

    （3）"令我兴奋的是，要在我们整个实用艺术体系的中间点和起点上竭尽全力进行革命（这在巴黎是无可争议的），至少要毫无怜悯地、正直地揭露它的可悲之处。"（*SB*, Bd. 3, S. 201）

    （4）就瓦格纳关于"真实"概念的观点致卡尔·里特尔："你想体验什么？要真实，毫无怜悯的真实，以真实为乐，完全是为了真实本身。"（*SB*, Bd. 3, S. 444）

    （5）瓦格纳要求爱德华·德弗林特，在瓦格纳的意义上毫无怜悯："非常感谢您对待我的作品的热情和认真：请您让其中戏剧性的动机相当生动地表现出来，并从这一角度出发毫无怜悯地支配乐队长［约瑟夫·施特劳斯］，只有当您不受到他的阻碍时，他才是对的！"（*SB*, Bd. 8, S. 190）

    （6）关于选择威尼斯的访客："因为他很快就要离开，所以我对他破例，允许他来拜访我。否则我会是毫无怜悯的：我曾两次让某位卡伦贝格伯爵转身离开。"（*SB*, Bd. 10, S. 119）

    （7）瓦格纳要求明娜，在他的意义上毫不留情："你有这么多访客，这真是闻所未闻。如果这只是让你散心，但不会损害到你：当你意识到后者时，要毫无怜悯，把所有顾虑都抛在脑后。"（*SB*, Bd. 10, S. 176–177）

31. F. 门德尔松—巴托尔迪在《宗教改革交响曲》中使用过。瓦格纳自己在《禁爱》和《唐豪瑟》中引用过它，后来布鲁克纳在第九交响曲、古斯塔夫·马勒在自己的第一交响曲最后乐章中都曾引用过。

32. W. v. Eschenbach, *Parzival*, X, 517, 11 bis 519, 1.
33. Wolf-Daniel Hartwich, *Jüdische Theosophie in Richard Wagners Parsifal*, in: *Richard Wagner und die Juden*, Stuttgart, Weimar 2000, S. 119.
34. 柯西玛在她1875年1月6日的日记中写道,他"带着无限的兴趣"阅读了神学家、历史学家奥古斯特·弗里德里希·格弗勒尔作品中的犹太神秘学教义,此人后来反对"将犹太人当作白色的黑人"一样歧视(A. F . Gförer, *Geschichte der Urchristentums*, Stuttgart 1838, Bd., S. XYXVII,转引自Hartwich, *Jüdische Theosophie*, S. 106)。
35. 参见http://www.faqs.org/faqs/music/wagner/general-faq/section-34.html,以及http://wotanselvishmusings.blogspot.de/2011/02/dort-kundry-hier.html;尤其是第二篇文章对"昆德里吉亚"这个名字进行了深入的词源学解释。
36. 一则本生故事的元素,参见Cal Suneson, *Richard Wagner und die indische Geisteswelt.* Leiden 1997, S. 86。
37. 瓦格纳在《宗教与艺术》中写道,猎人对于佛教徒来说是邪恶的形象,重生为猎人被认为是"对罪孽深重的生命的最可怕的报应"(*GSD*, Bd. X, S. 120)。哲学家海因里希·冯·施泰因曾在瓦格纳的家中做他儿子的家庭教师,据柯西玛1882年10月1日的日记记载,他与瓦格纳详尽地谈到了佛教是"人类心灵的花朵",它是没有强制、没有制度性的绝对化的精神方向(*CT*, 1882年10月1日)。瓦格纳自己在两周前宣称,佛教可以帮助加深对基督教的理解,"现在人们似乎开始意识到,舍弃是至高的英勇力量"(*CT*,1882年9月19日)。
38. *GSD* Bd. X, S. 339. 瓦格纳在这里回忆起斐洛的旧有定义,他说,神性是一个存在于时间之前的绝对空间。瓦格纳在此处让人想起一个起源,一种状态,在其中,神性、自然和人仍然构成一个统一体。纯粹的时间对应神性,它注入物质之中,物质因此成为空间。
39. Marc A. Weiner, *Antisemitische Fantasien. Die Musikdramen Richard Wagners.* Berlin 2000, S. 247.
40. 或许对格弗勒尔的神学和宗教史著作的研究也影响了昆德莉形象的塑造。
41. 在埃申巴赫的沃尔夫拉姆笔下则相反,昆德莉诅咒帕西法尔是因为他没有追问安佛塔斯遭受苦难的原因。
42. 在这种情况下,这里的"效劳"并不意味着要服从男性原则。早在《歌剧与戏剧》(1851)这篇文章中,瓦格纳就将精神领域无私奉献、绝对忘我的永恒女性特质与理性的自我主义、男性原则做了对比(见*GSD*, Bd. IV, S. 102),并要求诗人和音乐家必须意识到,如何将这两种原则融合在一起形成"纯粹的人类"。
43. 这是新的大脑研究的结果,见António R. Damásio, *Descartes' Irrtum–Fühlen, Denken und das menschliche Gehirn*. München 1997。
44. Martin Geck, *Richard Wagner. Biographie.* München 2012, S. 330.
45. 见Gerhard J. Winkler, *Wagners Erlösungsmotiv. Versuch über eine musikalische*

Schlußformel. In: *Musiktheorie* 5 (1990), S. 3–25。

46. 在《特里斯坦与伊索尔德》中，是通过"死亡动机"（非功能性的）变调（降A大调—A大调），在《尼伯龙人的指环》中，是通过"火魔法"变调（如《女武神》中的E大调—降E大调）。
47. Richard Wagner, *Das Braune Buch*, S. 90.
48. Hartmut Zelinsky, *Richard Wagner–ein deutsches Thema*. Berlin, Wien 1983, S. 5.
49. 除了前言中提到的作者外，以下作者所展现的概念也对笔者产生了影响：Karl R. Popper, *Die offene Gesellschaft und ihre Feinde*. Tübingen 1992; Bühl, Walter L., *Die Ordnung des Wissens*. Berlin 1984; Daniel Goleman, *EC. Die emotionale Intelligenz*, München 1997; António R. Damásio, *Descartes' Irrtum–Fühlen, Denken und das menschliche Gehirn*. München 1997。
50. Arthur Schopenhauer, *Die Welt als Wille und Vorstellung*, München 2001, Bd. 1, S. 522.
51. "下午我们出门，R.和我，去找沃尔措根，他的文章《舞台节日祭祀剧》R.非常喜欢，只是R.对我说，他太过了，居然把帕西法尔称作救世主的写照：'我根本就没想到过救世主。'"（*CT*, 1878年10月20日）"然后他猛烈抨击耶稣是犹太人的说法，根本就没法证明他说的是希伯来语；当所有教会都成为过去，我们才会到达救世主面前，是犹太人把他同我们分开。但他的思想是不容易掌握的。"（*CT*, 1878年11月27日）
52. 波利亚科夫详细描述了这一发展，强调这种竞争形势的社会穿透性，在这种情况下，皈依已成为当务之急。与之相关联的社会"混合"使得不可能将种族从属与主要宗教联系起来，为此他提供了医学和人类遗传学的证据。见Léon Poliakov, *Geschichte des Antisemitismus*, 8 Bde., Worms 1977–1988, 1978 S. 187 ff。
53. 见Winfred Frey, *Das Bild der Synagoge im Liber scivias Hildegards von Bingen* (In: Médievales 10. *Autour de Hildegard de Bingen. Actes du Collque d'Etudes Médiévales de l'Université de Picardie-Jules Verne Saint Riquier, 5–8 Décembre 1998, Publiés par D. Buschinger*) Amiens 2000; Rudolf Kreis, *Antisemitismus und Kirche. In den Gedächtnislücken deutscher Geschichte mit Heine, Freud, Kafka und Goldhagen*. Reinbek bei Hamburg 1999; Gerhard Scheit, *Verborgener Staat, lebendiges Geld. Zur Dramaturgie des Antisemitismus*. Freiburg (Breisgau) 1999; Heinz Schreckenberg, *Die Juden in der Kunst Europas. Ein historischer Bildatlas*, Göttingen 1986。
54. W. v. Eschenbach, *Parzival*, IX, 453, 23 ff.
55. 见Rudolf Kreis, *Antisemitismus und Kirche. In den Gedächtnislücken deutscher Geschichte mit Heine, Freud, Kafka und Goldhagen*. Reinbek bei Hamburg 1999, S. 61。
56. *Das Braune Buch*, 23. 10. 1881.
57. Martin Geck, *Richard Wagner. Biographie*, München 2012, S. 329.
58. *CT*, 1878年10月20日；1879年4月29日；1873年9月10日。
59. Arthur Seidl, *Neue Wagneriana, Gesammelte Aufsätze und Studien*, Regensburg 1914.

60. Arthur Seidl, *Richard Wagners Parsifal*, Regensburg 1914, S. 46 ff. 这里引用的段落标注日期为“1883/1888”。
61. 这里只举出近百年来《帕西法尔》接受史中的四个例子，其中对“基督教”的理解是非常不同的：从前是德意志的—民族的，在1945年后则是人文主义的。里夏德·波尔：“纯粹的基督教精神”，“善与恶之间的永恒斗争”，“基督教救世教义的最高问题”，Richard Pohl, *Richard Wagner, Studien und Kritiken*, Leipzig 1883。奥托·内策尔：“情节变为礼拜仪式”，Otto Neitzel, *Richard Wagners Opern in Text, Musik und Szene*, Stuttgart 1900。路德维希·弗莱姆根：“基督教爱与同情的核心真理”，Ludwig Fremgen, *Richard Wagner heute*. Heusenstamm 1977。O. J.哈特曼：“一个真正的基督教骑士……一个圣徒”，O. J.Hartmann, *Die geistigen Hintergründe der Musikdramen Richard Wagners*. Schaffhausen 1976。
62. 语文学教授阿图尔·赛德尔（1863—1928）在注释部分中声称，早年间的瓦格纳圈子中有很多类似说法。埃娃·里格尔的研究证明了这一点，她至少可以从最早的瓦格纳家族圈子中找到相应的地方，我感激她的告知。
63. 转引自 Arthur Seidl, *Richard Wagners »Parsifal«. Zwei Abhandlungen*. Regensburg o. J. [1914/15], S. 49。按照赛德尔的说法，这种评论“曾经充斥报纸”。
64. 转引自 Martin Geck, *Wagner. Biographie*. München 2012, S. 328。
65. 如果把瓦格纳的同情看作一种纯粹选择性的同情，只对少数“信徒”施行，这当然是在基督教西方的历史概念的框架内。瓦格纳自觉或不自觉地受制于它们，他那庄严地扩散开的“同情”同样是有选择性的，与20世纪后期的同情概念没有什么关系。因为即便是基督教的同情神学，也是在经历了大屠杀之后才有了如今的转变。历史地看，《帕西法尔》与1945年之前普遍存在的部分教会观点相去不远；《帕西法尔》体现了这一倾向。西方最美的建筑之一斯特拉斯堡大教堂中的两座中世纪雕像值得再次提起。因为这两个宏伟的拟人形象，基督教会与犹太教会，就像《帕西法尔》中所说：它们也以艺术上的完美记录下我们的文化史最黑暗的章节之一。只有当人们认识到这种艺术是“恶的审美化”之后，才能找到回溯我们历史之根源的方法。
66. *Gedichte aus dem Nachlaß*, in: *Sämtliche Werke*, hrsg. v. E. Zinn, Frankfurt, 1956, Bd. 2, S. 111.
67. “现在想想我的音乐，它精细、微妙，如同神秘的液体一般透过最细微的毛孔渗透进生命的骨髓之中，要在那里压倒一切看起来像是聪明和有自保能力的东西，要洗去一切属于人格的错觉，只留下坦承无能为力的奇妙而崇高的叹息[……]”（*WMW*，1859年8月24日）
68. Theodor W. Adorno, *Versuch über Wagner*, Frankfurt 1952, S. 33 f.

36 魂断威尼斯

1. Ernst Burger, *Franz Liszt. Leben und Sterben in Bayreuth*, Regensburg 2011, S. 50,

unter Hinwies auf Charlotte Pangels, *Eugen D'Albert*, Zürich 1982, S. 43. 瓦格纳也可能无法忍受这一事实，即李斯特在拜罗伊特逗留期间，钢琴周围经常簇拥着大批年轻的女拥趸们。不过，李斯特于当年8月24日又返回了拜罗伊特一趟，参加柯西玛的女儿布兰迪内和比亚焦·格拉维纳伯爵的民政婚姻登记及教堂仪式。

2. 茹科夫斯基不住在温德拉敏宫，而是住在圣特罗瓦索教堂附近，靠近美术学院的地方，距离温德拉敏宫足足一刻钟的刚朵拉船程。但他经常来访，据他回忆，随着年龄的增长，瓦格纳和李斯特两人之间变得越来越敏感。他们就法国歌剧争执不休；李斯特喜欢广泛的社交，瓦格纳更偏好亲密的小圈子，喜欢阅读、朗诵和讨论。
3. Ernst Burger, *Franz Liszt. Leben und Sterben in Bayreuth*, Regensburg 2011, S. 52.
4. *Die fröhliche Wissenchaft*, S. 279. 尼采1881年在热那亚观看并爱上了乔治·比才的《卡门》，利用它来反对瓦格纳；此时他把曾经的友人称为“演员”，只会过度刺激和催眠人的神经，并沉迷于颓废主义。
5. 阿莱维由于在大歌剧领域的（犹太人）大师队伍中始终位居“第二”，远远落后于迈耶贝尔，他永远不会对瓦格纳构成威胁。可能是这个原因使得瓦格纳对阿莱维表现出更为公允的态度，并承认《犹太女》的非凡艺术品质，可惜这点在这位作曲家的众多其他作品中没有重现。不过，为了公正起见，还必须指出，瓦格纳两年前至少在梦中与贾科莫·迈耶贝尔握过手：“理查德睡得很好，只是他梦见了迈耶贝尔，两人在剧院里重逢，对方告诉他：‘是的，我已经知道了长鼻子的事。’似乎是理查德曾经取笑过他的鼻子。理查德略微表示了歉意，观众们为两人的和解鼓起掌来。”这种和解之梦早在1872年的一个夜晚就更清晰地出现过：“瓦格纳看到自己和迈耶贝尔手挽着手一同在巴黎漫步。”（*CT*, 1872年9月26日）**多么美好的特别场景！**
6. 这部交响曲于1832年在布拉格首演，之后在很长时间里销声匿迹，直到1877年被再次发现。1878年春天，瓦格纳让助手安东·塞德尔整理了一份总谱，他本人对此进行了部分补充和部分改动，但没有做全面的修订（参见Egon Voss, *Richard Wagner, Leben, Werk*, Mainz 1998, S. 553 f.）。
7. R. Wagner, *Das braune Buch*, S. 245.
8. 女歌手卡罗琳（卡丽）·普林格尔（1859—1930）于1881年8月5日在妄想平和别墅里登场。在她“相当可以让人忍受”地试唱了韦伯的《魔弹射手》里的阿加特咏叹调后，瓦格纳聘请她出演《帕西法尔》中魔法花园里的少女角色。他反复观看1882年《帕西法尔》演出中卡丽·普林格尔参演的魔法花园少女场景。艺术节行将落幕时，发生了一场神秘事故。克灵索尔的魔法花园突然在普林格尔面前裂开一道深沟，她掉了进去，这一意外一直没有找到原因。1883年卡丽·普林格尔在意大利继续她的声乐学业；赫尔曼·列维大概是受瓦格纳的委托，邀请她去威尼斯试唱，不过对此也没有证据。由于瓦格纳离世，这次新的会面落空了；1883年2月13日早上就邀请卡丽·普林格尔一事的争吵似乎是由瓦格纳的女儿伊索尔德见证的(参见 Curt von Westerhagen, *Wagner*, Zürich 1979, S. 397)。

9. Siegfried Wagner, *Erinnerungen*, Stuttgart 1923, S. 35 f.
10. 转引自 Martha Schad (Hg.), *Cosima Wagner und Ludwig II., Briefe*, Bergisch Gladbach 1996, S. 539。"曾经"指的是1865年11月11日至18日这一周,瓦格纳作为客人在高天鹅堡逗留,告诉国王柯西玛的这一愿景(出处同上,S. 55)。
11. Otto Strobel, *Richard Wagner. Leben und Schaffen. Eine Zeittafel*, Bayreuth 1952, S.132.
12. 埃伯哈德·施特劳布认为这些话是有目的的公关,他猜测,威尔第清楚地知道他的出版商会把这些话传播开来,以便把自己打造成一个毫无嫉妒心的形象(Eberhard Straub, *Wagner und Verdi*, Stuttgart 2012, S. 14)。有趣又特别的是,也有"否定者"存在。当赫尔曼·列维2月14日在慕尼黑的一次乐队排练中宣布《尼伯龙人的指环》创作者去世的消息时,整个乐队起立默哀——只有第一号手仍坐着不动。他是弗朗茨·约瑟夫·施特劳斯,理查德·施特劳斯的父亲(参见 Walter Deppisch, *Richard Strauss*, Reinbek bei Hamburg 1996, S. 26)。
13. 在备受赞誉的《诸神的黄昏》演出之后的第二天,指挥安东·塞德尔乘坐的豪华客轮沿着威尼斯大运河行驶,他指挥演奏了《诸神的黄昏》里的葬礼进行曲,接下来是《唐豪瑟》序曲。众多精心装饰过的刚朵拉船跟随在客轮后面,上面乘坐的是歌手和威尼斯的贵族人士(参见 Eberhard Straub, *Wagner und Verdi*, Stuttgart 2012, S. 265 f.)。
14. C. Schröder, *Erinnerungsblätter aus dem Trauerkranz der deutschen Presse zu Rich. Wagners Tod und Bestattung*. Bayreuth 1883.

结　语

1. 语出 Martin Knust, *Richard Wagner. Ein Leben für die Bühne*, Köln, Weimar, Wien 2014, S. 21。
2. 参见 *ML*, S. 26;亦参见 Sven Friedrich, *Der verleugnete Revolutionär*, in: Laurenz Lütteken (Hg.), *Das ungeliebte Frühwerk*, Königshausen 2014, S. 143。
3. 参见 Sven Friedrich, *Der Prophet seines Volkes–Der Wagner Mythos um 1800*, in: *Musik und Mythos–Mythos Musik um 1900*, Zürcher Festspiel-Symposium 2008, Kassel 2009, S.14–71, S. 38 ff。
4. Ulrich Drüner, *Schöpfer und Zerstörer. Richard Wagner als Künstler*, Köln 2003, S. 135–148 und passim.
5. 参见 Ulrich Drüner/Georg Günther, *Musik und »Drittes Reich«: Fallbeispiele 1910 bis 1960 zu Herkunft, Höhepunkt und Nachwirkungen des Nationalsozialismus in der Musik*, Wien 2012,特别见 S. 24—32 和 114—123。
6. 撇开这一点不谈:人们很难想象,像瓦格纳这样一个个人主义和自由精神的代表,会变成一个彻底的社会一体化系统的教父——也撇开这一事实不谈:和希特勒不一样的是，大多数纳粹名人完全不懂瓦格纳的音乐；他们每次聆听纽伦堡党代会开幕式上必然奏响的《黎恩济》序曲时，只能规律地点头，他们提议演奏当代音乐却被拒绝（Dina Porat, *Zum Raum wird hier die Zeit*, in: *Richard Wagner und die Juden*, Stuttgart, Wien 2000, S. 21 ff.）。

7. *Die Zeit*, Nr. 9, 20. 2. 2014, S. 48；亦参见 F. W. Graf, *Götter global*. München 2014。
8. “现在您想想我的音乐……它穿透最细微的感官毛孔，渗入生活的核心，在那里掌控……一切属于人性疯狂的东西，只留下承认无力的绝妙叹息。”（*WMW*, 1859年8月24日）
9. http://db.swr.de/upload/manuskriptdienst/wissen/165.rtf.
10. 如前所述，最新的哲学不再将超验仅仅视为属于评价体系的积极概念。对此参见前文引用过的文献：Thomas Rentsch, *Transzendenz und Negativität. Religionsphilosophische und ästhetische Studien*. Berlin 2010。
11. 教宗本笃十六世是这样表达的：“La visita ai luoghi d’arte [...] possa diventare un momento di grazia, di stimolo [...] per fermarsi a contemplare–nel passaggio dalla semplice realtà esteriore alla realtà più profonda che esprime il raggio di bellezza che ci colpisce, che quasi ci ›ferisce‹ nell’intimo e ci invita a salire verso Dio.”（摘自2011年8月31日在甘多尔福堡一场面向普通观众的艺术演讲，参见 http://www.vatican.va/holy_father/benedict_xvi/audiences/2011/documents/hf_ben-xvi_ aud_20110831_ge.html#top，当时提供的德语翻译太过随意，因此我在此使用自己的翻译。）
12. 致彼得·加斯特的信，1887年1月21日。
13. 参见前文注释11：»L’arte è capace di esprimere e rendere visibile il bisogno dell’uomo di andare oltre ciò che si vede, manifesta la sete e la ricerca dell’infinito. Anzi, è come una porta aperta verso l’infinito, verso una bellezza e una verità che vanno al di là del quotidiano. E un’opera d’arte può aprire gli occhi della mente e del cuore, sospingendoci verso l’alto.«
14. “人的神圣性”这一概念由沃尔夫冈·蒂尔泽提出（Wolfgang Thierse, *Die Zeit*, Nr. 49/2014, S. 66）；但也有将之记在教宗方济各名下的（*Die Zeit*, Nr. 50/2014, S. 64）。

译名对照表

A

Abbate, Carolyn 卡罗琳 · 阿巴特
Abt, Franz 弗朗茨 · 阿布特
Adam, Adolphe 阿道夫 · 亚当
Adler, Alfred 阿尔弗雷德 · 阿德勒
Adorno, Theodor W. 特奥多尔 · W. 阿多诺
Aischylos 埃斯库罗斯
Albert, Joseph 约瑟夫 · 阿尔贝特
Alexander der Große 亚历山大大帝
Álvarez, Carlos 卡洛斯 · 阿尔瓦雷斯
Amat, Léopold 利奥波德 · 阿马
Ander, Alois 阿洛伊斯 · 安德尔
Anders, Gottfried Engelbert 戈特弗里德 · 恩格尔贝特 · 安德斯
Andersen, Hans Christian 汉斯 · 克里斯蒂安 · 安徒生
Apel, Theodor 特奥多尔 · 阿佩尔
Apolloni, Giuseppe 朱塞佩 · 阿波洛尼
Aristophanes 阿里斯托芬
Arndt, Ernst Moritz 恩斯特 · 莫里茨 · 阿恩特
Atlantow, Wladimir 弗拉基米尔 · 阿特兰多夫
Auber, Daniel-François-Esprit 达尼埃尔—弗朗索瓦—埃斯普里 · 奥柏
Auerbach, Berthold 贝特霍尔德 · 奥尔巴赫
August der Starke 强力王奥古斯特
Augusta von Sachsen-Weimar-Eisenach, dt. Kaiserin 奥古斯塔 · 冯 · 萨克森—魏玛—爱森纳赫, 德意志皇后
Avenarius, Cäcilie (geb. Geyer) 塞西莉 · 阿芬那留斯 (原姓盖尔)
Avenarius, Eduard 爱德华 · 阿芬那留斯
Avenarius, Max 马克斯 · 阿芬那留斯
Axenfeld (»Starost«) 阿克森费尔德 (“施塔罗斯特”)

B

Bach, Johann Sebastian 约翰 · 塞巴斯蒂安 · 巴赫
Bach, August Wilhelm 奥古斯特 · 威廉 · 巴赫
Baciocchi (Graf) 巴乔基 (伯爵)
Bakunin, Michail 米哈伊尔 · 巴枯宁
Banck, Karl 卡尔 · 邦克
Barthes, Roland 罗兰 · 巴特

Baudelaire, Charles 夏尔・波德莱尔
Bauer, Bruno 布鲁诺・鲍威尔
Bauer-Lechner, Natalie 纳塔莉・鲍尔—莱希纳
Baumgartner, Wilhelm 威廉・鲍姆加特纳
Bayerdörfer, Hans-Peter 汉斯—彼得・拜尔德费尔
Bechstein, Ludwig 路德维希・贝希施泰因
Beck, Johann Nepomuk 约翰・内波穆克・贝克
Beecher Stowe, Harriet 哈里特・比彻・斯托
Beethoven, Ludwig van 路德维希・范・贝多芬
Bellini, Vincenzo 温琴佐・贝利尼
Belloni, Gaëtano 加埃塔诺・贝洛尼
Bendl, Karel 卡雷尔・本德尔
Benedict, Julius 尤利乌斯・贝内迪克特
Benedikt XVI., Papst 本笃十六世,教宗
Benjamin, Walter 瓦尔特・本雅明
Benvenuti, Augusto 奥古斯托・本韦努蒂
Berg, Alban 阿尔班・贝尔格
Bering 白令
Berlioz, Hector 埃克托・柏辽兹
Berlioz (Recio), Marie 玛丽・柏辽兹(雷西奥)
Bermbach, Udo 乌多・贝姆巴赫
Bernhardt, Joseph 约瑟夫・伯恩哈特
Berthold, Wilhelm 威廉・贝特霍尔德
Bethmann, Heinrich 海因里希・贝特曼
Bethmann, Marie Elisabeth 玛丽・伊丽莎白・贝特曼
Bethmann, Simon Moritz 西蒙・莫里茨・贝特曼
Betz, Franz 弗朗茨・贝茨
Beust, Friedrich Ferdinand Freiherr von 弗里德里希・费迪南德・冯・博伊斯特男爵
Bieberstein, Marschall von 冯・比贝尔施泰因内廷大臣
Biondi, Pasquale 帕斯夸莱・比翁迪
Birkel, Hofsekretär 比克尔,法院书记
Bischoff, Ludwig 路德维希・比绍夫
Bismarck, Otto von 奥托・冯・俾斯麦
Bizet, Georges 乔治・比才
Bizonfy (Maschnitz), Franz 弗朗茨・比宗费(马什尼茨)
Bloch, Ernst 恩斯特・布洛赫
Blome, Gustav von 古斯塔夫・冯・布洛梅
Bloom, Paul 保罗・布卢姆
Blum, Robert 罗伯特・布卢姆
Bodelschwingh, Friedrich von 弗里德里希・冯・博德尔施文格
Böhme, Rudolf 鲁道夫・伯梅
Böttiger, Carl August 卡尔・奥古斯特・伯蒂格
Boieldieu, François-Adrien 弗朗索瓦—阿德里安・布瓦尔迪厄
Boigne, Charles de 夏尔・德・布瓦涅
Boito, Arrigo 阿里格・博伊托
Borchmeyer, Dieter 迪特尔・博希迈尔
Boron, Robert de 罗贝尔・德・博龙
Braam, Gunther 龚特尔・布拉姆
Brahms, Johannes 约翰内斯・勃拉姆斯
Brandt, Karl 卡尔・勃兰特
Brandus, Gemmy 杰米・布兰杜斯
Braunbehrens, Volkmar 福尔克马尔・布劳恩贝伦斯
Braune, Hugo 胡戈・布劳内
Breig, Werner 维尔纳・布赖格
Breitkopf & Härtel 布赖特科普夫与黑特尔
Brendel, Franz 弗朗茨・布伦德尔
Brentano, Clemens 克莱门斯・布伦塔诺

Broch, Hermann 赫尔曼・布洛赫
Brockhaus, Friedrich 弗里德里希・布罗克豪斯
Brockhaus, Heinrich 海因里希・布罗克豪斯
Brockhaus, Hermann 赫尔曼・布罗克豪斯
Brockhaus, Luise (geb. Wagner) 路易丝・布罗克豪斯 (原姓瓦格纳)
Brockhaus, Ottilie (geb. Wagner) 奥蒂莉・布罗克豪斯 (原姓瓦格纳)
Bruckner, Anton 安东・布鲁克纳
Brückwald, Otto 奥托・布吕克瓦尔德
Bühl, Walter L. 瓦尔特・L. 比尔
Bülow, Blandine von (verh. Gravina) 布兰迪内・冯・比洛 (婚后姓格拉维纳)
Bülow, Daniela von (verh. Ollivier) 达尼埃拉・冯・比洛 (婚后姓奥利维耶)
Bülow, Hans von 汉斯・冯・比洛
Bürkel, Betty 贝蒂・比克尔
Bürkel, Ludwig von 路德维希・冯・比克尔
Büsching, Johann Gustav Gottlieb 约翰・古斯塔夫・戈特利布・比兴
Buffon, Georges-Louis Leclerc de 乔治—路易・勒克莱尔・德・布封
Bulwer-Lytton, Edward 爱德华・布尔沃—利顿
Burger, Ernst 恩斯特・布格尔
Burkhard, Norbert 诺贝特・布克哈德
Burnnouf, Eugène 欧仁・比尔努夫
Burrell, Mary 玛丽・伯勒尔
Busoni, Ferrrucio 费卢西奥・布索尼
Byron, Lord 拜伦勋爵

C

Cäsar, Julius 尤利乌斯・恺撒
Calderón 卡尔德隆
Calzado, Signore 西尼奥雷・卡尔萨多
Carl August von Sachsen-Weimar 卡尔・奥古斯特・冯・萨克森—魏玛
Carvalho, Léon 莱昂・卡瓦洛
Catull 卡图卢斯
Cavour, Camillo B.de 卡米洛・B. 德・卡武尔
Cervantes, Miguel de 米格尔・德・塞万提斯
Chailley, Jacques 雅克・沙耶
Chamberlain, Houston Stewart 休斯顿・斯图尔特・张伯伦
Champfleury, Jules 儒勒・尚弗勒里
Chandon, Paul 保罗・尚东
Cherubini, Luigi 路易吉・凯鲁比尼
Cherubini, Sabrina 萨布丽娜・凯鲁比尼
Chopin, Frédéric 弗雷德里克・肖邦
Chrétien de Troyes 特鲁瓦的克雷蒂安
Clemens VII., Papst 克雷芒七世,教宗
Coleridge, Samuel Taylor 塞缪尔・泰勒・柯勒律治
Commer, F. F. 科默
Cornelius, Peter 彼得・科内利乌斯
Correggio, Antonio da 安东尼奥・达・科雷吉欧
Corsani (Lehrerin) 科尔萨尼 (教师)
Costa, Michele 米歇尔・科斯塔
Cranach, Lucas 卢卡斯・克拉纳赫
Csampai, Attila 阿提拉・钱保伊
Cyriax, Julius 尤利乌斯・西里亚克斯
Csíkszentmihályi, Mihály 米哈伊・奇克森特米哈伊
Czerny, Carl 卡尔・车尔尼

D

d'Agoult, Claire Christine, Marquise de

Charnacé 克莱尔・克里斯蒂娜・达古,沙尔纳塞侯爵夫人
d'Agoult, Marie Catherine Sophie (de Flavigny) (Daniel Stern), Comtesse d'Agoult 玛丽・卡特琳・索菲・达古 (原姓德・弗拉维尼) (笔名达尼埃尔・施特恩) ,达古伯爵夫人
Dahlhaus, Carl 卡尔・达尔豪斯
Damrosch, Leopold 利奥波德・达姆罗施
Dante 但丁
Danuser, Hermann 赫尔曼・达努泽
Darwin, Charles 查尔斯・达尔文
Davison, James W. 詹姆斯・W. 戴维森
Deathridge, John 约翰・迪思里奇
»Degelow« “德格洛夫”
Deleuze, Gilles 吉尔・德勒兹
De Sanctis (Professor) 德・桑克蒂斯 (教授)
Deschamps, Emile 埃米尔・德尚
Devrient, Eduard 爱德华・德弗里恩特
Dickens, Charles 查尔斯・狄更斯
Didot, François 弗朗索瓦・迪多
Dietrich (Kaufmann) 迪特里希 (考夫曼)
Dietsch, Pierre Louis Philippe 皮埃尔・路易・菲利普・迪茨
d'Indy, Vincent 樊尚・丹第
Dingelstedt, Franz 弗朗茨・丁格尔施泰特
Dinger, Hugo 胡戈・丁格
Disraeli, Benjamin 本杰明・迪斯雷利
Döhring, Sieghart 西格哈特・杜林
Dolgorukow, Fürst 多尔戈鲁科夫,侯爵
Dohm, Ernst 恩斯特・多姆
Donizetti, Gaetano 加埃塔诺・多尼采蒂
Doré, Gustave 古斯塔夫・多雷
Dorn, Heinrich 海因里希・多恩
Draeseke, Felix 费利克斯・德莱塞克
Droste, Carlos 卡洛斯・德罗斯特
Drüner, Annie-Laure 安妮—洛尔・德吕纳
Du Bois-Reymond 迪布瓦—雷蒙
Düfflipp, Lorenz von 洛伦茨・冯・迪夫利普
Dumas, Alexandre 大仲马
Dumutriu, Liliana-Emilia 利利安娜—埃米莉亚・杜穆特里乌
Duparc, Henri 亨利・迪帕克
Duponchel, Charles 夏尔・迪蓬谢尔
Dustmann, Luise 路易丝・杜斯特曼

E

Eckermann, Johann Peter 约翰・彼得・爱克曼
Eckert, Karl 卡尔・埃克特
Eco, Umberto 翁贝托・艾柯
Einsiedel, Ernst-Rudolph von 恩斯特—鲁道夫・冯・艾因西德尔
Einstein, Alfred 阿尔弗雷德・爱因斯坦
Eiser, Otto 奥托・艾泽
Eliade, Mircea 米尔恰・埃利亚德
Elisabeth (»Sissi«), Kaiserin von Österreich-Ungarn 伊丽莎白 (“茜茜”) , 奥地利—匈牙利皇后
Elisabeth Ludovica von Bayern, Königin von Preußen 伊丽莎白・卢多维卡・冯・巴伐利亚,普鲁士王后
Erard, Pierre 皮埃尔・埃拉尔
Erlanger, Emil von 埃米尔・冯・埃尔朗格
Eschenbach, Wolfram von 埃申巴赫的沃尔夫拉姆
Eschmann, Carl 卡尔・埃施曼
Esser, Heinrich 海因里希・埃塞尔
Ettmüller, Ludwig 路德维希・埃特米勒

Evers, Ludwig 路德维希・埃弗斯
Eysler, Edmund 埃德蒙・艾斯勒

F

Fehr, Max 马克斯・费尔
Fétis, François-Joseph 弗朗索瓦—约瑟夫・费蒂斯
Feuerbach, Ludwig 路德维希・费尔巴哈
Feustel, Friedrich 弗里德里希・福伊斯特尔
Fichte, Johann Gottlieb 约翰・戈特利布・费希特
Fischer, Franz 弗朗茨・菲舍尔
Fischer, Jens Malte 延斯・马尔特・菲舍尔
Fischer, Wilhelm 威廉・菲舍尔
Flavigny, Vicomte de (vgl. d'Agoult) 德・弗拉维尼子爵 (**参见**达古)
Flaxland (Familie) 弗拉克斯兰 (家族)
Flotow, Friedrich von 弗里德里希・冯・弗洛托
Foerster, Bohuslav 博胡斯拉夫・费尔斯特
Förster, August 奥古斯特・福斯特
Förster, Bernhard 伯恩哈德・福斯特
Förster-Nietzsche, Elisabeth 伊丽莎白・福斯特—尼采
Foucher, Paul 保罗・富歇
Fould, Achille 阿希尔・富尔德
Franck, Hermann 赫尔曼・弗兰克
Frantz, Constantin 康斯坦丁・弗朗茨
Franz, Robert 罗伯特・弗朗茨
Franz Joseph, Kaiser von Österreich 弗朗茨・约瑟夫,奥地利皇帝
Frappier, Jean 让・弗拉皮耶
Frenzel, Karl 卡尔・弗伦策尔
Freud, Sigmund 西格蒙德・弗洛伊德
Freytag, Gustav 古斯塔夫・弗赖塔格
Fricke, Richard 里夏德・弗里克
Friedrich I., Großherzog von Baden 弗里德里希一世,巴登大公
Friedrich III., deutscher Kaiser 弗里德里希三世,德意志皇帝
Friedrich, preußischer Kronprinz 弗里德里希,普鲁士王储
Friedrich August I., sächsischer König 弗里德里希・奥古斯特一世,萨克森国王
Friedrich August II., sächsischer König 弗里德里希・奥古斯特二世,萨克森国王
Friedrich August III., sächsischer König 弗里德里希・奥古斯特三世,萨克森国王
Friedrich I. »Barbarossa«, Kaiser "红胡子"弗里德里希一世,皇帝
Friedrich Wilhelm IV., König von Preußen 弗里德里希・威廉四世,普鲁士国王
Friedrich, Sven 斯文・弗里德里希
Fries, Jakob Friedrich 雅各布・弗里德里希・弗里斯
Fritzsch, Ernst Wilhelm 恩斯特・威廉・弗里奇
Fröbel, Julius 尤利乌斯・弗勒贝尔
Frommann, Alwine 阿尔温纳・弗罗曼
Fürstenau, Moritz 莫里茨・菲尔斯特瑙

G

Gaillard, Karl 卡尔・盖拉德
Gallitzin, Fürstin 加利钦,侯爵夫人
Gambetta, Léon 莱昂・甘必大
Garibaldi, Giuseppe 朱塞佩・加里波第
Gaspérini, Auguste de 奥古斯特・德・加斯佩里尼
Gast, Peter 彼得・加斯特

Gaudi, Antoni 安东尼・高迪
(Mendès-) Gautier, Judith 朱迪・(孟戴斯—) 戈蒂埃
Gautier, Théophile 泰奥菲勒・戈蒂埃
Gebhardt (Schüler) 格布哈特 (学徒)
Geck, Martin 马丁・格克
Genast, Emilie 埃米莉・格纳斯特
Gersdorff, Carl von 卡尔・冯・格斯多夫
Geyer, Karl 卡尔・盖尔
Geyer, Ludwig 路德维希・盖尔
Gförer, August Friedrich 奥古斯特・弗里德里希・格弗勒尔
Giacomelli, Adolphe 阿道夫・贾科梅利
Gilman, Sander L. 桑德・L. 吉尔曼
Glasenapp, Carl Friedrich 卡尔・弗里德里希・格拉泽纳普
Gloeckle, Ferdinand 费迪南德・格勒克勒
Gluck, Christoph Willibald 克里斯托弗・维利巴尔德・格鲁克
Gobineau, Arthur 阿蒂尔・戈比诺
Goethe, Johann Wolfgang von 约翰・沃尔夫冈・冯・歌德
Goldmark, Karl 卡尔・戈德马克
Goldoni, Carlo 卡洛・哥尔多尼
Goldwag, Bertha 贝尔塔・戈德瓦克
Gottfried von Bouillon 布永的戈弗雷
Gottfried von Straßburg 斯特拉斯堡的戈特弗里德
Gottschalk, Ellen 埃伦・戈特沙尔克
Gouin, Louis 路易・古安
Gounod, Charles 夏尔・古诺
Görres, Joseph 约瑟夫・格雷斯
Gozzi, Carlo 卡洛・戈齐
Graf, Friedrich Wilhelm 弗里德里希・威廉・格拉夫
Grandaur, Franz 弗朗茨・格兰道尔
Grattenauer, Karl Wilhelm Friedrich 卡尔・威廉・弗里德里希・格拉特瑙尔
Gravina (geb. von Bülow), Blandine siehe Bülow 布兰迪内・格拉维纳 (原姓冯・比洛), **见**比洛
Gregor-Dellin, Martin 马丁・格雷戈尔—德林
Grell (Berliner Akademie der Künste) 格雷尔 (柏林艺术学院)
Grimm, Jacob 雅各布・格林
Groys, Boris 鲍里斯・格罗伊斯
Günther, Georg 格奥尔格・金特
Guggenheim 古根海姆
Gutman, Robert 罗伯特・古特曼
Gutzkow, Karl 卡尔・古茨科

H

Habeneck, François Antoine 弗朗索瓦・安托万・阿伯内克
Hagen, E. von E. 冯・哈根
Hagenbuch, Franz 弗朗茨・哈根布赫
Händel, Georg Friedrich 格奥尔格・弗里德里希・亨德尔
Halévy, Jacques Fromental 雅克・弗罗芒塔尔・阿莱维
Hallwachs (Regisseur) 哈尔瓦克斯 (导演)
Hamann, Brigitte 布丽吉特・哈曼
Hamburger, Käthe 凯特・汉布格尔
Hanfstaengl, Franz 弗朗茨・汉夫施丹格尔
Hanslick, Eduard 爱德华・汉斯立克
Hatzfeld, Graf Paul von 保罗・冯・哈茨费尔德伯爵
Hausburg, Ernst 恩斯特・豪斯伯格
Hauser, Franz 弗朗茨・豪泽
Hausstein, Jens 延斯・豪斯施泰因
Haydn, Joseph 约瑟夫・海顿
Hebbel, Friedrich 弗里德里希・黑贝尔

Hegel, Georg Wilhelm Friedrich 格奥尔格・威廉・弗里德里希・黑格尔
Heidegger, Martin 马丁・海德格尔
Heim, Emilie 埃米莉・海姆
Heine, Ferdinand 费迪南德・海涅
Heine, Heinrich 海因里希・海涅
Heinrich der Vogler 捕鸟者亨利
Heinse, Johann Jacob Wilhelm 约翰・雅各布・威廉・海因泽
Heinze (Kommandant) 海因策 (指挥)
Heisenberg, Werner 维尔纳・海森堡
Helene Pawlowna, Großfürstin von Russland (geb. Prinzessin Charlotte von Württemberg) 叶连娜・帕夫洛夫娜, 俄国大公夫人 (婚前为夏洛特・冯・符腾堡公主)
Heller, Stephen 斯蒂芬・海勒
Heißerer, Dirk 迪尔克・海泽勒尔
Henze-Döhring, Sabine 萨比娜・亨策—杜林
Henze-Döhring, Sieghart 西格哈特・亨策—杜林
Hérold, Louis J. F. 路易・J. F. 埃罗尔
Herwegh, Emma 埃玛・赫尔韦格
Herwegh, Georg 格奥尔格・赫尔韦格
Hestermann, Carl 卡尔・黑斯特曼
Heubner, Otto Leonhard 奥托・莱昂哈德・霍伊布纳
Hillebrand, Karl 卡尔・希勒布兰德
Hiller, Ferdinand 费迪南德・希勒
Hilmes, Oliver 奥利弗・希尔默斯
Hitler, Adolf 阿道夫・希特勒
Hoffmann, E. T. A. 霍夫曼
Hoffmann, Joseph 约瑟夫・霍夫曼
Hoffmann von Fallersleben 法勒斯雷本的霍夫曼
Hofmannsthal, Hugo von 胡戈・冯・霍夫曼斯塔尔
Hogarth, George 乔治・霍格思
Hohenlohe-Schillingsfürst, Fürst Chlodwig zu 霍恩洛厄—希灵斯菲斯特亲王克洛德维希
Hohenzollern-Hechingen, Fürst von 霍亨索伦—黑兴根侯爵
Holland, Dietmar 迪特马尔・霍兰
Holtei, Karl von 卡尔・冯・霍尔泰
Homer 荷马
Hornstein, Robert von 罗伯特・冯・霍恩施泰因
Hübner, Kurt 库尔特・许布纳
Hülsen, Botho von 博托・冯・许尔森
Hugo, Victor 维克多・雨果
Humann, Magister 胡曼, 教师
Hummel, Johann Nepomuk 约翰・内波穆克・胡梅尔
Humperdinck, Engelbert 恩格尔贝特・洪佩尔丁克

J

Jahn, Otto 奥托・雅恩
Janin, Jules 儒勒・雅南
Jaspers, Karl 卡尔・雅斯贝斯
Jesus Christus 耶稣基督
Joachim, Joseph 约瑟夫・约阿希姆
Johann, sächsischer König 约翰, 萨克森国王
Joly, Anténor 安特诺尔・若利
Joukowsky, Paul von 保罗・冯・茹科夫斯基
Jung, C. G. 荣格
Jütte, Daniel 达尼埃尔・于特

K

Käfferlein, Ferdinand 费迪南德・克费

尔莱因
Kafka, Franz 弗朗茨・卡夫卡
Kalbeck, Max 马克斯・卡尔贝克
Kalergis, Marie (geb. Gräfin von Nesselrode) 玛丽・卡勒吉斯 (婚前为内塞尔罗德女伯爵)
Kalkbrenner, Christian K. 克里斯蒂安・K. 卡尔克布伦纳
Kálmán, Emmerich 埃默里希・卡尔曼
Kant, Immanuel 伊曼努尔・康德
Kapp, Julius 尤利乌斯・卡普
Karbusicky, Vladimir 弗拉基米尔・卡尔布斯基
Karl V., Kaiser des Heiligen Römisches Reiches 查理五世,神圣罗马帝国皇帝
Karl (Charles) X., König von Frankreich 查理十世,法国国王
Karl Alexander, Großherzog von Sachsen-Weimar-Eisenach 卡尔・亚历山大,萨克森—魏玛—爱森纳赫大公
Kaskel, Carl 卡尔・卡斯克尔
Katz, Jakob 雅各布・卡茨
Keller, Gottfried 戈特弗里德・凯勒
Kerz-Welzel, Alexandra 亚历山德拉・克茨—韦尔策尔
Kietz, Adolf 阿道夫・基茨
Kietz, Ernst Benedikt 恩斯特・贝内迪克特・基茨
Kirchner, Theodor 特奥多尔・基希纳
Kleist, Heinrich von 海因里希・冯・克莱斯勒
Klindworth, Georg 格奥尔格・克林德沃特
Klindworth, Karl 卡尔・克林德沃特
Knust, Martin 马丁・克努斯特
Koch, Gerhard R. 格哈德・R. 科赫
Köhler, Joachim 约阿希姆・克勒
Kolatschek, Adolph 阿道夫・科拉切克
Konrad, Ulrich 乌尔里希・康拉德
Kossak, Ernst 恩斯特・科萨克
Kramer, Bernd 贝恩德・克拉默
Krause, Carl 卡尔・克劳泽
Krenek, Ernst 恩斯特・克热内克
Krug, Traugott 特劳戈特・克鲁格
Küstner, Karl Theodor von 卡尔・特奥多尔・冯・屈斯特纳
Kyora, Sabine 萨比娜・基奥拉

L

Lachenmann, Helmut 赫尔穆特・拉亨曼
Lachner, Franz 弗朗茨・拉赫纳
Lamberti 兰贝蒂
Lanskoronsky (Graf) 兰斯克隆斯基 (伯爵)
Laube, Heinrich 海因里希・劳贝
Laube, Iduna 伊杜娜・劳贝
Laussot, Eugène 欧仁・洛索
Laussot (geb. Taylor), Jessie 杰茜・洛索 (原姓泰勒)
Lecke, Ferdinand 费迪南德・莱克
Lecky, W. E. H. 莱基
Lehár, Franz 弗朗茨・莱哈尔
Lehrs, Samuel 萨穆埃尔・莱尔斯
Leiden, Jan van 莱顿的约翰
Lenbach, Franz von 弗朗茨・冯・伦巴赫
Leonardo da Vinci 列奥纳多・达・芬奇
Leopold I., belgischer König 利奥波德一世,比利时国王
Lerchenfeld, Graf 莱兴费尔德,伯爵
Lessing, Gotthold Ephraim 戈特霍尔德・埃弗拉伊姆・莱辛
Levi, Hermann 赫尔曼・列维
Levi-Strauss, Claude 克劳德・列维—斯特劳斯
Ley, Michael 米夏埃尔・莱
Ligeti, György 哲尔吉・利盖蒂

Lind, Jenny 珍妮・林德
Lindau, Paul 保罗・林道
Lindemann, Dr. Karl 卡尔・林德曼医生
Linné, Carl von 卡尔・冯・林奈
Lipiner, Siegfried 西格弗里德・利皮纳
Liszt, Daniel 达尼埃尔・李斯特
Liszt, Eduard 爱德华・李斯特
Liszt, Franz 弗朗茨・李斯特
Locle (vgl. Du Bois-Reymond) 洛克莱 (**参见**迪布瓦—雷蒙)
Löbmann, Franz 弗朗茨・勒布曼
Löhr, Fritz 弗里茨・勒尔
Löwe, Profesor 勒韦,教授
Loewenberg, Alfred 阿尔弗雷德・勒文贝格
Logier, Johann Bernhard 约翰・伯恩哈德・洛基尔
Lortzing, Albert 阿尔贝特・洛尔青
Louis Philippe, franz. König 路易・菲利普,法国国王
Lucas, C. T. L. 卢卡斯
Ludwig II. 路德维希二世
Luther, Martin 马丁・路德
Lüttichau, Wolf August Freiherr v. 沃尔夫・奥古斯特・冯・吕蒂肖男爵

M

Mack, Dietrich 迪特里希・马克
Magnan (Marschall) 马尼昂 (元帅)
Mahler, Gustav 古斯塔夫・马勒
Maier, Mathilde 玛蒂尔德・迈尔
Makart, Hams 哈姆斯・马卡特
Malibran, Maria 玛丽亚・马利布朗
Mann, Thomas 托马斯・曼
Marbach, Oswald 奥斯瓦尔德・马巴赫
Marcuse, Ludwig 路德维希・马尔库塞
Maria Anna von Bayern, Königin von Sachsen 玛丽亚・安娜・冯・巴伐利亚,萨克森王后
Maria, Mutter Gottes 圣母马利亚
Maria Pawlowna, Großherzogin von Sachsen-Weimar 玛丽亚・帕夫洛夫娜,萨克森—魏玛大公夫人
Marr, Wilhelm 威廉・马尔
Marschner, Heinrich 海因里希・马施纳
Marx, Adolf Bernhard 阿道夫・伯恩哈德・马克斯
Marx, Karl 卡尔・马克思
Mascagni, Pietro 彼得罗・马斯卡尼
Massenet, Jules 儒勒・马斯内
Mauro, Seraphine 塞拉菲娜・莫罗
Maximilian Anton, Fürst von Thurn und Taxis 马克西米利安・安东,图尔恩与塔克西斯侯爵
Maximilian I., Kaiser des Heiligen Römisches Reiches 马克西米利安一世,神圣罗马帝国皇帝
Maximilian II., König von Bayern 马克西米利安二世,巴伐利亚国王
Maximilian, Erzherzog von Österreich 马克西米利安,奥地利大公
Mayer, Hans 汉斯・迈尔
Mazzini, Giuseppe 朱塞佩・马志尼
Meier, Mischa 米沙・迈尔
Meilhaus, Sybille von 茜比拉・冯・迈尔豪斯
Mendelssohn Bartholdy, Abraham 亚伯拉罕・门德尔松・巴托尔迪
Mendelssohn Bartholdy, Felix 费利克斯・门德尔松・巴托尔迪
Mendès, Catulle 卡蒂勒・孟戴斯
Menzel, Adolph von 阿道夫・冯・门采尔
Méry, Joseph 约瑟夫・梅里
Mertens, Volker 福尔克尔・默滕斯

Meser, Carl Friedrichl 卡尔・弗里德里希・梅泽
Messiaen, Olivier 奥利维耶・梅西昂
Metternich, Fürst Klemens von 克莱门斯・冯・梅特涅侯爵
Metternich, Fürstin Pauline von 保利娜・冯・梅特涅侯爵夫人
Mevius, Else 埃尔泽・梅维乌斯
Meyer, Friederike 弗里德里克・迈尔
Meyerbeer, Giacomo 贾科莫・迈耶贝尔
Meyer-Kalkus, Reinhart 赖因哈特・迈尔—卡尔库斯
Meysenbug, Malwida von 玛尔维达・冯・迈森布格
Michelangelo 米开朗琪罗
Millington, Barry 巴里・米林顿
Mitterwurzer, Anton 安东・米特武尔策
Mitford, Mary Russell 玛丽・拉塞尔・米特福德
Möller, Abraham 亚伯拉罕・默勒
Mörike, Eduard 爱德华・默里克
Mösch, Stephan 斯特凡・默施
Molière, Jean-Baptiste 让—巴蒂斯特・莫里哀
Mone, Franz Josef 弗朗茨・约瑟夫・莫内
Monnaie, Edouard 爱德华・蒙奈
Monteverdi, Claudio 克劳迪奥・蒙特威尔第
Montez, Lola 洛拉・蒙特兹
Moritz von Sachsen 莫里茨・冯・萨克森
Morlacchi, Francesco 弗朗切斯科・莫拉基
Moscheles, Ignaz 伊格纳茨・莫谢莱斯
Mosen, Julius 尤利乌斯・莫森
Motte Fouqué, Friedrich de la 弗里德里希・德・拉・莫特・富凯
Mottl, Felix 费利克斯・莫特尔
Mozart, Wolfgang Amadeus 沃尔夫冈・阿马德乌斯・莫扎特
Mrazek, Franz 弗朗茨・姆拉泽克
Muchanoff, Gräfin Marie 玛丽・穆哈诺夫伯爵夫人
Müller, Alexander 亚历山大・米勒
Müller, Christian Gottlieb 克里斯蒂安・戈特利布・米勒
Müller, F. F. 米勒
Müller, Georg Hermann 格奥尔格・赫尔曼・米勒
Müller, Hermann 赫尔曼・米勒
Muncker, Theodor 特奥多尔・蒙克尔
Mussorgski, Modest 莫杰斯特・穆索尔斯基

N

Napoleon Bonaparte 拿破仑・波拿巴
Napoleon III. von Frankreich 法兰西的拿破仑三世
Nerval, Gérard de 热拉尔・德・内瓦尔
Nestroy, Johann 约翰・内斯特罗伊
Neumann, Angelo 安杰洛・诺伊曼
Newman, Ernest 欧内斯特・纽曼
Nicolai, Otto 奥托・尼古拉
Niemann, Albert 阿尔贝特・尼曼
Nietzsche, Friedrich 弗里德里希・尼采
Nikolaus, russischer Zar 尼古拉，俄国沙皇
Nilges, Yvonne 伊冯娜・尼尔格斯
Nohl, Ludwig 路德维希・诺尔
Nuitter (eigentl. Truinet), Charles 夏尔・尼泰（原姓特吕内）

O

Oehme, Ursula 乌尔苏拉・厄梅

Oettinger, Eduard Maria 爱德华・马里亚・厄廷格
Ofterdingen, Heinrich von 海因里希・冯・奥弗特丁根
Ollivier, Blandine: siehe Bülow 布兰迪内・奥利维耶，**见**比洛
Ollivier, Emile 埃米尔・奥利维耶
Orsini, Graf Felice 费利切・奥尔西尼伯爵
Otterstädt, Alexander von 亚历山大・冯・奥特施泰特
Ott-Usteri, Conrad 康拉德・奥特—乌斯泰里

P

Pachl, Peter P. 彼得・P. 帕赫尔
Pachta, Jenny von 燕妮・冯・帕赫塔
Paër, Ferdinando 费迪南多・帕埃尔
Paganini, Nicolò 尼科洛・帕格尼尼
Palestrina, Giovanni 乔瓦尼・帕莱斯特里纳
Paracelsus 帕拉塞尔苏斯
Pasta, Giuditta 朱迪塔・帕斯塔
Paul, Jean 让・保罗
Pecht, Friedrich 弗里德里希・佩希特
Pedro II., Kaiser von Brasilien 佩德罗二世，巴西皇帝
Perfall, Karl August von 卡尔・奥古斯特・冯・佩法尔
Perrin, Emile 埃米尔・佩兰
Petipa, Lucien 吕西安・珀蒂帕
Pfistermeister, Franz von 弗朗茨・冯・普菲斯特迈斯特
Pfitzner, Hans 汉斯・普菲茨纳
Pfordten, Ludwig von der 路德维希・冯・德尔・普福尔滕
Pilatus, Pontius 本丢・彼拉多
Pillet, Léon 莱昂・皮耶
Planer, Amalie 阿马莉・普拉纳
Planer, Natalie 纳塔莉・普拉纳
Platon 柏拉图
Pleyel, Ignaz Joseph 伊格纳茨・约瑟夫・普莱耶尔
Plinius 普林尼
Pohl, Richard 里夏德・波尔
Pohlenz, Christian A. 克里斯蒂安・A. 波伦茨
Poliakov, Léon 莱昂・波利亚科夫
Poppe, Maximilian 马克西米利安・波佩
Popper, Karl 卡尔・波普尔
Porges, Heinrich 海因里希・波格斯
Possart, Ernst Ritter von 恩斯特・冯・波萨特骑士
Pourtalès, Guy de 居伊・德・普塔莱斯
Praeger, Ferdinand 费迪南德・普雷格
Pringle, Carrie 卡丽・普林格尔
Pringsheim, Alfred 阿尔弗雷德・普林斯海姆
Proudhon, Pierre-Joseph 皮埃尔—约瑟夫・蒲鲁东
Pruckner, Dionys 迪奥尼斯・普鲁克纳
Puccini, Giacomo 贾科莫・普契尼
Pusinelli, Anton 安东・普西内利

Q

Quinet, Edgar 埃德加・基内

R

Rabelais, François 弗朗索瓦・拉伯雷
Rackham, Arthur 阿瑟・拉克姆
Radbruch, Gustav 古斯塔夫・拉德布鲁赫
Raffael da Urbino 拉斐尔

Rahl, Carl 卡尔・拉尔
Rask, Erasmus Christian 伊拉斯谟・克里斯蒂安・拉斯克
Rastrelli, Joseph 约瑟夫・拉斯特雷利
Raymond (Hofrat von) (内廷参事) 雷蒙德
Redern, Graf Friedrich W. Von 弗里德里希・W. 冯・雷德恩伯爵
Rée, Paul 保罗・雷
Reihlen, Wolfgang 沃尔夫冈・赖伦
Reissiger, Carl Gottlieb von 卡尔・戈特利布・冯・赖西格
Rellstab, Ludwig 路德维希・雷尔施塔布
Remenyi, Eduard 爱德华・赖梅尼
Rentsch, Thomas 托马斯・伦奇
Repnin-Wolkonski, Fürst Nikolai Grigorjewitsch 尼古拉・格里戈里耶维奇・列普宁—沃尔孔斯基侯爵
Révoil (Librettist) 雷瓦尔 (歌剧脚本作者)
Reyer, Ernest 埃内斯特・雷耶
Richter, Hans 汉斯・里希特
Ricordi, Giulio 朱利奥・里科尔迪
Rieger, Eva 埃娃・里格尔
Rilke, Rainer Maria 赖纳・玛利亚・里尔克
Ringelhardt, Friedrich Sebald R. 弗里德里希・泽巴尔德・R. 林格尔哈特
Ritschl, Friedrich Wilhelm 弗里德里希・威廉・里奇尔
Ritter, Julie 尤莉・里特尔
Ritter, Karl 卡尔・里特尔
Robespierre, Maximilien de 马克西米连・德・罗伯斯庇尔
Röckel, August 奥古斯特・勒克尔
Rohde, Erwin 埃尔温・罗德
Rolland, Romain 罗曼・罗兰
Rose, Paul Lawrence 保罗・劳伦斯・罗斯
Rossini, Gioacchino 焦阿基诺・罗西尼
Rothschild, Familie 罗斯柴尔德家族
Royer, Alphonse 阿方斯・鲁瓦耶
Rubini, Giovanni B. 乔瓦尼・B. 鲁比尼
Rubinstein, Anton 安东・鲁宾斯坦
Rubinstein, Joseph 约瑟夫・鲁宾斯坦
Ruge, Arnold 阿诺尔德・鲁格

S

Sachs, Hans 汉斯・萨克斯
Safranski, Rüdiger 吕迪格・萨弗兰斯基
Saint Cricq, Caroline de 卡罗琳・德・圣克里克
Saint-Saëns, Camille 卡米耶・圣桑
Saint-Simon, Henri de 亨利・德・圣西门
Salvi, Mateo 马泰奥・萨尔维
Sarrazin, Thilo 蒂洛・扎拉青
Sassaroli, Giovanni 乔瓦尼・萨萨罗利
Sayn-Wittgenstein, Carolyne 卡罗琳・赛恩—维特根施泰因
Sayn-Wittgenstein, Marie 玛丽・赛恩—维特根施泰因
Schad, Martha 玛尔塔・沙德
Schanzenbach, Oscar 奥斯卡・尚岑巴赫
Scheit, Gerhard 格哈德・沙伊特
Schelling, Friedrich Wilhelm Joseph 弗里德里希・威廉・约瑟夫・谢林
Schemann, Ludwig 路德维希・舍曼
Schikaneder, Emanuel 埃马努埃尔・希卡内德
Schiller, Friedrich 弗里德里希・席勒
Schindelmeisser, Louis 路易・申德尔迈泽
Schindler, Anton 安东・申德勒
Schinkel, Karl Friedrich 卡尔・弗里德里希・申克尔
Schladebach, Julius 尤利乌斯・施拉德巴赫

Schläder, Jürgen 于尔根·施勒德尔
Schlegel, Friedrich 弗里德里希·施莱格尔
Schlesinger, Maurice 莫里斯·施莱辛格
Schletter, Heinrich 海因里希·施勒特
Schmeitzner, Ernst 恩斯特·施迈茨纳
Schmidt, Johann Ph. Samuel 约翰·Ph. 萨穆埃尔·施密特
Schmitt, Friedrich 弗里德里希·施米特
Schmole, Marie 玛丽·施默勒
Schnappauf, Bernhard 伯恩哈德·施纳保夫
Schneider, J. J. 施奈德
Schneider, Martin 马丁·施奈德
Schneller, Daniel 达尼埃尔·施内勒尔
Schnorr von Carolsfeld, Ludwig 路德维希·施诺尔·冯·卡罗尔斯费尔德
Schnorr von Carolsfeld, Malwina 马尔维娜·施诺尔·冯·卡罗尔斯费尔德
Scholz, Dieter David 迪特尔·达维德·朔尔茨
Schönberg, Arnold 阿诺尔德·勋伯格
Schonenberger 朔嫩贝格尔
Schopenhauer, Arthur 阿图尔·叔本华
Schostakowitsch, Dmitri 德米特里·肖斯塔科维奇
Schott, Bernhard 伯恩哈德·肖特
Schott, Franz 弗朗茨·肖特
Schottky, Julius Max 尤利乌斯·马克斯·朔特基
Schröder-Devrient, Wilhelmine 威廉明妮·施罗德—德弗林特
Schubert, Ludwig (Louis) 路德维希 (路易)·舒伯特
Schubert, Franz 弗朗茨·舒伯特
Schumann, Clara 克拉拉·舒曼
Schumann, Robert 罗伯特·舒曼
Schüssler-Bach, Kerstin 克斯廷·许斯勒—巴赫
Schwabe (Kaufmann) 施瓦贝 (商人)
Schwarz, Hilmar 希尔马·施瓦茨
Schweikert, Uwe 乌韦·施魏克特
Scott, Walter 沃尔特·司各特
Scribe, Eugène 欧仁·斯克里布
Seebach (Gräfin) 泽巴赫 (伯爵夫人)
Seidel, Anton 安东·塞德尔
Seidl, Arthur 阿图尔·赛德尔
Seiffert, Peter 彼得·赛费特
Semmig, Friedrich Herman 弗里德里希·赫尔曼·塞米希
Semper, Gottfried 戈特弗里德·森佩尔
Senfft, Christian 克里斯蒂安·森弗特
Shakespeare, William 威廉·莎士比亚
Shaw, (George) Bernard 萧伯纳
Shelley, Pery Bysshe 珀西·比希·雪莱
Sillig, Karl Julius 卡尔·尤利乌斯·西利希
Sirota, Gershon 格申·西罗塔
Smetana, Bedřich 贝德日赫·斯梅塔纳
Sonntag, Henriette 亨丽埃特·松塔格
Sophie, Herzogin in Bayern 巴伐利亚的索菲公爵夫人
Sophokles 索福克勒斯
Speidel, Ludwig 路德维希·施派德尔
Spohr, Louis 路易·施波尔
Spontini, Gaspare 加斯帕雷·斯蓬蒂尼
Spyri, Bernhard 伯恩哈德·施皮里
Stahr, Adolf 阿道夫·施塔尔
Stamitz, Carl 卡尔·施塔米茨
Standhartner, Joseph 约瑟夫·施坦德哈特纳
Stauss, Sebastian 塞巴斯蒂安·施陶斯
Steffen, Peter 彼得·施特芬
Stegmayer, Ferdinand 费迪南德·施特格迈尔
Steiner, George 乔治·斯泰纳

Steingraeber, Eduard 爱德华・施泰因格雷贝尔
Steinway, William 威廉・施坦威
Stern, Daniel (siehe d'Agoult, Marie) 达尼埃尔・施特恩 (见玛丽・达古)
Sternfeld, Richard 里夏德・施特恩费尔德
Stirner, Max 马克斯・施蒂纳
Stocker, Jacob 雅各布・施托克
Stoecker, Adolf 阿道夫・施特克尔
Stollberg, Arne 阿尔内・施托尔贝格
Straub, Eberhard 埃伯哈德・施特劳布
Strauß, Johann 约翰・施特劳斯
Strauss, Richard 理查德・施特劳斯
Strawinsky, Igor 伊戈尔・斯特拉文斯基
Strobel, Otto 奥托・施特罗贝尔
Sulzer, Jakob 雅各布・祖尔策

T

Tappert, Wilhelm 威廉・塔珀特
Taubert, Wilhelm 威廉・陶贝特
Tausig, Carl 卡尔・陶西希
Taylor, Ann 安・泰勒
Tessarin, Angelop 安杰洛普・泰萨林
Thode von Bülow, Daniela (s. Bülow) 达尼埃拉・托德・冯・比洛 (见比洛)
Tieck, Ludwig 路德维希・蒂克
Tichatschek, Joseph 约瑟夫・蒂查切克
Tizian 提香
Todt (Dresdener Sicherheitsausschuss) 托特 (德累斯顿安全委员会)
Tocqueville, Alexis de 亚历克西・德・托克维尔
Tolstoi, Lew N. 列夫・托尔斯泰
Trahndorff, C. F. E. 特兰多尔夫
Treitschke, Heinrich von 海因里希・冯・特赖奇克
Tröger, Charlotte 夏洛特・特勒格尔
Troupenas 特鲁佩纳
Truinet, Charles (siehe Nuitter) 夏尔・特吕内 (见尼泰)
Tschaikowsky, Pjotr I. 彼得・I. 柴可夫斯基
Tzschirner 奇尔纳

U

Uhland, Ludwig 路德维希・乌兰德
Uhlig, Theodor 特奥多尔・乌利希
Umbach, Klaus 克劳斯・翁巴赫
Urban IV. 乌尔班四世

V

Vaëz, Gustave 居斯塔夫・瓦埃兹
Vazsonyi, Nicholas 尼古拉斯・瓦茨索尼
Verdi, Giuseppe 朱塞佩・威尔第
Victoria, Königin von England 维多利亚，英国女王
Vieuxtemps, Henri 亨利・维厄唐
Villemarqué, Téodore H. de la 特奥多尔・H. 德・拉・维尔马克
Villot, Frédéric 弗雷德里克・维约
Vischer, Friedrich Theodor 弗里德里希・特奥多尔・菲舍尔
Völkl, Maria 玛丽亚・弗尔克尔
Voltaire 伏尔泰
Voss, Egon 埃贡・福斯

W

Wächter, Johann Michael 约翰・米夏埃尔・韦希特尔
Wagenseil, Johann Christoph 约翰・克里斯托弗・瓦根赛尔
Wagner, Adolf (Onkel) 阿道夫・瓦格纳

(理查德・瓦格纳的叔叔)
Wagner, Carl Friedrich Wilhelm (Vater) 卡尔・弗里德里希・威廉・瓦格纳 (理查德・瓦格纳的父亲)
Wagner, (Karl) Albert (Bruder) (卡尔・) 阿尔贝特・瓦格纳 (理查德・瓦格纳的兄长)
Wagner, Cäcilie (siehe Avenarius) 塞西莉・瓦格纳 (**见**阿芬那留斯)
Wagner (geb. Liszt), Cosima 柯西玛・瓦格纳 (原姓李斯特)
Wagner, Eva 埃娃・瓦格纳
Wagner, Gottfried 戈特弗里德・瓦格纳
Wagner, Isolde 伊索尔德・瓦格纳
Wagner, Johanna Rosine (Mutter, geb. Pätz) 约翰娜・罗西娜・瓦格纳 (理查德・瓦格纳的母亲,原姓佩茨)
(Jachmann-) Wagner, Johanna (Nichte) 约翰娜・(雅赫曼—) 瓦格纳 (理查德・瓦格纳的侄女)
Wagner, Julius (Bruder) 尤利乌斯・瓦格纳 (理查德・瓦格纳的兄长)
Wagner, Klara (Schwester, verh. Wolfram) 克拉拉・瓦格纳 (理查德・瓦格纳的姐姐,婚后姓沃尔弗拉姆)
Wagner, Maria Theresia (Schwester) 玛利亚・特蕾西娅・瓦格纳 (理查德・瓦格纳的姐姐)
Wagner (geb. Planer), Minna 明娜・瓦格纳 (原姓普拉纳)
Wagner, Rosalie (Schwester) 罗莎莉・瓦格纳 (理查德・瓦格纳的姐姐)
Wagner, Siegfried 西格弗里德・瓦格纳
Wagner, Wieland 威兰・瓦格纳
Wagner, Winifred (geb. Williams) 温妮弗雷德・瓦格纳 (原姓威廉斯)
Wagner, Wolfgang 沃尔夫冈・瓦格纳
Waldersee, F. H. G. Graf v. 冯・瓦德西伯爵
Walewsky, Graf Alexandre 亚历山大・瓦列夫斯基伯爵
Wapnewski, Peter 彼得・瓦普涅夫斯基
Weber, Carl Maria von 卡尔・马利亚・冯・韦伯
Weber, Dionys 迪奥尼斯・韦伯
Weber, Ernst von 恩斯特・冯・韦伯
Weber, Gottfried 戈特弗里德・韦伯
Weber, J. J. 韦伯
Weber, Karoline von 卡罗利妮・冯・韦伯
Weber, Max Maria von 马克斯・马利亚・冯・韦伯
Weber, Max 马克斯・韦伯
Weikl, Bernd 贝恩德・魏克尔
Weill, Kurt 库尔特・魏尔
Weiner, Marc A. 马克・A. 魏纳
Weinert, Susanne 苏珊・魏纳特
Weingartner, Felix von 费利克斯・冯・魏因加特纳
Weinlig, Theodor 特奥多尔・魏因利希
Weis, Karel 卡雷尔・魏斯
Weisse, Christian Hermann 克里斯蒂安・赫尔曼・魏瑟
Weißheimer, Wendelin 文德林・魏斯海默
Weitling, Wilhelm 威廉・魏特林
Wesendonck, Mathilde 玛蒂尔德・韦森东克
Wesendonck, Otto 奥托・韦森东克
Westerhagen, Curt von 库尔特・冯・韦斯特哈根
Wigand, Otto 奥托・维甘德
Wilamowitz-Moellendorff, Ulrich von 乌尔里希・冯・维拉莫维茨—默伦多夫
Wilhelm I. 威廉一世
Wilhelm II. 威廉二世
Wille, François 弗朗索瓦・维勒

Wille, Eliza 伊莉莎・维勒
Winkler, Theodor 特奥多尔・温克勒
Winterberger, Alexander 亚历山大・温特贝格尔
Wittgenstein, Ludwig 路德维希・维特根斯坦
Wodzinska, Marie 玛丽・沃津斯卡
Wolf, Hugo 胡戈・沃尔夫
Wolfram, Heinrich 海因里希・沃尔弗拉姆
Wolzogen, Hans von 汉斯・冯・沃尔措根
Wordsworth, William 威廉・华兹华斯
Wüllner, Franz 弗朗茨・维尔纳

Z

Zander, Ernst 恩斯特・灿德尔
Zelinsky, Hartmut 哈特穆特・策林斯基
Ziegesar, Freiherr Ferdinand von 费迪南德・冯・齐格萨男爵
Ziychy, Graf Edmund von 埃德蒙・冯・齐希伯爵
Žižek, Slavoj 斯拉沃热・齐泽克
Zychlinsky, Leo von 莱奥・冯・齐希林斯基

译后记

翻译瓦格纳这样思想如此深邃的大师传记，对于学识有限的译者来说无疑是一件困难的事，好在有前辈学者的积累可资借鉴。本书中引用的瓦格纳自传《我的生平》相关段落，译者参考了东方出版社2009年中文版，高中甫、刁承俊译本；高中甫、张黎主编的《瓦格纳戏剧全集》（中国文联出版公司，1997年），对译者处理本书中的瓦格纳戏剧文本有非常大的帮助。此外的参考资料还有《牛津简明音乐词典》（人民音乐出版社，2002年第四版；本书中其他音乐家及其作品译名以此为标准）、《费尔巴哈哲学著作选集》（商务印书馆，1984年）、《海涅全集》（河北教育出版社，2003年）等等，恕不一一列出，在此一并致谢。

或许会有读者对本书中瓦格纳两部戏剧的名称提出疑问。关于《纽伦堡的工匠歌手》（旧译"名歌手"）的译名，或许可以直接引用严宝瑜先生在《瓦格纳戏剧全集》中的解释："'工匠歌手'，德语'Meistersinger'，通译'名歌手'，不确切。此处Meister一词是指欧洲中世纪以来，城市手工业行会中的一个等级，即'师傅'，直译应为'唱歌师傅'。各行各业的手工业从业者，先要师从某一位师傅当学徒工，德语为Lehrlinge 或Lehrbuben，出师后便成了‘帮工’，即Gesellen。帮工自己不能开业，要经过到各个城市有关行业的业主（师傅）那里去短期工作，这便是所谓的‘漫游时代’（Wanderjahre），经历了它，然后在行会师傅前拿出一件‘师傅手艺’，通过他们的评议通过，才能自己开业当师傅，也就成了城市中的正式‘市民’，即Zunftbürger，中文版《共产党宣言》译‘行会师傅’。十五、十六世纪德国城市（先在美因茨）出现了由手工业工人组织起来的‘唱歌学校’（Singschule），实际上不是固定的学校，而是爱唱歌工人的歌咏集会（音乐会），开始是唱宗教歌曲，后来也有世俗的。所唱的歌我国的德语文学研究者译为‘工匠歌曲’（Meistergesang），这种歌曲必需按极其严格的规则（Tabulatur）创作。唱歌的手工业工人也评比等级，由已有‘唱歌师傅’资格的歌手组成评委裁判，各行各业的帮工们参加比赛，优胜者便评上‘师傅’等级的歌手。根据这样的情况，我们把Meistersinger译为‘工匠歌手’（参见《中国大百科全书》，外国文学卷I，第369页），但为了行文需要，Meister有时也译成‘大师’。‘名歌手’的译法，虽已在音乐界广为流传，似已成约定俗成之势。但我们还是要按本意把它纠正过来，因为这个译法误解了历史事实，抹杀了剧名反映的社会本质（市民音乐的兴起），也违反了歌剧作者瓦格纳的创作本意。”

至于另一部《尼伯龙人的指环》（旧译“尼伯龙根”），安书祉先生早在史诗《尼伯龙人之歌》（译林出版社，2000年）的译者前言之中也给出了解释。她说：“在北欧冰岛歌谣集《埃达》（*Edda*）里记载，古代勃艮第国有一个王族称尼伯龙（Nibelunge），相传，他们确实拥有一大批宝物。后来有人将这个传说与在北方流传的另外一个关于尼德兰英雄西格夫里特打败尼伯龙和希尔伯两个王子占有其全部宝物的传说融合在一起，创作了这部史诗*Das Nibelungenlied*。”Nibelungen便是“尼伯龙人”

的复数形式，故根据通常翻译习惯，复数词尾无需音译，本书中也将这部歌剧译名定为《尼伯龙人的指环》。

谨以此译文，致敬各位前辈学者。

2021年6月

于南京玄武门